청춘
대학
지역
그리고
섬

신순호 申順浩 Shin, Soon-Ho

완도 출신으로 국민대학교 법학과, 서울대 환경대학원(도시계획학 석사), 서울시립대 대학원(행정학박사)을 졸업하고, 공군대학에서 장교로서 3년간의 교관을 거쳐, 청주대와 목포대, 일본 리츠메이칸대학(방문연구교수)에서 36년간 교수로 지냈다.

대외 활동으로는 대통령직속 지역발전위원회 위원과 지역발전위원회 평가자문단장, 광복70년 기념사업추진위원회 위원, 한국농어촌공사 이사, 행정자치부 자체평가위원 및 정책자문위원, 전라남도 정책위원회 부위원장·도시계획위원, 국가(고등)고시 등의 각종 시험출제위원 등을 지냈으며, 한국도시행정학회장, 한국지적학회장, 한국지적정보학회장, 대한국토도시계획학회 광주전남 지회장 등을 역임하였다.

근정포장을 비롯해 완도군민의 상, 안전행정부 장관표창 등을 수상하였고, 지역개발과 정책, 그리고 섬과 지역연구에 관심을 갖고 『도서지역의 주민과 사회』(2001)를 비롯해 7권의 저서와 130여 편에 이르는 학술논문을 발표하였다. (e-mail : soonho222@hanmail.net)

청춘, 대학, 지역
그리고
섬

신순호 지음
신순호교수정년기념집간행위원회 엮음

문예원

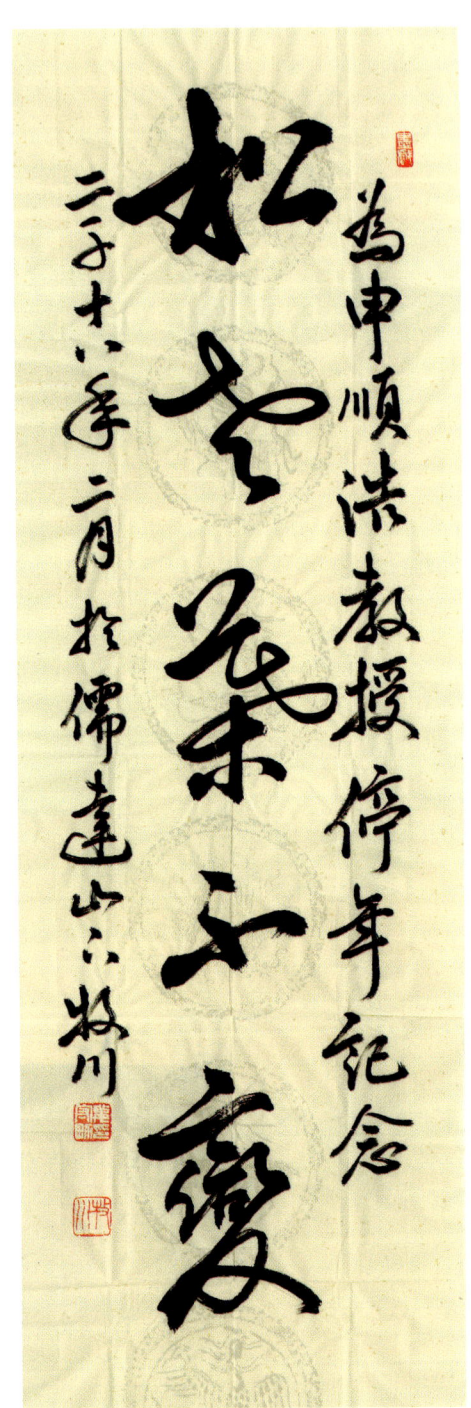

축하휘호
松老葉不變
소나무는 늙어도 그 푸른 잎은 변치 않는다.

세월이 가고 나이를 먹어 몸은 늙어가도 올곧은 선비정신은 끝까지 변하지 않는다는 뜻

牧川 姜守男
(대한민국미술대전 초대작가·심사위원)

가족사진 (딸 성아결혼, 2017.7.5.)

고향 완도 충도마을 (2017.8.25, KBS1.인간극장방영 장면)

| 발간의 글 |

삶의 과정은 선택과 감사

　삶을 영위하면서 새로운 단계를 맞게 된다.
　불과 얼마 전까지는 현재의 이 과정이 마무리 될 것임을 생각하지 못하였다. 이전에는 남은 기간이 아득히 길게 느껴졌고, 또 그것을 생각할 만큼 정신적으로 여유롭지 못했기 때문이었다.
　그러나 이 시점에 들어서서 살아왔던 삶의 자취를 깊이 침잠하여 되돌아보게 된다. 대부분 필연이라고 생각했던 지나온 삶이 지금까지의 궤적에서 크게 벗어날 뻔도 했지만, 여기까지 온 삶은 행운이 함께 했기에 가능했던 것 같다.

　당초 이 책을 발간하고자 했던 것은 그동안 내가 기고하고 발표한 글 가운데 비교적 부드럽고 자유스러운 형식의 글만 추려 한데 묶어 내려했다.
　그런데 작년(2017년) 어느 날, 평소 가깝게 지내던 후배 연구자들이 정년기념논문집을 만들겠다고 하였다. 한사코 만류를 했지만 강한 권유에 의해, 당초 나의 의도한 대로 그간에 발표한 내 글과 주위 분들의 격려 글을 함께 묶고 거기에다 연보를 넣는 형태로 이 책을 펴내게 되었다.

　아직 서툰 것 같은 삶의 과정에서 인생을 얘기한다는 것은 적절하지 않은 것 같다.
　다만 어떤 단계를 마무리하고 새로운 단계로 진입하는 순간에 지금까지의 과정을 되돌아보는 것은 충분히 가치가 있다고 생각된다.
　지금까지 내가 거쳐 온 것은 어떠했으며, 그것을 바탕으로 현재의 나는 어떤 모습으로 있는 것인가.

이 해답의 중심은 선택이라고 생각된다. 삶의 행로는 많은 주변의 환경적 요소에 의해 이루어지기도 하지만, 어느 정도 지각知覺이 성숙된 이후에는 결국 자신의 사유思惟 또는 지혜를 바탕으로 이루어진다. 이러한 선택의 과정에서 보다 현명한 선택을 위해 주변의 조언이나 과학의 힘을 빌리기도 한다. 그러나 최종적인 선택의 판단은 결국 자신에 의한 것이라 보인다.

그러나 아무리 현명한 선택을 한다고 해도, 인지가 성숙되지 못했던 유아 시기와 태생적 환경에 의해 주어진 길은 선택의 영역에서 크게 벗어난 소위 '운명'이라는 영역으로 개념짓게 된다.

이 책은 6.25전란이 한창이던 시기에 섬에서 태어나 거의 40년 동안 대학교수 생활을 해온 한 사람의 자취를 모은 글이 중심이 되고 있다.

처음부터 삶에 대한 편린들을 모아 두었다가 지금 생각한 것처럼 이렇게 한 권의 책으로 펴내겠다는 생각을 구체적으로 하지 못했다. 어머님의 성품이 쉽게 버리시지 않는 성품인데다 부모님은 결혼 후 우리 형제가 태어난 집에서 벗어나지 않고 계속 살아 오셨기에 삶의 흔적이 잘 보관될 수 있었다. 그러나 중학교 이후부터 집을 떠나 학업을 했고, 특히 대학과정 부터서는 삶의 흔적들이 남아있는 고향집에서 먼 거리에 있는 수도권, 청주 등에서 살아오다 보니 삶의 흔적들을 관리하기가 쉽지 않았다. 이 가운데서도 공군장교 시절 서울의 하숙집이 전소하였던 사건과, 약 20여 년 전 고향을 지키던 형님께서 광주로의 이사로 인해 어릴 적부터 청장년 시절의 삶의 흔적들은 거의 소실되고 말았다.

무릇 어떤 일이던지 그 나름의 가치와 의미를 담고 있어야 한다.
이 책은 어떤 가치와 의미를 담고 있을 것인가?
이러한 형태의 책을 발간한다는 계획을 일찍부터 하였더라면 자료의 가치 경중에 따라 잘 보관하였을 것이고, 그 나마 찾아낸 자료를 보다 체계있게 정리하였을 것이다.
이러한 관점에서 보면 만족스럽지 못하다.
부족하나마 최근까지 분주하게 살아왔던 삶 가운데서 이러한 책을 만들어 보겠다는 생각도 아주 최근에 하였기에 부족한 가운데 결행을 하게 되었다.

여기에는 무엇보다 어느 순간 이 모든 것들이 사라질 것이라는 생각이 컸다. 기록할만한 가치가 있는 것인가에 대해서는 주관적인 측면과 객관적 판단이 다를 것이다. 훗날, 여기의 모든 것이 영영 사라져 없어진 것보다는 누군가가 자료로서 한 부분이라도 살펴보았다면 그것으로 다행이라 하겠다.

기술한 바와 같이, 이 책은 나의 교수생활 정년이라는 한 단계를 마무리하는 정년기념출간형태를 취하고 있다.

「1부」에서는 나의 지나온 활동부분을 연대별로 기록하였고, 「2부」에서는 대학 시절부터 발표하였던 글들을 모아 시기별로 배열하였고, 「3부」에서는 인연을 맺어 온 분들께서 보내주신 글을 담았다.

지나온 활동내용은 과거로 거슬러 올라갈수록 자료가 부족하여 활동부분의 기록이 상당히 누락된 것이 있으나, 가급적 자료에 의거해서 작성하고자 하는 뜻에서 상당 부분을 생략할 수밖에 없었다.

「2부」의 내용은 대학 학창시절부터 기고하였거나 그동안 활동하면서 작성·발표했던 글들을 모았다. 대학시절과 이후 공군장교시절의 글은 「청춘」이라 하였고, 교수시절에 쓴 글들은 가장 많은 부분을 차지하고 있는데 이는 내용에 따라 「대학」, 「지역」, 「섬」으로 분류하였다.

글을 모아 놓고 현재 시점에서 들여다보니 글들이 다소 서툴거나-특히 대학 학창시절-, 지금의 상황과는 다른 점들이 눈에 띈다. 표현에서도 서툴고 대부분 사소한 개인적 삶의 흔적이지만, 한편으로 그 시절의 시대적 상황과 그 속에 살았던 주인공들의 생활과 사상思想을 엿볼 수 있는 대목이 될 수도 있다.

「3부」의 '인연' 부문은 당초 생각하지 않았으나, 퇴임기념을 위한 책 출간으로 방향을 갑자기 선회하게 되어 은사님과 주위 분들께 나와 관련된 내용의 글을 간행위원회에서 부탁드리게 되었다. 시간이 촉박한데도 많은 분들이 글을 보내 주셨는 바, 보내주신 분들의 마음을 자유로운 형식 그대로 담았다. 내용 중에는 과분한 칭찬도 있었지만, 지나온 나의 삶의 과정을 주위 분들의 눈을 통해 살펴볼 수 있는 아주 귀한 내용이었다. 감사드린다.
 이러한 귀한 마음을 한 권의 책으로 담아낼 수 있었던 일은 아주 잘한 선택인 것 같다.

 삶의 형성은 '선택'과 '감사'에 의해 이뤄져 가는 것이라 평소 생각해 왔다.
 똑 같이 주어진 시간에서 이를 어떻게 활용하느냐를 비롯해, 평소 누구와 관계를 갖고 어떤 것을 추구하느냐 등이 결국 그 사람의 현재와 미래를 결정하는 것이 아닐까 생각한다. 사람은 끝없이 사람과의 관계를 통해 거의 모든 것이 이루어져 간다. 이 과정에서 나에게 베풀어준 사람에 대한 감사를 늘 기억하고 사는 것이 인간의 삶의 기본이라고 늘 새겨왔다. 그러나 그렇게 생각하고 실천해 가고자 하면서도 잘 되지 않는 때가 많다.
 서양의 격언인 '은혜 받음은 대리석에 새기고 은혜 베풂은 모래밭에 새겨라'를 철들면서 부터 간직해오고 있지만 어렵다.

 지금까지 살아오는 과정에서 남긴 소소한 흔적들을 모아 이 책을 펴내면서 다음의 생각을 하게 된다.
 "앞으로 어떤 사람들과 인연을 통해 어떻게 살아갈 것인가? 그리고 또 다시 이 같은 책을 마련하게 된다면 어떤 내용으로 채워지게 될 것인가?"
 내가 태어나서 건강하게 삶을 누려왔고 삶의 아주 소중한 한 단계인 교수 생활의 정년을 맞기까지 연을 맺은 부모님과 가족·형제, 그리고 스승님을 비롯한 주위의 여러 분들께 감사드린다.
 특히, 이 책의 출간과 기념모임에 이르기까지 헌신적인 노력을 해 주신 간행위원회의 김판진 교수, 곽유석 박사, 이경아 박사, 정길식 님, 제자 김영민, 그리고 정년기념모임을 위해 노력해주신 도서문화연구원의 강봉룡 원장과 김경옥 교수께 감사드린다.

2018년 1월
눈 내리는 청계연구실에서

차례

발간의 글 | 삶의 과정은 선택과 감사 008

1부 연보

1. 약력 ··· 23
2. 활동 내역 ·· 26
3. 학술 연구 업적 ·· 41
4. 상훈·표창 ··· 56
5. 가족 일지 ··· 58

2부 청춘, 대학, 지역, 섬

1편 청춘과 대학_ 60

1. 낭만과 번민 : 대학 및 공군장교시절_ 60

작고 그리고 짧고 ·· 61
서간문 | '영'에게 ··· 63
서간문 | 산사山寺에서 – '영'에게 ··· 65
서간문 | 그 마지막 章 ··· 70
방학3제 : 고시준비 ··· 79

캠퍼스 정화에 부쳐 ··· 81
제1회 형사모의재판기 ·· 83
졸업유감 : [리포트] 학점으로 얼룩진 4년 ··· 90
공군칼럼 : 생각하는 생활 | 군의 사명과 자연보호 ································ 92
공군칼럼 : 생각하는 생활 | 봄과 질서秩序 ·· 94

2. 캠퍼스에서의 삶 : 대학교수 시절_ 96

제고되어야 할 공동의식 ·· 97
『清柔』 창간을 축하하며 ·· 101
생활 속의 거울 ·· 102
소망스러운 대학생활, 학문 그리고 여유와 멋 ····································· 105
제6회 목포대 볼링대회를 격려하며 ··· 108
높은 인품이 밖으로 소탈하게 전해오는 김영배 교장선생님 ················ 109
제7회 '지적인의 날' 학과장 격려사 | 더 큰 발전을 위한 한마당으로 ·· 111
새롭게 태어난 '목포대 소식'을 보고 ·· 113
교수칼럼 | 전남도청 이전, 목포대학 발전의 새로운 전기 ···················· 115
'빈집 순례'를 다시 시작하며 ·· 118
나의 '완도수고' : 학창시절과 이후의 삶 ··· 121
소주가 그리운 일본의 삶 ·· 128
50代 외국인의 일본어 공부와 所懷 ·· 132
내가 본 임병선 총장 : 평상에는 여유, 일에는 열정 ···························· 136
「지적심포지움 2010」과 「지적문제연구회」 창립총회 참가기 ··············· 141
지적인 칼럼 | 지적재조사사업의 성공적 추진 요건 ····························· 144
日本 '지적문제연구회地籍問題研究会' 창립을 축하하며… ····················· 147
"할아버지"라는 호칭을 들을 때 ··· 151
『지평』의 출간을 축하하며… ··· 155
조용한 사회 ··· 157
주말 농장 ·· 159
나의 섬 공부 : 세계 속의 도서문화연구원으로 ··································· 160
도서문화연구 30년 회고 : 초창기 도서문화연구소를 중심으로 ··········· 162

도서문화연구원의 더 높은 도약을 위해 ····· 170
한반도연구의 산실, 입명관立命館 대학 코리아연구센터 ····· 174

2편 지역과 섬_ 176

1. 지역발전과 삶의 질_ 176

지역사회와 의학 : 지역사회와 의사의 역할 ····· 177
지역 청년의 죽음과 지역의 고민 ····· 180
갈등과 여진을 남긴 시·군 통합 논의 - 목포시와 무안군 ····· 183
우리지역 문제점검(2) - 서남권 의료시설 |
   지역의 기본여건과 의료환경 측면에서 본 의대설립 타당성 ····· 194
지역 여건과 의료환경 측면에서 본 목포대 의대 설립 타당성 ····· 198
도청이전의 진행과정과 의미 ····· 208
당위성에 비추어 본 전남도청 이전 ····· 215
도청 이전이 확정되던 날 - 도의회 조례안 의결 참관기 | 역사의 현장, 그 곳에 있었다. ····· 219
지역에서 온 편지 : 예향의 도시, 목포의 눈물과 웅비 ····· 224
지역발전을 위한 큰 모임체로 더욱 발전하시길… ····· 231
지역발전을 위한 전문가 제언 |
   목포시 교통문화의식 향상 - 우리 모두 편안한 삶을 위해 ····· 233
'백목회실록白木會實錄'을 편찬하며 ····· 235
'광주·전남 통합논의'를 우려하며 ····· 239
국토공간상 목포의 역할과 발전방향 ····· 241
진정한 국토 균형발전을 위한 제언 ····· 247
투데이 포럼 : 대담 | 하당 신도심 공동화 어떻게 볼 것인가 ····· 249
광주·전남통합 입법 청원 등의 주장(행위)은 중단되어야 한다 ····· 250
'전남 기업사랑 경제살리기 대토론회'를 개최하며 ····· 252
영산강살리기, 보다 넓은 시각으로 ····· 254
교통사고를 줄여야 한다! ····· 257
친절은 가장 큰 지역발전의 동력이다! ····· 259
『지역발전사업 평가백서』를 발간하면서 ····· 260
2015년도 지역발전사업 우수사례 개요 ····· 263
국토종합계획의 실효성을 위한 가치 있는 연구 ····· 265
지역의 현실과 행복한 지역사회를 위한 과제 ····· 268

왜 우리지역에는 유력 대선주자가 없는 것인가 ·· 276
「영호남지역 발전을 위한 학술심포지움」을 축하하며 ······································ 278

2. 섬의 가치와 미래_ 280

멍 섬 ·· 281
눈 떠가고 있는 가능성의 국토 : 도서지역 ·· 284
완도지역 발전의 지렛대로서 역할을… ·· 286
섬지역의 실상과 가치 ·· 288
해당화 칼럼 | 연륙 이후 압해도 발전을 생각하며 ····································· 290
섬, 그 가치는… ··· 293
합리적인 섬 개발 시급하다 ··· 295
완도지역의 현재와 발전을 위한 제언 ··· 297
섬을 사랑하는 시인 ·· 308
섬의 특성을 바탕으로 한 연구와 정책이 절실하다 ···································· 312

3. 언론에 비친 신순호_ 318

도서를 통해 사회발전 방향 제시 ·· 319
'全南도청 이전 무엇이 문제인가' 토론회 ··· 320
완도 섬들 10년간 현지조사 | 신순호 교수 '도서지역의 주민과 사회' ····· 322
완도지역을 중심으로 - 도서지역의 주민과 사회 ······································ 323
'섬'… 그 무한한 가능성의 땅 ··· 324
목포대 신순호 교수 한국도시행정학회 회장 취임 ······································ 326
신인답지 않은 거물급 포진 ··· 327
신순호 교수 국가균형발전위 심포지엄 주제발표 ······································ 328
신순호 교수 : 도서개발사업 선정위원장 선임 ·· 329
문인들 신안 홍도 '규제 철폐' 나선다 ··· 330
섬 공동체 소득 높이고 섬 관광 육성 ·· 331
'지역균형 발전을 통한 국민통합 대토론회' 개최… 9월 8일 여의도 국회서 ······ 332
특성 비슷한 주변 섬 묶어 정부 주도로 공동개발 나서야 ························ 333
낙후된 호남 성장 특화 전략 만들 것 ·· 335
국가균형발전위해 낙후지역 예비타당성조사 면제해야 ··························· 336
인구감소지역 정책마련 공청회 개최 ·· 338
목포대 신순호교수 지발위 정책기획·평가위원장 선임 ························· 339
농어촌公 비상임이사에 신순호·이병기씨 ··· 340

획일 발전책, 낙후전북 해소 역부족 ··· 341
낙후지역 발전 위해 '경제적 효율성' 위주 틀 깨야 ··························· 343
목포대서 '섬의 정치학' 학술대회 열린다 ·· 345
완도 '좋은 군수 취임준비위' 출범··· 347
신순호 목포대 교수 '지역박람회' 근정포장 ·· 348
목포대 신순호, 지역발전위원회 평가자문단장 위촉 ······················· 349
목포-무안, 상시적 행정협의체 구성 시급 ·· 350
목포 신성장 동력 산업 연구기관 유치해야 ······································ 352
목포대 신순호 교수 '지역발전위원회 평가자문단장' 위촉 ············ 354

3부 인연因緣

1편 친자親炙_ 356

나와 신순호교수 / 김안제 ·· 357
우주 안에서의 인연 / 노춘희 ··· 359
인구감소에 대한 단상斷想 / 권원용 ·· 361
靑出於藍 / 문원호 ·· 364

2편 여선인與善仁_ 366

참 교육자 신순호 교수님의 인생 역정을 기리며 / 최 일 ················ 367
지역발전의 거목인 학자로 기억되실 겁니다. / 정순관 ····················· 369
왕성한 멀티플레이어로서 역할을 계속 해주시길 바라며 / 박성현 ········· 373
지역발전의 탁월한 학자와의 만남 / 윤장현 ··· 375
지역발전의 정책방향을 제시하는 나침반 같으신 분 / 박홍률 ········ 377
섬 문화의 돌파구를 열어주신 주역 / 신우철 ······································· 378
교수님과 함께 걷는 길, 새로운 영암 / 전동평 ···································· 380
교수와 군수의 세 번의 인연, 다섯 번의 만남 / 홍성열 ···················· 383
나와 닮은 꼴인 신교수님 / 우기종 ·· 386
천진한 나의 절친 신순호 선생 / 몽산 ·· 388

Allrounder, 정력의 불덩어리 신순호박사 / 서 승 ·· 389
증도회 회장에 취임하다. / 최소연 ··· 392

3편 연혜淵兮_ 394

섬으로 맺은 인연 / 강봉룡 ·· 395
교수님은 제게 '따뜻함' / 강성휘 ·· 399
승달산의 '신순호' / 강성희 ·· 401
밀도있게 풍성하게 삶을 살아오신 신교수님의 정년을 아쉬워하며 / 강순임 ········· 404
지역사회의 발전을 위해 큰 베풂의 행보를 멈추지 않길 바라며 / 강철수 ············· 406
지적분야의 수많은 제자들을 배출하신 도서지역 개발의 전문학자 / 강태석 ········· 408
곱게 접은 작은 손수건 / 고석규 ·· 411
댄디보이 신순호 / 곽유석 ··· 414
열정과 친화력의 대명사 신순호 교수님 / 기진서 ··· 417
어떤 시간 / 김명선 ·· 420
지적발전의 산 역사인 신순호교수 정년 송공사 / 김석종 ·································· 422
신순호 교수와 '섬사랑시인학교' / 김선태 ·· 424
비 내리는 호남선 종점에 사는 사람 / 김성옥 ·· 426
국가균형발전에 노력하고 헌신하신 모습을 이어가시길 바라며 / 김성훈 ············· 428
다시 보는 신교수의 열정과 다정다감한 인정, 전문성의 조화 / 김수철 ················ 430
멋진 추억으로 또다시 시작하는 신나는 인생을 응원합니다 / 김수현 ·················· 433
태평양 소년 신순호의 정년에 즈음하여 / 김승현 ·· 435
늘 호방하게 반겨주셨던 신교수님의 정년을 아쉬워하며 / 김신규 ······················ 437
멋쟁이 낭만주의자 / 김영민 ·· 440
테니스장에서 먹었던 점심 / 김영배 ·· 442
평생 섬 연구에 전념해온 신순호 교수 / 김용환 ·· 446
취미로 맺어진 우리의 우정! / 김인수 ·· 449
교수님과의 인연으로… / 김 일 ··· 451
내 인생의 터닝포인트로 기억될 신 처장님과의 만남 / 김일수 ··························· 454
좋은 인연과 우정 / 김재복 ·· 456
신교수님 정년을 맞이하여 아쉽고 서운한 마음에 울컥합니다 / 김정민 ··············· 458
친화형 리더십의 전형을 보여주신 신순호교수님 / 김정용 ································ 461
'도서지역의 주민과 사회'의 일독을 권하며 / 김창석 ······································ 463
섬 연구의 대가大家여! 섬이 되어 주십시오! / 김철영 ····································· 466

신교수님과의 인연은 내 인생의 행운 / 김판진	471
제자들의 영원한 등대 / 김하롱	473
인생 제2장의 출발에 힘찬 응원을 보냅니다!!! / 김현호	476
공통분모 / 박성현	480
おはようございます。ありがとうございます。 / 박정일	482
아낌없이 주는 나무 / 박정용	486
우리시대의 선비 신순호 교수 / 박종길	488
섬 조사로 맺은 인연 / 박종오	491
만질 수 있는 빛 / 박찬웅	496
신순호 교수와 나 / 박헌주	499
남북학술회의의 추억 / 변정용	501
내 마음속의 영원한 교수님 / 서용수	503
신순호 교수 정년에 부쳐 / 서해식	505
격의 없음으로 격을 만드는 사람, 신순호가 좋다! / 석 향	508
인생을 멋지게 사는 분 / 손영선	511
땅의 사람 신순호 / 송홍범	512
내 친구 신순호 / 신상익	514
어촌현장을 신순호 교수와 함께 다니던 추억 / 신영태	517
신순호 교수님, 자유인이 되세요! / 오병태	520
인생의 나침반 같은 신순호 교수님 / 오창석	522
소빙화消冰花와 치자 꽃 미소 / 용창선	524
수구초심首丘初心 / 유송석	529
현장중심의 진실된 학자 신교수님 / 유창호	531
정년을 맞이하는 대학원 동기에 대한 회상 / 윤상호	533
녹차와 커피에 담긴 철학 / 윤승중	535
전남도청이전 사업의 산증인 / 윤영기	538
친구 신순호 교수의 정년을 축하하면서… / 이강건	541
놀라운 '열정'과 대단한 '정열'을 소유하신 신교수님 / 이경아	545
청해진이 낳은 신순호 / 이기환	547
친구 순호 / 이석순	550
마음이 통하고, 대화가 통하고, 오래된 친구처럼 편안한 신순호교수님 / 이성길	553
충도忠島의 회상回想 / 이성호	555
중용의 정신을 닮아 과하지 않는 아름다움으로 표현할 줄 아는 멋스러운 분 / 이영팔	559
지적학계의 거목이신 교수님의 아름다운 모습을 그리워하며 / 이왕무	562

내가 만난 신순호 교수 / 이재언 ·········· 564
당신은 나의 소중한 친구 / 이재철 ·········· 566
새로운 꿈과 이상을 향해 도전하는 출발점인 영예로운 정년 / 이진웅 ·········· 569
역동의 시대를 함께한 동료에게 박수를 보내며 / 이천우 ·········· 571
너털웃음으로 행복을 부르는 낙천주의자, 신순호교수 / 이헌종 ·········· 576
이순耳順의 아름다운 청년 / 임재택 ·········· 578
우리들의 마음은 항상 청춘인데 / 임채관 ·········· 581
사람냄새 풍기는 친근감을 겸비한 신순호교수님 / 임헌정 ·········· 583
선배님의 은퇴가 곧 새봄의 시작이고 찬란한 일출의 이유가 되길 / 임형준 ·········· 586
교수님과의 인연을 생각하면서 / 전경란 ·········· 589
추억 속에 만난 그대 / 정구권 ·········· 592
나의 멘토 신순호교수님의 정년을 축하하며 / 정기영 ·········· 594
내 마음 속 설해목雪害木, 신순호 교수님 / 정길식 ·········· 597
또 다른 시작을 응원하며 / 조강석 ·········· 599
깊은 맛을 함께 만들어가는 인연 / 조만승 ·········· 601
강원도 춘천에서 보내는 편지 / 지경배 ·········· 603
다시 '지역'을 생각하며 / 최규종 ·········· 605
사람을 움직이는 힘은 기술이 아니라 인격에서 나옵니다 / 최남용 ·········· 608
지역개발 거장으로 함께한 시간 / 최영수 ·········· 613
중국 일대일로 정책에 대한 말레이시아의 대응 / 홍석준 ·········· 615
한·일 지적계地籍界의 가교架橋: 신순호 교수 / 戶田和章 ·········· 620

1부

연보

1. 약력
2. 활동 내역
3. 학술 연구 업적
4. 상훈·표창
5. 가족 일지

연보

1. 약력
2. 활동내역
3. 학술연구업적
4. 상훈·표창
5. 가족일지

1. 약력

1) 기본사항
본   적 : 전라남도 완도군 금일읍 충동(충도)리 334
현주소 : 전라남도 목포시 양을로 220번길 7-1
출   생 : 1952년 10월 27일(음)
　　　　부친 신부국申富局과 모친 정봉진丁鳳珍의 2녀 3남중 넷째로 출생

2) 학력
1958.04~1964.02.	충도초등학교
1967.	고등학교 입학 검정고시합격
1968.03~1971.02.	완도수산고등학교
1971.03~1975.02.	국민대학교 법학과(법학사)
1975.03~1976.02.	연세대학교 행정대학원 도시행정전공
1976.03~1982.02.	서울대학교 환경대학원 환경계획학과(도시계획학 석사)
1986.03~1992.02.	서울시립대학교 도시행정학과(행정학박사)

3) 주요경력
☐ 기본 경력

1977.03~1981.07.	공군장교 복무 – 공군대위(공군대학 교관, 공군3훈련비행단 병력관리장교)
1981.08~1982.02.	지방행정연구소 수석연구원
1982.03~1985.02.	청주대학교 사회과학대학 교수(전임대우 및 전임강사)
1985.03~2018.	현재 목포대학교 교수(전임강사. 조교수. 부교수. 교수)

2008.08~2009.12.　　　　일본 리츠메이칸立命館대학 방문 연구교수

☐ 주요 대회 활동(국가 및 공공기관)
1983.5~2016.08.　　　　광주, 전남, 충북 지방공무원 교육원 외래강사
1989. 1995. 1999. 2000　국가(고등)고시·지방고등고시·5급승진·5급공무원 시험 위원(총무처, 행정자치부)
1990.01~2018 현재　　　전라남도 도시계획위원(1993.12~2013.09) 외 다수의 위원회 위원
1993.12~2008.12.　　　KBS목포방송국 시청자위원회 위원 및 '05년 위원장
1996.02~2008.01.　　　행정자치부 정책자문위원(행정자치부장관)
2004.09~2014.11.　　　전라남도 정책위원회 부위원장(전라남도지사)
2007.03~2015.04.　　　행정자치부 자체평가위원 및 지역발전분과 위원장(행정자치부장관)
2013~2015.09.　　　　지방자치인재개발원(지방행정연수원) 외래강사
2013.07~2017.07.　　　대통령직속 지역발전위원회 위원(대통령)
2013.09~2017.07.　　　대통령직속 지역발전위원회 정책기획평가전문위원회 위원장(지역발전위원회 위원장)
2013.12~2016.01.　　　한국농어촌공사 이사(농림축산식품부 장관)
2014.01~2017.12.　　　대통령직속 지역발전위원회 평가자문단장(지역발전위원회 위원장)
2014.08~2018 현재　　　국토정책위원회 위원(국무총리)
2015.03.04~2015.12.31.　광복70년 기념사업추진위원회 위원(국무총리)

☐ 학교 및 학술 주요활동
1996.03~1998.06.　　　대한국토·도시계획학회 광주전남지회 회장(98.07~ 명예회장, 현재 고문)
1996.03~1998.02.　　　기획연구실 부실장
2002.01~2013.12.　　　제주학회 부회장

2003.04~2005.02.	목포대학교 사회과학부장(교무위원)
2003.06~2004.08.	한국지적정보학회 회장(04.09~ 명예회장, 현재 고문)
2004.05~2006.06.	한국도시행정학회 회장(06.07~ 명예회장, 현재 고문)
2005.03~2006.02.	목포대학교 평생교육원장
2005.08~2006.02.	전국국공립대학교 평생교육원장협의회 회장
2006.03~2008.02.	목포대학교 기획협력처장
2007.01~2008.02.	전국 대학교 기획처장협의회 부회장
2007.02~2013.06.	목포상공회의소 서남권경제발전연구원 원장
2007.04.06~	학교법인 세림학원(성화대학) 임시 이사장
2010.10.03.~	일본 地籍問題硏究會 발기 회원
2011.12~2012.12.	한국지적학회 회장(13.01~ 명예회장, 현재 고문)
2013.03~2018.02.	임해지역개발연구소 소장
2013.01~	현재, (사)목포백년회 서남권발전연구원 원장

□ 주요 상훈

1994.05.15.	완도군민의 상(지역개발 부문)
1995.03.08.	목포대학교 총장 표창 외 4회('98, '05, '15, '17)
2000.12.30.	전라남도지사 표창 외 3회('01, '02, '03)
2002.04.17.	한국지적정보학회장 공로상(기타 한국도시행정학회, 한국지적학회 공로상)
2014.02.12.	안전행정부장관 표창
2014.12.03.	근정포장

2. 활동 내역

1) 학회 및 학술 관련

1991~	한국지적학회 회장(2011.12~2012.12), 명예회장, 부회장, 이사, 감사, 학회지편집위원, 현재 고문
1991.02~1995.07.	한국도서(섬)학회 감사, 이사
1993~	대한국토·도시계획학회 광주전남지회 회장(96.03~98.06.), 부회장, 상임이사, 현재 고문
1996.01~	한국지역개발학회 이사
1996.03~	한국도시행정학회 회장(04.05~06.06.), 부회장, 이사, 학회지편집위원, 현재 고문
1997~	대한국토·도시계획학회 이사, 학회지 편집위원
1999.04~	한국지적정보학회 회장(03.06~04.08), 명예회장, 부회장, 이사, 현재 고문
2002.01~2013.12.	제주학회 부회장(02.01~03.12.), 이사
2007.2~2013.06.	목포상공회의소 서남권경제발전연구원 원장
2013.01~	(사)목포백년회 서남권발전연구원 원장

2) 목포대학교 내 활동

1985.03~	목포대학교 전임강사, 조교수, 부교수, 교수
1986.07~2018	현재, 도서문화연구원(소) 연구위원 및 운영위원
1996.03~1998.02.	기획연구실 부실장
2003.04~2005.02.	사회과학부장(교무위원)
2005.03~2006.02.	평생교육원장

2006.03~2008.02.   기획협력처장
2010.10.03.~   일본 地籍問題研究會 발기 회원
2013.03~2018.02.   임해지역개발연구소 소장

3) 학교 외 국내활동 (* 활동관련 자료 미비로 활동일자가 일부 누락 및 중복되는 경우가 있음)
1983.03~1991.   한국산업인력관리공단 국가기술자격검정시험 출제전문위원
1983.05~1986.10.   충청북도 공무원교육원 외래강사
1985.01~   충청남도, 부산광역시, 광주광역시, 경기도, 전라북도 지방
                    공무원 임용시험출제 위원
1985.9~1996.   전라남도 공무원교육원 외래강사
1985.11~1995.   한국토지공사 전남지사 자문위원
1987.01~1999.01.   목포 도시계획위원회 위원
1987.03~1999.12.   광주광역시 공무원교육원 외래강사
1989.01~   5급 이상 공무원 임용시험 출제위원
1990.08~1998.   목포시 개항백주년기념사업회 전문위원 및 추진위원

1991.01~1992.12.   목포신문 논설위원
1992~1908.08.   신안군 부동산(토지)평가위원
1993.09.14~   광주·전남사료조사연구회 연구위원(광주·전남사료조사
                    연구회장)
1993.12.20~2009.9.3; 2010.3.26~2011.9.4; 2011.9.5~2013.9.4.
                    전라남도 지방도시 계획위원회 위원(전라남도지사)
1994.01~1997.12.   KBS목포방송국 시청자위원회 위원
1994.09.13~   지방공채 필기시험위원(전라북도 인사위원회)
1994.10~1996.10.   법무부 광주 보호관찰협의회 목포지회 자문교수
1994.11.01.   광주일보사 고향사랑 운동본부 자문위원(광주일보사 사장)
1994.12~1995.12.   농산어촌종합정비사업 자문위원(농어촌진흥공사장)
1995.11.04~   총무처 시행 국가고시 시험위원(총무처 장관)

1995.02.13~	전남경제한아름키우기사업 자문위원회 위원(전라남도지사)
1995.09.18~1999.10.	전라남도 민자유치사업심의위원회 위원(전라남도지사)
1995.10.13~	지방고등고시 시험출제위원(도시행정론) (내무부장관)
1996.05~2005.	한국섬사랑회 회장
1996.01.01~	전라남도 도시계획위원회 위원(전라남도지사)
1996.01.30.~1998.07.	내무부 정책자문위원회 위원(내무부장관)
1996.07.08~	전라남도 공무원 교육강사; 도서개발반(전라남도지방공무원 교육원장)
1996.10~2005.	법무부 범죄예방자원봉사위원회 위원, 전남목포지역·지구협의회 자문위원
1996.12.20~1999.03.	목포포럼 공동대표
1996~2002.12.	목포시 수산조정위원회 위원
1996~1999.	무안군 수산조정위원회 위원
1997.01.24~	목포의제 21 추진을 위한 준비위원(목포시장)
1997.03~1999.07.	한국지적학과교수협의회 부회장
1997.06.26~	서남방송 시청자 자문위원(서남방송 대표이사)
1997.10.31~	2010해양엑스포 전라남도유치위원회 위원(해양엑스포전라남도유치위원회)
1997.12.20~	전라남도 토지이용심사위원회
1998.01.01~1999.12.31.	전라남도 도시계획위원회 위원(전라남도지사)
1998.04.14~	(사)목포백년회 서남권발전연구원 연구위원(목포백년회 이사장)
1998.02.13~	무안반도대통합추진위원회 위원(무안반도대통합추진위원회 위원장)
1998.10.30~	완도군 발전위원회 위원(완도군발전위원회 위원장)
1999.03.24~	전라남도 지적행정모니터 요원(전라남도지사)
1999.05.07~	전라남도 관광자문평가위원단 위원(전라남도지사)

1999.08.20~	성곡 김성곤선생 동상건립위원회 상임위원(성곡 김성곤선생 동상건립위원회 위원장)
1999.08.20~	남악신도시개발을 위한 마스터플랜 자문위원(전라남도지사)
1999.08~2001.07.	한국지적학과교수협의회 감사
1999.09.16~	제8회 지방행연수대회 연구논문심사위원(전라남도지방공무원교육원장)
1999.10.08~2001.10.	영산강환경관리청 사전환경성검토 및 환경영향평가 전문위원
1999.12.01~	목포경찰서 행정발전위원회 행정발전분과위원장
2000.01.01~2001.12.31.	전라남도 지방도시계획위원회 위원(전라남도지사)
2000.02.01~	전라남도 토지이용 심사위원회 위원(전라남도지사)
2000.01.15~2001.12.31.	목포교통문화시민협의회 대표회장
2000.04.09~2001.04.08.	전라남도 관광자문평가위원(전라남도지사)
2000.05.25~	전라남도 공익사업 선정위원회 위원 및 위원장(전라남도지사)
2000.08~2002.07.31.	전라남도 투자심사위원회 위원(전라남도지사)
2000.09~	완도군투자심사위원회 위원(완도군수)
2000.10~	제 9회 지방행정연수대회 연구논문 심사위원(전라남도지방공무원교육원장)
2000.11~	일반승진 및 특채·전직 시험 위원(행정자치부)
2000.01~2002.12.	목포경찰서 교통규제 심의위원회 위원(목포경찰서장)
2001.01.31~	KBS방송국 시청자위원(한국방송공사 목포방송국장)
2001.03.27~	목포시 시정발전을 위한 관·학협의회 위원(목포시장)
2001.04.09~2003.04.08.	전라남도 관광자문평가위원단 위원(전남지사)
2001.04.20~	문화관광부축제, 도대표축제 선정을 위한 지역축제평가단 평가위원(전라남도)
2001.05.31~	신안군 토지평가위원회 위원(신안군수)
2001.07.25~2004.07.24.	법무부 범죄예방자원 봉사위원 목포지역 협의회위원(법무부장관)

2001.10.08~2002.10.07.	사전환경성검토 및 환경영향평가 전문위원회 위원(영산강환경관리청장)
2002.01.01~	목포교통문화시민협의회 명예회장
2002.01~	전라남도 지방지적위원회 위원
2002.01.01~2003.12.31.	전라남도 도시계획위원회 위원(전라남도지사)
2002.01.31~	KBS목포방송국 시청자위원(한국방송공사 목포방송국장)
2002.02.25~	남악신도시 건설설계자문위원(전라남도지사)
2002.03~	목포경찰서 행정발전위원회 행정발전분과위원장
2002.03~2006.03.	지적장학회(재단법인) 이사
2002.03~2006.04.	섬문화연구소(섬문화시인학교) 소장
2002.04.09~2003.04.08.	전라남도 관광자문평가위원(전라남도지사)
2002.07.01~	전라남도용역심의위원회 위원(전라남도지사)
2002.08.30~	국회환경포럼 친환경농업특구 지정 및 지원을 위한 특별위원회 위원(국회환경포럼회장)
2002.09.01~2004.08.31.	전라남도 토지이용심사위원회(전라남도지사)
2002.10.08~2003.10.07.	사전환경성검토 및 환경영향 평가 전문위원회 위원 (영산강유역환경청장)
2002.11.18~	목포시 시정발전을 위한 관·학 협의회 위원(목포시장)
2003.01~2005.12.	목포경찰서 교통규제 심의위원회 위원(목포경찰서장)
2003.01.24~	KBS목포방송국 시청자위원(KBS한국방송 목포방송국장)
2003.03.03~	공무원채용시험위원(경기도지사)
2003.04~	목포시 민자유치사업심의위원회 위원(목포시장)
2003.04.11~	전라남도 용역심의위원회 위원(전라남도지사)
2003.05~	광주전남비전21 포럼위원
2003.05.20~2005.05.19.	전라남도 투자유치협의회 위원(전라남도지사)
2003.07.01~	전라남도 지방지적위원회 위원(전라남도지사)
2003.09~	지방공무원 제한경쟁특별임용시험 문제출제 위원(전라북도 인사위원회)

2003.09.29~	지방공무원 특별임용필기시험위원(전라북도인사위원회)
2003.10.14~	목포시 시정발전을 위한 관·학 협회회 협의위원(목포시장)
2003.11.10~	서남권발전연구원 정책연구실장((사)목포백년회 이사장)
2004.01.01~12.31.	사전환경성검토 및 환경영향평가 전문위원회 위원(영산강유역환경청장)
2004.01.27~	KBS목포방송국 시청자위원(KBS한국방송 목포방송국장)
2004.01.30~	전라남도 도시계획 위원회 위원(전라남도 도시계획위원회)
2004.03.31~	무안군 부패방지시범사업 추진 제도개선 자문위원(무안군수)
2004.04.22~	남악신도시건설 자문위원(전라남도지사)
2004.04.28~	국립공원관리공단 다도해해상국립공원관리협의회 위원 (국립공원관리공단 다도해해상서부사무소장)
2004.05.14~	남악신도시 건설자문회의 위원(전라남도지사)
2004.05.17~	완도군 투자심사위원회 위원(완도군수)
2004.05.18~	목포시 도시계획조례 공동연구위원회 위원
2004.05.31~	신안군 토지평가위원회 위원(신안군수)
2004.07.01~2005.06.30.	행정자치부 정책자문위원회(균형발전분과) 위원(행정자치부장관)
2004.07.13~	전라남도투자유치협의회 위원(전라남도지사)
2004.08.17~2006.08.16.	전라남도용역심의위원회 위원(전라남도지사)
2004.09.01~	무안군 부패방지제도개선 자문위원(무안군수)
2004.09.16~	관학협의회 도시교통위원회 위원(목포시장)
2004.09.18~2006.09.17.	전라남도 정책자문위원회 부위원장(전라남도지사)
2004.10.04~	한국전력공사 외부강사 특별강연(한국전력공사 목포지점장)
2004.11.23~	보령섬지역개발 장기발전계획수립 자문위원(충남발전연구원)
2004.12.01~	제48회 전라남도 문화상 학술부분심사위원 및 부위원장 (전라남도지사)
2004.12.02~	무안군 감사위원(무안군수)
2004.12.30~	옹진군 종합발전계획수립 연구 자문위원(국토연구원장)

2005.01.01~2006.12.31.	전라남도 공익사업선정위원회 위원(전라남도지사)
2005.01.01~2006.12.31.	사전환경성검토 및 환경영향평가자문위원 (영산강유역환경청장)
2005.01.18~	목포지역 범죄피해자지원센터 화해중재위원회 위원
2005.01.27~	KBS목포방송국 시청자 위원(KBS한국방송 목포방송국장)
2005.01~2006.12.	KBS목포방송국 시청자위원회 위원장(KBS한국방송 목포방송국장)
2005.01.18~	목포지역 범죄피해자지원센터 화해중재위원회 위원
2005.04.01~	민간단체(NGO) 공익활동 지원사업 선정 심사(전라남도행정자치과)
2005.04.08~	남악신도시 건설자문위원(전라남도지사)
2005.04.19~	2005년도 공익사업선정위원회 위원장(전라남도지사)
2005.08.01~2006.02.	전국국공립대학교 평생교육원장협의회 회장
2005.05.13~	전라남도 투자유치협의회 위원(전라남도지사)
2005.07.07~2007.07.06.	해남군 기업도시협의회 위원(해남군수)
2005.08~	4.19 문화원 자문위원(사단법인 4.19 문화원)
2005.09.05~2007.09.04.	전라남도 도시계획위원회 위원(전라남도지사)
2005.09.26~	5급 일반승진시험 출제위원(중앙인사위원회위원장)
2005.11.07~	목포시 원도심개발 자문위원회 위원(목포시장)
2005.12.21~	국민대학교총동문회 이사
2006.01.01~	전라남도 지방지적위원회 위원(전라남도지사)
2006.01.18~2007.01.17.	행정자치부 정책자문위원회(균형발전분과) 위원(행정자치부장관)
2006.01~2008.12.	목포경찰서 교통규제 심의위원회 위원(목포경찰서장)
2006.02.18~	서울특별시 시험 위원(서울특별시제1인사위원회 위원장)
2006.03~	가고싶은섬 자문위원(한국문화관광정책연구원)
2006.03~	국회환경포럼 친환경농업 특구지정 및 지원 특별위원회위원

2006.06.29~	다도해해상국립공원관리협의회 위원(국립공원관리공단 다도해해상서부사무소장)
2006.08.17~2008.08.16.	전라남도용역심의위원회 위원(전라남도지사)
2006.09.27~	전라남도 지방행정연수대회 연구논문심사위원(전라남도지방공무원교육원장)
2006.10.23~2008.10.22.	전남발전정책자문위원회 부위원장(전라남도지사)
2006.10.24~	도서관 운영위원회 위원(목포시립도서관장)
2006.11.09~2008.12.	도서개발심의회 위원(행정자치부)
2006.11.21~	신안군 행정정보공개 심의위원회 위원(신안군수)
2006.12.26~	전라남도 투자유치협의회 위원(전라남도지사)
2007.01~2008.01.	전국대학교 기획처장협의회 부회장
2007.01.18~2008.01.17.	행정자치부 정책자문위원회(균형발전분과) 위원(행정자치부장관)
2007.03.26~2009.05.30.	행정안전부 자체평가위원회 위원(행정안전부장관, 행정자치부장관)
2007.02.13~2009.02.12.	목포상공회의소 서남권경제발전연구원장
2007.04.05~	국가균형발전사업 평가위원회 위원(국가균형발전위원장)
2007.04.06~	학교법인 세림학원(성화대학) 임시 이사장
2007.05.22~2008.05.21.	도서개발사업 선정위원회 위원(행정자치부장관)
2007.06.01~	한국여성유권자전남연맹 자문교수(한국여성유권자전남연맹지부회장)
2007.07.01~2008.06.30.	목포시립도서관 자료선정위원(목포시립도서관장)
2007.07.01~2009.06.30.	목포시 지방세 심의회 위원(목포시장)
2007.08.21~2009.08.20.	전라남도 투자유치협의회 위원(전라남도지사)
2007.09.04~2009.09.03.	전라남도도시계획위원회 위원(전라남도지사)
2007.09.14~	진도군 투자유치위원회 위원(진도군수)
2007.10.26~	전라남도용역심의위원회 위원(전라남도지사)
2007.10.29~2009.10.28.	신활력지역 지원 사업 자문위원회 위원(국가균형발전위원회

	위원장)
2007.11.23~	진도군 군정자문교수단 위원(진도군수)
2008.01.30~	KBS목포방송국 시청자위원(KBS한국방송 목포방송국장)
2008.02.04~	전남개발공사 경력인사채용 외부전형위원
2008.03.06~	신안군 지역혁신 협의회 위원(신안군수)
2008.03.17~	호남권 시, 군 현장컨설팅 자문위원
2008.03.25~2010.03.24.	전라남도 시장정비사업심의위원회 위원
2008.03.27~	교통규제심의위원회 위원(목포경찰서장)
2008.04.28~	도서개발심의위원회 위원(행정안전부장관)
2008.05.14~	남해안관광클러스터 개발사업 위원(한국문화관광연구원장)
2008.05.20~	신안군 부동산평가위원회 위원(신안군수)
2008.05.28~	다도해해상국립공원협의회 위원(국립공원관리공단 다도해해상국립공원서부사무소장)
2008.06.04~	경상북도 도청이전평가단 평가위원(경상북도 도청이전추진위 위원장)
2008.06.19~	섬관광 활성화 방안을 위한 포럼 위원(문화체육부장관)
2008.07.01~2012.06.30.	학교법인 문태학원 이사(학교법인 문태학원 이사장)
2008.08~2009.12.01.	일본 立命館(리츠메이칸)대학 방문 연구교수
2008.12~	도서개발심의회 위원(행정자치부)
2009.02.12~2013.06.20.	목포상공회의소 서남권경제발전연구원장
2009.06.12~	농산업 및 기업지원을 위한 전문컨설턴트(한국농어촌공사장)
2010.03.02~2012.02.28.	전라남도 지방지적위원회 위원(전라남도지사)
2010.03.26~2011.09.04.	전라남도 도시계획위원회 위원(전라남도지사)
2010.04.27~2011.04.26.	전라남도 영산강·섬진강 살리기정책자문단 위원(전라남도지사)
2010.05.11~	신안군 선거방송토론위원회 자문위원(신안군방송토론위원회)
2010.05.26~2012.05.25.	전라남도 공간정보체계 공동협의회 위원(전라남도지사)
2010.06.30~	전남발전연구원장후보자 심사위원회 위원장(전남발전연구

	원이사장)
2010.07.01~2011.03.31.	행정안전부 자체평가위원회(지역발전정책분과) 위원(행정안전부장관)
2010.09.20~2013.09.19.	전라남도 지명위원회 위원(전라남도지사)
2010.10.11~2012.10.10.	전남정책위원회 부위원장 및 지역개발전문위원 (전라남도지사)
2010.12.23~2012.12.22.	전라남도 관광발전협의회 위원(전라남도지사)
2010.12.28~2012.12.31.	광주전남 공동혁신도시 자족형 교육거점 구축사업 교육전문가 위원
2011.01.01~2011.12.31.	대통령직속 지역발전위원회 평가자문단 위원(지역발전위원회위원장)
2011.01.12~	영산강 미래위원회 위원(전라남도지사)
2011.03.04~	전라남도 산업단지계획 심의위원회 위원(전라남도지사)
2011.05.01~2013.02.28.	행정안전부 자체평가위원회 지역발전분과 위원(행정안전부장관)
2011.07.01~2013.06.30.	목포시 지방세심의위원회 위원(목포시장)
2011.07.18~	찾아가고 싶은 섬 및 평화 생태마을조성사업 자문위원(행정안전부)
2011.07.26~	교육역량강화 지원 사업 평가위원(한국연구재단)
2011.09.05~2013.09.04.	전라남도도시계획위원회 위원(전라남도지사)
2011.10.01~2012.09.30.	국민대학교 총동문회 이사(국민대학교총동문회 회장)
2011.12.08~	행정안전부자체평가위원회 분과위원장(행정안전부장관)
2012.01.01~2012.12.31.	지역발전위원회 평가자문단 위원(지역발전위원회위원장)
2012.02~	지역진흥재단이사장 추천위원회 위원장
2012.02.06~2013.02.05.	전라남도 마을기업운영위원회 위원(전라남도지사)
2012.03~	한국농어촌공사 전남지역본부 농어촌지역개발 광역거버넌스협의회 위원

2012.04.01~	신해양수산부처 추진 범국민운동전국연합 공동대표
2012.05~	진도군 일반농산어촌개발사업 발전협의회 위원
2012.05.14~	진도군 오일시권역 단위종합정비사업의 발전협의회 위원장 (진도군수)
2012.05.26~2014.05.25.	전라남도 공간정보공동협의회 위원(전라남도지사)
2012.08.26~	한국차문화협회 자문위원(한국차문화협회 이사장)
2012.09.18~2014.09.17.	전라남도 지적재조사위원회 위원(전라남도지사)
2012.11.01~2014.10.31.	전라남도 용역심의위원회 위원(전남도지사)
2012.11.15~2014.11.14.	전남정책위원회 부위원장(전라남도지사)
2012.12.15~2015.12.14.	무안군 부동산평가위원(무안군수)
2012.12.21~2014.12.31.	전남관광발전협의회 위원(전라남도지사)
2013.01~2018 현재	(사)목포백년회 서남권발전연구원 연구원장(목포백년회 이사장)
2013.01.11~	지역발전위원회 평가자문단 위원(지역발전위원회위원장)
2013.02.17~2015.12.31.	(사)작은문화모임 부회장
2013.03.04~2014.02.28.	전라남도 마을기업운영위원회 위원(전라남도지사)
2013.05.01~2015.04.30.	행정안전부 자체평가위원회 위원
2013.05.27~	목포시 행정정보공개심의 위원회 위원(목포시장)
2013.07.01~2015.06.30.	지방세 심의위원회 위원(목포시장)
2013.07.08~2015.07.07.	대통령직속 지역발전위원회 위원(대통령)
2013.09.10~2014.09.09.	지역발전위원회정책·기획·평가 전문위원회위원장(지역발전위원회위원장)
2013.09.20~2016.09.19.	전라남도 지명위원회 위원(전라남도지사)
2013.12.04~2016.02.	한국농어촌공사 이사(농림축산식품부장관)
2014.01.01~2014.12.31.	지역발전위원회 평가자문단장(지역발전위원회위원장)
2014.06.16~	민선 6기 완도군 좋은 군수 취임준비위원회 위원장(완도군수)
2014.06.20~2015.12.31.	(재)장애인기업종합지원센터 희망-PLUS 정책포럼 자문위원((재)장애인기업종합지원센터이사장)

2014.07.10~2016.07.09.	전라남도 공간정보공동협의회 위원(전라남도지사)
2014.08.19~2016.08.18.	국토정책위원회 위원(국무총리)
2014.09.10~2015.09.09.	지역발전위원회 정책·기획·평가전문위원회위원장(지역발전위원회위원장)
2015.03.04~	광복70주년기념사업 추진위원회 위원(국무총리)
2015.01.01~2015.12.31.	지역발전위원회 평가자문단장(지역발전위원회위원장)
2015.07.08.~2017.07.07.	대통령직속 지역발전위원회 위원(대통령)
2015.12.15~	완도군 출자·출연기관 운영 심의위원회 위원(완도군수)
2016.01.01~2016.12.31.	지역발전위원회 평가자문단장(지역발전위원회위원장)
2016.08.26~2018.08.25.	국토정책위원회 위원(국무총리)
2016.09.01~2018.08.31.	전라남도의회 의정자문위원회 위원(전라남도의회의장)
2016.09.10~2017.09.09.	지역발전위원회 정책기획·평가전문위원회 위원장(지역발전위원장)
2016.11.02~2018.11.01.	전라남도정책자문위원회 지역개발분과 위원(전라남도지사)
2017.01.01~2017.12.31.	지역발전위원회 평가자문단장(지역발전위원장)
2017.01.24~2019.01.23.	노후거점산업단지 경쟁력강화추진위원회 위원(국무총리)
2017.05.31~2019.05.30.	보성군정책연구용역 심의위원회 위원(보성군수)
2017.06.01~2020.05.31.	고선박복원과 전통선박 재현 및 관리·운영·사업 심의위원(국립해양문화재연구소장)

4) 기타 사회활동

1996.01~2005.12.	한국섬사랑회 회장
1996.12~1999.03.	목포포럼 공동대표
2000.01~2001.12.	목포교통문화시민협의회 대표회장
2002.03~2006.04.	섬문화연구소(섬문화시인학교) 소장
2003.05~2009.12.	광주전남비전21 포럼위원
2012.04~2012.12.	신해양수산부처 추진 범국민운동전국연합 공동대표

2012.08~　　　　　　　(사)한국차문화협회 자문위원
2013.02.17~　　　　　(사)작은문화모임 회원(부회장 2013.02.17~2015.12.31.)

5) 해외 활동 (* 자료관계상 2000년 이후 활동사항)

2000.07.11~07.17.　　장보고해양루트와 중국문화답사단 인솔, 중국 엔타이·청도
2001.10.21~10.27.　　해양문화와 관련항 교류 및 협력방안 협의, 중국
2002.11.20~11.23.　　목포·상하이 국제여객선취항기념 상하이 출항 시승단 참석, 중국
2003.02.17~02.22.　　학진 중점연구소 지원 사업수행 및 국동해양연구소 학술교류, 러시아
2003.06.29~07.09.　　유럽지역발전 및 문화비교연구, 독일·스위스·이탈리아·프랑스·영국
2004.06.24~06.27.　　목포대학교 사회과학부 교수 연수 책임, 필리핀
2004.07.14~07.19.　　학진 중점연구소 지원 사업 수행(도서문화연구소), 일본 나가사키
2004.12.23~12.28.　　중국 주산군도의 해양민속조사연구의 기반 조성, 중국 상해 재경대학 외 2개 대학
2005.06.24~06.27.　　평생교육원 원우회 학생 해외연수 지도 및 인솔, 중국 상해·장가계
2005.07.27~08.03.　　남태평양국가 지역발전 및 문화비교연구, 뉴질랜드·오스트렐리아
2005.10.06~10.11.　　일본 평생학습 연수를 통한 우수사례 벤치마킹 및 교류사업 추진, 일본 돗토리현, 교토 리츠메이칸대학
2006.07.10~07.16.　　중국대학과의 학술교류 협정 및 교류협력, 중국(청도 해양대·상해대·엔타이대)
2006.08.05~08.10.　　지역발전 및 관광분야 학술활동, 몽골
2007.07.18~07.24.　　유학생 유치 관련 업무, 중국 청도 등

2007.10.21~10.25.	한중학술심포지엄 학술교류단 단장, 중국 엔타이대학
2007.12.09~12.15.	국제학술교류 협정 및 학술연구, 일본 교토·나고야대학
2008.02.25~02.28.	학생교류협의 및 협정, 일본 기후대, 리츠메이칸대
2008.07.17~07.19.	섬지역의 문화와 지역학술 활동(도서문화연구원), 일본 쓰시마
2008.08.25~2009.12.01.	지역정책 및 토지제도에 관한 비교 연구, 일본 리츠메이칸대학 방문교수
2010.08.06~08.13.	학술교류, 일본 교토
2010.09.30~10.04.	지적 심포지움 참석 및 도서문화 HK 관련 자료수집과 현지조사, 일본 도쿄 일본토지가옥조사연합회
2011.01.15~01.25.	일본 리츠메이칸대학과의 학술교류 및 학술연구, 일본 교토 학술발표·도쿄 사카지마
2011.02.23~03.03.	광주전남공동혁신도시 교육거점 구축을 위한 국외우수사례 조사 및 분석, 미국 및 캐나다
2011.04.22~04.27.	학술대회 참가 및 현지답사(도서문화연구원), 일본가고시마대학·류큐대학
2012.01.25~02.07.	일본 낙후지역개발과 토지제도 정책 및 실제 적용사례 연구, 일본 도쿄 가쿠에이대학, 코오지마
2012.07.25~08.01.	일본의 토지제도 및 낙후지역개발에 관한 정책 등 파악, 일본 교토, 일본지적문제회 발표
2012.12.14~12.17.	제8회 해양도시 국제심포지움(일본 나가사키대학) 참가, 일본
2013.07.22~07.29.	일본 토지가옥조사협회 참석, 일본 리츠메이칸대학/나오시마 학술자료수집
2013.11.17~11.20.	영국과 EU지역발전 정책동향 조사, 영국·이탈리아
2014.06.18~06.24.	일본 토지가옥조사협회 방문 및 연구토의, 일본
2014.10.05~10.12.	EU지역발전 정책동향 조사, 벨기에 및 영국
2015.07.18~07.23.	중국 하이난도 하계 공동학술 답사, 중국
2015.11.06~11.19.	한국농어촌공사 남미지역 해외 사업 점검, 아르헨티나 및 브

	라질・볼리비아
2016.01.17~01.23.	일본 토지가옥조사협의회 방문・일본어연수・이도센터 방문 협의, 일본
2016.03.17~03.20.	(사)한국차문화협의 일본지부 개소식 참석 교육, 한국차문화협회 교토지부
2016.12.11~12.17.	지역발전정책 해외사례 조사, 오스트리아 비엔나(크렘스 시청) 및 체코 프라하
2017.03.12~03.15.	동아시아국제포럼 발표회 참석 및 연구과제 발표, 일본 오키나와 국제대학
2017.11.09~13.	일본지적문제연구회 발표 및 차문화 국제교류, 일본한국차문화협회 교토지부 및 일본지적문제연구회 주제발표

3. 학술 연구 업적

1) 연구실적

□ 저서

1) 『도서지역의 주민과 사회』, 서울: 경인문화사, 2001.7, 총 716쪽. (ISBN 89-499-0125-0)
2) 『목포권발전론』(공저), 서남권발전연구원, 2000.11. 총 302쪽.
3) 『다도해 사람들-사회와 민속』(공저), 서울: 경인문화사, 2003.7, 총 418쪽. (ISBN 89-499-0193-5)
4) 『섬과 바다- 어촌생활과 어민』(공저), 경인문화사, 2005, 총 475쪽. (ISBN 89-499-0339-3)
5) 『살기좋은 지역만들기-한국사회의 질적발전을 위한 구상』(공저), 국가균형발전위원회 편, 제이플러스애드, 2006.5, 총 513쪽. (ISBN 89-86871-09-2)
6) 『호남권 문화관광 콘텐츠의 특성 및 개발방안』(공저), 호남권광역경제발전위원회 편, 2011.12.30, 총 580쪽. (ISBN978-89-967930-0-7)
7) 『섬과 바다의 문화읽기』(공저), 민속원, 2012.2, 총 320쪽. (ISBN 978-89-285-0267-7)
8) 『청춘·대학·지역 그리고 섬』(2018년 2월 출간예정)

□ 논문 (*표는 발표논문)

1) 「우리나라 환경오염방지를 위한 보조금제도에 관한 연구-금융지원제도를 중심으로」 (1980), 서울대학교 환경대학원 석사학위논문.
2) 「환경오염이 생태계에 미치는 영향에 관한연구-산업공해를 중심으로」, 『하늘』 제17호(1980.3), 공군사관학교.
3) 「경영활동에 있어서의 환경문제」, 『공군관리』(공군대학 논문집) 제33호(1981.11),

공군대학, 82~102쪽.

4) 「도서지역의 특수성과 개발 필요성에 관한 연구」, 『청주대학교 논문집』 제16집(1983.12), 325~348쪽.

5) 「농촌지역 청소년의 이농현상(離農現象)에 관한 연구」, 『청주대학교 새마을 논문집』 제2집(1985.2), 103~131쪽.

*6) The Strategies for the Development of Backward and Isolated Areas International Seminar on Regional Development and Decentralization(내무부 地方행정연수원. 독일연방공화국 개발재단 공동 주최 : 1985.7.1.~12.) 주제발표 논문집, 1~51쪽.
　　수정 게재 : 『임해지역개발연구』 제6집(1987.1), 목포대학교 임해지역개발연구소, 123~162쪽.

7) 「도서지역개발촉진을 위한 이론모색」, 『임해지역개발연구』 제5집(1986.1), 목포대학교 임해지역개발연구소, 99~118쪽.

8) 「토지공시제도에 관한 소고」, 『토지개발』 제85호(1986.4), 한국토지개발공사, 수정 게재 : 『토지와 개발』(1990), 한국토지개발공사, 332~33쪽.

9) 「정책형성과 성공적인 정책집행에 관한 이론적 연구」(공동연구), 『목포대학교 논문집』 제8호 2집(1987.10), 298~314쪽.

10) 「도서지역개발 측면에서 본 교통체계와 그 개선방안」, 『전남지역경제조사』 제3권제1호, 통권 제6호(1987.10), 6~11쪽.

11) 「지도지역의 사회.공간 구조」, 『도서문화』 제5집(1987.12), 목포대학교 도서문화연구소, 53~96쪽.

12) 「도서개발정책의 실상과 발전적 접근」, 『도시행정연구』 제2집(1987.12), 서울시립대학교, 61~88쪽.

*13) 「도서지역개발여건과 정책방안」, '도서지역의 개발현황과 정책과제'(목포대학교 임해지역개발연구소 주최 제5회 심포지움 : 1987.11.20.) 주제발표 논문집, 5~74쪽.
　　수정 게재 : 『임해지역개발연구』 제7집(1988.1), 목포대학교 임해지역개발연구소, 1~52쪽.

14) 「집단 이주, 그 실태와 문제점」, 『예향』 제51호(1988.12), 광주일보사, 174~183쪽.

15) 「서남해 도서지방의 사회공간 구조」, 『도서문화』 제7집(1990.4), 목포대학교 도서

문화연구소, 307~320쪽.

16) 「흑산지역의 사회공간 구조」, 『도서문화』 제6집(1988.12), 목포대학교 도서문화연구소, 71~132쪽.

17) 「도서지역 생활환경의 실상과 개선방안」, 『한국지역개발학회지』 창간호(제1권제1호)(1989.6), 한국지역개발학회, 39~56쪽.

18) 「신안지역의 사회·공간 구조」, 『도서문화』 제7집(1990.4), 목포대학교 도서문화연구소, 233~258쪽.

*19) 「신안지역의 관광개발여건과 제도적 개선방안」, '2000년대를 향한 신안군 관광개발'(목포대학교 임해지역개발연구소·신안군 주최 심포지움 : 1990.9.28.) 주제발표 논문집, 19~38쪽.

20) 「보길지역의 사회·공간 구조」, 『도서문화』 제8집(1991.3), 목포대학교 도서문화연구소, 127~194쪽.

21) 「도서어촌공동체의 관행질서」(신순호 외 1인 공동연구), 『임해지역개발연구』 제10집(1991.3), 목포대학교 임해지역개발연구소, 199~220쪽.

22) 「청산지역의 사회구조」, 『도서문화』 제9집(1991.10), 목포대학교 도서문화연구소, 43~106쪽.

*23) 「도서지역의 문화와 지역개발」, '도서문화와 도서개발'(목포대학교 도서문화연구소 주최 심포지움 기조발표 논문 : 1991.11.7) 주제발표 논문집, 2~14쪽.

24) 「우리나라 도서지역의 특성과 개발방향에 관한 연구 - 서남해 도서지역을 중심으로」(1991.12), 서울시립대학교 대학원 박사학위논문(도시행정학과).

25) 「도서지역의 실상과 개발방향의 모색」, 『도시행정학보』 제4집(1991.12), 한국도시행정학회, 133~156쪽.

26) 「금일지역의 사회구조」, 『도서문화』 제10집(1992.12), 목포대학교 도서문화연구소, 43~70쪽.

*27) 「현대 한국의 개발정책과 현시적 문제점」, '지역문제에 관한 日.한 간의 비교연구' 초청학술토론회(일본 구류미대학 산업경제연구소 주최, 1993.1.26. : 일본 구류미대학) 주제발표논문

한글 수정 게재 : 『임해지역개발연구』 제12집(1993), 목포대학교 임해지역개발연구소

(179~187), 1~52쪽.

*28) 「도서지역개발을 위한 공공서비스 수행체계」, '지방자치와 지역개발'(한국행정학회 주최, 1993.6.18.~19 : 광주, 학술발표대회) 주제발표 논문집, 185~214쪽.

*29) 「서남권균형개발과 전남도청이전」, '도청이전 무엇이 문제인가'(대한 국토도시계획학회 주최, 1993.10.6. 광주 무진회관, 서남권 균형개발 대토론회) 주제발표 논문집, 12~22쪽.

*30) 「해양오염방지를 위한 주민역할-바다 : 생명의 근원이며 우리의 희망」(완도군 주최, 국토대청결운동 학술심포지움 주제발표 논문집, 1993.11.16 : 완도군청 대회의실)

31) 「소인지역의 사회 공간구조」, 『도서문화』 제11집(1993.12), 목포대학교 도서문화연구소, 33~70쪽.

*32) 「전환기에 선 완도지역의 발전방향」, '수산분야 대외경쟁력 대응전략 학술심포지움'(완도수산고 총동문회 주최 1994.2.24, 주제발표 논문집), 115~128쪽.

*33) 「지방화시대에 있어서 지역개발연구의 주요과제」, '21세기 광주시 도시개발발전방향 심포지움'(대한국토도시계획학회 광주전남지회 주최, 1994.3.24, 심포지움 주제발표 논문집), 14~24쪽.
    수정 게재 :『임해지역개발연구』 제14집(1995.2), 목포대학교 임해지역개발연구소, 257~264쪽.

34) 「지역개발측면에서 본 금산지역의 인구구조」, 『한국도서연구회보』 제4집(1994.4), 한국도서연구회, 61~78쪽.

*35) 「도서지역의 산업개발과 생활환경 개선방안」, 대통령 직속 「농어촌발전위원회」 발표자료 논문집 5집(1994.4), 89~120쪽.

36) 「갈등과 여진을 남긴 시.군통합 논의 - 목포시와 무안군을 중심으로」, 『지방자치』 통권 70호(1994.7), 현대사회연구소, 18~23쪽.

*37) 「도서지역의 주요 현안과 개발방향」, 대한민국 국회 도서발전연구회 포럼 주제발표 (1994.7.25, 국회).

38) 「약산지역의 사회.공간구조」, 『도서문화』 제12집(1994.12), 목포대학교 도서문화연구소, 27~68쪽.

39) 「낙도지역의 교육의 실상과 개선에 관한 실증적 고찰 - 넙도와 서넙도 소재 학교를 중심으로」, 『한국도서연구회보』 제5집(1995.1), 한국도서연구회, 83~99쪽.

*40) 「완도지역발전을 위한 인식전환과 개발 방향」, '세계화에 따른 완도권발전방향' 세미나 발표논문집(1995.2.28.), 15~32쪽.

*41) 「市・군통합추진과정에서 나타난 갈등에 관한 사례연구」, '한국도시행정학회 제7회 학술발표회' 주제발표논문집(1995.3.24).

*42) 「도서개발의 실태와 발전 방향」, 한국농촌문제연구소・광주일보사 공동 주최 제 13회 세미나 주제발표논문집(1995.8.4), 9~33쪽.

43) 「現代 韓國の 開發政策と 顯示的 問題點」, 『久留米大學 産業經濟研究所 紀要』 제23집(1995.10), 日本 久留米大學 産業經濟研究所, 69~78쪽.

44) 「시・군통합추진과정에서 나타난 갈등에 관한 사례연구 : 목포시와 무안군을 중심으로」, 『한국도시행정학보』 제8집(1995.12), 한국도시행정학회, 149~168쪽.

45) 「고금지역의 사회 공간구조」, 『도서문화』 제13집(1995.12), 목포대학교 도서문화연구소, 27~62쪽.

*46) 「해양관광의 잠재력과 개발방향」, 목포해양대학교 해양산업연구소 창립 기념 세미나 주제발표논문집(1996.7.25).

*47) 「도서개발정책의 경과와 방향 모색」, 국회도서발전연구회 세미나 주제발표논문집 (1996.8).

48) 「한국의 도서지역 현황과 개발정책의 기초연구」, 『임해지역개발연구』 제16집 (1996.12), 목포대학교 임해지역개발연구소, 103~114쪽.

49) 「신지지역의 사회 공간구조」, 『도서문화』 제14집(1996.12), 목포대학교 도서문화연구소, 1~36쪽.

50) 「살기좋은 지역사회 형성을 위한 기본인식」, 『목포대 경영행정대학원 관리자과정교재』(Ⅰ)(1997.3), 목포대 경영행정대학원, 59~65쪽.

51) 「전남 도서지역의 기본현황과 합리적 개발방향」, 『21세기』 1997년 봄호(1997.3), 광주전남21세기발전협의회, 16~22쪽.

*52) 「한일의 도서개발정책」, 한중학술심포지움(中國 山東省 煙台市市 : 1997.11, 11~17쪽, 中國 煙台大學 主催) 主題 發表論文, 1~22쪽.

53) 「노화지역의 사회 공간구조」, 『도서문화』 제15집(1997.12), 목포대학교 도서문화연구소, 1~40쪽.

*54)「도서지역의 새로운 인식과 합리적 개발방향」, 해양수산부・해양수산개발원 주최 '해양도서의 관광진흥을 위한 정책세미나' 주제발표논문집(1998. 4.21)(해양수산부 대회의실 : 서울)

55)「도서지역의 새로운 인식: 외교・안보 차원」,『현대해양』제339호(1998.7), 59~65쪽.

*56)「'2011년 인구 50만 목포'의 전제와 준비」, (사)목포백년회・서남권발전연구원 주최, '서남권발전연구원 개원기념세미나' 주제발표논문집(목포; 1998.11.25)

*57)「도서문화자원의 활성화 방안」, 목포대 도서문화연구소, '도서문화자원 활성화 방안' 심포지움 주제발표논문집(목포대 : 1998.12.3)
수정 게재 :『도서문화』제16집(1998.12), 목포대학교 도서문화연구소, 393~400쪽.

*58)「외국 도서지역개발계획의 사례 연구 : San Juan County Comprehensive Plan」, 국회 도서지역발전연구회 정책연구발표회 주제발표논문(국회 : 1998.12.17)

59)「완도(읍)지역의 사회구조」,『도서문화』제16집(1998.12), 목포대학교 도서문화연구소, 63~108쪽.

60)「군외지역의 사회구조」,『도서문화』제16집(1998.12), 목포대학교 도서문화연구소, 109~144쪽.

61)「'2011년 人口 50만 목포'를 위한 전제와 내부 역할」,『임해지역개발연구』제18집(1998.12), 목포대학교 임해지역개발연구소, 19~28쪽.

62)「시군통합과정에서 나타난 갈등과 정책상의 문제」,『21세기 도시행정의 비젼과 과제 : 춘곡 노춘희교수 정년기념 논문집』(1999.10), 춘곡 노춘희교수 정년기념논문집간행위원회(동인문화사), 151~173쪽.

63)「해상국립공원 이용실태 조사 및 개선방안에 관한 연구 - 다도해 해상국립공원을 중심으로」(공동연구),『임해지역개발연구』제19집(1999.12), 목포대학교 임해지역개발연구소, 5~36쪽.

64)「도서지역에 대한 인식전환과 개발정책방향」,『임해지역개발연구』제19집(1999.12), 목포대학교 임해지역개발연구소, 239~260쪽.

65)「해안 소도시의 사회구조 - 전남 완도읍을 중심으로」,『한국도시행정학보』제11집(1999.12), 한국도시행정학회, 183~214쪽.

*66)「신안군의 인구구조와 도서지역개발」, 목포대학교 도서문화연구소 '신안군의 어제와

오늘' 심포지움발표논문집(1999.12), 115~133쪽.
67) 「예향의 도시, 목포의 눈물과 웅비」, 『국토』 통권 219호(2000.1), 국토연구원, 70~76쪽.
68) 「압해지역의 사회 공간구조」(공동연구), 『도서문화』 제18집(2000.2), 목포대학교 도서문화연구소, 79~112쪽.
69) 「압해지역의 인구구조」, 『도서문화』 제18집(2000.2), 목포대학교 도서문화연구소, 113~130쪽.
70) 「국토공간상 목포의 역할과 발전방향」, 『청도』 통권 제7호(2000.3), 청도건설(주), 40~43쪽.
71) 「해상국립공원 이용실태 조사 및 개선방안에 관한 연구 - 다도해 해상국립공원을 중심으로」(공동연구), 『국토계획』 제35권 제4호(2000.8), 대한국토도시계획학회, 225~242쪽.
*72) 「목포지역의 개발여건과 개발방향의 모색」(공동연구), 경주대 관광진흥연구원·서남권발전연구원 주최, '영호남 지역화합과 발전을 위한 학술심포지움 주제발표논문집' (2000.11.25. 목포대송림캠퍼스), 79~99쪽.
73) 「목포권의 개발잠재력과 개발방향」(공동연구), 『임해지역개발연구』 제20집(2000.12), 목포대학교 임해지역개발연구소, 239~260쪽.
74) 「금당지역의 사회 공간구조」(공동연구), 『도서문화』 제17집(2001.2), 목포대학교 도서문화연구소, 79~112쪽.
75) 「금당지역의 인구구조」, 『도서문화』 제17집(2001.2), 목포대학교 도서문화연구소, 113~130쪽.
*76) 「도농통합의 추진과정과 지역발전의 영향 - 목포시와 무안군을 중심으로」, 경주대 관광진흥연구원·서남권발전연구원 주최, '영호남 지역화합과 발전을 위한 학술심포지움 주제발표논문집'(2001.12.7. 경주대 국제회의장), 95~121쪽.
77) 「비금지역의 사회 공간구조」(공동연구), 『도서문화』 제19집(2001.12), 목포대학교 도서문화연구소, 131~180쪽.
78) 「비금지역의 인구구조」, 『도서문화』 제19집(2001.12), 목포대학교 도서문화연구소, 113~130쪽.

*79) 「도농통합이 지역발전에 미치는 영향에 관한 연구」, '도시성장관리의 과제와 방향' 한국지역개발학회 2002 춘계학술발표회 논문집(2002.2.16. 중앙대학교 국제회의실), 47~70쪽.

80) 「도·농통합의 지역발전 파급효과에 관한 연구 - 목포시와 무안군을 중심으로」, 『한국지역개발학회지』 제14권2호(2002.8), 한국지역개발학회, 1~22쪽.

*81) 「동서지역 종가 생활문화 체험교류의 중요성」, '동서지역 종가생활문화 체험 교류에 관한 세미나'(2002.9.9), 1~9쪽. 주최 : 전라남도·제2건국위원회, 목포대 생활과학연구소·동신대 여성문화연구소

*82) 「한국의 국토(지역)개발정책 과정과 문제점」, '제12회 한·중학술심포지움논문집', 주최 : 목포대학교·중국 엔타이대학(2002.10.22. 목포대학교), 67~80쪽.

83) 「자은지역의 사회·공간구조」(공동연구), 『도서문화』 제21집(2003.2), 목포대학교 도서문화연구소, 179~232쪽.

84) 「자은지역의 인구구조」, 『도서문화』 제21집(2003.2), 목포대학교 도서문화연구소, 147~178쪽.

85) 「목포의 과거와 미래」, 『목포대학교 경영행정대학원 최고경영자과정교재』(1)(2003.3), 79~90쪽.

*86) 「도·농 통합과 지역발전 효과에 관한 연구 : 목포시·무안군」, 대한국토도시계획학회 춘계학술발표대회, 주최 : 대한국토도시계획학회 광주·전남지회(2003.3.28. 목포대학교 교수회관), 173~182쪽.

*87) 「지적발전을 위한 체제론적 접근」, '지적분야 신지식인 양성 포럼' 주제발표논문(2003.10.24. 대구과학대학), 27~43쪽.

*88) 「전남서남권의 개발잠재력과 개발방향」, 한국도시행정학회 추계학술발표대회(2003.12.1. 목포대학교 교수회관), 3~18쪽.

*89) 「ADR을 통한 경계분쟁의 해결방안」(공동연구), 한국지적학회 정기학술대회발표논문집(2003.12.13), 53~64쪽.

90) 「생일지역의 사회·공간구조」(공동연구), 『도서문화』 제22집(2003.12), 목포대학교 도서문화연구소, 129~192쪽.

91) 「생일지역의 인구구조」, 『도서문화』 제22집(2003.12), 목포대학교 도서문화연구소, 193~224쪽.

92) 「도시행정의 문제점과 과제」, 『도시문제』 제39권 422호(2004.1), 대한지방행정공제회, 61~72쪽.
93) 「ADR을 통한 경계분쟁의 해결방안」(공동연구), 『한국지적학회지』 제20권 제1호(2004.6.20), 한국지적학회, 77~87쪽. (ISSN 1226-9662)
94) 「토지경계의 공신력제고 방안에 관한연구」(공동연구), 정기학술대회발표논문집(2005.5.21.), 한국지적학회, 67~79쪽.
95) 「임자지역의 사회공간구조」(공동 연구), 『도서문화』 제24집(2004.12.31), 목포대학교 도서문화연구소, 120~169쪽. (ISSN 1598-4893)
96) 「임자지역의 인구구조」, 『도서문화』 제24집(2004.12.31), 목포대학교 도서문화연구소, 190~220쪽. (ISSN 1598-4893)
97) 「관광레저형기업도시의 계획기준의 설정방향」(공동연구), 『도시행정학보』 제19집 제1호(2006.4.30), 한국도시행정학회, 119~141쪽. (ISSN 1598-8686)
98) 「토지구획정리사업지구의 공한지 발생에 관한 연구 – 목포시 용해토지구획정리사업지구를 중심으로」(공동연구), 『한국지적정보학회지』 제8권 제1호(2006.6), 한국지적정보학회, 1~16쪽.
99) 「지목제도의 개선에 관한 연구」(공동연구), 『한국지적정보학회지』 제8권 제1호(2006.6), 한국지적정보학회, 35~54쪽.
100) 「증도지역의 사회 공간구조」(공동연구), 『도서문화』 제28집(2006.12), 목포대학교 도서문화연구소, 131~176쪽. (ISSN 1598-4893)
101) 「증도지역의 인구구조」, 『도서문화』 제28집(2006.12), 목포대학교 도서문화연구소, 99~130쪽. (ISSN 1598-4893)
102) 「지적학 교육의 개선에 관한 연구 – 4년제 대학을 중심으로」(공동연구), 『한국지적학회지』 제23권 제1호(통권31호, 2007.6.20), 한국지적학회, 111~132쪽. (ISSN 1226-9662)
103) 「노인주거단지 개발에 대한 수요자의식에 관한 연구」(공동연구), "A study on the Demander's Consciousness of Complex for the Aged", 『도시행정학보』 제21집 제2호(2008.8.30), 한국도시행정학회, 323~341쪽. (ISSN 1598-8686)
104) 「지적(임야)도면의 개선에 관한 연구」(공동연구), 『한국지적학회지』 제24권 제2호

(2008.12.20), 한국지적학회, 15~26쪽. (ISSN 1226-9662)

105) 「일본의 지적조사 체계와 현황분석에 관한 연구」(공동연구), 『한국지적학회지』, 제25권 제2호(2009.12.20), 한국지적학회, 227~246쪽. (ISSN 1226-9662)

*106) 「韓國における最近の地籍制度先進化政策に關する研究(한국의 최근지적제도선진화에 관한 연구)」, 일본『土地家屋調査士』통권 645호(2010.10.15), 일본토지가옥조사사연합회, 5~9쪽.

107) 「도시의 모험놀이터 '플레이파크'에 관한 고찰 - 일본 도쿄도 '세타가야구 하네기 플레이파크'를 사례로」(공동연구), 『도시행정학보』제24집제1호(2011.3), 한국도시행정학회. (ISSN 1598-8686)

108) 「항공사진측량을 활용한 경계설정에 관한 연구 - 농촌지역을 중심으로」(공동연구), 『한국지적학회지』제75권 제1호(2011.6.20), 한국지적학회, 123~142쪽. (ISSN 1226-9662)

109) 「일본의 이도離島 활성화 정책」, 『국토』 통권 358호(2011.8.10), 국토연구원, 58~64쪽.

110) 「도서지역의 산업 활성화를 위한 지방자치단체의 역할 - 일본 사마네현 오키군 아마쵸海士町의 사례를 중심으로」(공동연구), 『도서문화』 제39집(2012.6), 목포대학교 도서문화연구원, 267~300쪽. (ISSN 1598-4893)

*111) 「島嶼開発政策의 変化過程과 方向(The Process and Direction of the Development Policies on the Islands In Korea)」, 제8회 해항도시 국제심포지엄 '동아시아 교류권의 구상과 해항도시의 경험' 주제발표자료집. (2012.12.15.~16, 일본 나가사키대학長崎大學 종합연구동)

*112) 「韓国の地籍再照査事業推進政策」, 日本地籍問題研究会 第4回定例研究会 발표자료집(日本 京都産業大学むすびわざ館, 2012.7.28), 45~57쪽.

113) 「고즈시마 섬新津島의 사회·공간구조에 관한 연구」(공동연구), 『도서문화』 제40집(2012.12), 목포대학교 도서문화연구원, 321~356쪽. (ISSN 1598-4893)

114) 「비도시지역 산업형 지구단위계획제도 개선방안 연구」(공동연구), 『한국지적정보학회지』 제14권 제2호(2012.12.30), 한국지적정보학회, 169~182쪽. (ISSN 1738-3560)

115) 「주거환경정비사업 추진과정에서의 사업지연요인의 구조화 분석 : 목포시를 사례

　　　　로」(공동연구), 『한국지적정보학회지』 제15권 제1호(2013.6.30), 한국지적정보학회, 193~212쪽. (ISSN 1738-3560)

116) 「지하공간에 대한 효율적 정보취득 연구」(공동연구), 『지적』 통권 제367호(제43권 제2호, 2013.12.8.), 대한지적공사, 143~160쪽. (ISSN 1975-3101)

117) 「예술의 섬, 나오시마直島지역의 인구·사회구조에 관한 연구」(공동연구), 『도서문화』 제42집(2013.12), 목포대학교 도서문화연구원, 205~234쪽. (ISSN 1598-4893)

*118) 「도서개발정책의 실상과 합리적 방향」, 2014한국정치학회 춘계특별학술회의-'지방정치의 활성화와 정치학의 신지평모색 발표논문집Ⅱ : 섬의 정치학'(2014.4.25~26. 목포대학교 사회과학관), 13~27쪽.

*119) 「일본 원격도서지역의 개발정책 방향」, '제5회전국해양문화학자 대회 : 해양실크로드와 항구, 그리고 섬 발표논문자료집Ⅲ'(2014.8.21~23. 동국대 경주캠퍼스), 목포대 도서문화연구원·동국대 신라문화연구소·국립해양문화재연구소·국립해양박물관 공동주최, 56~63쪽.

120) 「도서(섬)의 중요성과 현황」, 『목포문화』 제142호(2014.9), 목포문화원, 19~29쪽.

121) 「도서개발정책에 대한 주민의식구조의 변화분석」(공동연구), 『도서문화』 제44집(2014.12.31), 목포대학교 도서문화연구원, 203~236쪽. (ISSN 1598-4893)

122) 「지적재조사사업 주택밀집 지역 측량방법의 효율성에 관한 연구」(공동연구), 『지적과 국토정보』 제370호(제45권 제1호)(2015.6.30.), 한국국토정보공사, 181~192쪽. (ISSN 1975-3101)

*123) 「일본 도서개발정책의 특징 : 이도활성화교부금사업」, '제6회전국해양문화학자 대회 : 섬의 시대, 바다의 시대를 열다 발표논문자료집Ⅳ'(2015.8.20~23. 목포대 도림캠퍼스), 목포대 도서문화연구원·국립해양문화재연구소·국립해양박물관 공동주최, 144~149쪽.

*124) 「A Structur Analysis of Residents' Settlement Consciousness for the Island Development」(공동연구), '제3회 동아시아도서해양문화포럼 EAIOF : 다도해의 전통지식과 응용 발표논문집'(2015.11.11~14. 목포대 목포캠퍼스), 목포대 도서문화연구원·국립해양문화재연구소 주최, 141~146쪽.

*125) 「'섬' 정의定義의 혼선과 정립에 관한 고찰」, '제7회전국해양문화학자 대회 : 환황해권

해양교류와 미래 발표논문자료집Ⅳ'(2016.7.7~10. 세한대 당진캠퍼스), 전국해양학자대회조직위원회, 139~144쪽.

*126) 「가고싶고 살고싶은 섬의 정책방향」, '국회도서발전연구회 창립총회 및 정책세미나 발표자료집'(2016.7.27. 국회 귀빈식당), 34~60쪽.

*127) 「섬의 인식전환과 합리적 정책방향」, '한국지방행정연구원 섬발전센터 기념 세미나 발표 자료집'(2016.8.30, 대한상공회의소 대회의실), 1~32쪽.

128) 「낙도지원을 위한 평가모델의 개발과 적용」(공동연구), 『한국지방행정학보』 제13권 제2호(2016.8), 한국지방행정학회, 53~72쪽. (ISSN 1738-6098)

*129) 「韓国の島嶼開発政策の基本方向」, 『グローバル時代における東アジア地域の地方活性化に向けて 発表資料集』(2017.3.14. 日本 沖縄国際大学13号館, 地方活性化・東アジア国際フォーラム in OKINAWA・沖縄国際大学沖縄経済環境研究所), 1~7頁.

130) 「지적공부 자료정비사업의 효과에 관한연구 – 경기도 의왕시를 중심으로」(공동연구), 『지적과 국토정보』 제374호(제47권 제1호, 2017.6.30), 한국국토정보공사, 237~250쪽. (pISSN 2508-3384, eISSN 2508-3392)

*131) 「무교無校 도서지역의 교육문제의 실상」, '제8회전국해양문화학자 대회 : 동북아해양문물교류의 서브, 새만금 발표논문자료집 3'(2017.7.6~8. 군산대), 목포대 도서문화연구원・국립해양문화재연구소・군산대 공동주최, 250~257쪽.

*132) 「韓国の地籍再調査事業の推進成果と問題点及び課題」, 『日本地籍問題研究会 第20回定例研究会 発表資料集』(日本 京都産業大学むすびわざ館, 2017.11.11. 土), 78~86頁

133) 「지방정부 도서정책의 특징과 시사점 – 광역시・도의 도서 관련 조례를 중심으로」(공동연구), 『도서문화』 제50집(2017.12), 목포대학교 도서문화연구원, 47~56쪽. (ISSN 1598-4893)

□ 연구 보고서

1) 「지방도시 개발기금설치에 관한 연구」, 내무부, 공동연구, 1981. (총 284쪽)
2) 「지방과세시가 표준액 결정방안에 관한 연구」, 공동연구, 1981. (총 251쪽)
3) 「대구시 행정체제정립에 관한 연구」, 대구직할시, 공동연구, 1982. (총 362쪽)

4) 「지방행정 발전전망과 행정권한의 민간위탁방안에 관한 연구」, 부산직할시, 공동연구, 1982. (총 245쪽)
5) 「경상남도 종합개발계획」, 경상남도, 공동연구, 1982.
6) 「도서지역개발을 위한 정책방안」, 학술진흥재단, 단독연구, 1986.10~1987.9.
7) 「도서발전 모형설정을 위한 관매도 개발 기본계획수립」, 전라남도, 공동연구, 1991.1~1991.10.
8) 「목포시 발전을 위한 이미지 개선방안에 관한 설문 조사」, 목포시, 공동연구, 1991.9. (총 232쪽)
9) 「전라남도 종합개발계획(제2차)」, 전라남도(전남발전연구원), 공동연구, 1993.
10) 「전남도청소재지와 도청입지 선정에 관한 연구」, 목포권도청유치추진위원회, 책임연구, 1993. (총 99쪽)
11) 「호남선 복선화에 따른 시민설문조사」, 목포시, 책임연구, 1993.11.
12) 「목포 어민동산 조성사업 설계보고서」, 목포시, 책임연구, 1994.8. (총 110쪽)
13) 「목포대학교의과대학 설립타당성에 관한 연구」, 목포대학교, 단독연구, 1994.10~1995.2. (총 85쪽)
14) 「무안군 청계면 태봉마을 정비 기본계획」, 무안군, 책임연구, 1995.6~7. (총 58쪽)
15) 「고금도지역의 사회공간 구조」, 목포대학교 기성회, 단독연구, 1995.7~1996.6.
16) 「흑산권관광종합개발계획」, 신안군, 공동연구, 1995.11. (총 225쪽)
17) 「어촌 종합개발사업 기본계획」, 목포시, 책임연구, 1996.2. (총 116쪽)
18) 「한국 도서백서」, 내무부, 책임연구, 1995.7~1996.5. (총 1,996쪽)
19) 「한국 도서통계」, 내무부, 책임연구, 1995.7~1996.5. (총 1,288쪽)
20) 「도서개발전략」, 내무부, 책임연구, 1995.7~1996.5. (총 68쪽)
21) 「목포대학교의과대학 설립타당성 연구」, 목포대학교, 단독연구, 1997.4. (총 83쪽)
22) 「해양EXPO개최지 입지 선정에 관한 연구」, 2010해양엑스포 완도군유치위원회, 책임연구, 1998.4. (총 82쪽)
23) 「완도 화홍포항 개발의 기본구상」, 완도군, 단독연구, 1998.8. (총 17쪽)
24) 「목포대학교 완도캠퍼스 설치계획」, 목포대학교, 단독연구, 1998.8. (총 15쪽)
25) 「농로를 겸한 다목적 경비행장 시설계획」, 완도군, 단독연구, 1999.3. (총 20쪽)

26) 「외국 도서지역개발계획의 사례 : San Juan County Comprehensive Plan」, 국회도서지역발전연구회, 단독연구, 1999. (총 50쪽)
27) 『신안군지』(총5권), 신안군, 14인 공동집필, 2000.7. (「제3편 제1장 인구구조」, 209~233쪽; 「제5편 제1장 신안도서지역 저발전의 특성과 정책의 전개과정」, 633~671쪽)
28) 『한국의 문화자원』(4권), 전국문화원연합회, 15인 공동 집필, 2000.12. (총 550쪽)
30) 『목포백년회10년사』, 목포백년회, 5인 공동 집필, 2001.3. (「목포사람보람찾기실천결의대회」, 165~176쪽; 「무안반도 통합 및 행정구역 광역화 추진」, 211~218쪽) (총 303쪽).
31) 「도청이전백서」, 전라남도, 책임연구, 2002.6. (총 544쪽)
32) 「서남해안 관광신도시 건설을 위한 맞춤형 외자유치 전략」, 전라남도, 책임연구, 2004.7.
33) 「도청이전백서」(중), 전라남도, 책임연구, 2006.3. (총 362쪽)
34) 「도서개발사업 효율화를 위한 연구」, 행정안전부, 책임연구, 2007.12.3.~2008.5.2. (총 238쪽)
35) 「해안실태조사·지적현황측량 및 관리유형 분류 연구」, 국토해양부, 공동연구, 2009. 7~12. (총282쪽)
36) 「도서지역 개발실태 및 개선방안」, 한국지방행정연구원, 책임연구, 2010.9. (총 116쪽)
37) 「완도군지」, 완도군, 공동연구, 2010.8. (총 1,284쪽)
38) 「대한민국 도서백서」, 행정안전부, 책임연구, 2011.7. (총 2,002쪽)
39) 「율도 어촌 소득기반시설 확충사업 기본계획」, 목포시, 책임연구, 2012.4. (총 86쪽)
40) 「성장촉진지역 포괄보조금사업계획 수립」, 신안군, 공동연구, 2011.3.29~2012.5.30.
41) 「노화읍지」, 노화읍지발간위원회, 공동연구, 2012.10.31. (총 821쪽)
42) 「신안군지」, 신안군지발간위원회, 공동연구, 2017.6.15.
43) 「신안군 공영버스 고객만족도조사」, 신안군, 책임연구, 2014.7~10.
44) 「섬의 인문학 – 문명사적 공간인식 패러다임의 전환」, 학술연구재단, 공동연구, 2009~2017.

45) 「달리도 찾아가고 싶은 섬가꾸기사업 기본계획 및 도서별 특성화방안수립」, 목포시, 책임연구, 2014.10~2015.2.
46) 「낙도지역 실태조사 및 낙도지원 기본계획수립」, 해양수산부, 책임연구, ~20015.1.
48) 「목포대 연구소 활성화사업」, 목포대 산학협력단, 공동연구, 2016.3.1~2017.2.28.
49) 「목포시 제4차 도서종합10개년 개발계획」, 목포시, 책임연구, 2016.9.20~2017.1.17.
50) 「2016년 목포권 상생발전포럼행사」, 목포시, 책임연구, 2016.10.13~12.11.
51) 「완도군 지역행복생활권 선도사업 구상」, 완도군, 책임연구, 2016.10.10.~12.22.
52) 「자은면 종합발전계획 수립」, 신안군 자은면, 책임연구, 2016.12~2017.05.25.
53) 「문화시설용지 활용방안 및 기본계획 수립」, 목포시, 책임연구, 2017.9~11. (총 144쪽)
54) 「2030목포중장기종합발전계획」, 목포시, 책임연구, 2017.5.25~12.31. (총 382쪽)
55) 「철도폐선부지 웰빙공원 활성화계획 수립」, 목포시, 책임연구, 2017.11.2~2018.3.1.
56) 「섬개발 활성화를 위한 연육연도화 사업 타당성조사 용역」, 목포시, 책임연구, 2017.12.5~2018.3.4.

4. 상훈·표창

1) 상훈 및 표창

1994.05.15.	완도군민의 상(지역개발 부문)
1995.03.08.	목포대학교 총장 표창, 10년 근속 대학발전
1998.02.20.	목포대학교 총장 표창(제1048호), 1997년도 대학종합평가 기여 공로
2000.12.30.	전라남도지사 표창(제1854호), 도시계획 심의 조정과 지역사회 발전
2001.12.31.	전라남도지사 표창(제2293호), 2001년 개별공시지가 조사 업무 공로
2002.04.17.	한국지적정보학회장 공로상, 한국지적학회와 대한지적학회의 통합을 위한 대표로서 헌신
2002.12.31.	대한지적공사 사장 표창, 공사 발전
2002.12.31.	전라남도지사 표창, 도정발전
2003.12.17.	전라남도지사 표창(제1884호), 2003년도 지적행정모니터제 운영에 기여 공로
2005.10.28.	목포대 총장 표창, 학문발전·후진양성 공로
2005.12.03.	한국지적정보학회 표창(제05-01호), 한국지적학의 발전기여 및 회장 역임
2007.03.29.	(사)목포백년회 공로상, 서남권발전연구위원으로 지역에 이바지한 공
2008.01.10.	한국도시행정학회장 공로상, 학회 회장 활동에 대한 공헌
2011.07.14.	전라남도지방경찰청장 공로표창, 지역사회발전 및 민·경협력 치안구축 공로
2014.02.12.	안전행정부장관 표창(제10577호), 2012년도 특수상황지역개발사업 추진 기여
2014.03.27.	장한 시민상(제1426호), 지역사랑과 발전 헌신, (사)목포백년회 이사장
2014.10.01.	동상(제2014-004호), 〈작품명 : 형상〉 2014목포해양문화축제기념 제23

	회 목포전남사진촬영대회, (사)한국사진작가협회 목포지부장
2014.12.03.	근정포장(제98561호) (대통령수여), 국가사회발전에 이바지
2014.12.05.	지적학회 공로표창, 지적제도 및 학회발전
2015.10.30.	목포대학교 총장 표창(제614호), 30년 재직 교육과 연구정진·후진양성과 학문발전에 기여
2016.10.01.	가작(제2016-008호) 〈작품명 : 포효〉 2016목포항구축제기념 제25회 목포전국사진촬영대회, (사)한국 사진작가협회 목포지부장
2017.03.13.	지구촌 희망펜상 교육대상(제2017-33호), 한국지역신문협회
2017.12.26.	목포대학교총장 표창(제5051호), 외부연구비 수주 분야 우수 및 목포대 산학협력연구 발전

2) 기타 수상 및 감사장(패)

1993.08.17.	목포문화방송사장 MBC 감사패(제766호), 창사25주년 보도특집프로그램 제작
1999.02.	목포포럼 회원일동 감사패, 목포포럼 공동대표 활동 공로
2002.01.12.	기목회장 우수상, 기목회 친선 바둑대회
2002.01.12.	기목회장 최우수상, 기목회 친선 바둑대회

5. 가족 일지

1980.12.14.	결혼(장인 윤재준, 장모 이순란 2남2녀 중 장녀 윤경심, 주례 노융희 서울대 환경대학원장·국토개발연구원장, 광주 국제예식장)
	신순호(공군대위, 공군대학 교관, 경기도 안양시 비산동거주),
	윤경심(곡성중학교 미술교사, 광주시 월산동)
1982.3.	청주에서 신순호 단독 생활
1982.5.8.(음4.15)	아들 동수 출생
1982.9.	청주시 사직동 주공아파트에서 가족생활 시작
1985.2.	목포시 석현동으로 이사
1985.3.12.(음1.21)	딸 성아 출생
2012.3.2.	동수 내과전문의 취득(가천의대 길병원에서 수련)
2013.5.19.	동수 결혼(며느리 배수영, 치과 의사), 주례 임병선 전 목포대 총장, 목포신안비치호텔
2014.9.14.	손녀 채원 출생
2015.7.5.	성아 결혼(사위 노우준, 공인회계사), 광주 J.S웨딩컨벤션
2017.3.1.	외손자 노연수 출생
1974.8.4.(음)	아버님 별세(향년 66세)
1988.2.14.(음)	어머님 별세(향년 77세)

2부

청춘, 대학
지역, 섬

1. 청춘과 대학
2. 지역과 섬
3. 언론에 비친 신순호

1편

청춘과 대학
1. 낭만과 번민 : 대학 및 공군장교시절

작고 그리고 짧고
서간문 | '영'에게
서간문 | 산사山寺에서 – '영'에게
서간문 | 그 마지막 章
방학3제 : 고시준비
캠퍼스 정화에 부쳐
제1회 형사모의재판기
졸업유감 : [리포트] 학점으로 얼룩진 4년
공군칼럼 : 생각하는 생활 | 군의 사명과 자연보호
공군칼럼 : 생각하는 생활 | 봄과 질서秩序

작고 그리고 짧고

키 큰 엄마 등에 업힌 어린애한테서는 귀여움이 있어서 좋다. 귀여움은 다 큰 사람에게는 찾아볼 수 없는 아름다움이다.

나는 조그마한 섬을 좋아한다. 대륙에는 위압감이 있고 신비가 있어 좋다면, 조그마한 섬은 친근성이 있고 재롱성이 깃들어 있어 좋아한다.

'조그마한 것'은 자연스러워 좋다.

작은 사람에게서는 사랑을 느끼고 싶다. 큰 사람에게서는 존경을 느낄 수 있다. 사랑은 그냥 좋아질 수 있는 요건이지만 존경은 그 대상의 인위적인 노력이 큰 후에야 가질 수 있는 감정의 발로다. 그래서 좋아하는 것은 평범 속에서 찾을 수 있지만 존경 대상은 꽤 희소한 존재다. 또 존경은 경멸로 변할 수도 있는 성질의 것이기도 하다.

가까운 곳은 추함이 많아서 싫다.

먼 곳은 아득해서 좋고, 그리움을 느낄 수 있어 좋고, 모든 추억을 아름답게 되살아나게 해주어 좋다.

며칠 전 고향 백사장에 갔다.

파아란 수평선에 가물거리는 돛단배가 좋았다. 점點으로 보여서 좋았다. 비치파라솔 밑에서 거창한 얘기가 있었고 허물없는 간단한 토막얘기가 있었다.

거창지언巨創之言은 열화의 계절에 그렇잖아도 고된 뇌의 세포를 더욱 벅차게 해준다. 역시 짧은 얘기가 좋다. 복잡한 관계가 창출한 피로감도 짧고 부담없는 소담笑談 속에서는 맥을 못 춘다.

발바닥 아래 사각거리는 모래알이 무척이나 좋았다. 커다란 바위에서 깎이고 깎이어 결국 이런 작은 모래알이 되었던 것을 생각하면, 파도의 큰 힘도 가히 높이 평가할 만도 하지만 작은 존재에 더욱 고마움을 느낀다.

이곳 고향 백사장은 규모가 상당히 크다. 하지만 널리 알려지지 않는 탓인지 신의 보호하심(?) 때문인지 사람의 수는 적다. 그래서 또 적은 것에 대한 고마움을 느낄 수 있다.

내가 그리는 사람이 존경을 받을 수 있었으면 좋겠다.

여름날은 너무 길어서 싫어진다. 가을이 좋다.

짧은 것에는 아쉬운 여운이 있어서 좋은 것이기에 이 가을에는 짧게 살다 가버린 「S」가 생각나는 것은 역시 '짧고 조그마한 것이' 좋은 것이니까.

〈법학과 2년〉
『국민대학보』, 국민대학교, 1972.10.15.

| 서간문 |

'영'에게

영!
　영도 방학을 했겠구려. 소식을 한 번쯤은 줄 법도 한데, 구태여 그런 상태로 헤어지자고 하지 않더라도 슬픈 「아듀」쯤은 할 수 있는 '호'입니다.
　미워할 사람과 사랑할 사람과의 차이는 정情의 도度에 따라서 다른 게 아니겠어요. 전화의 가느다란 선線을 타고 들려오는 당신의 말처럼 서로 미워할 사람이 아니라면, 아니 4년 전 그때부터 잊지 못한 사람이라면 기다림의 고통은 잔인하다고 생각되지 않은가요?

　하얀 제복을 입고 끝이 없는 수평선을 응시했었죠. 뜨거운 정열과 태양과 환희가 뒤범벅되었던 한낮이 지나면 먹다 버린 깡통들과 함께 모래밭의 저녁은 영과 나의 만남을 가져다주었습니다. 심술스런 파도의 곡선들이 당신의 발을 적시고 파도 소리가 우리들의 얘기를 가로지르는 것 외에는 모두가 침묵, 침묵 그것 뿐.
　멀리 보이는 등대들의 반짝임이 '영'의 눈에 어리고 "우리 이제 만나지 말까봐. 너무 큰 관문이 남았지 않아. 더 행복해야 할 우리이기에…". 나와 영이 남긴 발자국 소리가 더 크게 들린 뒤 부드러운 모래에 주저앉았죠. 조개들의 숨은 이야기와 은빛 금빛 파도의 파편은 영과 나의 행복의 분신分身이었고 몇 년 후 이 얘기를 누구에게 들려줄까 하고 살포시 기대온 영... 당신이었는데.

　영!
　이젠 바다가 뵈는 곳이 아닙니다. 물씬 갯내음이 나는 곳이 아니며 오직 몇 송이의 코스모스가 주위를 지켜줄 뿐입니다.

바닷가 모래만큼이나 많은 나날이 흘러간 뒤로, 아니 그만큼 보람이 쌓인 뒤로 나는 포근한 영의 영혼 속으로 찾아갈 것입니다.

〈법학과 2년〉
『북악』 제24집, 국민대학교 총학생회, 1972.

| 서간문 |

산사山寺에서 — '영'에게

제21신

그 순간에 나에게는 최상으로 함축된 얘기가 생각나질 않았습니다.

원래 화합할 수 없었던 요소를 충분히 지닌 채 사다리꼴의 원형 끝에는 합치될 수 있는 점이 있을 거라는 추상적인 우리의 조그만 세계가 그렇게 떨린 입술로 보류해야 했을 때는…

나는 그냥 남자라는 허울 때문에 안녕을 하고 이곳으로 왔습니다.

억척같은 삶의 소유자라고 줄 곧 다짐하고 있었지만 그것도 당신 앞에서의 모든 용기였다는 사실을 자인하게 된 지금은, 혼자만의 기틀을 마련해야 할 순간임을 절실히 깨닫고 있습니다.

「영」!

「상황봉」 골짜기의 너무도 맑은 계곡물에 하얀 당신의 발과 나의 발을 한곳에 모우고 떠내려가는 동백꽃의 의미를 캐내느라고 땅거미가 지는 줄도 몰랐죠.

그리고, 어느 여름날엔 파도의 부드러운 굴곡과 수없이 빤짝이던 바다의 형광물들이며 모래밭의 얘기들도 있었고…

「영」! 해발 650m에 자리 잡고 있는 이곳 「○천사」에 도착했을 때 반겨주는 것은 육중한 기둥이며 검게 그을린 돌 층계들이였습니다. 미리 알렸던 까닭에 「지객知客」 스님과 몇 마디 주고받는 것 뿐 그렇게 까다로운 절차가 없어 오히려 서운한 심정이었습니다.

이윽고 내가 거처할 방에 짐을 내려놨을 때는 방금 거쳐 온 풀잎과 돌과 시냇물이 폐부를 씻어낼 듯한 서늘한 공기와 함께 묘한 신비감마저 불러 주었습니다.

「영」!

인간들은 스스로 쌓아놓은 행동의 축적으로 말미암아 스스로를 얽매어 버리고 또 그곳에서 탈출하려고 몸부림치는 묘한 존재들인가 봅니다.

피로한 대인관계들을 좀 정리해 보자고, 아니 당신의 영상에서부터 좀 더 건강한 모습을 설계하고 싶어 우선은 보고 싶은 감정을 꾹 참으며 새로운 세계에 나의 모든 것을 던져보고 충실해 보렵니다.

깊은 밤 속에서 당신의 안녕을 빕니다.

제23신

이곳에는 모두 15분의 스님들이 있습니다. 한결같은 복장과 짧은 머리카락 때문에 쉬 나이를 어림하기가 좀 곤란하며 또한 어떤 이질성이 있는 것 같아 쉽게 친숙해질 거 같지도 않았습니다.

「영」!

그들은 보다 영원하고 보람되는 것을 위하여 세속적인 소유를 스스로 거부한 자들이기에 차라리 어떤 경외감 같은 것이 느껴지고 있습니다.

이 글을 쓰기 전에 고향에 계신 형으로부터 사촌 형이 돌아가심을 알려주는 서신을 받았습니다. 말이 사촌 형이지 사실상 몇 명 안 되는 형제끼리 살고 있는 중에서도 특히나 무척 나를 아껴주시던 형이 돌아가심을 알려 왔을 때는 도무지 믿어지지가 않았습니다.

지난 가을에 약간의 틈이 있어 귀향했을 때 보았던 모습들이 — 깨끗하고 복스러워 뵈던 형수와 서로 사랑하고 아끼고 돈 벌고 예쁜 어린애를 낳고 기르던 — 가장 아름답게 사는 것으로 보였는데…

한적한 곳에 이르는 동안 죽음에 가까운 병을 누구나 앓고 있는 듯한 안타까움이 가슴을 저렸습니다.

「영」!

세포 속으로 자꾸 파고드는 세균을 뿌리 뽑아서 행복을 느낄 사람과 정신이 한없이 죽음으로 이르는 두 부류의 병자들을 모두 치료하고 투약하도록 「영」 노력해 봐요.

보고 싶은 감정이 너무 클 때까지 안녕을.

제26신

못내 아쉬워해야 했던 순간이 그렇게 쌓였나 봅니다.

온 세상이 당신의 영상으로 꽉 메워 나를 지치게 했던 날이 얼마이었든가. 당신은 차마 알 수 없었으리라 봅니다.

「영」!

이런 잎 지던 날에 당신이 내게 건네주었던 가냘픈 코스모스의 의미들도 언젠가는 재로 남겨야 할 것들이었지만 어차피 한 속세의 인간이기에 그 조그만 것에 대한 애착이 너무 커서 오욕汚辱을 가끔 범하게 되나 봅니다.

원래 가진 것도 없고 줄 것도 없이 태어났기 때문에 당신에게도 주지도 않고 받지도 않아야 할 것들을…

지금은 푸른 하늘 밑의 저편에서 하얀 가운을 입고 미래에 더 많은 사람들을 위해 온 정성을 기우릴 당신에게도 선할 순간들이 간직되었으면 하고 빕니다. 산속의 한밤에 「영」의 고운 꿈꾸기 바라며.

제29신

「영」!

싸늘한 산사의 밤은 깊어갑니다.

온통 까만 막으로 휘장을 두른 주위는 정적, 정적뿐… 허나 마음은 자꾸 당신에게로 향하고 있습니다.

처음에 이곳으로 올 때에는 그래도 잊어야겠다고 맘먹었지만 이처럼 혼자가 돼버린 곳에서는 외려 더욱 짙게 자리한다는 사실을 몇 번이나 경험해야 하는가.

대자연의 위대한 정적을 뚫고 목탁 치는 소리가 납니다. 언제까지나 계속하려는 듯 그 고른 음향이 또 다른 신비 속으로 나를 인도합니다.

방향이 어딘지도 내 몸이 하늘에 닿아있는지 땅과 하늘의 중간에 있는지도 잘 모르는 그런 어둠과 목탁 치는 소리와 냇물 소리와… 밤은 깊어 가고 있습니다.

문득 지난 여름에 K시로 여행을 떠났을 때, 긴 여행에 지쳐 살포시 기대어 잠든 당신이 기차의 우악스런 기적소리에 세상을 처음 구경하는 듯이 빠끔히 쳐다본 그

예쁜 눈망울이 커다랗게 「클로오즈업」됩니다.

「영」!

이곳 「○천사」에는 4, 5일 후부터서 「결제結制」가 시작됩니다. 「지객」스님의 말씀에 의하면, 「결제」란 겨울과 여름철에 절의 출입을 금하고 수도에 전력을 집중하게 되는 그 시작을 말한다고 하더군요.

중생의 고통과 번민이 한 곳으로 집축集蓄하게 되어있는 「사성제四聖諦(苦·集·滅·道」에 대한 법륜을 알기 쉽게 풀이하는 것을 조금 들었는데도 마음이 침잠沈潛된 것 같더니, 그로부터 몇 시간도 채 못 되어 「四諦」 중의 첫째인 「苦諦」의 내용처럼 사랑하다 이별하는 것, 늙고 병들고 불안해하고 근심·걱정·번민하는 것으로 이처럼 잠 못 들어 하는 얕은, 그리고 미운 인간성을 가지고 있나 봅니다.

추워가는 산속에서.

제30신

「영」!

간밤에 늦게 자리에 들었던 탓인지 내가 일어났을 때는 모두 하루 앞둔 「결제」를 위해 부산하였습니다.

15명의 소임이 전부 짜여 있어 각자 열심인데 홀로 산속을 서성거리니, 어쩔 수 없는 속성의 발로로 다시 당신 곁으로 가고 싶은 마음이 울컥 치미는 군요.

내가 다시 법당으로 발을 옮겼을 때는 「결제」불공을 앞두고 법문을 시작할 무렵이었습니다. 「선법」을 알고 「선법」의 근본을 알면 그에게는 「탐」의 번뇌와 「진」의 번뇌를 제하고 「나는 있다」라는 아견我見과 아만我慢을 버리고, 「무명無明」을 면하리라는 「정견正見」으로써 깨끗한 신심을 가지라」는 가르침이 새삼 깊이 스며듭니다.

「영」!

고통을 알고서도 고통을 느끼게 사고를 해야만 하는 자기모순 속에서 살아가는 것이 인간이 아닐까?

만남의 기쁨은 더 보고픈 슬픔과 공허만 잉태케 할 뿐 이라는 것을 수없이 체험해 왔는데도 당신과 만남이 더 밀도 깊고 영혼 속으로 혼합되어 지리라는 착한 생각 때문에……

많은 날이 흘러간 뒤에는 지금의 만남이 얼마나 행복하고, 또 헤어짐이 얼마나 슬픔으로 여길지는 아무도 모릅니다. 현실의 슬픔을 더 높은 경지의 슬픔으로 받아들이기에 현세의 인간들에겐 헤어지지 않으려는 애태움이 큰 가 봅니다.

「영」!

오늘 마을에 다녀오면서 시자승으로 부터 몇 가지 색깔로 무늬가 그려진 사각 편지를 보고서는 직감적으로 '당신에게 무슨 변화라도 있지 않았을까' 하고 생각했는데 내 눈앞에 펼쳐진 당신의 글 속엔 다시 고국의 품 안으로 돌아온다는 아니 보고픈 욕심을 빨리 채워야겠다는 내용이…

한 동안 정수리를 맞은 듯한 멍한 상태 속에서, 며칠 후 당신을 만나면 '어떤 얘기들을 들려줄까? 또 얼마나 이쁘고 고운 모습으로 변했을까?' 하는 생각으로 가득 차 있습니다.

「영」! 그날까지 만나는 그날까지 안녕! 안녕!

〈법학과 3년〉
『북악』 제25집, 국민대학교 총학생회, 1973.

| 서간문 |

그 마지막 章

―글 처음에―

　내가 제24호 『국민대학보』(『북악』의 당시 이름)에 『'영'에게』라는 제목으로 선을 보인 이래 아마 국민대학교 교지와 나의 여인 「영」과의 인연은 이번이 벌써 3번째가 되는 모양이다.
　구성없는 졸필로 이곳 저곳에 「영」이라는 나의 여인의 이름은 세상에 햇빛을 몇 번 보았다. 그때마다 주위 사람들로부터 「영」이라는 여인이 단순한 글 속의 인물인가 혹은 사실적 존재 인물인가 몇 차례 질문을 받았었다. 내가 그녀를 먼발치에서나마 처음 보았던 때가 고1 시절이라고 기억된다. 눈이 부시도록 하얀 여학생 교복의 그녀를 난 좋아하게 되었다. 여름에도 가을에도 겨울에도 그리고 꽃피는 봄에도.
　이제는 벌써 대학을 졸업해야 하나 보다.
　그리고 「북악」과 「영」과의 함수관계도 아니, 나하고 영과의 모든 것이 종장終章이 되겠지.
　끝으로 이러한 글이 결코 어떤 형식에 구애됨이 없이 내가 그녀에게 보냈던 (그때의 감정에 따라) 편지 그대로의 형식을 취하였음을 얘기해 두고 싶다.

　제41신
　영!
　서울 근교에 자리한 K마을을 찾았습니다.
　조그만 찻집이 있어 들어섰습니다. 서툴게 도회지 다방 내부를 흉내 낸 완성되지 못함으로 지어진 내부였습니다. 얼어붙었던 온 몸을 커피의 따스한 온기가 한꺼번에 풀어주는군요.

몇몇 고등학생쯤으로 뵈는 등산복 차림의 손님들이 얘기에 열을 띠우고 있습니다. 어느 정치인의 태도와 그가 내 놓았던 정강政綱에 대해서 얘기들을 하더군요. 변호하려는 측과 비판하려는 측은 시간가는 줄 모르고 얘기하고 있습니다.

영!

인간이 가는 길에 참다운 가치나 진리가 있을까.

흔히,

점잖다는 이면裏面에서 젊음의 매력이 없다고 힐난할 수도 있고,

묵직하다는 이면에 답답하다고 힐난하기도 하고,

착실하다는 이면에 폭이 좁다고 힐난하기도 하고,

활동적이다는 표면에 가볍다는 힐난을 하기도 하고,

강한 신념을 가리켜 옹고집이라고 힐난하기도 하고,

사교적인 사람을 의리의 결여자라고 힐난하기도 하고,

중용中庸을 비겁한 자의 도구라고 힐난하기도 하고,

용기 있음을 무례하다고 힐난하기도 하고…

난로 위에는 무료하게 물이 끓고 있습니다.

영! 인간이기에 인간으로써 가지는 편견은 어찌할 수가 없나 봅니다.

살아가는 동안 마음 저변에 있는 공간에는 영원에로의 숙제로 남겨 두었음 합니다. 더러움으로 채색되지 않은 채 말입니다. 좁은 편견으로 속단을 하고, 쓸데없이 도에 넘은 비판을 즐김은 인간에게 주어진 정신적 여유를 파괴하고 혼돈만 가져다 줄 뿐…

4일 째 되던 날 당신의 방을 노크하겠습니다. 안녕을 빕니다.

제42신

영!

당신의 글 잘 받았습니다. 자꾸 불안해 가는 마음의 소유자는 대부분 어떤 신앙에 대한 확고한 뜻이 없기 때문이라고 당신은 얘기했습니다.

우리에게 종교의 중요함이란 틀림없이 있습니다. 그러나 종교가 그 자체의 진리 앞에 인간으로 하여금 승복하게 유도해야지, 결코 위엄이나 권위로 외부적・피상적으

로 다스린다면 그것은 종교로써의 본질이 상실된 것이 아닐까요. 자꾸 안으로 충실해져가는 종교가 있는가 하면 어떤 종교는 위의 모순을 계속 쌓아가지 않는다고 볼 수 없습니다.

어떤 사실이 굳건한 믿음으로써 진리화시켜 모두 그렇게 관념화되어 있는 데, 과학적인 입증으로 인해 그 허실이 들어나면 그 종교에 대한 무모 및 거짓성이 인간들의 마음속에는 어떤 심정으로 받아들여질까. 이러한 위험성을 두려워하여 종교가 현실과 더욱 유리되어 가고 순간순간의 현상에 공리화되어 간다면, 인간의 끝없는 영원에로의 추구는 파멸과 실망으로 끝나리라 보여집니다.

영! 나의 이러한 생각에 당신은 그러한 본질에 앞서 종교 자체가 사회와 인간 정신에 주는 기여도에 대한 얘기를 했습니다.

영! 현대인들에겐 꿈과 현실의 유리遊離에 있어 그 거리감이 크면 클수록 더욱 고립되고, 이 순간 이후의 다음 순간에 대해 무서움을 느끼기에 종교가 더욱 필요한지도 모르겠습니다.

아주 오래 전에, '깨끗한 옷차림으로 聖歌가 울리는 그곳으로 나란히 향할 때의 행복한 순간을 상상해 보았느냐'고 당신은 물었습니다.

영원한 기쁨으로 행복에 차 있는 당신과 무턱대고 사실 자체를 파고 드려는 나의 성격을 비교해 봅니다.

항상 신의 은총이 함께 하시길 빌겠습니다.

제44신

고향으로 향하고 있습니다.

몸은 다 큰 성인이 되었는데 감정은 가끔 어린애로 돌아가곤 합니다. 방금 역을 향해 트렁크를 들고 나왔을 때 왜 당신에게 알리지 않았을까 후회하고 있었습니다. 트렁크에 담겨진 삶. 아무도 나의 여행을 축복해 주지도 슬퍼해 주지도 않는 수많은 사람 속의 외로움. 까만 오바를 입고 나서는 나의 모습이 왠지 처량해지기도 했습니다.

살아가는 동안 지금까지의 헤어짐과 그 고통보다도 더 많은 헤어짐과 고통과 애태움을 간직하게 되려는지도 모르는데, 마음은 자꾸…. 역 안에 울리는 아나운서 멘트가 길을 재촉하는 군요.

까아만 밤. 나를 태운 열차는 달립니다.

오직 검은 허공을 부딪치면서 향하는 열차 속에서 想念을 자꾸 자꾸 멀어져 가는 거기에 반비례하여 당신으로 향합니다. 나의 육체라는 용기容器 속에 담겨져 있지만 상상은 끝이 없이 펼쳐지고 있습니다.

혼자서 하는 여행 습관은 예나 지금이나 계속되지만, 왠지 이번의 그 「혼자여행」은 지루하고 무료한 시간의 살해殺害 당하는 기분입니다. 나란히 앉아 있는 사람끼리 경계하고 애써 관찰하려 합니다. 몇 치寸의 사이도 두지 않고 있는 그들에게 그 거리만큼의 정을 느끼기 보다는 나에 대한 어떤 성城이 깨뜨려 지지나 않을까 경계하고 관찰하게 됩니다.

몇 수십 년 후에 지금보다도 엄청나게 많은 인간 홍수가 되었을 때, 그 속의 일분자인 개개인은 눈에 보이지 않는 아득한 거리감으로 서로를 관찰하고, 그것은 지나 질시하고 싸워야 하는 인간 범람 속에 고독한 생물체로 전락할 때의 상황을 상상하여 봅니다. 아끼고 믿고 헤어짐의 슬픔을 알고 좀 더 가까이 밀착시키려는 본성이 점점 더해진다면…

내일 날이 밝으면 난 고향이 주는 인정과 물씬 풍기는 바다 내음과 따사한 사랑 속으로 몸을 던지게 됩니다.

지금 당신의 모습을 그려봅니다.

기적 소리가 침묵을 깨는군요. 밤에 - 안녕을.

제45신
봄기운이 완연합니다.

나는 고향 뒷동산 양지 바른 밭 언덕에 앉았습니다. 노오란 배추꽃이 피어있고 나비의 한가로운 넘나듦이 어릴 적 생각을 가져다줍니다. 토끼풀이며 배추 잎사귀며 민들레꽃을 따다가 황토 빛 흙을 곱게 빻아 조개껍질에 담아 놓던 어린 날들을….

생각은 아스라한 어린 날로 향하고…, 문득 발아래 열심히 움직이는 작은 존재에게로 향합니다. 개미, 그들도 우리 인간처럼 감정과 슬픔과 아픔이 있을까. 하지만 자기

위주의 삶만 누려가는 인간의 눈에는 한갓 미물微物에 불과합니다.

무심코 걷는 발자국 아래서 그들이 죽어가고 있지나 않은지, 그들이 애써 지어 놓은 호화로운 집과 조화가 나의 조그만 부주의에서 얼마나 많은 파괴와 「노아」의 홍수 같은 참변을 당하는지 아랑하지 않습니다.

그들 개미군群들의 시야에는 전체를 한눈으로 볼 수도 없는 거대한 인간이 그저 신처럼 느껴지고 그들에게 오는 인간의 온갖 피해를 그들은 어쩔 수 없는 운명으로 받아들이는지도 모릅니다.

광활한 우주 속에 아주 작은 일부분밖에 되지 않으면서도 지구 위에서 온갖 조화를 부리는 인간에게 미처 볼 수 없는 ― 개미군들이 보는 인간처럼 ― 거대한 어떤 존재가 있다면 그것은 지구 위의 인간을 하나의 미생물처럼 대할 것입니다.

영! 그들은 (인간이 미처 감지할 수 없는 거대한 존재) 혹시 지구의 모양이 이상하다고 여겨 지구의 모양을 개조하기 위해 물로 씻는다면, 인간에게는 그것보다도 더 큰 홍수는 없을 것이며 산사태도 없는 것이 될 것입니다. 그때 우리는 가장 무서운 그리고 위대한 신이 나타났다고 온갖 제를 올릴 것임에 틀림없습니다.

만물의 영장이라는 미명 아래 발자국 아래에서 짓밟혀 가는 수많은 생명체는 전혀 의식도 하지 않는 무감각과 몰인정에 나는 더욱 외로움을 느끼게 됩니다.

영!

과연 우리 인간은 광활한 우주 속의 어느 위치에 속한 것이 참다운 판단이 될까.

주어진 위치를 정확히 알고 사는 동안 서로를 아끼는 감정의 섬세함을 상실하지 않도록 우리 노력해 봐요.

제47신

우산도 받쳐 쓰지 않은 채 집에 와 버렸습니다.

아무도 없는 방안에 홀로 덩그러니 놓여진 책상에 앉았습니다. 세상이 텅 빈 느낌과 함께 집에서 상당히 떨어진 곳까지 나와서 손을 흔들어 배웅하던 모습이 지워지지를 않군요.

휘날리는 빗줄기 속에서 차가 떠날 때까지 그대로 서서 지켜보던 당신의 모습은 사랑하는 연인을 떠나보내는 슬픈 여인의 모습 같기도 하고 객지로 아들을 보내는 엄마의 애잔한 모습 같기도 했습니다.

　사랑하는 여인을 만나려 나설 때의 마음에 젖어오는 충일감充溢感과 사랑하는 여인을 떠나 온 후의 기분을 더욱 극과 극으로 치닫게 해 주는 날입니다.

　빗속을 뚫고 어디론가 함께 달리고 싶다던 당신에게 건강상태 하나만으로 나무라던 나의 태도를 후회합니다.

　영!

　항상 모순과 착오를 범하고 나선 후 교정과 개선을 반복하는 나선형螺旋形 속에서 조금씩 조금씩 전진해 나가는 것이 삶인지도 모릅니다.

　나의 마음속에 악과 질시와 욕심이 가득하면 할수록 당신과 나의 비극은 더욱 커다란 정신적 파멸을 심어주곤 했습니다.

　비가 계속 내리고 있군요. 비를 담고 있는 하늘이 뚫렸는지 계속 퍼붓고 있는 빗줄기 속에서 먼 옛날과 먼 미래를 한꺼번에 생각하게 하고 있습니다.

　홍수와 산사태도 있을 것이고 습도 많은 사각진 방안에 적막과 고요만 가득하고 가엾은 나의 혼은 자꾸 안으로 안으로 파고드는 외로움에 떨고 있습니다.

　사실 커다란 잘못도 하지 않은 당신에게 난 너무나 꾸중을 자주해 왔는지도 모릅니다. '어쩜 이 모든 게 당신을 제除한 나를 생각할 수 없기에 했던 행동들이 아니었을까' 줄기차게 퍼붓는 빗소리를 들으며 생각은 계속됩니다.

　빗속을 혼자서 거닐고 있지나 않는지…

　몸조리 잘 해요.

제49신

「용○산」을 찾았습니다.

3년 전 당신과 함께 왔던 이 골짜기며 바위며 물 흐름은 예전과 다름없습니다. 같이 가자던 당신에게 알리지도 않고 와 버림을 탓하고 있습니다. 모든 소음과 감정의 대립이 칼날 같은 곳을 벗어나 갑자기 자유스러운 주위에서 벌써 당신을 그리고 있습니다.

영!

　3년 전 이곳에서 밥을 해먹던 생각이 납니다.「가스」화기가 고장이 나자 나무를 모아서 당신은 찌개를 끓이고… 매운 연기가 당신으로 향할 때마다 눈물과 기침을 연발하면서 떠나야 할 시간이 다 되어서 끓인 찌개를 당신은 못 먹는다고 나에게 주었습니다.

　그러나 이게 웬일일까. 온통 비린 내음이 입안에 찼습니다. 미처 덜 끓인 생선 찌개에 간장도 마련을 안했던가 싱겁고 비린내 나는 그 맛은…

　하지만 당신은 행복한 눈초리로 지켜보고 있었습니다. 미래의 주부로서의 솜씨가 어떻게 나타났을까 하고 바라보는 당신에게 난 열심히 먹어치워 버렸다고 기차에서야 얘기할 때 당신은…!

　밤은 깊었는데도 잠은 오지 않고, 왠지 나의 주위를 감아오는 허전함을 느끼고 있습니다. 물소리와 바람 소리 뿐. 이 깊은 산중에서 왜 이렇게 어디론가 향하는 슬픔을 느끼고 있을까. 대상도 없고 욕심도 없는 슬픔을. 혹시나 이런 외딴 곳에서 조용히 다가올런지도 모르는 죽음을 생각합니다.

　영!

　살아가는 동안 나의 곁을 지켜주고 아껴주는 사람보담은 영영 가버리고 떠난 사람이 더욱 많아지고 또 그들이 자꾸만 그려지는 것은 웬일일까. 유한有限 속의 인간이기에 어떤 곳에서든지 또 어떻게든 다가오는 죽음을 배척할 수야 없겠지만, 내일을 모르는 우리길래 무언가 얘기를 당신에게 만큼은 해야겠다고 생각됩니다.

　혹시 그 마지막 순간이 내게 올 때면—아, 내가 아끼고 아껴주던 사람에게 나의 조그만 죽음을 알려다오. 나의 삶을 영위시키기 위해 그들을 내가 너무 괴롭혀 주지나, 슬픔을 주지나않았나 걱정이 됩니다.

　특히나 당신에겐 더욱 많은 사과를 드려야 한다고 생각합니다. 나의 허황한 정신의 욕망과 허구를 쫓아 착한 당신을 얼마나 울리고 가슴 아파하게 했나 헤아려 봅니다. 물 흐르는 소리와 잎사귀 부딪치는 소리가 더욱 또렷합니다. 안녕을.

제50신

깨어난 곳이 병원이었습니다. 최대한 안정을 요하고 폭주를 삼가야 한다는 미래의 당신 같은 사람들의 얘길 듣지 않으려고 뛰쳐나왔습니다.

영! 지금 당신의 가장 가까운 곳에 와 있습니다. 당신이 영원히 자리할 이곳에 와서도 난 실감이 나질 않습니다. 그제 보았던 하얀 가운 아래의 당신은 예전 그대로였는데, 당신의 모습엔 표정이 없고 나를 반겨주지도 않았던 차가운 체온이었습니다. 그리고 내 손엔 당신이 쓴 마지막 묵직한 편지 봉투가 쥐어져 있을 뿐.

영! 아니 당신.

삶이 고통스러웠을까. 소설 속의 주인공의 죽음이 주는 허무가 그렇게도 크게 파급되었을까. 당신을 이렇게 만지지도 볼 수도 없게 해 버린 것은 무엇이요, 누구요.

아, 밀려오는 고통, 슬픔. 나에게 한 마디의 얘기조차도 건네줄 수 없었단 말인가. 그렇게도 큰 고통을 안고 가 버린 당신에게 난 무엇을 주었을까.

영!

한 번만 다시 깨어나 나의 파리한 얼굴을 만져 주렴. 도대체 이게 무엇이냐. 오직 착하고 예쁜 것 밖에 죄가 없는 당신을 앗아 버린 것은 무엇일까.

영! 당신의 무덤 앞에 와 있는 나를 또 발견합니다.

사랑하는 자들에겐 계절과 시각과 하늘의 조화와는 어떤 관계일까. 사랑하는 이의 곁에선. 비가 오면 시골 역 대합실의 고요한 상념.

눈이 오면 눈 위의 발자국. 태양이 눈부시던 백사장의 환희. 모두가 사랑하는 순간에 연륜을 더해 주고 밀도를 높여 주는 배경들.

이젠 행복의 보류도 아닙니다. 만나려는 내일의 애태움도 아닙니다.

이제 나의 정지되지 않은 영혼은 어디를 헤매게 될까.

매미가 울어 주던 녹색의 정염.

자꾸 잃어가는 듯한 가을.

빨간 코트와 하얀 시계가 뒤범벅되던 겨울.

방황과 희망 사이에서 우리의 최초의 완전을 맞았던 「춘천」의 봄을.

이제 꽃 피는 봄이 오면 누가 이 무덤을 찾아줄까.

까만 장막이 펼쳐진 밤이 되면 누가 「영」 곁에서 얘기하여 줄까.

그 고운 눈매에 흐르던 눈물을 누가 보아 줄까.

책 보따리를 들고 나설 때, 언제나 어깨를 나란히 하던 이쁜 당신의 모습은 영영 존재하지 않는 곳에 난 남았습니다.

보고플 때 찾던 당신의 방문이 아닌 무덤을 찾아야 합니다.

둘이 하는 대화가 아닌 혼자서 하는 대화를 해야 합니다.

당신을 미워하지도 울지도 않는, 단 사랑하는 것만 남았습니다.

어김없는 계절이 몇 번 안가 바뀌면, 여행에서 지친 커다란 소음 위에 졸음이 오듯 아득한 날의 종착역으로 이제 가야지. 너 「영」은 삶을 진지하지도 배척하지도 저항하지도 않은 채 그냥 가버렸다. 남은 세계의 동경은 어리석은 자들의 아귀다툼으로 주는 아량을 베푼 채. 나와 너와는 평행선과 조화를 깨뜨린 채 그 행복스런 모습 위에다 나를 남겨두었다.

너를 향해 낙서해가는 종이엔 이제 먼 옛날의 먼지로 남겨 둬야지. 그리고 서툰 표현의 완성으로 애태우지 않고 나의 조그만 육신을 데려가려는 신에게 나는 찬미하련다.

이제 사랑 같은 것은 주지도 않고 받지도 않은 채, 「영」의 영혼 가까이서 맴돌다가 착한 사내로서 안착할 때까지 영원히 아듀-아듀를 해야지.

『북악』 제26집, 국민대학교 총학생회, 1974.

방학3제 : 고시준비

　인쇄 내음이 채 가시지 않은 표지고운 방학공부 책과 통신표를 받아들고 선생님의 말씀엔 아랑곳없이 환호성과 손뼉소리가 요란하던 어린 날의 방학과는 너무나 대조적임을 느끼며 나는 공주의 「마곡사」를 찾았다.
　고시준비생이라면 으레 한번쯤 가야한다는 준칙화準則化됨을 깨뜨리지 않으려는 '산사행山寺行'이라고 자부하기에는 자신이 너무 초라하다는 느낌이 자리하고 있었다. 아직 채 고시가 무엇인지도 그것이 얼마나 커다란 인내와 용기를 요하는가도 미지수인 채였다.
　다만 이 무렵의 바캉스 족과는 조금 다른 성격을 방학 동안에 시도해야겠다라는 각오만은 가득했다.
　'인간관계의 정리' — 이것은 정신전쟁을 하기위한 전초전이며 또 필요불가결이기도 하다. 불필요한 언어의 남용, 표정과 마음의 이중성들 — 이 모두들이 철자綴字하나 들어갈 스페이스조차도 없게 한 뇌의 복잡성과 피로의 요인이다. 그래서 뇌의 세척과 동시에 기본서 몇 권을 보기로 했다.
　하루 이틀이 감에 따라 법서法書안에서의 생각은 다른 곳을 헤맨다.
　몸은 갇혀있으되 그 대신 더욱 활발한 것은 정신의 방황이다. 정신은 현실에서 유리된 감각과 육체에 대한 유무에 더욱 얽매이게 되고, 또 그것은 해답이 없는 시간의 낭비로 끝난다.
　그러나 페이지의 넘기는 수가 나를 조금 위안해 주고, 우선 타인에게서 나를 방해받지 않아서 다행이었다.
　푸른 하늘이 너무 높다.
　멀리 들려오는 같은 또래 쯤의 코러스가 또 그렇게 아름답게 들리는 걸까? 느긋느긋하며 여유가 있음은 얼마나 장부의 기개인가.
　입술이 타는 듯한 초조감이 가끔 엄습하며 같은 길의 대열에서 점점 낙오되는 듯한 거리감을 느끼면서 밤잠을 설쳐야 했다. 이순간에도 곳곳의 같은 꿈의 소유자들은 그 얼마나 법서를 통독하기에 피를 토할 것인가.

햇살이 울창한 숲 사이로 내리긋는 한 평 남짓 폐쇄된 방안으로 매미소리가 넘쳐온다. 책을 잡는 손에는 땀이 배고 등에도 땀으로 옷이 달라붙은 지 오래다. 석가釋迦는 끝없는 고뇌 속에서 절망하지 않고서 열반涅槃의 경지에 이르러 중생을 제도濟度하지 않았던가.

고통을 낙으로 느낄 수 있는 경지에 나는 언제쯤 이를까?

방학이 보름이 지났을 무렵, 타인으로 인한 정신적 피로는 상당히 평상을 찾아가지만 기본서의 독파讀破에는 상당한 차질이 있었다.

방을 따로 쓰고 있던 친구와 「대천행大川行」을 감행하여 수영복의 젊음 속에서 하루 해를 보내기도 했다. 이 파격 이후에는 그래도 이번 방학은 어떤 다른 계획으로 활동했던 사람들보다도 더 알차고 건강한 정신을 길렀다고 조금은 자부할 수 있게 되었다.

정신의 모든 사치성은 아니, 당연한 정신적 양식의 즐거움은 법률 속에다 유보留保시켜야 된다는 괴로움도 이제는 차츰 뿌듯한 희열로 변함을 직시할 수 있었다.

폐부를 찌르는 듯한 시원한 샘물과 청아한 산울림은 세속화된 뇌를 조금은 세척시켜주었고, 당초 계획했던 만큼의 전적은 올리지 못했지만 책장을 그런대로 만졌다는 것은 이번 방학의 쾌거라 할 수 있었다. 게다가 행자行者님의 그 열성스러운 독경덕분에 「송주편」 한 줄은 거뜬히 송독誦讀할 수 있음도 성과이리라.

뇌리에는 '무상심심미묘법 백천만겁난조우...'의 불경과 일정한 간격의 목탁치는 소리와 하늘을 찌를 듯한 나무의 위용이 자리하고 있는 가운데, 더 큰 성과를 기대하며 격려를 아끼지 않던 「K순」과 「병S」형, 「J순」에게 고마움을 대한 글을 써야한다고 생각했다.

역시 무절제한 인간관계의 새로운 조정 속에 본연을 찾아보자던 「일대 결단의 방학」이라는 과제도 끝내 인간의 범주 내에서 인간의 조건과 함께 나아갈 뿐이지, 그것을 초월하거나 우회할 수는 없음을 느끼며 무거운 책가방을 들었다.

〈법학과 3년〉
『국민대학보』, 국민대학교, 1973.08.30.

캠퍼스 정화에 부쳐

'주위 살필 줄 아는 대학생이 바람직해'
'쓰레기의 난무가 캠퍼스에 있어서야'

법률학상 술이 만취되어 의식을 없을 정도의 취자醉者에게는 한정치산자限定治産者와 같이 취급하여 그 범죄행위를 처벌하지 않거나 또는 경감하는 경우가 있다.

왜 그들을 처벌하지 않는가에 대해서는 학설상 혹은 관점에 따라 다르다 하겠지만, 다만 처벌할 가치조차도 없어 처벌하지 않는다고 볼 때 만취 당시는 인간으로서 가치는 우돈牛豚씨 등과 거의 같은 수준에 두는 것만은 틀림없나 보다.

파아란 하늘과 초목이 우거진 캠퍼스는 무척이나 낭만이 흐른다. 그러나 이곳에도 술을 가득 취한 듯한 혼몽한 상태의 인간군이 있다면 이는 슬퍼하지 않을 수 없는 일이다.

얼마 전 학생처에서 캠퍼스정화 캠페인도 마련하였고 공고도 붙은 지 오래지만, 휴지가 난무하고 패션쇼에서 저질 특등상을 받음직한 옷차림이 활개하고 있음은 어찌 된 일일까.

교수님께서 지나가신다. 잡담으로 아우성이 된 친구들, 그저 그렇게 계속한다. 왜 인사할 줄도 모르는 배짱꾼들이 돼버렸을까.

강의가 계속된다. 그러나 복도에서 들려오는 괴성(?)과 웃음소리와 억지 재치기소리가 강의와 뒤범벅된다. 대학이라는 사회 구성원들에겐 타인의 학문연구를 방해시켜도 좋다는 그런 만용도 부여되는 걸까.

싱그럽고 푸른빛이 감도는 신록이 캠퍼스에 그득하다. 그러나 그곳에 담배꽁초와 문명의 이기와 소득성장이 준 엘리트들의 화장지 사용 폐품이 시체처럼 나뒹굴고 있다. 몇 사람의 힘으로 그것이 치워지리라는 안도의 저력이 그렇게 쓰레기 시체군을 가져다주었을까.

한가치의 담배가 그 효용을 다했을 때는 아무런 가치도 없어져 버린 쓰레기로 화하게 되는 바, 이때 별로 힘들지 않는 그것을 왜 휴지통에 버릴 줄 모를까. 생각은 있으나 바쁘고 자기 혼자만의 세계로 변해가는 현대인들의 사유와 행동의 단절에서일까. 그렇잖으면 꽁초를 튕겨서 버리는 그 영웅(?)같은 멋을 구가하려는 데서 기인된 것일까.

학교가 제아무리 'image'개선이니 무슨 행사를 개최한다 하더라도 외부인들이 불쾌한 감정을 갖는다든가 불미한 현상을 접하게 된다면 그것은 오히려 추태를 연출하는 결과 일 뿐 아무런 가치도 없는 헛수고 일 뿐이다.

식당이나 교내다방에서는 왜 그리도 어수선하고 어떤 노동자집합소로 연상되는 걸까. 내부시설이 약간 만족스럽지 못한다 하더라도 여유를 갖고 식사를 즐기고 따끈한 커피 속에서 진리를 토론하고 대화를 즐길 수 있는 그런 멋은 없을까. 비록 외딴 곳 통나무 속에 눈에 띄는 화려는 없어도 그것을 아름답게 간직하고 여유를 갖고 살아간다면 이것이 격조 있는 진정한 내면이 아닐까.

구태의연한 얘기가 될지 모르지만 대학이란 결코 학문만을 축적시키는 것은 아니리라. 인격의 완성이라는 더 커다란 과제가 문제되지 않을까. 내가 현재 어떤 곳에 자리하며 또 내가 머무르는 곳의 주위를 살펴 볼 여유도 없는 자에게 어떤 지식의 축적이 빛을 가할 수 있으며 캠퍼스의 낭만은 무슨 소용 있으랴. 물론 그래야겠다는 사유思惟는 대부분하고 있으리라 본다. 그 정도 생각조차도 없다면 그는 우돈 씨와 조금도 다를 바가 없으니까. 다만 생각은 생각으로써 끝나고 그것이 실행의 착수까지 이르지 못하고 사장死藏되고 말기에 문제가 있다.

제발 우리 학생은 학생다운 미가 깃든 복장과 5월의 푸르름을 짓밟는 휴지의 광란을 없애고, 강의의 존엄을 느끼는 대학생다운 우리가 되자. 만취자의 행위를 음주행위 없이도 연출시키는 우돈 씨의 혼돈을 우리는 범하지 말자. 에머럴드 빛이 청춘을 부른다.

그렇게도 아름다운 북악산과 캠퍼스에서 아름답고 가장 멋있는 우리들의 삶을 가꾸어 보지 않으련가.

〈법학과 4년〉
『국민대학보』, 국민대학교, 1974.05.16.

제1회 형사모의재판기

1. 실행에 착수하다

국민대학이 개교 이래 법학과에서는 수많은 훌륭한 선배들을 배출하고 또 해마다 상당수의 법관을 배출해 왔다. 이에 대한 사회의 인식이나 학교 내에서의 비중으로 비추어 볼 때, 꽤 역사와 전통을 자랑하는 법학과에서 여태 모의재판 한 번도 실시해 보지 못했다는 것은 실로 유감이었다.

사실은 선배들도 몇 번이고 시도를 했었고, 또 법학회 간부의 취임 인사 시에는 으레히 그 숙원을 이룩하겠다고 공언했지만, 결국은 유산되어 왔던 것이다. 따라서 모든 재판을 개최해야 한다는 것은 법학과 학생뿐만 아니라 타과 학생들에게도 상당한 관심거리가 되었고 또 당연히 해야 할 것이라 하는 희망마저도 고조 되어 있었다.

이와 같이 과내의 학생들의 모든 의견도 그랬거니와 교수님과 학장님의 적극적인 뒷받침과 성원을 약속받고 그 피지의 형사모의재판을 개최하기로 결정하였다.

우선 당시 사법연수생으로 있던 강수림 선배를 초빙하여 여기에 따른 여러 얘기와 또 타 학교의 모의재판을 지도 하셨던 얘기를 듣고 그야말로 숙원이었던 모의재판의 그 역사적인 제1장을 기록하게 되었던 것이다.

2. 첫 번째 실패

이와 같은 결정으로 모의재판을 개최해야 한다는 것은 기정사실화 되었으나 우선 어떤류의 재판정을 구성할 것인가, 또 어떤 사건을 다루어야 할 것인가, 배역진을 먼저 구성해야 할 것인가 하는 원천적인 문제부터 처음 실시하는 우리에게는 논란의 대상이 되었다.

그러나 먼저 어떤 류의 재판정을 구성할 것을 결정하고 여기에 따른 핵심적인 참가인원을 결정하자는 의견으로 압축되어 합의부 형사재판정을 구성하고 여기에 따른 핵심적 인원으로 재판부 3인, 검사 2인, 변호인 2인, 그리고 피고인과 몇몇 증인을 생각했다.

다음으로 어떠한 사건을 다룰 것인가로 상당히 논란이 많았으나, 결국은 한 때 사회적 이목을 집중시킨 바 있고 재판 결정에서도 수많은 우여곡절을 겪었던 세칭「D대학 메이퀸 살해사건」을 기본적 소재로 삼을 것을 결정했다.

이 사건의 지도에는 강선배와 사법연수원의 동기인 이홍훈, 윤석정 선배들이 각각 재판부 지도와 검사, 변호인 지도를 맡아 주셨다. 이 때가 우리들이 예정일로 잡았던 11월 20일 까지는 약 한 달도 못되는 짧은 시일이 남았을 뿐이었다.

연습은 거의 강의가 끝날 무렵인 오후 5시부터 시작하여 약 2시간씩 매일 했다. 처음 4일 정도는 세 선배들이 소재로 삼은 실제사건의 내용과 또 그에 따른 재판의 결정과 향방 등을 살펴서 우리가 다룰 사건을 각색하고, 또 함께 토론을 하느라고 시일을 보냈다. 5일째 되는 날부터는 어느 정도 사건의 윤곽을 확정 짓고 나서 각자에게 맡은 배역도 좀 더 확실히 결정하였다.

그러나 당시 거의 3학년으로 구성된 배역진 사이의 의견 상의 같은 것도 가끔 노출되었는데 이는 어쩔 수 없는 개성 때문이랄까, 아니면 왈 법리론상의 학설대립 때문이랄까?

어쨌든 주어진 역할에 따라 나는 검사역을 맡게 되었다. 따라서 신문訊問에 대한 피고인의 답변을 전체사건의 향방과 맞춰야 하는데 가끔 피고인의 불출석은 이 담당 검사로 하여금 당황케 하였고… 연습을 해가는 과정에 당초의 각본과 다른 내용으로 수정하여 피고인에게 신문을 하면 피고인은 짜증을 내고 사건속의 피고인은 범죄를 범한 실제의 피고인이 아니므로 검사에게 대항할 뿐만 아니라 고집도 내세울 수 있는 법이라고 생각은 되지만 여러 난관이 도출되었다.

연습이 본격적으로 시작된 지 며칠이 지난 후 우리 배역진과 집행 위원들은 기분도 일신할 겸, 또 실제 재판과정은 어떻게 되는가를 견학하기 위해, 귀중한 수업도 빠져가며 단체로 서울형사지방법원 법정에서 실제사건 재판과정을 방청했었다.

신관의 조그만 강의실을 빌려서 오후 5시부터 연습을 하노라면 방음장치가 안된 강의실인지라 각자가 내놓은 육성은 뭐가 뭔지 모르게 뒤범벅되어 그 시끄러움은 극에 달했다. 저녁도 못 먹은 가운데 검사의 위압감 있는 음성으로 호통을 몇 번 치고 나면 피로가 이루 말로 형용할 수 없었다. 하루의 일정을 마치고 북악산 꼭대기에 자리한 숙소인 심곡사深谷寺에 도착하면 피로가 엄습해 도저히 그 신문내용을 재검토할 수 없었다. 게다가 학과 공부는 거의 예습도, 복습도 못하고 그 당시 추구하던 고시공부는 개점휴업 상태를 면치 못했다. 특히 데이트를 할 수 있는 황금기에는 유독 늦게 끝나게 되는 불운 속에 제시간을 맞출 수도 없었고, 또 어쩌다 정확히 맞춰 나가더라도 몸에서 떨어질 줄 모르는 피로 때문에 상대에게 괜한 짜증만 연발하다가 씁쓰레 돌아서곤 했었다.

하여튼 우리의 노력은 점점 시일이 다가옴에 따라 열을 가하고 학교당국은 학교당국대로, 학생들은 학생대로 재판에 관심을 갖게 되었다.

드디어 예정했던 기일이 11월 20일이 이틀 앞으로 다가왔다. 소강당에 설치하는 재판정까지 일일이 점검을 마치고 법복을 입고 그 곳에서 연습을 마쳤다.

이튿날 최종 연습을 하려고 학교엘 가니 웬걸 학교는 「당분간 휴업」이라는 팻말이 버티고 있는게 아닌가.

당시 강하게 불어 닥친 학원내의 소요는 급기야 우리 학교까지 불어 닥쳐 학교당국은 학생들이 대다수 모이게 될 이 모의재판을 진행시킬 수가 없었다. 더구나 모의재판이 끝난 직후 모종의 사태가 일어날 것이라는 풍문은 더욱 그러한 조치를 초래하게 했는지 모른다.

가을이면 의례히 대학의 개점 휴업화 하는 것이 어느덧 당연한 사실로 받아들여져야 하는 한국적 대학학기의 현실에 대해 이때처럼 원망과 슬퍼지는 감정도 또한 없었다. 언제나 내 나라의 대학은 진리의 전당이요, 학문의 집으로 정당한 대우를 받고 학생들은 학생대로, 학교는 학교대로 제대로의 길을 걸어 나가게 될까? 어쨌든 한 달 동안의 심혈을 기울였던 이 모의재판은 학원의 소요 덕택에, 아니 임시휴교 덕분에 깨끗이 미완성 작품으로 그 막을 내리게 되었다.

실로 가슴 아픈 순간이었고, 허탈 바로 그것이었다. 모든 것은 또 여기서 좌절 되어야 하는 숙명이나 보다 하고 생각되었다.

3. 재개하다.

해가 바뀌어 긴 동면을 깨고 나서 학교는 다시 정상을 되찾았다.

긴급조치라는 무서운 위력 앞에서 학교는 우선 평온했고, 우리는 5월초 졸업여행을 다녀왔다. 졸업 여행 후 다시 모의재판을 개최하자는 학생들의 요구와 학장님 및 교수님들의 배려로 이번에는 북악축제 기간 중에 개정하기로 했다.

시일은 불과 2주 남짓했다. 지난 해 가을에 대거 참여했던 4학년생들은 재판장, 검사 1인, 변호사 1인, 피고 1인을 제외하고는 전부 바뀌어 새로이 3학년을 2학년으로 대역하게 했다. 그리고 사건 자체도 상당히 많은 부분 변경을 가해져 새로운 기분으로 시작했다. 지난 가을에 시작했을 때 보다는 훨씬 연습에 진보도 있고, 또 거의가 자율적이었다.

연습 도중의 여러 현상은 역시 그때나 거의 다를 바가 없었으나, 모든 연습을 스스로 해 나가는 어려움이 있었다. 우리 몇몇 배역진은 며칠 남지 않은 기간 때문에 여관 신세까지 지면서 사건의 개요 등이나 기타 신문내용을 완결해야 했다

워낙 시간이 급한데서 여관 신세뿐만 아니라 학교의 수위실에서 뜬눈으로 밤을 세우는 중노동도 감수해야 했다. 지금까지 각자 연습해 오던 것을 전체적으로 파악하고 또 후일 기록으로 써 남겨두기 위해서 전체의 추진과정 및 공소사실, 논고 및 변론, 판결문, 각각의 신문사항 등 모의재판백서를 복사용 타자로 치느라고 당시 교무과와 교수실의 I양과 J양의 수고를 밤새 빌려야 했다. 재판장 이정희와 필자 그리고 변호인 김동욱, 집행을 맡은 김진봉은 이를 곁에서 일일이 가르쳐 주고 확인했는데 아침에는 코피까지 쏟아야 했다.

또한 법학도들에게 선망(?)의 눈총이 되는 대법원 판사실을 우리가 소재로 삼았던 실사건의 전모를 참조하기 위해 수없이 들락이고, 그 곳 구내를 무상출입하는 영광도 얻게 되었다.

개정 3일을 앞두고 DBS의 야간 프로인 「Studio 790」담당자에게 전화 연락 하니 기꺼이 초대를 해줘서 DBS에 급히 재판장 이정희, 변호사 김동욱, 검사인 나와 이등로, 피해자 증인인 김예식, 그리고 집행을 받고 있던 김진봉 이렇게 6인은 동아방송국 녹음실에 가게 되었다. 우리의 재판을 하게 된 동기와 사건의 개요, 이에 따른 검사와

변호인 측의 주장 등에 대한 얘기를 나누고, 기타 이에 관련된 여러 얘기들을 녹음한 후 모처럼 우리들의 교외에서 만남은 교수님과 함께 술잔을 기우릴 수 있는 영광도 있었다.

그 이튿날인 토요일 오후 8시 35분부터 9시까지 이 프로를 집에서 듣고 기분이 흐뭇했다. 학교의 발전상을 전파를 타고 내보는데 그 일익을 담당했다는 기분도 함께 했다.

그 이튿날은 대략의 연습 일정도 끝나 우리의 연락처로 정한 박교수님 실에 있으려니, 모의재판의 소재로 삼았던 실사건인 D대학 메이퀸 문제로 인해서 D여자대학 총학생회에서 전화가 왔다.

약간의 항의를 곁들여 만나야 할 필요를 역설하여 학회장 윤규달과 함께 약속장소엘 나갔다. D여대 학생회장 및 부회장과 자리를 마주 하자마자 이들은 사건의 소재를 바꿔 달라고 엄청난 요구를 한다.

특히 자기네 학생들에게서 많은 항의를 받고 학생 대표된 입장에서 어쩔 수 없으니 굳이 바꿔달라고 요구를 하는데 진땀을 빼야 했다. 급기야 법률적으로 이것은 특정학교의 명예훼손과는 전혀 관계도 없고 전일 동아방송에서도 전혀 D대학에 대한 언급도 없다고 잡아떼고 말았다.

4. 개정 그리고 막은 내리다.

제26회 북악축제 폐막을 하루 앞둔 5월 30일. 드디어 국민대학 법학회 제 1회 형사모의자판정은 개정 되었다.

소강당에 입추의 여지없이 들어찬 방청객들의 진지한 태도에 더욱 사기충천 했다. 장장 2시간 반 동안의 재판을 마치고 나니까 그 더운 실내 공기에 정장위에서 법복까지 입었으니 홍역은 단단히 치른 셈이었다. 어쨌든 별로 실수 없이 모든 배역진이 협력하여 훌륭히 마쳤을 때에는 어떤 기쁨과 희열, 그리고 그 뒤에 오는 또 다른 허탈 같은 것도 느꼈다.

결국 피고인에게는 실제 사건의 최고 판결보다 더 무거운 20년형의 판결을 내리고 (이는 실제사건과는 훨씬 다른 사건으로 각색하였기 때문에…) 박수를 보내야 할지 아니면 신성한 법정에서 숨을 죽이고 있어야 하는지 몰라 하던 방청객들이 모두 기립하였다. 이렇게 제1회 국민대학 형사모의재판은 그 막을 내렸다.

5. 끝으로

그 동안의 재판과정이나 개정 뒤에도 남은 애기들은 많다. 하지만 지금도 뇌리에서 사라지지 않은 것은 한번은 연습이 꽤 늦게 끝났는데 비도 오고 있었다.

비는 소록히 내리고 있어 늦은 산길을 갈 수가 없어 서성일 때 우산을 받쳐주는 독지가가 없어 쌀쌀한 가을 비바람에 젖어야 했던 처량한 모습은 이제 훗날 들려줄 얘기로 밖에…

그간 우리를 지도해 주셨던 강수림, 이홍훈, 윤석정, 세 선배님께 심심한 사의를 표하며 또 박재윤 법학과장님을 비롯한 법학과의 여러 교수님들 또한 학장님께 감사드리며, 특히 우리에게 실제사건의 모든 소재를 제공해 주셨던 대법원 박재봉 판사님께 감사를 드린다.

끝으로 이러한 제1회 모의재판을 개최해 놓은 것에 대해 더 충실하고 훌륭하게 하지 못했던 점은 아쉽게 생각하지만, 발전하는 모교와 함께 이 모의재판이 중단되지 않고 계속 전통으로 이어지길 간절히 빌고 싶다. 아울러 재판이 계속됨에 따라 더욱 훌륭하고 깊이 있는, 그리고 가능하다면 법학도의 법률지식에 대한 최대 활용과 실사회에서 「이슈」가 되었던 사건을 냉철히 비판할 수 있는 무대장이 되어 주었으면 하고 부탁드리고 싶다.

돌이켜 생각하면 대학 4년의 가장 바쁘고 보람 있었던 결정체가 바로 이 형사모의재판이 아니었던가 생각된다.

6. 제1회 국민대학 형사모의재판 참가인물
1) 지도교수 : 박재윤교수, 이삼현교수, 최광언교수, 이규석교수, 이광호교수
2) 실습지도 : 강수림, 이홍훈, 윤석정
3) 집행위원 : 집행위원장 윤규달(법학과 4학년), 부위원장 조성욱(4), 집행위원 김진봉(3)

4) 배 역 진
- 재판부 : 재판장 이정희(4), 배석재판 이신희(3), 김재홍(3)
- 검　사 : 신순호(4), 이동로(3)
- 변호사 : 이태우(4), 김동욱(3)
- 피고인 : 우남득(4)
- 증　인 : 도주석(3), 김예식(3), 전형국(3), 김진희(3), 권운상(1), 박진수(1), 김유진(생활미술학과1)
- 경　리 : 김덕현(2)
- 서　기 : 김정현(2)
- 교도관 : 이태승(4)

〈법학과 4년〉
『북악』 제26집, 국민대학교 총학생회, 1974. (230~234쪽)

졸업유감 : [리포트] 학점으로 얼룩진 4년

뭔가 채 간직하기도 전에 피폐하고 초췌한 모습으로 긴 그림자를 이끌고 쫓겨 간다. 4년이라는 기간 동안 학원의 소요 — 비정상방학 — 리포트로 점철된 속에서 어디에 보람이 있었던가 골몰히 생각해봐도 막연한 생각뿐이다. 있어야할 젊은 날의 낭만과 기개氣槪대신에 캠퍼스에는 낙엽이 이 구석 저 구석으로 뒹굴고 언제 방학이 되어야하는지, 언제 강의가 시작될련지도 모른 채 책상 위에는 「리포트」의 홍수장이 되고 말았던 대학 4년의 길고 괴로운 막은 내린다.

왜 남들은 세계 속의 대학이며 대학생의 가야할 길이 이거라고 외칠 때 학교는 문을 닫고 나는 자부하지도 외치지도 못했고, 뭔가 생각할 여유도 사태의 추이도 주시하지 않은 채 귀중한 것을 거부하고 내쫓김을 당해야만했던가 모르겠다.

세칭 시쳇말로 '얘기가 되지'라는 말이 머리에 남는다. 어떤 사실이든지 그것을 합리화시키려하면 언어의 기술로써 모든 것은 일단(그 사실이 옳든 그르든 간에)얘기가 되는 듯이 보인다. 적어도 눈에 들어오는 확실한 물질을 제외하고서는.

지식을 축적한자들은 자기행동의 합리화를 위해서 자기보다 지식의 축적의 크기가 적은 자들에게 흔히 언어로써 설득을 가한다. 하지만 그것은 어쩔 수 없는 설득 당함이지 결코 '인격적 수긍'은 아니다. 또한 그 가치 없는 지식의 축적으로 인한 언어의 술수로써 설득을 가하는 자는 '지식있는 사람'에 불과하지 결코 '양식 있는 지성인'은 아니다.

적어도 학문의 전당에서 만큼은 '지식 있는 사람', 그 사람만이 존재하게 되고 또 '어쩔 수 없는 설득 당함'만이 학생이 가질 수 있는 최상의 미덕이라는 풍조는 사라져야한다.

어떻게 하면 하루가 무사안일로써 지나가느냐 하는 식의 사고가 존재하는 한 그것은 기간의 사장이지 보람의 창조는 아니다. 비록 어찌할 수 없는 외계의 힘이 가해온다 하더라도 근본적으로 진리탐구라는 대학의 사명을 미리 기피하고 보잘것없는 어떤 것에 대한 욕심으로 급급한다면 어떤 이유와 언어의 술수를 가지고서도 그 비굴함과 사명에 대한 기피가 훗날 정당화되지는 못할 것이다.

굳게 닫힌 교문이 열렸다고는 되어있으나 강의는 부존재한 모순이 꼭 될 수밖에 없었던 것인가? 강의도 없고 시험도 없는 상태 속에서 원고용지에 의한 학점이나 주고받는 것 등이 연례 행사화 되어버린 우리세대의 대학생활의 숙명(?)에서 탈피할 수는 없었던 것일까. 무언가 두려워하고 '타부'시하기 전에 충분한 대화와 학문에 대한 추구를 함께 할 수는 없었을까.

우리에게는 보석밀수를 하고서도 구속집행정지처분을 받을 기술(?)도 없고, 신성한 법정에서 법관이나 증인에게 칼을 휘두르는 정도의 만용도 없고, 국민정서생활의 향상과 학생들의 학습에 도움을 주겠다는 명목아래 사슴이나 사자 등을 사들일 외화를 구경조차도 할 수 없고, 실내에 수영장과 에스컬레이터까지 설치한 아방궁을 소유할 재벌도 못되고… 이런 것은 공부와는 아무런 상관도 없고 학생이니까 역시 공부 공부만 해야 한단다.

그 어떤 귀중함에 대한 희구와 갈망의 미완성은 훗날의 숙제로 남겨둔 채 학점 얻는 기술(?) 덕분에, 신의 보호하심 덕분에 교문을 나서게 되었다.

봄이 되면 북악의 상쾌한 풀내음도 가을만 되면 으레 주인공이 된 캠퍼스의 낙엽들도, 심오한 진리 앞에 우매한 우리를 깨우쳐주기에 열변을 토하시던 H교수님의 강의와도, 헌신적으로 격려를 아끼지 않던 K양과도, 어려운 여건 속에서도 우리의 조그만 소리를 대변해주었던 대학보와도 이젠 조용히 '아듀'를 고할 순간이다.

닫혀있는 싸늘한 철문 앞에서 시집살이 끝에 돌아온 자식을 내쫓히며 닫아버린 친정집 대문을 연상하며 눈물짓는 가련한 모습도, 비정상 방학과 기약 없는 개강일자와 리포트와의 기막힌 숨바꼭질도 가슴에 박힌 커다란 멍으로 남겨둔 채 말이다.

〈법학과 4년〉
『국민대학보』, 국민대학교, 1975.01.13.

| 공군칼럼 : 생각하는 생활 |

군의 사명과 자연보호

　군의 존재의의가 민족사의 정통성을 수호하고 국민의 생명과 재산을 보호하는데 있다면, 우리는 항상 조국의 미래를 생각하고 국민을 위하는 가치를 추구해 나가야 함이 당연하다.

　그리고 자연보호운동이 국가적 차원에서 진행되고 있는 바, 각계에서 이의 당면성을 종래 어느 때 보다도 깊이 인식해가고 있음은 이 땅이 영원한 우리의 조국임을 생각할 때 참으로 다행스러운 일이라 하지 않을 수 없다.

　우리나라는 예부터 자연에 대하여 경외하여 왔으며, 이것은 어떻게 보면 자연존중 사상이 국민정신에 깊이 뿌리 박혀왔다고 볼 수 있다. 따라서 서구는 유태 기독교 정신의 기초아래 자연은 인간을 위해 만든 신의 창조물이라 하여 자연을 탐구하고, 행동으로 정복하는데 이용함으로써 자연을 가꾸고 사랑하는 지혜를 길러 왔다.

　그러나 우리나라에 서구문명의 유입과정에 있어서 물질문명의 발달을 위해선 마치 우리가 가지고 있는 자연에 대한 생각들이 지금껏 자연에 눌려 있으므로 해서 문명발달에 저해가 되는 양 생각하였다. 무비판적으로 자연의 개발은 큰 의미로서 적극적이었지만 대규모의 개발에 의해서 되었다는 것은 결코 아니다. 개개인의 생각들이 순간적인 가치추구에 있어 자연이 갖는 성질이나 비중의 경중을 진실로 아량을 갖지 않는 데서 온다는 것이다.

　그런데 여기에서 문제는 한번 파괴된 자연은 원상회복이 거의 불가능하거나, 설령 회복이 가능하다 할지라고 엄청난 정도의 시간과 그 자체 경제적 가치로 환산되지 못할 정도의 손실이 따른다. 또한 자연의 어느 것 중에 현재는 별로 커다란 가치가 없는 것이라도 훗날에는 참으로 귀한 삶의 요소로 각광을 받게 될 경우에, 이미 보호의 잘못으로 사라진 것은 어떻게 할 도리가 없지 않는가.

우리나라와 같이 인구가 조밀하고 부존자원이 빈약한 현실에서 가지고 있는 국토의 구성요소들을 잘 다루어 나가지 않으면 안 된다. 만약 아무런 대책 없이 무비판적인 생각으로 인해 우리가 살고 있는 이 땅이 황폐화되고 그로 인한 역리적인 현상에서 오는 오염 등이 이 땅에 가득하게 된다면 우리가 숨 쉴 곳은 과연 어느 곳이 되겠는가.

따라서 이 땅에 있는 모든 자원들을 현재의 시간에 호흡하고 있는 우리들의 것이기 보다는 이 땅에서 수 억 년 살아갈 우리 후손들의 '기다리는 공유'의 것들이다. 특히나 이러한 점은 처음에도 이야기 했듯이 국가를 수호하고 국민을 보호하는 최 일선의 우리들로서는 현재의 인간 형태에서 일어나는 외부적 혹은 내부적 사태에만 초점을 맞춰 생각한다면, 이것은 참으로 근시안적인 생각이며 올바른 가치정립이라고 볼 수 없는 것이다.

조국을 위하여 이 땅을 지키는 우리는 이 땅이 갖는 온갖 자연을 슬기롭게, 아름답게 가꾸는데 정성을 다하여야 하지 않겠는가.

〈공군대학 대위 신순호〉
『주간공군』 제979호, 1979.12.03.

| 공군칼럼 : 생각하는 생활 |

봄과 질서秩序

얼마 전 어느 일간지에서 맑고 밝은 사회를 위한 지상고발의 일환으로 거리의 무질서를 가획 연재한 적이 있다. 사실 거리에 나서 보면 자동차群의 무수한 행렬들의 소음과 함께 먼저 나서겠다고 울려대는 크락숀 소리, 횡단보도에 파란 불이 켜 있어도 그대로 질주해 버리는 차량, 보도步道을 차단해버린 장애물, 경기장 같은 횡단보도위의 차량들, 우선멈춤 표식판이 버젓이 서 있는데도 우선 멈춤을 하는 차량은 극히 드물다. 「러시아워」때 먼저 승차하려고 아우성치다 힘없는 여학생이 추락하여 숨진 사실이 아직도 생생한데 지금껏 나아진 그 무엇도 별로 눈에 띄지 않는다.

　지난 일요일. 몇몇 친구들과 근교의 산을 찾았다. 유난히도 추웠던 겨울, 사각진 「아파트」의 찌든 생활에서 자연이 준 싱싱한 주위를 만끽한 그날 나들이는, 생의 환희를 느끼기에 부족하지 않았다. 겨울동안 앙상하던 나뭇가지에는 봄의 위대한 生成을, 그리고 오묘한 생태계의 법칙에 신비함을 가져다주었다. 아직도 찬 기운이 가시지 않은 산등선의 바람은 붉게 상기된 얼굴을 식혀주었고, 문명의 껍질 속에서 굳어진 도시인들의 마음에 청량감을 불어넣어주었다. 모처럼의 山行에 흐뭇한 감정을 안고 우리는 「위대한 도시」로의 진입을 위해 城北驛에서 전철을 기다렸다. 비에 젖은 배낭을 메고 차표를 사기 위해 서 있는 행렬 속에 끼어들려는 「얌체족」은 이곳에도 있었다. 우리 일행보다 몇 사람 앞으로 끼어들려는 중년 남자와의 사이에 조그만 실랑이가 벌어지고 있었다. 「차례를 기다려 차표를 사는게 좋지 않겠느냐」는 주위의 婉曲한 권유에 오히려 「왜 쓸데없이 잘난 체 하느냐」는 그 사람의 당당한 답변에 잠시나마 가졌던 자연의 싱싱한 여운도 사라지고 말았다. 산다는 것은 결국 사람 속에서 살고 있는 것이다. 이 거대한 도시가 또 사회가 그 軌道를 잃지 않고 지속 발전되어가는 것은 그 내부에 "질서"라는 무형의 법칙이 있기 때문이다. 이 질서를 아량하지 않고 나 혼자만의 편리추구는 모든 도시인들이 향유해야할 모든 것들을 파괴하는 가장 조악한 범죄자의 생각과 행동일 뿐이다. 사람들이 일정하게 모여 사는 것은 서로에게 보탬이 되는 「사회적 集積의 이익」이 있기 때문이다. 다양한 기능을 가진 사람들과 모여 삶으로써 서로에게 유형·무형, 직접·간접의 도움을 주고 그리고 인간사회는 진전 ― 다소의 시행착오를 갖고 ― 해 가는 것이다.

수많은 사람들의 활동은 우리 모두를 한 공동체의 입장으로 결속시켜 놓고 있으며 여기에서 나온 문명의 利器들은 우리 모두의 편안한 삶을 위한 공동의 작품임에 틀림없다. 이러한 공동의 작품들을 이용하는 데는 주인이 되는 우리 모두가 바르게 사용할 줄 아는 사람이 되어야 한다. 혼자만의 순간적인 편리의 추구가 모든 사람들의 마음속에 존재하고 또 그렇게 행동으로 나타난다면 이 사회는 「공동 삶의 장」이 아닌 「만인에 대한 투쟁의 場」으로 밖에 존재하지 않게 될 것이다. 그리하여 공동존재의 의미는 사라지고 가까이 있는 모든 이들은 이리의 사나움과 같이 한낱 泥田鬪狗의 사회로 전락하여 서로의 생존을 위한 下等動物의 혈투만 남을 것이다. 싱그러운 바람, 헐벗은 나무 끝에 예쁜 꽃망울, 봄은 우리 곁에 성큼 다가와 있다. 무거운 겨울옷을 벗고 바쁘게 움직이는 모든 활동 속에서 우리는 자칫 질서를 지키려는 여유를 잃기 쉽다. 이 봄에는 제발 세계 제일의 교통사고율의 대열에서 벗어나 명랑하고 안락한 「삶의 질」(Quality of Life) 向上을 위한 공간을 마련해야 하겠다.

〈공군대학 대위 신순호〉
『주간공군』 제1019호, 1981.04.28.

1편

청춘과 대학

2. 캠퍼스에서의 삶 : 대학교수 시절

제고되어야 할 공동의식
『淸柔』 창간을 축하하며
생활 속의 거울
소망스러운 대학생활, 학문 그리고 여유와 멋
제6회 목포대 볼링대회를 격려하며
높은 인품이 밖으로 소탈하게 전해오는 김영배 교장선생님
제7회 '지적인의 날' 학과장 격려사 | 더 큰 발전을 위한 한마당으로
새롭게 태어난 '목포대 소식'을 보고
전남도청 이전, 목포대학 발전의 새로운 전기
'빈집 순례'를 다시 시작하며
나의 '완도수고' : 학창시절과 이후의 삶
소주가 그리운 일본의 삶
50代 외국인의 일본어 공부와 所懷
내가 본 임병선 총장 : 평상에는 여유, 일에는 열정
「지적심포지움 2010」과 「지적문제연구회」 창립총회 참가기
지적재조사사업의 성공적 추진 요건
日本 '지적문제연구회' 창립을 축하하며...
"할아버지"라는 호칭을 들을 때
『지평』의 출간을 축하하며...
조용한 사회
주말 농장
나의 섬 공부 : 세계 속의 도서문화연구원으로
도서문화연구 30년 회고 : 초창기 도서문화연구소를 중심으로
도서문화연구원의 더 높은 도약을 위해
한반도연구의 산실, 입명관立命館 대학 코리아연구센터

제고되어야 할 공동의식

최근 이웃 일본의 자민당 「나까소네 야스히로」내각의 인사기용을 보면 평소 일본 「내셔널리즘」을 주창해오는 「모시요리로」가 문부상으로 기용되었다. 이의 문부상 임명에는 일본 자민당이 갖고 있는 파벌에 대한 배려가 물론 그 바탕을 이루고 있겠지만, 「나까소네」 수상이 교육에 있어 평소 갖고 있는 「Nationalism」과 미국식 교육의 탈피라는 그의 생각을 강력히 추진하자는데 목적이 있는 것 같다.

일본의 국수주의적 사고가 비로소 요즈음에야 대두된 것은 아니고 최소한 명치유신 이후 계속되어 온 것이고, 이것이 급기야는 세계 2차 대전까지 몰고 왔던 것이 아닌가.

○ **인간본질을 위한 교육**

「교육은 백년지대계」라는 말이 항상 전제되면서 함께 거론되는 것은 우리나라의 교육정책이 변화가 심하다는 얘기가 우리 곁에서 자주 맴돌고 있다.

어쨌거나 우리나라도 그동안 끊임없는 경제제일주의를 부르짖으며 열심히 노력해 온 결과 경제성장, 공업화, 고도의 기술축적 등에 눈부신 업적을 쌓아왔던 게 사실이다. 한마디로 이와 같은 국력의 신장은 여러 가지 측면에서 그것을 분석해 볼 수 있겠지만 무엇보다 잘 닦아진 교육의 힘을 들지 않을 수 없다. 특히나 전통적으로 기술분야를 천시해 온 우리나라에서 과감하게 과학기술교육의 집중적 투자는 이와 같은 경제성장과 과학기술의 발달에 자원이 되었음은 두말할 나위가 없었다.

그러나 이와 같은 고도의 경제성장이나 기술의 발달 역시 궁극에 가서는 크게는 인류 그리고 좀 더 정확히는 국가의 테두리에 있는 소속원들에게 양·질에 있어 더 나은 행복의 추구에 귀착된다. 다시 말하자면 경제성장이나 과학기술의 발달이나 그 것들을 위한 기술교육의 강화 역시 궁극의 목적은 보다 나은 우리들의 삶을 위해서

다. 이러한 진실된 목적과 유치된 단순한 기술의 발달은 가끔 우리 스스로를 위협하는 무서운 흉기로 화함을 역사를 통해서 또 생활 속에서 자주 보여주고 있지 않은가?

○ 섬뜩한 부정심리

금년 들어 어느 TV방송에서는 아침 방송 시간대에 음식점의 위생상태가 개선될 때 까지 계속하겠다는 대단한 용기를 갖고 이의 부조리 현장을 추적하면서 상당히 오랫동안 이의 개선을 위해 노력했던 것이 기억난다.

정부에서는 「88올림픽」과 「86아시안게임」을 유치하고 이를 계기로 민족적 활성화를 위해 여러 가지로 노력하고 있고 특히나 앉은 자리에서 행하게 되는 거국적 행사에 우리국민의 정신뿐만 아니라 체력에도 우수성을 반방에 과시코자 온 힘을 기울이고 있다.

그런데 무엇보다 우수한 정신과 체력의 유지에는 영양을 공급하는 음식의 섭취가 가장 밑바탕이 됨은 누구도 부정하지 않는다. 그럼에도 불구하고 우리 주위를 나도는 식료품들을 선뜻 사먹어도 좋다고 인식되어 있는 것이 과연 얼마나 되는가. 석회 섞인 두부, 인체에 해가되는 화학약품으로 만든 갖가지 불량 주류, 물감 섞인 고춧가루, 화학약품으로 빛을 내는 토란, 비닐로 만든 순대, 불순물이 삽입된 참기름을 비롯한 각종 식용류, 불량 제약류, 불량 우유류, 약품에 의해 신선도가 유지되는 생선류, 오물을 먹여 도살되는 육류, 불량 재료로 비위생적으로 만들어 낸 각종 음식물, 불량, 부정 약품, 부정, 불량, 비위생으로 노출된 이들로 인해 우리는 얼마나 음식을 함부로 섭취하지 않아야 하는가 하는 슬기(?)를 터득하고 몸을 사려야 하는가.

도대체 이러한 음식은 어느 나라 사람들에 의해 만들어진 것이고 누구를 먹이기 위함인가. 이들을 먹고 마시고 그로 인해 건강을 잃어갈 때 어디서 제조된 의약품을 먹고 어디에서 훌륭한 정신과 체력을 단련해야 하는가. 이러한 부정, 불량품들을 제조하는 자들의 뇌리에는 그것들이 곧 우리 이웃이나 민족의 모든 사람들의 체내에 흡수되어진다는 평범한 사실을 전혀 무시해도 좋다는 사고가 어떻게 생겨날 수 있는 것인가.

○ 팽배한 이기주의

공동의식의 결여는 교통수단의 이용에서도 흔하게 나타난다.

며칠 전 종로에서 브라질로 이민 갔다가 잠시 귀국한 선배를 만날 일이 있어 종로를 가기 위해 흑석동에서 차를 탔었다. 여러 가지 노력 끝에 시내버스가 가장 손쉬운 방법으로 생각되었다. 용산을 거쳐 가는 동안 지하철공사가 채 마무리되지 않아 교통사정은 참으로 불편하였다. 그러나 그것보다 오히려 더한 것은 어쩌다 차 한 대 가량의 틈만 생기면 각종 차량들이 그 사이로 끼여 들고 경적을 울리고 참으로 대단한 자동차 경주를 하는 듯한 모습들이 있다.

시내버스가 당연히(?) 그러하듯 많은 사람들이 서 있었는데 여기서 또 참으로 희한한 일이 벌어졌다.

버스가 한 정류장에 멈추자 뒤편 좌석에 앉아 있던 사람 두어 명이 내렸다. 이때 운전사 뒤쪽에 서 있던 중년 부인이 허겁지겁 달려와 앉으면서, 아들 녀석에게 고래고래 고함을 치며 빨리 와 앉으라고 바로 자기 앞좌석에 손을 내젓고 있었다. 그런데 그 순간에 그 좌석 바로 옆에 서있던 사람이 먼저 앉았다. 사람들을 헤집고 곧 달려온 중학교 1학년 가량의 아들 녀석 머리통을 지어 박으면서 그 부인 왈 '빨리 오라면 오지 않고 머저리 같이 뭘 꾸물 꾸물거리다가 좌석을 놓치느냐?'

○ 민족적 공동의식의 필요

이스라엘은 근 2,000년 동안을 나라 없이 세계 각지에서 뿔뿔이 흩어져 있다가 다시 국가를 형성하였다. 온갖 고난을 마다 안고 계속 모여 들고 주위 강대국들의 질시를 받고도 지탱해 가는 이 민족 개개인들의 의식은 어떻게 형성되어 있는 것인가.

그날 종로에서 만났던 이민 갔던 선배의 얘기처럼 브라질에서 그들만이 자유스럽게 활동할 수 있는 공간, 즉 브라질 속에 일본의 한 소왕국을 마련해 놓고 브라질 방식과 브라질 정부보다는 일본의 방식과 그의 정치 상황에 밀접한 영향을 받고 일본임을 고집하는 그들의 의식은 어떻게 형성되었던 것인가.

가용면적당 인구밀도가 가장 높다는 국토공간상의 밀집현상으로 인해 우리 모두를 해치려 드는 부정과 순간적 눈가림, 무질서, 나만의 안락을 위한 이기적 행동이 기인

된다고 단정하기에는 너무나 궁색하다. 차라리 우리가 소망한 그대로 물질적, 경제적 측면에서 생활의 사용함과 고도의 기술사회를 가져오면 올수록 우리 주위의 부정적 현상들은 더욱 고차원적 혼돈으로 채워질지 모른다.

  단순한 기술의 발달이 또 경제의 성장이 우리를 행복의 길로 안내하리라는 생각은 참으로 간편한 사고에 불과하다. 우리가 호흡하고 있는 이 땅이 우리 모두의 진실한 행복의 공동공간이 되고 그것을 우리 후손에게 영속시키기 위해서는 경제향상과 과학기술의 발달과 함께 가장 민족적 의식과 높은 공동의식이 쌓아져야 할 것이다.

  이러한 생각 끝에 최근의 일본 내셔널리즘과 주체적 교육관을 강하게 들고 나온 자민당의 내각을 볼 때, 이것을 단순한 이웃나라의 정치적 상황으로만 지나쳐 버리기에는 뭔가 아쉬운 점이 너무 많다. 「내셔널리즘」, 민족적 공동의식, 후대에 주는 정신들.

『청대춘추』 제28호, 청주대학교 총학생회, 1984.02. (311~312쪽)

| 격려사 |

『淸柔청유』 창간을 축하하며

  청주대학교 대학유도연구회가 1984년 4월에 발족된 이래 이와 같은 회보를 발간하게 됨은 참으로 의의 깊은 일이다.
  대학에서 추구하는 가치가 자유, 지성, 진리 그 밖에 정의正義라고 할 때, 대학인들이 서로 진리를 토론하고 자기성찰에 노력하는 내재적, 자발적 개체인 서클의 건전한 발전은 참으로 중요하고 기본적인 모임이 틀림없다.
  우리 대학유도연구회는 대학이 나아가는 목표 안에서 대학인이 써클 활동을 통해서 갖는 일반적인 의의도 갖고 있을 뿐만 아니라 건전한 스포츠를 통한 정신적, 육체적 함양을 동시에 추구함으로서 전인적 체육의 산실이 될 것으로 보아 어느 서클보다 그 존재의의가 높다고 보아진다. 대학유도연구회가 발족된 지 불과 일 년도 채 되지 않은 상태이다. 그러나 그 동안 회원 상호간의 친목을 통한 육체의 건전한 발전과 유도 속에 담긴 훌륭한 혼을 배우게 된 결과로 어느 서클보다 강하고 멋있고 훌륭한 점의 자취를 그려가고 있다.
  여기에다 스스로의 회보까지 발간하게 되었으니 참으로 우리 회원들의 훌륭한 품격에 흐뭇한 생각이 든다.
  이 창간호를 기점으로 우리 대학유도 연구회가 더욱 발전하고 앞으로도 계속 정진 있기를 바라마지 않으며 이와 같은 창간호를 발간하기까지 수고한 박종학 코치, 김영운 초대회장, 김재홍 회장과 자문위원 및 간부진, 그 밖에 편집위원들의 노고에 치하를 보낸다.

지도교수 신순호

『淸柔(청유)』 창간호, 청주대학교 대학생 柔道硏究會, 1984.11. (7~8쪽)

생활 속의 거울

수년 전의 일이다.

그 때도 지금처럼 취업의 문이 좁고 그 기회가 한정되어 있었다. 나는 어렵게 몇 기업체의 추천을 의뢰 받아 적임자를 물색하게 되었다. 졸업 예정자들 가운데 해당 직종에 최적最適의 인물을 선정한다는 것은 매우 어려운 일이었다. 그중에서도 H공사는 여러 학생들에게 인기가 있어 그 곳으로의 희망자가 많이 있었다. 참으로 냉정한 판단이 요청되어 고심 끝에 결국은 대인관계가 원만하고 성실해 보이는 K군을 추천하였다.

몇 개월이 지나서 그 곳 H공사의 인사담당자를 만날 기회가 있었을 때, 그는 추천된 K군에 대해 사내社內에서의 여러 가지 이야기 문제점들을 내게 털어 놓았다. 나는 매우 당혹스러웠고 또한 사람을 평가한다는 것이 매우 어려운 일임을 새삼 느끼게 되었다.

이 세상의 일은 항상 판단의 연속이다. 아침에 일어나면서부터 저녁에 잠자리에 들 때 까지 의식이 있는 동안은 끝없는 판단에 의해 행동을 하게 된다. 작게는 이齒를 먼저 닦을 것인가, 면도를 먼저 할 것인가, 또한 어떤 옷차림을 할 것인가에서 부터 어떤 내용의 교육을 할 것인가, 누구를 만날 것인가, 또한 사업가의 경우에는 어느 곳에 투자를 할 것인가, 자금은 어느 곳에서 끌어 쓰는 것이 유리할 것인가에 이르기까지 어느 한 가지라도 판단이 내재內在되지 않는 것이 없다.

그러나 이러한 판단이 항상 최선이 되리라는 보장은 없다. 판단, 혹은 평가는 지금까지 그 사람이 쌓아온 지식, 능력, 경험, 습관 등 모든 잠재적 내면의 복합적인 작용에 의하여 달라질 수밖에 없는 것이다. 때로는 주위사람들의 권유나 충고, 또 자료 및 기계의 힘을 빌리기도 하지만 이것 역시 판단을 위한 보충적 수단에 불과하고 결국 최후의 결정은 사람이 하게 된다.

그래서 이러한 판단이 비교적 올바른 것이 되었을 경우, 개인적으로 볼 때 행복한 삶을 누리게 되고 그렇지 못했을 경우에는 불행해지며 세상의 비난을 받게 된다. 또한 더 나아가서는 사회적, 국가적인 문제에까지 큰 결과가 미치게 되는 것이다. 즉 학과의 선택, 친구 및 배우자의 선택, 각종 투표에서의 찬성 및 반대와 인물의 선택, 형사사건에 있어서 피의자에 대한 죄의 유무 및 그 죄에 대한 사람의 임명, 공적에 따른 수상자의 결정, 계약 및 국가 간의 조약체결, 타인 행동에 대한 칭찬과 비난, 사회적 제재制裁 등등 이러한 모든 것은 당시의 판단과 선택에 의해 자신 및 자기가 속해있는 사회와 국가에 큰 결과를 가져오기도 한다. 또 선택 및 판단 대상자에게도 엄청난 결과를 강요시켜 버리게 된다.

그래서 이러한 판단이나 평가의 정확성을 높이기 위해 인류는 끊임없는 연구와 노력을 계속해 오고 있다. 단순히 지식의 평가를 흔히 학교에서 행하고 있는 것처럼 필답고사로 측정하기에는 너무나 부족한 점이 많고, 세상에는 이러한 방법 외에 정확한 측정이 요구되는 때가 더 많다. 특히 인간 됨됨이나 기능 및 능력의 평가는 접촉이나 관찰을 통해 하게 되지만 이러한 접촉이나 관찰에 의한 방법도 판단자의 주관이나 선입관, 그리고 착오(error)에 의해 타당성이나 신뢰성이 위협받는 경우가 많다. 좀 더 올바른 판단을 위해 정보의 수집 통계의 발달, 기계의 발달 등의 노력이 계속되어 오지만 최종적인 판단은 결국 인간이 하게 되며 인간은 인지認知의 한계성으로 인한 오류誤謬를 완전히 벗어나기 힘들게 된다.

요즈음 같이 취업에 어려울 때 많은 사람 가운데 적임자의 선택을 기껏해야 시험지 2~3매와 순간적인 면접이나 관찰에 의해 행하고 있다. 이러한 매우 단편적인 테스트로 어떻게 그 사람의 모든 능력과 성실성을 알아낼 수 있은 것인지 모르겠다. 순간적으로 이루어지는 판단은 선입관에 의해 좌우된다. 그것은 또 더 나아가 의도적인 잘못을 스스로 저지르는 불상사까지 낳게 한다.

모든 평가 및 판단이 신중하지 못하거나 정확하지 못할수록, 기회주의자들이나 사술邪術을 즐겨 쓰는 사람들이 올바르고 능력 있는 사람들보다 활개 치게 되고 사회는 혼탁하게 된다. 특히 자신에 국한된 일에 대한 것보다도 타인과 관련된, 즉 조직체나 사회, 국가 및 나아가 인류에 관련된 일에 관한 판단일수록 정확하고 신중해야 할 것이다. 잘못된 판단은 사회발전에 해악이 되고 타인에 대한 죄악이 된다.

점점 세상살이가 바빠지고 자기 본위로 치달아 가고 있음을 볼 때 이러한 잘못된 판단이 많아져 가고 있지나 않은지 깊이 생각해 볼 일이다. 미래에 훌륭한 기둥이 될 수 있는 성실한 사람들이 잘못 판단이라는 인간적 실수 때문에 일할 기회마저도 박탈당하고 실의에 젖어 있지나 않은지… 이처럼 흰 눈이 펑펑 쏟아지는 추운 겨울날이면 공교롭게도 취업 시즌이 되어 걱정이 된다.

세상사를, 그리고 사람들의 진정한 내면을 비춰볼 수 있는 거울이라도 있었으면 좋겠다.

『도림』 제5집, 목포대학교 총학생회, 1985. (291~292쪽)

소망스러운 대학생활, 학문 그리고 여유와 멋

꽃 피고 새 우는 계절에 대학신입생들은 새로운 미지의 세계에 대한 설레임과 커다란 꿈을 안고 대학문을 들어서게 된다.

신입생들은 짧게는 고등학교 3년간, 길게는 12년의 교육기간에 대학입시라는 대결전(?) 때문에 억제해야 했던 삶의 다른 부분을 이제는 만끽할 수 있으리라는 기대와 밝은 비래가 보장된 듯한 생각으로 환희에 들떠있기 마련이다.

그러나 이러한 기쁨들은 1학기가 채 가기도 전에 언제인지도 모르게 사라져 간다. 이와 함께 미래에 대한 불안과 진로에 대한 갈등, 정립되지 않는 삶의 목표 등과 함께 불안과 초조, 자괴감 등의 수렁 속에 대학이라는 환희의 장이 어느새 더 높은 차원의 고민의 장으로 변해있게 된다. 이는 대학 문을 들어서는 모든 이들이 겪게 되는 과정이지만, 그 도度와 기간은 대학의 본질을 알고 대학생으로서 추구해야할 부분에 얼마만큼 매진하느냐에 따라 달라지게 된다.

대학은 무엇보다 학문연구와 인격도야에 그 바탕을 두고 있다. 따라서 대학은 인류와 국가, 민족, 사회의 밝은 미래를 선도적으로 이끌어 나갈 인재를 양성하는 것이기에, 대학생활은 이러한 본질적 목표의 실현에 있어 일구성원으로 최선을 다할 때 긍정적 자아를 실현하게 되는 것이다. 따라서 대학생활이라는 한정된 기간 속에서 이러한 목표 달성을 위해 얼마만큼 투자했느냐가 미래의 삶을 가름하는 척도가 됨은 두말할 필요가 없다.

이러한 점들을 전제로 보람 있는 대학생활의 방향을 제시해 보면, 먼저, 미래의 목표는 높게 갖되 현재 부족부분을 채우는 데 최선을 다해야 한다.

장기적으로 목표가 높지 못하면 발전성이 없으나, 목표만 높고 현재에 충실하지 않을 때에는 매우 위험스럽고 사술詐術을 추구하기 쉽다. 흔히 어느 집단— 학교든, 일반사회에서든— 에서나 지도적 위치에 있으면서도 가치관이 그릇되고 정당한 방법보다는 음모적 사고에 물들어 있는 자를 보게 되는데, 이는 자신의 일에는 충분한 능력을 소유하지 못하면서도 어떻게든 남보다 더 나은 위치를 차지하려는 데서 우러나는 모습이다.

둘째, 여유를 갖고 늘 감사하는 마음을 갖도록 노력해야 한다.

우리가 이 만큼 환 경속에서 대학생활을 하는 데에는 불만족스러운 점도 있겠지만, 이 보다 못한 젊은이들이 얼마나 많은가? 현재의 위치를 긍정하면서 더 나은 미래를 추구함이 필요하다. 현재의 위치에서 늘 불만으로 가득 찬 자는 미래에 더 나은 위치에서도 늘 불만으로 가득 차 있을 수밖에 없다. 이러한 사람은 타인이 베푼 은혜에 진정으로 감사할 줄 모른다. 본인이 궁한 처지에 처했을 때는 온갖 거짓으로 가장한 정성을 다 한 듯 하다가도 막상 그 순간만 지나면 감사한 마음은커녕 오히려 은혜 베푼 자에 대해 요악스러운 언행으로 은혜에 대신한다.

이는 마음에 자긍심을 갖지 못하고 불만으로 가득한 내면을 정화하지 못해 외부에 다 표출하는 것으로, 결국 인생의 장기적 경영에 득이 될 수 없음이 빤한 이치이다. 감사하는 것은 아름다운 것이고 감사함을 소중하게 간직한다는 것은 여유가 있음에서 우러나는 것이고 여유는 쉼 없는 자기성찰에서 오게 되는 것이다.

셋째, 아름다운 삶을 위해 멋을 길러야 한다.

누구든지 남의 아름답고 멋있는 모습을 보면 자기도 그렇게 되길 원할 것이다. 그러나 그러한 모습은 한 순간에 길러지는 것이 아니다. 누구에게나 똑같이 주어진 시간을 어떻게 활용하느냐에 따라 그리고 일상 무엇을 추구하느냐에 따라 각양각색의 모습을 갖게 된다.

대학이라는 좋은 환경의 장에서 학문연마에 최선을 다하면서도 풍부한 인성과 멋을 기르는데 소홀함이 없어야 한다. 세상에서는 상당한 지위와 부를 가지고 있으면서도 흔히 참된 멋과 아름다운 삶을 꾸려가지 못한 자를 많이 보게 된다. 이는 젊은 날 올바른 가치관과 함께 다양한 면을 추구하지 못했던 편린들이 훗날 전반적으로 삶의 모습으로 투영되어 나옴이다.

자유로운 공기, 싱그러운 젊음이 가득한 대학의 공간에서 생활하는 주인공들이 밝고 아름다운 미래를 설계해 나가는데 한 순간도 소홀함이 없이 최선을 다해야 할 것이다.

  나는 우리 지적학과 학생 모두가 높은 학문의 열정과 아름다운 마음과 은근히 전달되어 오는 멋을 가지고 대학생활을 영위해 나갈 것을 기대한다.

『터』 창간호, 목포대 사회과학대 지적학과 학생회, 1990. (56~57쪽)

| 격려사 |

제6회 목포대 볼링대회를 격려하며

계절은 우리 젊은 청춘들의 모습이다.

주변의 나무들이 그 생명력을 마음껏 발휘하고, 캠퍼스를 거니는 학생들의 모습도 더욱 활기에 넘쳐 보인다. 이처럼 좋은 계절에 우리 학생들이 「볼링대회」라는 장을 마련하게 된 것에 대해 함께 기쁨을 나누고 싶다.

대학에서 추구해야 할 커다란 두 가지 축은 숭고한 학문의 연마와 인격의 도야라고 보여진다. 젊은 날 학문에 대한 끝없는 열정과 함께 훌륭한 인품을 쌓아 가는데 부단한 노력을 기우려야 할 것이다. 이를 위한 과정에서 중요한 대목은 폭 넓은 취미를 들 수 있다.

근래 들어 볼링에 대한 일반적 인식이 매우 높아가고 있을 뿐 아니라 스포츠로서 그 영역 또한 매우 높아져 가고 있다. 이 같은 매개체를 통해 동호인들 간의 친목을 도모하고, 스포츠 정신을 길러 나감은 참으로 의의가 깊다고 할 수 있다. 성성한 계절에 젊은이들이 「스트라익」을 만끽하는 멋있는 한마당의 볼링대회가 되어, 대학생활에 아름다운 한 장으로 오랫동안 간직되기를 기대한다.

지도교수 신순호

목포대 볼링동아리 『TEN-OUT』, 1993.05.29. (3쪽)

높은 인품이 밖으로 소탈하게 전해오는
김영배 교장선생님

　김영배 교장선생님과 나와의 관계는 상당부분은 테니스장에서 맺고 있다. 처음 교장선생님을 뵐 때가 1980년대 후반 무렵이었으니까 벌써 15년 쯤 된다.
　교장 선생님은 꼭 모자의 앞부분을 위로 올리고, 반바지 차림의 복장을 입으실 때가 많은데 반바지가 상당히 짧은 편이다. 테니스 동호인들 가운데 연세가 든 분들은 대부분 반바지를 즐겨 입지 않은 경우가 많으나, 김영배 교장선생님은 하얀 짧은 반바지 차림이 트레이드마크처럼 보일 정도이다. 아마 내면적 젊음과 소탈함이 그렇게 표출된 증좌이리라.
　서울대에서 체육학을 전공한 후 교직에 몸 담아 후학을 지도하고 교육행정을 맡아 오신지가 벌써 35년여 성상이 되셨다니 믿기지 않을 정도의 세월의 속도감이다. 더구나 선생님의 경력과 의지를 볼 때 더욱 그러한 생각이다. 교장선생님께서는 사고가 참으로 젊고 신선하며, 한편으로는 박력이 내면에 간직되어 있다. 다양한 방면에 풍부한 지식을 가지고 계셔서 정치적인 면이나 지역발전에 대한 얘기를 나눌 때면, 주위 사람들을 압도할 때가 많다. 필자 역시 지역개발이 전공이어서 이러한 분야에 대한 얘기를 나누면서 많은 것을 배우고 선생님의 말씀 중에서 나온 아이디어를 연구나 여타 부문에 활용할 때가 상당하다.
　선생님께서는 계속하여 자기의 발전을 위한 충전을 게을리 하지 않고 계신다. 대학원에서 교육행정을 전공하고 이후에도 학문의 길을 계속 시도하고 계신다. 늘 젊고, 젊게 사는 것을 이렇게 자신의 노력을 통해 유지하려는 모습이 참으로 존경스럽다.
　그러면서도 선생님은 소탈하고 자상한 면목이 전체적으로 흐른다. 운동 경기가 끝나고 자리할 때도 사람을 가리는 경우가 별로 없고, 제자들이나 까마득한 젊은 선생들에게도 편안하게 대해 준다.

인생의 대부분을 몸담았던 교육의 현장을 떠나시더라도 젊은 에너지와 새로운 지식을 보충하실 것이고 주위에 전파하시리라 생각된다.

김영배 교장 선생님! 그 동안 훌륭한 인품으로 우리 지역에 큰 교육자로 자리하셨습니다. 더욱 건강하시고 지금까지의 훌륭한 교육철학을 끊임없는 충전으로 더욱 발전시키어 우리 주위의 여러 사람들에게 사표로서 계속 자리해 주시길 기원합니다.

『도송(島松) 김영배(金永培) 교장 정년기념문집』,
세종사, 2002.02. (86~87쪽)

| 제7회 '지적인의 날' 학과장 격려사 |

더 큰 발전을 위한 한마당으로

파아란 하늘을 배경으로 캠퍼스가 단풍으로 가득합니다. 이러한 아름다운 캠퍼스에서 지적인의 날 행사를 펼치게 됨에 기쁘기 한량없습니다.

우리 지적학(과)전공이 개설된 지 벌써 17년이 흘렀고 그간에 박사과정과 일반대학원 석사과정, 야간대학원 석사과정 등을 설치하여 명실공히 지적학의 최고명문으로 자리 굳힌지 오랩니다.

최근에 관련 공공기관의 공개채용 시험에서도 전국 최고의 합격률을 자랑하고 있습니다. 또한 새로운 기능의 최신 실험 기자재를 완벽하리만큼 갖추고, 교수들의 연구력도 전국 어느 분야에 비해 뒤지지 않으며 학생들의 학문적 열의도 한층 가열되고 있습니다.

이러한 눈부신 발전을 거듭하고 있는 우리 지적학(과)전공에서 학생들이 학문적 소양과 함께 준비한 기량들을 선보이며, 졸업생 및 지적 선배님들과의 따뜻한 만남의 자리를 마련하는 좋은 기회가 되리라 기대합니다.

이 만남은 자리를 마련하는데 있어 학생회장을 비롯한 학생회 임원진들의 헌신적인 노력에 뜨거운 격려를 보내며, 모든 학생들은 말할 것도 없고 졸업생 여러분과 지적인 그리고 지적학(과)전공의 발전을 기대하는 여러 주위 분들이 함께 참여하여 뜻 깊은 한 마당이 되기를 바라고 있습니다.

2002.11.

사회과학부 지적학전공 주임교수 신순호

『터』, 목포대학교 지적학과 학생회, 2002.11.15. (4쪽)

새롭게 태어난 '목포대 소식'을 보고

오랜만에 환한 웃음을 가질 수 있었다.

그동안 우리대학의 홍보지가 대학의 발전상을 대내·외에 널리 알리는 기능의 중요성에 비해 그 형태와 편집, 그리고 내용이 상당히 미흡함을 느끼고 늘 아쉬워했다.

이번에 전면적으로 포맷을 새롭게 하여 발간한 소식지는 우리 학교 소식지로서 하나의 획을 그은 일이라 본다.

우선 지면이 대폭 늘어나서 풍부한 내용을 담고 있어 좋다. 모든 정보는 가치가 있어 이를 오랫동안 보관할 수 있는 가치가 있어야 하는 바, 이번 호부터는 학교의 역사를 돌아보는 정보로서 계속 모아 곁에 둘 생각이다. 새롭게 꾸며진 이번 호는 표지부터 속 내용의 각 페이지의 글체며 사진 그리고 지질이 고급스럽다.

소식지는 그 학교나 기관 또는 회사의 얼굴이다. 촌스럽거나 세련되지 못하면 발간 기관의 위상을 추락시켜 버린다. 그래서 다소의 비용이 들더라도 고급스러워야 할 필요가 있다.

내용적인 면을 들여다보면 우리의 학교발전과 관련해 가장 큰 이슈가 되고 있는 전남도청의 이전과 무안반도 통합 등의 일종의 특집류의 글을 배치시킨 것도 좋은 기회 의도라 생각된다. 또한 동문들에 대한 난을 마련한 것도 매우 좋다. 그러나 이 부문은 보다 적극적으로 찾아 나서서 취재도 하고 기고 난을 마련하는 등 지면할애도 더 많았으면 한다.

그리고 욕심일지 모르나 우리학교를 위해 노력해 주셨던 분이나 단체들의 탐방과 기사를 게재했으면 하는 바램이며, 대학원생이나 평생교육원 수강생들의 참여도 적극적으로 시도되었으면 한다.

    새롭게 태어난 「목포대 소식」이 발전하는 목포대학교를 보는 것 같다. 더욱 새롭고 알차게 꾸며지기를 기대한다.

『목포대소식』 제112호, 국립목포대학교, 2005.09.

| 교수칼럼 |

전남도청 이전, 목포대학 발전의 새로운 전기

발전적 요소로서 작용

오늘날의 대학은 어느 조직 못지않게 외부와의 관계가 증대되고 그 존립 및 성장과 관련해 밀접한 연관을 맺고 있다.

대학의 기능과 역할 측면에서 볼 때 급변하는 사회현상에 대한 대처 뿐 만 아니라 이를 선도해 가야하는 연구와 함께 인재 육성이 있어야 할 것이고, 또 다른 측면에서 대학이 발전하기 위해서는 많은 요소가 있어야 되겠지만 그 가운데서도 대학이 국제 또는 국가적 그리고 주변 지역사회 환경과 어떤 연관을 맺고 있느냐가 매우 중요하다. 예정대로라면 우리 대학과 아주 근접한 곳으로 전남도청이 금년 10월경이면 이전해 올 것이다.

이는 우리 대학의 발전적 측면에서 볼 때 상당한 환경의 변화 요소로 자리할 수 있는 계기가 될 것이다.

경남도청 이전과 창원대

도청의 이전에 따른 파급효과에 대해서는 각기 많은 차이를 보인다.

국가와 지역의 변화단계 그리고 시대상황이 그대로 적용될 수는 없을 것이나, 과거 공주에서 대전으로 옮긴 충남도청, 그리고 진주에서 부산으로 옮긴 이후 1983년에 다시 창원으로 옮긴 경남도청의 경우를 돌아 볼 수 있겠다.

이 가운데 가장 최근 사례로서 경남도청의 창원 이전으로 창원시와 창원대학교의 예는 더욱 많은 시사점을 주고 있다. 창원은 도청이 이전될 당시인 1983년의 인구가 14만 명에 불과하였으나 현재(2004년)는 51만 명이다. 창원대는 우리 목포대와 아주

흡사한 역사를 가지고 있다. 교육대학에서 초급대학을 거처 4년제 국립대학에서 종합대학으로의 변천사가 그러하다.

그러나 현재 창원대학은 소위 후발 국립대학 가운데서 가장 큰 발전을 가져 왔음을 자타가 공인하고 있다. 우선 양적인 측면에서 볼 때 교수(전임교원) 수가 310명, 재적 학생 수의 경우 학부가 13,103명이고 대학원이 6개 대학원에 2,118명이다. 대학의 성장은 내부적 요인 외에 외적 환경 요인으로서 대학이 위치하는 지역사회의 구조와 규모 그리고 권역 내 중심성과 큰 연관을 갖게 될 수밖에 없다. 창원대학의 성장 가운데는 도청 소재지라는 환경적 요인도 작용하고 있음을 충분히 짐작하루 수 있다.

도정 참여기회 확대와 입학지원 자원의 증대

기능적 측면에서 볼 때 광역자치단체(도 단위 유관 기관)가 기초자치단체(시, 군 단위 유관기관)에서 수행하는 것 보다 훨씬 광역적인 기능에 교수들의 참여 기회가 많아질 것이다.

도(청)와 함께 유관 기관이 이주해 와 인접한다 해서 우리 대학의 교수가 곧 바로 역할이 증대된다는 것은 물론 아니다. 그러나 이들 기관이 대학과 보다 가까운 곳에 위치함으로서 지금까지 간접적이고 제한된 정보와 접촉에서 정보교환기회와 접촉의 빈도가 많아 질 것이며 또 자문 등의 역할이 증대되는 것이라 생각된다.

도와 도 단위 유관기관들이 국제적 그리고 여타 광역단위간의 회의와 업무 등을 수행할 경우 소위 싱크탱크라 할 수 있는 대학과의 유기적 관계는 더욱 밀접하게 될 것이다. 또한 도청과 도 단위 유관 기관의 이전에 따라 새로운 도시의 형성과 인구 유발로 인해 입학지원 대상의 인적 자원이 그 만큼 풍부하게 된다. 근래 지방대학들에 대한 입학지원자의 격감은 급격한 인구 유출에 따른 지원 대상자의 감소가 가장 큰 요인이다. 그리고 이러한 기관들의 입주는 상징적 의미와 함께 보다 고차적인 문화 환경을 조성하게 됨으로서 도청소재지에 위치한 대학은 사회 환경적 측면에서 젊은 엘리트 후보군을 끌어들이는데 유리한 점을 갖게 될 것이다. 게다가 도와 관련된 여러 단체와 일부 기업들이 입주가 파생될 것인 바, 이는 아무래도 졸업생들의 취업에도 유리한 점으로 작용하게 될 것이다.

도청이전 후 목포대의 위상

　그러나 이 모든 것은 도청과 우리 대학이 그저 가까이 위치하는 것으로 만 이루어지는 것은 아니다. 이러한 외부적 환경변화에 따른 대학의 대비와 구성원들의 노력이 뒤따라야 한다.

　우리의 체계적 대비와 노력이 있다면 도청이전은 우리 목포대학의 발전에 상당이 긍정적인 영향으로 자리하게 될 것 이 분명하다.

　곧 있게 될 도청 이전이라는 역사적 사실이 목포대학의 발전에 획기적인 계기가 되기를 바라며, 10년 그리고 50년 후 우리 대학의 발전된 위상을 생각해 본다.

『목포대 소식』제111호, 국립목포대학교, 2005.05.

'빈집 순례'를 다시 시작하며

언젠가 취미를 기재하는 난에는 '빈집 순례'라고 기재하였더니 그것이 뭐한 것이냐고 물어 왔다.

살던 식구들이 모두 떠난 빈집을 찾을 때 많은 느낌을 갖게 된다. 대게 10년 전쯤에 주인공들이 떠난 집의 경우, 마당은 잡초가 우거지고 찢어진 창호지의 문짝은 뒤틀어져 있고 생명수였던 우물은 죽은 곤충들이 떠있다. 어린애들이 사용했던 방을 살포시 들어섰을 때가 백미다. 이미 떠난 주인공의 낙서나 생활계획표가 퇴색된 채 벽에 붙어 있는 것을 보노라면 한때 이방에서 가졌을 기쁨과 슬픔의 몸짓과 또 열심히 공부하여 내일을 기약했을 모습이 눈에 선하다.

단과대학 복원, 혁신과제, 구조조정, 개교60주년행사, 특성화, 홍보, 공간비용채산제, 각종평가, 의과대학설립과 외국인 유학생 유치 등 국제화 추진이 중심이 된 2년간의 기획협력처장으로의 업무 수행

- ○ 가장 큰 난제였던 단과대학 복원
- − 정신적 중압감이 가장 컸던 단대복원을 위해 총장님과 함께 30여회의 교육부 방문과 촌각을 다투며 작성한 수많은 자료, 순천대학교의 방문협의 등이 내적으로 있었음
- ○ 혁신과제
- − 2006년도 평가결과 전국 국립대학 가운데 16위로 B급에 랭크되었고, 2007년 10월에는 교육인적자원부 주관의 혁신우수사례에서 기획협력처가 제출한 과제가 장려상(3위)에 입상, 또한 2007년도 국립대학 혁신진단평가에서 전국 국립대학 가운데 3위(최우수단계)로 평가 받는 쾌거를 이룸

○ 개교 60주년 행사와 후원의 밤 개최
- 2006년 10월에 외국의 자매대학 총장 등 축하사절단이 참석한 가운데 성대한 기념행사와 후원의 밤을 개최
○ 수많은 학내 의견수렴 과정과 절차를 통해 마련된 대학 구조 개혁과 특성화의 확정과 시행
○ 우리대학의 발전과 법인화 대비의 일환인 국제교류와 유학생 유치
- 총 150명에 달하는 외국인 유학생의 유치와 중국 해양대학, 러시아 크라스노야르스크대학, 베트남국민경제대학, 필리핀국립대학, 일본 기후대학 등과 협력관계 추진
○ 학교의 발전상과 위상제고를 위한 홍보
- 용산, 인천국제공항, 서울고속버스터미널, 목포역 등의 홍보물 게첨과 대학현황, 소식지, 대학 카렌다, 홍보 영상물 제작, 지역 언론계와 관계설정
○ 최근에 가장 폭주되는 업무 가운데 하나인 평가업무
- 교육부를 비롯한 각종 외부 평가에 대한 대비와 학내 부서의 계획과 사업시행에 대한 각종평가, 그리고 단과대학운영평가 계획 수립과 시행
○ 기획협력처의 업무 가운데 상당한 난이도가 높은 업무로서 건물공간조정과 기본적 문제 해결을 위한 공간비용채산제의 도입방안 마련
○ 우리 학교의 오랜 숙원이며 학교 발전의 핵이라 할 수 있는 의과대학설립의 모색과 대통령직인수위원회에 정책건의서 제출

2년 동안 나름대로 학교 발전을 위한 몸짓으로 기획협력처장 업무를 수행하는 과정에서 보람도 많았지만 힘들 때도 많았다. 인간은 끊임없이 내적인 자기 노력을 바탕으로 외부와의 관계를 맺고 이를 통해 발전을 도모하게 된다. 기획협력처의 일은 기존의 업무 외에 늘 새로운 업무를 구상하고 이를 실천에 옮기는 것이 중심이 된다. 평일에 밤늦게 까지는 말할 것도 없고 휴일에도 업무를 해야 했던 관계로 학회를 비롯한 학문적·개인적 관계는 상당히 접어야 했다.

그간 함께 밤을 새우고 휴일을 반납했던 기획협력처 식구들에게 참으로 미안하고

감사하며, 학과에 보탬이 되지 못했던 나에게 격려해준 전공 교수님들과 급한 과제를 수행할 때마다 아무런 불평 없이 선득 시간을 내어 지혜를 모아주었던 교수님과 위기 때 마다 격려해준 총장님께 감사드린다.

　이제 훌훌 털고 「빈집 순례」를 떠나고 싶다.

기획협력처장 신순호

『목소리』 제120호, 목포대학교, 2008.02. (11쪽)

나의 '완도수고': 학창시절과 이후의 삶

동창회지가 모처럼 발간된다는 소식을 접하니 너무나 기쁘다. 한 때 전국 수산고등학교 가운데 제일이라고 널리 알려지고 또 우수한 인재들이 배출되었던 것에 자부심을 크게 가진 우리 완도수고였다. 나의 기억으로는 1994년 무렵에 창간호가 발간 된 이후 한번인가 더 총동창회지가 발간 된 후 영 소식이 없어 늘 아쉬움이 컸다. 동창회는 자주 모여서 회원 간에 친목을 돈독히 하는 것이 가장 중요하다. 친목을 돈독히 하기 위해서는 모임이 재미있어야 하고 또 뚜렷한 공유할 수 있는 목표가 있어야 한다. 동창회지를 동문들의 근황을 파악하고 살고 있는 모습과 생각들을 서로 나눌 수 있는 좋은 매개체가 되며 모교를 생각할 수 있는 기회가 된다. 또한 재학생들에게 자긍심을 갖게 할 수 있으며, 동문 외의 여러 사람들에게 모교를 알리는 홍보적 효과도 가질 수 있다. 이 같은 점에서 이러한 의미에서 이번의 동창회지 발간은 참으로 기쁘고 또 계속해서 매년 발간되기를 바란다.

완도수고 입학

내가 태어나 살았던 마을 금일 충도忠島는 생산이 가장 많이 되었던 마을이었다.
1985년도 내무부(현, 행정자치부)에서 발간된 도서지를 보면 전국 517개 섬 가운데 7대 부자 섬 가운데 하나로 기록이 되어 있다. 그러나 이때 충도는 60년대 말에서 70년대 중반까지 다른 섬에 비해 훨씬 잘 살았고, 그 이후에는 오히려 김 값이 크게 떨어져 그 전만 못할 때였다. 따라서 내가 완도수고를 다닐 무렵에 우리 마을의 소득은 상대적으로 다른 마을에 비해 크게 높았을 것이다.

하여튼 이러한 마을의 소득 여건 속에서도 우리 집은 마을 내에서도 상당히 잘 사는 편이었다. 그런데도 부친께서는 상급학교를 잘 보내시려 하지 않았다. 지금도 당시 부친의 뜻이 왜 그러했는지 다소의 짐작은 가지만 정확한 내심을 알지 못한다. 부친께서 완도수고를 진학하도록 하는 뜻 가운데 하나는 남자는 나중에 무슨 일을 하더라도 고향에 친구 등 학맥을 가져야 한다는 것과 또 다른 하나는 김 생산이 가장 활발하였던 마을의 여건과 관련되어 있다.

결국 전기 고등학교 시험을 응시하지도 못한 채 급한 부친의 명령에 따라 완도수고를 진학하게 되었고 완도수고는 나의 영원한 운명의 한 장으로 자리하고 있다. 지난해 바쁜 일정 가운데 애써 짬을 내어 모교도 방문해 보고 또 학창시절에 생활했던 하숙집과 자취집을 찾아 나섰다. 고등학교 학창 시절은 아련한 추억으로 행복감을 가져다주었다.

하얀 색의 교복

내가 모교인 완도수고를 입학 했던 때가 1968년이었다. 당시 수고에는 3개 과가 있었다. '증식과', '제조과', '어로과'로 구성되었고 각 학년은 대략 40명씩이었다.

우리 '증식과'에만 여학생이 있었다. 그런 의미에서 참 행운이었다. 그러나 한편으로는 불편한 점도 있었다. 상급생들이 쉬는 시간에는 자주 들락거려 어수선하였다.

하복은 하얀 상하의였고 모자 색깔도 하얀 색이어서 매우 눈에 띄는 교복이었다. 그러나 때도 매우 잘 타서 여간 조심하지 않으면 안 되었다. 한 번은 눈이 늘 충혈이 되어 광주 병원을 평일에 다녀왔다. 당시에는 비포장도로로 광주에서 버스로 오는데도 한 나절은 족히 걸렸다. 오후 중간 만큼에 학교에 곧 바로 도착하여 보니 하얀 옷에 흙먼지로 뒤범벅되어 있었다.

임해훈련臨海訓練

임해훈련! 1학기 시험이 끝나고 나면 곧 실시되는 것이 임해훈련이다.

교련복으로 입고 교실에 대기하면 갑작스레 비상을 외친다. 늦지 않기 위해 죽기 살기로 교실에서 뛰어 나와 운동장으로 집합을 하나 곧 다시 '헤쳐!'를 외쳐서 교실로 쏜살 같이 들어가고, 다시 비상을 외쳐 운동장으로 집합하기를 수차례 한다. 조금 늦었다고 엎드려 뻗쳐와 구보를 하고 토끼뜀도 하고 제식훈련도 한다.

훈련과정 중에 하나로 신지의 명사십리로 가서 물속에서 수영과 각종 훈련을 받는다. 캡을 쓰고 모두 검정색 수영복 차림으로 훈련에 임한다.

마지막 날에는 현재 매립되어 아파트가 서 있는 모교 실습장 뒤 갯돌 해변에서 주도까지 이열종대로 장거리 수영을 실시한다. 장거리 수영 과정에는 조류가 있어 줄을 똑 바로 맞추어 가기가 그리 쉽지 않고 대략 2시간 이상의 유영을 통해 주도에 도착하게 되는데, 주도珠島에 도착하여 발을 디딜 때면 다리가 휘청거리고 한참을 누워있을 정도의 고된 훈련이다.

훈련의 전 과정이 끝 날 무렵이면 얼굴은 흑인의 색깔이고, 얼굴과 몸둥아리는 화상을 입은 듯 피부가 벗겨진다. 방학이 되어 고향에 가게 되면 광주 등지의 여타 학교 학생들은 하얀 피부의 도시스러움(?)을 한껏 뽐내는데, 우리 수고생들의 모습은 마치 껌둥이 모습에 얼굴 군데군데는 껍질이 벗겨지고 있어 여간 신경 쓰이는 일이 아닐 수 없다.

음악시간

실업계 교육과정이라서 인문계 교과 과정은 2학년까지만 있었다. 인문계 과목으로는 국·영·수가 일주일에 상당히 많이 편성되었겠지만, 우리학교에는 대략 일주일에 2~3시간에 불과했다.

그 가운데서도 가장 기다려지는 학과목은 음악이었다. 당시 음악 선생님은 연세가 아주 많으셨던 분으로 고향이 고흥인 서○○ 선생님으로 기억된다. 참으로 인자하신 할아버지 같은 분인데 자식이 없으셨다고 했던가. 하여튼 매우 출중한 실력을 가진 분이나 바닷가를 찾아 일부러 완도수고를 지망하여 오셨다고 다른 선생님께서 말씀하셨던 기억이 있다.

웅변과 태권도

웅변이 매우 성행하여 웅변대회가 자주 열렸고 웅변을 매우 잘 한 선배들과 우리 동급생 가운데는 어로과 김동삼이도 웅변대회에서 상을 받았던 것으로 생각된다.

또한 태권도가 유행이어서 많은 학생들이 태권도를 하였다. 읍내에는 두개의 체육관이 있었다. 체육관 사정에 따라 명칭이 바뀌기도 했지만 대표적인 명칭은 「청용관」

과 「청도관」이었다.

　청용관의 관장은 완도수고 선배인 이천석씨였으며, 공회당에서 수련을 하였다. 필자 역시 1학년 입학과 동시에 입관하여 매일 저녁 약 2시간씩 3학년 1학기까지 태권도를 연마 하였고, 약 1년 4~5개월 만에 광주 본관에 가서 심사를 받아 입단하였다. 당시 청용관에서는 입단하기까지 시간도 많이 소요되었고 입단 심사도 매우 까다로웠다. 당시 완도수고에서는 한 과科에 7~8명씩은 체육관을 다녔다.

　배구
　구기 가운데는 배구가 크게 활발하였다. 이전에는 배구가 체육 시간에 여타 교육 종목의 하나로 하였으나 2학년 무렵에 부임한 체육선생님(별명이 '염소')의 열성으로 배구부가 만들어져 학교를 대표해서 출전하기도 하였다. 큰 우승하는 성과는 없었지만 마음속으로 배구팀이 우승하여 우리학교의 명예를 드높여주기를 간절히 바랬다.

　열악한 지역 여건과 실업계로서 이의 교육과정에 충실한 때문이었겠지만, 당시 완도수고를 대표해서 대외적으로 이름을 알리는 일이 거의 없었다.

　돌이켜보면, 이러한 특기를 계발하여 출전하는 일에 보다 노력하였다면 재학생이나 동문들에게 학교에 대한 자긍심을 갖게 하는 데 매우 좋은 계기가 되었을 것이라 생각된다.

　해변가 빵집
　가장 기억에 남는 것은 빵집이다. 물론 제과점도 있었지만 그곳은 혹시나 특별한 계기가 있는 경우 1년에 1~2번 갈 정도이고, 주로 가는 곳은 풀 빵집이다. 항동 파출소에서 군청 방향으로 약 3~4분 거리 해변 쪽에 있었던 「철식이네 빵집」에 수고 생이 안 가 본 사람이 없었다. 많은 학생들이 모이고 용돈의 상당 부분도 빵 값으로 들어갔다. 어떤 학생들 간에는 빵을 몇 개까지 먹느냐를 가지고 내기를 걸기도 하였다.

　지금 생각해도 철식이네 빵집에서 풍겨 나오는 그 고소한 빵 굽는 냄새와 팥고물의 달콤한 맛 생각에 입안에서 침이 고인다.

변화된 학교통학 길

지금은 매립되어 완도읍사무소와 버스터미널 등 그리고 수많은 상가들로 시가지가 돼버린 곳이지만 이곳이 당시에는 바다였다. 노두목을 돌아 제방이었던 언 둑을 2개 거쳐 학교를 다녔다. 3학년이 될 때에 비석거리 있는 곳에서 수고로 완성되지 않는 공사 중인 제방으로 학교를 다녔다.

학생 때라 자주 사용하지는 못했지만 어쩌다 택시를 부를 때도 상당한 요금을 주어야 했다. 제방 안 쪽 물이 가두어져 있었던 곳은 지금 버스 터미널과 읍사무소 등이 있는 번화가로 변했고 구시가지에서 완도수고 까지 넓은 중심도로로서 국도로 연결되어 있다.

대학입시와 대학원

진학을 하려고 해도 입시 준비를 할 학원이 없었다.

나는 3학년 2학기 중간 무렵부터 관외실습을 당시 서울역 뒤편에 자리하고 있는 수산청으로 가게 되었다. 수산청에 처음 며칠을 출근하다가 윗분들에게 사정 얘기를 하고 학원에를 약 2개월 다니고 예비고사를 치렀다.

재학생 가운데서는 유일하게 예비고사에 합격하였다. 당시 예비고사는 대학을 가기 위한 첫 번째 관문으로 일부 신학대학이나 예·체능계를 제외 하고는 예비고사에 합격해야만 대학시험 응시 자격이 주어지게 되었고, '70년도 예비고사 경쟁률은 대략 2.5대 1이 넘었다. 실업계에서 곧 바로 대학 가는 길은 매우 어렵고 힘든 시절이었다.

예비고사 합격 후 전기 대학의 법학과에 응시하였으나 낙방한 후, 후기대학 응시는 생각하지 않았다. 1년간의 재수를 생각하게 되었는데, 이 때 재수를 결심하게 된 것은 1년간 제대로 입시공부를 하면소위 바라는 일류대학은 문제없이 합격할 자신이 있었던 데서 비롯되었다. 여기에 더하여 당시 사업으로 돈을 잘 버시던 작은 매형과 서울대를 나와 외무부에 근무하던 매형친척 동생의 권유도 후기대학 시험을 보지 않고 재수를 결심하게 했던 또 하나 이유였다.

그러나 이 같은 마음의 계획은 크게 바뀌게 되었다. 전기입시 후 몇 날을 더 보내고 관외 실습명목으로 서울에 온 지 3~4개월여 만에 고향에 돌아와 보니 아버님께서 상당히 깊은 병환으로 누워 계시면서, 당장 대학에 들어갈 것을 강권하셨다.

생각지도 못한 상황에 봉착하여 곧장 다시 서울로 가서 후기대학을 찾아보니 대부분 대학은 이미 후기 원서 접수가 끝나 버렸다. 겨우 마감되지 않는 대학을 찾아 원서를 고등학교 직인을 후로 받기로 하는 조건의 가접수假接受하는 절차와 함께 시험을 거쳐 대학생활이 시작되었다.

대학에서 가장 힘든 일은 필수과목 이었던 제2외국어였다. 고등학교 교과 과정에 제2외국어는 없어 독일어의 '아베체데…'도 들어 보지 못했고, 곧 바로 1학년에서 독일어 강의를 듣는데 참으로 어려움이 컸다.

대학을 마칠 무렵, 군 입대를 놓고 많은 갈등을 하였다. 아버님께서 대학 4학년 후학기에 별세하고 나서 더욱 미래의 삶과 진로에 대한 고민이 많았다. 결국 대학원 진학을 결심하여 처음에 연세대학교 행정대학원을 다녔다. 큰 지식이 없이 대학원 진학을 하였는데 야간에 다니는 2부 대학원에서 학문적 성취감을 크게 가질 수 없었다.

고민 끝에 다시 시험을 치러서 서울대 환경대학원에 입학 하였다. 2학기에 학생회장을 선출하게 되었는데 주변 친구들이 회장을 맡기를 권유하였다. 학생들이 모인 가운데 추천등록을 하는데 5~6명이 추천 되었다. 경기고 학교 출신 등 모두 쟁쟁한 고등학교 출신들이었으나, 월등한 지지로 환경대학원 학생회장으로 뽑혔다.

우리 대학원장님께서 전무후무하게 완도수고 출신이 서울대학교의 환경대학원 학생회장이 되었으니 더욱 잘하라고 말씀하였다. 전무하였지만 후무하지는 않을 수 있다고 생각했지만 아직까지 후배 학생회장은 나타나지 않고 있다.

교수의 삶

대학과 대학원 과정 그리고 군대의 장교 생활을 마치고 대학교수 길로 접어들었다.

수산분야가 아닌 분야의 교수를 하다 보니 아직 이 분야의 교수가 후배 가운데서는 없는 것 같다. 82년에 청주대학교에서 교수를 하다가 85에 목포대학교로 옮겨 교수생활을 하고 있다. 목포대학교로 옮겨 온 후 초기에는 몇 몇 후배들이 목포대에 들어와 제자 겸 선후배의 모임도 한두 차례 가진 적이 있다. 참으로 기쁘고 자랑스럽고 사랑스러운 학생 겸 후배들이었다. 그러나 근 10여 년 전 부터서는 우리 학교 캠퍼스에서 후배를 본 적이 없다. 아쉬운 대목이다.

아마 완도읍을 비롯해 여타 완도군내 읍면에 인문계 고등학교가 설립된 것이 주된 요인이라고 생각해 본다. 그러나 다른 한편으로는 비록 대학에 곧 바로 진학하지 않더라도 실업계 고등학교로서 훌륭한 동량들로서 역할을 다 하길 바라고 있다.

모교의 발전과 동문의 협력

현재의 모교 교사校舍는 우리가 다닐 적의 석조건물이 아닌 깔끔한 현대식 건물로 바뀌었고, 강당도 당당히 들어서 있다. 과거 학창시절의 추억이 깃든 모습이 아니어서 상실된 섭섭함이 자리하지만, 이는 곧 모교의 발전된 변화임을 느끼게 된다. 이러한 훌륭한 교육환경에서 뛰어난 후배들이 많이 배출되기를 바라고 있다. 훌륭한 동문들이 배출되어 사회 각 분야에서 활동할 때 모교는 발전하게 될 것이며 완도수고 출신 모두는 더욱 큰 자긍심을 갖게 되지 않겠는가.

모교 완도수고를 졸업한 지 벌써 35년이 지났다. 그간 학계와 사회의 여러 분야에서 나름대로 열심히 활동해오고 있으나 이 과정에서 선배와 후배를 만나는 경우가 거의 없다. 아마 수산이 아닌 분야에서 활동하기 때문에 오는 당연한 결과인지 모르다. 이 점에서 늘 아쉽고, 때론 힘들 때가 있다. 그러기에 어쩌다가 동문을 만나면, 흔하지 않기에 기쁨과 반가움은 더욱 크다.

졸업 후 모교를 가끔 방문하는데, 초기에는 우리를 지도해주시던 선생님들이 여러 분 계셨으나 이제 세월이 흘러갈수록 점점 그 모습을 뵙기 힘들다. 따뜻한 선생님들의 모습을 뵙고 싶고, 동기들과 만나 학창시절의 얘기를 나누고 싶다.

이러한 동창회지 발간 등을 계기로 우리 동문들 모두가 모교에 대한 애정을 갖고, 또 동문들 간의 따뜻한 유대가 더욱 공고해지기를 기원한다.

『청해진』 제3호, 완도수산고등학교 총동창회, 2008. (129~133쪽)

소주가 그리운 일본의 삶

○ 3만2천 원 하는 소주

대학교 앞 대폿집에서 소주 한 병(2홉들이) 먹고 3만 2천 원을 내고 나왔다면 그 기분이 어떠할까. 물론 술상대로 절세미인이라도 함께 했더라면 그 정도야 별거 아닐 거라고 넉넉하게 맘 먹을 수도 있겠다.

그러나 이것은 같은 남자들끼리 삼겹살과 소주의 고유한 맛에 허기져 찾은 일본 교토에서의 술값이다. 날씨는 차갑고 외로움에 견디기 힘들다 보니 한국에서 건너온 30대의 두 사람과 한국 스타일의 삼겹살과 소주 파는 곳에 큰 맘 먹고 한번 갔던 곳에서 소주 값이 그랬다.

희메지성에서 일본 토지가옥조사사 회원들과 (일본 리츠메이칸대학교환교수시절, 2009.4)

교토의 그 집의 술값이 약간 높기도 했지만, 그러나 가장 큰 원인은 환율 때문이다. 작년 이맘때와 비교하여 환율이 2배가 되버린 결과, 일본 엔화로 1,980엔 하는 소주 값을 머릿속으로 계산하니 우리 돈 3만 2천원이 되어 버린다. 아마 서울시립대학교 교문 앞이나 청량리 역 부근 골목 소주 집 같았으면 안주까지 몽탕해도 3만원이 넘지 않았을 것이다.

모처럼 삼겹살에 한국 소주를 먹어보자는 우리의 생각은 서로 소주를 최대로 아껴 먹는데 신경이 쓰이게 되었고, 먹은 것 같지도 않는 허허로움에 허기만 더 키우는 꼴이 되었다.

지난(2008년) 8월 한국을 떠나 시작한 일본의 교토생활은 곧 바로 9월부터 천정부지로 뛴 엔고의 파고로 인해 구상했던 것들에 상당한 차질을 주고 있다. 원래 일본의 교통요금을 비롯한 생필품 등의 물가는 세계적으로 높기로 유명하다. 택시 요금의 경우 지역에 따라 다소의 차이가 있지만 기본요금이 대게 580~640엔이며, 400m에 80엔이 추가된다. 시내버스 요금 역시 단일요금체계의 경우 성인이 220엔이다. 2008년 12월 초 기준 환율(살 때 기준: 100엔/약 1,600원)로 보면 대략 3천 5백원 정도 된다. 버스 타고 지하철(기본료 200엔부터 시작) 한번 갈아타는 곳에 사는 사람들의 경우 아무리 적게 들어도 출퇴근에 필요한 대중교통 요금으로 하루에 1만 6천원(08년 12월 환율 기준) 정도 소요된다.

일본의 물가가 비싼데다 근래 우리나라 원화의 가치폭락으로 한국에서 돈을 지원 받아야하는 한국인들에게는 약 반년 전 보다 2배 정도의 높은 물가 속에 살고 있는 셈이다. 근래처럼 환율 조회를 자주한 적도 없거니와 한국 경제와 정치 상황에 관심을 가져본 적이 없다. 정말 경제운용과 정치를 잘 해주었으면 하고 간절히 빌고 있다.

○ 실컷 운동하고 한잔 하고픈 막걸리

가장 아쉬운 것은 사람들과의 어울림과 음식이다. 대학 1학년 때 처음 라켓을 잡은 이후 2~3년 후인 대학원 때부터 계속해온 테니스를 이곳 일본에서 마음대로 하지 못하는 것이 가장 큰 어려움 중에 하나이다.

내가 있는 리츠메이칸대학은 그 학생 수로 보아 일본에서 가장 큰 대학이며, 근래 대학 개혁과 경영 측면에서 가장 두각을 나타내고 있다. 캠퍼스가 4개로 나뉘어 있는데 대학본부가 있고 대학의 핵심을 이루고 있는 키누가사 캠퍼스에는 테니스 코트가 없다. 원래 테니스코트가 캠퍼스 내에 있다가 학생 수가 증가되고 건물을 더 많이 지어야 하는 사정으로 테니스 코트가 사라졌다.

금요일 저녁에는 집 근처 초등학교 운동장에서 주민들과 테니스를 하지만 썩 운동할 맘이 내키지 않는다. 초등학교 운동장에 코트를 설치하고 라이트를 켜고 운동하지만 그라운드 사정도 좋지 않고 파이팅하는 것도 한국과 같지 않다. 더구나 저녁 7시에 시작하여 운동을 좀 한다싶으면 종료하게 된다. 9시가 되면 어떤 경우가 되든지 종료하고 어김없이 라이트를 소등한다. 이후 언제 함께 테니스 했느냐 하는 것처럼 뿔뿔이 각자의 집으로 내달음 친다.

한국에 있었을 때, 일요일에는 그야말로 특별한 일이 있지 않는 한, 이른 아침부터 파이팅을 외치며 땀을 실컷 흘리며 테니스에 몰두했다. 운동이 끝날 때에는 동호인들과 대중목욕탕에서 함께 샤워하고 이후 가까운 음식점으로 향한다. 음식점은 대게 삼겹살집이나 돼지고기 삶은 집(곰탕 집)을 가는데, 음식 먹기 전에 마시는 맥주나 막걸리를 한 잔 씩 한다. 정말 전용 테니스 코트에서 실컷 운동하고, 공동 목욕탕에서 목욕하고, 돼지 머리고기에 막걸리나 맥주 한잔 쭉 들이키고 싶다.

○ 도시학적 측면으로 본 교토京都

내가 머물고 있는 곳은 교토京都다. 긴키近畿지역에 있으며, 간사이關西 국제공항에서 교토 역까지는 리무진버스로 약 100분 정도 소요된다. 교토시는 현재 827㎢ 면적에 인구 150만 명이다.

794년 헤안조대의 수도로 정해지면서 천년동안 수도로서 일본의 심장으로 자리했다. 수도로 정해진 이후 남북 5.2㎞, 동서 4.7㎞의 정방형의 가로망을 가진 도시로 계획되어, 현재도 원 도시지역(교토 역을 기준으로 북쪽 시가지)은 질서 정연한 가로망과 하천, 강들이 어우러져 있고, 곳곳에 고색찬연한 문화유물과 일본 전통 주택들이 산재하고 있다.

교토시역 내에만 해도 유네스코에 등재된 세계문화유산이 17개가 있고, 국보가 210개, 중요문화재가 1,757개가 있다. 또한 무형문화재도 헤아릴 수 없을 정도이며, 각종 축제와 문화 행사가 수 없이 열리고 있다. 실제로 구 시가지는 한집 건너 신사와 절 그리고 전통 건축물이 있을 정도이다. 축제로서는 지다이축제, 아오이축제, 기온축제, 다이몬지 고잔의 불놀이축제가 유명하며 특히 기온축제는 일본의 3대 축제로 알려져 있다. 대학도 25개교가 있으며, 1년에 약 5,000만 명 가량의 관광객이 찾아 들고 있다.

흔히 교토와 관련하여 「일본인들의 마음의 고향」, 「교토를 알지 못하고는 일본을 알 수 없다」는 말이 아주 널리 쓰이고 있다. 이러한 배경 때문에 교토 사람들은 그 자부심이 아주 대단하다.

지난 늦여름에 교토에 온 후, 틈나는 대로 이곳 저것을 돌아다니고 축제에 참관하고 있다. 검은 색의 오랜 건축물과 잘 다듬어진 정원, 오랜 연륜의 나무들과, 분재보다도 더한 정원수, 철마다 바뀌는 나뭇잎 들을 보며 살아가고 있다.

그러나 아름다운 이 도시 속에서도 늘 한국의 삶이 그립고, 한국의 분위기에 목말라하고 있다. 작년 겨울, 서울 강남에서 우리 박사과정 여러분들과 함께 마시며 즐겼던 그 순간이 너무 뚜렷하게 떠오르고, 또 속히 그 자리에 다시 파묻히고 싶다.

일본 리츠메이칸立命館대학 방문연구교수 신순호

『도박사이야기』, 서울시립대 도시행정학과 박사 모임 문집, 2009.

50代 외국인의 일본어 공부와 *所懷*

1. 글 처음에

일본과 한국과는 지리적으로나 역사적으로 아주 밀접한 관계를 맺고 있는 바, 많은 분야에서 유사성이 많다. 특히나 한국에 있어 근대도시 및 지역계획과 관련된 법령이 1934년에 마련되어 오랫동안 그 내부적 진행과정이 일본의 그것과 유사하게 진행되어 왔다.

이러한 점에서 오래전부터 내가 전공하는 분야(지역계획, 토지제도)의 일본 문헌을 읽고, 일본 문화를 이해하고 싶었다. 그러던 차, 지난해 8월 말에 어렵게 일본에 올 수 있는 행운을 갖게 되었고, 늘 꿈꿔 왔던 일본어 공부를 본격적으로 시작할 수 있었다. 어학을 새로 시작하기에는 결코 적지 않는 나이지만, 앞으로 내가 생각하는 목표를 위해서 최선을 다하고 있다.

그러나 외국어를 습득한다는 것은 쉽지 않는 일임을 또 다시 실감하고 있다. 일본어를 공부한지 이제 겨우 9개월에 접어들어 아직도 왕초보이다. 언제쯤이나 내가 목표로 하는 일본의 전공서적을 보다 능숙하게 읽고, 일본의 문화를 이해하고, 좋아하는 사람들과 즐겁게 대화하게 될지 답답한 마음이다.

2. 가타카나カタカナ의 사용

그런데 이 같은 일본어의 왕초보자 입장에서 일본어에 대한 몇 가지 궁금한 점이 있다. 우선 카타카나의 사용에 대한 적지 않는 의문이 생겼다. 일본어에는 히라가나와 가타카나의 글자 수가 각 각 50개가 된다. 이것을 모두 외우고 쓰는 것이 그리 쉽지가 않다. 그러다 보니 가타카나는 꼭 있어야 되는 것인가 하는 생각이 들었다. 얼핏 보기에 가타카나는 주로 외래어 표기에 사용되고 있다. 외래어표기 문제는 히라가나로 쓰고 그것을 일반 단어와 구별하기 위해서 밑줄을 긋는다든지 진한 글씨체로 표기해도 되지 않을까 하고 답답한 마음에서 생각해 보았다.

또한 전공서적 등 문헌을 볼 때에 답답함이다. 교토京都대학에 갔을 때 자유롭게 가져갈 수 있는 책을 비치해두고 있었는데, 제목을 보니 관심이 있는 분야의 책이어서 한 권 가져온 적이 있었다. 책을 보는 동안 'アイデンティティ'와 'アクセシビリティ'가 몇 번 되풀이하여 씌어져 있었다. 일본어도 서툰데다가 일종의 key term 역할을 하는 듯 하는 가타카나의 단어 의미를 파악하느라 애를 먹었다. 내가 가지고 있는 전자사전에서도 'アイデンティティ'는 검색되지 않았다. 상당한 궁리 끝에 겨우 그것이 영어의 'identity'와 'accessibility' 임을 알았다.

근래 출판된 서적들 가운데에는 가타카나에 의한 외래어표기가 적지 않다. 그런데 가타카나에 의한 발음을 통해 해당 영어 단어를 곧바로 상기해 내기가 항상 쉽지만 않는 데에 문제가 있다. 이 경우, 일반화 되지 않는 외래어를 표기할 때에는 외래어 표기 다음에 괄호( ) 속에 영어를 함께 넣어 표기하는 것을 상용화하는 것이 어떨까 하는 생각이 든다.

그렇지 않으면 최소한 チャーター(charter)의 첫 번째 표기 때에 한번 정도라도 그러한 방법으로 표기하였으면 참 편리할 것 같다. 물론 그렇게 표기하는 문헌이 간혹 있지만 그러한 경우에는 매우 드물었다.

3. 문장 내(단어) 나누어 쓰기

다음으로 긴 문장, 특히 히라가나가 많이 쓰여진 긴 문장을 대할 때의 어려움이다. 일본어를 표기 할 때에는 기본적으로 띄어쓰기를 하지 않는 것 같다. 그러다 보니 모르는 단어, 특히 히라가나의 경우에 글자가 앞에 붙어 한 단어가 되는 것인지, 아니면 뒤에 붙어 한 단어가 되는지 도대체 헷갈릴 때가 한 두 번이 아니다. 알파벳을 기초로 하는 언어나 한글의 경우에는 원칙적으로 한 단어를 기본단위로 띄어쓰기를 한다. 그런데 일본어 표기에는 띄어쓰기를 하지 않음으로 외국인으로서 일본어를 공부하는 사람, 특히나 나 같은 초보자에게는 어려움이 적지 않다. 뜻을 잘 모르는 긴 문장속의 히라가나를 읽거나 해석할 때 특히 그렇다. 혹시나 일본어에 띄어쓰기를 한다면 어떤 큰 문제가 있는 것일까 하고 생각해본다. 만약 띄어쓰기를 한다면 일본어를 공부하는 나 같은 외국인들에게는 큰 도움이 되지 않을까 하는 생각이 든다.

4. 연호年號 표기

다음으로 연호표기에 관해서이다. 현대에 있어 삶을 영위함에 있어 거의 필수적 요소 중의 하나가 은행과의 거래이다. 통장을 개설하고 카드를 만드는 것이 그 중 가장 핵심이다. 일본에 도착해서 얼마 후, 은행에 통장을 개설하기 위해 갔더니 관련 서류에 생년월일 기재해야 할 난이 있었다. 그런데 그곳에는 1953년으로 기재할 수가 없고 大正, 昭和, 平成 중에 하나를 골라 그곳에 연도를 기입해야만 하게 되어 있었다. 언어는 서툰데다, 내가 태어난 해가 昭和에 해당한 것은 분명한데 명확히 昭和 몇 년에 해당되는 것인지 갑자기 난감하기 짝이 없었다.

일본에서는 대부분의 공문서와 상당수 책에서 연도를 표기할 때, 일본 고유연호를 사용하고 있다. 책을 읽거나 참고 자료를 살펴볼 때 이 연호를 서력西曆으로 계산하느라 한참 시간을 보낼 때가 있다. 그때마다 곡 고유연호만을 써야할 필요가 있을까 하는 생각을 해보게 된다. 꼭 연호를 쓸 어떤 연유가 있으면 이 역시 연호에 이어 괄호( )속에 西曆을 기입하면 어떨까 하는 생각을 하게 된다.

은행에 다녀 온 후 부터서, 주머니 속에 明治(1866), 大正(11), 昭和(25), 平成(88)을 메모해서 가지고 다닌다. 그러나 이 메모가 없을 때에는 연호를 서력으로 계산할 때와 서력을 연호로 계산할 때 또 혼돈이 온 때가 많다.

5. 마무리하며

언어체계와 구조는 그것을 사용하는 집단이나 국가의 오랜 역사를 비롯한 관습과 관련되어 있다. 그러기에 나 같이 언어학에 문외한이며, 이제 겨우 히라가나와 가타카나를 익힌 사람이 무슨 언어와 관련된 예기를 할 자격이나 있을까 싶다. 그러나 어떤 언어나 문화가 자기화 되어 버린 사람들에게는 그 언어사용과 문화에서 어려움 또는 문제라는 것을 인지하지 못하는 것이 통상적이다.

'グローバリゼーション'(globalization)은 교통 통신의 발전과 경제 사회의 발전추세에 따라 더욱 가속화 될 수밖에 없다. 이러한 의미에서 언어나 주요 표기문제도 과거에 비해 어느 한 국가나 집단의 고유한 문제로만 한정하기보다는 보다 더 'ユニバーサル'(universal)한 입장에서 다루는 것이 어떨까 생각해 본다.

결국 어떤 언어가 보다 과학적이고 의사소통에 쉬운 구조를 가질 때는 모국인母國人外의 外(國)人들에게서 더 많은 사랑을 받게 될 것이다. 더 나아가 해당 언어를 사용하는 사람이 많아지면 많아진 만큼 그 언어 자체의 우수성이 인정받게 되는 것이고, 해당 국가의 국제적 'ステータス'(stauts)도 높아지게 될 것이다.

앞으로 일본어를 공부하는 외국인이 더 많아지고, 일본어가 국제적으로 보다 널리 사용되었으면 좋겠다. 그리고 나는 속히 일본의 전공문헌을 탐독하고, 일본 문화를 이해하고, 좋은 일본 친구들과 많은 대화를 하고 싶다. 그러기 위해 더 일본어를 열심히 공부해야겠다.

방문연구교수 신순호(대한민국 국립목포대학 교수)

『RL Newsletter』 제58호,
리츠메이칸(立命館)대학 법학뉴스레타, 2009.09. (18~20쪽)

내가 본 임병선 총장 : 평상에는 여유, 일에는 열정

임 총장님은 단아한 체구에 선한 얼굴로 여유로운 평상의 삶을 살아가지만 업무를 대할 때는 예리한 판단을 앞세워 열정적으로 추진해 간다. 이는 총장으로 일하시기 전이나 총장 재임 시 가까이 있으면서 가진 느낌이다. 재임 시 임총장님은 학교발전사에 우뚝 솟을 수많은 일들을 추진하였다. 그 가운데 임 총장님이 총장 임명을 받는 극적인 순간과 단과대 복원 추진과정, 그리고 평상의 삶 과정에 가끔 자리하면서 가졌던 한두 가지 장면이 문득 생각난다.

선거후 한 달만의 총장 임명
4년 전(2006년) 꼭 이맘때이다.
총장 선거가 직원선생들과의 총장선거의 참여과정의 학내문제로 1월 하순에야 치러지게 되었다. 총장의 임기가 2월 말로 되어 있으니, 새로 선출된 총장이 임기 개시일 까지는 겨우 1달 정도 밖에 남지 않았다. 결국 복잡한 임명절차를 거쳐 그 기간에 총장 임명을 받기에는 무리라는 게 당시 대학 안팎의 절대적 의견이었다.

큰 대목에서 임명절차는 당선자 본인이 여러 가지 서류를 작성한 것을 바탕으로 대학에서 이를 교육부에 제출한 후에 복잡한 신원조회와 교육부의 검토와 장관의 결재, 총리실과 청와대의 검토와 국무회의 의결을 거쳐 대부분 총리 또는 장관이 실제로 임명장을 수여하게 된다.
선거가 끝나자마자 총장 당선자 신분으로 본인이 작성해야 할 서류를 완료한 후 곧 서울과 지방 할 것 없이 방문과 접촉을 통해 모두가 절대 무리라는 국립대 총장 임명절차는 한 달 안에 마무리되었다.
임 총장님은 2월 하순경 총리실에서 당시 이해찬 총리로부터 임명장을 받았다. 총장당선자를 모시고 몇 차례 서울을 긴박하게 오르내리다가 임명장 수여 순간을 지켜보고 있노라니 그 감격은 무어라 형용하기 어려웠다.

절망에 가까운 단과대학 복원

전반기에 가장 핵심적으로 추진했던 일은 단과대학 복원이었다.

사실 단과대학은 이미 2001년에 학내의결을 거쳐 2002년 3월초에 대학개혁이라는 산물로 폐지되었던 것이다. 단과대학 복원은 총장 선거공약에서도 언급했던 것이고, 대다수 대학 구성원들의 매우 큰 열망이었다. 그러나 교육부에서는 대학정책과를 비롯해 관련 부서 모두가 거의 부정적이었다.

국 단위의 대학구조개혁부서가 별도로 존재하는 등 대학구조조정이 교육부의 대학에 대한 가장 큰 정책 줄기로 자리하고 있는 때였다. 구조 개혁 가운데서도 각 대학의 경쟁력 강화라는 목표로 각 대학들의 통합을 강하게 추진하고 있었고, 내부적으로도 대학구조를 비롯한 전방위적으로 경쟁력 향상을 위한 구조조정을 강력히 유도하고 있었다. 따라서 당시로서는 '불과 5년 전에 개혁이라는 이름으로 단과대폐지를 요청하고 그에 따른 인센티브까지 받은 목포대학이 이제 와서 다시 과거로 회귀하자는 것이냐'는 분위기가 교육부 내부에서 압도하고 있었다. 더구나 '인센티브를 받고나서 효력이 다할 때 쯤 되니 다시 구태로 회귀하려는 비윤리적 작태'라는 얘기도 적지 않았다.

아무리 둘러보아도 단대복원은 절망적이었다.

그러나 단대복원을 위해 교육부는 말할 필요도 없고 국회, 청와대, 총리실, 감사원 등 모든 기관에 대한 총장님의 노력은 실로 대단하였다. 어떤 때, 어떤 장소, 누구를 막론하고 연결될 수 있는 모든 라인을 다 동원 하였고, 또 할 수 있는 모든 힘을 집중하였다. 모든 일이 그러하듯, 목표달성을 위해서는 최적 수단의 모색이 단순한 힘의 집중 못지않게 중요하다. 누구를 어떻게 만나 어떻게 얘기를 풀어가는 것과 상대에게 납득할 만한 방안을 마련하는 것이 중요다.

단대복원을 위해 단순히 '과거로의 회귀', '개혁의 후퇴'가 아니라는 점을 명확하게 납득시킬 수 있는 그 무엇을 마련하지 않으면 안되는 상황이었다. 이에 대한 총장님의 생각은 먼저 다른 대학에서 생각하지 못한 내부개혁 추진과 당국에서 최 역점을 두고 있는 대학통합의 능동적·가시적 추진이었다. 대학 내부개혁 부문은 경쟁력있는 대학 구축방안을 마련하여 수차례 구성원들의 공감대를 도출해 내기 위한 절차를 거쳐 완성하였다. 결국 이러한 노력을 통해 2007년 국립대학 혁신수준 진단평가에서 최우수단계로 도약하였고, 같은 해 국립대학 혁신우수사례에서 3위를 차지하는 등 개혁에 대한 노력의 성과가 전국에 떨치게 되었다.

또한 대학통합 부문에 있어서는 익산에 있는 국립익산대학과의 통합을 위한 논의와 함께 순천대학과의 통합관련 협조체제 구축 등을 추진하게 되었다.

이 같은 과정에서 일의 성공을 위해 사리의 예측력과 수행과정에서의 추진력 그리고 인적 네트워크의 구성에 있어 총장님의 모습은 '무어라 얘기하기 힘든 놀라운 능력' 그것이었다.

결국 수년 동안 우리대학 구성원들이 그렇게 갈구했음에도 불구하고 수많은 난관에 부딪쳤던 단과대학 복원은 이러한 총장님의 힘과 지혜가 없었던들 6개 단과대학 부활로 이뤄질 수 있었을까 싶다.

작은 체구에 강한 추진력

총장 재임 4년 기간. 임 총장님께서는 참으로 빛나는 업적을 쌓았다. 일을 열심히 하다보면 다양한 구성원들로부터 많은 부정적 평가와 반대에 부딪치고 소리가 많이 나기 십상이다. 그러나 임 총장 재임 기간은 어느 기간 보다 큰일을 많이 이룩했던 시기이다. 그러나 그 일을 기획하고 추진하는 과정에 상대적으로 소리가 적었다. 이는 임 총장님의 성품과 일 추진과정의 능력과 스타일이 주된 이유라고 생각한다.

임 총장님과 나와의 깊은 인연은 지난 1996년으로 거슬러 간다. 당시 이태근 총장님 재임 시절에 임 총장님과 나는 기획연구처장과 부처장으로 함께 일하게 되었다.

물론 같은 학교에서 가끔 만나는 것은 당연하였으나 장기간 함께 같은 부서에서 일하는 것은 이때가 처음이었다.

쌍까풀이 있는 선한 얼굴에 크지 않는 체구 그리고 약간 느린 듯한 말씨는 좋은 인상의 모범생 스타일로 일 처리도 그러리라 생각 했다.

그러나 기획처장 시절에도 생각했지만 총장으로 당선 된 직후부터 시작하여 2년 동안 나는 총장님을 보좌하면서 임 총장님의 예측력과 추진력 그리고 인적자원 동원력에 더욱 매료되었다.

따뜻하고 넉넉한 내면
임 총장님은 매우 가정적이다.

총장님과 사모님은 대학 때 같은 학과 생으로 만나게 되었다고 전해 들었다. 따라서 다른 한편으로는 같은 분야를 함께 연구하는 동료교수로서의 관계이기도 하다. 원래 함께 생물학을 연구하는 과정에서 처음부터 그렇게 형성되었겠지만 두 분이 함께 하는 시간이 유독 많은 듯하다.

총장님이 기획연구처장 시절에 양 가족이 함께 완도에 갔다. 가두리 양식장에서 고기를 낚아서 밤이 되자 구워먹게 되었다. 고기를 손질하고 준비해온 도구를 차에서 꺼내 설치하고 열심히 굽는 총장님의 모습은 사뭇 진지하기 까지 하였다. 그러는 과정에서 함께 온 아들에게나 사모님께 군소리 한 마디 없이 혼자서 하였다.

국내외 여행이나 학술대회 등이 있을 때에도 두 분은 늘 같이 하는 때가 많다. 참으로 금실이 좋다. 두 아들이 있는데 애들에 대해서도 아주 자상하다. 소탈하고 넉넉한 가장으로서 모습으로 가정이 윤기가 있어 보인다. 아마 이러한 내적인 부분이 육체적으로 건강을 유지하고 학교 경영에 강한 힘을 쏟을 수 있게 되는 바탕일 거라 생각된다.

얼굴에 불쾌한 모습을 잘 나타내지 않는다.
총장 취임 후 4, 5개월 지날 무렵이다. 중요한 업무로 총장실을 들어가려고 하는데 부속실에서 잠시 기다리는 편이 좋겠다는 얘기였다. 당시 상황으로 보아 상당히 불유쾌한 내용의 통화였음을 충분히 짐작되었다. 그러나 곧 통화가 끝나고 총장님과 마주했으나 불쾌한 모습이 거의 얼굴에 나타나 보이지 않았다. 오히려 평정 이상의 차분함과 따뜻함이 배어 나왔다. 그 같은 모습은 총장님을 보좌하는 2년 동안 늘 느낀 대목이다.

인간은 끊임없이 인간을 만나고 그 가운데서 삶이 이뤄진다. 많은 일, 그리고 큰일을 할수록 남과의 만남은 많기 마련이고 또한 의견의 충돌도 크게 일어나기 십상이다. 임 총장님은 총장으로 일하는 4년간 참으로 많고 큰일을 수행하면서도 그러한 충돌을 최소화하였던 것은 내가 가장 배우고 싶은 부분이다. 남과의 조화는 흔한 말로 포용력이 크다는 점도 있지만, 천성을 바탕으로 본인의 큰 목표에 가치를 두고 끊임없이 그것에 몰두하는 삶의 과정에서 비롯된 것이라 보인다.

임 총장님은 결코 크다고 할 수 없는 체구이지만 무서울 정도로 큰일을 쉴 새 없이 해나간다. 이것은 남과의 마찰을 최소화하기 때문에 힘이 비축되고, 비축된 힘은 주요 업무에 강도 높게 집중이 가능한 것 아닌가 생각된다.

이제, 다른 길을 통해 학교와 국가를 위해 더 많은 일을

이제 잠시도 쉼 없이 수행해 오신 총장의 직무를 내려놓으실 때가 다가온 듯하다.

학교 미래를 위해서 매우 아쉽지만, 다른 길을 통해 학교와 국가를 위해 더 많은 일을 계속하시라 본다. 그 부분도 나로서는 공부하는 마음으로 지켜본다. 언재나 임 총장님 곁에 마음을 묻고 있다.

『거점대학을 향한 열정의 발자취』, 목포대학교 제5대 총장 殷山 임병선박사 재임록, 국립목포대학교, 2010.02.

「지적심포지움 2010」과 「지적문제연구회」 창립총회 참가기

일본 토지가옥조사사연합회는 회원 약 18,000명의 회원이 소속되어 있어 우리나라 지적업무와 유사한 업무를 수행하고 있는 바, 토지의 경계 측량과 소유자간의 경계분쟁을 조정하고 이를 등록하는 업무를 하고 있다. 일본 토지가옥조사사연합회와 법무성이 공동주최한 이번 심포지움은 일본의 「토지가옥조사사 제도 제정 60주년」과 「표시등기제도 창설 50주년」을 기념하여 야나기다柳田 법무장관과 관련 학계 인사를 비롯해 일본 토지가옥조사회원 약 2,000명이 참석하였으며, 이어 일본 「지적문제연구회」의 창립총회가 열렸다.

이 같은 행사, 특히 「지적문제연구회」의 발족은 일본이 갖고 있는 지적제도상의 문제점 개선과 지적발전을 위한 연구 필요성에 대한 열망에서 비롯되었다.

이 같은 배경은 1950년대로 거슬러 올라간다.

일본은 1951년에 국토조사법 제정으로 지적조사가 실시되고 있으며, 1960년 부동산등기법 개정으로 토지대장과 등기부가 일원화되어 현재 일본의 제도는 표면적으로 지적과 등기의 부책이 일원화되어 운영하고 있다. 그러나 국토조사는 국토교통성이 담당하고 일필지一筆地 이동측량 등의 업무는 법무성이 담당하는 2개의 제도와 조직으로 운영되고 있다. 이 같은 이중구조로 인해 법률과 조직 중복성, 토지가옥조사사와 측량사로 구분, 그리고 법무성내 지적업무 담당자의 전문성 부족 등 많은 문제점을

---

* 10월 3일, 일본토지조사사연합회와 법무성이 공동주최한 「지적, 그의 가능성을 찾아」라는 주제의 심포지움과 일본 「지적문제연구회」 창립총회가 일본 도쿄도 치요다구千代田區 히비야日比谷공원에 위치한 히비야공회당日比谷公會堂에서 개최되었다. 여기에 참석한 목포대 신순호 교수는 「한국의 최근 지적제도 선진화정책」이라는 논문 기고와 함께, 일본 「지적문제연구회」 창립에 발기인으로서 외국 연구자를 대표하여 연구회 창립에 대한 축사를 하였다.

안고 있다. 특히 지적국정주의가 기본 원리로 채택되지 않는 제도로 인해 경계분쟁의 발생 시 비효율적인 면이 노정되고 있다.

이 같은 제도적 문제를 연구하고 정책적 대안을 제시할 학문적 상황 역시 한국과 같이 지적학이라는 독자적인 학문 영역이 특별히 구축되어 있질 못하다.

이 같은 배경에서 일본의 이번「지적심포지움 2010」및「도쿄, 토지가옥조사사전국대회」와 함께, 특히 일본「지적문제연구회」창립총회는 일본의 지적이 안고 있는 현안을 해결할 초석이 될 것으로 보인다.

행사가 개최된 도쿄의 히비야공회당日比谷公會堂은 1929년에 준공되어 주요 회의와 음악회가 열리는 곳으로 유명하며 약 2,100명을 수용할 수 있다. 오후 1시에 시작된 이 대회는 개회식과 3부로 나누어 진행되었다.

개회식에는 야나기다柳田 법무장관과 松岡直武 회장의 개회사가 있었고, 이어서 제1부「표시등기제도 창설 50주년 기념사업」으로 清水 湛씨(전, 법무성 민사국장)의 「표시등기 50년과 신시대를 향한 전망」이라는 주제의 특별 강연이 있었다.

제2부「토지가옥조사사제도 제정 60주년 기념사업」에는 鎌田薰 교수(와세다대학 차기 총장)이 지적과 법제도라는 주제의 특별강연이 있었고, 「지적, 그의 가능성을 찾아」라는 주제의 패널토론이 이어졌는데 발제는 山野目章夫 敎授(와세다대 대학원 법무연구과)가 하였고 6명의 전문가들의 토론이 있었다.

계속하여 제3부 지적문제연구회 설립총회가 이어졌는데, 총회 직전 별도의 회의실에서 발기인총회를 가졌다. 여기에서는 연구회설립 취지문이 채택되었고, 연구회규약 승인과 임원선임이 있었다.

발기인으로는 淸水英範 교수(도쿄대), 松岡直武 회장(일본토지가옥조사사연합회) 등 38명이 함께 하였는데 외국인으로는 유일하게 필자가 참여하였다. 연구회 회장(대표간사)으로는 鎌田薰 교수가 선출되었다.

취지문은 「지적에 관한 환경의 변화와 다양한 지식이 요구되고 있지만 지적행정체계와 연구성과가 만족스럽지 못한 바, 이러한 문제 해결과 지적발전을 위해 연구자와 관련 종사자가 지적에 관한 연구의 거점으로서 지적문제연구회를 발족시킨다」는 내용이 핵심으로 자리하고 있다.

총회를 통해 규약통과와 회장 인사 그리고 임원소개가 있는 후, 필자는 「지적문제연구회」 창립에 대한 축사를 10여분동안 하였다. 창립총회에 참석한 2,000여명의 참석자들은 회의가 끝날 때까지 이석자 없이 모두 진지하게 연구회 창립을 축하하고 앞으로 지적의 획기적 발전을 기원하였다.

일본 「지적문제연구회」는 일본의 지적문제를 근본적으로 해결하기 위한 제도 개선과 지적학 발전을 위한 연구 모임체로서 연구회 발족은 일본의 지적사에 중요한 의미를 갖고 있다. 연구회 창립에 대해 축하를 보내며, 일본 「지적문제연구회」가 앞으로 아시아의 지적분야 발전을 위해 한국을 비롯한 여러 국가의 지적연구자 및 종사자들과 더욱 긴밀한 유대를 통해 크게 발전해 나아가길 바라고 있다.

「지적심포지움2010」과 「지적문제연구회」 창립총회 참가기,
일본 토지조사사연합회 주최, 2010.10.03.

| 지적인 칼럼 |

지적재조사사업의 성공적 추진 요건

지적재조사사업(디지털지적구축사업)을 왜 해야 합니까?

"지적재조사사업(디지털지적구축사업)을 왜 해야 합니까?"

"…지적불부합지의 노정으로 토지이해관계자간 다툼이 발생하고 권리관계(객체)의 불안전은 사회적 불안정을 유발하게 되며… 이는 토지관련 제반 사업수행의 비효율성으로 이어질 수 있는 바, 일본에서도 이 같은 문제와 비효율성으로 적지 않는 어려움이 있습니다… 이러한 여러 이유로 지적재조사사업은 참으로 필요하고 시급한 사업입니다."

"…아니 그 많은 예산을 투입해서 국가가 할 필요가 뭐 있습니까? 다툼이 발생하면 국가는 사법부로 넘기면 되지…"

"…사법부는 넓은 의미의 국가 아닌가요? 그리고 재판시 재판관은 전지전능한 사람이 아닐진대 무엇을 근거로 판단할겁니까?"

"당사자를 불러서 얘기를 들으면 될 것 아닙니까?"

"재판은 시일과 비용이 얼마나 소요되고 불편합니까? 일본이 그 같은 문제로 어려움을 많이 갖고 있는 바, 근래에 와서 이의 해결을 위해 많은 고민을 하고 있으나 토지에 대한 오랜 기간 동안의 제도와 관습 등으로 그 해결이 쉽지 않아 사회적으로 큰 문제화 되고 있습니다."

"그래도 국가가 그 많은 예산을 들여가며 지적불부합지 등을 해소할 필요가 있는 것인지 이해하기 힘든데요."

이러한 얘기는 지난 1월 중순 디지털지적구축 시범사업 중간평가연구용역 관련 자문위원회에서 있었던 얘기의 일부이다. 위와 같이 나와 대화를 나눈 상대자는 이 용역의 책임을 맡고 있는 교수(행정학)인데, 대외적으로 나름대로 명성도 얻고 있고 해당학회의 학회를 대표할 수 있는 인물이다.

지적재조사사업은 지적분야에 있어서 해결해야할 가장 큰 명제

지적재조사사업은 지적분야에 있어서 해결해야할 가장 큰 명제이다. 모든 주요 정책이 그러하듯 지적재조사사업 역시 성공적 추진을 위해서는 무엇보다 국민적 합의 도출과 여론의 지지가 관건이다.

지적재조사사업의 문제는 어제 오늘의 문제가 아니고 또 단순히 지적분야 종사자만의 문제가 아니다. 1910년 일제가 토지조사사업을 착수함으로서 작성된 종이지적도를 기반으로 측량을 실시해온 결과, 지적불부합지는 계속 증가되어 오고 있다.

2009년 현재 전국토의 약 13.8%에 해당하는 512만 필지가 지적불부합지로 파악되고 있다. 이와 같은 지적불부합지의 노정으로 토지이해관계자간 민원과 소송이 증가하고 토지관련 제반 사업의 지체는 국가적으로 적지 않은 경제적·사회적 문제로 대두되고 있다. 신뢰있는 자료에 따르면, 토지소유자간 경계분쟁으로 이들 국민들이 부담해야하는 측량비용만도 연간 약 9백억 원 정도이고, 토지경계 관련 소송비용으로 부담하는 비용만도 연간 약 1조 원 정도에 이르고 있다.

이 같은 점에서 보듯이 국민의 토지소유권 보호, 모든 국토공간업무의 기초가 되는 정보의 명확성과 더 나아가 국토의 효율적 관리를 위해 정책부서를 비롯해 범 지적계 地籍界에서는 지적재조사사업을 추진하고자 노력해 오고 있다.

이미 1980년도 새마을사업정책 일환으로 정부에서 지적불부합지 정리를 추진하여 약 3만 8천 필지를 해결한 이래, 부분적 해결을 꾸준히 해오고 있으나 근본적인 해결과는 거리가 너무 멀었다. 따라서 1995년과 2000년에 지적재조사사업기본계획을 수립하였으나 관련부처의 반대 및 사업타당성에 있어 검토결여 또는 부정적 평가로 인해 본격적인 사업으로 전환하지 못했고, 2006년에는 노현송 의원이 토지조사특별법(안)을 발의하였으나 「선 시범사업, 후 법안제정」을 검토하자는 정부의 의견에 따라 2008년부터 3년 계획의 17개 지구를 대상으로 「디지털지적구축시범사업」을 추진하고 있는 중이다.

　또한 2009년 9월, 국가경쟁력강화위원회에서도 2010년 6월 30일까지 특별법을 제정하고 2020년까지 지적재조사를 완료하기로 한 바 있다.

금년은 특별법을 통해 지적재조사사업을 추진하기 위한 가장 중요한 해!
　따라서 금년은 특별법을 통해 지적재조사사업을 추진하기 위한 가장 중요한 해이라고 할 수 있다. 지금까지 이 같은 중대한 지적재조사사업이 본격으로 추진하지 못한 이유는 작게는 사업에 수반된 인적 물적 비용(특히 예산)을 담는 제도(법제)마련의 실패이다. 그러나 보다 근본 원인은 지적재조사사업이라는 정책에 대한 국민적 지지와 합의 도출의 부족에서 찾아야 할 것이다.
　지난 1월 중순에 열린 연구용역 자문위원회에서의 K교수를 비롯한 일부 참석자의 얘기는 지적인들의 입장에서 보면 매우 생뚱하고 문제해결과 너무 동떨어진 얘기라고 할지 모르지만, 지적분야와 다소 거리가 있는 사람들의 인식을 살펴볼 수 있는 좋은 실례이다.
　따라서 향후, 이 중대한 과업이 우리가 바라는바 대로 완벽한 법적 효력을 갖는 국가정책으로 자리매김하기 위해서는 무엇보다 여론을 어떻게 형성해 갈 것인가가 관건이다.
　어떤 내용을 어떤 방법으로 누가 누구를 대상으로 여론조성을 해갈 것인가?
　우리 모두 지혜를 모으고 함께 힘을 합해야 할 때이다. 효과적인 여론 조성을 위해 조속히 '별동대'라도 조직해야 되지 않을까 생각된다.

『지적공사보』 제183호, 대한지적공사, 2010.02.15. (3쪽)

日本'지적문제연구회 地籍問題研究会'창립을 축하하며…

日本의「地籍問題研究会」창립을 진심으로 축하드립니다.

지적地籍은 토지제도의 근간입니다. 토지(영토)는 국민, 주권과 함께 국가 3대 구성요소 중의 하나로서 우리 인간의 생활공간이며, 생산 활동에 있어 없어서는 안 될 가장 주요한 요소입니다. 이러한 토지를 이용하고 정책을 수립하는 근간으로서 지적은 자리하고 있고, 지적제도는 인간의 삶과 모든 국토정책의 기본이 되고 있습니다.

이러한 관점에서 이번에 일본의 지적문제연구회가 발족되는 것은 그 의의를 아무리 강조해도 지나치지 않는다고 생각합니다.

일본과 한국은 가장 인접되어 있고 역사적으로 가장 밀접한 관계를 유지해 왔습니다. 한국의 근대적 지적제도 역시 일본과 떼울 수 없는 역사적 관계를 갖고 있습니다. 한국의 지적은 1895년 판적국版籍局에 지적과地籍課를 설치하였고 1910년 한일합병이 된 직후 土地調査事業을 실시함으로서 근대적 제도가 본격적으로 자리하게 되었습니다.

이후 오랫동안 재무부 소관으로 있다가 1962년 토지세가 지방세로 전환됨에 따라 내무부(行政自治部, 行政安全部)로 이관되었고, 최근인 2008년 2월 29일 정부조직법 개정에 의해 국토해양부로 다시 이관되었습니다.

한국의 토지공시제도는 地籍과 登記로 나뉘어 있는데, 지적은 행정부(소관청)에서 土地의 사실관계(토지 표시사항)를 다루고, 등기는 사법부에서 토지의 권리관계를 다루고 있습니다.

한국의 지적은 직권등록주의로서 形式主義, 国定主義, 公開主義를 기본 원리로 하고 있습니다. 형식주의에 따라 국토의 모든 토지의 일정사항은 地籍公簿에 반드시 등록하여야 하며 등록되지 않는 토지는 국가가 강제로 등록하고 있습니다.

국정주의는 지적에 관한 사항(土地의 地番, 地目, 境界, 座標 및 面積)에 대한 결정은 国家 公権力(職権主義)에 의해 정하게 되므로 개인이나 법인이 결정할 수 없습니다. 地籍測量業務는 오랫동안 대한지적공사에서 대부분 수행해 오고 있지만 이 역시 결정에 대한 권한은 국가(행정부 소관청)가 갖고 大韓地籍公社는 일정한 국가업무를 대행하고 하고 있을 뿐입니다.

따라서 지금까지 한국에서는 이 같은 제도에 의해 토지의 거래상의 안전성과 이용을 공부公簿에 의존해 오고 있기 때문에 公簿는 통일성과 함께 명확성이 확보되어야 합니다. 그러나 이 점에 있어 문제점이 발생하고 있는 바, 가장 크게 대두되고 있는 것이 地籍不符合地 問題입니다.

지적부합지는 100년간의 図解地籍에서 오는 신축 등의 원인으로 인해 정확성에 문제가 발생하고, 일부 측량기준점과 公簿의 멸실에 의해 발생하고 있습니다.

따라서 한국에서는 이 같은 문제점을 근본적으로 해결하기 위해 오랫동안 많은 노력을 해오고 있으며 현재 최대의 현안으로 대두되고 있습니다. 이 같은 문제를 근본적으로 해결하고자하는 것이 地籍再調査事業인 바, 이는 전 국토를 대상으로 전면적으로 지적을 재조사하려는 것입니다.

따라서 地籍界에서는 모든 힘을 기우려 지적재조사사업을 위한 지적재조사특별법을 제정하고자 노력하고 있습니다. 그러나 여기에는 많은 비용과 시간, 그리고 인력이 소요되는 관계로 어려움을 겪고 있습니다.

최근 한국에서는 지적관련 행정조직에도 큰 변화가 있었습니다. 오래 동안 내무부(이후 行政自治部, 行政安全部로 변경)에서 지적업무 부서가 소속되었습니다. 그러다가 2008년 李明博政府가 들어서면서 지적업무를 담당하는 부서의 대부분이 国土海洋部로 개편되었습니다.

이의 개편 배경으로는 측량 관련 법령이 개별적으로 존재하여 산업발전을 저해하고 있어 이를 측량의 기준, 방법, 절차를 일원화할 필요가 있고, 미래 성장 동력산업으로 NSDI구축의 중요성 인식에 의해 NSDI의 인프라로서 지적정보의 역할 증대를 들고 있습니다.

그러나 지적업무가 국토해양부로 이관 되면서 지적업무는 국토정보를 통합하여

관리 활용하는 측면에서는 장점이 있는 반면, 国土海洋部의 다른 국책사업 등 대단위 건설사업에 비해 그 중요도에서 다소 부족하게 인식되는 경향도 나타나고 있습니다.

한국은 1979년에 청주대학교, 1985년 국립목포대학교에 지적학과가 설치된 이래 현재 4년제 5개 대학과 2년제 10개 대학에서 학생들을 교육하고 있으며, 목포대학교를 비롯한 몇 대학에서는 박사를 배출하고 있습니다.

이미 韓国地籍學会가 1976년도에 창립되어 현재 1,200명의 会員이 가입되어 있고, 韓国地籍情報學会가 1999년도에 창립되어 현재 400명의 회원이 가입되어 있습니다. 이들 학회에서는 매년 2~4차례의 학술대회를 개최하고 있으며 매년 2~4회의 학술지를 발간하고 있습니다. 초기에는 학술적 성과가 그리 만족할 정도가 되지 않았고 정책부서와의 관계도 그리 밀접하지 못했습니다.

그러나 시간이 경과함에 따라 지적학과 졸업생이 대부분 지적공무원과 대한지적공사 직원으로 진출하게 됨에 따라 대학의 지적학과는 지적직 인재 양성의 산실로 자리매김하고 있고, 지적에 관한 학술적 노력도 크게 이루어져서 학계에서도 지적학에 대

한 위치를 확실하게 인정하고 있습니다. 또한 정책분야에 있어서도 조직문제나 정책상 주요 이슈가 생길 경우 학계에서 개발한 논리와 학계의 조직이 큰 힘으로 작용하고 있습니다.

일본은 많은 분야에서 세계적으로 초 일류의 길을 걷고 있습니다. 저는 지난 2008년 8월에 일본의 대학에 교환교수로 와서 약 1년 반 가량을 연구했던 적이 있습니다. 일본의 선진문물을 직접 경험하면서 많은 것을 배웠습니다. 그러나 무엇보다 지적분야가 국가정책적 측면에서나 學術的 측면에서 어느 분야보다 그 위치를 높게 가졌으면 하는 바램이 컸습니다.

오늘 일본「地籍問題研究会」가 창립됨으로서 일본이 갖고 있는 지적분야의 문제점을 해결하는 산실로서 자리하고, 국가정책에서도 가장 중심이 되는 지적분야로 발돋움하는데 그 역할을 다해주시기를 바라고 있습니다. 또한 아시아의 번영과 지적학의 발전을 위해 한국의 지적계와 함께 노력하고 긴밀한 협조가 이어지기를 바라겠습니다.

日本의「地籍問題研究会」창립을 다시 한번 축하드리며, 큰 발전이 있기를 기원합니다.

『일본 지적문제연구회 창립식 축사』,
일본 교토 히비야공회당(日比谷公會堂), 2010.10.03.

"할아버지"라는 호칭을 들을 때

○ 자네, 아짐씨

대학 1학년 때의 일이다.

학과 야유회를 갔을 때, 전라도 출신과 경기도 출신 학우 간에 험악한 분위기 속에 다툼이 있기에 무슨 일인가 끼어들었다. 경기도 출신 학우의 얘기인 즉 전라도 출신 학우가 「자네」라는 말을 하는데 격분해서 싸움이 시작되었다.

경기도 출신 학우는 "나이도 비슷한데 도대체 왜 '자네'라고 하느냐?"고 하였고 전라도 출신 학우는 경기도 출신 학우가 왜 이렇게 화를 내고 싸움을 걸어오는지 이해하지를 못하고 있었다. 전라도 일부 지역에서는 1~2년 선배 정도에게 반 존칭어로 「자네」라는 말을 사용 하지만 전라도 외의 다른 지역에서는 자네라는 호칭이 손아래 사람에게 사용하는 것에 대한 차이를 인식하지 못했던 데서 오는 오해였던 것이다.

나 역시 호칭으로 인해 곤혹을 치른 일이 있다.

군대생활을 마치고 잠시 연구소에서 일할 때이다. 같은 연구소 임직원 모두가 광화문 근처의 자주 들린 식당에서 식사를 할 때, 평소 매우 친절하게 대해주시는 아주머니께 "아짐씨 물 한잔 주세요." 했더니 그 아주머니께서 "내가 식당에서 일을 하니 나를 무시하느냐?"며 몹시 화를 내어 당황한 적이 있다. 나는 "아주머니"라고 부르기보다는 오히려 "아짐씨"라는 말이 오히려 친근하고 오히려 격을 높인다고 생각했으나 아주머니는 어떤 말에도 화를 풀려하지 않았다.

사람을 대할 때 적절한 호칭을 사용하는 것은 참으로 중요하다. 호칭을 잘못 사용해서 곤혹스러움을 당하는 경우는 그리 적지 않다. 또한 호칭에 의해 상대방의 기분을 좌우되는 경우가 너무 많다. 그러나 우리사회에서 가장 적절한 호칭을 사용하기란 그리 쉽지 않다.

○ 호칭어의 유형

호칭어는 시대적으로 변화하기도 한다. 오랜 유행가 가사에서도 있었듯이 1970~80년대 무렵에는 잘 모르는 중년 이상의 사람을 부를 때 "사장님"이라는 호칭이 크게 유행되었고 지금도 여전히 그 호칭이 적지 않게 사용되어지고 있다. 나 역시 가끔 낯선 사람으로부터 "사장님"이라는 호칭을 들을 때가 있으나 그때마다 별로 호감이 가지 않는다. 상업적 호칭으로 마치 싸구려 옷을 걸친 나를 부르고 있는 듯한 생각을 갖게 된다.

10여 년 전부터서 가끔 백화점이나 병원에 갈 때면 여성 근무자들로부터 "아버님"이라는 호칭을 많이 듣는다. 젊은 근무자가 "아버님, 아버님"할 때면 매우 당혹스럽다. 지금은 그래도 그 만한 자식들이 있으니 망정인데 10여 년 전에는 데이트를 해도 될 만한 여성(?)으로부터 "아버님"이라는 호칭이 너무 당혹스러웠다. 내가 그렇게 큰 자식을 둔 것도 아니고 내가 무슨 잘못을 해서 낯선 딸을 둔 것도 아닐진데 왜 나에게 아버님이라고 할까?

그렇다고 "아저씨"라는 호칭도 그렇게 썩 호감이 가지도 않는다. 분명히 아저씨임에는 분명한데 왠지 길게 얘기하고 싶지 않은 호칭이다.

그래도 남자들이 호칭은 좀 더 여유로운 편이다. 여성들에게는 어떻게 호칭어를 사용해야 할지 어려움이 더한다. 과거에는 나이가 지극한 분들에게는 '할머니', 결혼을 해서 아이가 있을법한 여성에게는 '아주머니', 결혼을 아직 안할 나이 정도의 여성에게는 '아가씨'라고 하면 별 무리 없는 호칭일 것이 지금은 사정이 다르다.

젊은 대학생 또는 약간 그 위 정도 나이가 되는 여성에게 "아가씨"라 하면 "무슨 업소에서 근무하는 사람을 부르느냐"는 얘기를 들을 법하다. 또한 30대 후반 이상의 나이가 되는 여성에게 "아주머니"라고 하면 그렇게 반가워 할 것 같지 않다. 특히 어쩌다 아직 결혼도 하지 않는 미혼 여성에게 "아주머니"라고 했다간 그것으로 대화는 끝장이라고 해야 할 것이다.

나이가 50대 후반 이상 되는 사람들에 대한 호칭 역시 그리 쉽지 않다. 할아버지 또는 할머니라 했다가 섭섭함을 토로하는 경우가 적지 않다. 나 역시 할아버지라는 호칭을 듣고 기분이 언짢은 때가 있었다. 10년 전 무렵 제주에서 출발한 비행기를 타고 광주 공항에 내려 시내로 향한 공항버스 속에서 일이었다. 내 옆 좌석 어린애가 계속 울기에 주머니 속에 있는 사탕을 꺼내 주었더니, 아이 엄마가 아이에게 "할아버지 고맙습니다. 할아버지 고맙습니다."하며 아이를 통해 감사함을 표시하려는 듯 계속 할아버지를 외치고 있었다. 앞좌석 낯선 아주머니마저 듣기 거북했던지 뒤돌아보며 "참 말할지 모르네, 쯧쯧…" 하고 말을 해도 "할아버지 고맙습니다"는 계속되었다. "사탕을 괜히 주었나?"하는 생각이 들었다.

근래 일본에 방문교수로 가서 살고 있을 때 일이다. 일본에 대학에 근무하는 직원에게 선생님이라고 불렀더니 그분 왈, "나는 선생이 아닙니다."라고 해서 당황했다. "그럼 어떻게 불러야 하느냐?"고 물었더니 "○○상이라고 불러주면 고맙겠다"는 얘기였다. 그래서 선생은 학교에서 강의를 하는 사람 외에는 선생이라 하면 안되는 것으로 단단히 이해를 하고서, 평소 안면이 있는 그 곳 국회의원을 만났을 때도 ○○상이라 불렀더니 별로 좋아하지 않는 눈치였다. 나중에 알고 봤더니 선생이라고 불렸어야 함을 내가 실수했다는 것을 깨달았다.

○ 일본의 호칭어

일본에서 선생은 매우 격이 있는 경칭임을 알게 되었고, 대학에서도 직접 강의를 하는 교수들에게 쓰는 호칭이며 직원들에게는 일반적으로 선생이라는 호칭을 쓰지 않음을 알 수 있었다. 일본에서 생활하는 동안에 선생이라 부르는 경우를 제외하고 ○○상이라 하면 일반적 경칭으로 널리 쓰여 호칭에 크게 신경 쓰지 않아도 좋았다.

○ 호칭어의 어려움

그러나 우리나라에서는 어떤 호칭이 가장 좋을까 그 해답이 그리 쉽지 않다. 물론 직업과 직책을 확실히 알게 되면 그 직함 호칭의 사용으로 별 어려움 없지만, 직함을 호칭의 사용으로 별 어려움 없지만, 직함을 모르는 경우나 확실한 직업이 없는 사람에 대한 최적의 호칭을 찾는 것은 그리 쉬운 일이 아니다.

설령 직업을 안다하더라도 직업에 대한 호칭도 잘 생각해야 한다. 직종에 따라 근무자에 대한 호칭도 많이 변하고 있다. 운전수에서 운전사 그리고 기사님, 공무원의 경우 주사에서 주무관, 간호원에서 간호사, 차장에서 안내양 등으로 호칭이 바뀌어서, 자칫 옛날에 사용한 호칭으로 불렀다가는 봉변을 당할 수도 있다.

호칭어는 말하는 사람과 듣는 사람간의 관계를 반영하는 언어적 장치 가운데 가장 대표적인 것이다. 대화 가운데 호칭에 따라 서로의 관계가 돈독해 지기도 하고 소원해지기도 한다. 사람은 일생동안 수많은 사람을 만나며 이러한 사람의 만남에 의해 거의 모든 일이 연결된다. 그때 마다 최적의 호칭을 사용하는 것은 인간관계의 기본이 된다.

호칭어 체계는 해당 사회의 구조적 특성과 매우 밀접하다. 우리 사회는 수직적 사회구조로서 호칭어 역시 우리 사회의 구조적 특성을 그대로 반영하고 있어 호칭어 사용이 그리 쉽지 않다. 직종이나 직책 그리고 나이에 크게 상관없이 처음 만나는 사람들에게 기분 좋고 편리하게 사용할 수 있는 호칭어는 없는 것인가?

『목청』 창간호, 목포대학교 교직원 시·수필 문예집,
2011.11. (167~173쪽)

『지평』의 출간을 축하하며…

지적학과 개설된 지 27년이 지난 후 첫 문집이 발간된 것을 축하드립니다.

처음이라 이 같은 학과 글모음『지평』이 세상에 빛을 보게 되기까지 그 만큼 어려움도 많았을 것입니다. 그럼에도 불구하고 많은 노력을 해온 백상현 학회장과 김민호 편집장 그리고 편집위원들에게 깊은 감사를 드립니다.

우리 목포대학교 지적학과는 1985년 3월에 1회 입학생을 대상으로 첫 강의를 시작한 이래 24회까지 약 1,000명의 졸업생을 배출하였고, 대학원에서도 석사, 박사 과정이 개설되었으며 경영행정대학원에도 석사과정이 개설되어 많은 졸업생이 배출되었습니다.

그러나 초기에는 어려움도 많았습니다. 전국적으로 많은 대학이 지적학과를 개설하고 있지 않았고 지적이라는 학문 분야에 대한 이해가 넓지 않았으며, 학과 운영이나 학생들의 진로 방향을 놓고 혼선이 많았고, 실습 기자재 확보 역시 전무한 상태였습니다.

심지어는 시간강사를 위촉하는 데에도 인접 학과에서 자기 학문 분야이기에 자기 학과에서 강의해야 한다거나 자기 학과가 강사나 전임 교원을 선정하여야 한다는 주장을 하기도 하였습니다.

이제 우리 지적학과는 전국에서 가장 주목 받고 있는 최고의 명문 학과로서 자리매김하고 있습니다. 대한지적공사 신입사원 채용 시험에서 최근 10여 년 동안 압도적 1위라는 합격률을 지켜오고 있고, 전국 각 자치단체 공무원 임용시험에서도 타의 추종을 불허한 합격률을 나타내고 있으며 여타 관련 직종에서도 그 진출은 대단한 수준입니다.

그러나 아직까지도 지적학과 동문들의 집합체인 동문회가 결성되어 있지 않습니다. 선·후배들 간의 긴밀한 유대를 형성하여 서로 돕고 정보도 교환하고, 모교와 학과의 발전을 도모하기 위해 힘을 결집하는 것은 참으로 중요한 일이며 이는 곧 자신을 위한 일이기도 합니다.

또한 재학생들에게는 입학 초기부터 지나치게 지적직地籍職시험에만 매진하는 경우가 많습니다. 작금의 현실은 대학이 취업의 수단으로 전락되는 경향이 있지만, 대학은 인류와 국가, 그리고 지역사회에 봉사하는 전인격적인 인재를 양성하는 곳입니다.

따라서 이러한 학과 글모음 『지평』이 지적학과 동문들의 가교架橋와 학생들의 폭넓은 인격도야에 도움이 되기를 바라겠습니다.

어려운 여건에서 이 같은 문집을 발간하기까지 노력한 편집위원들을 비롯해 협조해준 학생과 졸업생 여러분께 감사드리며, 『지평』 발간이 앞으로도 계속되어 지적학과 발전의 견인차로서 역할을 다해 줄 것을 기원합니다.

『지평』 창간호, 목포대학교 지적학과학생회, 2012.11. (10쪽)

조용한 사회

열차나 버스 등 교통수단을 이용할 때가 많다.

얼마 전 서울 회의가 있어 아침 일찍 일어나 택시를 탔다. 택시에서는 전자 올겐에 의한 흘러간 유행가가 이미 큰 소리로 흘러나오고 있었다. 단조로운 곡이 계속되고 있어 거의 소음으로 밖에 들리지 않았으나 볼륨을 낮춰달라는 얘기하고 싶지 않아 참았다. 열차를 타고 창밖의 펼쳐진 산야를 보고 여행의 한 순간을 갖고 싶었다. 그러나 이것도 곧 깨어지고 말았다.

뒤쪽 자리에 있는 여자 손님들의 이야기 소리가 크게 계속되고 있었다. 친구들과 모임에서 일어났던 얘기를 계속하고 있었다. 언재나 얘기가 끝날까 계속 기다렸으나 얘기는 끝이 없이 계속되었다. 얘기도중에 전화벨소리가 나고 전화통화가 시작되었다. 그 아주머니의 어머니와 집안의 물건을 어디 두었는가로 얘기를 하다가 나중에는 아이 식사문제로 통화내용은 바뀌었다. 족히 15분이 넘게 통화는 계속되었고, 통화가 끝나고 다시 같이 앉은 사람과 다시 얘기는 계속되었다. 차는 광주 송정리역을 한참 지나 익산역을 향해 가고 있었다. 더 이상 인내할 수 없어 승무원에게 열차 객실 내에서 대화를 삼가도록 부탁했더니 이후에는 지금까지 보다는 훨씬 낮은 목소리로 얘기를 하였다. 회의내용을 검토하는데 집중하려 했지만 이미 그들의 소곤거리며 하는 음성은 차라리 이전처럼 차라리 크게 얘기한 것보다 더 뇌리를 후벼왔다. 회의 자료에 도저히 집중할 수가 없었다. 낮은 소리로 얘기하는 것 까지 중단해 달라고 요청 할 수도 없는 노릇이었다.

개인의 프라이버시에 대체로 둔감한 편이다. 또한 인사를 안한다든지 존댓말을 사용하지 않는다든지 하는 것에는 매우 민감하게 생각한다. 그러나 말을 크게 하여 상대방에게 피해를 준다는 것에는 크게 인식하지 않는 것 같다. 열차 내에서 얘기하는 사람의 모임체가 초등학교 동창 모임이라는 것과 친구 이름이며 아들 녀석의 이름까지도 이미 다 알 수 있었다. 그리고 나와는 아무런 상관도 없는 그녀들의 얘기를 나는 바다 속에서 바닷물이 몸에 닿는 것처럼 꼼짝없이 뇌리에 흡수할 수밖에 처지에 놓이게 되었다. 왜 내가 그들의 하찮은 얘기를 억지로 듣고 있어야 하는가?

내가 민감한 것인가? 그렇다 나는 그분에 조금 민감한 게 틀림없다. 열차객실에는 나 말고도 여러 승객들이 있었는데 내가 승무원에게 얘기를 중단하도록 요청했고, 남들은 잘도 잠을 청하여 자고 있거나 별반 반응이 없어 보였으니 내가 민감한 것이 아닌가 생각된다.

일본에서의 일이다.

열차나 버스를 탔을 때 거의 모든 사람들은 창밖을 보거나, 책 또는 신문 등에 시선이 고정되어 있다. 휴대폰 벨소리나 통화 그리고 상대와 얘기하는 것이 거의 없다. 약 20여 년 전 일본에 처음 방문했을 때 침묵에 한편으로 답답하기도 하였다. 자주 일본에 가고 또 근래에 일본에서 약 2년간 생활했던 것 때문에 내가 더 사람들의 말소리에 예민해 진 것인가? 스스로를 살펴보기도 한다.

그러나 어떻게 생각해보아도 남들이 잇는 공공장소에서 큰 소리로 얘기한 것이 올바른 행위라고 할 수 없는 것 아닌가.

『목청』, 목포대학교 신문, 2013.08.

주말 농장

몇 년 전에 살고 있는 곳에서 약 15분 거리에 있는 바닷가에 조그만 집을 마련하였다. 임야로 되어 땅을 축대 쌓고 임시로 사용할 수 있도록 거실하나 방하나 화장실이 있는 건축물을 축조하였다. 나무를 심고 잔디를 심었다.

집 뒤로는 논시밭을 만들었다. 약 10평이나 될까 말까하는 아주 작은 밭이다. 어릴 때 부모님 따라 밭에서 일손을 도왔던 경험이 있었다. 넓은 밭에 비하면 10평도 못되는 밭떼기는 애기들 장난으로 생각하였다.

맨땅을 곡괭이로 일궜다. 퇴비를 뿌리고 오이, 참외, 수박, 고추, 가지, 방울토마토, 감자를 심었다. 10센티도 못되는 모종을 심을 때 이것들이 자라나 과연 열매를 맺을까 생각되었다. 한 달이 지나고 두 달이 지나면서 무럭무럭 자라났.

7월 경 부터서는 고추, 가지, 토마토가 열리기 시작하였다. 오이도 열리고 수박도 열었다. 3~4일에 한번 꼴로 텃밭을 가보면 오이의 크기가 달라졌고 가지가 새롭게 열려 있고, 토마토가 빨갛게 달려있었다. 너무 아까워 따는 것이 조심스러웠다. 오이는 황금색이 될 때까지 두었다가 따왔다. 고추를 된장에 찍어 먹을 때 이처럼 맛있는 고추가 있었을까 쉽다. 오이의 향기가 이 만큼 좋았던 적이 없었다.

가장 신기한 것은 감자였다. 작년에 사와서 먹지 않고 뒷 베란다에 두었더니 움이 트고 쪼글쪼글한 모습의 감자를 움이 난 곳을 오려 땅속에 심었는데 가지가 쑥 올라와 잎이 무성하였다. 8월 초쯤 되어 갑자기 잎이 오그라들고 줄기가 힘없이 쓸어져 버려 여간 실망이 컸다.

그런데 다른 작물을 심을까하고 땅을 파다 소스라치게 놀랐다. 아, 땅속에 어린아이 주먹 만한 감자가 수없이 숨겨져 있었다. 감자가 병들어 줄기가 모두 죽은 줄 알았는데… 땅속에 이 같은 알맹이가 있었다니 너무나 기뻤다. 마치 황금덩어리를 캐는 것 같았다.

『목청』, 목포대학교 신문, 2013.08.

나의 섬 공부 : 세계 속의 도서문화연구원으로

최근, 우리 목포대학교 도서문화연구원이 연구소에서 연구원으로서 격을 달리하고 인문한국사업(HK) 연구기관으로 선정되는 경사를 갖게 되었다. 참으로 축하할 일이며 초창기부터 도서문화연구소에서 함께 연구해 왔던 필자에게는 감회 역시 적지 않다.

필자와 도서문화연구소와의 인연은 기존의 교수들과 함께 신안군 지도지역의 연구에 합류하면서 부터 시작되었다. 이후 흑산도, 보길도, 청산도, 평일도, 소안도, 조약도 등으로 이어졌다. 당시 도서문화연구소에서는 주로 일정 도서를 선정하여 해당 섬 지역을 답사하고 그 실체를 규명하는 작업이 주된 내용이었다. 때문에 일시에 교수와 연구보조원(주로 학부 학생)이 대상 섬을 찾아가 3~5일 가량의 기간 동안 집중적으로 현장조사를 실시하고, 이후에도 계속하여 분야별로 연구가 지속되었다.

당시, 이러한 연구를 수행하는 과정에는 많은 어려움이 있었는데, 그 첫 번째가 연구비였다고 생각된다. 많은 교수와 연구원 및 보조원이 현지를 방문하여 연구할 경우, 교통비와 숙박비가 그리 만만치 않았다. 따라서 연구소에서는 이 비용을 마련하는 일이 가장 큰 과제였다. 학교의 지원은 극히 한정되어 있어 잘해야 인쇄비 지원정도가 대부분이었다. 따라서 여관을 사용할 경우에는 교수도 큰 방에서 3~5명이 그리고 학생들 역시 5~6명씩이 한방에서 묵어야 했다. 경우에 따라서는 노인회관을 빌려 쓰기도 했고 마을회관을 빌려 은박돗자리를 펴고 잠자리를 마련하기도 했다. 대부분 이를 감수하기도 했으나 어떤 경우에는 학생이 오히려 불편을 이기지 못하고 먼저 집으로 되돌아가는 일도 있었다.

인쇄비가 없어 지인을 통해 이를 조달한 때도 있었다. 흑산도 연구를 수행할 때는 이 지역 출신인 이상렬 변호사가 인쇄비 일부를 지원해 주었고, 청산도 연구시에는 김병오 회장(향아식품)과 곽소선씨(당시 목포항운노조위원장)가 숙박비와 인쇄비의 상당 부분을 지원해 주었다. 또한 관련 자치단체에 거의 사정하다시피 하여 연구경비 또는 인쇄비를 지원받았던 때가 부지기수였다. 초기의 연구 과정에서 있었던 많은 이야기 거리는 지면 관계상 길게 쓸 수 없어 아쉽다.

필자는 개인적으로 도서문화연구소를 만나 연구해 올 수 있었던 것이 큰 행운이라 생각한다. 도서문화연구소는 필자에게 연구하는 무대로서 자리해 주었다.

그 첫째는 도서문화연구소가 내가 하고 싶었던 연구를 계속할 수 있게 해주었다. 둘째는 학제적 연구를 할 수 있게 해주었는 바, 이는 자칫 내가 가질 수 있는 학문적 사고와 연구방법의 고착성을 인문학 분야 연구자들과의 지속된 연구를 통해 크게 개선할 수 있었다. 셋째, 오랫동안 연구를 함께 수행함으로써 좋은 학문적 벗을 얻게 해주었다.

이제 도서문화연구원은 새로운 차원으로 발돋움했다. 앞으로 명실공히 우리나라에서 도서문화 연구에 있어 부족함이 없는 연구원으로 자리매김해 나아가야 할 것이다.

국내외 연구자 및 연구기관과의 활발한 연구교류, 그리고 이를 위한 각종 기관들과의 네트웍 구축, HK사업이 끝나는 10년 후에도 더 활발히 연구할 수 있는 기금 확보, 중심이 흔들리지 않으면서도 역할을 증대할 수 있는 연구방향과 대외 활동방향 설정, 연구성과물의 활용 등은 생각해 볼만한 과제이다.

『섬』 창간호, 목포대학교 도서문화연구원, 2010.04. (30~31쪽)

도서문화연구 30년 회고:
초창기 도서문화연구소를 중심으로

도서문화연구원 창립 30주년을 맞았다.

5년 전, 25주년이 되던 해에 여러 행사와 함께 25년사를 발간하였기에 전반적인 흐름은 이미 정리된 바 있다. 25년사 발간 당시 필자는 일본의 리츠메이칸立命館대학에 교환교수로 머물고 있었던지라 나의 느낌을 정리할 기회를 갖지 못했다. 따라서 연구소 운영 초기 무렵부터 참여했던 필자의 입장에서 회고담을 기술하는 것에 초점을 두고자 한다.

연구소의 발전 원동력인 『도서문화』

연구소의 설립 시부터 2000년의 학술진흥재단의 대학부설연구소 지원과제 선정 이전까지 도서문화연구소 생존의 원동력이 되었던 것은 『도서문화』의 발간이다. 『도서문화』(1집~25집)는 하나의 섬을 테마로 삼아 공동 조사를 통한 분야별 연구를 특집으로 한 학술지이다.

오늘날 도서문화연구원의 비약적 발전의 중심은 이 같은 조사연구를 통한 『도서문화』의 발간임은 부인할 수 없는 사실이나, 여기에는 이를 구상하고 실천에 옮기고 이후에도 계속 수행해 가는 과정에서 중단의 위기를 맞는 등 많은 우여곡절이 있었다. 도서에 관한 연구와 도서문화연구소의 창설을 위한 논의는 『도서문화』 제1집(1983.10)의 「암태도 학술 조사의 경과」(이기갑)에서 기술하고 있는 바, '섬은 그 지리적 특성 때문에 육지와는 다른 독특한 문화적 양상을 보인다. 육지와의 교류가 자유롭지 못하기 때문에 중앙의 정치·문화·경제적 통제로부터 벗어나 자신들만의 고유한 삶의 양태를 유지 할 수 있다. 이 때문에 과거의 문화적 전통이 비교적 온전한 모습으로 보존되기도 한다. 이러한 섬의 특성 때문에 과거부터 도서지방을 대상으로 한 학술조사가 있어 왔다. 그러나 주로 중앙의 학자들이 주도하는 이러한 조사들이 지속적일 수 없음은 너무도 당연하다. 무엇보다도 조사지역과의 거리가 엄청나 선뜻 조사에 착수하기가 어렵기 때문이다. 이러한 때에 목포대학이 서남해 도서지방의 문화 전반에 걸쳐 종합적인 학술조사를 계획하게 된 것은 지극히 적절한 움직임이었다. 서남해 도서지역으로의 출구로서의 위치와 손쉽게 조사에 임할 수 있는 거리상의 이점利點을 살릴 수 있기 때문이다. 이상과 같은 생각을 함께 가졌던 몇몇 교수들이 도서문화에 대한 의견을 나누기 시작한 것은 1982년 봄의 일이었다. 생물학의 방재욱·신숙, 역사 및 고고학의 이해준·최성락, 방언 및 설화의 김웅배·이기갑, 그리고 사회학의 이수애 교수 등이었다. 이들은 우선 도서문화의 연구의 필요성을 깊이 인식하고, 도서지방을 대상으로 한 인문·사회·자연과학에서의 연구결과를 검토하면서 기존의 연구들이 필요성만큼의 업적들을 내놓지 못했음을 확인하기에 이르렀다. 이때 모임에 참석한 교수들은 장기적이고 종합적인 안목에서 도서를 대상으로 한 학술조사를 구상하고, 구체적으로 한 해에 한 개 섬을 종합조사하기로 계획하였다. 그리고 일차 조사를 그해(1982년) 여름방학을 기해 실시하기로 하고, 암태도를 조사지역으로 선정하였다'에 잘 나타나고 있다.

암태도를 대상으로 시작된 조사연구는 이후 매년 1개 도서지역을 선정하여 연구를 수행했다. 1983년에는 진도군 조도〈『도서문화』(제2집)〉를 대상으로 하였고 이후 신안군 장산도·하의도(제3집, 1984~1985), 안좌도(제4집, 1985~1986), 지도(제5집, 1986~1987), 흑산도(제6집, 1987~1988)로 이어졌다.

그러나 1988년에 수행해야 할 조사연구를 수행하지 못하였던 관계로 1989년에는 『도서문화』를 발간을 하지 못하였고, 그간 수행하였던 신안군내 도서지역 연구를 종합 분석하는 내용으로 『도서문화』(제7집)를 1990년 4월에 발간하였다.

재정적으로 너무 어려웠던 연구소

당초 의도는 최소한 1년에 1개 도서를 선정하여 각 분야별로 조사연구를 하여 매년 그 연구결과를 학술지로 발간하고자 하여 『도서문화』는 거의 매년 1회 발간되었다. 그러나 가끔 제때 책자 발간을 하지 못한 경우도 있었다.

초기에 핵심적 사업인 『도서문화』 발간을 제때하지 못한 경우의 가장 큰 이유는 조사와 학술지 발간에 필요한 경비마련이 어려웠기 때문이었다. 초기에는 연구소에 극히 일부의 논문집 발간비를 학교에서 지원하였으나, 많은 연구소가 생겨난 후 학교에서는 자체적으로 예산을 확보하여 발간하도록 하였다. 결국 경비 확보의 어려움이 학술조사비, 논문집 발간이라는 가장 기본적 연구소 업무 수행의 발목을 잡게 되었고 연구소의 존립을 위협하게 되었다.

이 같은 사실은 흑산도 조사에 따른 학술지 발간에도 상당한 어려움이 있었다. 결국 흑산도 조사연구를 통한 『도서문화』 제6집 발간 무렵에는 필자와 친분이 있는 흑산 출신 이상열 변호사에게 개인적으로 도움을 요청하여 200만원을 연구소에 기탁하였다.

이후(1989년) 조사대상 지역을 신안군내 도서에서 완도군내 도서로 바꾸었다. 여기에는 연구경비 조성과 관련이 있었으며 다른 한편으로는 연구소의 운영에 역할을 크게 하고 있는 김웅배 교수(1990년 3월, 2대 연구소장으로 취임)와 필자의 출생지라는 점도 내부적으로 자리하고 있었다.

완도군내 도서 가운데 첫 번째 대상은 보길도로서 고산 윤선도의 유적지로 널리 알려져 있으며 가사 당의 문학작품과 관련 사상 등으로 연구적 가치가 매우 높았던 점도 있고, 다른 한편 김웅배 교수의 고향이기도 하였다. 이후 청산도(1990~1991년)를 대상으로 조사연구가 이루어졌으며, 여기에는 청산도 출신으로 목포에 거주하는 향아식품의 김병오 회장과 목포항운노조 곽소선 위원장의 기금지원과 조사과정에서의 많은 협조가 있었다. 이렇듯 초기의 도서문화연구소의 핵심 사업이었던 조사연구를 통한 도서문화 학술지 발간은 조사자들의 개인 경비 또는 외부 독지가의 지원으로 어렵게 진행되었다.

이후 금일읍 평일도(『도서문화』 제10집, 1991~1992년), 소안도(『도서문화』 제11집, 1992~1993년), 조약도(『도서문화』 제12집, 1993~1994년), 고금도(『도서문화』 제13집, 1994~1995년), 신지도(『도서문화』 제14집, 1995~1996), 노화도(『도서문화』 제15집, 1996~1997), 완도(『도서문화』 제16집, 1997~1998년), 금당도(『도서문화』 제17집, 1998~1999년)를 대상으로 연구가 이루어졌다.

이러한 연구를 바탕으로 하여 1990년에는 문교부 지역개발과제 학술연구비로 700만원을 지원 받았고, 1991년도에는 제9회 무등문화상 학술부문 본상을 수상하였다.

이 무렵 가장 큰 어려움은 역시 연구소 운영과 연구과제 수행에 따른 기금확보였으며 이를 타개하고 연구소 발전을 꾀하고자 1990년 11월에는 도서문화연구소 발전계획협의위원회를 구성(위원장: 김웅배, 위원: 신순호·조경만, 간사: 곽유석)하여 활동을 하였다. 또한, 1991년 11월 11일에는 도서문화연구소 심포지움을 본관 3층 교수회의실에서 개최 하였는바, 신안군, 완도군, 진도군 의원과 공무원 및 관련 교내외 학자, 시민들을 초청하여 상당한 규모로 개최하였고 도서문화연구소의 발전을 모색하고자 하였다.

이 무렵까지 연구소의 재정은 너무 어려워 현지 조사를 갈 경우 식사를 위해 팀별로 부식을 준비해 갔고, 잠은 노인정이나 마을 회관을 빌려 자는 때도 많았다. 1993년부터서는 완도군으로부터 300만원과 500만 원 가량의 조사연구비를 지원 받기 시작했는데 여기에는 필자의 고등학교 동창인 곽태웅 문화공보계장의 역할이 컸다.

초창기의 연구소 운영

도서문화연구소가 설립된 1980년대 초기의 목포대학 연구소 운영은 연구실 하나 달랑 두고 행정보조 인력도 없어서 서류하나 제대로 정리·작성하는 보조 인력이 없는 경우가 상당수였다.

어쩌다 연구소 논문집을 발간하는 연구소의 경우에도 공동 연구를 통한 연구물 생산은 거의 없고, 연말이 되면 각 교수가 연구했던 논문을 모아 논문집으로 발간하는 경우가 대부분이었다. 그러다 보니 연구소가 가져야 할 기본적 사명과는 동 떨어진 형태의 운영이 될 수밖에 없었다. 여기에는 연구소에 따라 그 활동이 크게 차이가 있었다. 대략 20개 내외의 연구소가 있었는데 연구소의 운영에 따라 연구학술지 발간과 학술발표회 그리고 외부지원 연구용역을 활발히 수행하는 연구소가 있는가 하면 전혀 이 같은 연구활동을 하지 못했던 연구소도 있었다.

대체로 학교의 중점(법정)연구소는 조교가 배정되었고 일부 연구소는 TA를 배정하였으나 대부분 연구소는 간판만 있는 연구소도 상당수 있었다. 학교에서 연구소에 지원하는 예산 역시 학교 방침에 따라 조금씩 달리하였으나, 상당기간 동안 기본적 운영비 정도만 지원하였고 자체적으로 소요되는 경비를 마련해야 했다.

연구소에서 필요 경비는 외부기관에서 사업에 따라 지원을 받는 경우와 외부에서 발주하는 연구용역을 수행할 때 일정 비율의 간접비를 연구소에 부과하는 규정을 마련하여 여기의 기금으로 운영하였다. 따라서 외부기관 특히 자치단체(도, 시, 군)에서 필요한 과제를 수행할 수 있는 여건을 가진 연구소는 비교적 활발한 활동을 할 수 있었으나, 그렇지 못한 연구소는 거의 아무런 활동을 못하였다. 당시에는 임해지역개발연구소 등은 자치단체나 공공기관, 사회단체들로부터 정책적 연구과제를 위탁 맡아 비교적 풍부한 기금으로 연구소를 운영할 수 있었다. 그러나 인문분야 성격이 강하고 기초연구에 치중하고 있는 도서문화연구소는 그러한 외부 기관의 예산 지원을 받을 수 있는 기회가 상대적으로 매우 부족하였다. 아마 섬에 관련된 연구 가운데서도 기초연구와 함께 정책적 연구도 함께 하였더라면 보다 형편이 나았을 것이라고 생각된다.

이 같은 연구소 운영체제는 2001년 크게 변화하였다. 2001년 3월 1일자로 학내에 존재한 22개 연구소를 4개 연구원으로 통합하여 연구원 내에 연구소를 통괄하는 체제로 전환하였다. 이는 22개로 난립되어 상당수 연구소가 연구소로서 기능을 못하고 있었고, 그 내부에는 많은 연구소가 있어 각 연구소에 보조인력과 재정적 지원을 제대로 할 수 없기에 연구원에 행정보조인력을 배치하고 재정을 일괄적으로 지원하려는 의도에서였다. 이러한 변화로 각 학부 또는 단과대학에서는 연구에 관련된 업무는 본부에서 곧 연구원으로 연결하는 행정체제로 변하게 되었다.

따라서 연구소의 행정체제는 보조인력에 의한 행정업무 수행으로 다소 진전을 가져온 듯하였으나, 연구원에 따라 일부 교수들만의 연구 관련 정보를 독점하고 전체 교수들에게 공유하지 않는 폐단도 생겨났다. 도서문화연구소가 속한 인문학연구원은 인문대학(관련 학부) 소속교수들만의 연구 기관으로 변해버린 결과를 가져왔다.

이러한 체제변화는 연구소가 갖는 가장 중요한 연구대상에 대한 학제간의 공동 연구와는 상당히 유리되는 현상을 보이게 되었다. 도서문화연구소에서는 신사문화, 유물, 설화, 민요, 방언, 어휘 등을 주로 다루다 보니, 도서지역과 주민들의 삶에 대한 현재의 실상과 미래의 방향을 제시하는데 상당히 인색하였던 것이 사실이다.

학제적 연구를 통한 보람

필자는 1982년에 청주대학교에서 교수 생활을 시작하였다. 대학원에서 도시 및 지역계획에 관한 공부를 하면서 느꼈던 큰 대목은 우리나라 지역개발에 대한 연구가 대부분 대도시와 일부 산업도시에 집중하고 있음이었다. 당시는 압축성장시대의 한 가운데에 서 있어 성장제일주의의 국가정책과 사회분위기 속에서 어쩌면 당연한 추세였을지 모른다.

그러나 농촌이나 섬, 산촌 등의 문제해결 없는 대도시 정책이나 국토개발은 단기적 처방에 불과하다는 생각이 항상 자리하였다. 따라서 청주대학교에서 교수로서 첫 논문이 섬(도서) 개발 정책과 이농인구에 관한 것이었다. 이후 이 분야 연구를 하면서 정부정책에도 자문을 하면서 청주라는 내륙도시에서 계속 이 분야 연구를 한다는 것에 회의를 갖기 시작하였고, 이러한 연유 등으로 목포대학교로 1985년 초 옮겨왔다. 목포대학으로 옮겨온 후, 도서문화연구소가 섬에 대한 연구를 진행하고 있음을 알고 너무나 기쁜 마음으로 참여하게 되었다.

1986년 대상지역을 신안군 지도智島로 정하여 도서문화연구소와 첫 인연을 맺고 함께 참여하게 되었다. 사회구조 분야를 연구하는 데에는 무엇보다 기초 통계를 바탕으로 하는 것은 당연하였다.

그러나 인구나 가구 추이 등을 표로 제시하였더니 도서문화연구소의 어느 원로 교수는 '그 같은 내용은 통계자료에 모두 있는 것 아니냐'는 얘기를 하였다. 학문적 연구방법이 다르다는 것에 이해하기에는 자기분야의 학문적 접근방법에 오랫동안 함몰해왔던 내면의 표출이었으리라. 또한 사회과학 분야 어떤 교수는 '어느 지역에 대해 현상만을 기술하여 무슨 의미가 있느냐'는 얘기를 하는 때도 있었다. 아마 일반적으로 논문은 현상파악, 문제점 도출, 문제해결 제시 등의 등식을 항상 생각했던 것에서 나온 얘기였을 것이다.

그러나 오랫동안 대부분 인문학을 전공하였던 교수들과 함께 생활하면서 참으로 많은 사유의 폭을 넓히는 계기가 되었다. 아마 도서문화연구소가 없었다면 연구하면서 연구의 방법이나 사물의 관찰에 크게 협소했을 거라고 생각한다. 한 가지 예로, 아주 작은 예산으로 매우 생산적인 학술행사를 하는 것을 느꼈다. 1980~1990년대에 대학 내에서 비교적 잘나가는 연구소로 임해지역개발연구소 등을 꼽을 수 있었는데, 이러한 연구소에서는 몇 백만 원 이상의 규모를 가져야만 심포지움 등의 학술 행사를 가지는데 비해 도서문화연구소에서는 겨우 1백만 원 내외의 규모를 가지고도 심포지움을 개최하고 그 내용물은 상당히 알찬 것을 볼 수 있었다. 이러한 내면에는 당시 인문학 분야에서는 외부 연구용역이 거의 없는데다 정부의 지원이 매우 인색했던 외부 환경과 함께 인문학 전공자들의 학문적 태도가 바탕이 되지 않았던가 여겨진다.

또 하나는 사회과학의 상당 분야의 접근 방법이 철저한 자료를 바탕으로 이루어지는데 비해 도서문화연구소에서 연구하던 일부 인문학 분야에서는 그러한 철저한 자료보다는 현장에 취합된 내용을 학문적 경험에 의한 직관에 의해 사실적으로 기술되는 학문적 접근 방법을 보고 학문 분야에 따른 커다란 차이를 직접 경험하게 되었다. 아마 어렴풋이 생각만 했던 여타 학문분야의 접근 방법을 20년 이상 몸으로 부대끼며 함께 함으로서 나의 학문 분야의 접근 방법에 고착되었던 한계를 다양한 접근 방법과 가치추구를 이해하고 공유할 수 있었다.

그러나 개인적으로 연구를 수행하면서 어려운 문제 중의 또 하나는 보조 연구원의 확보였다. 도서문화연구소에서 초기부터 꾸준히 진행해온 민속이나 선사문화, 유물, 설화, 민요, 방언, 어휘 등의 분야연구에서는 기초조사를 하는 과정에 연구보조원 참여가 매우 활발하였다. 이는 학과의 성격상 그러한 환경이 조성되었기에 가능하였으리라 생각되나 필자가 몸담고 있는 학과에서는 연구보조원으로 참여할 학부학생들이나 대학원생은 주로 도서문화연구소에서 행하는 연구와 다른 분야 진출에 집중하고 있어 공동연구조사 참여에 상당한 어려움을 겪었다.

정리와 바램

당초 도서문화연구소를 설립하고자 한 취지는 서울소재 대학교수들이 수행하기 어려운 섬이라는 연구대상을 우리가 해보자는 것에서 출발했다. 소위 연구 측면에서 '변방에서 중심으로'를 기치로 단순한 사명감 같은 것으로 시작되었으나 도서문화연구소가 지금과 같이 탄탄한 기반을 갖기 이전의 초창기에는 얼마나 어려움을 가졌던가 하는 점에 회고의 초점을 맞추었다.

필자는 개인적 입장에서 도서문화연구소(원)을 만나게 되었던 것을 큰 행운이라고 생각한다. 도서문화연구원은 필자에게 연구할 수 있는 무대로서 자리해주었다.

그 첫째는 도서문화연구원을 통해 내가 하고 싶었던 연구를 지속적으로 할 수 있게 해주었던 것이고, 둘째는 학제적 연구를 할 수 있게 해주었는바, 이는 자칫 내가 가질 수 있는 학문적 사고와 연구 방법의 고착 또는 편협성을 인문학 분야 연구자들과의 지속된 연구를 통해 크게 개선할 수 있었다. 셋째로는 오랫동안 연구를 함께 수행함으로서 좋은 학문적 동료를 얻게 해주었다.

도서문화연구원은 초기의 어려운 여건을 극복하고 눈부신 발전을 거듭해오고 있다. 크게 보면 초기 설립단계에서 2000년 학술진흥재단의 대학부설연구소 지원과제 수행을 계기로 도약단계로 접어들어 비약적인 발전을 하고 있다.

이제 「섬에 관한 연구는 목포대학교 도서문화연구원」이라는 등식이 확고하게 자리매김하고 있다. 도서문화연구원이 앞으로 더욱 계속하여 발전하여 우리나라의 핵심적인 도서문화연구원뿐 만 아니라 세계 속의 연구원으로 자리매김해 가야할 것이다. 국내외 연구자 및 연구기관과의 활발한 연구교류와 그 중심체로서의 역할, HK사업이 끝나는 이후에도 독자적으로 운영할 수 있는 기금확보와 체제 구축, 기존의 중심이 흔들리지 않으면서 영역을 확대하는 방향 설정과 각종 대외 기관들과의 네트웍 구축, 여기에는 특히 도서정책분야의 연구영역 확대와 정책기관에 대한 네트웍 강화 및 도서 주민들의 삶에 공헌하는 연구와 체제 구축, 연구물 활용 증대와 기초자료 확보 등 향후 연구원의 발전을 위해 생각해볼 과제이다.

『섬』 제5호, 목포대 도서문화연구원, 2013.03. (60~65쪽)

도서문화연구원의 더 높은 도약을 위해

○ 융복합을 선도하는 연구센터

대학 내의 연구소는 여타 부서에서 수행하기 어려운 귀중한 기능을 할 수 있는 곳이다. 학과단위에는 대부분 한 분야 내의 유사한 전공자 들이 모여 있다. 또한 필요한 분야의 인적 자원이 요청될 경우에도 경직성이 내재되어 있다. 무엇보다 전공 인원을 배정받아야 하고 전공교과목을 개설하여야 하며 복잡한 절차를 통해 사람을 채용해야 한다.

그러나 연구소에는 이미 각각의 학과에 소속되어 있는 다양한 전공자들이 필요한 연구테마를 위해 비교적 자유스럽게 모여 연구에 몰두할 수 있다. 이러한 점에서 소위 융·복합적 연구를 비교적 자유스럽게 집중적으로 할 수가 있다. 그러나 이러한 점 때문에 다른 측면으로 연구소는 조직이 느슨하고 항구성이 떨어질 수가 있다. 특히 인력관리 문제와 행정지원 조직에 큰 약점이 있는 경우가 많다.

우리대학의 경우에도 초기에 조교가 없고 공간이 없었던 바, 이점을 해소하고자 나름대로 학문분야별로 연구소를 취합하고 대학단위 중심의 연구원을 설립하여 조교배정과 공간문제를 해소하고자 하였다. 이는 행정인력을 위한 조교와 공간문제를 다소 해결하는 듯하였으나, 보이지 않는 학문 간의 융·복합 문제와는 오히려 유리되는 모습으로 변질되었다. 연구원에서 해당 단과대학의 연구관련 업무를 차츰 전담하는 경향으로 흐르고, 단대별(일부는 한 두 학과)로 연구자들이 한정되고 의사결정 과정도 그렇게 변하였다.

도서문화연구소 역시 물론 초기에 인문학 전공자들이 주축이 되기는 하였으나, 공학, 자연과학, 사회과학 등의 전공자들도 의사결정과정이나 연구에 적극적으로 참여하여 융·복합적 측면이 내재된 장점을 잘 살려나가는 대표적인 연구소였다.

○ 더욱더 다양한 시각으로

『섬』의 연구는 근본적으로 모든 분야가 함께해야 하는 대상이다. 이것은 연구대상인 '섬'이 기본적으로 어느 한 학문분야로만 구성되어 있지 않기 때문이다. 물위로 들어나 있는 육괴陸塊의 면적이 대륙보다 상대적으로 적을 뿐이다. 그러나 이점에 대해 상당히 많은 연구자들은 작은 면적의 섬을 마치 아주 간단한 '연구 거리' 정도로 생각하는 경우도 있다.

꽤 오래전 다른 지면에서도 섬에 대한 이런 잘못된 생각에 대한 설명을 피력한 적이 있다. 『섬』이라는 공간 속에는 사람과 관계된 모든 것 — 인구, 자연 생태(육상, 해양), 기후, 산업·경제, 고고학, 인류학, 종교, 사회, 정책, 법제, 교통, 의료, 복지 등등 — 이 거의 다 존재하고 있다. 이 뿐만 아니다. 섬은 이러한 삶의 일반적 요소 외에도 해양적 특성과 섬의 크기, 군집형태, 기후, 섬의 다양한 자연환경에 따른 산업, 생활권 체계에서의 주변 지역과의 관계, 특히 교통문제와 공동체 형성 및 유지 등은 오히려 육지의 어떤 지역의 연구나 여타 단일 분야의 연구 테마보다 복잡하고 다양하고 특성이 강하다.

다시 말해 단순히 섬이 작다고 연구가 한 두 분야로 살펴볼 수 있는 그런 대상이 아니다. 어느 연구대상보다 집중적이고 다양한 분야에서 접근하여야하고 서로 융합적으로 검토해야할 연구 대상이며 다양한 분석의 틀과 연구방법이 총 동원되어야 한다.

근래 들어 섬에 대한 관심이 어느 때 보다 고조되고 있다. 국제적으로 지속되어 온 영유권 문제가 자원확보와 군사적 문제로 외교와 경제블럭 단위별로 더욱 복잡하게 전개되어 가고 있다. 이와 함께 국내적으로도 최근 중앙부처에서 도서에 대한 관심이 크게 증대되고 있고 전라남도에서는 「도서가꾸기」를 6기 민선 자치단체장의 도정 핵심 분야로 추진하고 있다.

이 같은 외적 여건은 지금까지 꾸준하게 연구 성과를 축적해오고 있는 도서문화연구원으로서는 다시 한 번 도약할 수 있는 기회이기도 하다. 이를 위해서는 무엇보다 장기적인 섬에 대한 정책적 비전을 마련해 가야 한다.

국가의 어느 부처나 자치단체의 일시적인 과제나 행사에 단순한 보탬보다는 근본적인 섬의 정책적 비전을 제시할 수 있는 체제와 충분히 축적된 연구역량을 갖추는 것이 중요하다. 이는 어떤 연구소보다 도서문화연구원은 자체 우수한 전임연구원을 확보하고 있는데다 오랫동안 이 분야를 연구해온 기존의 교수진들이 포진하고 있기에 미리 정책적 문제는 무엇이고, 무엇을 장기적으로 연구해가야 할 것인가를 생각하여 대비한다면 충분히 빛을 발휘하게 될 것이다.

정책적 연구는 그 대상이 무엇보다 중요한 바, 주민을 비롯한 대상자들의 요구를 제대로 파악하는 노력이 필요하다. 이 점이 단순히 무엇인가 새로운 것을 발굴해내는 여타 학문 분야에 비해 상당히 차이가 있다.

모든 학문의 궁극적 목적은 인류 발전에 이바지해야 하는 것이지만, 지역발전이라는 정책적 방안을 연구제시하는 본질은 그 대상이 바라는 요구가 무엇인지에서 출발해야 하고 여기에 해답을 주는 것이다. 자칫 어느 순간에 일부를 파악했던 것, 어떤 보물찾기식의 연구시각으로 전체를 파악하려는 점과 연구자의 시각에서 정책목표와 수단을 강구하려는 것은 이 분야 학문연구에서 취할 태도가 아니고 독단 그 자체일 뿐이다. 지금까지 해오던 연구원의 저력이 어디서 온 것인가를 생각하면서 향후 10년 이후의 연구원의 발전에 관한 준비를 해가야 할 것이다.

○ 더 큰 발전을 위한 목표

도서문화연구원은 중점연구소와 인문한국(HK)지원사업 수행을 통해 안정된 환경 속에서 연구를 수행하고 있지만 HK과제가 끝난 후에 어떤 모습으로 연구원을 운영해가야 할 것인가에 대한 대책을 지금부터 계획하고 실천해가야 한다.

기술했듯이 연구소는 존재가치를 스스로 창출해 가는 것이 대학 내 어떤 다른 기관보다 요구된다. 대학이나 학과 등은 대부분 전국적으로 확고한 일반적 틀에 의해 뚜렷한 업무가 주어져 있다. 그러나 연구소는 이러한 측면에서 단과대학이나 학과에 비해 인식이나 체제가 확고하게 정착되지 않아 학교 경영자나 국가 정책에 따라 훨씬 더 존립 및 운영에 많은 영향을 받을 개연성이 높다. 따라서 도서문화연구원이 걸어온 과정에서 현재가 가장 번영을 구가하고 있지만 당장 HK과제 이후의 또 다른 단계의 연구원 운영을 깊이 있게 생각해 가야한다.

다음은 연구원의 발전목표 정립과 성공적 수행을 위한 요소이다. 당초 인문분야 교수들이 중심이 되어 연구소를 운영해왔으나, 그러나 어느 연구소 보다 다양한 분야의 교수들이 참여하였고 이를 통해 초창기의 어려움을 딛고 오늘로 이어 온 것도 사실이다.

연구소가 도서를 대상으로 하여 더 큰 발전을 위해 나아가기 위해서는 장기 발전 목표를 분명히 정립하고 이에 따라 관련된 연구 인력과 체제에서도 이를 뒷받침하여야 한다. 연구소의 경우, 의도하는 목표를 달성하기 위해서는 연구자들의 인력확보가 가장 중요한 요소이기에 이를 확보·육성이 필요한 바, 임시방편의 겹 눈질 식의 연구로는 장기적으로 성공하기 어렵다.

그동안 도서문화연구원은 장족의 발전을 해오고 있고 최근 들어 과시적인 성과는 어느 때보다 크게 이루고 있음을 보여주고 있다. 목포대학교 도서문화연구원의 학술연구와 발표, 각종 학술행사, 정책지원, 국내외의 각종 기관들과의 네트워크 구축, 특히나 연구원의 학술지를 비롯한 연구성과물의 권위와 우수성에 대한 평가는 참으로 대단하다.

여기까지 발전해 오도록 헌신의 노력을 다해온 연구원의 모든 관련자 분들께 감사하며, 앞으로 더 길게, 더 큰 발전을 위해 모두가 지혜를 모으고 힘이 결집되기를 기원한다.

『섬』 제7호, 목포대학교 도서문화연구원, 2016.03. (4~6쪽)

한반도연구의 산실,
입명관立命館 대학 코리아연구센터

코리아연구센터 탄생 열 돌을 축하드립니다.

연구센터가 설립되어 그동안 걸어온 발자취가 범상하지 않다. 많은 연구센터 또는 연구소는 일정분야에 대한 연구에 천착하고 연구 용역사업을 통한 외형을 키워가는 것이지만, 코리아연구센터는 그렇지 않아 보인다.

한반도를 중심에 두고 수행하는 영역이 인문·사회·정치·예술 분야 등을 망라하고 있고 시간적으로는 고금을 넘나들고 있다. 여기에서 이뤄지는 사업내용도 연구와 성과물의 발표만이 아니라, 일본에서 한국에 관한 특히 인문학적 연구를 한다거나 일본 내 한국과의 관계를 연결하려는 연구자들의 많은 사람들이 코리아연구센터와 관련을 맺고 있으며 필자 역시 연구센터와 큰 인연을 갖고 있다.

필자는 2008년 8월, 일본으로 연구차 방문하여 1년 반을 지내게 되었다. 일본을 방문하게 될 때 여러 가지 필요한 연구계획서를 포함한 서류에서부터 교토에 도착하여 숙소 등 생활과 관련된 일까지 연구소는 많은 도움을 주었다. 그리고 일본에서의 생활뿐 만아니라 연구소가 주최한 각종 세미나와 발표회, 행사 등을 참가하면서 많은 것을 공부할 수 있었다.

큰 관심을 가진 행사 중 하나는 한국영화제였다. 2008년에는 안성기 출연 영화를 중심으로 행사가 진행되었고, 2009년에는 김혜수 출연 영화 중심 행사였다. 그 시기에 한국 한류에 대한 관심이 높았던 탓인지 또는 치밀한 행사계획과 진행 때문인지 전국에서 그렇게 많은 사람들이 참가신청을 하고 행사기간(2박3일) 내내 열성을 다해 참여하는 모습은 지금도 충격으로 남아있다

또 하나는 차세대연구자육성 프로그램으로 젊은 층을 초청하여 개최한 행사였다.

자유스럽게 의견을 나누고 한국과 관련된 역사적 현장을 답사하며 관련 인사들의 증언을 듣는 등 생생한 현장체험을 하였던 적이 있다. 센터에서 주관한 정기 연구발표회에 참석하면서 필자 역시 한국의 지역개발 정책에 관한 내용을 발표하고 서로의 관심과 궁금증을 토론하는 귀한 시간을 가진 적이 있다. 일본 학자들의 연구적 내면과 연구행사에 접하는 태도, 그리고 행사를 진행하는 방식 등을 살펴볼 수 있는 귀한 시간이 되었다.

일본생활을 마치고 한국으로 돌아온 후에도 센터관련 행사에 가끔 참석하기도 하고, 일본에 갈 때면 정들었던 옛집을 찾는 기분으로 센터를 방문하곤 한다. 특히나 센터와는 필자가 근무하는 목포대학교 내 도서문화연구원과 2010년에 학술교류협정을 맺어 더욱 깊은 연을 맺고 있다.

한때 한국정부에서의 재정적 지원 등 다소의 어려움도 있었지만 코리아연구센터가 갖는 긍정적 성과는 참으로 지대하다. 센터는 한국을 중심으로 한반도와 동아시아의 평화, 재일조선인 등에 대한 연구와 함께 실천적 활동을 꾸준히 전개해 오고 있다. 이 가운데서도 일본에서 한국을 알리고 한국과 일본과의 학술적 문화적 연결 고리로서 역할수행은 참으로 대단하다.

어느 국가보다 가장 밀접하면서도 복잡한 역사적·현실적 상황에 처해있는 일본이라는 곳에서 동아시아의 안전과 평화에의 기여를 큰 목표로 두고 한국에 대한 깊이 있는 연구를 통해 올바른 한국관을 일본학계와 사회에 제시해가는 코리아연구센터의 빛나는 역할에 찬사를 보낸다.

코리아연구센터의 운영에 관한 내외적 환경을 고려할 때, 길지 않는 창설역사 속에서도 내실 있는 업적을 쌓아 이만큼의 위치를 확보한 연구센터가 또 있을까 생각해 본다.

앞으로 계속하여 코리아연구센터가 동아시아의 안전과 평화, 그리고 올바른 한반도 연구의 지평을 제시하는데 더 큰 역할을 제시해 주시기 바란다. 그동안 훌륭한 자취를 쌓아오는데 헌신적인 노력을 해 오신 여러 선생님께 감사와 축하를 드립니다.

『입명관(立命館)대학 코리아연구센터 설립10주년 기념집』, 2015.06. (34쪽)

2편

지역과 섬

1. 지역발전과 삶의 질

지역사회와 의학 : 지역사회와 의사의 역할
지역 청년의 죽음과 지역의 고민
갈등과 여진을 남긴 시·군 통합 논의 – 목포시와 무안군
우리지역 문제점검(2) – 서남권 의료시설 | 지역의 기본여건과 의료환경 측면에서 본 의대설립 타당성
지역 여건과 의료환경 측면에서 본 목포대 의대 설립 타당성
도청이전의 진행과정과 의미
당위성에 비추어 본 전남도청 이전
도청 이전이 확정되던 날 – 도의회 조례안 의결 참관기 | 역사의 현장, 그 곳에 있었다.
지역에서 온 편지 : 예향의 도시, 목포의 눈물과 웅비
지역발전을 위한 큰 모임체로 더욱 발전하시길...
지역발전을 위한 전문가 제언 | 목포시 교통문화의식 향상 – 우리 모두 편안한 삶을 위해
'백목회실록'을 편찬하며
'광주 전남 통합논의'를 우려하며
국토공간상 목포의 역할과 발전방향
진정한 국토 균형발전을 위한 제언
투데이 포럼 : 대담 | 하당 신도심 공동화 어떻게 볼 것인가
광주·전남통합 입법 청원 등의 주장(행위)는 중단되어야 한다
'전남 기업사랑 경제살리기 대토론회'를 개최하며
영산강살리기, 보다 넓은 시각으로
교통사고를 줄여야 한다!
친절은 가장 큰 지역발전의 동력이다!
『지역발전사업 평가백서』를 발간하면서
2015년도 지역발전사업 우수사례 개요
국토종합계획의 실효성을 위한 가치 있는 연구
지역의 현실과 행복한 지역사회를 위한 과제
왜 우리지역에는 유력 대선주자가 없는 것인가
「영호남지역 발전을 위한 학술심포지움」을 축하하며

지역사회와 의학 : 지역사회와 의사의 역할

지역에 관한 연구를 한답시고 이 근방 지역들을 기웃거리고 분석하는 것이 주요 일과가 되었는데, 이 과정에는 필연적으로 타 지역과의 비교를 함께 하게 된다. 이 가운데 크게 와 닿는 느낌은 무언가 정서가 결여되어 있고 병들어 있는 사람이 많으며, 주변 지역에는 노령화와 함께 정체적 사회현상이 두드러진다는 점이다.

근래에 들어 지역사회·지역개발 등처럼 흔하게 사용되는 용어도 많지 않다. 지금까지 우리나라는 총량적 경제개발이라는 목표아래 모든 노력을 경주해 왔던 결과 눈부신 경제발전을 이룩하여 온 게 사실이다. 그러나 이 같은 점은 부수적으로 지역 간, 부문별, 계층 간의 격차를 가져오게 되었고 지역의 특성을 크게 고려하지 않는 폐단들이 드러나게 되었다. 따라서 이제 지역사회라는 개별적 성격을 강조하게 되고 소득 향상이라는 절대적·외성적 측면에서 개개인의 삶의 질을 좀 더 생각하게 되어 지는 것이다.

인간이 열심히 노력하는 그 궁극적인 목표는 보다 높은 삶의 질을 향유하고자 하는 데 있다. 그래서 과학기술의 발달에 의해 교통, 생활도구, 삶의 공간, 건강, 영양 등의 조건을 개선해 가고 있는 바, 이는 인간이 존재하는 한 끊임없이 추구해 갈 것이 명확하다.

우리가 가장 가까이 대하는 지역공간은 많은 영향을 수수하고 환경인자 들과 가장 밀접하게 구성되어 있다. 그래서 우리가 사는 지역을 胎 라는 원천적 사유 못지않게 다른 곳과의 비교의 눈을 통해 보다 나은 공간이기를 희구하게 된다. 이러한 점들로 인해 지역사회가 어떠한 상태가 진정으로 바람직한 삶의 공간인가를 규명하려는 노력이 계속되어 오고 있다.

이 같은 많은 노력들 가운데서는 삶의 질의 척도를 1차적 요구(needs), 2차적 요구, 3차적 요구로 나누어 접근하려는 경향이 대목을 이루는데, 이 중 가장 기본적 요소로 영양·안전·건강을 들고 있는 것이 보편화되어 있다. 이는 동서고금을 막론하고 모든 사람들의 원초적 바람이 좀 더 잘 먹고 건강하기를 바라는 것과도 일치한다. 다시 말해 아무리 소득이 높다하더라도 이들 기본요소의 향상이 없고서는 그것은 아무런 가치 없는 화폐의 축적에 불과한 것이다.

우리가 흔히 살기 좋은 나라라고 하는 척도를 사회보장제도의 수준에서 찾고 있는 바, 기실 사회보장제도라는 것은 크게 보아 일자리(노후)문제와 병들었을 때 이에 대한 조치가 그 중심을 이루고 있다.

여기에서 단순히 배 부르는 문제는 한 국가 내에서 볼 때 소득수준향상으로 지역에 상관없이 어느 정도 평등해 질 수 있는 문제이나, 병들어 이를 치료하는 의료서비스는 지역 성격에 따라 크게 다른 양상을 갖게 된다. 이는 의료시설의 수준과 양, 의사의 수준과 사고방식에 차이가 있고 이용 시에는 교통이라는 매개체를 반드시 가져야 하기 때문이다. 그러한 연유로 교통 불편 지역에서 가장 우려하고 있는 것으로 의료 부문을 들고 있고, 주변에서 보면 병들고 가난한 자들이 의사의 위력을 숨김없이 강조하곤 한다. 어찌보면 태어나서 죽는 날까지 건강할 수만 있다면, 또 그러한 신의 계시를 확고하게만 받았다면 의사라는 존재는 그저 크게 아량하지 않아도 되는 요소인지도 모른다.

그러나 신이 세상 누구에게 그러한 엄청난 은총을 주었겠는가! 살아가는 과정 내내 질병을 두려워하고 실제로 건강한 상태와 그렇지 못한 상태를 곡예 하듯 하고 있지 않는가. 이러한 연유로 사람들은 병을 치료하는 이들에게 어떤 타 부문의 종사자보다도 항상 더 큰 애정과 존경을 주는데 인색하지 않는다.

그러나 한편으로 구태여 들춘다면 의사는 일반적으로 많은 교육을 받았고, 생활수준이 구차스럽지 않고, 대부분 깨끗한 외모와 복장으로 쾌적한 환경을 갖춘 실내에서 생활하는 면을 갖고 있다. 그래서 흔히들 의사를 선망의 대상으로 삼는 듯하다.

그러나 이러한 분별력이 크지 않는 사고에 의해 의사가 선망의 대상이 된다고 보면 다른 분야의 단순 기술인이나 부동산투기에 의한 졸부나 춤꾼이나 호사스런 사치꾼이 더 선망의 대상이 되어야 할 것이다. 그럼에도 대부분 사람들이 의사를 존경하는 진정한 배경은 의사만이 가질 수 있는 영역과 역할이 여느 부류의 직업인들보다 독특하고 심대하기 때문일 것이다.

처음으로 다시 돌아가, 이는 지역사회와 타 지역사회를 비교하는데 있어 삶의 질의 척도로서 의료부문을 크게 헤아리고 있음은, 의료부문이 지역사회에 갖는 역할의 중대성을 단적으로 보여주고 있음이다. 이러한 점을 비춰볼 때 의사는 단순한 의료기술자로서의 역할에 얽매여 스스로 한계적 일 분야인으로 전락해서는 안 될 것이고 높은 교육과 이로 인해 연결되어진 품성을 지역사회의 많은 부문에 선도자로서 역할을 함께 수행해 나아가야 할 존재이다.

단순히 병을 잘 고치는 자는 1차적 역할자 또는 소의少義로서 자리하겠고, 지역사회를 밝게 그리고 능동적으로 끌어가는 자가 진정한 의사라고 보여진다. 우리 지역은 여러 측면에서 더 큰 노력이 요구되고 있지만 그 중에서도 어느 분야보다 의료인들의 큰 역할과 노력이 필요한 곳이다.

『유달의림』 제5호, 목포시의사회, 1990.12.

| 기고문 |

지역 청년의 죽음과 지역의 고민

    봄은 우리 주위에 있어 언제까지 잔인한 계절로 남아야 하는가?
    현대사에 있어 1979년 10월 이후 최근까지의 정치, 사회상은 대단히 중요한 역사적 시점으로 평가되어질 것이 틀림없다. 모든 역사적 분기점에는 그 사회의 현실적 상황과 함께 주요 인물들의 역할이 큰 요소로 자리하게 된다.
    과거 약 20년에 걸친 박정희 독재정권과 그의 종말적 진공상태, 그리고 전두환의 강권통치의 음모적 단계에서 분연히 일어난 광주의거는 역사적 관점에서 큰 의의를 갖고 있다. 이에 관해서는 지금까지 많은 논의가 있어 왔고, 또 바른 평가를 위한 노력이 계속되어야 할 것으로 보여 여기에서는 그 모든 것을 두루 언급하고자 함이 아니다.
    오히려 80년 봄에서 이 봄까지 계속된 처절한 역사의 축이 이 지역과 너무나 가까이 있어 여기에 따른 수많은 생명의 손실과 함께 앞으로 예견되는 지역사회의 문제에 초점을 두고자 한다.
    1980년 봄 광주의거로 수많은 귀한 생명이 죽어갔고 그 후에도 계속되어 이 같은 불행은 이어져왔으며 올 봄 들어 「강경대」군의 치사사건과 분신이 잇따르고 있다. 이 같은 정치, 사회적 상황과 관련되어 쓰러져간 귀한 생명들 가운데, 많은 이들이 크게 보아 우리지역에 뿌리를 두고 있어 더욱 가슴 아프고 또 많은 문제를 생각하게 해주고 있다.
    광주의거 당시에 초등학교 상급생의 경우 지금 대학생이거나 그쯤의 연령층이고, 당시 중학생의 경우 사회에 진출하여 그 일익을 담당하거나 군에 갔다 온 남자의 경우 대학생계층일 것이다. 이들 젊은이들이 그 현장을 보고 간직한 『힘 있는 자』와 그들 힘 있는 자들이 중심이 된 조직에 대한 시각이 과연 긍정적일 것인가와 제기된 어떤 문제에 어떻게 사고하고 행동할 것인가를 생각하지 않을 수 없다. 행동의 결과는 필연적으로 그 내부적 사고 형성과 연결고리를 갖고 있다.

따라서 80년 5월의 광주의거가 오랫동안 누적되어온 지역적 소외의식과 전혀 무관하지 않을 것이고 그것이 현실로 나타났던 이 지역의 그 처절한 현장에서 인각되어 버린 가치관이 오늘날 전혀 개선되어지지 않는 지역적 편차와 관련되어 판단 없이 행동으로 나타나고 있는 것이다. 최근의 국민적 봉기의 직접적 도화선이 된 강경대군 역시 그 뿌리가 이 지역이고 그 뒤로 계속하여 분신해 간 귀한 젊은 생명들 역시 대부분이 이 지역의 젊은이들이다.

이 같은 점은 죽어간 그들과 직접적 관계를 맺고 있는 우리들을 참으로 가슴 아프게 할 뿐 아니라, 계속적으로 그 같은 아픔을 낳게 될 다음을 생각하지 않을 수 없다. 먼저 간 이들이 목숨을 던지면서까지 항거한 것은 비단 지역적 문제에만 한정되는 것만은 아니고 더 큰 정치·사회 문제에 있지만, 그같이 귀한 생명까지 바치는 결정적 순간의 내부적 심연에는 국가 전체의 부분으로서 지역적 상황과 전혀 무관하지 않을 것이다.

이는 크게 보아 수없이 되뇌어온 지역적 불균형 문제와 함께 되어 항쟁의 본고장이 다름 아닌 이곳이었음에 있다. 앞서 전개되었던 처절한 민중적 항쟁을 직접 접하였거나 가슴 아픈 상처로의 유산을 이어 받아왔던 이 지역의 젊은이들은 유사한 국가, 사회적 사태에 직면했을 때 다른 어느 지역의 같은 또래의 사람들보다 더 큰 자극을 받게 되리라는 것은 명약관화한 사실이다.

역사는 나선형螺旋形의 모습으로 수렴한다. 오늘날 미증유의 혼돈과 이 현장에서 쓰러져간 이 지역의 아까운 젊은이들을 보면서 지역이 가진 상처가 크게 아물어지지 않았을 때 또 얼마 후 대두될 수 있는 어떤 문제에 지금의 이 지역 어린 생명들이 얼만큼 희생되어야 하는가를 생각하지 않을 수 없다. 사회가 발전해가는 근원은 인재에 있고 인재의 양성은 가장 큰 시간과 노력이 요구되는 부문이다.

수많은 이 지역의 귀한 생명들이 역사의 회오리에 희생되고 우리 주위는 분노와 슬픔으로 가득하고 자라나는 우리의 2세들은 이 같은 상황 속에서 제2의 강경대, 박승희, 김철수가 되어 갈 수 있다.

역사의 발전을 가로 막는 어떠한 불의에도 의로운 항거는 계속되어야 하면서도 내부적으로는 서로를 격려하며 내일을 도모하는 지혜를 우리 모두 모아가야 한다. 집단적 행동 뿐 만아니라 해가 갈수록 더 해가는 인재 기근문제와 우리의 미래를 점칠 수 있는 학력수준 등에도 깊이 있게 생각하지 않으면 안된다.

처절한 봄을 보내면서 우리의 아픔을 달래며 현재 해야 할 일과 지속적으로 해야 할 미래를 위한 우리 지역사회의 일을 간과해서는 안 될 것이다. 의로움으로 먼저 간 영령들의 명복을 빈다. 그리고 유적의 그 큰 아픔을 위로하고 함께 나누어 갖고자한다.

『주간목포』, 1991.05.23. (1쪽)

갈등과 여진을 남긴 시·군 통합 논의
—목포시와 무안군

　금번 도·농 통합형 행정구역 개편(시·군 통합)과정에 있어 가장 중심이 되었던 주민의견조사가 일부 지역에 약간의 여진을 남겨둔 채 일단 마무리되었다. '약간의 여진을 남겨놓은 지역'이 바로 목포를 중심으로 인접되어 있는 무안·신안 지역이다. 목포를 중심으로 한 인근 지역들, 다시 말해 우리나라 서남해 지역들은 60년대 시작된 경제개발과 70년대 시작된 국토종합개발 등 일련의 국가주도의 강력한 개발정책에서 소외되었던 현실 속에서 이들 지역주민이 갖는 소외감은 당연히 개발에 대한 집착력으로 표출되어 이에 대한 노력은 실로 애처로울 정도로 대단하다. 이러한 정서 속에서 국내외적으로 어떤 새로운 분위기의 일단이 엿보일 경우에는 이를 낙후된 이 지역의 발전의 전기로 삼아보려는 노력을 부단없이 전개해오고 있다.

　따라서 지난 3월경부터 시작된 시·군 통합에 대한 이곳 주민과 각 단체들에서 갖는 인식은 어느 곳보다도 유별난 부분이 적지 않았다. 이는 뒤에 보다 상세하게 기술하게 될 전남의 신도청소재지 입지와 관련된 논의와 결부되어 더욱 큰 반향을 불러일으켰다.

목포권의 발전에 따른 구역확장 필요성 커

　목포에 관한 학술발표나 여타 글에서 나타난 대표적인 빈도를 보인 어휘들로는 '예향', '낙후', '과거 3대 항구'를 들 수 있다. 어느 지역에 대한 일정사업을 수행함에 있어서 더구나 이번 행정구역개편과 같은 주민의사를 직접 묻는 사안에는 그 지역이 갖고 있는 현실과 정서를 이해하지 않고서는 올바른 평가나 문제의 근본적 접근이 어렵다.

　목포는 우리나라 서남부 무안반도 끝에 자리하고 있다. 이 같은 지리적 위치로 인해 삼국시대에는 오늘날의 무안군과 함께 물아혜군勿阿兮郡으로 백제에 속한 이래 고려 혜종 1년(서기943년)에는 물량군勿良郡으로 바뀌었고 성종 10년에는 무안군으로 불리게 되었다. 명종 2년에는 무안현務安縣으로 바뀌었다가 이조의 고종 32년에는 다시 무안군이 되었으며 1897년 개항과 함께 무안부務安府가 되었다. 1906년에는 무안부 대부분이 목포부木浦符로 바뀌었고 1913년 3월 1일에 들어서 부군 폐합과 부제도符制度실시에 따라 목포부는 각국 거류지 및 시가지만을 그 구역으로 하고 그 외의 지역은 무안군을 신설하여 이관되었다.

해방 이후 1948년에 목포부는 목포시로 승격되었고, 도서로 구성된 신안군은 일부 도서들이 다른 행정구역에 속했으나 그 대부분 지역이 무안군과 그 행정구역을 함께 해오고 있다가 1969년 1월 1일을 기해 무안군에서 신안군으로 분군 되었다. 따라서 오늘 날의 목포시와 무안군, 신안군의 대부분 지역은 1913년까지는 동일 행정구역으로 오랫동안 함께 살아왔고 무안군과 신안군은 지금부터 25년 전까지는 하나의 군이었다.

목포가 급격하게 도시로서 발전하게 된 것은 1897년 10월 1일 개항에서 기인되었던 바, 일본과 중국을 대상으로 한 해상교역의 입지적 조건과 내륙물산의 집산지로 크게 부상되어 1935년 전후에는 전국 6대 도시와 3대 항구로 크게 발전했으나 해방 이후 일본 및 중국과의 해상교역이 단절되면서 발전이 멈추어진 데다, 이후 근래에 이르기까지 일련의 개발정책의 축에서 소외되어 여타 지역에 비해 매우 낙후된 면모를 보여 왔다.

목포는 1992년 말 현재 45.88㎢의 면적에 6만9백29세대, 22만4천7백66명의 인구가 거주하고 있으며 인구밀도는 4,898.9를 나타내 비슷한 인구의 도시에 비해 인구밀도가 매우 높다. 이 같은 모습의 목포는 그간의 낙후 상에서 탈피하여 활성화된 지역으로 변모하고자 하는 희구가 어느 곳보다 강하여 이에 대한 범시민적 지구노력을 꾸준히 경주해 오고 있다. 특히나 중국의 대외개방정책이 나타나기 시작한 80년대 중반 이후 지방자치단체와 공공기관, 언론기관과 사회단체, 연구기관, 비공식적인 시민단체, 출향민 등 각계각층에서 중앙의 권위 있는 학자나 관계자 등을 초빙하여 모임을 갖고 지역 내의 인적 자원을 총 동원해 개발방안을 각계에 전달해 왔던 것이다.

이러한 노력들이 조금씩 현실로 나타나 목포 인근에 대불국가공단과 삼호지방공단이 조성되고 목포 신외항과 서해안고속도로, 호남선 복선화 공사, 목포공항 확장공사, 주암댐 용수공급사업, 화원관광단지 등이 건설 중이거나 용역 중에 있으며 무안국제비행장이 구상 중에 있다.

여기에다 지난해 대통령이 5월 광주문제 해결에 관한 특별담화로 전남도청의 이전을 천명함에 따라 신도청 유치를 위해 목포지역 주민들은 도청 유치추진위원회(위원장 : 임광행, 목포상공회의소 회장·보해양조 회장)를 구성하여 혼신의 노력을 다했고, 전남도에서 의뢰한 최종 연구결과는 목포와 인접한 무안군 삼향면으로 신도청 입지 후보지를 선정했다.

이러한 목포권의 변화에 따라 기존의 협소한 행정구역과 구시가지의 문제점을 크게 안고 있는 목포시 입장에서는 보다 넓은 도시권역 설정 또는 행정구역 확장이 필요하여 이에 대한 노력을 꾸준히 시도해 왔다. 그러나 이러한 목포시의 행정구역 확장과 광역도시계획 수립은 번번이 인근 지역의 반대에 부딪쳐 어려움을 겪고 있는 터에 1991년 지방의회가 전국적으로 구성된 후에는 이 같은 어려움은 더욱 크게 대두되었다.

무안군의 반대로 통합 무산돼

이러한 시점에서 제시된 행정구역 개편에 관한 중앙정부의 구상은 목포주민들의 대단한 관심을 불러일으킬 수밖에 없었고 무안군과의 통합을 위한 주민과 각 사회단체들의 노력은 실로 대단하게 전개되었다.

그러나 행정구역개편에 관한 논의가 확실한 실체로 자리 잡기 전인 연초에는 직할시와 도와의 재통합에 대한 일부 논의가 제기되었던 바, 목포주민들은 혼신의 노력을 다한 신도청 입지 선정이 하루아침에 물 건너가지나 않나 하고 안전부절하여 중앙권의 논의에 촉각을 곤두세웠다.

3월에 접어들면서 행정구역개편 논의는 시·군 통합으로 방향이 확실히 잡혔다. 그러나 최소한 3월 17일 당시까지는 "내무부가 인접 군이 없는 경기도 8개 시와 독자적인 발전 잠재력이 큰 몇 지역은 통합대상에서 제외할 방침"이라는 것과 이에 목포도 해당될 것이라는 내용이 언론에서 보도되고 있었다.

통합대상에 대한 혼선이 계속되어오다 전남도는 3월 22일 도내의 통합권유대상지역 6개에 목포시와 무안군을 포함하여 발표했다.

목포시에서는 이 같은 방침이 결정되자 곧 상공인, 지역유지, 지역사회단체, 시의회 대표 등으로 무안·목포 통합추진위원회(위원장 : 권이담, 사단법인 목포개항백주년사업 범시민추진위원회 이사장)를 구성하여 보다 조직적으로 이를 추진해 나가고자 했다.

그러나 한편 무안지역에서는 군의회와 번영회 등이 주축이 되어 무안·목포 통합반대대책위원회를 결성하고 통합에 대한 반대운동을 전개해 나갔는바, 목포시의 경우에는 거의 대부분 주민이 통합에 기우는데 반해 무안지역에서는 전체적으로 통합반대분위기가 강한 가운데 읍·면에 따라 상당한 차이를 보였다. 즉 목포와 근접된 지역일수록 통합에 대한 심정적 동조가 강하고 비교적 거리가 먼 면지역과 무안읍은 통합에 반대하는 의견이 우세하게 보였다.

양 위원회를 중심으로 목포와 무안에서는 통합, 그리고 통합반대에 대한 홍보전(인쇄물 배포, 스티커 부착, 플래카드 게시, 개별접촉)과 모임을 자발적으로 갖기 시작해 조직적 찬반운동이 전개되어 시·군 통합에 대한 열기는 시간이 지날수록 과열되기 시작하여 무안반도는 온통 시·군 통합 논의의 열기에 휩싸였다.

이러한 열기 속에서 통합에 대한 주민의 의견조사는 공청회를 거쳐 당초에 4월 23일까지 의견조사표를 교부하고 이후 4월 29일까지 회송토록 하여 당일 개표를 할 계획이었다. 그러나 양 지역의 과열된 양상, 그 가운데서도 특히 무안지역에서 나타난 문제들을 적시해 통합추진위 측에서는 전남지사에게 의견조사 일정을 연기해 달라는 건의를 했다.

통합추진위 측(목포)에서 제출한 건의문의 주된 내용은 "진행 중인 주민의견조사가 대리기표 등 불법적인 방법으로 진행되고 있으며 일부 정치인과 이해단체의 조직적인 통합반대운동으로 인해 공정한 주민의견조사가 이뤄지지 못하고 있다"고 하고, 보다 구체적으로 "배포된 주민의견조사서는 이미 마을 지도자들이 일방적으로 기표했거나 주민들로부터 일괄 위임받는 등 공정한 조사가 이뤄지지 못하고 있다고" 지적하고,

① 주민의견 조사의 연기 ② 목포·무안 양 지역 주민단체들로 구성된 통합추진협의회 구성 ③ 무안지역에 대한 읍·면 단위별 공청회와 찬반토론회 실시를 촉구했다.

이와 관련해 같은 날짜인 25일 목포시의회에서는 막바지에 달한 시점에서 무안 쪽의 분위기가 통합에 그렇게 낙관적이지 않다고 보고 도청유치와 관련해 이 지역의 발전에 통합은 절대적인 요소로 판단하고 긴급간담회를 가졌다.

여기에서 목포시의회는 "무안반도 31만 주민의 숙원인 지역침체를 벗고 발전의 기틀을 마련하기 위해서는 목포·무안의 통합이 축제분위기 속에서 이뤄져야 한다"며 소위 '목포시의 모든 기득권 양보'를 천명하고 나섰다. 여기 기득권 양보의 내용에는 무안측의 요구가 있을 경우 ① 통합시의 명칭을 '무안시'로 하고 ② 통합시청과 버스터미널을 무안에 두고 ③ 시의원 수와 군의원 수의 조정문제에 있어 양보하며 ④ 모든 공공기관의 입지문제를 무안에 양보한다는 내용을 결의했다.

다른 한편 구용상 전남지사는 담화문을 통해 "시·군이 통합되면 행정구역이 확대되고 투자의 효율성이 증대되며 도시지역과 농촌지역의 상호보완관계로 인해 지역발전이 촉진되는 효과가 기대된다"는 내용으로 통합에 대한 적극적 의사를 발표했다.

또 이날 실시된 전국(6개 도)의 시·군 통합에 대한 주민의견조사 개표결과는 실시지역 34개 시, 31개 군 가운데 27개 시, 26개 군이 통합에 찬성하여 전국적인 분위기가 이곳 무안반도 통합에 다소나마 유리한 외부적 요소로 대두되기도 했다.

지역의 과열된 양상과 함께 전남도에서는 전례가 없던 시·군 통합을 급히 추진하는 과정에서 여러 가지 혼선이 야기되었다. 전남도에서는 당초 21일 의견조사표 인쇄와 명부작성, 22일 봉투제작, 23일 교부 완료하는 일정을 해당 시·군에 시달했다가 다시 교부일을 26일까지 변경했고, 당초 의견조사표와 회신용 봉투에 세대별 일련번호를 표기했다가 후유증을 우려, 이를 표기하지 말도록 긴급지시했다. 그러나 당시 25일까지 목포시는 이미 전체 조사표의 약 70%를 배포했던 상태였으나 후유증 문제는 오히려 무안쪽에 잠재돼 있었다.

이 같은 와중에서 28일 오후 구용상 전남지사는 긴급기자회견을 통해 "무안지역 주민의견조사 과정에서 현저한 불공정행위가 발견됨에 따라 28일자로 지금까지 교부·회수된 조사표를 전면 무효화하고 재조사를 실시한다"고 선언했다. 이에 따라 목포·무안지역의 주민의견조사는 일정이 변경되어 30일부터 조사표를 재교부하고 5월 7일까지 회수하게 되었다. 이 방침이 발표되자 무안쪽에서는 거센 반발이 제기되어 무안군의회 의원 7명이 의원직 사퇴를 결의하고, 통합반대위 측과 주민 50여명은 무안군 선거관리 위원회 앞에서 철야농성을 했다. 29일, 목포·무안을 제외한 전남도의 통합대상 5개 지역의 주민의사 개표결과 나주시와 나주군, 순천시와 승주군 2곳이 통합에 찬성하는 것으로 나타났다.

드디어 5월 7일 오후 7시부터 목포시청과 무안군청에서 시작된 목포시·무안군 통합에 관한 주민의견조사의 개표는 주민들이 촉각을 곤두세우고 전화 등을 통해 수시로 상황을 알아보는 가운데 결국 목포는 압도적 찬성, 무안은 과반수가 넘는 반대로 끝났다.(〈표 1〉 참조)

목포의 경우 찬성은 4만5천246표(98.2%), 반대 8백38표(1.8%)이며, 무안은 찬성 7천2백표(43.8%), 반대 9천2백52표(56.2%)로 최종 집계되어, 목포지역 주민들의 압도적 찬성에도 불구하고 무안지역 주민의 다소 많은 반대로 목포·무안의 시·군 통합에 대한 논란은 일단 결론을 보게 되었다.

〈표 1〉 목포·무안 통합에 관한 주민의견표 집계결과

시·군별	총세대수	회수매수(회수율)	유효표(%)			무효표
			소계	찬성	반대	
계	86,596	63,144(72.9)	62,336	52,246(83.8)	10,090(16.2)	808
목포	63,625	46,483(73.1)	45,886	45,046(98.2)	838(1.8)	599
무안	22,971	16,661(72.5)	16,452	7,200(43.8)	6,252(56.2)	209

찬성·반대논리 엇갈려

결과에서 보여준 바와 같이 이번 시·군 통합에 대해 목포쪽에서는 압도적인 지지를 보냈던바 이 같은 운동을 주도했던 무안·목포 통합추진위원회측의 통합에 대한 논리를 살펴보면 다음과 같은 그 줄거리를 잡을 수 있다.

먼저 통합의 필요성으로는 다음과 같은 점을 들 수 있다.

① 지역특성을 최대한 활용하여 골고루 잘사는 도시기능을 갖출 수 있다. 통합을 통해 3면이 바다인 무안반도를 체계 있게 개발할 수 있는 바, 목포지역은 항만·상업기능, 일로·삼향은 행정도시, 청계는 교육·연구단지 기능, 무안은 공항·주거·교육기능, 현경·망운·운남지역은 항공산업 및 국제물류기지, 해제는 국제항만도시, 몽탄지역은 전통공예 및 강변 전원 휴양 레저기능으로 특성을 살려 개발해 갈 수 있다.

② 인천 → 목포 → 부산을 잇는 'L자형' 개발을 촉진한다. 서해안고속도로, 호남선 전철, 신외항, 대불·삼호공단과 남해안고속도로 및 도청이전과 연계된 국가사업을 효과적으로 펼 수 있다.

③ 농어촌지역 교통서비스가 획기적으로 개선된다. 각 부락마다 시내버스가 운행되어 무안 어디서나 출·퇴근이 가능해지고, 택시와 버스도 현재 시외요금에서 시내요금으로 되어 교통비 부담이 줄어든다.

④ 통합이 되지 않았을 경우 이 지역은 전남의 3위 도시로 전락된다. 승주·순천의 통합이 확정되었고, 3여(여수시, 여천시, 여천군)가 의견조사 재실시후 통합될 것이 확실시되므로 무안·목포지역이 통합되지 않을 경우 지금까지 전남의 제 1의 도시에서 전남의 3위도시가 된다.

⑤ 농촌지역의 개발이 촉진되고 복지수준도 향상된다. 통합되면 1년에 약 1백50억원의 인건비와 경상비를 절감할 수 있어 이를 낙후된 농촌지역 기반시설과 소득증대사업에 집중 투자할 수 있다.

이 같은 통합을 지지하는 주장에 반해 무안·목포 행정구역통합 반대대책위원회측을 중심으로 한 반대 논리의 주된 골자는 다음과 같다.

① 시·군 통합 권유대상지역의 선정기준에 위배되는 바, 통합대상지역은 역사적으로 동질성이 있거나 동일생활권이었던 곳이 인위적으로 분리된 불합리한 시·군을 대상으로 하고 있으나 무안군과 목포시는 조선시대부터 역사적으로 생활문화권이 서로 다른 독자적 생활을 하고 있다. 또한 성장잠재력으로 보아 독자적 발전 가능성이 있는 지역은 통합제외대상지역인데도 무안군을 통합대상지역으로 선정한 것은 잘못된 것이다.

② 신도청 후보지 최종 선정기준에 기존 시는 제외케 되어 있는데 시로 될 경우 신도청 후보지는 여타 지역으로 결정될 것이다.

③ 무안군의 경기가 침체될 것으로 인근 관내에 있는 모든 관공서가 목포시 소재 기관에 흡수되므로 지역경기침체가 가속화될 것이다.

④ 다수에 의한 의사결정의 독점화를 들 수 있는 바, 무안군의 인구가 목포시 인구의 3분의 1(기초의원수 : 목포 30, 무안 9)밖에 되지 않아 모든 의사결정과정에서 다수결의 원칙에 따라 목포시의 독점화가 가속화될 것이다.

⑤ 재정자립도가 열악한 통합은 오히려 투자효과를 저해할 것으로 재정자립도가 60~70%이상 되었을 때 지역발전을 위한 투자가 원활할 수 있으나 현재 재정자립도가 목포시는 40%, 무안군은 13.5%로 농촌지역 투자는 기대할 수 없다.

⑥ 각종 혐오시설(묘지, 쓰레기, 기타 환경오염유발시설)의 무안군 이전으로 정신적 피해가 가중된다.

⑦ 관공서의 목포 집중으로 이용에 있어 원거리로 인한 불편이 가중된다.

이상과 같은 통합반대 주장에 통합지지측에서는 다시 ① 일부 계층(기득권층)이 통합을 반대하는 이유는 지방의회 의원 입지자 등 정당인은 차기 공천과 당선에 따른 불안감 때문에, 일부 공무원과 관변단체 임직원들은 기구통합에 따른 신분상 불안감으로, 지역유지는 지역 내에 자신의 영향력감소를 우려하여 허위사실을 유포하며 통합을 반대하고 있다.

② 신도청 이전을 앞당길 수 있는 방안으로 '지방자치법 시행령 제6조'에 도청은 시에 두도록 되어 있으므로 통합되면 신도청 후보지(군지역인 삼향면 남악리)가 자연히 통합시가 되어 도청이전이 보다 쉽게 이뤄질 수 있다.

③ 통합 후 쓰레기·환경·묘지 등 주민들이 기피하는 시설의 하나인 쓰레기매립장은 목포시 삼향동에 이미 건설하고 있고, 분뇨처리장은 북항에 설치·운영중이며, 묘지는 유달공원묘지와 종교단체의 묘지를 활용하고 있으나, 묘지 수요가 계속 늘어나므로 주민의견을 수렴하여 현재 면 또는 마을별로 조성하는 묘지를 일정장소에 모아 아름다운 공원으로 조성하여 인근에 피해가 없도록 하는 것이 더욱 유익하다.

④ 기존의 군지역에서 받는 혜택과 관련해서 통합 후에도 읍·면은 그대로 두게

되므로 세금, 의무교육, 농어민 후계자 등 농어민 지원문제는 종전과 같고 넓은 땅과 늘어난 예산으로 UR극복을 위한 도시근교 농업 육성사업지원이 오히려 확대될 것이라고 반대측의 논리를 반박하고 나섰다.

통합 둘러싼 시행착오 극복해야

어느 곳 못지않게 많은 논란과 과열 분위기 속에서 목포시와 무안군 통합은 결국 통합반대로 일단 결과가 나타났지만 이후에도 행정구역통합 또는 개편에 대해서 논의가 계속되고 있다. 앞에서 언급했듯이 과거의 영화를 되찾고자 하는 열망과 최근의 도청 이전과 행정구역의 협소성 등으로 인해 목포지역에서는 행정구역의 확대를 어느 곳보다도 강하게 바라고 있다. 이러한 점에서 목포지역 주민대표들은 향후 행정구역개편의 방향을 ① 목포, 무안, 신안의 통합 ② 목포, 신안 통합 ③ 신안 일부 지역과 무안 일부 지역의 목포 편입과 신안 일부 지역의 무안 편입의 3가지 방안을 놓고 숙의를 하고 있다.

이들 시·군지역 통합이 앞으로 어떻게 전개될 것인가는 지금 시점에서 판단하기 쉽지 않을뿐더러 그에 더해 전국적으로 함께 행해졌던 행정구역 통합에 관한 주민의 견조사 과정에서 나타난 문제점도 적지 않았다고 보여진다.

이 같은 문제의 첫 번째 부분으로 지적할 수 있는 것으로 가장 인접해 있는 지역 간의 대립과 주민들 간의 불신감이 증폭된 점을 들 수 있다. 넓게는 찬성지역과 반대지역, 즉 시·군 주민간의 대립이 이번 통합문제로 인해 배태 또는 증폭되었고 군지역내에서는 읍·면간, 그리고 정치가를 비롯한 주민 대표자들에 대한 불신감과 주민들 간의 갈등이 깊어졌다는 점이다.

둘째, 통합논의 이전의 상태로 행정구역이 고착될 경우 광역지역(도시)계획의 수립과 시·군 간의 협조는 이전의 상태보다도 훨씬 어려움을 겪게 될 것이다.

셋째, 통합에 대한 대비가 너무 소홀했고 갑작스레 진행되었다는 점이다. 오랜 세월 동안 계속되어온 행정구역은 제도적 차원에서 뿐만 아니라 정치, 생활 및 정신적 차원에 까지 곳곳에 뿌리를 내리고 있다. 그럼에도 국민들이 인지하기 시작한 지 불과 1~2개월 기간 안에 이에 대한 의견을 묻게 되어 주민홍보도 충분치 못했고, 이를 수행하는 행정당국에서도 많은 시행착오를 범하여 갈등과 과열에 한 몫 한 결과를 낳았다.

넷째, 제도상의 문제를 들 수 있는 바, 이번 통합에 대한 법제의 근거는 지방자치법에 근거를 두고 이를 급히 개정·원용했으나 동법 제 3조에 의하면 지방자치단체를 폐지·분합하거나 명칭 또는 구역 변경시에 관계 지방자치단체의 의회 의견을 듣도록 하고 있으며, 동법 제 13조의 2에서는 지방자치단체의 폐지·분합시에는 주민투표에 부칠 수 있도록 하고 있다. 이미 일부 지역에서 그러한 문제가 현실로 드러나고 있듯 주민투표에 의해 결정된 사안을 다시 해당 의회의 의견을 듣도록 하여 상호 모순된 결론이 나올 경우 이에 대한 해법이 보이지 않고 오히려 스스로 문제를 야기시키고 있다.

다섯째, 통합에 대한 학술적·이론적 뒷받침이 거의 보이지 않는다. 지금까지 시로 분리 승격하여 행정을 수행해야 할 가장 큰 논리적 바탕으로 '여타 농어촌 지역과 다른 특수한 행정을 수행할 필요성'을 오랫동안 내세워 왔는바, 금번 시·군 통합조치는 지금까지의 논리에 상당부분 반하고 있어 적어도 이 부분만큼은 명쾌한 학술적 논리를 제시했어야 했다. 내면적으로 충분한 가치를 담고 있으면서도 통합에 따른 효율성위주의 단편적인 홍보성 추진배경만을 주로 제시하고 있다.

여섯째, 자치단체간의 균형문제다. 우리나라의 행정계층과 자치단체 종류가 지나치게 복잡하게 구성되어 있음은 늘 문제로 지적되어 오고 있는 게 사실이다. 그런데 통합 시·군은 앞으로 또 다른 양태의 자치단체를 탄생시키는 것이 되고, 또한 시에 설치되지 않았던 읍·면을 그대로 존속케 하는 기형을 낳게 하고 있다. 그리고 같은 기초자치단체의 격을 가진 일반 군 지역과는 그 세력에 있어 큰 격차를 갖게 될 것이다.

일곱째, 금번 통합에 따른 추진배경(목적)을 근거로 살펴보면 반드시 시와 군만을 그 통합대상으로 할 이유가 없다. 보다 효율적 측면에서 군과 군 간에도 이를 추진할 필요가 있다고 보여지는데 이에 대한 보다 명확한 기준과 논리적 바탕이 보이지 않는다.

원리적 측면의 몇 가지 문제에서 벗어나 생각할 때 이번에 시도했던 시·군 통합은 국제경제환경과 생활권 변화, 지방의회의 구성으로 인한 지역 간 갈등에 따른 비효율성을 제거하고자 하는 측면에서 큰 의미를 갖고 있다. 어쨌든 오랫동안 낙후로 점철된 목포시와 무안군 지역은 행정구역통합이라는 중대한 사안을 맞아 이를 발전의 한 전환점으로 승화시켜 보려는 시 지역 주민의 의지와 여타 이유로 통합을 반대했던 군 지역 주민들이 생각이 부딪쳐 많은 문제와 여진을 남긴 채 한 단계를 넘겼다.

『지방자치』 통권70호, 현대사회연구소, 1994.07. (18~23쪽)

| 우리지역 문제점검(2) - 서남권 의료시설 |

지역의 기본여건과 의료환경 측면에서 본 의대설립 타당성

지역의 변화와 의료환경

우리 목포대학이 위치한 서남권은 이제까지 발전과정에서 소외되어 정체상태를 탈피하지 못하여왔다. 그러나 이러한 오랜 정체 가운데서도 최근 들어서는 국제 경제 질서의 변화에 결부하여 이 지역은 대불공단조성, 서해안 고속도로 건설, 목포신외항 건설, 천연의 관광자원을 통한 관광지로의 개발, 도서개발 등 새로운 전기를 맞고 있다.

그러나 이 같은 물리적 부문의 변화조짐과는 달리 이 지역은 의료부문에서 가장 취약한 여건을 가지고 있으면서도 양질의 측면에서 볼 때 의료서비스 전달체계는 가장 낙후되어 있다. 이 같은 의료부문의 취약성으로 인해 우리 대학과 최 근접된 서남해 도서 및 농촌지역 150만 주민들은 인간의 삶에 가장 기본적 요건인 보건의료 수혜에 가장 큰 어려움을 겪고 있다.

의대의 사명과 지역여건

이러한 제반 문제의 인식하에서 우리 대학은 대학이 갖는 사회적 봉사와 발전의 선도라는 기본 사명에서 이 지역이 갖는 가장 주요 현안인 의료문제를 근본적으로 해결하고 더 나아가 지역 및 대학의 전반적인 발전계기를 마련하기 위해서 지역주민들과 함께 의과대학 설립을 오래전부터 꾸준히 추진해오고 있다. 그러나 지난 94년 전국에 4개의 의과대학이 설립허가 되었고 지난해에는 제주대학이 허가되었으나 우리 대학은 그 대열에 탈락되어 이 지역 주민과 대학은 커다란 좌절감을 안고 있다.

• 의료수요 충족을 위한 기반조성

- 의료시장 개방대비
- 국민의 의료욕구 충족
- 특수한 지역 의료 환경에 대한 체계적 연구 및 진료라고 할 때, 의과대학의 설립 선정기준으로는 당연히 대학이 위치한 지역의 의료 환경이 우선적으로 고려되어야 할 사항이다.

지역 의료복지 부문의 취약상

전남은 1993년 말 기준 인구가 2,303천명으로 전국 15개 시·도 가운데 6번째에 해당되고 있다. 그러나 산업구조 측면에서 매우 취약하여 국내시장 개방에 있어 가장 큰 영향을 받게 될 1차 산업에 편중되어 있는 바, 농림어업의 비중이 전국에서 가장 높으면서도 호당 경지면적은 매우 영세하며 광공업의 비중은 제주도 다음으로 낮다.

또한 인구구조는 매우 노령화되어 있어 질병에 매우 취약한 면을 가지고 있고, 생활보호대상자는 334,157명으로 전체 인구대비 14.5%로 전국에서 가장 높아 전국 평균치 4.5%에 비해 무려 3배 가량이나 된다.

전남은 1,970개(유인도 287개)의 도서가 있고 전국 도서의 62.2%를 차지하고 있으며 6,593m의 해안선을 가지고 있어 전국 50.2%를 차지하고 있다. 그 가운데서도 우리대학이 위치한 전남 서남권에는 도서가 가장 밀집되어 있는데다 광활한 농촌지역이 산재되어 있는 바, 도서지역과 해안 그리고 농촌 지역의 열악한 위생환경과 직업, 고령화 등으로 인해 의료부문의 취약상을 어느 곳보다 크게 드러내고 있다.

- 도서와 농촌으로 구성된 이 지역은 인구구조 측면에서 높은 고령화를 보이고 있다. 1994년 초 기준으로 전국의 고령화지수는 22.0인데 비해 전남은 37.0이고, 농어촌이며 대부분 도서로 구성된 완도군은 43.2이고 신안군은 무려 52.6으로 나타나 이 지역의 고령화현상이 얼마나 심한가를 보여 주고 있다. 이 같은 고령화된 인구구조는 지역의 직업과 보건위생환경의 취약상과 함께 필연적으로 많은 질병에 시달리며 퇴행성 질환에 의한 사망이 커지고 있다.
- 일부 농촌에서의 B형 간염 항원 양성율이 12~14%로 10%를 상회하는 것은 농촌지역 주민의 위생 문제 등을 포함하여 심각한 문제로 지적되고 있는바, 이 지역도

예외가 아니다.

· 이 지역에 있어 기생충성 인축공통질환은 그 감염자 수나 이환율로 보아 여전히 중요한 질환이라 볼 수 있다. 기생충 감염은 사회, 경제 및 문화를 기초로 한 인간행동양식과 큰 관련이 있고, 지역의 생물학적 및 물리적 자연환경과 관련된 것으로 전남지역은 이러한 유형의 질병에 노출되어 있다.

· 목포를 중심으로 한 전남의 서남부지역은 국제경제질서의 재편과 개방화에 의해 동북아권과 환황해권, 환태평양권의 중심지로 관문 역할을 하게 될 지정학적 위치에 놓여있다.

기존의 목포항과 완도항은 국제항으로 역할이 강화되고 무안국제공항이 완성되면 국제 관문으로 인적·물적 교류가 확대될 것이고, 관광객(제주, 홍도, 월출산, 다도해 해상국립공원 등)의 폭발적 증가와 머지않아 목포항과 중국연운항간에 정기 여객선이 왕래할 것인 바 이에 따른 내·외국인의 교류와 물동량은 엄청나게 늘어날 것이다.

이와 같은 교통·산업 그리고 관광 등의 지역 여건으로 인한 엄청난 인원의 교류는 필연적으로 지역의 의료보건 면에서 적지 않는 문제의 야기와 함께 커다란 의료 수요 증대를 가져오고 있으며, 이러한 양상은 앞으로 더욱 크게 대두될 수밖에 없을 것이다.

· 이 지역의 많은 외래인의 왕래와 더불어 지역의 자연환경의 여건으로 인해 지역에 특수한 의학적 문제가 크게 대두되고 있다. 대표적 사례로 해안지역을 중심으로 자주 창궐하는 비브리오균과 1989년 신안군의 낙도인 신도에서 발생한 괴질을 들 수 있는 바, 이 지역의 자연조건 ― 전국에서 가장 긴 해안선 연장과 넓은 해안역을 가지며 따뜻한 기후와 복잡한 조류 등 ― 을 감안할 때 이 지역 일대에 대한 종합적이고 체계적인 역학조사는 어느 곳 보다도 시급한 실정이다.

위에서 제시한 바와 같은 대표적인 사례를 통해 살펴보았듯이 이 지역의 의료 환경의 취약상은 어느 곳 보다도 높아 상대적으로 양질의 지역의료 공급 수준은 정 반대로 전국에서 가장 열악한 상태이다.

전남의 경우 인구 만 명당 의사 수는 4.0명으로 전국에서 가장 낮은 수치로 전국 평균치의 절반수준(47%)에도 못 미치며, 병의원 당 인구수는 5,039명으로 전국 평균치보다 1.55배나 되는 최악의 수준이다. 특히 높은 수준의 의료 시설을 갖추고 있는 종합병원을 기준으로 할 때 병상 당 인구수는 854.2명으로 전국 평균치의 1.59배에 달하고 있어 이 지역 의료부문의 저열성을 여실히 보여주고 있다.

국립 목포대 의대 설립과 우리의 의지

위에서 살펴본 바와 같이 이 지역의 기본여건과 의료환경을 감안할 때 이 지역의 의과대학 설립은 너무나 절실한 과제이다. 이 같은 절박한 과제의 해결을 위해 우리 대학에서는 총장을 비롯한 교직원 그리고 학생 모두가 지역 주민 및 공공기관과 사회단체와 함께 몇 년 전부터 간단없는 노력을 경주해오고 있다. 그러나 목포대학 의과대학설립이 계속 좌절되고 있고 이러한 과정 속에서 지역주민들의 고통은 실로 대단하게 대두되고 있다. 지역의 기본 여건과 의료환경에 비춰볼 때 국립대학에 의과대학 설치가 어느 지역보다 요구되고 있고 또한 어느 지역보다 재정부담 면에 있어 유리한 조건을 가지고 있는 점, 그리고 지역주민에 보다 높은 의료 서비스를 제공할 수 있는 측면에서 목포대학의 의과대학 설립은 타당하고 절실한 과제이다. 이 시점에서 우리 대학인 모두는 지역 주민 그리고 모든 단체와 함께 목포대학교 의과대학 설립을 위해 지혜를 모으고 힘을 결집해 나가는데 총력을 다해야 할 것이다.

『목포대신문』 제241호, 1996.03.25. (8쪽)

지역 여건과 의료환경 측면에서 본
목포대 의대 설립 타당성

1. 서언 : 대학의 사명과 지역사회에의 봉사

오늘날 세계는 오랜 냉전 시대에서 벗어나 이른바 세계화 또는 국제화라는 중요한 페러독스 속에 모든 국가 간 무한경쟁 시대를 맞이하고 있다. 이 같은 국가 간 경쟁 속에 모든 국가는 자국의 이익추구와 생존권 확보를 위해 내부적 역량을 총동원 하고 있다. 우리나라 역시 이러한 세계화의 흐름에 예외일수는 없고 오히려 어떤 측면에서 보면 지금까지 진행되어온 발전 노력보다 훨씬 더 한 사명이 요구되어지고 있는 상황이다.

이 같은 시대적 흐름에 있어 대학은 어느 부문 보다 많은 사명이 부여되어 있는바, 대학이 가지고 있는 본래의 사명과 기능에 더욱 충실하여야 할 당위성이 높다 하겠다. 대학은 학술의 심오한 이론과 응용 방법을 교수 연구하여 국가와 인류 발전 그리고 지역사회에 봉사하여야 함이 가장 기본적인 사명이자 기능이다.

우리나라 서남부의 중심권에 자리한 우리 목포대학은 1979년에 4년제 대학으로 출범한 이래 대학이 수행해야 할 사명과 역할을 위해 전력해 오고 있는 바, 비교적 짧은 역사 속에서도 대학이 갖는 국가와 인류의 문화 발전을 위한 기본적 사명에 더해 이 지역이 처해 있는 현실 문제를 인식하고 지역발전에 대한 최선의 노력을 경주해 오고 있다.

우리 목포대학이 위치한 서남권은 이제까지 발전 과정에서 소외되어 정체 상태를 탈피하지 못하여 왔다. 그러나 이러한 오랜 정체 가운데서도 최근 들어서는 국제 경제 질서의 변화에 결부하여 이 지역은 대불 공단 조성, 서해안 고속도로 건설, 목포 신외항 건설, 천연의 관광자원을 통한 관광지로의 개발, 도서 개발 등 새로운 전기를 맞고 있다.

그러나 이 같은 물리적 부문의 변화 조짐과는 달리 이 지역은 의료 부문에 가장 취약한 여건을 가지고 있으면서도 양질의 측면에서 볼 때 의료 서비스 전달 체계는 가장 낙후되어 있다. 이 같은 의료 부문의 취약성으로 인해 우리대학과 최근접된 서남해 도서 및 농천 지역 150만 주민들은 인간의 삶에 가장 기본적 요건인 보건 의료 수혜에 가장 큰 어려움을 겪고 있다.

이러한 제반 문제의 인식하에서 우리 대학은 대학이 갖는 사회적 봉사와 발전의 선도라는 기본 사명에서 이 지역이 갖는 가장 주요 현안인 의료 문제를 근본적으로 해결하고 더 나아가 지역 및 대학의 전반적인 발전 계기를 마련하기 위해서 지역 주민들과 함께 의과대학 설립을 오래 전부터 꾸준히 추진해 오고 있다.

그러나 지난 1994년 전국에 4개의 의과대학이 설립 허가되었고 지난해에는 제주대학이 설립 허가 되었으나 우리 대학은 그 대열에 탈락되어 이 지역 주민과 대학은 커다란 좌절감을 안고 있다. 따라서 본고에서는 급변하는 사회의 상황과 함께 어느 때보다 대학의 발전에 대한 내·외적 요구가 크게 제기되고 있는 시점에서 의료 부문에 대한 지역의 여건을 살피고 여기에 부응하는 의대의 설립 타당성을 제기하여, 대학과 지역의 발전에 도움이 되고 이를 위한 실천적 의지를 촉구하고자 한다.

2. 지역의 일반적 실상과 의료 여건

1) 지역의 현재와 미래

앞서 기술한 바와 같이 대학은 인류의 문화 발전과 국가 발전에 기여하여야 하고 지역사회에 봉사하여야 한다. 이러한 의미에서 대학이 위치한 지역의 여건은 곧 대학이 연구 봉사하는 중요한 바탕이 된다.

목포대학이 위치한 전남, 특히 전남의 서남권은 오랫동안 개발의 축에서 벗어나 낙후 지역으로 머물러 왔다. 전남은 1994년 말 기준으로 인구가 2,198천명으로 전국 15개 시·도 가운데 8번째에 해당하고 있다. 그러나 산업 구조 측면에서 매우 취약하여 국내시장 개방에 있어 가장 큰 영향을 받게 될 1차 산업에 편중되어 있는 바, 농림어업의 비중이 전국에서 가장 높으면서도 호당 경지 면적이 매우 영세하며 광공업 비중은 제주도 다음으로 낮다. 또한 인구구조는 매우 노령화되어 질병에 매우 취약한 면을 가지고 있고, 생활 보호 대상자는 284,299명으로 전체 인구 대비 12.9%로 전국에서 가장 높아 전국 평균치 4.2%에 비해 무려 3배 가량이나 된다.

이 같은 지역 여건을 가진 전남은 이제까지의 낙후와 소외에서 벗어나 차츰 새로운 발전의 기틀을 마련해 가고 있다.

2) 지역 의료 부문의 실태
가. 열악한 의료 여건

1994년 말 기준으로 전남은 1,969개(유인도 273개)의 도서가 있어 전국 도서의 62.4%를 차지하고 있다. 그 가운데서도 우리 대학이 위치한 전남 서남권에는 도서가 가장 밀집되어 있는 데다 광활한 농촌 지역이 산재되어 있는바, 도서지역과 해안 그리고 농촌 지역은 열악한 위생 환경과 직업, 고령화 등으로 인해 의료 부문의 취약성을 어느 곳보다 드러내고 있다(신순호, 1995 : 22~26).

도서와 농촌으로 구성된 이 지역은 인구구조 측면에서 높은 고령화를 보이고 있다. 1994년 초 기준으로 전국의 고령화 지수는 22.0인데 비해 전남은 37.0이고, 농어촌 지역이며 대부분 도서로 구성된 완도군은 43.2이고 신안군은 무려 52.6으로 나타나 이 지역의 고령화 현상이 얼마나 심한가를 보여주고 있다.

이 같은 고령화된 인구구조는 지역의 직업과 보건 위생 환경의 취약상과 함께 필연적으로 많은 질병에 시달리며 퇴행성 질환에 의한 사망이 커 가고 있다. 이같이 취약한 지역의 의료 여건에도 불구하고 의료 실태는 열악하기 짝이 없다.

1994년 말 기준으로 전남의 경우 인구 만 명당 의료 기관 종사 의사 수는 4.4명으로 전국에서 가장 낮은 수치로 전국 평균치보다 1.45배나 낮은 최악의 수준이다. 특히 높은 수준의 의료시설을 갖추고 있는 종합병원을 기준으로 할 때 병상 당 인구수는 700.87명으로 전국 평균치 499.2명의 1.56배에 달하고 있어 이 지역 의료 부문의 지역성을 여실히 보여주고 있다.

또한 의료 전달 체계의 측면에서 볼 때에 전국을 생활권에 따라 140개중 진료권과 도단위로 8개 의대 진료권으로 구분하여 의료자원 지역화와 의료균점의 적정화를 유도하고 있으나 전남대 (진료)권의 경우 오직 1개 진료 기관만이 3차 진료기관으로 지정되어 있어(의료보험 조합, 1994)인구 규모면이나 의료 수요측면에서 많은 어려움이 노정되고 있다.

나. 지역여건 변화에 따른 의료수요의 증대

목포를 중심으로 한 전남의 서남부 지역은 국제경제 질서의 재편과 개방화에 의해 동북아권과 환황해권, 환태평양권의 중심지로 관문 역학을 하게 될 지정학적 위치에 놓여있다.

기본의 목포항과 완도항은 국제항으로 역할이 강화되고 계획한 무안 국제공항이 완성되면 국제 관문으로 많은 인적 물적 교류가 행해질 것이고, 현재도 기상 조건의 악화시에는 많은 중국의 어선들이 목포 주변에 대피하고 있으나 머지않아(늦어도 1996년)목포항과 중국 연운항에 정기 여객선이 왕래할 것인바 이에 따른 내외국인의 교류와 물동량은 크게 늘어날 것이다.

또한 목포는 서남권의 교통의 요충지로 철도, 항공, 여객선, 자동차 수송으로 인한 여객과 화물의 유통 중심지 역할을 하여 왕래가 매우 빈번한 곳이다. 1993년 기준 목포역을 통한 철도 수송 인원(승차 및 강차) 인원은 223만 9천명에 이르고, 목포공항의 항공에 의한 여객 수송은 25만 7천명이며, 제주도와 연안 도서지역을 왕래하는 목포항의 여객선에 의한 수송 인원은 약 6백만 명에 이르고 있다. 목포를 중심으로 서남권을 찾는 관광객수도 많아서 다도해 관광권만 하더라도 기존의 홍도를 비롯한 다도해 해상 국립공원과 월출산 국립공원 등의 관광객이 연간 500만 명(1991년 기준)에 달하고 있고 2001년에 가서는 약 1,000만 명의 관광 수요가 예상(제 2차 전남 종합개발 계획, 1993,12)되고 있다. 이와 같은 교통 그리고 관광 등의 지역 여건으로 인한 엄청난 인원의 교류는 필연적으로 커다란 의료보건 측면에 문제를 야기하고 의료 수요증대를 가져오고 있으며, 이러한 양상은 앞으로 더욱 크게 대두될 수밖에 없을 것이다.

다. 체계적 의료 연구의 시급성

이 지역의 많은 외래인의 왕래와 함께 지역의 자연 환경의 여건으로 인해 지역에 특수한 의학적 문제가 크게 대두되고 있다.

이 같은 문제들 가운데 대표적인 사례로 해안지역의 중심으로 자주 창궐하는 비브

리오균과 1989년 신안군의 낙도인 신도에서 발생한 괴질을 들 수 있다. 100명 내외의 주민이 상주하는 신도에서 발생한 괴질은 1981년 개가 죽은 이래로 1982년 소 17마리가 죽고 1983년에는 소 20마리와 여타가축이 거의 폐사하고 1986년부터 1988년 사이에는 주민 10여명이 사망하고 20여명의 이환자를 발생하였던 사건은 당시 보건 의료 당국과 학계 그리고 전국에 큰 파문을 주었다. 이 괴질을 두고 당시 보건사회부와 서울대학교 보건 대학원에서는 각각 현지의 역학 조사를 실시하였던 바, 이에 대한 결론은 파라쿼트 중독과 탄저병으로 전혀 상반된 견해를 보였고(이성우 외, 1989:454~465; 김정순 외, 1989:301) 아직도 이에 대한 정확한 결론을 내리지 못한 상태이다.

이 같은 신도에서 발생한 괴질을 비롯하여 이 지역 주민이 갖는 질병과 이 지역의 자연조건 — 전국에서 가장 긴 해안 연장선과 넓은 해안역을 가지며 따듯한 기후와 복잡한 조류등 — 을 감안 할 때 이 지역 일대에 대한 종합적이고 체계적인 역학 조사는 어느 곳보다도 시급한 실정이다.

라. 지리적 여건

이 지역 의료 문제의 심각성은 먼저 의료 자원의 심한 지역적 불균등에서 그 원인을 찾아 볼 수 있으며, 이것은 곧 이 지역 주민들의 의료시설과의 불량한 지리적 접근성과 관계된다.

의료 자원의 도농간 불균등은 전남지역 내에서도 존재한다. 전남의 시급 도시는 의사 1인당 인구수가 거의 1,500명 이내이다(여천시의 경우 여수시와 인접하여 있음). 군부 지역에는 거의 2,000명 이상으로 그 격차가 자못 크다. 한편 목포권 지역은 전체적으로 의사 1인당 인구수가 전남 평균과 비슷하나 도서지역을 포함하고 있음을 감안할 때 전남 여타 지역보다 문제는 더욱 심각하다. 주로 도서지역으로 구성된 완도군과 신안군은 의사 1인당 인구수가 2,557명과 3,559명으로 전남 평균의 약 2배이고 전국 평균의 무려 3배에 해당되는 불균형을 보이고 있다.

전남의 서남권 지역은 어느 곳에 비해 의료 기관에 대한 접근성이 불리한 입지적 여건에 처해 있다. 전남 서남부 지역은 광활한 농촌 지역과 함께 우리나라에서 가장 많은 도서지역으로 구성되어 있어 이 지역의 교통 여건은 어느 지역에 비해도 열악한 상태이다(신순호, 1993; 국회 도서 발전 연구회, 1995).

　불리한 지리적 접근성은 근본적으로 적시에 적절한 진료를 받는 데 가장 큰 장애 요인이 되고 있다. 통근 거리인 지역 중심지인 군청 소재지나 시급 중심지에 있는 의료 기관에서 치료할 수 없는 환자는 대부분 광주나 서울 소재 종합병원(특히 의과대학 부속병원)을 찾을 수밖에 없다. 이 경우 입원시 진료 대기와 병실 확보의 문제는 널리 알려진 사실이고, 장기 입원 환자의 병간호를 위한 가족의 거처 문제가 또한 적지 않은 어려움과 경제적 부담을 안겨 주고 있다.

　마. 의료 부문에 관한 주민 욕구

　앞서 기술한 바와 같이 목포대가 소재하고 있는 서남부 지역은 전형적인 농촌 도서 지역이다. 이같은 농촌과 도서지역 주민들은 거주 지역에서 생활하는데 가장 불편하며 개선되어야 할 것으로 의료 부문을 들고 있다.

　한국 농촌 경제 연구원에서 행한 농촌 주민의 사례 조사 결과(유승흠, 1986), 가장 불편한 정주생활 환경은 의료부문이라고 응답하고 있다. 또한 서남부 4개 도서지역 주민을 대상으로 한 설문 조사 가운데 지역의 숙원 사항으로 교통, 도로, 및 농로 선착장 및 방파제, 교육 시설, 행정기관 설치 등 13개 항목은 의료 시설을 최우선으로 들고 있다(신순호, 1991). 그 밖의 1994년 11월 한국개발연구원(KDI)에서 실시한 전국 6대도시 시민을 대상으로 한 서비스 시민 만족도 조사에서는 민간 서비스 만족도에서 병원의 진료 대기 시간을 가장 불만족한 부문으로 들고 있다(국민일보, 1995.2.25).

3. 의과대학의 현황과 과제

1) 기본 현황

　1996년 3월 현재 우리나라 의과대학은 전체 37개 대학이고 입학 정원은 3,120명이다. 이들 대학에서 배출한 졸업생은 1990년에 2,875명, 1991년에 2,896명, 1992년에 2,895명 1993년에 2,971명, 1994년에 2,899명으로 변동없이 매년 3,000명 미만의 졸업생이 배출되고 있다. 아직 졸업생을 배출하지 않은 대학은 1991년도에 설립된 대구 카톨릭 대학(입학 정원 20명)과 1995년 설립된 서남대(50명), 건양대(50명), 관동대

(50명), 강원대(50명)와 1996년의 제주대(40명)등으로 이들 대학에서 졸업생이 배출될 2001년이 되어서야 1996년도 입학생 모두 졸업한다는 전제 아래 우리나라 의과대학 전체 졸업생은 3,000명이 조금 상회할 것이다.

2) 의과대학 분포 및 정원의 불균형
가. 의과대학의 사립대학 편중

1995년 현재 전체 36개 의과대학 가운데서 국립의대는 9개교로 학교 수에서 25%에 해당하고 사립대는 27개교로 75%를 차지하고 있어 의과대학이 사립대학에 편중되어 있음을 알 수 있다. 미국의 경우는 사립 의과대학이 40%를, 일본의 경우는 37%를 차지하고 있어 한국과는 대조적이다.

의과대학의 사립대 편중 현상은 국민의 의료 복지 증진을 위해서 의료에서 차지하는 공공 의료부분의 비율을 높여야 한다는 당위적인 과제와 배치되는 현상으로 정부가 국민의 의료복지의 책임을 민간 부분에 너무 의존하고 있다는 비판을 면하기 어려울 것이다.

나. 의과대학의 지역별 분포

의과대학의 지역별 분포를 보면 수도권(서울, 인천, 경기)이 10개교, 강원도가 4개교, 충청권(대전, 충북, 충남)이 6개교, 호남권(광주, 전북, 전남)이 5개교, 영남권(부산, 대구, 경북, 경남)이 11개교, 그리고 제주도 1개교로 영남권에 가장 많이 분포되어 있다. 특히 80년대 이후 설립된 18개 의과대학 가운데 6개교가 영남권에 설립되었고, 충청권 4개교, 강원도 3개교, 수도권과 호남권이 각각 2개교이고 제주도가 1개교이다.

우리나라의 의과대학(의예과)설립은 1950년대(50년대 이전 포함)에 7개교(국립 4개교, 사립 3개교)가 설립되었고, 1960년대에는 4개교(국립 1개, 사립 3개교), 1970년대에는 8개교(국립 1개교, 사립 10개교), 1980년대에는 12개교(국립 2개교, 사립 10개교), 그리고 1990년도 이후에는 5개교(국립 1개교, 사립 4개교)가 설립되었다. 설립과 관련해서 하나의 특징은 1970년대에 있어 1972년에서 1977년 사이에는 의과대학 설립이 없었고 이후 1991년까지 서울 이외의 지역에 의과대학이 설립되어 왔으며, 1992년 1994년에는 설립이 없다가 1994년 4개교 그리고 1995년에 1개교가 인가

되어 의과대학의 지방 확산을 도모해 온 것이 사실이다. 그러나 의과대학의 설립 지역을 선정함에 있어서 의료 수급의 지역적 균형 및 지역 의료 전달 체계의 유기적 구성이라는 문제들을 충분히 고려 한 것인가 반성해 볼 필요가 있다. 특히 특별시와 광역시를 제외한 도시지역 가운데 강원도는 4개교로 가장 많고 다음으로는 충남과 전북은 3개교이나 전남만이 1개교도 없는 실정이다.

4. 목포대 의대설립의 유리한 조건

의과대학 신설에는 많은 예산이 소요되기 때문에 의대신설은 필요성이나 당위성의 문제로만 해결되어질 수 없는 것도 사실이다. 다행이도 목포대학교는 기존의 시설을 이용함으로서 의과대학 신설에 따르는 예산의 상당 부분을 절감할 수 있는 매우 유리한 조건을 갖추고 있다.

1) 의대설립시 기존 건물 이용

목포시 중심부에 위치하고 있으면서 경관이 수려한 자연 환경을 가진 목포캠퍼스는 현재 미술학과, 음악과 및 대학원이 활용하고 있는데 그 부지 규모가 221,026㎡(6만4천 평)로 의과 대학 신설의 최적 입지조건을 갖추고 있다. 따라서 부지 확보에 따른 절차상 어려움이 전혀 없으며 의대 건립에 있어 상당한 비중을 차지하는 부지 확보 비용이 전액 절감되므로 어느 대학에 비해 작은 규모의 재정을 통해 의대 설립이 가능하다.

2) 부속병원 설립의 유리한 조건

가. 목포의료원

목포시 용해동 133-1에 위치한 목포의료원은 대지 4,997㎡(1,511평), 건평 7,045㎡(2,131평)에 200병상과 의료장비 524종을 갖추고 14개 진료과로 운영하고 있다. 목포의료원은 1904년에 설립되어 1945년에 목포시로 관리 전환되어 현재 전국에서 유일한 시(기초 자치단체) 관리의 지방 공사 종합병원으로 1993년의 입원 환자 수는 41,773명, 외래환자 수는 128,695명으로 주요한 진료기관의 역할을 하고 있다.

이 같은 목포의료원은 의대설립시 부지가 되는 목포대학교 목포캠퍼스와는 거의 인접해 있고 기존의 설비의 상당한 부분을 일정 기간 활용할 수 있어 의과대학 부속 병원 건립에 따른 소요 재정 측면에서 매우 경제적이며 절차상 용이한 면을 가지고 있다. 병원 측에서도 의과대학 부속병원으로의 전환에 대해 매우 긍정적이고 협조적 이다.

나. 국립 목포 결핵병원

목포시 석현동 45번지에 위치하고 있는 국립 목포 결핵병원은 대지 66,116㎡ (26,000평)에 360 병상을 가지고 있는 바, 이를 대학 부속병원으로 전환, 활용이 가능 하리라 본다.

결핵 병원 측에서도 특수 병원만으로는 운영상의 어려움이 있을 뿐만 아니라 시설 활용율도 저조하기 때문에 대학 부속병원으로의 전환이 바람직하다는 의견을 제시하고 있다.

삼성 그룹에서는 지난 1994년 말경 목포 지역에 300 병상 규모의 종합병원을 개설 하여 이 지역 일대의 열악한 의료 복지 부문에 다소나마 기여 하겠다고 공표하고 계획에 착수하고 있는 바, 목포대학에 의과대학이 설립될 경우 이의 시설을 의과대학에서 활용할 수 있도록 하는 방안을 적극적으로 검토 제시하고 있어 의과대학 설립에 따른 재정투자에 커다란 절감 대책으로 제시되고 있다. 결국 의과대학 설립시 장기적으로 추정되는 총 소요액 1,000억원 가운데 80%이상을 차지하게 되는 대학병원의 건축비와 각종 의료기기와 실험 설비의 대부분은 기존의 공공시설이나 민간 부문 시설을 통해 해결이 가능함을 알 수 있어 전국 어느 국립대학에서의 의과대학을 설립하는 것보다 경제적 측면에서 효율성과 실천 가능성을 크게 가지고 있다.

5. 결론

목포대학이 자리한 전남 서남부 지역은 전국에서 가장 낮은 소득 수준을 보이고 있으며, 시장개방시 매우 취약한 농림 어업 부문에 종사하는 인구 비율이 전국에서 가장 높고, 노령화된 인구 비율 역시 어느 지역보다 높다. 또한 이 지역은 교통 여건이 취약한 도서지역이 전국에서 가장 많이 분포되어 있고, 복잡한 해안선과 해류 등의 자연 조건으로 인해 높은 질병 발생율을 보이며, 괴질이 자주 창궐하는 지역으로 알려져 있다.

그럼에도 의료 복지 부분은 가장 열악한 상태로 전국 15개 시도 중에 의과대학이 없는 2개 도道 가운데 하나이며 인구 만 명당 의사 수는 4명으로 전국에서 가장 낮은 수치를 보여주고 병의원당 인구수는 5,039명으로 전국에서 가장 열악한 수치로 전국의 평균치와 비교하기도 힘들다. 특히 일반적으로 높은 의료 시설을 갖추고 있는 종합병원을 기준으로 할 때 병상당 인구수는 854.2명으로 전국 평균치의 1.59배에 달하고 있어 이 지역 의료 부문의 저열성을 여실히 보여주고 있다.

이와 같은 지역의 의료 복지 실상의 인식 아래, 국제 정세의 변화에 따른 의료 시장의 개방과 다가올 조국 통일에 대비하고, 국가의 국민 복지 향상의 측면과 의료 복지 수준의 향상 그리고 지방도시 및 지방대학의 육성, 지금까지 국가 개발 정책에서 소외되어 낙후한 지역의 실상과 지역이 갖는 취약한 보건 위생 환경, 특수한 자연적 여건에 따른 체계적인 역학연구의 필요성, 지정학적 위치에 따른 지역의 커다란 사회적 변화가 가져올 의료 수준의 급증, 그리고 국내에서 가장 열악한 의료 수준 등을 감안할 때 이 지역에 의과대학과 부속병원의 설립은 어느 지역 그리고 어느 부문보다 시급하고 절박한 과제이다. 또한 이 지역에의 의과대학 설립은 앞서 살펴본 제반 사항에 비춰 특히 국립대학에 설치되어야 보다 근본적인 문제 해결을 가져올 것이고 이는 국내 어느 국립대학에 설치하는 것보다 적은 투자비용으로 설립이 가능한 조건을 완비하고 있음을 단언할 수 있다.

기술한 바와 같이 목포대 의대 설립은 높은 당위성을 가지고 있음에도 이에 대한 관련 정책 당국은 지금까지 이에 대한 명쾌한 해답을 주고 있지 않다. 낙후된 이 지역의 복지 향상과 앞으로 개혁의 격량에 처한 우리 대학의 미래를 생각할 때 목포대학교 의과대학 설립을 위해 우리 대학의 모든 구성원은 지역사회와 함께 체계적으로 지혜와 힘을 결집해 나아가야만 할 것이다.

『도림』 제17호, 목포대학교 학생회, 1996년 여름호. (30~39쪽)

도청이전의 진행과정과 의미

진행과정

1993년 5월 13일 오후. 광주의 어느 방송사 기자로 부터 느닷없는 전화를 받았다. 김영삼대통령의 특별 담화에 따른 의미와 소감 그리고 앞으로 예상되는 진행사항 등에 대한 인터뷰를 요청하는 내용이었다. 그러나 아침에 연구실로 나와 있는 나에게는 특별 담화 발표를 청취할 여건이 마련되지도 않았거니와 설령 마련되어 있더라도 방송을 청취할 시간적 여유가 있지도 않아 도리어 무슨 내용이냐고 물었더니 천만 뜻밖에도 전남도청이전에 대한 내용이었다.

이같이 시작된 전남도청 이전 문제는 지역문제를 연구하는 나와 인연이 시작되었고, 이후 오늘에 이르기까지 전남의 각 지역주민, 관련 기관 그리고 언론기관에 어느 사안보다도 많은 관심과 논란을 안고 있는 과제이기도 하다.

광주는 긴 세월 동안 전남(전라도) 내의 한 고을로 전남이라는 울타리 속에서 전남과 운명을 함께 해왔다. 이 같은 광주가 1986년 11월 1일을 기해 전남으로부터 분리되어 당시 직할시(현재 광역시)로 승격하게 되자 이때부터 — 기약된 시기는 알 수 없지만 — 언젠가는 전남도청이 광주를 떠나 전남의 어느 곳으로 이전될 것이라는 생각을 어렴풋이 가져 왔을 뿐이었다.

그러나 이미 먼저 광역시가 된 대구에 경북도청이 자리하고 있고 또 광주보다는 늦었지만 대전에 충남도청이 그대로 있어 전남도청 이전은 이들과 함께 하거나 최소한 경북도청이 이전된 이후에나 가능할 거라는 것이 일반적인 예상이었다. 이러한 일반적인 예상 속에서 갑자기 전남도청이전 문제를 문민정부가 제시하자 일말의 의구심을 가진 가운데서도 전남도민들은 대부분 새롭게 전개될 도청이전 문제에 커다란 관심을 집중하게 되었다.

대통령 특별 담화에 따르면 도청이전 사업 추진은 매우 시급한 일정을 요하고 있어 연말(1993년)까지는 신도청 소재지 선정 작업을 마무리 할 것으로 보였다. 따라서 전남도에서는 5월 17일 도청이전추진위원회(도지사 외 12명)가 구성되었고, 6월 10일에는 당시 전남발전연구원(현 광주전남발전연구원)과 전남의 신도청소재지 입지선정에 관한 연구용역을 체결하였다.

이즈음에 전라남도는 후보지 선정기준으로 7대 원칙을 제시하였는바, ▷국토이용계획상 발전잠재력 ▷전 도민의 이용 편의 ▷원활한 교통통신 수단 ▷전 시군의 균형발전에 기여할 수 있는 곳 ▷행정능률을 극대화할 수 있는 곳 ▷가급적 배산 임수 지역일 것이 그 내용이다.

대통령 담화발표 후, 신도청이 들어 설만한 도내 각 지역(10개 시군)에서는 다소의 시기적 차이가 있을 뿐 도청을 유치하기 위한 추진위를 구성하고 치열한 유치 경쟁을 전개하기 시작하였다.

전남발전연구원에서는 2차에 걸친 도민설문조사(9.22과 10.20~31)를 실시하였고, 중간보고회 및 토론회(9.22, 전라남도·도의회, 전남발전연구원 공동주최), 토론회(10.20, 도의회), 설명회(12.3)를 거쳤다.

이 과정에서 3단계의 선정과정이 있었는바, 제1단계에서는 입지가능 범역으로 3개 도서지역과 타도와 접경지역(3시 7군)을 제외하고, 입지가능후보지 선정 기준을 선정하여 16개 지역을 선정하였다. 2단계에서는 이들 16개 지역을 도시개발 잠재력과 지역발전 잠재력의 평가기준으로 하여 4개 지역(무안군 삼향면 일원, 영암군 신북면 일원, 장흥군 장흥읍 일원, 보성군 벌교읍 일원)을 선정하였다.

1993년 12월 21일. 전남발전연구원은 연구를 착수한지 5개월 11일 만에 무안군 삼향면·일로읍, 목포시 외곽 일부, 영암군 삼호면 일원을 신도청의 최종 후보지로 제시하는 연구결과를 제출하였다.

이후 도의회에 신도청 후보지 동의 요청이 있었으나 도의회는 행정자치부 장관(당시 내무부 장관)의 승인 후에 의회에 상정하라는 요구와 행정자치부는 도의회의 사전 동의 후 승인을 요청하라는 요구가 1년 3개월 이상 계속된 가운데 1995년 3월 8일에는 도의회 내무위에서 법절차 미준수를 사유로 동의안을 전라남도에 반려하는 내용을 의결하였다.

이러한 사유로 신도청 후보지(전라남도 사무소 소재지 변경) 결정이 계속 표류하고 있는 가운데 1995년 7월 1일 민선자치 1기 전라남도 도지사로 취임한 허경만 지사는 도청 이전 유보를 선언하였다.

이후 허지사는 도청이전으로 인해 야기된 소모적 논쟁을 종식하고 전남과 광주가 한 뿌리임을 들어 균형 있는 발전을 위해서 광주·전남의 통합(시·도 통합)을 추진하기 시작하였고, 이 이슈는 광주광역시(장)의 반대가 자리한 가운데 지역에 따라 반대 의사와 찬성 의사가 계속되어 많은 공청회와 설문조사 등이 있었다.

도청이전과 광주·전남의 통합은 결국 1998년 전반까지 별다른 진전이 없는 가운데, 1998년 9월 8일 허지사는 제 137회 도의회 임시회에서 연말까지 시·도 통합이 이뤄지지 않을 경우(광주시에서 적극적 의사 표명)에는 도청 이전 계획을 수립하겠다는 의사를 발표하였다.

1999년 들어 허지사는 도청이전을 현실적으로 받아드리는 내용을 천명하기 시작했는바, 기존의 연구용역 결과를 존중하는 의견을 상당한 무게로 제시하였다.

도청 이전문제와 목포권의 반응

앞서 기술한 바와 같이 1993년 전남도청 이전에 관한 대통령 특별담화 후 목포지역에서는 어느 지역보다도 많은 관심으로 도청이전 문제의 방향을 지켜보았다. 담화 직후 4월 까지는 목포권으로의 유치를 위한 시민들의 힘을 결집해가는 추진의 구심점 역할을 자임하고자 하는 단체들이 줄을 이었으나 5월 들어 시의회와 상공회의소, 백년회 등이 주축을 이룬 목포권도청유치추진위원회(이하 목포권 유치위, 회장 임광행)가 결성되고 곧 신도청 후보지로서 목포권의 타당성을 입증 할 수 있는 이론 모색의 시급성이 제기 되었다.

이에 따라 필자와 김정민 교수(목포대)는 약 3개월에 걸쳐 밤낮을 가리지 않고 연구에 몰두한 결과 어느 지역에 비해 목포권(무안군 삼향면 일원)이 신도청 후보지로서 적지임을 확신 할 수 있었고 8월에는 이 연구 결과를 최종 마무리 하였다. 목포유치위에서는 몇 차례에 걸쳐 도청 유치를 위한 공청회를 마련하여 주민들의 관심을 불러 일으켰고, 무안 지역 주민 단체들과 힘을 합하고 수많은 홍보자료 제작과 함께 전문가들의 초청 등 적극적인 노력을 경주하였다.

　이 지역 주민들의 목포권으로의 도청이전에 대한 기대는 오랜 동안의 낙후상이 계속된 이 지역을 부흥 시킬 수 있는 어쩌면 마지막 카드처럼 인식되어 도청 유치 열기는 참으로 대단하였고, 지역의 정치권 인사들이나 각 사회단체들의 보이지 않는 협조도 어느 때 보다도 컸다.

　그러나 1993년 11월 하순 경에 전남발전연구원의 2단계 선정평가가 마무리될 무렵 각 언론 기관에서는 신 도청후보지 6곳을 보도하기 시작했는데, 이때 목포권이 들어 있지 않아 목포유치위를 비롯한 각 단체에서는 아연실색과 함께 이를 확인하느라고 법석이 벌어지기도 했다.

　목포권 탈락이라는 소동은 이후 선정평가 기준에 대한 일부 측정 결과로 밝혀졌고 1993년 12월 21일 최종 연구결과 공개시 목포권(무안군 삼향면 일원)이 최종 후보지로 밝혀지자 목포권 주민은 환호와 설렘, 그리고 희망으로 흥분하였고 한편으로 불안으로 가득했던 가슴을 쓸어 내렸다. 1994년 초 하루 날에는 지역민들이 오룡산에 올라 새로운 도청이 들어설 들녘을 바라다보며 뜨거운 눈물을 흘리고 지역의 발전을 위한 다짐을 하기도 했다.

　그러나 도와 도의회 그리고 내무부(현 행정자치부)의 지루한 법 절차상의 공방과 도의회의 일부 의결 과정상의 문제들로 신 도청의 목포권 이전은 계속 지연되기만 했고, 급기야 민선 자치단체장으로 취임한 도지사의 시·도 통합 추진으로 도청의 목포권 이전은 물 건너 간 것이나 아닌지 안타까움으로 날을 보냈다.

　이 같은 상황 속에서 1998년 들어서는 「2010 해양EXPO」의 개최 후보지 선정을 두고 각 지역이 뜨거운 유치경쟁에 들어갔다. 목포·신안지역에서는 8월 무렵 인근 지역을 묶어 서남권 유치추진위원회(위원장 최태욱)를 결성하고 전남 서남권(목포·신안 지역 중심)으로의 「2010 해양EXPO」유치를 위해 온갖 노력을 기울이고, 1차 연구 용역 결과 후보 대상지로 압축 선정된 여수, 완도 역시 치열한 유치경쟁을 전개하였다.

　「2010 해양EXPO」후보지 선정에 대한 연구 용역 결과 발표가 당초 10월 말 발표할 예정이었으나 계속하여 연기되자 일각에서는 한창 전개되고 있는 기업 간 빅딜

용어를 빌러 신도청 후보지와 해양EXPO 후보지와의 빅딜이 정치권에서 논의되고 있는 것 아니냐는 의견이 분분하게 나돌기도 했다.

이러할 즈음 1999년이 시작되어 다시 도청 이전을 허지사가 천명하고 나오자 목포권에서는 지금까지 상당히 가라 앉아 있던 신도청 후보지로서 기대가 다시 분출되기 시작하였다.

도청 소재지 변경과 의미

일제 식민통치가 시작되던 해인 1910년 이후 우리나라에서는 몇 지역에서 도청소재지(치소) 변경의 역사가 있어 왔다. 1910년 경기 도청이 수원 → 경성(서울), 1920년 함북 도청이 경성鏡城 → 나남, 1923 평북 도청이 의주 → 신의주, 1925년 경남 도청이 진주 → 부산, 1932년 충남 도청이 공주→대전이 있었고 해방 후에는 남한의 경우 1967년 경기 도청이 서울 → 수원, 1983년 경남 도청이 부산 → 창원으로의 이전이 있었다.

도청 소재지의 변경은 장기적 관점으로 볼 때 우리나라의 도시발달사에 있어서 어떤 여타 요소와 비견하여 이 만큼 큰 영향을 미친 것이 없다. 도청이 새로 입지한 도시와 도청이 떠난 도시의 발달 상태를 보면 다른 지역은 두고라도 충남 도청 이전과 관련된 대전과 공주, 경남 도청과 관련된 창원과 진주에서 보여 주듯, 도시발달에 도청 이전 다시 말해 도청 소재의 위력이 어떠한 가를 단적으로 보여주고 남음이 있다.

창원의 경우 지난 1981년 도청으로 결정될 당시의 창원의 인구는 12만 명에서 18년이 지난 현재 50만 명을 넘어 약 4.2배의 증가를 가져와 전국의 인구 10만의 지방도시 가운데 이 만큼 인구성장이 크게 이루어진 도시가 없으며, 도시 면적은 123㎢에서 296㎢로 확대 되었다.

전라남도청이 이전될 경우 이에 따른 의미를 살펴보면 먼저, 도시 발달과 관련된 가장 기본적인 요소인 인구와 이를 수용할 면적을 생각할 수 있다. 전라남도 도청이 이전될 경우 1단계로 20만 명이 수용 될 것이라고 볼 때 약 20㎢의 개발가능면적이 소요될 것이고, 2단계로 인구 40만(확장 가능 반경을 고려 할 때 약 80㎢)을 예상하고 있다. 이는 현재 협소한 행정구역 문제로 가장 고민을 안고 있는 목포시의 경우 더 할 수 없는 해결 방안의 기회가 될 것이며, 도 본청이 입지하는 곳에서 최소 반경으로 5km 범역내의 영암, 무안, 목포가 하나의 구심점을 형성해 참으로 이상적인 신도시를 개발해 나갈 수 있다.

두 번째로 지역문제 해결의 집중력과 행정기관 접근에 대한 편리성이다.

도청 소재지가 확정될 경우, 도 기관 7~8개와 유관 기관 70여개가 빠른 시일 내에 이전할 것이다. 도청이 소재함에 따라 도의 의사결정과정을 직접 살필 수 있는 기회가 많아지고 이와 관련하여 지역 현안 문제에 대한 도의 인식도가 아무래도 영향을 받을 수밖에 없을 것이다. 이는 다른 지역에서 보는 바와 같이 안방의 문제를 버려둘 수 없는 이치와 같다.

세 번째로 높은 문화의 창출과 향유이다.

도청 및 관련 기관의 집중에 따른 도시 발달은 다른 산업체에 의한 도시 발달과는 근본적으로 다른 큰 장점을 갖게 된다. 자칫 생길 수 있는 환경오염의 문제가 거의 없고 아무래도 수준 높은 정보체제의 형성과 문화를 창조 할 수 있어 격조 높은 문화 사회를 창출 하게 된다.

그 밖에도 도청이 이 지역으로 이전함에 따른 더 많은 의미를 들 수 있지만 지면 관계상 일일이 나열할 수 없고 한 가지만 더 보탠다면, 새로운 도청 소재지 결정에 따른 도청 입지는 몇 년 동안 머무를 사안은 아니고 거의 수 십 년, 수 백 년을 계속 할 것으로 볼 때 일회성의 행사와는 근본적으로 다른 반영구적 발전 에너지로서 존재함이다.

글을 맺으며

그릇된 국가개발정책 결과 오랜 기간 동안 낙후된 이 지역이 국민 정부의 힘찬 행진과 맥을 같이 하여 새로이 국토의 핵심 지역으로 발전하기 위해서는 어느 요소 보다 이 지역으로의 도청 이전 실현이 중요하다고 생각된다. 도청을 옆에 둔 도청 소재지 주민이 되었을 때의 자긍심을 생각하면 이 지역 주민 대다수는 가슴 벅차기 짝이 없을 것이다.

전남의 발전을 생각할 때 도청 이전을 둘러싸고 오랜 기간 동안 빚어온 혼란은 이제 정리되어야 할 것이고 백보 후퇴하여 설령 다소의 어려움을 안고 있다 할지라도 이미 공론화 되었고 또 도道 스스로 의뢰한 연구 용역 결과에 의한 신도청 소재지 결정은 존중되어야 한다.

또한 이러한 도청 이전을 위해 이 지역의 주민과 정치인들은 힘과 지혜를 모아야 할 것이고, 다른 부문에 대해서는 타 지역인들에 겸양의 미도 발휘할 줄 알아야 할 것이다. 근래 도청 이전과 「2010 해양EXPO」개최 후보지 결정을 두고 많은 의견이 표출되고 있다.

이 지역의 발전을 생각할 때 도청 소재지와 「2010 해양EXPO」개최 후보지라는 참으로 중대한 사업 모두가 이곳으로 결정되어 추진된다면 더 할 나위 없겠지만, 소박한 생각으로 하나 만을 스스로 선택한다면 나는 주저 없이 도청소재지를 선택하고 싶다. 이와 관련하여 지역을 사랑하는 애향심의 발로에서 항간에 해양EXPO 후보지가 도청소재지와 비교하여 도시발전 측면에서 몇 배나 더 큰 가치를 가지고 있다는 주장이 있기도 하지만 이 주장에는 다소의 무리가 있고, 또 이 주장이 타당성을 얻기에는 도청소재지에 비해 많은 전제 조건이 따르고 있음을 보다 깊이 있게 살펴야 하지 않을까 하는 생각이 든다.

「도청이전의 진행과정과 의미」, 1999.02.06.

당위성에 비추어 본 전남도청 이전

　전남도청 이전을 두고 최근 일부의 전남과 인근 자치단체 주민과 언론 기관 들에서는 상당한 정도의 논쟁이 전개되고 있는 바, 일부 주장 당사자와 논리에 대해서는 매우 이해하기 힘든 부분이 많다.

　전남 도청 이전 문제는 근본적으로 1986년 11월 1일 오랜 기간 동안 전라도 그리고 그 후 전라남도라는 울타리 속에 있었던 광주가 광역시(당시는 직할시)라는 전라남도와 같은 격의 자치단체로 분리·승격되면서 시작된다는 점에 대해서는 누구도 부인하지 않을 것이다.

　과거 오랜 기간 동안 8도제道制의 전라도에서 1986년 전라남도가 분리하여 국가의 한 지방행정구역으로 위치가 설정되자 광주라는 곳에 도청이 들어서게 되었다. 따라서 1986년 11월 1일을 기해서 전라남도와 광주시는 각각의 행정 구역과 주민을 갖는 별개의 자치단체가 되었기에 광주광역시가 관할 구역 내인 광주광역시내에 광주광역시청을 입지하고 있듯이 전라남도의 도청은 아주 특별한 사유가 있지 않는 한 전라남도 내에 소재하는 것이 너무나 당연하다.

새 전남, 공간 개방에 따른 간접효과

　전남도청이 관할구역인 전남에 소재하는 것은 어떤 필요성이나 장점을 논의하기 이전의 당연성의 문제이다. 따라서 전라남도를 대표하는 자치단체장인 도지사가 절차에 따라 도청을 이전함에 있어 어떤 곳으로 언제 이전하느냐가 논의의 대상일 뿐이다. 이번 전남도청 이전사업은 이 같은 당연성의 문제임이 너무나 자명한 사안이지만, 설령 도청이전 자체의 실익 또는 필요성을 논의한다 하더라도 그 역시 너무나 많다.

　한정된 지면이기에 도청이전에 따른 실익과 필요성의 주요 대목만 열거한다면, 우선 도청의 존재와도 관련된 자치제도의 본질에 합당하다.

도청은 국가행정의 위임사무를 수행하기도 하지만 보다 근본적인 임무는 지역 특성에 맞는 자치행정을 수행함에 있다. 자치행정이라는 자치제도의 근간은 주민을 위한 주민의 행정이다. 그럼에도 자치행정 수행의 대표적 기관인 도청이 현재와 같은 다른 행정구역내에 있으므로 도청 공무원들은 거의 타 자치단체의 주민일 수밖에 없다. 자료에 따르면 현재 전남 도청 공무원의 97%이상이 전남 도민이 아니라는 점은 많은 시사점을 보여주고 있다.

둘째로 해당 자치단체의 재정력과 경제력 향상 그리고 인구정착에 보탬을 주게 된다. 지방자치제가 본격적으로 시행됨에 따라 각 자치단체들은 해당 지역의 발전을 위해 피나는 경쟁을 하고 있다. 기초 자치단체에서는 재정력 향상을 위해 해당 지역의 담배를 출향민 들에게 판매하는 등의 노력과 함께, 인구 증가를 위해 이주 정착민의 자동차 번호판 등을 대납하는 등의 노력을 기울이고 있지 않는가.

실례를 들어 설명할 때, 전남도청이 관할 구역 내로 이전할 경우 유관 기관과 민간 업체 이전으로 전남은 75,000명 이상의 인구 유발이 일어날 것이고, 연간 약 200억의 지방세 수입 증대와 약 1조 3천억 원의 도내 소비 지출 및 투자 효과(1995년 기준)가 나타난다는 연구 결과(전라남도, 1997)가 있는 바, 관할 지역의 재정·경제적 활성화에 온갖 심혈을 기울여야 할 지방 자치단체의 핵심 기관인 도청이 이 같은 역할에 본의 아니게 충실할 수 없을 때 어떤 이유에서도 주민들에게 설득력을 잃게 될 것이다.

도청 이전과 도민의 정체성

셋째, 행정의 편의성을 높인다.

지역 내 주민과 접촉은 행정수행에 필수적이다. 각종 서비스를 요청하는 주민 입장에서는 행정보조 기기의 과학화로 과거에 비해 도청의 직접 방문이 설령 줄어가는 추세라 할 지라도, 도 입장에서는 주민과의 접촉과 홍보의 적극화로 정책 수립 상 주민과의 괴리현상을 줄이는 것이 필요하다.

한 예로 매년 주요 도 단위 행사시 도청과 유관기관이 타 관할 구역에 있음으로 인해 대표자와 관련 공무원과 유관 기관 직원이 대규모로 이동해야 하고, 도나 유관 기관의 홍보가 지속적으로 이뤄지는 데 큰 한계가 있다.

넷째, 도민의 자긍심과 결속력을 높인다.

도청은 행정만을 수행하는 의의 외에도 상징성을 갖고 있다. 서울시 하면 서울의 태평로에 있는 석조 건물의 시청사를 우선 생각하지 않는가. 매우 주요한 행사나 축제 또는 유사시 도청의 광장에서 도민(대표)들이 모여 함께하는 과정에서 그리고 도청의 모습을 머리에서 그리면서 전남도민으로서 정체성正體性을 쌓아가게 될 것이다.

다섯째, 지역발전에 직접 또는 간접적 영향이 매우 크다.

앞서 기술했듯이 도청이 전남도내로 이전 할 경우 그리 멀지 않는 장래에 주택 약 2만호 건립, 경제활동인구 3만 명 창출, 인구 10만의 도시가 탄생, 도청 건설에 따른 각종 투자 효과 등의 직접적 영향 외에도 새로운 전남의 공간 개발에 따른 수많은 간접 효과가 있게 된다.

기술한 내용 외에도 도청 이전에 따른 실익과 필요성을 들 수 있으나 또 다른 측면에서 간과할 수없는 매우 중요한 도청 이전의 필요성으로는 시·도 통합 논리에 따른 혼란 방지를 들 수 있다. 현재 일부 지방 언론이나 단체 그리고 인사들 가운데 시·도 통합을 주장하고 있는데, 만약 이제 와서 도청 이전이 원점으로 돌아가고 시·도 통합을 계속 시도하거나 또 다른 지역을 소재지로 선정하자는 논리가 전개될 때 자칫 극심한 혼란에 빠질 수 있음을 걱정하지 않을 수 없다. 시·도 통합이 모두 실익이 전혀 없는 것이라고 얘기하지는 않겠다. 그러나 보다 냉철한 사고를 가지고 우리가 함께 생각한다면 현재 시점에서 시·도 통합을 강하게 주장하는 것이 과연 옳은 것인가.

시·도 통합 논의, 냉철한 사고로 임해야

만약 전남과 광주발전에 그렇게 보탬이 된다는 신념이라면, 과거 86년 11월 광주가 분리될 때 또는 그 이전에 분리를 국가정책으로 논의할 바로 그 당시에 분리 반대를 주장해서 이를 어떻게든 막는데 노력했어야 했다. 심지어 일부 논자들 가운데는 「광주시의 분리·승격은 지역 발전의 새로운 이정표 운운…」했지 않는가. 그 후에도 93년 5월 김영삼대통령의 특별 담화에 의한 전남도청이전 발표 시에는 또 왜 침묵 또는 긍정을 했던가. 또 같은 해 신도청 소재지 선정에 대한 연구용역을 의뢰할 때는 왜 반대 주장을 하지 않았는가. 95년 7월 민선도지사로 취임한 이래 지난해까지 허지사가 그렇게도 심혈을 기울여 시·도 통합을 시도하고 있을 때 광주시에서는 논의조차도 거부하고 냉담했었던바 그때는 또 무엇을 했는가.

도청을 도내로 옮겨야한다는 이전移轉 주장자들은 우리의 대표기관인 전남도지사가 시·도 통합을 주장하고 노력할 때 상당한 반대심정이 내면적으로 있었지만, 그래도 혼란을 야기하지 않으려는 큰 뜻에서 반대운동을 표면화 하지 않았었음도 생각해 볼 수는 없는 것인가.

또한 최근 들어서야 시·도 통합을 주장하는 측에서는 전남 외 타 지역에서는 도청 이전을 시도하지 않는데 왜 전남만 해야 하는가라는 문제를 제기하고 있다. 그러나 '67년과 '83년에 경기도청과 경남도청이 각각 해당 도내지역으로 이전되어 도민의 사랑 속에 행정을 수행하고 있음을 모르는가.

『고향사랑』 통권8호, (사)고향사랑회, 1999.06.15. (7~8쪽)

| 도청 이전이 확정되던 날 - 도의회 조례안 의결 참관기 |

역사의 현장, 그 곳에 있었다.

많은 우여곡절 끝에 전남의 도청이 이 지역 무안 삼향면 남악리 일원으로 옮긴다는 전남도청 소재지 변경에 관한 조례안이 6월 30일 도의회를 통과했다.

돌이켜보면 1993년 5월 당시 김 전 대통령의 특별 담화가 시단이 된 도청이전 사업은 초기에는 연구용역에 관심의 초점이 모아졌으나 연구용역 발표 후 중앙정부의 사전승인과 도의회 사전 승인을 두고 도와 도의회 사이에 갈등이 계속 되었다. 이후 도청이전은 자치단체장의 민선에 의한 취임과 함께 선거 공약을 명분으로 광주광역시와 전라남도의 통합추진에 의해 수면 깊숙이 잠적하였다.

3년 이상 전라남도의 시·도 통합 추진은 무엇보다 광주광역시의 형편이 가장 큰 이유로 진전을 보지 못한 채 표류하였고, 이에 따라 금년 들어서는 도청을 이전하는 것으로 방향이 선회되어 행정자치부 장관의 승인은 싱겁게(?) 이뤄졌고 도의회 조례안을 놓고 지역 간 심한 갈등이 야기되었다.

도청이전 YS 특별담화로 시작

전남도청 이전은 한국 행정사에 중요한 한 장이 될 것인 바, 여기서는 도청 이전의 진행과정과 절차 가운데서 가장 핵심이 된 도의회의 조례안 통과 과정을 기술하여 본다.

아침 일찍 유달경기장에서 많은 목포지역 주민들과 함께 여러 대의 버스에 분승하여 오전 9시에 도청과 그리 멀지 않은 곳에 위치한 광주 구동체육관 광장에 도착하였다. 곧바로 전남도의회 정문 앞에 다다르니 그 곳에는 이미 경찰들이 도로변에 일렬로 도열하여 교통정리를 하고 있는 가운데 약 100명에 달하는 주민들이 응집해 있었고, 일부는 방청을 요구하며 정문의 수위들을 향해 고함이 나오고 있었다.

　의회 직원의 안내로 정문을 어렵게 통과하여 본 회의장 2층 방청석에 들어서니, 상당수 낯익은 사람들이 자리 잡고 앉아 다음에 전개될 모습을 위해 긴장한 빛이 역력한 채 앉아 있었다. 의장석 단상에는 선명하게 붉고 파란 글씨로 쓰여진 「도민합의 없는 도청이전 강행처리 결사반대」라는 프랑카드가 걸려 있었다.

　당초 개회 예정이었던 10시가 되어도 전혀 개회될 수 없는 분위기였다. 어제 밤부터 본 회의장은 도청이전을 반대하는 도의회 의원 13명이 대부분 삭발하고 회의장 문을 잠근 채 안에서 농성, 점거하고 있었다.

　일찌감치 목포MBC와 서남방송은 방송장비를 설치하여 놓았고, 여타 광주소재 방송사와 신문을 비롯한 언론기관들의 관계자들이 분주하게 움직이고 있었다. 그러나 정작 10시가 되어도 개회가 되지 않자 방청객과 의회 복도와 로비 등에서 서성이던 많은 사람들이 초조하기 시작하였다.

　곧이어 방청석에서는 5.18동지회를 중심으로 아래층 본 회의장 농성위원들을 향해 「개회하라!」「개회를 해서 찬반 토의를 해야 할 것이 아니냐!」「도민의 세금으로 운영되는 의회가 회의를 열지 않는 것이 말이 되느냐!」는 등의 고함과 함께 일부에서는 의회 사무처 직원에게 속히 아래 층 본 회의장에 내려가기 위한 「사다리를 가져오라!」는 거센 목소리로 혼란스러웠다.

농성 전남 중부출신 의원 주축

　얼마 후 본 회의장에서 농성하고 있는 의원 13명의 명단이 확인되었다. 주로 전남 중부 지역 출신 의원이 많았다. 11시 35분쯤 되어 농성중인 의원을 대표하여 최형식 의원(의회 운영위원장, 담양2선거구)이 「도민의견을 무시한 도의회 의결 강행은 있을 수 없다」는 요지의 성명서를 낭독하였다.

　12시 5분쯤에는 의회사무처로부터 준비된 도시락이 2층 방청석에서 1층 본회의장으로 내려주는 동안 방청객들은 「의원 임무도 제대로 수행하지 않는 의원들이 식사는 제때에 한다」는 야유가 있었다. 방청객들은 식사를 하여야 하나 밖으로 나가게 될 경우 다시 청사내로 들어오기가 어렵다는 현실적 문제로 고민한 가운데 일부는 밖으로 식사를 위해 나갔으나 상당수는 아예 식사를 거르기로 작정하는 사람이 많았다.

다행히 12시 30분이 조금 지나 충분하지는 않지만 도시락이 제공되어 서로 나누어 먹을 수 있었다. 이 무렵에도 의회 청사 정문에는 도청이전을 반대하는 약 200명의 주민들이 농성과 함께 핸드마이크로 주장을 외치고 있었다.

오후 2시부터 3층 의장실 주변에는 앞으로의 의사에 대한 논의를 위한 의회운영위원회를 진행하려 했으나 여의치 않았고 방청객들은 초조와 함께 흥분이 계속되어 고함이 계속 터져 나왔다.

오후 4시 직전에 영암 출신 전동평의원이 현재의 상황을 방청객에게 전달하였는바, 농성의원들과 대화 과정에서 이들이 주장한 내용은 △도청이전에 따른 예산확보 방안 제시 △연구용역내용에 대한 정확한 검증 △기 연구용역에서 제시된 남악리 일대의 연약지반 해소 등을 위해 다음 회기로 의결을 미루자는 것이었다. 설명이 끝나자 방청객들은 흥분하여 이것은 도청 이전을 무기한 미루자는 술책이라며 항의성 의견이 속출하였다.

반대 측 의결 회기연장 주장

이 시간에 의장실에는 이완식의장이 기자들에게 둘러싸여 기자회견을 하였고, 기자회견 직후 의장 접견실에서 농성의원을 제외한 모든 의원이 모여 앞으로의 의사 진행에 대해 비공개로 숙의에 들어갔다.

4시 40분쯤 방청객들은 다시 소란하기 시작해 「의회는 원칙대로 처리하라!」, 「13명의 도의원의 농성은 비 민주적이며 비 의회주의적이다!」하며 구호를 외쳤다.

오후 5시 15분에 회의를 마친 의원들이 1층 본 회의장 정문에서 문을 밀치면서 본 회의장 진입을 시도하기 시작했다. 방청석은 일순 긴장으로 숨을 죽였다. 계속된 진입 시도와 안에서 이를 막는 소리가 약 10분간 계속되었다.

5시 25분에 문이 열리면서 농성의원의 결사적인 저지와 진입 강행 의원 간의 고함과 기물들을 팽개치는 소리 그리고 붙잡고 뿌리치고 몸이 뒤엉키고 하는 일순간 의장석 단상을 향해 내달리는 삭발한 의원들과 그렇지 않은 의원의 몸싸움 그리고 기자들의 취재를 위한 내달림은 마치 전투를 방불케 했다. 의장석 단상은 보다 결사적이었던 농성의원들이 점거하였고 순간적으로 의자로 바리게이트를 만들어 다수의 의원들의 접근을 막았다. 잠시 흥분된 순간이 지나 신정훈의원(나주)이 단상에서 진정한 의미에서 「누가 소수인가 도민투표로 결정하자!」 「주민합의 없는 도청이전은 무효다!」라는 외침에 방청석에서는 「그렇다면 도의원을 없애라!」는 대응이 있었고, 이를 자제하고자 달래는 방청객들로 다시 소란이 있었다.

  5시 40분부터 소강상태 속에서 긴장이 계속되다, 6시 25분에 의사진행요원들의 장내정리가 시작되어 집행부 측의 좌석을 정비하고 속기사들이 착석했다. 긴 침묵 끝에 6시 55분 단상의 의원들이 일어서고 술렁임과 함께 이완식의장이 의원들에 둘러싸여 단상을 오르려 했으나, 격렬한 단상 점거 의원들의 저항에 밀려 실패하고 돌아섰다.

  다시 적막 속에서 시간이 흘러가다 7시 28분 긴장감이 감돌고 의석에 대기하던 많은 의원들이 단상으로 달려가 단상점거 의원들을 끌어내기 시작하여 고함과 함께 내달리고 넘어지는 것으로 일순 수라장이 벌어졌다.

7시 45분 조례안 통과

  7시 31분 고함과 함께 단상 점거 의원들이 밀려 나가자 이완식의장이 단상에 올라 의장석에 착석했다. 의원들이 자리를 잡기 시작했고 의안 등의 서류가 의장석에 놓여지고 장내가 정리되었다. 7시 45분 이완식의장이 자리에 일어서서 제 145회 임시회의 개회를 선언하고 전라남도 도청 소재지 변경에 관한 조례안 상정을 한 후 기부를 묻고 「…이미 충분한 논의를 거쳤으며 의의가 없어 이안을 가결 한다」며 의사봉을 힘차게 두드렸다.

  오전 9시부터 아니 '93년부터 시작된 도청이전 문제의 법적절차는 이렇게 너무나 한 순간에 끝났지만, 그 과정은 너무나 지루했고 많은 우여곡절을 거쳐 왔다.

  이제 새로운 도청소재지 결정은 끝났지만 해결해야 할 많은 일들이 남아있다. 무엇보다 끝까지 도청이전을 반대하며 극심한 투쟁을 전개했던 도의원과 일부지역 주민들의 마음을 속히 어루만져 줄 수 있는 방안이 모색되어야 하고, 새로운 도청 소재지의 기반 조성과 청사건립이 순조롭게 이뤄질 수 있도록 노력해야 할 것이다. 새로운 도청

이 건립되어 도 업무가 시작되던 날부터 그간 오랜 어둠의 질곡에 있었던 전남이 한국의 아니 세계 속의 전남으로 새로운 영광의 역사를 창조하는 중심이 되길 기대한다.

주간목포 『내일신문』, 1999.07.03. (4~5쪽)

지역에서 온 편지 : 예향의 도시, 목포의 눈물과 웅비

호남선, 유달산, 삼학도

목포에 관한 글에서 나타나는 공통점을 살펴보면 가장 많은 빈도로 언급되는 단어가 '예향', '낙후', '과거 3대 항구'이다.

목포는 현재 26만의 인구가 살고 있다. 그러나 많은 사람들은 목포인구가 그렇게밖에 되지 않나하고 반문할 때가 많다. 이는 어떤 의미에서건 목포가 갖는 상징성이 그만큼 컸음을 의미 하는 것일 게다. 근대 개발사적인 측면에서의 목포는 우리나라 동맥으로서 역할을 담당해 온 호남선 철도와 국도 1호선의 기점이자 또 종점이었고, 서정적 측면에서 본다면 고故 이난영 여사의 노래로 각인된 유달산과 삼학도 등의 상징성을 들 수 있다.

이외에도 우리나라에서 세 번째로 개항한 목포항은 일제강점기 당시 한恨 맺힌 수탈의 창구였다가 해방 후 상당 기간 동안 서울·충청도·전라도 학생들이 제주도 수학여행을 갈 때면 반드시 거처가야 하는 향수 어린 곳이었으며, 오랜 기다림 끝에 지금은 정권을 이끌고 있는 대표적 야당 인사의 본거지로서 목포는 많은 사람들에게 뚜렷한 족적을 남긴 도시다.

목포는 우리나라 서남부 무안반도 끝에 자리하고 있다. 이 같은 지리적 위치로 인해 삼국시대에는 지금의 무안군과 함께 물아혜군勿阿兮郡으로, 성종 10년에는 무안군으로 불리게 되었다. 그 후 명종 2년에는 무안현으로 바뀌었다가 조선시대의 고종 32년에는 다시 무안군으로 되었으며 1897년 개항과 함께 무안부로 바뀌었다. 1906년에는 무안부의 대부분이 목포부로 바뀌었고 1913년 3월 1일 부군 폐합과 부제도 실시에 따라 목포부는 각국 거류지 및 시가지만을 그 구역으로 하고 그 외 지역은 무안군을 신설하여 이관한 후, 1948년에 목포부는 목포시로 승격되었다.

목포의 눈물과 변화

목포가 도시로서 급격하게 발전된 것은 1897년 10월 1일 개항에서 기인되었는데, 일본과 중국을 대상으로 한 해상교육의 중심지라는 입지적 조건과 내륙물산의 집산지로 크게 부상하여 1935년 전후에는 전국 6대 도시와 3대 항구로 발전하였다. 그러나 해방 이후 일본 및 중국과의 해상교역이 단절되면서 발전이 멈추어진 후 근래에 이르기까지 행해진 개발정책의 축에서 소외되어 여타 지역에 비해 매우 낙후된 면모를 보여 왔던 것이다.

그러나 목포는 침체와 낙후에서 탈피하여 활성화된 지역으로 변모하고자 하는 희구가 어느 것보다 강하여 이에 대한 범시민적 지구 노력을 꾸준히 경주해오고 있다. 특히 중국의 대외개방 정책이 나타나기 시작한 80년대 중반 이후 목포의 각 단체에서는 중앙의 권위 있는 학자나 관계자 등을 초빙하여 모임을 갖고 지역 내의 인적 자원을 총동원해 논의된 개발방안을 모아 각계에 전달해 왔던 것이다. 이러한 노력들이 조금씩 현실로 나타나 목포 주변에 대불국가공단과 삼호지방공단이 조성되고 전남도청이전 결정에 따른 신도시 개발, 목포신외항과 무안국제비행장, 서해안고속도로, 호남선복선화공사, 목포공항확장공사, 주암댐용수공급사업, 화원관광단지 등이 건설 중이거나 계획 중에 있다.

목포시민들에게 이런 굵직한 사업들은 분명 예전과는 다른 실천력이 보이며 또 확실하게 진척되리라는 믿음이 어느 때보다도 크게 자리하고 있다. 이는 분명한 변화이다. 과거의 침체와 현재의 변화는 무엇보다 정치 환경과 크게 관련되어 있다.

과거 오랫동안 선거 때만 되면 철새처럼 이곳을 다녀간 굵직한(?) 인사들의 입에서 나왔던 화려한 공약이 얼마인지 모른다. 그때마다 지역 발전에 목말라 하던 이곳 사람들은 '그래도 걸출한 야당인사의 안방이니 전혀 무시할 수야 없을 것이다. 이제는 뭔가 달라지겠지' 하며 기대하였으나 역시 마찬가지임을 수없이 깨닫고 허탈해 했다.

그도 그럴 것이 국도1호선이라는 대동맥의 중추부에 해당되는 광주와 목포간의 도로 77km를 2차선으로 확장 포장한 것은 1967년부터 시작하여 4년이 걸렸고, 총 연장이 줄어든 72km를 4차선으로 확장 포장공사 한 것 역시 1979년 시작하여 7년 3개월이나 소요된 1986년 10월에야 완공되었다.

철도 역시 1913년 10월 완공된 호남선의 복선화사업 발표가 1967년 정부에서 있었으나 32년이 지난 지금까지 광주 송정리에서 목포까지의 71km는 단선으로 남아있다.

광주에서나 서울에서 야구구단 해태타이거즈가 경기를 할 때면 이를 응원하는 사람들은 마치 응원가인냥 '목포의 눈물'을 목이 터져라 부르고, 목포사람들이 모이는 모임의 끝에는 으례 식가式歌인 냥 모두 일어서서 이 노래를 불러댄다.

그러나 5~6년 전부터 목포에서는 '목포의 눈물'이 '목포의 찬가'로 바뀌고 있다. 가사를 바꿔 부르는 경우가 많아졌다는 얘기다. 1절의 '…이별의 눈물인가 목포의 설움'과 2절의 '…목포의 눈물'을 '…환희의 웃음인가 목포의 찬가', '…목포의 희망'으로. 이는 마치 가사가 주술呪術되어 오랫동안 소외 받고 무엇 하나 제대로 되는 것이 없던 지난날의 안타까움과 한恨 속에서 나온 모습들이다.

그것이 적중했던지 정치상황은 크게 달라졌고 아직 현실로 크게 다가온 것은 별로 없지만 그래도 이제는 그러한 설움에서 조금은 벗어날 수 있지 않겠는가 하는 희망도 가질 수 있게 됐다.

다방 전시실

목포사람들은 목포를 예향藝鄕이라 부르는데 누구하나 주저하지 않는다. 다른 지역 사람들도 서슴치 않고 '예향'이라고 불러준다.

목포에는 '목포의 눈물'을 부른 가수 이난영李蘭影과 남종화南宗畵의 대가 남농南農 허건許楗과 미산米山 허형許瀅, 한국 여류문학의 큰 별 소영素影 박화성朴花城 등이 있다. 목포에서는 서예나 동양화 한 점 안 걸린 다방이나 술집, 여관이 없다. 그럼에도 불구하고 불과 10년 전까지만 하더라도 전시 공간 하나 없이 다방에서 전시하는 것이 전부였고 그것이 당연히 여겨졌던 시절이 있었다.

오죽했으면 1980~1994년 동안 상황을 담은 「목포시사木浦市史」에서는 문화·예술 부문의 전시장 란에 「황실다방의 전성시대」라는 제목 아래 목포의 전시 형태를 소개하고 있을까.

실제로 그랬다. 1970년대에서 1980년대 말까지는 목포 역전에 위치했던 「황실다방」과 중소기업은행 부근의 「밀물다방」, 평화극장 앞의 「세종다방」, 오거리의 「목우

다방」, 그리고 「해태다방」, 「묵다방」, 「미로다방」 등에서 거의 대부분의 전시회가 열렸으며, 그 가운데서도 「황실다방」은 가장 큰 인기를 누린 전시장이었다. 자욱한 담배연기와 커피향 속에서 예술가들의 많은 작품이 걸렸고 관객들도 적지 않게 찾아들었다.

1989년 노태우 전 대통령에 의해 약속된 종합문화예술회관이 착공되었으나 그 건물은 짓다 말다하기를 8년 동안 거듭하다 지난 97년 9월이 되어서야 마침내 완공·개관되었다. 이제는 말끔히 단장된 훌륭한 공간 속에서 음악, 연극 등이 공연되고 전시장에서는 각종 서화전시회가 열리고 있다.

전남 신도청 소재지로 변화

근래 들어 목포를 가장 살맛나게, 그리고 희망차게 한 일은 전남도청이 목포 인접지로 이전하게 된 일이다. 우리나라에 8도제道制가 시행된 후 전라도 또는 전라남도의 울타리 속에 있던 광주는 약 100년간 전남도청의 소재지로서 역할을 담당해 왔다. 그러나 1986년 11월 1일 광주직할시(광역시)로 분리된 후부터는 언젠가 전남도청이 전남 내 지역으로 옮길 거라는 생각은 하고 있었다. 그런데 지난 1993년 5월 13일 당시 김영삼 대통령이 광주민주화 항쟁 기념관 건립과 관련된 특별담화로 전남도청을 도민들의 의사에 따라 옮기겠다는 발표가 있게 되자 전남도청 이전 문제는 갑자기 전라남도민들의 가장 큰 관심사로 떠올랐고, 전남 내 각 시·군은 치열한 유치경쟁을 전개하였다.

목포 역시 목포 근접지역으로의 도청이전을 위해 많은 단체와 시민들이 온갖 노력을 다하였다. 필자가 1993년 여름 '전남 신도청 입지후보지로서 목포권 타당성 검토'에 대한 연구를 시민회관에서 발표할 때는 500석의 임시 좌석을 꽉 메우고도 서 있는 사람이 많았을 정도였다.

이 같은 목포지역 주민들의 도청이전에 대한 기대는 오래도록 발전하지 못했던 목포를 부흥시킬 수 있는 마지막 카드처럼 인식되어 도청 유치 열기는 참으로 대단하였고, 지역의 정치권 인사들이나 각 사회단체들의 보이지 않는 협조도 컸다.

1993년 12월 21일 최종 연구결과 발표 시 목포권(무안군 삼향면 일원)이 최종 후보지로 밝혀지자 목포시 주민은 환호와 설렘이 가득했던 반면 '또 다른 장애는 없을까' 하는 불안도 생겼다. 우려는 현실로 나타나 신 도청의 목포권 이전은 전라남도와 도의회 그리고 내무부(현 행정자치부)의 지루한 법 절차상의 공방과 도의회의 일부 의결 과정상의 문제들로 계속 지연되었고, 급기야 민선 자치단체장으로 취임한 도지사의 광주시·전남도 재통합 추진으로 '도청의 목포권 이전은 물 건너 간 게 아닐까' 하는 안타까움으로 많은 날을 보냈다.

드디어 수많은 우여곡절을 거쳐 작년 6월 30일 도의회에서 전남도청 소재지 변경에 관한 조례가 통과되자, 그 날 저녁 목포역전 광장에 모인 시민들은 감격의 환호 속에 '목포의 눈물'을 합창하였다.

이제 2002년 말 전남도청의 목포권 이전을 앞두고 관련 기관에서 준비에 만전을 기하고 있어 목포사람들은 도청 소재지의 주민으로서 목포의 발전에 대한 기대로 가득 차 있다.

좁디 좁은 행정구역

전남 신도청 목포권 확정과 추진 등을 비롯해 목포는 근래 적지 않은 변화의 모습을 느낄 수 있다. 서해안 고속도로가 비록 절름발이 신세이기는 하지만 무안~일로 구간이 완공되어 아주 짧은 구간만이라도 시원한 고속도로를 달릴 수 있고, 굴곡노선과 2차선으로 위험하기 그지없던 국도 2호선(목포~부산)이 목포에서 강진군 성전까지 4차선으로 확장되었다.

무안국제공항 역시 부지매입이 마무리 단계에 있고, 호남선 복선화 사업도 해당구간의 곳곳에 새로운 교각이 건설되고 있음을 볼 수 있다.

그러나 목포는 그 발전을 위해 몇 가지 해결해야 할 문제들이 남아있다.

먼저 근래 도청이전이 확정되면서 더욱 실감되는 것은 좁은 시역市域의 확장문제이다. 목포는 1997년 말 현재 46.01㎢에 7만 6,624세대, 25만 178명의 인구가 거주하고 있고, 인구밀도 5,347명으로써 전국에서 8번째를 차지한다. 한 가지 특기할 만한 사항은 1위에서 7위까지의 도시를 보면 모두 서울을 비롯해 수도권 도시라는 것이다. 이들 수도권 도시들은 비록 인구 밀도는 높지만 서울 또는 인접 대도시와 기능적 공생관계를 하고 있어 목포처럼 시역확장의 필요성이 크지 않다고 볼 수 있다.

대도시 특히 수도권과 멀리 떨어져 있어 자생적 기능이 절실한 목포로서는 현재의 좁은 면적으로는 도시 발전을 위한 합리적인 시설 배치나 여타 활용 공간의 여지가 없다. 당초 외국인 거류지를 중심으로 관할구역이 설정 되있던 목포는 매우 협소한 면적으로 출발하여, 1932년 8.6㎢, 1960년 10.4㎢, 1973년 35.13㎢, 1987년 46.01㎢로 행정구역이 확장되어 왔다. 이는 일부 해안 매립공사를 제외하고 인접 군의 행정구역을 편입하는 방법이 주가 되었다. 그러나 지방자치제도의 실질적인 시행으로 인해 중앙정부의 자치단체에 대한 조정기능 약화와 의사 결정권이 확대되면서, 과거와 같은 인접지역의 편입 방법에 의한 시역확장은 거의 불가능하게 되었다.

따라서 1994년 4월 목포와 무안군이 통합권유대상 지역으로 결정되는 과정에서부터 목포에서는 무안군과 통합을 이루기 위한 수많은 단체와 주민들의 노력이 있었으나, 무안군 주민들의 반대 우세로 통합이 성사되지 못하였다. 이후 1995년 3월에는 기존 2개 시·군 외에 신안군을 포함하여 두 번째 통합시도를 하였고, 이후 1998년 3월에 세 번째 주민 의견조사를 실시하였으나 모두 무안군 주민의 반대우세로 통합은 실패로 끝났다. 세 차례나 시도한 시·군 통합과정에서 목포와 인접한 무안군 주민과 일부 단체들의 극렬한 반대는 지금까지도 잠재된 상태이고, 목포에서는 전남도청 이전사업 진행과 맞물려 통합을 더욱 강하게 희구하고 있다.

외항선 없는 항구

또 하나의 큰 문제는 항구기능의 침체이다. 목포는 항구도시로 출발했고 앞으로도 이 기능은 목포를 더욱 발전시켜나갈 주요한 요소이다. 그러나 지금 목포는 말만 무역항이지 외국을 입출항 하는 선박은 거의 없다. 오랜 기간 동안 항만시설을 개발하지 못한 결과이다.

지난 1997년에는 목포개항 100주년을 맞아 목포시와 자매 결연을 맺고 있는 중국의 연운항시와 직항로 여객선을 취항할 예정이었지만 수익성 문제 등으로 취항계획이 백지화 되었고, 신외항건설사업 역시 당초 계획된 민간자본 투자부문이 거의 수포로 돌아가 앞날이 불투명한 상태이다.

근래 목포 주변의 활발한 건설사업에도 불구하고 목포를 찾는 사람들은 30년 전 시가지 모습과 별다른 변화를 읽을 수 없다고 얘기한다. 지금도 목포발전에 대한 학술 토론회나 모임에는 많은 사람들이 모여들고, 다방에서나 술집에서 홍어회를 놓고 「보해소주」를 기울이며 강한 전라도 말씨로 지역발전에 대해 얘기하는 모습은 여전하다.

목포사람들은 진한 갯내음을 좋아하고, 유달산과 삼학도를 지독히도 내세우며, 서화에 대해선 모두들 일가견이 있다. 목포사람들에게는 정치적 의도에 의한 피해 대상자라는 인식이 아직도 크게 자리하고 있지만, 서서히 미래에 웅비할 목포의 모습을 생각하고 이에 따라 대비하는 움직임이 퍼져가고 있다.

『국토』 제219호, 국토연구원, 2000.01. (70~76쪽)

지역발전을 위한 큰 모임체로 더욱 발전하시길…

목포시번영회의 회지 창간을 진심으로 축하드린다.

목포시번영회가 지역사회 발전과 관련된 많은 일을 해오고 있음을 가까이에서 보아왔고 또 사안에 따라서는 함께 했음에도 목포시 번영회가 1906년에 창립되었다는 장구한 역사 내력을 이번에야 알게 되었다.

어떤 단체나 조직이든지 활동을 하는 동안에 때로는 활성화가 되는 때가 있고 침체되는 때가 있기 마련이나, 요 근래 들어서는 목포시번영회가 과거의 명성과 활동에 비해 다소 침체의 모습이었지 않나 하는 생각이 들었다. 그러나 이제 창간호 발행을 계획하고 실천에 옮기는 과정을 즈음해서 새로운 좌표정립과 더욱 큰 활동을 할 것으로 보여 참으로 기쁘고 희망을 갖게 한다.

지역 사회는 다양한 이해관계 및 사고를 갖는 수많은 주민과 단체로 구성되어 있다. 이 같은 다양성은 사회 발전단계로 보아 더욱 진전될 것이고 다양한 목소리는 더욱 커질 것이다. 이 같은 다양성의 진전은 사회의 창조적 발전의 원동력이 되는 바이 같은 면은 다른 사회체제에 비해 민주 사회가 갖는 바탕이며 한편으로 강점이기도 하다.

그러나 자칫 절제되지 않는 많은 목소리는 혼돈을 야기하고 사회 정의를 실현하는데 방해가 되고 사회발전에 저해 요소로 작용할 수도 있다. 그러기에 다양한 의견수렴과 옳바른 방향설정은 민주사회에서 발전을 위한 필수적인 요소이다. 목포시번영회가 지역에서 비교적 비중 있는 분들로 구성되어 지금까지 지역발전을 위해 많은 일을 해 왔다.

그러나 앞으로 우리 사회는 시간이 흘러 갈수록 더욱 크고 많은 외적 변화가 다가올 것이고 내적으로 주민과 각 단체들의 목소리 또한 다양하고 커질 것이다. 이러한 측면을 바탕으로 볼 때 목포시번영회는 지금보다도 훨씬 많은 일을 자임해야 할 것으로 보이는 바, 이를 위해서는 외적 변화에 대처하고 내적 다양성을 포괄할 수 있는 올바른 좌표 정립과 제시 그리고 강한 실천력이 필요할 것으로 보인다.

우리 지역은 2년 전 개항 백주년이라는 어떤 의미이든 큰 기념적 행사를 치뤘고, 다가올 미래를 생각하였다. 그리고 정치사적으로나 우리 지역과 관련지어서도 매우 큰 의미를 지닌 정권교체를 이룩하였다. 또한 어느 때보다도 사회간접자본과 관련된 대규모 사업들이 활발하게 추진되고 있고, 도청이전 문제 역시 그렇게 비관적이지 않는 분위기가 조성되고 있다.

그러나 내부적으로 볼 때 아직도 변화에 대한 뚜렷한 좌표와 대처 의식이 크게 보이지 않는 바, 특히 크게 변화될 외부적 환경과 확대될 사회상을 담을 공간구조의 문제와 공동생활에 대한 질서 의식 그리고 변화에 대처한 주인의식 등은 시급한 과제라 보여 진다. 어느 곳보다 협소한 공간을 가진 지역여건을 감안할 때 도시성장에 따라 필연적으로 요구되는 공간 확대의 문제는 이 지역의 미래에 심대한 걸림돌이 되고 있다. 또한 내부적으로 사회 전반적인 의식과 구조는 오랜 정체사회의 양상을 그대로 안고 있어, 성큼 다가오고 있는 변화에 있어 삶의 패턴 측면에서나 공동체 의식면에서나 대비가 소홀한 상태에 있다.

지역의 발전은 물리적 측면과 사회적 측면 어느 것이나 소홀히 할 수 없는 요소인 바, 물리적 측면은 외부의 힘에 크게 의존 할 수 있지만 사회적 측면은 우리 스스로의 몫이 대부분이다. 큰 변화의 소용돌이 속에 있는 우리 지역이 더욱 발전하고 그리고 참으로 살기 좋은 곳이 되기 위해서는 많은 지혜가 모아져야 하겠고 이를 위해 각 사회 구성요소들이 올바른 좌표설정을 통해 일정한 구심력이 형성되어야 하고 각각의 역할을 위한 실천적 노력이 계속되어야 한다.

이러한 지역적 환경 변화를 생각할 때, 오랜 역사를 가지고 비중 있는 목포시번영회가 이번 회지 창간에 즈음해서 더욱 발전하고, 지역발전과 번영을 위해 더 큰 역할을 수행해 주시기를 기원한다.

『목포시번영회 회지』, 창간호, 2000.

| 지역발전을 위한 전문가 제언 |

목포시 교통문화의식 향상
－우리 모두 편안한 삶을 위해

얼마 전 일이다.

법원 앞 유턴 표시 도로에서 유턴을 하려는 데, 편도 2차선 도로의 끝 차선에 불법 정차 차량이 늘어서 있어 한 번에 유턴을 할 수가 없었다. 두 세 차례 후진과 전진을 거듭해 겨우 유턴을 할 수가 있었는데, 그 사이에 진행해오던 차량이 급정차를 하고 또 다른 차는 경적을 울려대고 나중에는 욕설을 해 대는 것이었다. 순간, 위험을 생각하니 진땀이 났고 다시는 운전하고 싶은 생각이 없었으며 하루 내내 기분을 잡쳐버렸다.

현대 생활에 있어 편리한 문명의 이기로 자동차를 꼽는데 주저하지 않는다. 자동차를 가진 운전자의 대부분은 하루도 빠짐없이 자동차를 운전하고, 집을 나서는 사람은 자동차를 이용하고 있다. 이제 자동차는 우리 삶에 있어 발과 다름없다. 그러나 이 같은 자동차를 비롯한 교통은 우리가 이용하는데 따른 잘못으로 너무나 많은 문제를 낳고 있고, 다른 한편의 불편과 불안 요소로 크게 자리하고 있다.

우리나라가 자동차 사고 왕국이라는 치욕스런 불명예를 안고 있는지 오래이고, 특단의 조치가 없는 한 새해에도 그리고 이후에도 이 같은 오명에서 벗어나기는커녕 더욱 자동차와 관련된 문제들은 더욱 심화될 것이 명약관화하다.

우리나라는 이미 1200만 대 의 자동차를 보유하고 있으며, 교통사고에 따른 경제적 손실이 연간 10조원을 상회하고 자동차로 인한 사망자가 매년 약 1만 명에 달하고 부상자는 40만 명에 이른다. 이런 추세라면 10년 동안 약 160세대 당 1명의 사망자 그리고 12세대 당 1명의 부상자가 발생하게 되는 확률이다.

어디 그 뿐인가 자기의 마당은 버젓이 그대로 두고 집 밖의 도로를 주차장으로 사용하고, 그것도 모자라 자기 차량만의 주차를 위해 도로 위에 별별 적치물을 놓아두고 있다. 수십 억, 수백 억 원의 공공재정을 투입하여 소방도로나 주택가도로를 개설하기가 바쁘게 주차장이 되어 버린다. 건축법을 비롯한 각종 법 제도에도 큰 문제가 있고 우리의 의식에도 큰 문제가 있다.

도로는 통행이 목적인 바 도로의 본래 기능을 되찾아 주는 정책마련을 정부는 더 이상 미뤄서는 안 된다. 그리고 자동차를 운전하거나 소유하는 사람은 보다 성숙된 교통문화를 솔선해야 한다. 나만의 편리를 위해 남에게 위험과 불편을 주는 극단적 이기심은 자동차 시대에 사는 우리 모두의 적이다.

새해에는 우리 지역에 교통문화가 획기적으로 정착되어 참으로 편안하고 안전한 사회가 되었으면 하고 소망한다.

『목포투데이』 제82호, 2001.01.04.

'백목회실록白木會實錄'을 편찬하며

第Ⅰ編 白木會 略史

　백목회 탄생은 1993년 초 봄 당시 김영삼 대통령이 취임 한 직후 골프를 제한하는 분위기와 무관하지 않다. 공직자와 공공기관 근무자에 대한 기강확립 분위기 속에서 골프가 금지(후에 골프 금지를 공식적으로 얘기하지 않았다고 했지만) 된 후, 목포에 근무하는 공공기관 책임자들이 건강과 친목을 위해 주말에 자연스럽게 연락하여 테니스를 하게 되었다.

　처음에 테니스를 시작하게 되었던 것은 당시 정영식 목포시장과 신순호교수가 시청직원들과 테니스를 하다, 얼마 후 박일만 목포경찰서장, 김선초 KBS국장, 그리고 정운곤 기무대장, 노옥기 검찰지청장, 유병오 신안군수, 오정철 목포해양대학장, 임건우 보해사장, 기길창 사장, 장세혁 안기부 소장, 그리고 직후 이태근 목포대 총장, 노수근 한국은행 지점장, 정원용 한국전력 지점장, 이희상 한국제분사장, 신채석 한국제분 공장장 등이 함께한 멤버였다.

　당시 처음에 테니스장은 주로 목포시청 코트(현재 민원실 위치)와 보해 코트였고, 석현동 소재 직업훈련원 코트를 가끔 이용하였다. 나중에는 한국통신공사 목포전화국(5국)을 이용하기도 했다가 1994년 여름경에 참가자들의 보다 자유스러운 이용과 시민 건강을 위해 시민코트를 정영식 시장이 적극적으로 추진하여 완공한 후 시민코트를 많이 이용하였다.

　약 4·5개월은 비공식적인 형태로 수시 주말을 이용해 테니스를 하였다가 1993년 초가을 무렵부터서 백목회로 이름을 정하고 정식 테니스회로서 발족하여 회원도 일정절차에 의해 가입하도록 하였다. 백목회는 하얀 공을 즐기는 목포 사람들의 모임이라는 뜻이 들어 있는 것으로 추측된다. 초기에는 회원 회비로 소요경비를 충당하다가 1996~97년경부터 회비에 저녁식사를 유사제도로 바뀌어 회원이 자진해서 참여하고 있고, 1998년경부터는 식사 후 2부도 흔히 이어지고 있다.

　백목회도 그간 많은 시간이 흘러, 회에 참가하였던 많은 회원들이 근무처 이동으로 많은 분들이 떠나고 그리고 목포지역 근무로 인한 회원가입으로 변화가 계속되고 있다. 위에 열거한 초창기 멤버 외에 신정식·김용일·정갑주·김용출 지원장, 박종열·정민수·정상명 지청장, 문정일·노진덕·김성만·남해일 목포해역방어사령관, 최수복 군지단장, 윤창흠 국가정보원 소장, 정명균 신안군수, 강상구 한국통신목포전화국장, 최영칠·국대현·강승구 한국은행지점장, 최승리·김호영·이형태·신희창 산업은행지점장, 고경옥·김수훈·정영민 목포해양경찰서장, 박종빈·전민범 농협신안군 지부장, 최진 영암경찰서장, 김충일·정범래 96연대장, 박원덕·홍윤표 기무대장, 조항기 보훈처장, 박평숙 세무서장, 이우곤 세관장, 송동은·주재환 해양수산청장, 윤광석 은행지점장 등이 근무처 이동으로 목포를 떠나게 되었던 백목회 회원이었다(2000년 5월 기준으로 작성).

　회장은 창립시 노옥기 지청장이 맡았다가 이후에는 목포해역방어사령관이 계속해 오고 있고 총무는 기무대장이 맡아 오고 있으며, 최근인 2000년 12월부터서는 고병무 목포해역방어사령관이 사령관 취임과 함께 회장으로 회를 이끌고 있고 총무는 이정수 기무대장이 맡아 수고하고 있다.

　백목회는 함께 테니스를 즐기며 서로를 이해하는 어떠한 모임보다 즐겁고 건강을 다지고 흉금없는 인간관계를 다지는 모임으로 발전해 가고 있다. 지난 2000년 10월 28일에는 백목회 회원「홈커밍데이」를 겸한 뜻 있는 모임을 목포해역방어사령부 코트에서 실시하였다. 이후에도 회원들이 자발적인 노력이 계속된다면 백목회는 목포지역의 발전과 함께 영원히 발전해 갈 것이며, 회원 개개인의 건강과 발전도 함께 할 것이다.

第Ⅱ編 運營과 會員

1. 運營

　회의 운영은 특별히 마련된 회칙이나 규약은 없다. 다만 관례적으로 회장을 회원이 추대하고 총무는 회장이 지명하여 회원의 동의를 구하는 형식으로 하고 있다. 회의 운영은 회장이 총괄하고 있으며, 총무가 회계와 게임진행 등의 제반 업무를 회장을 보좌하여 진행하고 있다.

회원가입은 초기에는 목포지역(목포, 신안, 무안, 영암) 공고이관의 장을 가입대상으로 비교적 엄격하게 적용했으나, 90년대 말 부터서 회원 가입대상을 완화하는 추세를 보이고 있다.

회원의 탈퇴는 근무처를 목포지역을 떠나는 경우에 본인이 스스로 탈퇴하고 있으나, 본인이 원하여 계속 회원으로 남고 싶을 때는 별다른 예가 없는 실정이다. 2000년 겨울에는 회원으로 거쳐 갔던 분들을 초빙하는 홈커밍데이를 개최하였는데 이 같은 행사는 매우 바람직하고 앞으로도 계속 할 필요성을 갖게 되었다.

회비는 참석여부에 관계없이 월 3만원으로 하고 있고, 회식비는 유사제도로 회원이 자진하여 마련하고 있다.

백목회의 가장 중요한 행사인 테니스게임은 월 1회로 정례화 되어 있는데, 대체로 월 첫째 주 수요일에 주로 하고 있고 특별한 경우 회장이 총무를 통해 변경하여 연락하고 있다. 테니스게임은 복식으로 진행하되 회원의 수준에 따라 A, B조로 나누어 진행되기도 하고 A그룹과 B그룹을 적절히 묶어 조 편성하여 진행할 때도 있다. 대체로 리그전으로 진행한 성적에 따라 푸짐한 상품을 시상하고 있다. 특히 연말에는 한때 회원이기도 했던 우암 박용규선생이 제공하는 작품(한국화)이 우승 상품으로 나오게 되어 게임에 더욱 전의(?)를 불태우는 밑거름이 되고 있으며, 통상의 경우에 상품으로 회원들이 가끔 찬조하기도 하고 있다.

대부분 시합에서는 회원들이 최선을 다하여 땀을 흘려 좋은 성적을 거두려고 노력하고 있고, 소위 "봐 준다"라는 용어는 별로 사용할 수 없다. 테니스 게임의 장소는 앞 略史에서 일부 기술했듯이 초기에는 시청 코트 등 일정한 장소 없이 그때그때 마다 정하여 진행하다가 근래 1997~98년 경 부터서는 주로 해역사 코트를 이용하고 간혹 해양대학이나 보해 코트 등을 이용하기도 한다.

게임 후 저녁 식사는 테니스 게임에 참석하지 않았던 회원도 참가하여 더욱 화기애애한 분위기를 갖게 되는데, 식사가 끝난 후에 가끔 2차를 갖기도 한다.

2. 會員과 變化

1993년 회가 시작된 후 회원들의 많은 수가 변화되어 오고 있으나 자세한 내용은 차후 보완할 것이고, 비교적 최근인 2000년 5월 당시 회원은 다음의 표와 같다.

백목회원명단(2000.5월 기준)

순서	직책	성명	주소
1	해양대 총장	정명선	목포시 죽교동 571번지
2	해양 경찰서장	정영민	목포시 산정동 1527번지
3	산업은행 지점장	유수현	목포시 명륜동 1번지
4	보해양조 사장	임건우	목포시 대안동 15번지 보해양조
5	목포대 교수	신순호	무안군 청계면 도림리 목포대 사회과학대
6	만남의 광장 사장	기길창	목포시 석현동 499-1번지
7	군지단장	김조훈	영암군 삼호면 제8군사우체국 24호
8	96연대장	김은영	전남 무안군 삼향면 지산리 ㈜8호
9	목포해역사령관	오건석	목포시 용당2동 사서함 300-1호
10	기무대장	이정수	목포시 용당2동 사서함 300-30호
11	신안농촌지도소장	김인수	목포시 용해동 236번지
12	경성산업 회장	조남재	전남 무안군 청계면 송현리 산78-5
13	대불대 기획실장	이승훈	전남 영암군 삼호면 산호리 72-1
14	한국제분 사장	이희상	목포시 산정동 1568번지
15	서울은행 지점장	김정복	목포시 용해동 1가 11-1번지
16	아시아나항공지점장	남윤남	목포시 명륜동 7-1 영화빌딩 1층
17	목포MBC차장	김종원	목포시 용당동 1096-1번지
18	영암군 경찰서장	정인균	전남 영암군 영암읍 서남리 137-2
19	한국은행 지점장	박종훈	목포시 명륜동 3-1번지
20	목포지법원 부장판사	양승국	목포시 용해동 824번지
21	목포 세관장	심석원	목포시 산정동 1500번지

『白木會實錄』, 2001.02. (1~5쪽)

'광주·전남 통합논의'를 우려하며

　최근 들어 광주지역의 일부 단체와 시민이 광주·전남 통합추진위를 구성하고, 일부 정치인들까지도 광주와 전남을 통합하자는 일련의 움직임에 대해 극히 우려되는 생각과 이에 대한 허구를 지적하지 않을 수 없는 상황에 이른 것 같다.
　이들의 통합주장의 주된 의의는 광주와 전남이 분할됨으로써 시, 도간 갈등이 노정될 수 있고, 도·농간의 균형발전 저해 등을 내세우고 있지만 그렇다면 '왜 시, 도가 분리될 당시 그리고 분리 후 수차례 중요한 시기에 반대는커녕 대부분 찬성과 환영의 뜻을 보였던 가'가 우선 제기되는 의문이다.
　대부분의 광주시민들은 1986년 11월 광주시가 직할시로 분리될 때에 함구 또는 발전의 전기 등으로 자축분위기 일색이었고, 1993년 5월 김영삼 당시 대통령이 5.18기념사업과 맞물려 도청이전 발표 시와 또 같은 해 전남도가 신도청 이전에 관한 연구용역을 시도할 때에도 아무런 이의를 제기하지 않았다.
　더구나 1995년 7월 민선 전남도지사가 취임한 이래 약 4년 가까운 시간동안 통합하려고 갖은 노력을 다할 때 광주 측에서 보였던 자세는 어떠했는가. 1996년 12월에 광주시의회는 통합추진에 대해 반대의결을 분명히 했고, 당시 시장도 수차례 반대의견을 공식, 비공식적으로 표명하지 않았던가.
　광주·전남통합은 광주가 현 제도와 운영현실에 비춰볼 때 광주광역시가 광역시가 아닌 기초자치단체(일반시)로 격하되어 전라남도에 소속됨을 전제로 한다. 통합을 주장하기에 앞서 훨씬 이전에 명확하게 이 부분에 대한 시민들의 의사를 먼저 묻는 것이 순서가 아니었던가.
　이제 와서 시·도 통합을 주장하는 저의는 무엇인가. 도청이전이 현실로 나타나자 도청주변의 도시공동화 등으로 대표되는 광주시의 경제적 불이익을 우려하는 일부 시민들의 의견이 표출되자 앞장서 광주를 아낀다는 뜻을 내보이고자 하는 것이나 아닌지? 또한 국가적 사업으로 진행하고 있는 도청이전사업을 이제 와서 다시 재론하고 논쟁이 가열되어 혼선이 온다면 중앙정부와 다른 시, 도민들로부터 우리들은 어떤 모습으로 비춰지겠는가.

전남도청 이전사업은 직접적으로 전남도민의 문제로서 수많은 과정을 거쳐 이제야 겨우 본격적으로 시작하고 있는바, 꼭 이 시기에 도청의 광주존치를 바탕으로 광주에서 제기하고 있는 광주·전남통합 주장은 올바르지 않다. 이 같은 주장이 자칫 전남도의 행정에 큰 차질과 혼선을 가져오고 전남도민들 간의 갈등을 불러일으키는 불씨가 될 수도 있음도 사려깊게 생각해야 할 부분이다.

이제부터라도 인식을 바꾸어 보다 큰 차원에서 전남의 발전을 기원하고, 중앙정부를 통해 그리고 내부적으로 광주시의 발전을 어떻게 도모할 것인가의 방향을 제시하고, 고민하는 것이 진정으로 자신이 살고 있는 광주를 아끼는 일이라 생각된다.

『전남일보』, 2001.03.02.

국토공간상 목포의 역할과 발전방향

지역발전 측면에서 본 목포의 입지

근래 들어 개방화 물결이 거세게 불고 있다. 사람, 재화, 문화 등 어느 것 할 것 없이 모든 것이 이제 국경을 초월하여 지구촌 곳곳으로 넘나들고 있다. 이 같은 흐름에 따라 특정 지역의 국제적인 지정학적 위치는 그 어느 때 보다 그리고 앞으로 더욱 큰 의미를 가질 수밖에 없다.

한반도는 태평양과 유라시아 대륙의 교량적 위치에 놓여 있다. 환태평양 시대, 동북아 시대가 전개되는 현재 시점에서 한반도는 지정학적 측면에서 새롭게 국제적인 주목을 받는 지역이 되고 있는 바, 이 한반도의 최첨단 돌출부에 목포는 자리하고 있다.

목포는 세계 정상의 경제력을 가진 일본, 그 가운데 규슈지역과 엄청난 시장 잠재력을 가진 중국의 동부 해변과 최단거리 삼각지점에 놓여 있다. 중국 동부 해변은 인구 1,200만의 중국 최대 항구인 상해上海를 비롯하여, 복주福州, 하문廈門, 심천深圳 등의 중국 주요 항구가 자리하고 있다.

6대도시에서 35위 도시로

이와 같이 목포는 우리나라가 근대화 물결에 접어드는 1800년대 말부터서 현재에 이르기까지 국토공간상 그리고 국제 지정학상 측면에서 분명 매우 주요한 위치를 차지하고 있으면서도 해방 후 지금가지 낙후의 늪 속에서 허덕여 왔다.

목포 사람들은 토론회에서나 목포에 관한 글을 쓸 때 과거 전국의 3대 항구이며 전국의 6대 도시였음을 빠트리지 않는다. 이 같은 목포의 번영은 우리나라의 근대 개발 사업 측면에서 호남선 그리고 국도 1호와 2호의 기점과 종점으로서 주요 구간 교통수단이 그 바탕이 되었다.

그러나 해방 이후 일본 및 중국과의 해상교역이 단절되면서 발전이 멈추어진 데다,

그 후 근래에 이르기까지 일련의 개발정책의 축에서 소외되어 여타 지역에 비해 매우 낙후된 면모를 보여 왔다.

목포의 낙후상을 인구적 측면에서 살펴보면 뚜렷이 나타나고 있다. 1946년 목포의 인구는 103,000명이었다. 당시 광주시의 인구는 100,000명이었고 인천의 인구는 220,000명, 마산의 인구는 83,000명, 울산의 인구는 25,000명이었으나 현재는 광주가 130만 명, 인천은 250만 명, 마산은 거의 50만 명, 울산은 100만 명에 달하고 있다. 목포는 전국의 35번째인 인구 26만 명을 가진 도시로 이들 도시의 성장에 비하면 너무나도 뒤떨어진 성장을 보여주고 있다.

이 같은 모습을 가진 목포는 침체와 낙후에서 탈피하여 활성화 지역으로 변모하고자 하는 희구가 어느 곳보다 강하여 이에 대한 범시민적 자구 노력을 꾸준히 경주해 오고 있다. 이러한 노력들과 최근 국내 정치 상황의 변화로 목포와 인근 지역은 상당한 발전의 변화를 보이고 있다. 대불국가공단과 삼호지방공단이 조성되고 전남 도청 이전 결정에 따른 신도시 개발, 목포신외항과 무안국제비행장, 서해안고속도로, 호남선복선화사업, 목포공항확장공사, 주암댐용수공급사업, 화원관광단지 등이 건설 중이거나 용역 중에 있다.

전남 신도청 소재지

근래 들어 목포 사람들에게 가장 기쁨을 주는 것은 전남의 신 도청이 목포 인접지로 이전하게 된다는 사실이다. 전남의 도청 소재지는 약 100전부터 광주였으나 지난 1986년 11월 1일 광주가 직할시로 승격되어 이때부터 어렴풋이 전남 도청은 도내 어느 곳인가로 이전하게 될 것이라고 생각은 하고 있었다. 이러던 차에 지난 1993년 당시 김영삼 대통령의 특별 담화에 의한 도청 이전 문제가 국가 차원에서 제시되었다.

이에 즈음해 목포지역 주민들의 이곳으로의 도청 이전에 대한 기대는 오랜 기간 낙후상이 계속된 지역을 부흥시킬 수 있는 어쩌면 마지막 카드처럼 인식되어 도청 유치 열기는 참으로 대단했고, 지역의 정치권 인사들이나 각 사회단체들의 보이지 않는 협조도 어느 때 보다도 컸다. 수많은 우여곡절을 거쳐 지난 해 6월 30일 도의회에서 전남도청소재지 변경에 관한 조례가 통과되자 그날 저녁 목포 역전 광장에 모인 시민들은 감격의 환호를 연발하였고 '목포의 눈물'을 합창했다.

"목포는 지금까지의 전남 서부 지역의 거점 도시의 역할에서 앞으로는 우리나라의 중핵도시로서, 그리고 환황해권의 중심도시로서 국제적 위상을 갖게 될 것이다."

이제 2003년 전남도청의 목포권 이전을 앞두고 관련 기관에서 준비에 만전을 기하고 있어 목포 사람들은 이제 도청이 소재하는 지역의 주민으로서 어느 때 보다도 목포 발전에 대한 기대로 가득 차 있다.

행정 구역의 협소

이 같은 전남 신 도청의 목포권 확정과 추진 등을 비롯해 목포에서는 근래 적지 않게 변화의 모습을 느낄 수 있다. 그러나 목포는 그 발전을 위해 몇 가지 해결해야 할 문제들이 남아 있다.

먼저, 도청 이전이 확정되면서 더욱 실감되는 것은 좁은 시역市域의 확장 문제이다. 목포는 1997년 말 현재 46.01㎢의 면적에 76,624세대, 250,178명의 인구가 거주하고 있고 인구밀도는 5,437.5를 나타나 비슷한 인구의 도시에 비해 인구밀도가 매우 높다. 목포의 인구밀도는 전국 도시 중 8번째로 높은 것이나, 1위에서 7위까지의 도시는 모두 서울을 비롯해 수도권 도시이다. 비록 이들 수도권 도시들은 비록 목포보다 인구 밀도가 높지만 서울 또는 인접 대도시와 강한 기능적 공생관계를 하고 있어 목포처럼 시역 확장의 필요성이 크지 않다고 볼 수 있다.

대도시 특히 수도권과 멀리 떨어져 있어 어느 곳 보다 자생적 기능이 필요한 목포로서는 현재의 좁은 면적으로는 도시 발전을 위한 합리적인 시설 배치나 여타 활용공간의 여지가 없다. 따라서 행정구역 확장을 어느 곳 보다 강하게 바라는 목포주민으로서는 지난 1994년 전국적으로 해당 지역에서 실시키로 한 시·군 통합정책에 어느 곳 보다 많은 기대를 걸었다.

1994년 4월 목포와 무안군, 1995년 3월과 1998년 3월 목포·무안·신안의 통합을 위한 주민 의견 조사를 실시하는 과정에서 목포 주민들은 통합을 위한 노력이 어느 곳에 비해 강했으나 모두 무안군 주민의 반대로 통합은 실패로 끝났다.

세 차례나 시도한 시·군 통합추진과정에서 목포와 인접한 무안군 주민과 일부 단체들의 극렬한 반대는 지금까지도 잠재된 상태이고, 목포에서는 전남 도청 이전 사업 진행과 맞물려 더욱 강하게 희구할 수밖에 없는 상황이다.

항구 기능의 침체

또 하나 문제는 항구 기능의 침체이다.

목포의 입지적 장점에도 불구하고 목포는 지금까지 항구로서 기능을 수행할만한 항만 시설이 제대로 마련되지 못하고 있다. 목포는 항구도시로 출발했고 앞으로 이에 대한 기능 역시 목포를 더욱 발전시켜 나아갈 주요한 요소이다.

1997년 기준으로 항만하역 능력 면에서 목포는 3,226천 톤으로 전국 무역항 가운데 15위를 보이고 있다. 부산이나 인천, 광양, 포항, 동해, 마산, 군산 등은 그만 두고라도 보령, 삼척, 삼천포, 평택, 묵호, 대산 등 과거에 항구로서는 목포와 비교하기도 힘들었던 지역 보다도 뒤쳐져 있다.

지난 1997년에는 목포 개항 100주년을 맞아 목포시와 자매결연을 맺고 있는 중국의 연운항시와 직항로 여객선이 취항할 예정이었지만 수익성 문제 등으로 취항 계획이 백지화되었고, 신외항건설사업 역시 당초 계획된 민간자본 투자부문이 거의 수포로 돌아가 앞날이 불투명한 상태이다.

국제적 도시 기능을 위한 틀의 마련

목포는 이제 과거 오랜 동안의 침체에서 발전의 나래 짓을 한껏 펼치고 있다. 전남 신 도청의 이전과 사회간접자본의 확충 그리고 산업의 변화 등은 목포의 앞날을 밝게 해주고 있다. 목포는 지금까지의 전남의 서부 지역의 거점 도시의 역할에서 앞으로는 우리나라의 중핵 도시로서 그리고 환황해권의 중심도시로서 국제적 위상을 갖게 될 것이다.

목포권의 발전은 국제적 상황 변화에 따른 필연적인 요청이기도 하고 다른 한편으로는 국토개발에 있어 가장 큰 덕목인 지역균형발전 측면에서 당면한 과제이기도 하다. 이 같은 관점에서 목포의 발전을 위한 과제로 우선 들 수 있는 것은 현재 문제로 남아 있는 시역의 확장 및 목포와 인근 지역의 합리적 개발계획 수립이다.

앞으로 목포와 목포 인접 지역의 변화에 따라 제반 시설과 인구 유입이 이 지역에 계속 될 것인 바, 시설의 적정 배치와 주민들의 쾌적한 생활환경 조성이 필요하다. 이러한 점에서 목포시역의 확장과 합리적 내부 공간구성이 이뤄져야 할 것인 바, 인접 무안과 신안군과의 통합 또는 행정 구역의 조정 문제는 매우 절실한 과제이다.

또 한편으로는 행정구역 조정이 여의치 않을 경우를 대비함과 아울러 보다 광역적인 측면에서 목포를 비롯한 인접 지역(무안, 신안, 영암, 해남)과의 미래를 대비한 광역적 지역개발 틀을 마련해야 할 것이다.

여기에서 목포시는 기존에 갖는 거점 기능을 더욱 강화하여 해양문화관광, 해양과학, 어업, 도시개발 등 해양산업의 전진기지로서의 기능과 교육·행정·문화, 서남권 신산업의 전진기지로서의 기능을 갖추어 주변 지역의 배후 지원의 몫을 크게 고려하여야 한다.

두 번째로는 항만 등의 사회간접자본확충 그리고 산업의 활성화이다.

오랜 기간 목포 발전의 가장 큰 장애 요소였던 목포 주변의 사회간접자본은 크게 진척되고 있는 모습이다. 무안국제공항과 호남선 철도복선화, 서해안 고속도로 등 굵직한 사업들이 박차를 가하고 있다. 그러나 이 가운데서도 목포신외항 건설사업은 민간투자부분에서 차질이 빚어지고 있고, 대불산업단지가 완공되었음에도 불구하고 입주 업체가 20%를 밑돌고 있어 이에 대한 대책이 시급한 실정이다.

세 번째로 국제자유도시로의 발전이다.

여기에는 먼저 1단계로 대불산업단지 내에 외국인 기업전용단지를 지정·확대하고 외국인 투자 유치를 활성화함과 동시에 해양관광벨트를 조성하고, 2단계로 무안국제공항, 목포신외항, 압해도 국제항 주변에 무관세 자유무역지역(free trade zone)의 설치, 그리고 대불산업단지 및 주면 지역을 중심으로 국내외 기업에 기업 활동의 자유를 보장하는 무역투자 자유지역과 국제관광자유지역을 설치하고, 3단계로 목포 신도시 또는 압해지구에 국제업무지역의 조성과 함께 무역투자자유, 국제업무지역, 국제

관광자유지역을 포괄한 국제자유도시를 종국적으로 건설하는 것이 순서인 바, 이를 구체화하기 위한 추진체 구성과 계획을 정밀하게 마련해야 할 것이다.

『청도』 통권 제7호, 청도건설주식회사, 2003.03.25. (40~43쪽)

진정한 국토 균형발전을 위한 제언

　국가 정책 가운데 가장 주요한 목표 가운데 하나가 균형발전일 것입니다. 우리나라는 어느 나라에 비해서 매우 빠른 경제 성장과 산업 발전을 가져왔습니다. 이 같이 빠른 성장과 변화는 자원의 동원과 정책 실행 과정에서 최효율적인 경로를 불가피하게 모색하게 될 수 밖에 없을 때가 많습니다. 따라서 일정 시점까지는 국가 경제를 선도할 수 있는 산업부문과 잠재력이 높은 지역에 대한 집중적 투자로 산업간 부문 간, 지역 간의 불균형이 일부 파생될 수 있음을 이해할 수 있습니다.

　그러나 궁극적으로 국가의 발전과 국민의 통합력 그리고 평등한 삶의 조건 향유라는 근본적 측면에서 볼 때, 지나친 불균형의 해소는 빠르면 빠를수록 좋습니다.

　우리 전남지역은 개발연대에 들어 제반 여건에서 가장 낙후된 지역으로 전락되었고, 그 격차는 정부의 외침과는 달리 좀체 줄어들지 않고 있습니다. 해방 후 가장 많은 인구규모를 보였던 이 지역이 얼마 전을 기점으로 인구 200만 명 선이 무너졌습니다. 소득 등의 경제적 여건과 문화적 측면에서 상대적으로 삶의 여건이 저열하는 데서 오는 안타까운 현상입니다. 참여정부가 들어선 이후 국토균형발전을 최우선 정책 기조로 할 때, 우리 지역은 큰 기대를 걸었습니다.

　그러나 최근 건교부가 국회에 제출한 2004년도 국토의 계획과 이용에 관한 연차보고서 등에서는 이러한 우리의 기대를 무너뜨리게 하고 있습니다. 이 보고서에 따르면 전국을 10대 광역권으로 나누어 개발하는데 따른 예산의 비중이 호남권 사업규모는 영남권의 60%선에 불과한 실정입니다. 더욱이 지난 95년 이후 추진해온 낙후지역 개발촉진지구에 투입된 정부예산 역시 영남권이 7,542억 원인데 반해 호남권은 4,275억 원에 그쳐 영남의 57% 수준에 불과합니다.

　참여정부가 특별법을 제정하는 등 국가균형을 국가정책의 근간으로 추진하고 있음에 비춰볼 때, 다른 분야는 몰라도 불균형을 개선하려는 예산편성 등 실행 조치는 불균형의 핵심 지역에 집중 투자하는 실천적 의지를 보여야 함이 마땅하다고 생각됩니다.

『출발서해안시대』, KBS목포방송국 라디오 시사프로, 2004.09.

| 투데이 포럼 : 대담 |

하당 신도심 공동화 어떻게 볼 것인가

하당 문제는 직접적인 원인과 간접적인 원인으로 생각해 볼 수 있습니다.

직접적인 원인은 계획상의 문제로 도시성격에 따라 용지비율을 어떻게 해야 할 것인가 인데 생산적인 시설이 없고 과도한 상업지역 비율이 높은 것이 사실입니다.

하당지역에 들어왔던 시설들이 이용객들을 창출할 수 있는 시설이어야 하는데 그렇지 못하고 고용효과가 높은 것도 아닙니다. 그러다 보니 자체적인 경기활성도 안된 상황에서 외부에서 부터 경제창출(소비)을 선도할 기능은 별로 없는데다 하당에 밀집된 기능들은 이미 용량을 초과했습니다. 그리고 땅을 가진 자신들의 판단 문제도 거론하지 않을 수 없습니다. 보다 장기적으로 이용할 수 있는 성격을 찾지 못하고 주어진 상업지역 안에서 할 수 있는 비교적 용이한 시설들인 모텔 등의 숙박업소를 짓다 보니 이용객들의 용량을 초과하여 영업상의 경쟁력이 없어졌습니다.

간접적인 원인으로는 크게 봐서 전반적인 경기침체가 원인이며, 주변지역의 인구감소는 이용객의 감소를 가져와 도시기능시설의 역할이 균형적이지 못했습니다. 인구를 유발할 수 있는 시설을 갖추지 못한 결과입니다. 또한 하당지역이 일부 구도심 보다는 낫다고 하지만 매력적이지 못합니다.

하당이 평화롭게 숨 쉴 수 있는 공간을 얼마나 많이 만들어 주느냐를 생각해봐야 합니다. 구도심이 활성화되지 않는 것은 두 가지입니다. 차량진입이 안되고 건물이 노후화 된 것입니다. 이를 교훈 삼아 하당의 문제는 장기적으로 주차, 교통문제를 풀지 못하면 더 빨리 어려움을 겪게 됩니다. 시민들이 상당한 역할을 해야 합니다.

『목포투데이』, 2004.11.03.

광주·전남통합 입법 청원 등의 주장(행위)은 중단되어야 한다

지난 달 광주전남통합추진위원회가 국회에 광주전남 통합을 위한 입법 청원을 함으로서 제기되는 문제에 대해 우려하지 않을 수 없습니다. 이 청원에는 국회의원 153명이 소개 서명을 하였던 바, 국회의원 재적 과반수의 서명에 의미를 두어 곧 광주전남이 통합되는 것이 아닌가 하는 의구심이 이 지역에서는 상당히 일고 있습니다.

결론적으로 청원에 대해서는 국회의원 1명 이상의 소개를 받아 청원하도록 한 국회법의 절차에 따른 것으로 이후의 절차가 아직도 많이 남아있고 이것이 정부로 이송되어 입법화되어 공포되기는 어려울 것이라는 생각이 듭니다.

광주와 전남의 통합과 도청이전에 대한 논란은 그동안 너무나 많은 과정을 거쳐왔고, 이 지역에 미치는 영향이 너무 심대함에 따라 또 다시 불거진 이번 사태는 매우 바람직하지 않는 일입니다.

이미 전남 도청 신청사가 사업비 2,251억 원을 투입해 현재 공정율이 75%에 이르고 내년 6월이면 완공 예정에 있으며, 신도청소재지 택지개발사업 가운데 공동주택용지와 상업용지 등 19만 7천 평이 4,134억 원에 분양되었고, 곧 54만평도 분양 예정되어 있습니다.

광주전남의 통합을 주장하는 주요 근거논리는 지역주민의사와 관계없이 정치적 목적에 의해 이루어졌고, 재정자립도가 전국에서 가장 낮고, 신도시건설로 인한 도재정의 부담이 크다는 점을 들고 있으면서, 통합은 행정의 편의성이 제고되고 지역개발효과가 높다는 점 등을 들고 있습니다.

이미 통합에 관해서는 민선1기인 95년 7월부터 당시 허경만 전남 지사가 시도통합을 3년 6개월에 걸쳐 추진하였으나 광주시장은 통합10대 불가론을 들고 반대하였고 광주시의회 역시 통합반대결의문을 채택하여 더 이상 통합이 이루어질 수 없어 2001

년 12월에 신청사 기공식을 갖게 되었음은 주지의 사실입니다.

이제 국책사업으로 도청이전과 도청소재지 개발사업에 대한 준비가 진행되어가고 있는 이 시점에서 통합을 주장하는 것은 어떠한 이유로 정당화 될 수 없는 일이며, 지금까지 추진한 사업과 일정에 대한 혼선만을 야기하고 지역 간의 갈등만을 야기시킬 뿐입니다.

금번의 광주·전남통합 주장은 지역민들 간의 갈등 초래와 함께 현실적으로 국책사업에 대한 정책의 불신을 조장시키며, 지금까지 추진해온 사업의 예산낭비, 신도시 용지 분양자에 대한 엄청난 경제적 손실을 가져오게 될 것을 간과하는 행위입니다.

도청이전이 목전에 이르자 이를 방해하기 위한 주장으로 밖에 볼 수 없는 광주전남 통합 주장은 허구이며, 어떤 논리로도 법적 절차를 통해 진행되는 도청이전사업을 중단 시킬 수는 없는 일입니다.

통합을 부추기는 지역 인사들이 현재 시점에서 해야 할 일은 광주와 전남이 협력을 통해 상호 동반적 발전을 위한 지혜를 모으는데 앞장서야 할 것이며, 지역 갈등과 혼란이 야기되는 통합에 대한 주장을 무책임하게 더 이상 해서는 안되리라 생각합니다.

『출발서해안시대』, KBS목포방송국 라디오 시사프로, 2004.12.

| 개회사 |

'전남 기업사랑 경제살리기 대토론회'를 개최하며

　오늘 전라남도와 목포상공회의소가 주최하고 전라남도 기업사랑협의회와 서남권경제발전연구원이 주관하는 『전남 기업사랑 경제살리기 대토론회』에 참석해 주신 내외 귀빈과 지역주민께 깊은 감사의 말씀드립니다.
　특히 평소 지역발전에 기업의 중요성을 강조하며 이 토론회를 마련해주신 박준영 전라남도 지사님과 주영순 목포상공회의소 회장님, 그리고 주제발표를 해주실 목포대 조현상 교수님과 토론자 여러분께 경의를 표합니다.
　주지하다시피 60년대 이후 중앙정부 주도의 편향된 산업화 정책으로 인해 우리 전남은 발전의 축에서 벗어나 여러 부문에서 낙후상을 보이고 있습니다.
　최근 들어 국제적 경제환경의 변화와 함께 발전의 기틀을 마련하려는 움직임이 보이고 있지만 후발주자로서의 상황을 극복하기에는 아직도 많은 어려움이 산재해 있습니다.
　이러한 낙후성을 극복하고 잘사는 우리지역을 위해서는 무엇보다 많은 기업이 입주하고, 이들 기업이 활동하는데 좋은 여건이 마련되어야 합니다. 지역 발전과 관련하여 기업의 역할은 아무리 강조해도 지나침이 없을 것입니다.
　기업은 우리에게 일자리를 통해 생계를 유지시켜 주며 지역 상품의 소비를 촉진시키며, 지방세수의 큰 몫을 담당해 궁극적으로 지역을 부흥시키며 인구를 증가시켜 주는 원천입니다. 지역발전의 명제를 두고 이제는 세계 각국과 국내의 각 지역과 치열한 경쟁을 하여야 하는 바, 여기에는 어떻게 지역 기업을 육성시키고 또 유치하여야 할 것인가가 핵심과제로 대두되고 있습니다. 지역기업의 육성과 유치에는 여러 방안이 제시될 수 있지만 기업에 대한 지역사회의 분위기는 가장 중요한 요소라 할 수 있습니다.

　이러한 의미에서 오늘의 『전남 기업사랑 경제살리기 대토론회』는 어느 주제의 토론회보다 우리지역의 발전과 관련하여 깊은 의미를 갖고 있다 하겠습니다.

　오늘 토론회에서는 기업의 역할에 대한 올바른 인식이 확산되고, 기업 활동에 가장 좋은 지역사회 분위기 조성을 위한 구체적인 방안이 도출되는 뜻 깊은 자리가 되기를 기대합니다. 아울러, 서남권경제발전연구원은 오늘 토론회 주제 등을 비롯해 앞으로 계속하여 서남권의 발전을 위해 연구 노력을 다해 가고자 합니다.

　다시 한 번 참석해 주신 모든 분들께 감사드립니다.

『전남 기업사랑 경제살리기 대토론회』 자료집,
전라남도·목포상공회의소 주최, 2008.06.27.

영산강살리기, 보다 넓은 시각으로

강은 다양한 생명체들이 살아가는 생명의 근원이다. 인류에게 있어서도 강은 삶에 있어 잠시라도 없어서는 안 될 생명수의 공급처이며 고대로부터 문명의 발상지로서 자리하였고 현대에 이르러서도 계속 그의 가치는 조금도 줄어들지 않고 있다.

영산강은 오랜 옛적부터 우리 선조들에게 생명의 젖줄로 그리고 문물의 교류처로 자리했다. 이 같은 영산강이 무분별한 이용에만 매달리고 장기적 정화노력 없는 상태가 지속되면서 더 이상 강으로서의 본래 기능을 상실하기에 이르게 되었다. 우리의 생명수인 영산강의 문제를 두고 근래 정치권의 논리와 함께 많은 혼란이 있는 바, 지역의 미래를 위해 올바른 방향설정과 주민들의 합의가 크게 요청되고 있는 때이다.

강의 기능을 유지하기 위해서는 하천통수능력을 개선하여 홍수로 인한 재해를 차단하고, 가뭄예방과 생태기능 유지를 위한 충분한 유량 확보와 더불어 생태하천 복원과 같은 체계적인 치수대책이 계속 이루어져왔어야 한다.

그런데 영산강은 자체의 속성을 고려하지 않는 무분별한 농업용 저수지 축조와 각종 폐수배출로 이미 오래전부터 수질오염, 홍수와 가뭄, 생태계 파괴 등으로 신음해오면서 생명의 젖줄, 남도 역사문화의 중심, 자연생태계의 보고와 같은 긍정적 인식보다는 부정적 인식이 팽배해왔다.

영산강은 전국 4대강 중에서 수질 상태가 가장 나쁜 강이라는 것은 이미 잘 알려진 사실이다. 풍부한 수자원을 가지고 있지만 상류에서도 식수원으로 이용하지 않고, 하류는 수질오염이 심해 농업용수로도 사용할 수 없는 실정이다. 강변에 즐비했던 매운탕 집들이 수질오염과 생태환경의 변화로 고기가 잡히지 않아 점차 사라져가고 있는 모습도 안타깝다.

영산강의 수질개선, 생태복원, 홍수와 가뭄 방지 등은 유역민의 숙원사업이었으나, 자치단체의 한정된 재원만으로는 추진이 불가능한 상황이었다. 또 하천정비, 수질개선, 용수 이용 등 단위사업별 계획이 수립·추진되었던 탓에 사업의 시너지 효과를 높이는데도 한계가 있었다. 이러한 영산강의 문제를 해결하고 체계적으로 개발·보전하기 위해 전남도에서 영산강 프로젝트를 개발하여 중앙정부의 지원을 건의하였고, 이중 핵심사업이 영산강 살리기에 반영되어 추진되고 있다. 이러한 의미에서 영산강 살리기 사업 추진은 다른 강 살리기 사업과는 그 출발이 다르다는 점이다.

수질개선, 생태복원, 홍수와 가뭄 방지 등을 통해서 영산강을 살리고, 이를 통해서 지역발전을 촉진하자는 데에 이견을 제기할 사람은 거의 없을 것이다. 그러나 보 건설에 의한 수질오염과 주변 저지대의 침수, 하도준설에 의한 생태환경 훼손, 농업용저수지 둑 높임에 의한 수몰지역 발생, 하구둑 구조개선에 의한 목포연안 생태환경의 영향 등 일부 사업내용에 대해서 전문가와 시민단체의 지적이 적지 않다. 지류와 소하천의 정비 및 오염원 관리가 보다 더 중요한 과제이고, '12년을 시한으로 설정하여 사업을 너무 조급하게 추진하다보니 사업의 영향에 대해 심도 있는 검토가 미흡했다는 점도 줄곧 제기되고 있다.

정부와 전남도는 이들의 목소리를 반대론자의 주장으로만 치부할 일이 아니다. 강다운 강을 만들고 영산강 살리기를 통해서 지역발전을 촉진하는데 협력을 구해야 할 동반자의 생산적 비판으로 인식하고, 다양한 의견 수렴을 통해서 합리적인 대안을 모색하려는 전향적인 노력이 필요하다.

영산강 살리기의 문제점을 지적하는 전문가와 시민단체도 영산강살리기를 보다 현실적 시각으로 바라볼 필요가 있다. 댐, 저수지, 하구둑, 제방 등으로 가로막힌 영산강은 더 이상 자연하천이라 할 수 없으며, 자연하천으로 되돌리기 위해서 가장 바람직한 방법은 이러한 인공구조물을 헐어내는 것이다. 하지만 유역이 고도로 도시화·산업화되어 이 같은 일은 현실적으로 불가능하다. 홍수와 가뭄 방지, 용수 이용, 수변공간 개발 등 강의 기능이 효과적으로 수행되도록 최소한의 시설을 설치하고 인위적으로 관리하는 것이 불가피하다는 점도 고려할 필요가 있다.

강의 보전 및 이용시 치수, 이수, 환경기능이 조화를 이루어야 함은 두말할 나위가 없으나 현실적으로 이러한 기능이 완벽하게 조화를 이루기란 쉽지 않다. 유역의 특성, 시대적 상황, 주민의 요구, 기술개발 정도 등을 고려하여 합리적인 수준에서 결정될 수밖에 없다. 영산강살리기사업을 운하건설로 보는 시각도 있으나 대운하 건설과는 거리가 있으며, 영산강유역에서는 오래전부터 황포돛배가 왕래할 수 있는 정도의 옛 뱃길의 복원이 필요하다는 지역의 요구가 있어왔고, 이러한 점이 영산강살리기에 일부 반영되었다.

이러한 관점에서 전남도에서는 이전부터 추진해왔던 영산강살리기사업의 추진 의미와 과정을 주민에게 보다 명확히 전달하여야 한다. 또한 이것이 근래 중앙 정치의 4대강 사업이 안고 있는 정치적 놀음과는 어떤 점에서 다른가에 대해서도 분명한 설명이 있어야 한다. 그러나 더 본질적인 문제는 정부와 전남도에서 추진하고자 하는 영산강 살리기 사업이 영산강에 어떤 긍정적 영향이 있는가를 다시 한 번 검증 받는 일에 최선을 다해야 할 것이다.

민주주의는 주민들로부터 정당성을 받는 것에서부터 출발한다. 아무리 좋은 일이라 하더라도 민주주의 요체인 주민들로부터의 정당성을 받지 못한다면 그것은 선으로서 당위성이 상실될 수밖에 없다. 훗날 올바른 정책이었다고 인정받는다 해도 현재 시점에서 충분한 당위성을 인정받지 못해 추진하지 못했다면 그것마저도 책임에서 자유스러울 수 없다.

전남도는 영산강살리기사업이 과연 어떤 점에서 여타의 강 살리기 사업과 차이가 있고, 진정으로 영산강을 살리는데 꼭 해야만 하는 사업이며, 문제는 없는 사업인가를 도민 그리고 전문가와 기탄없는 토론의 장을 마련하기 바란다.

영산강살리기가 제공해준 기회를 자연과 문화가 공존하는 영산강르네상스시대로 연결될 수 있도록 도민의 합의를 조속히 모아야 할 때이다.

『신문기고』, 2010.06.26.

교통사고를 줄여야 한다!

 안전은 우리의 삶에 있어 요구되는 가장 기본적 요소입니다. 아무리 많은 부를 가지고 있어도 삶의 여건이 안전하지 않다면 행복하다고 결코 할 수 없을 것입니다.
 우리 지역이 전국에서 가장 높은 교통사고 지역이라는 오명에서 벗어나고 있지를 못하고 있습니다. 국토해양부 자료에 의하면 전남지역이 자동차 1만대 당 교통사고 발생율이 전국에서 가장 높고, 고속도로 연장 및 교통량을 고려한 교통사고율 역시 호남선이 가장 높았습니다.
 또한 금년 1월부터 9월 말까지 기간 동안 목포경찰서 관내에서 접수된 교통사고는 1,251건으로 교통사고로 인한 사망자는 29명이고, 부상자는 2,174명에 이르고 있습니다.
 교통수단의 발달은 우리의 삶에 편리함을 가져다주었지만, 다른 한편 귀한 생명을 앗아가고 부상이라는 또 다른 재앙으로 대두되고 있습니다. 우리나라의 교통사고율은 OECD국가 가운데서도 가장 높은 데, 우리지역의 교통사고율 역시 우리나라에서 가장 높아 참으로 부끄럽고 안타까운 일이 아닐 수 없습니다.
 우리지역이 이렇게 높은 교통사고율로 인해 인적 물적 손실을 가져오게 되는 데는 여러 가지 원인이 있지만, 가장 주요한 요인은 낮은 질서의식에 있다고 생각됩니다. 질서는 공동생활에 있어 서로에게 편리하고 인간다운 삶을 사는데 내재된 기본 원리입니다.
 준법정신을 비롯해 기초 질서를 지키는 것이야 말로 귀한 생명을 보호하고, 나 자신과 가족의 안전을 담보하는 첩경입니다. 어떠한 물질적인 부분이 높다하더라도 안전하고 질서가 없는 지역사회는 결코 행복을 보장받을 수 없을 뿐만 아니라 부끄러운 일입니다.
 우리지역이 행복한 사회공동체로 자리하기 위해 우리 모두는 질서의식을 높이는데 최우선의 지혜를 강구하여야 할 것입니다.

『출발서해안시대』, KBS 목포방송국 라디오 시사프로, 2010.10.18.

친절은 가장 큰 지역발전의 동력이다!

지방자치제도가 본격적으로 시행된 지 30년이 되었습니다.

각 지역은 지역 간 경쟁에서 우위를 점하기 위해 많은 노력을 하고 있습니다. 우리 지역은 기존에 지역발전을 위한 인프라가 열악한데다 산업구조 역시 현대적 산업 흐름에 크게 뒤쳐져 있는 상황에 있습니다.

이러한 지역 여건 속에 비교우위를 위한 몸부림을 하고 있습니다만 제반 상황을 반전하는데 적지 않는 어려움이 있습니다. 그 중에 하나가 지역경제 활성화를 위해 관광 등 3차 산업에 큰 힘을 쏟고 있습니다.

흔히 서비스 산업은 굴뚝 없는 산업으로 가장 밝은 미래 산업으로 알려져 있습니다. 그러나 요즈음 우리 지역에서 하는 것처럼 단편적인 지역 축제나 이벤트를 마련하고 단기적인 볼거리 제공을 통한 관광객 유치만으로 우리가 바라는 소기의 목적이 달성될 수는 없습니다. 높은 문화적 기반 조성과 함께 지역 주민들의 친절이야 말로 가장 중요한 요소라 할 수 있습니다.

최근 우리 지역에는 F1 코리아 그랑프리를 비롯해 많은 국제 그리고 국내 주요행사를 치르고 있고 또 계속하여 준비하고 있습니다. 이러한 행사를 위해 많은 기반시설을 갖추고 행사를 위한 각종 시책을 마련하고 있습니다.

그러나 아무리 훌륭한 시설과 호화로운 행사를 개최한다하더라도 우리 지역을 찾는 사람들이 불쾌한 기분을 가진다면 우리 지역을 찾지 않을 뿐 만 아니라 이들 행사에서 궁극적으로 바라는 지역 발전은 기대하기 힘들 것입니다.

친절은 우리 모두에게도 명랑하고 밝은 사회분위기를 갖게 할 뿐만 아니라, 우리 지역을 찾는 사람들에게 그리고 더 나아가 지역 경쟁력을 위해 가장 필요한 요소입니다.

『출발서해안시대』, KBS 목포방송국 라디오 시사프로, 2010.11.

『지역발전사업 평가백서』를 발간하면서

 어떤 일을 수행한 후 그 과정과 내용을 기록·관리하는 것은 매우 중요하다. 기록·관리는 높은 문화수준을 유지하는데 중요한 기반이며, 이후 업무수행에 기준이 될 뿐만 아니라 후세에 남기는 사료적 의미로서 중요한 가치를 지닌다.
 본 『지역발전사업 평가백서』는 국가균형발전특별법 제9조 및 동법 시행령 제12조~제14조의 2에 의거하여 2013년 광특회계(지역계정, 광역계정 및 제주계정)로 지원된 사업을 대상으로 2014년 동안 지역발전위원회 평가자문단에서 수행하였던 평가내용과 과정 그리고 결과를 중심으로 기록한 것이다.
 14년 평가자문단은 사실상 2013년 12월 11일 평가자문단 위촉식에서 위촉을 받아 업무를 수행하기 시작하였다. 이에 앞서 2013년 11월 5일부터 23일까지 지역발전사업 평가계획 설명회를 개최하였으며, 이후 12월 13일부터는 지자체별·부처별 2013년 추진실적보고서 등 평가자료와 총괄보고서를 제출하도록 하였다.
 이후 평가자문단에서는 2014년 1월 초 평가자문단 분과위원장 간담회를 시작으로 지역·제주계정과 광역·제주계정으로 나누어 각각 실시하였다. 1월 중순부터 1차(서면)평가를 실시하였고, 2월 초순부터 3월 초까지 현장실태조사를 실시하고, 현장실태조사가 끝난 계정별로 2월 말경부터 3월 중순까지 2차(대면)평가를 실시하였다. 이후 평가결과에 대한 이의신청을 접수받아 4월 말경부터 이의신청에 대한 타당성검토위원회와 이의신청위원회를 개최하여 이의신청에 대한 사항을 검토 심의하였으며 이후 해당 지자체와 부처에 결과를 통보하고 이에 대한 내용을 지역발전위원회에 보고하여 기나긴 평가업무를 마무리하였다. 또한 이 같은 평가와 함께 우수사업사례선정도 있었던 바, 이를 위해 평가과정에서 분과별로 우수사업 후보를 선정한 후 지역발전사업 우수사례선정위원회에서는 현장 확인평가를 거쳐 최종적으로 지역·제주계정에서 20건, 광역·제주계정에서 6건을 선정하였다.

인간의 모든 행위는 공식적(제도적)이던 자율적이던, 간접적이던 직접적이던 간에 평가의 연속이다. 이러한 평가에 따라 인간의 삶 또는 집단의 위치는 크게 달라진다. 국가정책에 따른 각종 사업은 더욱 평가가 필요하다. 이는 당초 의도한 정책목표대로 사업이 효과적으로 추진되는가 그리고 해당 사업이 잘못 추진된 점은 없는가라는 본래적이고 소극적인 의의뿐 만 아니라 세부 추진 주체에 따라 더욱 바람직한 방향으로의 유도라는 적극적인 기능까지 내재하게 된다.

　그러나 평가는 '목표-수단 연쇄' 간의 수많은 변수를 통해 이뤄지는 과정과 이를 통한 다양한 결과 그리고 예측이 어려운 미래의 영향까지 모든 부분을 현재 시점에서 그것도 몇몇의 한정된 자료와 현상을 가지고 평가하여야 하는 현실 때문에 불안전성을 가질 수밖에 없다.

　그렇기에 평가는 과학적인 평가제도와 기법 그리고 평가자들의 고도의 윤리와 높은 역량이 필요하다. 단순히 제도상에 따른 평가수행이 아니라 귀중한 국가재원을 통해 해당 사업을 가장 효과적이고 유효적절하게 수행하고 있는가? 현재 뿐만 아니라 미래의 관점에서 국가발전과 지역의 균형발전을 위해 수행되고 있는가? 국민과 주민

2017 균형발전사업 우수사례 시상식(제주도)

이 바라는 문제를 해결하고 행복을 위해 수행하고 있는가? 등에 대한 평가가 되도록 최선을 다해가고자 하였다.

평가를 마무리하며 실제로 현장 방문시 외딴 마을에서 모든 주민이 일치단결하여 행복한 마을을 가꿔가는 의욕에 찬 얼굴과 구슬땀 흘린 지도자의 모습에서 밝은 지역의 미래를 볼 수 있었다.

연초年初의 평가수행과정을 미리 점검해 보는 분과장 회의를 시작으로 우수사례 최종선정에 이르기 까지 무려 7개월을 함께 해주신 평가자문위원들과 지역발전위원회 관계관, 그리고 평가업무를 지원해주신 한국산업기술평가관리원(KEIT) 관계자 여러분, 그리고 업무를 수행하며 평가 자료를 제공해주신 관계부처 및 자치단체 관계자 여러분과 우수사례에 선정되기 까지 현장에서 노력을 아끼지 않으신 마을 지도자와 주민 여러분께 감사드린다.

또한 본 백서발간을 위해 노력해주신 백서발간위원회 위원과 KEIT 지역사업평가센터 이여진 센터장을 비롯한 연구원들께 감사드리며, 특히 평가과정에서 높은 지혜와 격려를 주신 이원종 지역발전위원장님께 감사드린다.

2014년 12월
대통령직속 지역발전위원회 평가자문 담당, 신순호

『지역발전사업 평가백서』, 대통령직속 지역발전위원회, 2014.12.

2015년도 지역발전사업 우수사례 개요

지역발전사업 평가 개요

대통령직속 지역발전위원회(이하 지역위)에서는 국가균형발전특별법 제 9조 및 동법 시행령 제 12조~제 14조의2에 근거하여 매년 지역발전사업 시행계획 등의 추진실적을 평가한다. 올해에는 지역발전특별회계(지특회계)로 추진된 사업 589개 사업(경제·제주계정 76개 사업 4.6조원, 생활·제주·세종계정 513개 사업 3.5조원)을 대상으로 97명의 지역발전사업 평가자문단이 종합평가를 진행하였다.

지역위에서는 지역발전사업의 성과 홍보와 전파를 위해 2010년부터 매년 지역발전사업의 평가결과를 토대로 모범이 되는 우수사례를 선정하여 우수사례집을 발간하고 있다.

우수사례의 선정

우수사례는 2009년 시행사업 중에서 20개, 2010년 시행사업 중에서는 21개, 2011년 시행사업 중에서는 20개, 2012년 시행사업 중에서는 21개 사업, 2013년 시행사업 중에서는 20개 사업이 선정되어 사례집에 수록되었다.

그리고 올해에도 '지역발전사업 우수사례 선정위원회(이하 선정위원회)'를 통해 2014년에 추진된 사업 중 생활·제주·세종계정 21개 사업이 우수사례로 선정되었다. 전년과 달리 올해에는 기존 내역사업 단위의 평가에서 포괄보조사업 단위로 상향 평가하여 포괄보조사업도 6개의 우수사례를 선정하였다. 선정위원회는 평가자문단장을 비롯하여 종합평가에 참여한 분과위원장으로 구성되었으며 총 2회의 평가회의와 1회의 현장방문으로 선정 작업이 이루어졌다.

2015년 선정경과

우수사례 후보추천(60건) ('15.5月 末~6月 初) → 우수사례 서면평가(60건 → 34건)

('15.6月中) → 현장방문 실태조사(34건) ('15.7月中) → 우수사례 선정위원회(21건) ('15.7月末)

우수사례의 특징

최종 선정된 생활·제주·세종계정 21개 사업의 우수사례를 5개 유형별로 구분하면, 포괄보조사업 우수사례가 6개, 사업기획 우수사례가 4개, 연계협력 우수사례가 3개, 운영효율화 우수사례가 4개, 성과창출 우수사례가 4개이다.

포괄 보조사업이 우수한 사례는 경상북도, 대구광역시 남구, 강원도 고성군, 충청남도 홍성군, 경상남도 거창군, 경상남도 합천군이며, 통합 컨트롤타워 구축, 오픈콜라보레이션 활용, 사업 가이드라인 제시, 지역맞춤형 사업추진 등이 특징이다.

사업기획이 우수한 사례는 서울특별시 구로구, 울산광역시 남구, 강원도 영월군, 충청북도 증평군이며, 민간 주도형 거버넌스 구축, 지역특화자원을 활용한 기획, 스토리텔링을 통한 마케팅 자원 활성화 등이 특징이다.

연계협력이 우수한 사례는 충청남도, 전라남도, 부산광역시 동래구이며, 공업용수 공급·설계·공사의 일원화, 나무심기 지원조례 제정, 지역특성을 반영한 사업 발굴 등 관련기관과 연계한 사업추진으로 시너지 효과를 높였다.

운영효율화가 우수한 사례는 대전광역시, 제주특별자치도, 경상북도 군위군, 경상남도 함안군이며, 효과적인 지원협력체계 구축, 지역문화자원의 효율적 운영, 귀농귀촌인과 원주민과의 공동체 형성 등 다양한 사업주체간의 협력체계 구축과 주민들의 자율 운영을 통해 사업을 효율적으로 추진하였다. 마지막으로 성과창출이 우수한 사례는 전라북도, 제주특별자치도, 경기도 가평군, 전라남도 목포시이며, 다문화가정의 자립적 기반구축, 전문농업인 양성, 도심속 웰빙공원 창출 등으로 상당한 성과를 창출하였다.

2015년 9월
대통령직속 지역발전위원회 평가자문단장 신순호

『지역발전사업 우수사례모음집』, 대통령직속 지역발전위원회, 2015.09. (6~7쪽)

| 서평 |

국토종합계획의 실효성을 위한 가치 있는 연구

　국토종합계획의 실체에 대한 인식은 어느 때인가부터 크게 빛바래 있다. 국토종합계획은 국토 전역을 대상으로 국토를 이용·개발 및 보전할 때 미래의 경제적·사회적 변동에 대응하여 국토가 지향하여야 할 발전방향을 설정하고 이를 달성하기 위해 수립하는 계획이다. 이는 제1차 국토건설종합계획(1972~1981)을 시작으로 제4차 국토종합계획 재수정계획(2011~2020)으로 이어져 오고 있다. 국토종합계획은 국토의 미래비전 및 국토관리의 정책을 제시하는 가이던스(guidance)로서의 역할을 수행해 왔으나 근래 들어 최상위 국토공간계획의 위상과 실효성은 예전에 비해 크게 약화되어 있는 것이 현실이다.

　여기에는 무엇보다 국토종합계획이 다양한 시대적 환경변화에 효과적으로 대응하지 못한 정책적 문제를 들 수 있다. 계획은 근본적으로 '목표설정-현황분석-전제'의 설정을 통해 최종적 계획안이 설정되면 집행을 하게 되며, 계획의 효율적 집행을 위해 의도한 목표가 제대로 달성되고 있는가에 따른 점검과 평가를 수행하여 환류하는 과정이 필요하다. 제4차 계획이 수립·집행되는 기간은 대외적 국제질서의 변화도 이전과 크게 달라졌지만 국내 정치·경제 환경이 크게 변화하였는 바, 특히 급속한 민주화와 지방자치제도의 실시가 본격적으로 확산되어온 것과도 무관하지 않다. 제3차 계획까지 약 30년간 지속되어 온 중앙집권적·획일적 정치·경제운영체제에서 비교

---

* 권영섭·김선희·하수정·정우성·한지우 지음, 『미래 국토를 선도하는 국토종합계획의 발전방안 연구』(Policy Directions of Improving Comprehensive National Territorial Plan for Leading the Future Territory of Korea).

적 용이하게 채택되어진 선택적 모방(selective imitation)이 목표설정과 집행과정에서도 일종의 관성으로 자리하고 있음을 들 수 있다. 제4차 계획 수립 이후의 '공간적 민주화와 다양성'으로 대표되는 급속한 시대적 변화에 국토계획 측면에서 그만큼 신속한 대응이 따르지 못했던 결과다. 이것은 가치의 문제를 떠나 제도적 측면에서 최소한 최상위계획으로서 '미래의 경제적·사회적 변동에 대응하여 국토가 지향하여야 할 발전방향을 설정하고 이를 달성하기 위해 수립하는 계획'이라는 역할을 유지하는 대응노력이 필요했다고 생각된다.

이러한 맥락에서 본 보고서는 시기적으로 다소 늦은 감이 없지 않으나 우리나라 공간계획상의 핵심적 문제를 짚고 있는 참으로 중요한 과제를 다루고 있다.

첫째, 국토종합계획의 필요성과 위상에 관한 부문이다. 이는 국토종합계획에 관련해 가장 핵심적인 내용 중 하나다. 본 보고서에서는 국토의 장기적 비전과 발전방향을 제시하는 상징성·종합성 측면에서 현재와 같은 20년 주기의 장기·종합·전략계획의 성격을 유지하고, 5년마다 정부의 정책과 연동하는 중기전략을 수립함으로써 국토종합계획의 실천력을 확보하고자 하고 있다. 이는 다양한 요구와 부문별 정책에 대한 종합 지침적 성격을 유지함으로써 국토공간에 대한 목표설정과 비전을 제시하고 국가정책에 혼선을 최소화하는 장치로서의 의미를 두고 있다. 또한 5년마다 정비를 통한 연동계획화는 장기계획이 갖는 한계로 지적되는 집행의 실현성(practicability)의 문제와 지침 제시라는 두 가지 측면을 동시에 해결해 보려는 방안으로 충분한 설득력을 갖고 있다. 그러나 역설적으로 이는 자칫 두 가지 모두를 충족하지 못할 수 있는 개연성도 함께 갖고 있는 바, 이러한 우려되는 결과에 대한 보다 깊이 있는 분석도 필요해 보인다.

둘째, 국토종합계획과 타 계획과의 관계 정립에 관한 부문이다. 여기서는 국가재정운용계획과 지역발전5개년계획은 국토종합계획(지침계획)을 고려하도록 하고, 국토종합계획(전략계획) 수립 시 국가재정운영계획과 지역발전5개년계획을 반영하도록 하며, 국토공간에 중요한 영향을 미치는 공약사업과 국가적 사업들은 정책적 판단 및 경제적 타당성을 검토하여 국토종합계획에 반영할 것을 제시하고 있다. 이는 국토종합계획의 위상에 따라 국토공간상의 계획질서를 확보하고자 하는 일관된 논리에서 나온 것으로 이해되며 또한 공약사업이 그간 기존 계획의 틀을 크게 혼란시켜 종국에 국토종합계획의 존재 의의를 손상시켜 온 일부 현실적 문제를 공식화함으로써 계획의 외생적 변화환경을 수렴하는 상당히 실천적 방안 제시라 보여진다.

셋째, 내용적 범위 조정 및 국토공간 구상에 관한 부분이다. 국가의 발전과 관련된 국토종합계획의 이념과 역할을 제시하지 못하고 있었던 기존 내용과 제도를 조정하여 미래 국가발전의 주요한 내용으로 통일·동북아, 초지역, 초부문, 해양영토, 농산어촌공간, 재생·정비·관리·유지 등을 명시적으로 포함시키고 입지관리 지침 및 상위관리체제를 확보하고자 하는 방안은 선진 각국의 제도의 추이와 맥을 같이 하는 바람직한 내용이다.

넷째, 국토종합계획의 모니터링과 실적평가 정례화, 예산재원규정 마련, 5년 중기 전략계획은 국토종합계획의 실천력 확보를 위해 매우 중요한 내용들이다. 근래 국토종합계획의 무용론이 제기되는 내부적 요인 가운데는 이 같은 실천력 확보가 미비한 것에도 큰 원인이 있다.

단순히 상위계획이고 프로그램적 성격을 갖고자 하는 계획이 아닌 실천력 있는 계획으로 자리매김하기 위해서는 이 같은 수단들을 확보함이 타당하다.

본 보고서는 국토종합계획이 시대적 환경변화에 효과적으로 대응하지 못하여 최상위 공간계획으로서 위상 및 실효성이 크게 약화되어 있는 시점에서 이의 문제점을 직시하고 정책제안을 심도 있게 제시함으로서 국토공간의 체계 확립과 함께 궁극적으로 국가의 장기 발전에 큰 도움을 줄 것으로 기대된다.

법제도적 측면에서나 공간계획 측면에서 다양한 요구와 혼선이 제기되어 왔으나, 문제의 중심이 되어온 국토종합계획에 대한 성찰이 이뤄지지 않고 있던 차에 이 같은 보고서가 마련되도록 수고한 연구진의 노고에 격려를 보내고 싶다.

『국토』 제413호, 국토연구원, 2016.03. (100~101쪽)

| 강연 |

지역의 현실과 행복한 지역사회를 위한 과제

Ⅰ. 삶을 영위하는 목적 : 행복추구

○ 왜 오늘도 이렇게 열심히 노력하는가?

> 어느 청년이 숨을 헐떡이며 달려가고 있다: 왜 달려가는가→ 여자 친구를 만나러 감: 왜 만나려하는가→ 사랑하여 결혼하고 싶어서: 결혼해서 뭐 할 것인가→ 자녀도 낳고 행복하기 위해서

○ 행복이란?
- 생활에서 충분한 만족과 기쁨을 느끼는 흐뭇한 상태
- 심신욕구가 충족되어 만족감을 느끼는 정신상태

○ 행복 요소
- 주관적 감정과 평가(만족감) : 삶의 만족
- 객관적 환경요인(삶의 조건) : 삶의 질, 생활수준(의식주, 건강, 소득 등)

○ 지역사회 : 공동체라는 일정한 지역에 거주하며 공동의식을 가지고 조직된 관계를 통하여 공통의 이익을 추구하는 제 활동을 분담하는 인간집단(Lowry Nelson, 권태준).

community : communis라는 라틴어에서 유래.

com(함께) + munus(봉사하는 일)의 합성어로 "공동봉사" 혹은 "공동참여"의 뜻 내포

○지역의 발전요소
- ■지역발전의 요소는 여러 학자들에 의해 논의되고 있는 바, 크게 Soft와 Hard로 구분할 수 있는데, 오늘날에는 Soft적인 요소를 더욱 강조하고 있음. Soft적인 요소에는 인구(질, 양), 경제, 사회적 자본(문화), 교육, 정치, 기술(혁신) 등이 있으며, Hard적인 요소는 물리적 시설을 위시로 한 SOC 등의 기반시설, 자연환경, 자원 등이 있음.
- ■소프트(Soft) 요소 : 인구(질, 양), 경제, 사회적 자본(문화), 교육, 정치, 기술(혁신) 등
- ■하드(Hard) 요소 : 물리적 시설을 위시로 한 SOC 등의 기반시설, 자원 등

Ⅱ. 국가발전상과 문제점

1. 지역균형의 필요성
급속한 경제성장으로 양적 성장을 가져왔지만 개인의 행복과 유리
- 국가의 발전은 궁극적으로 개인의 행복과 지역간 계층간 부문간 격차가 없이 어느 곳에 살던지 노력한 만큼 행복한 삶을 누려야 함

2. 국가의 발전 상
○세계 7위의 수출대국
국민소득 354배, 수출규모 17,350배
  1인당 국민소득 : 79$(1960년) ⇨ 27,964$(2014년)
  수출 : 3,300만$(1960년) ⇨ 5,727억$(2014년)

○국격을 높인 문화체육
  세계를 열광시킨 한류
  런던 올림픽 종합 5위

○국제적 위상
　G20 의장국, UN사무총장

3. 발전의 이면
○문제의 노정
■사회병리현상
　자살률 : OECD 국가 중 1위
　이혼률 : OECD 국가 중 7위
　행복지수 : 149개 국가 중 97위
■불신과 갈등의 심화
　지역, 세대, 소득계층간 격차 심화
　국론 분열과 불신사회
　탐욕과 인간성 소외

○지역의 문제
■지방도시・농촌의 쇠퇴
　－90~10년 전국 도시 중 32개 도시인구감소, 이중 지방도시가 30개
　－20호 미만 과소화마을 : (05년)2,048개 → (10년) 3,091개
　－농산어촌의 고령화의 심각성

■삶의 질 격차
　－최근 10여 년 간 농어촌 초등학교 441개 감소
　－약국 없는 읍면 소재지 50.2%

■지방도시 쇠퇴(66%)
　－55개 도시 쇠퇴 진행(38%)
　－41개 지역 쇠퇴 징후(28%)

■ 지역간 일자리 격차
  - 신생 일자리 10개 중 9개 수도권 편중

III. 지역의 실상
1. 인구문제

과거 1940년 경우에는 호남권 인구는 전국인구 중 26.6%(제주 인구포함, 4,157천명)를 차지하여 영남권 29.3%(4,575천명)와 거의 비슷한 수준이었고, 수도권 17.1%(2,668천명)에 비해서는 1.5배가 많은 인구였음.

이후 지속적인 인구감소현상을 보이고 있어 2015년에는 호남권 인구는 전국인구의 10.1%(5,136천명)인 바, 영남권 25.6%(13,096천명)의 절반(39.4%)에도 훨씬 못미치고, 수도권 인구에는 1/5수준에 불과.

*2003년 이후 연평균 1.18%의 감소율을 보이고 있음.
*지난 고령인구는 계속하여 증가하여 65세 고령자수 2003년 이후 연평균 2.74% 증가

〈표 1〉 권역별 인구규모(1940~2010)

	1940		1960		1980		2000		2015	
	인	%	인	%	인	%	인	%	인	%
수도권	2,668,119	17.1	5,194,167	20.8	13,280,951	35.5	21,258,062	46.2	25,273,824	49.5
영남권	4,575,779	29.3	8,030,466	32.1	11,429,489	30.6	12,828,684	27.9	13,096,222	25.6
호남권	4,157,217	26.6	5,948,265	23.8	6,065,497	16.2	5,232,474	11.4	5,136,039	10.1
제주권			281,663	1.1	462,609	1.2	512,541	1.1	605,619	1.2
강원권	1,742,928	11.2	1,636,767	6.5	1,790,226	4.8	1,484,536	3.2	1,518,040	3.0
충청권	2,483,143	15.9	3,897,913	15.6	4,378,043	11.7	4,668,992	10.2	5,439,631	10.7
합 계	15,627,186	100.0	24,989,241	100.0	37,406,815	100.0	45,985,289	100.0	51,069,375	100.0

주: 1) 1940년의 조사에서는 호남권에 제주도를 포함한 수치임.
   2) 1940년도의 비율은 남한지역만을 추계함.
출처: 통계청 조사관리국 인구총조사과 제공자료를 가공하여 만듦.

2. 정치권력

○제헌 국회의원선거(1948년 5월 10일)이래, 지금까지 권역별 지역구 국회의원 수 추이를 보면, 제1대 선거에는 수도권 19.5%(39명), 영남권 32.0%(64명), 호남권 25.5%(51명)이었던 구조가 인구규모의 변화와 비슷하게 변화하였음. 현재(제20대)는 수도권 48.2%(122명), 영남권 25.7%(65명), 호남권 11.1%(28명)로 그 위치가 확연히 변동하였음. 여기서 눈에 띄는 것은 호남권의 숫적 폭락에 비해 수도권의 엄청난 증가와 영남권의 안정적 지위 확보가 지속적으로 이어지고 있다는 것임.

○이처럼 호남지역은 정치적 파워의 부재로 중앙정부가 추진하는 국가SOC계획 및 경제발전계획에 있어 지역의 절박함을 대편할 수 없다는 수적 한계가 있음을 보여주고 있음.

3. 산업·경제
① 일자리 격차
○지역의 성장과 발전에 있어 고용기회의 창출이 무엇보다 중요함. 고용의 기회는 자연스럽게 인구의 이동(유입·출)과도 상관관계가 높음.

○지역간 일자리 격차를 파악하기 위해서 권역별 취업자 수 비중 추이를 분석한 바, 1995년과 2015년 기간 동안 수도권 취업자 수 비중은 49.0%에서 50.3%이고, 호남권은 9.7%에서 9.8%로 약간 증가한 반면, 영남권은 28.3%에서 25.1%로 감소하였음. 그러나 수도권과 영남권, 호남권의 일자리 격차는 평균 5대 2.6대 1이라고 말할 수 있을 정도로 호남권의 지역경제의 규모가 작을 뿐 아니라, 취업의 기회도 제한되어 있다고 볼 수 있음. 이러한 원인으로 인해 인구규모가 작아질 수밖에 없음.

② 소득 격차
○지역내총생산(Gross Regional Domestic Product: GRDP)은 각급 행정구역 단위에서 산업부문별로 얼마만큼의 부가가치(소득)가 창출되었는가를 알려주는 총량지

표이기 때문에, 지역경제의 실태를 개괄적으로 파악할 수 있는 이점이 있음.

〈표 2〉 지역별 GRDP 규모: 1968~2010년 (단위: %)

연도 권역	1968	1976	1985	1995	2000	2003	2005	2007	2009	2011	2014
수도권	36.2	40.8	42.2	45.7	47.8	49.1	48.2	48.6	48.4	47.2	48.8
영남권	29.4	30.5	30.7	29.5	27.3	27.0	27.4	27.1	26.8	27.1	25.9
호남권	15.3	13.7	12.3	8.9	8.0	9.8	10.0	9.9	9.9	10.2	9.4

주: 1) 1985년 전후 GRDP 추계방법이 상이하기 때문에 시계열적으로 직접 비교하기에는 어려움이 있음.
　　2) 1968년과 1976년의 비율은 1975년 불변가격 기준으로 계산된 것임.
출처: 1) 1968, 1976년의 경우: 한국과학기술연구소(1980); 김영정(1994: 174)
　　　2) 1985년 이후의 경우: 통계청

○ 1968년 이후, 지역간 격차가 더욱 커지는 모습을 보이고 있음. 즉, 수도권의 지역내총생산은 지속적 성장으로 2014년 기준 48.8%이고, 영남권은 7·80년대에는 최고치를 갱신하다가 현재는 26%정도를 유지하고 있는 반면, 호남권은 10%대 이내를 유지하고 그 규모는 수도권의 1/5수준, 영남권의 1/3수준을 보이고 있음.

4. 지역 낙후도

○ KDI에서 조사한 권역별 지역낙후도 현황을 보면, 호남권이 최하위권에 위치해 있으며, 특히 전남이 가장 낙후된 지역으로 평가되고 있음. 전남은 인구감소가 심하며, 초고령화 사회로의 진입, 빈약한 재정자립도, 낮은 도로포장율 등의 문제를 보이고 있음.

IV. 행복한 지역사회를 위한 과제

일류국가(지역)가 되는 일은 말처럼 쉽지 않다. 상당한 수준의 경제력과 사회적 자본(social capital)이 충분히 쌓여 있어야 가능하다. 한마디로 말해 지역력을 내실 있게 키우고 기품 있는 지역민으로 거듭나야 한다. 그러기 위해서는 먼저 우리 사회가 처해 있는 현실을 냉정히 직시할 필요가 있다.

○인구

- 인구는 모든 활동의 주체인 만큼 어떤 특정 부문의 분석을 위한 계량적 투입 자료가 되거나 지역 간의 비교에서 지표로서의 역할을 함. 인구규모는 지역 성장과 발전에 바로미터라는 점에 비춰 인구가 곧 경쟁력과 결부된다고 할 수 있음.

- 따라서 우리 지역의 경쟁력을 확보하기 위해서는 일정 인구의 질적 양적 확보는 절실함. 이를 위해 먼저 지역내 질 좋은 일자리를 많이 창출하는 것이 필요함. 특히 20대와 30대의 구직자들이 지역을 떠나지 않고 지역내에서 경제활동을 할 수 있도록 하여야 함. 이는 출산률과도 연계가 되어 지역내 출산율을 고양시킬 수 있기도 함. 더불어 지역내 인재를 육성할 수 있는 명문 대학의 육성 또한 필요함.

- 인구구조에서 고령화의 문제도 적극적으로 대응하여야 함. 전라남도는 전국 최초로 초고령화 사회로 진입한 지역이므로 지역의료(지역대학 의대 유치)와 사회복지에 대한 관심이 더욱 필요한 시기임.

○품격있는 지역사회

ㅁ 품격있는 사회 : 안전한 사회 〈 경제력 있는 사회 〈 문화수준 높은 사회 〈 품격있는 사회

ㅁ 가장 높은 경지의 삶의 사회 : 품격있는 사회

- 수준 높은 질서 의식
- 남을 칭찬하는 사회
- 남에게 봉사하는 사회
- 남을 배려하는 사회

○교육

교육 및 인적 자원에 대한 집중 투자가 핵심 요인이었음. 주요 천연자원도, 축적된 자본도 없는 한국으로서는 경제성장을 추진하기 위해 교육 수준이 높은 노동력에 의지할 수밖에 없었음. 우리가 세계에서 유례없는 경제성장을 이룩한 것은 무엇보다 우리 부모님들이 자식을 키우는 데 지극정성을 쏟았기 때문에 가능한 일이었음. 한국의

높은 교육열은 오랜 전통이며 그런 열의가 모여서 훌륭한 인재들이 배출되고 국가발전의 원동력이 되었음.
　우리 지역의 교육기관과 교육에 대한 지역사회의 노력이 집중되어야 할 것임.

○각종제도의 개선과 정치력
　향후 지방화와 지방분권화는 강화되어 갈 것임. 국가 전체적 측면에서 인구의 문제와 함께 정치력의 약화를 어떻게 극복할 것인가는 매우 중요함.
　권력구조 문제와 예산할당권, 각종 주요 경제 산업 국토계획·SOC계획, 금융제도에 낙후지역과 지역특성을 반영할 수 있는 제도개선과 참여 시스템이 필요.

○경제력과 SOC
　각종 SOC 수준은 지역경제 등 발전요소의 견인차임.
　부족한 SOC를 향상시키기고, 우리지역에 알맞은 산업을 유치하는 전략.
　인접 자치단체간의 산업별 SOC유치와 건설에 연계 노력
　기업하기 좋은 지역사회 풍토조성.

『국제와이즈맨 지도자 연수 주제강연집』, 2016.09.24.

| 칼럼 |

왜 우리지역에는 유력 대선주자가 없는 것인가

바야흐로 정치 계절로 접어든 것 같다. 종편에서는 종일 동안 대통령탄핵과 유력 대선주자와 주요 정당의 모습과 함께 대선 관련 대담프로로 채워져 있고, 신문들도 많은 지면을 이 내용에 할애하고 있다.

이 지역 방송사에서도 탄핵이 이루어졌을 경우에 실시하게 될 대통령선거에서 유력 대선주자라고 생각되는 사람들을 찾아가거나 초빙하여 특집 형태로 (특집)프로를 제작 방송하고 있고, 지역신문에서도 지지율과 비교분석 등을 통해 주자들 중심의 기사를 연일 쏟아내고 있다.

대통령선거 그 가운데서도 누가 차기 대통령이 될 것인가가 최대 관심사항이기에 언론이 앞 다투어 이를 방송하고 기사화 하는 것은 당연하다. 게다가 이러한 모습은 여러 말할 필요 없이 유권자에게 올바른 선택을 위한 다양하고 바른 정보를 제공하려는 언론의 기본 사명이기도 하다.

그러나 이들 소위 유력 대선주자라고 정하여 특집형태의 방송이나 기사화 하는 것을 지켜보면서 무언가 답답한 마음이 한편에 자리하고 있다. 이 마음속의 중심은 대통령이 꼭 이 지역 출신이어야 할 것은 아니지만 그래도 한 두 사람이라도 그런 사람이 주자군群에 포함되어 있었으면 어떨까 하는 생각이다.

이것은 무조건 호남출신이면 모든 것 덮어두고 환호하고 지지하자는 속 좁고 지역연고 지상주의에서 기인됨은 결단코 아니다. 그래도 대통령이 갖는 상징성과 권력의 크기 그리고 이를 통해 갖게 되는 유·무형의 영향이 우리 사회의 집단적 사고와 그로인한 개개인들의 삶에 미치는 영향이 너무나 심대하기 때문이다.

'70년대에서 '90년대까지 '정치인 김대중'이라는 상징이 있었기에 그 당시 선거열

풍이 있을 적마다 이번엔 어떻게 되나하는 일종의 정치적 희망을 갖게 되었고 지역적 차별에도 언잰가 이를 극복할 수 있는 장치가 우리에게도 있다는 믿음이 있었다. 이는 김대중 개인의 정치적 성향이나 이념과는 또 다른 사회적 믿음과 현재의 어려움과 차별에 대한 심리적 안식처로 자리할 수 있었던 것이다.

결론적으로 왜 유력 대선 주자군에서 우리지역 출신은 찾아볼 수 없는 것인가?

언제까지 우리는 이곳이 대선의 키를 쥐고 있는 무주공산의 장으로 보고만 있어야 할 것인가? 어릴 적 우리 주변의 생활환경과 교육환경 속에서 어떻게 공부하고 자라났기에 저렇게 훌륭한 대선 주자로서 나서게 되었는가를 학습할 수 있는 것은 필요하다.

현 제도하의 권력구조를 볼 때 모든 영역에 걸쳐 대통령의 현실적 영향력은 얼마나 지대한 것이며 이것이 개인이나 지역사회집단에 미치는 파급효과가 어떠한가를 생각한다면 우리에게는 왜 그 많은 주자군에 우리지역 출신은 한 명도 없는가에 대한 분석은 필요하며 이는 특히나 이 시점에서 지역 언론이 짚어야 할 몫이다.

외부적 요인인가, 내부적 요인인가, 복합적 요인인가. 정치적 요인인가, 경제적 요인인가, 교육적 요인인가, 심리적 요인인가, 인구구조적 요인인가, 제도적 요인인가를 정말 솔직하고 깊이 있게 분석하고 이를 토대로 어떻게 해야 우리에게도 훌륭한 정치인을 배출할 수 있는가에 대한 답을 찾아내는 노력을 해야 하지 않겠는가.

이는 자라나는 세대나 희망을 열심히 찾아 헤매는 젊은 세대들에게 우리 지역출신 중에도 전국적으로 저렇게 추앙받는 사람이 있구나라는 희망과 함께 나도 그렇게 닮을 꼴로 성장해야지 라는 꿈을 마련해주는 일은 분명 필요하다.

『전남일보』, 2017.02.13.

| 인사말 |

「영호남지역 발전을 위한 학술심포지움」을 축하하며

　결실의 계절에 경주지역발전협의회와 목포백년회가 공동으로 항구 도시 목포에서 「영호남지역발전을 위한 학술심포지엄」을 개최하게 된 것을 기쁘게 생각합니다.

　지속적인 국가발전을 위해서는 많은 요소가 있어야 하지만, 그 가운데서도 내부적 결속력은 대단히 중요한 요소입니다. 여기에는 계층간·부문간·이념간의 문제가 내재되지만 많은 국가에서 지역 간의 결속 문제가 가장 큰 요소로 작용하고 있습니다.

　지난 60년 대 초 우리나라 1인당 국민소득은 겨우 80달러 수준에서 50년 만에 약 290배 정도의 증가를, 그리고 국가 총 수출이 3,300만 달러에서 약 16,600배의 증가를 가져오는 등 반세기만에 한강의 기적을 이루어 세계를 놀라게 하고 있습니다.

　그러나 세대간·소득계층간·지역 간의 갈등과 불신은 오히려 심화되어 가고 있고, 수도권의 팽대현상은 도를 넘어 지난 10년 간 대부분 지방도시는 인구감소현상을 보이고 있습니다.

　이러한 관점에서 빛나는 역사를 간직한 경주와 목포가 지역 간의 화합을 다지고 양 지역의 발전을 모색해 보고자 지난 2000년부터 시작된 교류는 국가발전과 지역발전 차원에서 매우 중요하고 의미가 깊은 일이라 생각됩니다.

　특히 깊은 역사를 바탕으로 문화 예술을 꽃피어온 양 지역이 이 분야에 대한 교류 협력을 증진하고자 하는 오늘의 학술행사는 그 어느 주제보다도 가치가 있다고 생각됩니다.

　오늘 이 행사에서는 지금까지 다져온 우의를 더욱 발전·계승하고 양 지역의 지속적 발전을 모색하는 자리로서 큰 획이 될 것이라 확신합니다.

멀리서 찾아주신 경주지역발전협의회 여러분을 비롯한 각계 지도자 분들의 목포방문을 환영하며, 준비에 많은 수고를 해주신 목포백년회와 서남권발전연구원 여러분들께 감사드립니다.
이 좋은 계절에 모두 보람있고 행복한 시간되시길 기원합니다.

서남권 발전연구원장 신순호

『영호남지역발전을 위한 학술심포지엄자료집』,
경주지역발전협의회·목포백년회 주최, 2017.09.

2편

지역과 섬
2. 섬의 가치와 미래

멍 섬
눈 떠가고 있는 가능성의 국토 : 도서지역
완도지역 발전의 지렛대로서 역할을...
섬지역의 실상과 가치
해당화 칼럼 | 연륙이후 압해도 발전을 생각하며
섬, 그 가치는...
합리적인 섬 개발 시급하다
완도지역의 현재와 발전을 위한 제언
섬을 사랑하는 시인
섬의 특성을 바탕으로 한 연구와 정책이 절실하다

멍 섬

이번 여름에 남해안의 어느 조그마한 섬을 찾아 가게 되었다.

10여 년 전에 한번 찾아갔던 곳이기도 한 이 '멍 섬'의 근처로 대학생하계봉사활동을 실시하게 되었기 때문에 어려운 기회를 비교적 손쉽게 얻게 된 셈이다. 이 섬은 완도莞島에서 직선거리로 약 25km 정도 위치하고 있고 하계봉사활동을 실시하는 인근 도서 '서넙도西伋島'와는 약 4km 떨어져 위치하고 있는 곳으로 정기여객선이 닿지 않는 곳이다.

바닷물이 뱃삼을 스치는 작은 전마선으로 30분간의 배질 끝에 겨우 '멍섬'에 닿았으나 섬의 모습은 그대로이되, 웬걸 사람의 모습은 흔적도 없었다. 10여 년 전 당시에는 3가구의 주민들이 누덕누덕 기운 헌 적삼 같은 보잘 것 없는 밭뗴기에서 나온 농산물과 고기잡이로 살아가고 있었는데 그들은 간곳없고 움막 같던 초가집은 폐허가 되어 지붕이며 마당이며 들락이던 길이 어디든지 잡초로 덮여 있었다. 긴 여름 날 목을 축이기도 하고 등목욕도 했던 샘터에는 틈새 틈새 풀이 나 있고 샘물위에는 물벌레들이 한가롭게 헤엄쳐 다닐 뿐이었다.

봉사활동 대상지역이 인근 섬으로 정해질 때까지만 해도 이 '멍섬'을 다시 찾게 되리라던 일종의 설렘이 마음에 자리했는데… 10여 년 전 이 자리에서 섬 생활 얘기를 자조 섞어 하면서 방금 잡아온 물고기의 비늘을 치던 초로初老의 김씨의 모습도 대할 길이 없었다.

이곳에 살던 3가구 주민들은 5년 전 정부의 취약도서주민이주대책에 의해 이 섬을 떠나 인근 도서에 흩어져 살다가 김씨네는 서울 근처 어느 도시로 떠나갔다고 한다.

우리나라는 전체 3천2백1개의 도서가 있는데, 이 가운데에는 5백 17개의 유인도가 있다. 이들 유인도 가운데에는 2만 명 가까이 사는 큰 섬이 있는가 하면 10명 미만이 사는 작은 섬도 있다. 규모가 큰 도서는 그 자체 내에 고등학교, 병원, 우체국, 금융기관, 버스 등과 연안도시지역과 수시로 왕래 가능한 정기여객선도 있다. 그러나 규모가 작은 도서는 초등학교, 약국 등이나 정기여객선 및 통신시설이 전혀 없는 곳도 많다.

초등학교 교육을 위해 일정 시설을 갖춘 교사敎숨도 없이 강사 한 사람이 몇 명 안되는 학생의 교육을 담당하는 곳도 있다. 같은 벽지일지라도 육지의 경우에는 정기노선버스가 없는 곳일지라도 자전거나 경운기 등을 통해 웬만한 거리는 왕래가 가능하고 또 그나마도 여의치 못할 경우에는 걸어 다닐 수가 있지만, 도서지역의 경우는 학교나 의료시설이 있는 중심도서까지 반드시 선박이라는 교통수단을 이용하지 않으면 왕래가 전혀 불가능하다.

게다가 해상교통은 육상교통보다도 자연의 불리한 영향을 훨씬 크게 받는다 하더라도 폭풍의 경우에는 속수무책이고 도서지역은 폭풍일수가 매우 많은 실정이다. 그와 관련하여 정기교통수단에 있어서도 육상교통은 자동차라는 교통매체가 작은 규모로 수시 운행이 가능하지만 해상교통수단인 선박은 높은 위험성으로 인해 상당한 규모 이상이어야 하고 그러한 이유 등으로 왕복회수가 극히 한정될 수밖에 없다. 그 밖에도 해상교통은 교통비용이 높고 소요시간도 많게 된다. 교통은 인체에 있어 동맥과 같은 것이어서 이것 없는 생활은 상상할 수 없다.

우리나라는 70년대 들어서면서부터 가히 '개발의 시대'에 접어든 느낌이다. 일련의 경제개발계획으로부터 국토종합개발계획, 도종합개발계획, 시·읍종합개발계획 혹은 도시계획, 정주권 또는 생활권계획, 특정지역종합개발계획 등등으로 인해 '개발開發의 망網'속에 들어 있지 않는 곳이 없다.

그러나 이들 계획에 의해 어느 일정지역의 생활수준이 대폭 향상되거나 기반시설의 확충이 이루어진다 할지라도 주변지역으로 그와 같은 영향을 파급하지 못한다면 주변에 사는 주민들에게는 그야말로 그림의 떡인 격이다. 이 파급을 수행하는 역할은 곧 인체의 동맥과 같은 교통에 의해 가능하다.

따라서 교통시설이 제대로 갖춰지지 않은 낙도落島의 경우에는 인근 중심도서의 개발에 크게 도움을 받지 못하게 됨은 명약관화한 사실이다. 그렇다고 그들에게 늘 이주만 강조하고 또 그들의 선조 탓으로 돌리도록 방치해야만 할 것인가.

국토의 확장은 물리적 측면에서 간척사업 등이 있고 내용적 측면에서 한계지역限界

地域(marginal area)의 이용·개발이 포함된다. 좁은 국토면적에 높은 인구밀도, 특정 지역의 집중적인 토지자원 이용으로 인해 생겨날 수밖에 없는 규제수단과 대책의 홍수 속에서 '멍섬'과 같은 국토의 일부분도 이용가치를 높일 수 있는 최상의 방법은 없는 것일까?

최근 들어서 도서개발촉진법과 시행령이 제정·공포되고 이에 따른 계획수립과 재원확보를 위해 각 부처에서 많은 노력을 기울이고 있다. 그러나 이들 법규가 완비되고 재원이 마련된다 해서 모든 주민들의 삶에 있어 최소한의 욕구가 곧바로 충족된다는 등식이 성립되지 않는다. 그 흔히 쓰는 용어로 시설의 이용범위(threshold)나 투자의 효율성을 계속 앞세워 간다면 해당지역들은 더 큰 상대적 낙후성을 면키 어려울 것이다. 자칫하면 이 모든 것들이 그들 소외지역 주민들에게는 인간가치의 상대적 열등감으로 갈등의 촉진책이 될 수도 있다. '개발의 망' 속에서 빠져버린 작은 부스러기라고나 해야 할까?

조상대대로 지켜온 그 샘과 마당을 김씨 아저씨네가 버리고 뻔한 도시의 빈민층으로 전락轉落해버린 현실을 바꿔볼 수 있는 묘책은 진정 없는 것일까?

짙푸른 바다위로 두둥실 떠 있는 '멍섬'이 외롭게만 보였다.

『월간 부동산 춘추』 제3권9호, 1987.10. (22~23쪽)

| 기고문 |

눈 떠가고 있는 가능성의 국토 : 도서지역

도서지방의 문화적 성격·관습·문명·정면충돌, 점점 변화 빨라
관 중심 행정조직 새 질서 정착

전남의 도서는 군청이 소재하고 있는 도서('郡島')는 없고 面(읍·동) 島에 해당되는 도서가 33개 있다. '面島'에는 관공서·학교 등이 대체로 가까운 거리에 집중돼있어 비교적 주민생활이 편리한 편이다. 그러나 면도를 제외한 대부분의 도서들은 사회공익시설이 갖춰져 있지 못하다. 더구나 교통수단마저 불편해 낙도주민들은 매우 불편한 삶을 영위하고 있다.

교육 역시 도서가 갖는 특성, 이를테면 지역공간의 협소와 교통 불편 때문에 애로가 크다. 많은 도서에는 아예 학교가 없어 주민들은 자녀의 도시유학에 따른 생활비 부담에 허덕이고 있는 실정이다. 또 관내학교 통학의 경우도 열악한 교육환경과 통학선 이용에 따른 위험성이 높아 도서지역의 교육문제는 심각한 채로 남아있다.

문화 복지시설도 미흡하기 짝이 없다. 면소재지 혹은 중심도시의 주요 항구지역에는 보건지소 등의 의료 시설이 있으나 시설자체가 매우 빈약하고 대부분 보건지소에는 공중의가 1인에 불과한 실정이다. 나머지 섬은 그나마 없어 응급환자 처리에 곤욕들을 겪고 있다. 극장과 공동 목욕탕은 조사대상지역에는 전혀 없었다. 전화보급률은 '87년 말을 기준으로 7명당 1대 꼴에 머무르고 있다.

가족구조를 보면 여성가구주 비율이 조사대상지역의 경우 15~19%로 의외로 높고 출타 가구원들이 많은 것으로 조사됐다. 분가와 상속에 있어서는 전통적인 적장자嫡長子 잔류방식의 사고가 크게 변화하여 선정일자善定一子 잔류방식의 사고 경향이 높다.

이는 많은 가정의 자녀들이 타 지역 (특히 도시) 으로 출타, 거주 하는 관계로 그들이 도서지역으로 다시 돌아와 살기를 원하지 않는데다 부모들 역시 도시지역으로 가서 그곳의 자녀들과 살기를 원치 않는 결과이다.

각 마을의 지도력 구조는 이장과 새마을 지도자 어촌계장, 영농회장, 반장 등을 중심으로 짜여있다. 이장은 마을에 대한 면(읍) 사무소의 행정적 사항을 전달, 구체화하고 마을주민들의 의사를 집약하여 민원사항의 대부분을 맡아서 전달·소통하는 가교 역할을 하며 지도구조의 축을 이루고 있다. 새마을 지도자는 새마을 사업계획의 집행, 소득증대 사업에 관한 사항, 주민의사 대변 등의 활동을 하고 있다.

도서지역에는 또 마을총회를 두고 마을단위 사업 계획과 예산을 확정짓고 결산을 하며 이장이나 기타 지도자를 선출한다. 또 주민들의 생산 활동은 마을단위를 크게 벗어나지 않은 범위에서 이뤄지기 때문에 마을은 가장 중요한 생활무대이며 생활공동체로서의 면모를 뚜렷이 하고 있다. 아울러 도서지역에서는 생산 활동 물품구입 및 생산품 판매 등이 공동으로 이뤄질 때가 많아 친족조직은 농촌지역보다 약한 편이다.

『광주일보』, 1988.10.31.

완도지역 발전의 지렛대로서 역할을...

「완도군민신문」 창간 첫 돌을 축하한다.

세계는 새 밀레니엄을 두고 많은 변화에 따른 대비에 분주하다. 21세기를 '세계화', '정보화'라 개념짓고 지금까지 오랫동안 대치해온 이데올로기 대립에서 국가 간 이익 추구라는 경쟁체제로 돌입하고 있다. 여기에다 우리나라는 90년대 들어 본격적으로 시작된 지방자치시대가 지역 간의 경쟁을 더욱 가속해 갈 것이다.

우리 지역 완도는 어느 지역보다 빛나는 역사를 가지고 있다.

우리나라 역사상 가장 넓은 해역을 주름잡고 해상무역과 외교 활약을 가장 크게 펼쳤던 인물이 장보고 대사이고, 이 같은 장보고 대사의 빛나는 역사의 현장이 바로 완도이다. 또한 임진 왜란시 가리포진, 고금도진, 신지도진을 비롯한 청산도진, 소안도진, 노화도진 등은 구국의 영웅 이 충무공이 활약했던 빛나는 해전의 요충지이고, 일제의 암울했던 강점기시대에는 소안, 신지 등이 독립운동의 본거지로서 그 역할이 참으로 지대하였던 바, 항일독립투사가 전국에서 가장 많은 지역이 완도군이다.

해방 후 우리나라 산업구조가 전근대성으로 인해 국가 살림이 궁핍하였을 때, 완도는 수산물 생산의 보고로서 수출의 주요 몫을 담당해 나라 경제를 지탱하게 하는 중요한 역할을 담당하였다.

그러나 근래 완도군은 국가 경제 및 국토 개발정책의 편향성으로 인해 지역특성에 맞는 장기적인 개발전략을 제대로 수립하지 못한데다 집중적인 투자 관리도 미흡하여 크게 낙후되어 왔다.

우선 사회간접 자본의 미비이다. 1991년 10월 완도항이 무역항으로 지정되었다고는 하나 항만시설이 무역항으로서 종합적인 기능이 크게 미비하여 무역항으로서 기능을 거의 수행하고 있질 못하고 있다. 또한 완도지역의 동맥에 해당되는 육상 교통로 역시 철도가 연결되지 않는 데다 국도 역시 굴곡이 심하고 2차선으로 되어 있어 사람 및 화물 수송에 큰 장애가 되어 왔다.

완도지역의 경제 역시 과거, '김'이라하면 완도를 연상하였고 완도지역의 경제에 큰 영향을 끼쳤지만, 김 생산이 전국적으로 확산되어 과잉 생산과 함께 상대적으로 어장 환경의 악화로 완도는 김 생산의 본 고장으로서 명성을 상실하게 되었다.

이러한 몇 가지 완도지역의 침체 요인 가운데서도 가장 중요한 문제는 완도지역이 갖는 사회적 결속성의 한계이다. 거의 모든 지역이 섬으로 구성되어 정신적, 산업적, 문화적 교류가 군 지역 전체로 이뤄지지 못하고 있다. 지금처럼 지방자치제도가 본격화되고 또 앞으로 지역 간 경쟁이 더욱 격화되어 갈 때 하나의 지역사회 공동체로서 인식과 생활권 형성은 완도지역의 발전에 큰 문제가 될 것이다.

이를 해결하는 방안으로는 우선 완도읍과의 여타 읍·면들 간의 연육교가 형성이 되어야 할 것이고, 두 번째로는 완도읍이 보다 획기적인 발전을 통한 높은 중심성을 가지고 분산된 생활권이 완도읍을 중심으로 합해지도록 해야 한다. 세 번째로는 각 읍·면의 분산된 입지 및 물리적 여건에 의해 약한 공동체적 인식이 매개체에 의해 완도군민이라는 틀로 결속되어야한다.

완도지역은 환태평양시대에 있어 지정학적 위치가 어느 곳 보다도 유리하고, 해양 조건을 비롯한 자연여건 등이 어느 곳에 비해 좋은 곳이다. 우리 지역의 장점을 살려 나가고 현재 처한 문제점을 해결하는 구심체로서 「완도군민신문」은 그 역할을 다해 주었으면 한다. 어느 곳보다도 완도지역에 있어서 지역신문의 역할은 중요하고 그 책임 역시 막중하다.

이러한 의미에서 「완도군민신문」이 지난 1년 동안 어려운 여건 속에서 7만 완도군민과 10만 향우들의 눈과 귀 역할을 해온 공功에 감사드리고, 앞으로 더욱 발전하기를 간절히 바라고 있다.

『완도군민신문』, 1999.12.

섬지역의 실상과 가치

늘 푸른 바다, 넓은 백사장, 해안의 기암절벽, 빛나는 태양과 맑은 공기…
인간의 홍수와 인공 구조물 속에서 치열하게 살아가는 도시인들에게 이러한 장소는 환상으로 늘 자리한다.

그러나 이러한 곳은 환상이 아니라, 우리에게 너무나 가까이 있는 섬이다. 우리나라는 총 3천1백70개의 섬이 있다. 그 가운데에서도 전남지역에는 1천9백53개의 섬이 있다. 전국의 63%를 차지하는 최대 섬 보유 지역이 전남인 것이다.

그러나 섬 주민 대부분에게 섬은 문화적으로 뒤떨어져 있으며, 산업면에서 1차 산업에 치우쳐 있고 소득이 불안정하고 의료 면에서 사각지대로 남아있어 불편한 낙후의 삶의 공간으로 받아들여지고 있다. 이 같은 섬의 모습은 과거 개발연대 동안 지속되어온 정책당국자들의 총량적 경제 성장 정책과 편향된 국토개발 인식으로 인해 누적된 섬의 실상이다.

60년대부터 시작된 본격적이 개발정책은 일부 대도시와 공업도시를 중심으로 공업을 비롯한 일부 산업위주의 성장거점정책이 국가의 개발정책의 근간으로 오랫동안 자리하여 왔다. 이는 개발시대 초기에 빈약한 국가자원 현실에 따른 일부 불가피한 개발전략의 선택이라는 측면도 있지만, 이후 상당 부분은 파행적인 정치현실에 의해 의도된 불균형 개발정책이었다. 이러한 결과, 섬 지역은 개발의 그늘 속에서 지역의 잠재력을 인식할 기회도 없었고, 섬 지역에 알맞은 개발전략을 집중적으로 수립하고 시행하는 것은 찾아보기 힘들었다.

이 같은 오랜 개발정책의 기저로 인해 섬 지역은 어느 지역에 비해 상대적 낙후상을 갖게 됐고, 이로 인한 인구유출은 어느 지역에 비해 가장 극심하게 나타나고 있다. 섬지역의 대부분이 지난 70년대 초를 기점으로 인구가 감소하기 시작해 최근에는 70년 초 기준으로 약 4분의 1 이하 수준의 인구이고, 현재 섬에 남아있는 주민의 대부분은 노령화되어 있다. 이 같은 양상은 인간의 생존기간을 고려 할 때 앞으로 20년이 지난다면 섬 지역은 주민이 거의 없는 곳으로 변하게 될 수밖에 없는 모습으로 이어지게 될 것이다.

근래에 선진 각국은 해양자원의 주목과 함께 해양이용에 국가의 힘을 총동원하고 있다. 지난 82년 유엔 해양법회의에서 해양이용체계에 대한 합의를 한 이래 2백 해리 경제수역 체계가 확립됐고, 해양자체를 국토의 중요한 요소로 인식해 이의 확보경쟁이 치열하게 전개되고 있다. 섬은 배타적 경제수역을 결정하는데 기점으로서 역할을 비롯해 국토방위의 거점으로, 그리고 국제적 국지경제권의 중계지로, 해양이용과 해양수산 및 해저자원의 거점으로, 늘어나는 여가활동의 베이스캠프로 더 없이 귀중한 장소로 인식되고 있다.

이러한 시점에 최근 들어 우리 지방자치단체와 정치인, 그리고 지역민들이 힘을 합해 남해안 관광벨트계획을 마련하고 국가의 정책의지도 현실로 나타날 수 있도록 하고 있는 바, 참으로 다행스러운 일이라 아니할 수 없다. 우리의 귀중한 국토, 그리고 더 할 수 없는 자원의 보고인 섬을 제대로 인식하고 먼 훗날까지 제대로 활용할 수 있도록 치밀한 계획과 획기적인 집행력을 갖도록 최선의 노력을 경주할 때이다.

『민주당 전남신문』 제35호, 새천년민주당, 2001.02.01.

| 해당화 칼럼 |

연륙 이후 압해도 발전을 생각하며

이번 여름에 이태리의 카프리섬을 다녀왔다.

압해도의 절반정도의 면적인 카프리섬은 해변의 기암괴석과 깨끗한 해변과 에메랄드빛의 바다와 푸른 아열대 숲이 어우러져 절경을 이루고 있었다. 여기에다 너무나 편리하게 가꾸어진 항만시설과 자연스러운 형태를 가진 도로망이 내방객의 마음을 휘어잡았다. 600M가 넘는 산 위를 오르는 길에서 보는 해변의 조망과 푸른 숲 속에 상아빛의 건축물 그리고 그 건축물 창가에 붉은 색의 꽃을 담은 화분들이 연출하는 광경들은 탄성을 절로 자아내게 하였다. 이래서 「시이져」는 '이태리 전체와 카프리섬과 바꾸지 않겠다'는 말을 일갈하지 않았던가 생각해 보았다.

섬을 바꾸는 연륙·연도교

오래 전부터 도서지역에 대한 연구를 집중해 오고 있는 필자는 신안군의 구석구석을 수 없이 탐방하였다. 그리고 아름다운 천연조건을 가진 신안의 발전을 위해 여러 가지 각도에서 나름의 노력도 해왔다.

신안군은 지도가 연륙되기 전까지 모든 군 지역 전체가 섬으로 구성되어 있었고, 지금도 전국에서 가장 많은 섬으로 구성되어 있다.

늘 이 같은 섬은 교통의 한계성과 섬 자체의 협소성에 따른 집적경제의 미구축으로 여러 가지 측면에서 불편과 낙후의 대명사로 불리어 오고 있다. 그래서 상당한 어려움이 있지만 연도교와 연륙교를 가설을 위한 중앙무대의 정치인을 비롯한 출향민과 지역 주민 그리고 자치단체와 각종 단체에서는 힘을 쏟고 있다. 이러한 노력에 의해 신안지역에는 여러 곳의 연도교가 이미 완공되었고 또 계속되고 있다.

신안군민의 꿈을 실현할 압해대교는 이제 예정대로라면 2005년에 신안지역 연륙·연도교 사업 중의 핵심이 되는 압해대교가 완공되어 압해도가 육지로 탈바꿈 하게 된다. 이 같은 압해의 변화를 앞두고 신안군에서는 압해를 신안군의 행정과 신산업의 메카로 육성하겠다고 많은 구상과 노력을 하고 있다.

독립된 행정구역에 독자적 행정을 수행하는 자치단체 입장에서 볼 때, 관할 행정구역내에서 치소를 갖고 신나는 행정을 펼치고 싶은 것은 당연한 소망이 아니겠는가. 군 재정력 측면에서나 군민들의 자존과 단결력, 행정의 효율성 등의 측면에서 그 동안 얼마나 갈구했던 일인가.

압해도의 미래상

그래서 연륙을 목전에 두고 압해도 개발에 대해 계획가 입장에서 부푼 기대가 너무 크다. 압해도개발의 이념은 아름다움과 쾌적성 제고에 두어야 한다. 목표로서는 생태환경의 조성, 기반시설 확충, 주민복지, 문화향상이 우선적이지 않을까 생각된다. 이를 위한 세부 전략으로서는 문화·복지시설의 건설과 유치, 산업체 유치, 행정기관의 입지·유치, 관광단지 조성 등이 조화롭게 이뤄져야 할 것이다.

신안군에서는 신안의 발전을 위한 중심지로서 압해도 개발을 위한 여러 노력을 전개하고 있음이 주지의 사실이다. 참으로 반가운 일이다.

그러나 이 시점에서 한번 쯤 생각해야 할 것은 단순히 행정타운과 상업지를 조성하고 몇몇의 산업체를 유치한다는 것이 개발을 추구하는 최종 가치와 목표는 아닐 것이다. 이의 개발목표 수립과 실행은 먼 장래의 압해도 그리고 신안군 전체 더 나아가 인근 지역을 망라한 역할 수행과 영향을 생각해야 할 것이다.

변화의 물결이 크게 일고 있는 인근 지역과의 관계를 치밀하게 분석할 필요가 있다. 기존의 지역 중심지인 목포, 산업단지의 집적지인 삼호, 신 행정도시인 남악, 신외항, 무안 국제공항, 화원 관광단지 등과의 기능적 관계 설정은 압해도 발전사업의 성패를 가름하게 될 것이다.

아름다운 압해도

여기에 더욱 중요한 것은 지금까지 우리나라 대부분 개발계획이 물리적 시설위주 그리고 단시간 내의 과시적 성과에 너무 집착하였던 바, 이를 벗어나 압해도 개발은 아름답고 깨끗하고 모두가 살기 원하는 쾌적한 지역이 되도록 하는 것에 소홀함이 없어야 할 것이다. 이 과정에서는 지역 주민의 협조가 절대적 요소인 바, 주민과의 끊임없는 대화가 있어야 할 것이다.

연륙 이후, 모두가 살고 싶어 하고, 아름다우며, 우리나라 서남권에 큰 역할을 하는 압해도가 되길 간절히 바라고 있다.

『신안해당화소식』 월간 제9호, 신안군, 2003.09.25. (2쪽)

섬, 그 가치는…

요즘 섬의 가치가 크게 오르고 있다. 방송은 뉴스나 대담프로를 통해, 신문은 특집란을 마련, 독도를 집중적으로 다루고 있다. 독도에 대한 일본 측의 일련의 억지와 도발적 행동으로 촉발된 온 국민들의 분노가 반영되고 있음이다.

우리나라는 독도를 포함해 3,170개(무인도 2,679개, 유인도 491개)의 섬이 있다. 이 같은 섬 가운데서 전남은 유인도 280개로 전국의 57%, 무인도는 1,689개로 전국의 63%를 보유하고 있다. 섬의 '부자'지역이다. 점점이 떠있는 크고 작은 섬은 4면이 바다로 둘러싸여 있다. 모래사장과 기암절벽, 아늑한 포구로 형성된 해안은 정말 아름답다. 독특한 동식물이 분포하고 있고 어족자원도 풍부해 낚시터로서도 안성맞춤이다. 또한 육지부와 격절된 관계로 무형의 전통문화를 잘 간직하고 있다.

그러나 섬에 사는 사람들의 수는 어떤 다른 지역에 비해 크게 감소하고 있다. 섬은 생활 여건상 바다로 둘러싸여 육지 중심지와 떨어져 있는 격절성과 섬 자체 생활공간의 협소성으로 인해 규모의 경제가 상대적으로 불리하다. 교육, 의료, 교통, 상하수도, 시장, 복지 등 불리한 정주여건과 산업여건으로 인구감소가 급속도로 진행되고 있다.

1975년 우리나라 전체 섬 인구가 74만 614명이었던 것이 지난해에는 18만 1734명으로 감소했다. 유인도 역시 642곳에서 436곳으로 줄었다. 물론 이 수치에는 섬이 연륙된 결과로 줄어든 부분도 상당수 포함돼 있지만 섬으로 계속 존재하는 곳의 인구 감소율 역시 육지부에 비할 수 없이 높다.

섬 인구가 줄고 또 무인도화 되는 것은 국토의 효율적인 이용관점에서 바람직한 현상이 아니다. 영토와 해양주권 차원에서도 많은 문제를 안게 된다. 국제해양법에 따르면 유인도는 무엇보다 사람의 거주와 함께 부수적으로 식수, 수목 등을 기준으로 하고 있다. 유인도는 배타적경제수역(EEZ)을 구획하는 기점이 되고 있으며 섬에 대한 국제적 분쟁이 발생할 경우 어느 나라 사람이 살고 있느냐는 무인도의 경우보다 영토를 확정하는데 훨씬 쉬워 영토분쟁소지가 그만큼 줄어들 수밖에 없다.

  지난해부터 전라남도가 도지사를 비롯해 섬에 대한 관심을 갖고 있다. 이를 합리적으로 개발하고 관광자원으로 활성화시키기 위한 노력을 크게 기울이고 있어 매우 고무적인 일이라 생각한다. 이 같은 노력이 성공을 거두기 위해서는 지혜를 모아 합리적 계획이 마련돼야 한다. 무엇보다 개개의 섬이 갖고 있는 특수한 자연적, 인문적 요소에 대한 조사가 먼저 이뤄져야 한다. 이들(주로 유인도)에 대한 집중적 투자와 함께 일부 섬에 대해서는 투자를 유치하기 위한 새로운 차원의 홍보 전략도 필요하다.

  모처럼 추진하고 있는 섬에 대한 전라남도의 노력이 독도분쟁으로 촉발된 국민적 관심과 결부돼 국가정책의 변화로 이어지고 이를 밑바탕으로 큰 결실이 맺어지기를 간절히 바란다.

『예향 전남소식』 제198호, 전라남도, 2005.04.05.

합리적인 섬 개발 시급하다

섬은 독특한 자연적, 인문적 요소를 안고 있다. 섬 자체가 사면을 바다로 둘러 안고 있어 육지부가 갖고 있는 모든 것에 특별함을 더하고 있다. 근래 약 1~2세기 동안의 과학기술 발전이 육지부의 교통수단에 집중된 나머지 섬은 마치 조그마한 육지의 조각으로 인식의 그늘에 있어왔다.

그러나 이미 선진국들은 자원 확보와 안보 그리고 자연과 전통문화의 보고라는 측면에서 이미 그 중요성을 인식하고 각종 노력을 해오고 있다.

약 30여 년 전까지 선진국들은 발달된 어업기술을 가지고 어업기술이 낙후된 국가의 인접바다에까지 어로행위를 하기 위해 영해를 축소하려 했다. 그러나 어업기술이 후진국에서도 발달하면서 어족자원의 고갈과 양식업의 발달로 이러한 사정이 달라졌다. 무엇보다 자국의 인접해저 및 해양자원의 집중 개발을 위해 근래엔 영해를 확장하는 방향으로 전환되고 있다.

여기에 섬은 영토의 기점으로 중요한 자리를 차지하고 있다.

우리나라에서는 지난 1988년 도서개발촉진법이 시행돼 종합적이고 효과적인 개발을 모색하는 전환기를 맞았다. 여기에는 무엇보다 특정 섬에 정부 각 부처가 중복되거나 일관성 없이 추진되는 사업들을 미리 분석할 수 있어 중복 또는 비효율적 사업을 방지하는 효과와 중앙정부의 재정부담 비율을 제도화한 것이 법 제정의 가장 큰 의의로 평가된다.

그러나 이 사업들은 법 제정 이전 각 부처에서 해오던 시책을 모아서 계획이라는 이름으로 하는 수준이며 특별히 달라진 것은 없다. 즉 개개의 도서가 갖는 특성을 분석, 일정기간에 목표를 정하고 이를 달성하려는 수단적 연계는 거의 이뤄지지 않고 있으며 재정확충 면에서도 별반 달라진 것이 없다.

최근 독도문제로 섬에 대한 국민감정이 크게 일어나면서 정부에서는 각종 정책을 마련하고 있다. 행정자치부는 지금까지의 도서종합개발계획을 재점검하고 있고, 해양수산부는 무인도서의 보전, 이용에 관한 법률을 성안하고 있다. 무인도서 관련 법률의 골자는 무인도서의 유형을 4가지로 나누고 유형에 따라 절대보전에서부터 개발가능으로 행위를 규제하려는 내용이 들어있다.

전남 역시 도내 섬에 대한 효과적인 이용 방안을 어느 때보다 심도 있게 마련하려는 노력과 함께 도내 일부 섬을 대상으로 한 관광자원화에 관한 용역도 수행하고 있다. 과거에도 정부나 지자체 등에서 섬에 대한 각종 용역을 수행한 적이 있었는데 상당수가 일정 섬을 작위적으로 선정, 관광개발 계획을 마련했다. 그러나 그 계획이 실행에 옮겨진 예는 극히 드물었다. 공공기관에서 직접 투자하는데 한계가 있고 민자유치도 제대로 이뤄지지 않았기 때문이다.

우리나라 섬의 대표적 지자체인 전남도는 어느 때보다도 정부부처의 각종 시책 추이를 보다 정밀히 분석, 이에 대한 대책을 능동적으로 마련하고 가장 효과적인 도서 개발 투자가 이뤄질 수 있는 방안을 마련해야 할 때다.

『예향 전남소식』 제203호, 전라남도, 2005.06.20.

완도지역의 현재와 발전을 위한 제언

 우리 완도지역은 역사적 관점에서 가장 빛나는 해양개척의 근원지였고 구국의 현장이며 독립운동의 본거지였다. 이후 수산산업의 핵심지로서 그 이미지를 간직하고 있으며 새로운 도약을 준비하고 있다. 현재의 시점은 완도의 발전을 위해서 참으로 중요하며, 영광된 미래를 위해 우리 모두의 지혜가 필요하다.

Ⅰ. 지역의 배경
• 자랑스런 역사를 간직한 완도

 흔히 어느 지역을 소개할 때마다 각 지역은 나름대로 뛰어난 역사적 사실을 내세우고 있지만 완도군은 타 지역에 비해 그러한 면에서 뒤지지 않는다.

 근래 들어 가장 많이 회자되는 용어 가운데 『서해안시대』, 『남해안시대』, 『동북아시대』, 『아시아태평양시대』 등을 들 수 있다. 이는 세계문명의 중심축이 과거 아메리카를 포함한 서구에 동북아시아로 그리고 육지 내력 중심에서 해양과 연안 역으로 옮겨질 것이고 또 대서양에서 태평양을 중심으로 지구촌의 발전이 전개될 거라는 것을 염두에 둔 얘기일 것임을 보여주는 대목이다.

 이러한 사실을 뒷받침하듯 해양을 두고 벌어지는 자원 확보 경쟁은 이미 한복판에 있어온 지 오래다. 우리나라는 3면이 바다로 둘러싸여 있으면서 바다에 대한 전략적 개념과 국가 정책이 오랜 기간 동안 미비하였던 바, 국가적으로 누란의 위기와 함께 국가발전에 중흥을 갖지 못했던 결정적요인으로 드러나고 있다.

 그러나 이러한 가운데서도 한때 빛나는 해양강국의 시대를 가졌던 적이 있었으니 통일신라시대의 장보고 대사의 활약상이 그것이다. 장보고 대사는 우리나라 역사상 가장 넓은 해역을 주름 잡고 해상무역과 외교적 활약을 하였던 인물이며 그 역사적 본거지가 오늘날의 완도읍 지역인 청해진이다. 아마 장보고가 비명횡사하는 비극이 없었다면 우리나라의 역사는 어떻게 발전의 전기를 맞았을까.

또한 완도의 각 섬들은 충무공의 구국의 현장으로 어느 곳 보다 주요한 전략적 요충지로서 자리했고 많은 해전사를 가지고 있는 곳으로 가리포진, 고금도진, 신지도진, 청산도진, 소안도진, 노화도진 등이 그것이고, 고금의 묘당도는 충무공이 노량해전에서 순국하자 유해를 한동안 봉안하였던 역사적 장소이기도 하다.

이 역사적 난에서 이 지역은 이영남 장군을 비롯한 수많은 수군용사들이 구국의 대열에 참여하였고, 난중일기에서는 가리포진의 남망산에 올라 『…참으로 한 도道의 요충지이다』고 찬탄하며 새긴 글이 객사(청해관) 외삼문에 『湖南 第一藩』의 현판으로 전해오고 있기도 하다. 또한 일제강점기에는 완도군은 함경도 북청과 경상도 동래와 함께 전국 3대 독립운동 본거지로 자리하였다.

• 뒤 늦은 완도군 창설

완도가 역사무대에 부각된 시기는 9세기 통일신라시대이다. 바로 장보고가 완도에 청해진淸海鎭을 설치하면서부터이다. 장보고는 동양 삼국의 무역권을 장악하여 해상왕국을 건립하였다. 이 후 완도가 다시 역사적 사건을 맞이한 것은 고려말 삼별초의 주둔이었다. 삼별초군을 지휘했던 송징松徵은 섬 주민들에게 선정善政을 베풀어 완도 인근 도서의 마을신으로 추앙되었다.

조선시대의 완도는 관찬기록에 자주 등재되어 있다. 조선시기 완도는 선재목船材木을 조달하는 송전松田, 왕실의 황장목黃腸木을 제공하던 봉산封山, 그리고 말을 방목하는 목장牧場으로 최적이였다. 더욱이 완도는 서남해 바닷길의 길목이자, 주위에 근접한 섬이 많아 전략상 요충지 였기 때문에 조선전기 이래로 수군이 파견되고 관방시설이 설치되었다. 그러나 자랑스런 역사를 간직한 완도군은 청해진의 혁파 이후 한말韓末에 이르도록 근 1,000년간 서남해 여느 도서와 마찬가지로 독립된 군현郡縣이 설치되지 않았다.

완도는 해남군, 고금도·신지도·약산도·청산도는 강진군, 평일도·금당도는 장흥군, 노화도·소안도 등의 100여개의 부속도서를 한데 묶어 완도군이 신설되었다. 현재 완도군은 3읍(완도읍·노화읍·금일읍), 9개면(군외면·신지면·고금면·약산면·청산면·소안면·금당면·보길면·생일면)으로 구성되어 있다.

• 수산물 생산의 보고

해방 후 빈약한 자원과 산업구조로 인해 국가경제가 이루 헤아릴 수 없는 지경에서 완도군은 수산물 생산의 보고로서 수출의 주요 몫을 담당하여 왔다. 특히 '김'하면 완도를 연상하리 만큼 김을 집중적으로 생산하여, 60년대에는 "완도군에서는 강아지도 500원을 물고 다닌다"는 얘기가 나돌았다. 김 가격이 폭락한 후 완도군은 미역과 다시마 톳 등의 해조류를 생산하여 완도군의 해조류생산량이 꾸준히 전국 전체 생산량의 50%대 이상을 점하였고 특히 미역의 경우 현재 전국 생산의 80%이상을 생산하고 있고, 근래에는 어류축양이 번성하여 현재 전복생산의 60% 가량을 생산하고 있다.

• 201개의 섬으로 구성

완도군은 2002년 초 기준으로 392.68㎢의 면적으로 전남의 3.28%를 차지하여 22개 시·군 가운데 21번째이고 17개 군 지역만을 기준으로 할 때 가장 작은 면적이다.

그러나 완도군은 대양과 접한 청정한 해양과 잘 발달된 리아스식 해안, 온화한 기후와 잘 보존된 식생대와 문화유적을 가지고 있다. 문화유적으로는 국가지정문화재인 묘당도 이충무공 유적, 장도 청해진 유적, 보길 윤선도 유적과 정도리 구계등이 있고 천연기념물로는 주도 상록수림과 예송리 상록수림을 포함하여 6곳이 있고, 법화사지와 황칠목의 기념물과 완도향교 등 6종의 문화재 자료가 있다.

무엇보다 완도군에는 많은 섬을 가지고 있는 바, 54개의 유인도와 147개의 무인도가 있어 이들은 제각기 특성을 가지고 미래의 보배로 각광을 받게 될 것이다. 이들 섬에는 기암괴석과 발달된 해안선, 아열대의 늘 푸른 숲이 어우러져 있으며 아름다운 모래사장(해수욕장)이 수 없이 산재하고 있다. 깊은 수심과 천연의 방파제가 있어 항만으로 최적의 조건을 갖추고 있는 곳이 많은 바, 완도항은 1991년 10월 14일 무역항으로 승격되었다. 완도항은 제주항과 육지부에서 가장 짧은 항로거리에 위치하고 중국의 상하이와도 최 근접하고 있어 개발여부에 따라 무한한 발전 가능성을 가지고 있다.

▪ 한 때 15만 명의 인구

완도군은 2004년 초 기준으로 인구는 61,258명이며, 세대수는 24,938세대로 인구는 전라남도 총 인구 2,024,422명의 3.03%를 점하여, 전라남도 내 22개 시·군 가운데 12번째이며 시를 제외한 17개군 가운데서는 7번째 규모이다. 세대 당 인구는 2.5명으로 전국 평균에 비해 상당히 적은 수를 보이고, 인구밀도는 156.0인/㎢, 전국 490.2인/㎢에 비해서는 상당히 낮은 밀도를 보이고 있다.

완도군은 설군 당시인 1896년에 27,240명의 인구였으나 이후 계속 증가하여 1973년에는 146,743명에 이르렀다. 그러나 이를 기점으로 계속하여 감소현상을 보이고 있다.

Ⅱ. 역사적 관점에서의 완도지역의 미래

역사는 반복되어 되풀이 된다. 완도지역은 앞서 기술했듯이 어느 지역에 비해 오랜 그리고 영광된 역사를 간직한 고장이다. 이러한 점에서만 보더라도 이 지역의 미래는 1,000년 전의 영광이 재현될 것이 분명하다.

이와 관련하여 산업사적 측면에서 또 다른 일면을 생각할 수 있다. 불과 1세기전만 하더라도 교통의 주축은 해운에 의해 이루어졌다. 현대 교통이 도로와 철도를 중심으로 이뤄지기 전 시대에는 인간이 가장 편리하고 대량으로 수송하는 교통수단으로는 해운 교통이었다. 따라서 바다나 운하를 통한 교통수단은 수천 년 동안 인간의 중심적 역학을 담당해왔던 것이다. 그러나 근래 불과 1~2세기동안 육상교통의 발달 속도가 해상교통에 비해 앞서 나갔던 관계로 자연히 바다에 접한 일부 지역은 상대적으로 발전의 축에서 멀어지는 현상에 처했던 것이다. 그러나 최근 들어 지금까지 내륙 중심의 삶의 흐름에서는 자원의 한계성으로 비롯되는 제반 문제와 환경문제 등이 심각하게 대두되고 있으며 이로 인해 해양의 중요성은 점점 증대되고 있음을 볼 수 있다. 이와 함께 지금까지 해양이 갖는 불리한 교통적 조건을 과학의 발달로 인해 매우 빠른 속도로 극복해 가고 있어, 머지않아 해상 교통이 가장 편리하고 가장 저렴하고 가장 인간 중심의 교통수단으로 자리하게 될 것이다. 이것은 바로 해양과 접한 지역이 역사의 중심지로 다시 자리 할 것임에 틀림없다.

이러한 사실의 연장에서 미루어 보면 완도는 어느 지역에 비해 좋은 환경의 바다와

접해 있는 바, 역사의 순환과 고학사적 흐름에 의해 미래에 큰 발전이 약속된 땅이다.

Ⅲ. 지역의 잠재력潛在力

1. 국제경제 여건

태평양과 유라시아 대륙의 교량적 위치에 놓여 있는 한반도는 그 지정학적 중요성이 역사를 통해 증명되어 왔다. 「환태평양시대」, 「동북아시대」가 전개되고 있는 요즈음, 한반도는 그 지정학적·경제적 위상으로 인하여 다시 새롭게 국제적인 주목을 받는 지역이 되고 있으며 바로 이 한반도의 최첨단 돌출부에 완도가 자리하고 있다.[1]

지금 태평양 연안 국가들은 환태평양 시대를 맞아 적극적인 경제 협력과 시장개방에 따른 국제경제에 적극적으로 대처해 가고 있다. 기존의 일본과 함께 21세기를 향해 급격히 부상하고 있는 동북아 및 동남아 국가들의 경제력 향상은 장차 이 지역이 새로운 세계사의 중심권이 될 것을 예고하고 있다.

특히 우리 역사상 최고의 무역거래를 행하였던 완도지역의 입장에서 볼 때 그 상대교역국 중 하나였던 중국은 1978년 등소평의 등장 이래 경제개혁과 대외개방정책을 꾸준히 진행하여 연평균 8~9%의 괄목할 만한 경제성장을 이루고 있다. 황해와 남중국해에 연한 동해안 일대를 중점 개방하여 외국의 자본과 기술의 도입 및 교역을 적극 추진하고 있다. 중국의 上海를 비롯하여 上海 이남에 있는 福州, 厦門, 深圳 등 중국의 주요 항구와 일본의 큐우슈우 지방의 삼각축을 이루는 한국의 가장 가까운 지점에 완도가 위치하고 있다. 특히 상해는 중국 7대 주요 항구로 취급하는 수입화물의 35% 이상을 처리하는 인구 1,200만 명이 거주하는 중국 최대의 무역항이다.[2]

역사적으로도 완도는 중국과의 인적·물적 교류가 빈번하였고 중국과 일본 간의 교류에 있어서도 교량 역할을 했다는 사실에도 「동북아시대」에서 완도의 위치를 새롭게 조명해 볼 수 있는 것이다. 최근 중국의 연해지역과 한반도 서남해안 지역을 통

---

1) 이한빈, 「목포를 초점으로 하는 서남지역개발: 그 철학과 의의」, 『아껴놓은 땅, 새목포건설을 위한 큰 틀』, 21세기목포권발전연구회, 1990, 11~18쪽.
2) 전일수, 「21세기 동북아 중심항으로서의 여수권역의 발전방향」, '92 지역경제활성화 심포지움, 『지역경제현황과 발전방향』, 대한상공회의소, 1993.

하여 일본의 큐우슈우 지방을 잇는 소위 환황해권(「環黃海圈 : Yellow Sea Rim Area)」의 개발에 대한 논의가 한국은 물론 중국, 일본에서 활발하게 전개되고 있는 바 환황해권에서도 완도의 지정학적 위치를 다시 한번 생각게 해주고 있다.

2. 내적 지역 여건

국가 주도의 국토개발과 경제개발 정책은 한정된 일부 지역을 중심으로 편향되어 지속되어 왔던 바, 선발 지역인 수도권과 대도시권 그리고 일부 동남권은 현재 수많은 문제가 대두되고 있다. 이들 지역이 가용토지의 제약, 토지가격의 급등, 환경오염 등으로 높은 한계투자비용限界投資費用을 나타내기에 이른 것에 비해서 완도를 비롯한 주변지역은 풍부한 토지자원 및 상대적으로 청정한 환경 등으로 발전잠재력은 그 어느 때 보다 상대적으로 높아지게 되었다.

또한 완도지역은 국내 최대의 연안해역과 도서지역을 가지고 있으며 수려한 해상 관광자원이 매우 풍부한 곳이다. 이는 미래 산업으로 큰 각광이 예상되는 해양개발, 해상관광산업개발에 있어 완도가 국내외 그 어느 곳보다도 유리한 거점적據點的 위치에 있음을 의미한다.

특히 수려하고 독특하며 훼손되지 않는 자연과 문화적 제 요소들은 완도가 가지고 있는 지역의 최대 자랑거리이다.

소득수준의 향상과 여가시간의 증가, 교통망과 수단의 발달[3] · 생활양식의 고급화 · 다양화 · 개성화, 휴일(특히 5일제 근무의 보편화) · 휴가패턴의 변화에 따른 관광 수요의 급격한 증대가 예상되는 바 국제적으로 교류확대와 개방화에 따라 국제관광이 급격히 증대되고 있으며, 관광산업은 한 나라의 국제수지개선과 국민경제에 절대적 위치를 차지하고 있는 미래 지향적 산업으로 인식되고 있다.

이에 따라 관광행태도 단순히 「본다」는 소극적 관광행태에서 「즐기고 행한다」는 적극적인 활동행태로 변화되면서 산악 및 해양관광자원에 기초한 레저 · 스포츠형 관

---

[3] 지난 2001년 12월 서해안고속도로 개통에 따라 서해안 및 서남부 지역으로의 관광객이 크게 증대되고 있다.

광레크레이션 활동이 증대될 것임에 따라 기존 내륙형 관광자원과 학습 자료형 관광자원에 특히 해수욕장, 마리너, 해상유람 등 해양형 관광레크레이션 자원이 크게 각광받게 될 것이다.[4]

이와 관련하여 완도는 지리적으로 우리나라 최대관광지이며, 국제자유지역으로 지정된 제주도와 가장 근접하여 있음이 무엇보다 큰 입지적 이점으로 들 수 있다.

또한 완도지역은 울창한 난대림의 산림과 수려한 산세를 가지고 있으면서도 청정해역과 빼어난 해변 경관을 가지고 있고 풍부한 어족이 서식하고 있으며 역사적 현장과 문화유산 등 매우 다양한 관광자원을 보유하고 있는바 특히나 도서, 해양, 해안, 수산 등과 관련한 관광자원은 그 다양성과 독특함이 뛰어나고 오랜 역사 속에서 비교적 잘 간직되어 온 유·무형의 문화유산은 훌륭한 관광자원으로 가치가 제고될 것이다. 따라서 미래의 관광패턴 변화에 비춰볼 때 완도지역은 어느 곳보다도 각광받는 관광지역으로 부상할 것이 전망되는 곳이다.

3. 해양개발 여건

해양은 지구상의 인류에게 주어진 최후의 자원보고로써 해안역은 각종 도시, 산업입지 등 토지의 공급원으로 적극 활용되고, 항만·수산·마리나공간의 확대, 대륙붕 및 해저광물의 개발, 조력발전, 하구언 축조를 통한 용수확보, 해안·해중레저의 개발, 비축기지(C.T.S)조성 등 그 이용형태가 다양하고 이용가치가 무한하여 해양개발은 미래학의 석학들이 예외 없이 21세기에 개발 잠재력이 가장 높은 분야 중의 하나로 꼽고 있는 것이다.[5]

우리나라는 3면이 바다로 둘러싸인 해양국가이며, 약 11,542km의 긴 해안선과 3,168개의 도서, 국토의 3.5배에 달하는 대륙붕과 개발이 용이한 수심 20m 이내의 수역만도 국토면적의 1/4에 해당하는 2.1만㎢에 달한다. 또한 200해리 경제수역내의

---

4) 신순호·김정민, 「전남도청소재지와 도청입지 선정에 관한 연구」, 목포권도청유치추진위원회, 1993.8, 27쪽.
5) 국토개발연구원, 『해안편람』, 1990, 서문.

면적은 국토면적의 3.2배인 31.7km²이고 연근해의 수산부존 자원량이 450~500만 톤에 달한다.6)

그 가운데서 완도지역은 해양개발 측면에서 우리나라에서 그 자원을 가장 풍부하게 보유하고 있는 곳이다.

먼저 수산개발의 잠재력을 보면 완도지역은 837.77km에 달하는 해안선과 굴곡이 심한「리아스」식 해안으로 구성되어 있고, 전국의 약 6.5%를 점하는 201개의 대소 도서가 산재하며 넓은 대륙붕과 함께 주변 해역은 해류와 수온의 조건이 어족의 서식에 적합한데다 양식업에 좋은 조건을 갖추고 있다.

이러한 자연여건에 의해 완도의 수산업이 전국에서 차지하는 위상은 일찍이 대단하였다. 2003년 말 기준 어업가구는 11,232가구(전업 및 겸업 포함)이고 어가인구는 30,663명이며, 총 수산물어획고는 236,994천 톤으로 생산액은 3,475억 원이다. 어가인구나 생산량은 1998년을 기점으로 다소 감소세를 보이고 있으나 수산업은 여전히 완도지역의 핵심 산업으로 자리하고 있다.

해조류생산량을 기준으로 할 때 완도군은 1970년에 전국 해조류 생산량의 37.6%를 차지하였고 1980년에는 40.5%, 1995년에는 전국의 70.5%라는 높은 비율을 차지하였으며, 최근인 2001년에는 172,360천 톤을 생산하여 전국의 44.4%를 점하고 있다(2003년에는 204,556천 톤).7)

또한 완도군은 11,232가구가 어업가구로 전체의 약45% 정도를 차지하고, 인구로 볼 때에는 전체 61,258명 가운데 30,663명이 어가인구로 전체의 50.1%가 직접 바다를 통해 삶을 영위하며 주민의 거의 대부분이 2차적으로 수산과 관련되어 있다. 오랫동안 완도군은 우리나라 김의 대부분을 생산해 왔다 뿐만 아니라 근래 들어서는 미역(전국의 80%)과 다시마 그리고 전복(전국의 60%) 대부분을 차지하고,8) 그 밖의 연안어업생산과 함께 과학적이고 창의적인 생산방법 그리고 수많은 곳의 바다개척으로

---

6) 국토개발연구원,『제3차국토종합개발계획』(제2권), 220~252쪽 참조. 그러나 국토개발연구원의 해안편람(1990) 15쪽에는 200해리 경제수역의 면적을 447km²로 국토의 4.5배에 달한다고 기술하였음.
7) 신순호,『도서지역의 주민과 사회』, 서울 : 경인문화사, 2001, 68~70쪽.
8)『청해진 신문』2003.6.20.(제124호)

인해「수산」하면 곧 완도군을 연상하리 만큼 완도군은 수산부문에 지대한 비중을 차지하고 있는 수산 제일의 군이다.

그러나 이 같은 완도주민의 생존과 직결되는 수산물생산은 근래 해양오염과 전국적으로 확대생산에 따른 과잉생산과 수입자유화의 거센 물결에 의해 가격 폭락으로 이어져 큰 위기를 맞고 있다. 특히나 값싼 중국산 수산물이 무차별하게 수입되고 있고, 해외시장에서도 범람하고 있어 완도 산업의 핵인 수산업이 크게 위협받고 있다.

IV. 맺는 말 : 발전을 위한 제언

완도지역은 1960년대 말까지만 해도 전 지역이 도서로 형성되었는데, 1968년 12월 31에 완도(체도)가 해남을 통해 연륙連陸되면서 현재 12개 읍·면 가운데 9개의 읍·면이 도서지역이며 연륙된 지역도 도서지역과 직·간접적인 영향을 받고 있다. 완도의 개발방향은 여타 지역과 다른 도서지역의 개발 관점에서 접근하여야 한다.

첫째, 사회간접자본의 확충이다.

지역발전을 위해서는 사회간접자본은 지역발전의 원동력이고 미래의 성장을 가늠하는 척도이다. 완도지역의 발전을 위해서는 무엇보다 입지잠재력을 최대로 상승시킬 수 있는 기반시설의 확충이 시급이 이루어져야 한다.

여기에는 먼저 계속적으로 이뤄지고 있지만, 연육연도교의 조속한 완공이며, 두 번째로는 완도항만 기능의 대폭적 확충, 세 번째로는 육상교통의 획기적 건설로서 기존의 건설 중인 국도 13호의 조기 완공과 함께 고속도로의 건설 그리고 철도의 완도항만까지의 연결이 무엇보다 중요하다.

둘째, 주민들의 결집력의 향상이다.

완도지역은 도서가 갖는 장점도 있으나 가장 큰 사회적 문제로는 교통의 격절성에서 비롯되는 군내부의 소 지역간의 개별성과 군 전체의 결집력 부족을 들 수 있다.

완도군이 하나의 자치단체로서 정신적으로 결집력이 향상되고 애향심을 더욱 고양시키기 위해서는 군청소재지인 완도읍이 보다 높은 중심성(centrality)이나 지배적 핵심(dominant core)을 크게 갖는 것이 필요하다.

물리적으로는 앞서 언급한 완도읍의 항만과 육상교통시설이 완비되어야 함과 동시에 문화・교육・행정・유통부분에서 높은 기능을 보유해야 한다. 이러한 의미에서 완도읍에는 최소한 전문대학 이상의 교육 기관이 하루속히 설립되어 군내 전 지역에서 이 학교를 통한 하나의 학연을 맺는 것은 지역통합력의 향상에서 매우 중요하다.

셋째, 개발의 효율적 추진수단의 확보이다.

아무리 좋은 개발 잠재력을 가지고 있다 하더라도 이를 실제로 현실화 시키지 않으면 안된다. 오늘날 각 국가는 국가대로 그리고 각 지역은 지역대로 자기의 발전을 위해 현실적 여건과 자원을 깊이 있게 파악하고 자기의 발전을 위해 현실적 여건과 자원을 깊이 있게 파악하고 이에 알맞은 개발수단을 모색해 가는데 총력을 기울이고 있다.

여기에는 무엇보다 주민들의 지역발전을 위한 끊임없는 관심이 필요하며, 행정기관에서는 외부적 변화에 신속히 대응할 수 있는 뚜렷한 개발방향 설정이 필요하다. 구체적으로는 각 읍면을 대표하는 경제력과 업무수행능력 그리고 조직력을 갖춘 민간단체가 있어야 할 필요성이 절실하며, 또 한편으로 능력을 갖춘 출향민들의 결속을 통해 지역 현안 문제 해결 전령으로서의 활약을 적극 유도해야 한다.

지금까지 살펴본 바와 같이 완도군은 어느 곳보다도 영광된 역사를 간직하고 있고 개발 측면에서 보아 훌륭한 잠재력을 갖고 있지만, 대도시 위주 및 공업위주의 국가 개발정책의 결과 충분한 개발의 효과를 발휘하고 있질 못하고 있다.

지역의 발전과 관련하여 물리적 기반시설은 상당 부분 국가차원의 투자와 관련되어 있다. 하지만, 이를 위해 지역이 갖는 훌륭한 개발 여건을 널리 알리고 이를 국가에서 우선순위로 받아들이도록 하는 일은 지역주민이 적극적으로 나서야만 가능하다. 그러기에 내부적으로는 완도지역이 어떤 자원과 입지적 장점을 갖고 있으며 지역의 문제는 무엇인지 그리고 이를 어떻게 개발하고 해결해 갈 것인지에 대해 지역주민, 의회, 행정당국, 그리고 사회단체들은 끊임없이 궁리해야만 한다.

국내외 정치・경제적 측면뿐만 아니라 물리적 구조 역시 매우 빠르게 변해가고 있는 바, 이것들은 갈수록 직접적이고 크게 영향을 미치고 계속 확대될 것이다. 이미 경험하고 있는 바와 같이 지방자치제도가 본격적으로 전개되면서 중앙정부에 의존해

온 많은 부분들이 지역 자체에서 지역민의 손으로 해결하여야 하게 되었고, 지역 간의 경쟁 관계는 더욱 심화될 것이다. 따라서 지역민의 슬기와 노력 그리고 단결된 힘은 계속하여 더 요구될 것임에 틀림없다.

　영광된 지역의 미래상은 지역민의 노력에 의해 이뤄지는 것이지 결코 주어지는 것이 아니다.

『청해문화』, 완도문화원, 2005.12. (35~48쪽)

섬을 사랑하는 시인

성실함과 부지런함은 함께 해야 할 내용이다. 부지런한 사람이 성실하지 않은 경우가 없고, 성실한 사람이 부지런 하지 않은 사람이 없다. 단기적으로는 어떤 이기적 목적을 위해 부지런한 수도 있지만 그러한 순수치 못한 목표달성을 위해 일생을 부지런하게 살아가기는 힘들 것이다.

명기환 시인은 참 부지런한 사람이다.

그는 선천적인 예능적 소질을 가지고 태어났지만 꼭 그것만이 아니고 후천적으로 열심히 뛰어 다니며 글을 쓰는 사람이다. 시 한편을 쓰기 위해 현장에 달려가고 사물을 대하고 사람을 만난다. 그냥 보는 것이 아니다. 대상에 대한 수많은 자료를 찾고 분석하며, 사람들이 사는 삶의 현장에 뛰어들어 그 방법을 체득하고 함께한다.

그래서 명기환 시인의 시를 접하며 때로는 선명한 활동사진을 보는 것 같기도 하고, 삶의 현장과 사람들의 땀 냄새가 묻어나는 듯하다. 그 역시 땀을 많이 흘린다. 나이와 건강의 수준보다도 훨씬 많은 에너지를 쏟아 내면서 열심히 몸놀림을 하니 땀이 나오지 않을 수가 없을 것이다.

금년 초 여름에 전국에서 문인들이 100명이 넘게 홍도로 모여 들었다. 관련 자치단체에서 후원했던 모임으로 행사 시작 첫머리에 필자가 우리나라 섬의 실상에 대한 특강을 하게 되었다. 자랑삼아 필자가 우리나라 섬을 가장 많이 다닌 사람 중에 한 사람일거라고 얘기하였는데, 강의 후 명기환 시인이 '나도 신교수 못지않게 섬을 누볐을 거요'라고 항의조로 얘기하였다.

명기환 시인은 참으로 많은 섬을 찾아 다녔다.

섬을 다닌다는 것은 다른 곳 보다 많은 시간과 비용과 정력을 요구한다. 같은 직선 거리일지라도 섬을 찾는 데는 교통수단도 여러 번 바꿔 타야하고, 기상의 영향도 많이 받고 교통시간도 많이 걸리며, 비용도 훨씬 비싸며 왕래횟수가 극히 한정되어 있다.

이러한 점에서 한 두 섬도 아니고 많은 섬을 찾아다닐 경우 그 불편은 참으로 이루 헤아릴 수 가 없다. 거센 풍랑으로 위험이 따를 때가 많고 섬 내부에는 자동차 통행이 되지 않은 곳이 많아 비탈진 곳을 헤집고 다녀야 하는 때가 다반사 인데, 특히 한 여름과 겨울의 섬 찾기는 그리 녹녹하지 않는다.

이러한 섬 찾기의 어려움 속에서 명기환 시인은 참으로 많은 섬을 찾아다니며 글을 썼다. 이는 섬이 좋아 미치지 않고 서는 힘든 일이다. 섬에 대한 얘기가 나올라 치면 그는 "섬은 좋다"라고 소리친다.

이렇게 땀으로 부딪친 섬에 대해 시인은 시로, 또 기행문으로 섬의 속살들을 남긴다. 일정시간이면 어김없이 돌아오는 일수 빚 기한보다 더한 신문 연재를 섬으로 채워야 하는 힘든 작업을 그렇게 오래 해오고 있다. 이 숙제만을 위해서도 그는 섬을 찾고 또 찾아야 한다.

글 쓰는 일이 어디 신문에 연재하는 것 뿐이런가. 그러나 그는 즐거워한다. 이는 섬에 대한 사랑이 정신 저쪽 깊숙이 자리하고 있기에 가능하다 누군가 어설픈 지식과 경험으로 섬에 대한 부정적 얘기를 누군가 하게 되면 그는 그 잘못을 바로 잡지 않고는 못 배긴다.

그래서 있을 수도 있는 어두운 배경과 현실 보다는 밝고 행복하게 표현해 낸다. 섬의 자연을 주제로 삼기도 하지만, 그는 그것으로 끝나지 않는다. 슬프기도 하고, 외롭기도 하고, 분노하기도 하고 때론 한 바탕 웃음을 날리는 섬 사람의 모든 삶을 오히려 그는 관찰의 주 대상으로 한다.

그는 오래전 다물도에서 만났던 해녀들의 강한 삶의 의지와 현실을 마음에 두고두고 간직하고 있다. 해녀는 삶의 터전이면서도 위험과 함께 하는 깊은 물속의 무질(물길질)은 힘든 작업이다. 숨을 참을 수 있는 한계선 그리고 육체가 견딜 수 있는 수압의 한계까지 바닷속 깊이 들어서서 대상물을 찾는다. 수면위로 올라온 이후에는 참았던 숨을 몰아쉬는 소리가 마치 큰 휘파람 소리처럼 퍼진다. 이는 자신에게 스스로의 격려이며 동료에게 살아있음을 알리는 강인함을 간직하면서도 듣는 이에게 애달픔도 함께 전해준다. 물길질이 끝나면 고단한 몸을 쉴 법도 한데, 그들은 건져 올린 우무가 사리, 미역 등의 해초며 전복·소라 등의 패류·문어·낙지 등등을 곧장 손질한다. 그리고 나서 빨래하고 밥 짓고 어린애 돌보고. 그러나 이렇게 힘든 작업의 순환 과정에서도 힘들다는 생각보다는 어린 자녀들의 미래에 정성을 다한다.

그때 명 시인은 해녀의 육신에 힘든 병마와 싸워가면서 밝고 강하게 살아가는 모습을 발견하고, 섬 사람들의 삶에 더욱 집착하는 또 하나의 계기가 된다. 글을 쓰는 소재로서 많은 것이 있음에도 특히 섬을 주 대상으로 하는 명 시인에게는 해녀와 같은 강인한 의지와 현실극복의 삶이 있다.

그는 어릴 때 소아마비를 앓아 불편한 한 쪽 다리를 가지고서도 불편을 극복하고 남보다 더 큰 작품세계를 개척해 가는 의지와 고집이 있다. 그가 군대 생활을 했다는 대목은 연구할 만한 가치가 있는 남자로서의 기개와 뚝심의 한 단면이다. 그러기에 그는 힘든 섬 찾기와 그것을 바탕으로 한 귀하디 귀한 정신세계를 글로 표현하고 있는 것이리라. 그는 섬에 대한 그냥 추상적인 감정만으로 글을 쓰지 않는다. 섬 지역에 대한 자연과 사회를 알고 있고 거기에 사랑이 넘치기에 그는 섬에 대한 생각도 많다.

명 시인의 목소리는 평소에 텁텁하고 힘이 있다. 그러다가도 섬에 대한 얘기가 나올라 치면 말이 빨라지고 목소리가 높아진다. 1990년대 초 동아일보 칼럼난에 '돈 있는 자들은 섬에 투기만 할 것이 아니라 진정으로 섬을 특색있게 개발하자'고 주장했던 글에서도 그의 아이디어가 잘 들어난다. 그는 섬을 각종 테마의 섬으로 조성해 가자는 생각을 오래전부터 갖고 왔다. 너와집, 초가집, 기와집, 토담집 등등의 우리나라 건축 발달사의 현장으로 조성하는 것이라든지, 문학의 섬, 국악의 섬, 동물의 섬 등등으로 특색 있게 가꾸자고 한다.

섬에 대한 애정이 각별하기에 섬과 바다에 대한 특별한 경험도 많다. 이러한 경험은 풍부한 글의 내·외적인 소재로 작용하고 있다. 2002년 무렵 한 군함의 명예함장으로 위촉 받아 시를 찾아 115일간 9개국 13개항을 항해했던 일들은 풍족한 내용의 글로서 나타나고 있다.

섬을 꾸준히 연구해 왔던 나로서는 '명기환 시인을 좀 더 일찍 만나 더 많은 시간을 함께 했더라면 얼마나 좋았을까' 생각해 본다. 그의 서정적인 정신과 거기에서 나온 구상들을 현실로 그려 내는 작업을 할 수 있었을 텐데. 섬으로 구성된 일본에 머물면서 이곳의 섬 곳곳을 둘러보는 과정에 명기환 시인을 생각한다.

  명기환 시인의 풍부한 경험과 애정의 텃밭 속에서 일궈진 이번의 작품집의 출간을 축하드린다. 그리고 이후에도 보석 같은 섬에 대한 명시인의 보석 같은 글이 계속 이어지길 기원한다.

『시 같은 바다이야기』, 뉴스투데이, 2009.12. (92~96쪽)

섬의 특성을 바탕으로 한 연구와 정책이 절실하다

독특한 특성의 섬

우리나라는 섬이 많은 나라이다. '섬' 하면 두 가지 면이 떠오르게 된다. 기암괴석과 짙게 우거진 자연림, 해안의 절경, 끝없는 수평선, 하얀 포말을 일으키는 파도, 드넓은 백사장, 싱그러운 갯바람과 푸른 바다가 있는 곳. 또 하나는 거센 비바람과 파도, 해상교통이 갖는 접근성의 높은 한계, 보건 의료시설의 취약, 교육·문화시설의 부재로 불편한 삶을 영위하는 불편한 삶의 공간. 앞부분은 가고 싶은 매력을 간직한 측면('가고 싶은 섬')이고 뒷부분은 살고 있는 주민이 겪고 있는 삶의 측면('살고 싶은 섬')이다.

흔히 이름난 관광 휴양지로서 유명한 섬을 다녀온 사람들은 우리나라의 많은 섬을 외국의 그 같은 모습으로 가꾸어 나가기를 희구한다. 여기에는 천연의 자연조건이 구비되어 있는 곳에 좋은 생태계를 조성해 가는 노력이 장기적으로 꾸준히 전개되어야 함은 물론 사람들이 찾을 수 있는 시설들을 특색 있고 편리하게 조성해 가야 한다.

우리나라의 3,300여개의 섬 가운데에서 사람이 살 수 있는 조건을 가진 비교적 규모가 있는 거의 대부분의 섬들은 사람이 거주하고 있다. 그것도 꽤 오래전부터 조상 대대로 살아오고 삶의 터전인 바, 이러한 섬들은 주민들의 삶의 공간으로서 어떻게 함이 바람직한가가 핵심이 되어야 한다. 다시 말해 사람이 사는 섬에 무엇을 할 것인가이다. 여기에는 섬에 살고 있는 주민들이 무엇을 바라는가가 중심이 되어야 함은 더 말할 나위가 없다.

주민이 바라는 연구방향과 정책

그러나 상당수 전문가들은 이 부분에 생각이 다르고 전문가들의 고집은 때론 집요하기까지 하다. 15년 전 무렵, 섬 분야의 인문학적 연구를 하는 연구자들이 중심이 되어 서남권 섬 주민을 주 대상으로 토론회를 개최하였던 때의 일이다.

일부 연구자들은 낙후지역으로서 섬은 도서성(insularity)과 전통문화의 보존소로서 가치가 있기에 개발은 하지 않아야 한다고 하며 심지어 개발은 파괴와의 동의어라고 주장을 했다. 여기에는 섬의 일주도로와 선착장 건설 등을 거론하며 이들이 건설됨으로 생태계의 파괴와 아주 오래전부터 살아온 삶의 형태가 크게 변모한다는 점을 강조하며 참석 주민들을 설복하려 하였다.

그러나 긴 토론회가 끝날 무렵에 청중석에 앉아있던 주민 한 사람이 '그러나 우리에게 각종 도로와 선착장 건설은 너무나 절실하다'고 얘기하자 참석한 섬 주민들은 모두 박수와 함께 함성을 질렀다. 이후에도 이러한 모습은 계속되고 있다. 정체된 섬 지역일수록 전통문화의 보존적 가치가 더 높고 그러한 요소들을 많이 간직하고 있기에 개발은 하지 말아야 한다는 주장을 하고 있다.

이러한 주장은 누구를 위한 주장인가? 문화란 도대체 무엇인가?

문화는 자연에 인공을 가하여 만들어 낸 생활양식이며 생활 그 자체이다. 이것은 본래적으로 변화의 운명을 지닌 것이다. 내적으로는 보다 편리한 삶을 위한 발견과 발명을 통해 문화(생활)는 변화하고, 외적으로는 외부문화와의 접촉과 수용으로 변화한다. 이 변화는 과거에도 끊임없이 계속되어 왔고 또 계속될 것이다. 오늘날 보여주는 섬지역의 문화 역시 변화가 거듭해오고 거듭해가는 한 시점의 현상에 불과한 것이다. 다만 어느 시점의 문화 곧 생활양식을 원상으로 보며, 그것이 어떤 가치를 가졌기에 어떻게 존속 유지시켜나가는 것이냐 하는 방법을 모색할 필요가 있다.

문화는 구조적 본질을 항상 유지·조정하면서 보다 높은 단계로 변화해가기 때문에 어느 시점의 생활문화를 꼭 얽매어두고 존속시키는 보존은 생각할 수 없다.

이와 관련된 사례로 어떤 학자는 '섬에서는 한 밤중에 급한 일이 생길 때에도 선박이 있으니 일주도로와 같은 건설사업은 없어야 된다'는 주장을 펴기도 한다. 이 주장에는 「작은 선박이 해상에서 얼마나 위험하고 더구나 칠흑 같은 한 밤에 비바람이라도 휘몰아 칠 때 급한 병이라도 발생한다면 어떻게 할 것인가. 또 이러한 환경 속에서 이루어지는 일상의 삶 - 어린 자녀들의 등하교, 시장보기, 행정업무, 생산품 판매 등은 얼마나 불편한 것인가」를 간과하고 있는 것이다. 무엇보다 왜 이들 주민들은 누구를 위해 전근대적인 불편한 삶에 속박되어야 하는가.

다른 한편으로 왜 그 같은 주장을 하는 전문가라는 사람들은 대도시의 가장 편리한 곳을 찾아다니며 가장 현대적인 삶의 공간에서 살고 있는가?

섬의 본질적 특성

섬지역이 육지부와 본질적으로 무엇보다 다른 입지여건은 바다로 둘러 싸여 있다는 점이다. 그러기에 접근성이 가장 취약하다. 이점으로 인해 이용 상의 한계가 높아 비록 단순 거리가 가깝다하더라도 인접한 다른 섬이나 해안 중심지에 있는 여러 도시기능을 이용하기에 높은 한계를 가질 수밖에 없다. 이는 소위 W. Christaller의 중심지 이론에서 핵심요소라 할 수 있는 소비자의 최소거리(distance minimization)원리가 적용될 수 없는 섬의 공간적 특성 때문이다. 실제로 섬에서는 비단 2~3km 정도의 인접한 해안도시나 큰 섬에 학교가 있더라도 매일 통학하는 것이 쉽지 않다.

이러한 점에서 입지 여건상 건설이 가능한 섬 주민들은 연륙교를 원하고 또 연륙교 건설이 어려운 섬 주민들은 보다 개선된 교통수단을 원하게 됨은 당연한 일이다. 그러나 일부 전문가 중에서는 설문조사와 토론장의 참석자들의 주장을 들어 연륙교 건설에 대한 주민들의 의견이 그리 높지 않다는 얘기를 하는 경우가 있다. 섬이라고 하더라도 그 속에는 참으로 다양한 입지적 특징을 가지고 있음을 이해하지 못한데서 오는 주장이다.

우선 섬이라고는 하지만 이미 연륙된 섬이 우리나라에 얼마나 많은가? 제주도를 제외하고 본다면 연륙되지 않은 도서의 인구는 연륙되었거나 연륙교가 건설 중인 섬 인구의 몇 십분의 일도 안된다. 또한 상대적으로 규모가 매우 큰 섬 주민들은 상대적으로 내부에 편리한 생활 기능을 소규모 섬 보다 많이 갖추고 있다. 이러한 연유로 도서개발촉진법에 따라 대상 도서일지라도 이미 연륙되었거나 연륙건설(확정) 중인 섬 주민과 전혀 입지 여건상 연륙이 불가능한 섬 주민이 포함된 설문 결과를 가지고 연륙과 교통부문개선이 실제로 절실한 섬에서의 결과로 해석하는 오류를 범해서는 안된다.

함축하여 섬에 대한 개발정책을 수행하는 데에는 육지부와 달리 개별 섬의 특성에 맞는 정책이 참으로 필요하다. 이러한 의미에서 유형화에 따른 정책수립의 필요성이 제기된다. 필자 역시 섬이 갖는 특성과 관련하여 오래전부터 섬의 유형에 따른 정책수행을 강조하고 실천적 내용을 제시하였으나 당시의 유형화 정책의 수립과정에서 당국의 이해 부족으로 큰 효과를 보지 못했다고 판단된다.

이 같은 시각은 지금까지 연장되어 섬의 인구규모, 입지형태(인접 섬 존재여부, 육지중심지와의 거리) 등에 따라 어떤 시설이 배치되어야 하는가를 결정하여야 함에도 여기에 대한 깊은 정책적 사려가 보이지 않는다. 더구나 지난 2010년에 도입된 포괄보조금제도가 시행된 후에는 상대적으로 소규모 섬일수록 적절한 사업이 이뤄지지 않고 있다. 이는 규모가 큰 섬일수록 투자대비 이용자가 많다는 경제적 논리와 함께 지방 대표자를 선출하는 유권자로서의 집단이 적다는 점도 내재하고 있음이다.

섬지역의 교육실상

섬 지역에서의 교육문제는 참 중요하다.

완도의 어느 섬 지역에서는 유치원과 초·중학교 취학연령 대상 아이들이 11명이 있다. 이미 초등학교가 폐지 된지 15년 이상 되었던 곳이라 이 아이들은 자기가 살고 있는 섬에서 학교를 다닐 수가 없다. 초등학생 2명과 중학생 4명은 약 20분이 소요되는 여객선편으로 인접 큰 섬으로 아침과 오후로 통학을 하고 또 다른 초등학생과 유치원생은 여객선으로 70분 정도 소요되는 해안 중심지에서 엄마와 함께 생활하거나 도시의 친척 집에 위탁되어 학교를 다니고 있다.

해상교통은 기상의 영향을 참 많이 받고 위험성이 높으며 가까운 거리라고 하더라도 운항시간이 많이 소요된다. 특히 극히 일부를 제외하고는 야간운항도 없으며 육상교통인 버스 등에 비해 운항 횟수도 적고 대중 교통수단인 여객선 외에 대체 운송수단도 극히 제한되며 교통사고 측면에도 취약하다. 따라서 취학대상 아이들이 살고 있는 섬에 교육시설이 없으면 유치원 때부터서 부모와 떨어져 살아야 되거나 가족이 분산하여 살아야 하는 운명일 수밖에 없다.

아무리 지역균형발전을 위해 소득을 창출하고 젊은이들을 귀촌·귀도歸島를 장려한다 해도 이러한 인간으로서 가장 기본 문제인 교육문제가 개선되지 않는다면 젊은이들이 어떻게 섬으로 돌아오겠는가?

섬의 중요성

섬 지역은 여타 육지부의 농촌이나 어촌과 다른 격절성隔絶性이라는 높은 한계적 특성을 갖고 있다. 이러한 독특한 특성을 바탕으로 한 정책이 마련되어야 함에도 정책 수행 과정에서나 이를 뒷받침해야 할 관련 연구분야에서 조차도 이해가 충분하게 이루어지지 않고 있다.

일본에서는 이미 1950년 초에 이도진흥법離島振興法을 마련하고 현재까지 7차에 걸친 이도진흥10개년계획을 수행해오고 있으며 이외에도 입지적 특성에 따라 별도의 특별법도 3개를 시행하고 있다.

작년에 개정된 이도진흥법에서는 「국가의 영토, 배타적경제수역 등의 보전, 해양자원의 이용, 다양한 문화의 보전, 자연과의 어우러진 장소와 기회 제공, 식량의 안정적 공급, 국가와 국민의 이익 보호 및 증진에 (외딴) 섬은 중요한 역할을 담당하고 있어…, 도서島嶼진흥을 기본이념으로 정하고 국가의 책무임」을 밝히고 있으며, 2007년에 제정된 일본 해양기본법에서는 이 같은 내용을 목적으로 규정하였던 바 있다.

이러한 섬에 대한 일본의 국가적 관심은 배타적경제수역을 육지부의 약 12배에 달하는 447만㎢를 주장하는 가운데 근래들어 또 다시 74만㎢를 유엔대륙붕한계위원회에 신청해두고 있는 근저로 삼고 있는데서도 보여주고 있다.

그러나 우리에게는 섬이 몇 개인지 그 통계적 수치마저도 혼선이 많다. 국제적으로 법제나 학술적으로는 섬에 대한 정의가 있지만 각국에서는 다른 기준을 적용하고 있는 경우가 대부분이다. 많은 국가들은 그러한 기준에 따라 섬에 대한 조사와 통계를 일관되게 제시하고 있지만 우리나라에서는 국가기관과 지방자치단체의 통계가 다르고, 어떤 것을 섬이라 할 것인가와 물리적 변형이 있었을 경우 어떤 것을 섬이라 할 수 없을 것인가 등의 기준이 없어 혼선이 가중되고 있다.

독특한 특성을 가진 섬은 어느 곳보다 귀중한 국가 영토이며 자산이다. 단순히 수면위로 들어나 있는 작은 규모의 땅덩어리로서만이 아니라 국가영토의 초석, 배타적 경제수역의 기점, 해양자원의 이용, 자연과의 공생의 장, 식량의 안정적 공급기지로서의 역할 등등으로 섬은 가치가 대단하며 또 시대적 요청에 따라 그 가치는 점증되어 가고 있다.

그러나 섬에 대한 연구와 정책적 노력은 상당히 만족스럽지 못한 상태이다. 섬이 갖는 독특한 특성을 깊이 있게 파악하는 연구와 함께 적절한 정책을 수립하여 섬을 가꾸어 나가는 노력이 참으로 긴요한 때이다.

『지방자치』, 한국지방행정연구원, 2016년 7월호. (36~42쪽)

2편

지역과 섬
3. 언론에 비친 신순호

도서를 통해 사회발전 방향 제시
'全南도청 이전 무엇이 문제인가' 토론회
완도 섬들 10년간 현지조사 | 신순호 교수 '도서지역의 주민과 사회'
완도지역을 중심으로 – 도서지역의 주민과 사회
'섬' … 그 무한한 가능성의 땅
목포대 신순호 교수 한국도시행정학회 회장 취임
신입답지 않은 거물급 포진
신순호 교수 국가균형발전위 심포지엄 주제발표
신순호 교수 : 도서개발사업 선정위원장 선임
문인들 신안 홍도 '규제 철폐' 나선다
섬 공동체 소득 높이고 섬 관광 육성
'지역균형 발전을 통한 국민통합 대토론회' 개최… 9월 8일 여의도 국회서
육성 비슷한 우리 섬 규어 정부 부노토 공동개발 나서야
낙후된 호남 성장 특화 전략 만들 것
국가균형발전위해 낙후지역 예비타당성조사 면제해야
인구감소지역 정책마련 공청회 개최
목포대 신순호교수 지발위 정책기획·평가위원장 선임
농어촌公 비상임이사에 신순호·이병기씨
획일 발전책, 낙후전북 해소 역부족
낙후지역 발전 위해 '경제적 효율성' 위주 틀 깨야
목포대서 '섬의 정치학' 학술대회 열린다
완도 '좋은 군수 취임준비위' 출범…
지역희망박람회서 대통령 표창수상
목포대 신순호, 지역발전위원회 평가자문단장 위촉
목포–무안, 상시적 행정협의체 구성 시급
목포 신성장 동력 산업 연구기관 유치해야
목포대 신순호 교수 '지역발전위원회 평가자문단장' 위촉

도서를 통해 사회발전 방향 제시

 미래 인류 생존과 관련해 세계 각국의 해양에 대한 가치 인식이 높아지고 있으며, 경제발전에 따른 여가수요는 바다를 거점으로 자리한 도서지역의 가치를 갈수록 높혀 주고 있다. 신순호 목포대 교수가 쓴 『도서지역의 주민과 사회 – 완도지역을 중심으로』(경인문화사)는 도서지역의 주민과 사회구조에 관한 생생한 내용을 담고 있어 눈길을 끈다.

 이 책은 한국의 도서지역 연구를 지속해온 목포대 도서문화연구소가 펴낸 도서해양 문화총서' 시리즈 첫째 권. 저자는 20여 년간 국내외 도서지역을 답사하면서 그 지역의 인구와 사회, 경제, 개발정책 등 다양한 분야를 연구한 도서지역 연구 전문가. 그는 우리나라 대표적 도서지역인 완도를 대상으로 10여 년간 수십 차례에 걸친 현지조사를 통해 얻은 결과물을 일목요연하게 싣고 있다.

 총15개의 장으로 나뉜 이 책은 완도의 지역별 배경은 물론 인구구조, 교육, 종교, 주요사회사건, 배출인물, 공식·비공식사회조직, 정주환경, 생활권 구성과 교통의 변화, 산업과 경제구조, 마을과 가족구조 등의 내용을 관련 사진과 함께 담았다. 이를 통해 지역의 구조적 특성을 규명하고 바람직한 사회발전상을 모색하고자 하는 것이 저자의 의도. 저자는 "사회연구와 발전 모색을 위해 지역 관련 자료의 보존과 수집, 이의 비치와 제공에 획기적인 전기가 마련돼야 한다"고.

〈목포신문〉 제460호(1990년 6월 7일)

'全南도청 이전 무엇이 문제인가' 토론회

全南도청 후보지는 도민들의 합의 속에 지역균형발전과 발전잠재력, 행정능률을 극대화할 수 있는 곳으로 선정돼야 한다는 의견이 모아졌다.

대한국토·도시계획학회 光州·全南지회는 6일 오후 光州 무진회관에서 木浦·羅州등 도청후보지로 거론되고 있는 지역의 주민 및 공무원 등 3백여 명이 참석한 가운데 '서남권 국토 균형개발을 위한 도청이전 무엇이 문제인가'라는 주제로 열띤 토론회를 가졌다.

이날 토론회에서 연세대 유완교수는 기조연설은 통해 "지금까지의 지역개발은 중화학공업을 중심으로 한 제조업이 주도해 왔으나 앞으로는 첨단산업이 주도할 것"이라고 지적하고 "서남권이 발전하기 위해서는 기존통신망과 철도·도로의 정비 등 새로운 교통시설 확충과 함께 첨단산업 육성이 무엇보다도 시급하다"고 강조했다.

여수수산대 조길환교수는 주제발표를 통해 "順天·麗水·光陽 등을 연결하는 광역光陽만권은 수도권, 釜山권 등과 함께 국토의 균형개발을 위한 3대 거점도시로 성장할 수 있는 잠재력을 갖고 있다"고 말하고 "이 지역은 앞으로 계속 늘어날 인구를 충분히 수용할 수 있는 넓은 토지와 식수, 공업용수, 공업용지 등이 충분할 뿐 아니라 순천시 대평동 일대 2백50만여 평의 토지소유자들이 무상제공의 뜻을 보이고 있다"며 전남도청 유치의 적지임을 주장했다.

목포대 신순호교수는 "도청후보지는 무엇보다도 국토개발상 발전 잠재력과 균형발전에의 기여도인 만큼 光州에서 멀리 떨어진 기존도시가 적합하다"며 "木浦지역은 국제시대에 부응한 도시인데다 발전잠재력을 갖추고 있는 등 도청소재지로서 가장 적합한 곳"이라고 강조했다.

고려대 양동양교수는 "도청후보지는 지역이기주의에서 벗어나 가장 객관적이고 지역균형발전 차원에서 결정돼야 한다"고 말하고 "새 全南도청은 동부권과 木浦를 중심하는 서남권, 海南·長興지역을 중심하는 남부권 등의 중간지점인 중부권(羅州·和順지역)에 선정, 全南지역의 균형발전을 더욱 가속화 시켜야 한다"고 주장했다.

〈연합뉴스〉(1993년 10월 06일)

| 완도 섬들 10년간 현지조사 |

신순호 교수 '도서지역의 주민과 사회'

연구의 사각지대라 할 수 있는 도서지역의 주민과 사회구조에 관한 생생한 내용을 담은 책이 출간됐다. 목포대 신순호 교수의 '도서지역의 주민과 사회'는 미래에 있어서 가장 중요한 자원의 보고로서, 해양개발의 거점지역으로서 가치를 지니고 있는 도서지역의 주민과 사회구조를 실증적 연구방법에 의해 새롭고 조명하고 있다.

우리나라 대표적인 도서지역인 전남 완도의 도서지역을 대상으로 10여 년간 수십 회에 걸친 현지조사를 통해 분석된 지역배경, 인구구조, 교육, 종교, 주요 사회사건, 배출 인물, 공식·비공식 사회조직, 정주환경, 생활권 구성과 교통의 변화, 사업과 경제구조, 마을과 가족구조 등의 방대한 내용을 관련 사진자료와 함께 생생하고 정밀하게 그려낸다.

도서해양문화총서 제 1권으로 발간된 이 책은 도서지역 연구의 필독서로서, 다른 국내외 도서지역 등과 비교 연구하는데 좋은 길잡이가 될 것으로 보인다.

〈광주일보〉 (2001년 11월 5일)

화제의 책-현지조사... 섬 지역 연구 학술적 정립

완도지역을 중심으로-도서지역의 주민과 사회

모처럼 연구의 사각지대라 할 수 있는 도서지역의 주민과 사회구조에 관한 생생한 내용을 담은 책이 출간 됐다.

목포대 지적학과 신순호 교수가 펴낸 '완도지역을 중심으로, 도서지역의 주민과 사회'(경인문화사 制)는 오랫동안 도서지역에 대한 교육, 소득, 교통, 관광, 자원 활성화 등 개발방안 모색에 초점을 맞추어 연구해 온 필자가 새로운 각도에서 도서지역의 주민과 사회구조를 실증적 연구방법에 의해 완성했다.

이 책은 우리나라 대표적인 도서 지역인 완도를 대상으로 10여 년간 수십 회에 걸친 현지조사를 통해 분석한 지역배경, 인구구조, 주요 사회사건, 배출인물, 교통의 변화, 산업과 경제구조, 마을과 가족구조 등의 방대한 내용을 관련 사진자료와 함께 수록하고 있다.

이와 함께 이 책은 지역사회연구의 목적에 대해 경험적, 과학적 연구방법을 통해 지역의 구조적 특성을 규명하고 있다. 두 15장으로 엮어진 이 책은 지금까지 학계에서 소외 시 됐던 도서지역에 대한 관심을 유도함은 물론 국내외 도서지역뿐만 아니라 여타 지역과 비교 연구하는데 좋은 길라잡이가 될 것으로 기대된다.

〈광주타임스〉 (2001년 11월 12일)

'섬'… 그 무한한 가능성의 땅

　금일 충도 출신 목포대학교 신순호 교수가 구랍 27일 씨월드호텔 컨벤션홀에서 서울 경인문화사 발행 『도서 지역의 주민과 사회』라는 책을 펴 출판기념회다운 기념식을 가졌다.

　이 자리에서 문원호 완도수산고등학교 교장은 저자 소개에서 "신 교수는 조그마한 섬 금일 충도에서 태어나 검정고시를 거쳐 완도수산고등학교에 왔다"면서, "완도수고에 자신이 첫 부임을 했을 때 신 교수가 제자였는데 일찍이 30대 초반에 국립 대학교 교수가 되었다."고 소개했다.

　최형석 수고동문회장은 축사에서 "신 교수야말로 완도수고와 완도출신으로는 입지전적인 인물"이라고 소개하고 "행정학 박사로서 도시개발연구에 전념하여 국가 도시개발 사업에 크게 이바지하고 있다."고 했다. 김웅배(차기 목포대 총장당선자) 교수도 축사를 통해 "우리나라에서는 3,154개의 도서가 있는 바, 이 가운데 사람이 살고 있는 도서는 475개가 있다. 이러한 섬은 자연 입지적 여건이 제각각 다르고, 주민의 인구학적 구조, 산업 형태, 주민의 의식 교통과 생활권, 문화적 수준 등이 각각 다르다. 그러나 이들 도서지역은 어떤 육지부의 국토부분에 비해 그 가치가 떨어지지 않는다."고 말하고 "신 교수의 피나는 연구와 노력을 지켜 본 결과"라고 했다.

　본지 정병호 회장은 축사에서 제42회 "한국백상문화상 추천도서로 올라 있는 신순호 교수의 『도서 지역의 주민과 사회』를 신문에서 보고 마음 뿌듯했다"면서 "최근 들어 미래 인류 생존과 관련하여 자원 확보차원에서 세계 각국의 해양에 대한 가치인식이 크게 부각되고, 사회 경제 발전에 따라 폭발적인 여가 수요는 바다의 거점으로 자리한 도서지역의 가치를 날이 갈수록 높게 하게 될 것이다. 또한 미래 가장 중요한 자원의 보고로서, 해양 개발의 거점지역으로서의 가치를 가지고 있는 도서지역은 현재 시점에서는 대부분이 어느 지역에 비해 크게 낙후되고 있고 또 연구 역시 크게 축적되어 있지 않다"고 하면서 "우리 군민 모두가 읽어야 할 중요한 책"이라고 하면서 "신 교수의 노고에 크게 감명 받았다"고 했다.

목포대학교 부설 『도서문화연구소』 나승만 교수는 서평에서 "오랫동안 도서지역에 대한 교육·소득·교통·관광·자원 활성화 등 개발방안모색에 초점을 맞추어 연구해오던 필자가 새로운 각도에서 도서지역의 주민과 사회구조를 실증적 연구방법에 의해 완성한 이 책은 도서해양문화총서 제1권으로 발간되었는데 이 총서 시리즈는 주로 목포대학교 도서문화연구소가 중심이 되어 연구·집필한 것인 바, 이 연구소는 한국의 도서지역 연구를 20년 간 계속해 오고 있어 학계의 큰 관심을 모으고 있다. 앞으로 도서문화연구소에서는 우리나라 모든 도서지역 그리고 해외 도서·해양에 대한 종합적 연구를 계속하여 그 결과물을 도서해양문화총서 시리즈로 발간해야 한다"라고 하면서 "신순호 교수가 집필한 이 책은 우리나라 대표적인 도서(섬)지역인 전남 완도의 도서지역을 대상으로 10여 년 간 수십 회에 걸친 현지연구 조사를 통해 분석된 지역배경, 인구구조, 교육, 종교, 주요 사회사건, 배출인물, 공식·비공식 사회조직, 정주환경, 생활권 구성과 교통의 변화, 산업과 경쟁구조, 마을과 가족 구조 등의 방대한 내용을 관련 사진자료와 함께 생생하며 정밀하게 그려내고 있다. 도서지역 연구의 필독서이며 여타 국내외 도서지역뿐만 아니라 여타지역과 비교 연구하는데 좋은 길잡이가 될 것이다"라고 서평했다.

저자 신순호 교수는 부친의 간청에 의해 완도수산고등학교를 선택했지만 큰 꿈을 안고 실업계 고등학교라는 불리한 조건을 뛰어 넘어 서울의 국민대학교와 서울대학교 대학원을 거쳐 공군대학에서 대위로 예편했다. 일찍이 행정학 박사가 된 신 교수는 30대 초반부터 국립대학교수가 되었고 행정학으로 도시개발에 관한 논문을 발표한 바 있고, 이를 바탕으로 세미나 주제 발표 등으로 널리 알려진 입지전적인 인물이다. 목포에서도 학교 외의 지역발전에 크게 기여하고자 각 사회단체와 지역 대표자들과 유대관계가 좋은 덕목 있는 교수로 정평이 나있다.

〈주간 완도신문〉 (2002년 1월 1일)

목포대 신순호 교수
한국도시행정학회 회장 취임

목포대 신순호 교수(지적학과)가 최근 한국도시행정학회 회장에 취임했다.

신교수는 강병수(충남대), 김일태(서울시립대), 임경수(성결대) 교수와 김영호 충북도 행정부지사, 이강건 삼안기술공사 부사장(공학박사) 등 5명의 부회장과 함께 2년간 학회를 이끌게 된다.

한국도시행정학회는 지난 80년대 초 창립 후 매년 3편 이상의 논문집 발표와 국제·국내 학술 세미나를 개최와 각종 연구 보고서를 내고 있으며 대학교수와 중견 공무원, 기술계 임원 등 정회원 300여명과 50여 단체가 참여하는 권위있는 도시행정학회다.

신회장은 공군대학 교관과 충북대 교수를 거쳐 목포대에 재직중이며 정부, 지자체, 사회단체 등과의 연계 활동을 활발하게 벌여왔다.

〈뉴시스〉(2004년 5월 11일)

신인답지 않은 거물급 포진

지방의회, 학계, 경제계, 중앙정계 인사 등
주목받는 목포시장선거 출마 정치신인들

신순호 후보는 목포포럼 공동대표, 새정치국민회의 개혁추진위원회 개혁위원, 민주당 정책자문위원 등 현 민주당의 맥을 잇는 싱크탱크 역할을 해 왔다. 전남 신도청 도시개발마스터플랜 자문위원을 지냈으며, 목포교통문화시민협의회 대표회장도 지냈다.

〈목포투데이〉 (2005년 2월 16일/3면)

신순호 교수 국가균형발전위 심포지엄 주제발표

2일 '가고 싶고 살고 싶은 섬 만들기' 발표

목포대 신순호 교수가 국가균형발전위원회 출범 3주년을 맞이하여 개최된 기념 심포지엄에서 '가고 싶고 살고 싶은 섬 만들기'라는 주제를 발표했다.

이 심포지엄은 지난 2일 롯데호텔에서 성경륭 국가균형발전위원장, 김병준 청와대 정책실장, 관련 각부 장관, 국책연구소 원장을 비롯한 정부부처와 지방 자치단체 관계자, 교수 등의 전문가 등이 참석한 가운데 개최되었으며, 국가균형발전위원회의 출범 3주년을 맞이해 참여정부의 핵심적 정책 기조인 균형발전의 확산과 지역과 도시의 질적 발전방안의 의견 결집을 통해 우리 사회의 질적 발전을 도출하는데 목적을 두었다.

신 교수가 발표한 주제는 독도로 인한 한일간의 첨예한 외교 문제가 현안으로 등장한 시점이어서 모든 참석자들에게 큰 관심을 갖게 해 주었다.

또한 신순호 교수(한국도시행정학회장)는 5월 4일 한국토지공사 대강당에서 개최된 '참여정부 혁신도시 건설의 과제'라는 주제의 춘계학술대회 및 총회에 참석하였다.

〈목포투데이〉 (2006년 5월 10일)

신순호 교수 : 도서개발사업 선정위원장 선임

목포대학교 신순호 교수가 최근 제 3차 도서개발 계획을 총괄, 조정하는 도서개발사업 선정위원회 위원장에 선임됐다.

30여 년간 섬 연구에 전념해 온 신 교수는 "그동안의 연구 성과 등 관련 분야의 전문성을 충분히 살려 정부가 도서지역에 대한 개발을 보다 효율적으로 할 수 있도록 하겠다."고 말했다.

이에 앞서 신 교수는 지난 4월 정부가 내년부터 추진하게 될 도서 개발 10개년 계획의 사업계획 수립과 관련 정책 등을 심의하는 도서개발심의위원회 위원에 선임됐다.

또한 2007년 국가균형발전사업 추진실적 평가위원으로서 16개 부처의 국가균형발전 사업에 대해 평가를 했다.

〈목포투데이〉 (2007년 6월 13일)

문인들 신안 홍도 '규제 철폐' 나선다

천혜의 절경을 간직하고도 '불편한 섬'이라는 오명을 뒤집어 쓴 전남 신안군 흑산면 홍도에 대한 규제 철폐와 개발을 위해 전국 문인들이 나선다.

전남도문인협회와 신안군은 "다음달 7~8일 전국 문인 100여명을 홍도로 초청해 유람선을 타고 홍도 비경을 둘러보고 초청 강연도 듣는 '제 2회 전국 문인 초청 전남 기행'을 갖는다"고 23일 밝혔다.

문인협회 관계자는 "이번 행사는 중앙 부처의 과도한 개발 규제로 숙박시설을 제대로 고치지 못해 불편한 섬이 된 홍도 관광의 문제점을 제시하고 그 개선 방안을 홍보하기 위해 전국 문인들을 초청하게 됐다"면서 "문인들은 홍도에서 작품 소재를 발굴해 창작활동을 할 것"이라고 말했다.

이번 행사에서 목포대 신순호 교수는 참가한 문인들을 대상으로 과도한 규제로 신음하는 홍도 개발에 대한 문제점을 제시하는 초청 강연을 통해 문인들의 이해를 돕게 된다.

특히 전남도문인협회는 이번 행사에 참석한 문인들의 홍도 참관기를 모아 홍도 기행문 형식의 문집을 만들어 전국에 배포할 계획이다.

섬 전체가 천연기념물로 지정된 홍도는 건축 규제로 숙박시설이 매우 열악한 상태에 놓여 있고 전체 숙박시설 71곳 가운데 78%가 불법 건축물이다.

최근 전남도와 신안군의 노력으로 건축 규제가 완화됐지만 이 같은 불법 건축물로 주민 500명 가운데 43명이 '전과자'로 전락했고 법을 엄격하게 적용할 경우 150여 가구 전체가 고발 대상인 것으로 알려지고 있다.

신안군은 문화재청이 최근 건물 층수를 기존 2층에서 4층으로, 용적률은 100%에서 150%로 각각 높여 지을 수 있도록 건축규제를 완화함에 따라 '홍도마을 종합정비계획'을 마련하고 있다.

〈연합뉴스〉 (2008년 4월 23일)

섬 공동체 소득 높이고 섬 관광 육성

서울신문·지방행정硏 주최 섬 발전 전략 모색 토론회

섬 주민의 삶의 질을 향상하고 섬의 발전 전략을 모색하기 위한 세미나가 30일 서울 중구 대한상공회의소 회의실에서 한국지방행정연구원과 서울신문 공동 주최로 열렸다.

이달곤 가천대 교수의 사회로 진행된 행사에서 신순호 목포대 교수는 주제 발표를 통해 "섬 개발연구의 기본은 '살기 좋은 섬', '돌아오는 섬'에 바탕을 두어야 하며, 섬의 특성에 맞는 최적의 정책방안 발굴이 필요하다"고 강조했다. 이날 행사에는 김동진 경남 통영시장, 김선기 지방행정연구원 부원장, 문태훈 중앙대 교수 등이 나서 섬 발전 방안 등에 대해 토론을 벌였다. 토론에 앞서 김영만 서울신문 사장과 안상수 새누리당 의원, 박준영 국민의당 의원이 각각 환영사와 축사를 했다.

〈서울신문〉 (2016년 8월 31일)

'지역균형 발전을 통한 국민통합 대토론회' 개최…
9월 8일 여의도 국회서

'지역균형발전을 통한 국민통합 대토론회'가 오는 8일 오전 9시 40분 서울 여의도 국회도서관 지하 1층 강당에서 열린다.

광주·전남 교계와 시민단체, 학계 인사 등으로 구성된 '지역균형 발전을 통한 국민통합 대토론회 추진위원회'(대표위원장 방철호, 상임공동위원장(전남) 박영종)는 지역균형 발전을 통한 차별을 해소하고 국민통합을 염원하며 이번 토론회를 기획했다.

토론회는 김철영 세계성시화운동본부 사무총장의 사회로 광주YWCA 아이리스공연단(단장 최봉선)과 국악가수 나경화가 출연해 식전 행사를 갖는다.

국민대통합위원회 한광옥 위원장의 격려사와 새누리당 이정현 대표, 더불어민주당 추미애 대표, 국민의당 박지원 비대위원장이 축사를 진행할 예정이다.

토론회에선 정운찬(동반성장연구소 이사장) 전 국무총리가 '지역균형발전을 통한 국민통합'을 주제로 발표한다.

대통령 직속 지역발전위원회 위원인 신순호 목포대 교수가 좌장을 맡았다.

패널로 김정연 충남발전연구원 수석연구위원, 배준구(경성대), 송하성(경기대) 교수와 이민원(광주대)교수, 조용래 국민일보 편집인 등이 참석해 지역균형발전을 통한 국민통합의 해법을 제시한다.

추진위원회 측은 "박근혜 정부는 국민통합을 최우선 국정 목표로 삼고 있는데, 이같은 과제를 해결하지 않고는 국민통합은 이루어지지 않을 것"이라며 "이 문제를 해결하기 위해 여러 대안이 제시될 수 있겠으나, '지역균형발전'이 국민통합으로 나아가는 길이라고 생각해 이번 토론회를 준비했다"고 토론회 취지를 밝혔다.

추진위원회는 토론회를 마치고 국회정론관으로 이동해 지역균형발전과 국민통합을 호소하는 대국민 성명을 발표한다.

〈국민일보〉 (2016년 9월 1일)

특성 비슷한 주변 섬 묶어
정부 주도로 공동개발 나서야

　전문가들은 정부나 자치단체의 개발 계획에서 섬이 홀대받는다고 입을 모았다. 농촌에 쏟는 관심에 비하면 무시도 그런 무시가 없다는 것이다. 신순호 목포대 지적학과 교수는 "농촌의 이농보다 섬의 이도離島 현상이 더 심각한데 홀대가 심하다"며 "섬 개발은 주민에게만 맡겨서는 안 되고 정부나 지자체에서 적극적으로 도와야 한다"고 말했다.

　신 교수는 섬의 특성을 무시한 개발은 별 의미가 없다고 주장했다. 그는 "지중해의 유명 섬들처럼 모든 섬이 관광지 개발에 중점을 둬서는 안 된다"고 밝혔다. 수도권과 가까운 섬은 관광지 개발로 외지인을 끌어들일 수 있으나 먼 섬은 쉽지 않다는 것이다. 후자는 주민 소득을 올릴 수 있는 사업으로 사람을 끌어들여야 한다고 강조했다. 신 교수는 "섬의 경쟁력이 갈수록 커지고 있다"며 접근성을 높이려는 노력 등 적극적인 도서 개발을 주문했다.

　김현호 한국지방행정연구원 지역발전연구실장은 테마별로 섬을 묶어 공동 개발하는 방안을 제시했다. 그는 "성격이 비슷한 섬을 핵심과 주변으로 나눠 한데 묶고 여러 분야에서 나서 도와주는 방식이 바람직하다"며 일본의 나오시마 섬을 성공 모델로 꼽았다. 세토 내해의 작은 섬 나오시마는 '예술 섬'이다. 20여 년 전만 해도 구리 제련소에서 나오는 폐기물로 황폐했지만 기업과 주민, 자치단체 등이 나서 세계적 건축가 안도 다다오에게 섬을 예술 공간으로 되살려 달라고 부탁했다. 그 결과 자연을 파괴하지 않기 위해 땅속에 지은 지중 미술관과 폐가를 예술 공간으로 바꾼 집 프로젝트 등 섬이 예술혼으로 가득 차 해마다 전 세계에서 수십만 명이 찾아온다.

　김 실장은 "우리나라는 홍어로 유명한 흑산도처럼 자연스럽게 이름이 널리 알려진 섬이 대부분이지만 타이완의 어떤 섬은 고량주를 명품화해 외지에서 이 술을 마시러 많이 찾아온다"면서 "해삼 등 비슷한 특산물을 생산하는 섬끼리 연대해 인위적이고 창의적으로 공동 명품화해 브랜드 파워를 높이는 노력이 필요하다"고 조언했다.

김성진 한국문화관광연구원 연구위원은 섬 하나를 대상으로 정부나 자치단체가 추진하는 사업 기간이 1~3년의 단기에 그치는 점을 꼬집었다. 그는 "그렇다 보니 판박이 사업이 많고 효과도 잘 나타나지 않는다"고 설명했다. 전남대 문화전문대학원 강신겸 교수는 "관광객을 위한 섬 개발이 많다"며 섬은 외지인 입장에서 개발하면 안 된다고 목소리를 높였다. 그는 "섬 사람이 먼저 온전히 살도록 주민 소득을 올리는 사업을 하는 것이 중요하다"면서 "외지나 관광객과 연계한 개발은 그다음"이라고 강조했다. 강 교수는 "1980년 홍도, 1990년 보길도, 1995년 외도, 2007년 청산도와 증도 등으로 인기 섬이 바뀌어 왔다"며 "섬을 개발해도 트렌드를 꼼꼼히 살핀 다음에 착수해야 한다"고 지적했다.

〈서울신문〉(2013년 2월 2일)

낙후된 호남 성장 특화 전략 만들 것

"낙후된 호남이 잘 살 수 있고, 모든 지역이 균형 성장할 수 있도록 노력하겠습니다."

지역발전위원회 민간위원에 새로 위촉된 목포대학교 사회과학대학 신순호(60·서남권 경제발전연구원장) 교수는 어느 한 지역만 잘 사는 게 아니라 모두가 행복하게 살 수 있는 '균형 성장'을 강조했다.

신 교수는 "각 연구단체와 지방자치단체와의 네트워크를 통해 다른 지역에 비해 소외된 호남이 성장할 수 있는 계기를 만들고, 국가 발전을 위해 호남이 어떤 성장 가능성을 지니고 있는지를 먼저 파악하겠다"고 말했다.

또 "국내 지방자치단체들이 비슷한 사업을 추진하고 있어 이를 재조정할 필요가 있다"면서 "각 지자체가 치밀하게 지역의 특화된 전략을 만들어야 한다"고 강조했다.

소모적인 지역간 경쟁을 지양하고, 각 지역의 사정에 맞는 특화된 산업을 육성해야 한다는 것이다.

그는 또 "단체장의 임기가 끝나면 사업이 중단되는 등 지역 사업들이 대부분 단기적으로 추진되고 있어 가시적인 성과를 거두지 못하고 있다"며 "긴 안목을 갖고 지역이 잘 살 수 있는 사업과 정책이 무엇인지를 먼저 고민해야 할 때다"고 지적했다.

한편 서울대학교 환경대학원과 서울시립대학교 대학원을 나온 신 교수는 낙후지역과 도서지역 개발정책분야 전문가이며, 그동안 정부와 자치단체의 지역개발과 토지정책 분야의 평가·자문 역할을 해왔다. 지역발전위원회 평가자문위원과 안전행정부 자체평가위원으로도 활동 중이다.

〈광주일보〉 (2013년 6월 20일)

국가균형발전위해
낙후지역 예비타당성조사 면제해야

"국가균형발전을 위해 낙후지역에 대한 예비타당성조사(이하 예타)를 면제해야 합니다."

대통령직속 지역발전위원회 민간위원인 목포대학교 신순호교수는 7일 오후 광주 광산구 첨단 과학기술교류협력센터에서 열린 장보고CEO포럼 정기월례강좌에서 '지역격차해소를 위한 소고-예비타당성조사제도를 중심으로'란 주제의 강연을 통해 이같이 밝혔다.

신 교수는 "정부는 대규모 신규사업에 대한 예산편성과 기금운용 계획을 수립하기 위해 사전 타당성 검증과 평가 등을 실시하고 있는데 사업의 경제성을 강조하면 지방과 낙후지역은 수요창출의 한계로 인해 사업타당성이 없다는 결론에 도달할 가능성이 크다"면서 예타 제도의 개선을 주장했다.

그는 "낙후지역에 대한 예타 면제 조항을 신설하고 지역균형발전 등 정책적 의사결정 변수에 대한 가중치를 상향 반영해야 한다"면서 "예타 면제사업의 기준을 구체화해야 한다"고 밝혔다.

신 교수는 "2010년부터 2012년까지 3년간 예타가 이뤄진 사업 중에서 총사업비 기준으로 1000억 원 이상의 사업은 예타 건수로는 약 80%를 차지하고 있으나 금액기준으로는 약 97%나 된다"면서 "대상사업을 총 사업비 규모 1000억 원 이상이고 국가재정지원 규모가 500억 원 이상인 신규 사업으로 축소 조정해야 한다"고 주장했다.

신 교수는 또 "현재 기획재정부 관할 사업은 KDI공공투자관리센터에서 예타를 담당하고 있다"면서 "예타 종합평가(AHP) 분석의 객관성 확보를 위해 예타 조사팀보다는 지역사업에 대해 잘 알고 있는 지역전문가들이 포함된 분석결과로 지역 의견을 반영해야 한다"고 밝혔다.

전남 완도 출신으로 행정학박사인 신 교수는 청주대학교 교수와 일본 리츠메이칸 대학 교환교수, 목포대학교 기획처장, 한국도시행정학회 회장, 한국지적학회 회장 등을 역임했고 현재 안전행정부 자체평가위원으로 활동하고 있다.

한편 사단법인 '장보고CEO포럼(회장 황상석)'은 장보고 청해진 대사의 모험과 도전정신 및 글로벌 성공모델과 노하우를 계승, 발전시켜 지역 내 글로벌 인재 양성과 발굴을 위해 지난해 12월 창립했으며 이번이 다섯번째 월례 강좌회를 가졌다.

'장보고CEO포럼'은 내달 4일 오후 5시 광주 김대중컨벤션센터에서 창립대회를 가질 예정이며 이병진 코참 말레이시아(KOCHAM·말레이시아 한국상공회의소)회장이 '동남아 진출사례를 통한 미래전략'이라는 주제의 특강을 할 예정이다.

이 회장은 말레이시아 현지에서 그린오션 코포레이션 대표로 대규모 팜유공장을 매입하는 등 에너지자원을 활용한 기업을 운영해 한국인으로서 성공신화를 써오고 있다.

〈뉴시스〉 (2013년 10월 7일)

인구감소지역 정책마련 공청회 개최

인구감소지역 발전방안 마련과 지방소멸 위기에 대응하는 특별법 마련을 위한 공청회가 14일 자유한국당 강석호 의원(국회 안전행정위원회, 영양·영덕·봉화·울진) 주최로 국회에서 열렸다.

강석호 의원은 개회사를 통해 "농어촌지역의 인구감소와 지방소멸이 현실화 된 상황에서 더 이상 이 문제를 간과해서는 안 된다"며 "인구감소지역 정책마련 및 이를 뒷받침할 법률 제정을 위해 오늘 공청회를 개최하게 됐다"고 밝혔다. 이날 유재중 안전행정위원장과 이철우 정보위원장, 심보균 행정자치부 차관 등이 내빈으로 참석해 공청회 개최를 축하하고 특별법 마련을 위한 취지에 공감했다.

유재중 위원장은 축사를 통해 농촌출신으로 농어촌 지역의 지방소멸이 심히 우려했으며, 심보균 차관은 지금이 지방소멸 문제를 대응하기 위한 골든타임"이라고 강조했다. 이어서 각계 전문가들과 정부관계자들의 본격적인 토론이 이어졌다. 인구감소지역 현장의 목소리를 내기위해 참석한 김주령 의성부군수는 "의성군청 직원도 자녀교육을 위해 안동·대구시 등에 거주하는 사례가 많다"며 정부의 지역발전정책의 허점을 지적했다.

채성기 해남군 기획홍보실장은 해남군의 인구감소 극복사례를 소개하고 실질적인 인구유입 정책을 소개해 눈길을 끌었다. 서울대학교 김순은 교수, 목포대학교 신순호 교수, 숭실대학교 조정찬 교수는 법률안에 대한 구체적인 토론을 진행했다. 먼저 김 교수는 인구감소지역 해결을 위한 압축도시 건설의 필요성을 강조했고, 신 교수는 지정요건의 구체화와 일본사례 연구, 조교수는 현행 지역발전 법률이 채우지 못한 부분을 채워주길 기대한다고 설명했다. 한편, 이날 토론회에는 경북과 전남, 충북 등 인구감소가 진행 중인 지역의 관계자들과 공무원, 학계 인사 100여 명이 참석해 성황을 이뤘다.

〈경상매일신문〉 (2017년 6월 15일)

목포대 신순호교수
지발위 정책기획·평가위원장 선임

국립 목포대학교 신순호 지적학과교수가 지난 6월 대통령 직속 지역발전위원회 위원 선임에 이어 6일 지역발전위원회 정책기획·평가전문위원회 위원장에 선임됐다.

지역발전위원회는 국가균형발전특별법에 근거한 대통령의 자문위원회로서 지역발전과 관련된 중요 정책에 대한 대통령의 자문에 응하기 위해 설치됐다.

주요 역할은 지역발전 기본방향 및 관련 정책의 조정, 지역발전사업 평가, 공공기관 지방이전 등 주요 사업을 심의·조정하는 기능을 가지고 있다.

신순호교수가 위원장으로 선임된 정책기획·평가전문위원회는 지역발전 5개년계획 수립 및 시행계획 마련, 광역·지역특별회계 개편 및 계정별 사업재편, 지자체 자율·책임성 확대 방안 마련, 새로운 지역정책 방향 및 개편된 회계 체계에 맞게 평가체계 개편 등을 주도적으로 추진하는 것이 주요 임무이다.

위원회는 기획재정부(행정예산국장), 안전행정부(지방재정정책관), 산업통상자원부(지역경제정책관) 등의 정부부처 관계자 및 각계 전문가로 구성돼 있다.

박근혜정부에서 지역발전위원회는 지역 정책 및 사업에 대한 실질적인 조정 기능 강화 등 컨트롤 타워로써의 역할을 할 수 있도록 기능이 강화됐기에 이번 선임은 더 의미가 크다.

신순호교수는 지난1985년 목포대학교 재직 이후 교내에는 기획협력처장, 평생교육원장을, 대외적으로는 한국도시행정학회 회장, 한국지적학회장, 안전행정부 정책자문위원, 도서개발사업선정위원회 위원장 등을 역임했다.

〈아시아뉴스통신〉 (2013년 11월 6일)

농어촌公 비상임이사에 신순호·이병기씨

한국농어촌공사는 5일 비상임이사에 신순호 목포대 교수와 이병기 협성대 교수를 각각 임명했다고 밝혔다. 이들의 임기는 오는 2015년 12월 3일까지다.

신 비상임이사는 1953년 1월 전남 완도 출신으로 완도 수산고를 졸업한 뒤 서울시립대에서 행정학 박사학위를 받았다. 한국도시행정학회장과 한국지적학회장 등을 지냈다. 현재 목포대 사회과학대학 교수다.

이 비상임이사는 1954년 경북 상주에서 태어나 경북고를 졸업하고 중앙대에서 행정학 석사와 경제학 박사 학위를 받았다. 농촌경제연구원 책임연구원, 한국지역개발학회 이사, 한국농어업·농어촌특별대책위원회 위원 등을 역임했다. 협성대 도시행정학과 교수로 있다.

〈이데일리〉 (2013년 12월 5일)

획일 발전책, 낙후전북 해소 역부족

정부의 획일적인 지역발전 정책이 전북의 낙후격차 해소에는 역부족이라는 주장이 강하게 제기됐다. 새누리당 정책연구기관은 여의도연구원은 14일 광주에서 호남발전정책세미나를 개최하고 전북 등 각급 기관 관계자들의 여론을 수렴했다.

새누리당 전북 비례대표인 이계숙 도의원은 이날 "전북의 지역총생산(GRDP)이 지난 2007년 28조5천860억 원에서 2011년엔 38조870억 원으로 늘어나고 지역행복 생활권 등 지역발전 정책이 추진되고 있다"고 전제, "하지만 전국적으로 획일적인 지역발전 정책이 추진되면 전북의 지역격차는 지속할 수밖에 없다"고 주장했다.

이 의원은 "현재까지 균형발전은 수도권 집중완화와 전반적인 지방분권을 위한 접근"이라며 "전북 등 호남권 지역격차에 대한 배려는 부족했다"고 말했다. 그는 "호남권 발전계획을 수립·집행하고 각종 균형사업을 지원할 수 있는 (가칭)호남권 지역개발청을 설치, 호남권 격차해소를 위한 특별계획을 수립하고 추진력을 확보할 필요가 있다"고 강조했다.

신순호 목포대 교수도 "수도권 GRDP는 지속적으로 성장해 전국의 47%를 넘어섰고, 영남권도 27% 수준을 유지하고 있지만, 호남권은 10%대 이내를 유지해 수도권의 5분의 1, 영남권의 3분의 1에 만족하고 있다"며 "낙후지역 발전을 위한 제도개선이 시급하다"고 말했다. 신 교수는 "대형사업의 예비타당성 조사에 지역균형성을 현재는 20~30%만 적용하고 있다"며 "이를 40~50%로 끌어올려 낙후지역에 대해선 균형발전 등 정책적 의사결정 변수에 대한 가중치를 조정해야 할 것"이라고 주장했다.

오병기 전남발전연구원 경제사회연구실장은 "지역산업 진흥계획에 지역 간 경쟁이 가속할 우려를 낳고 있다"고 전제, "아직 확정된 것은 아니지만, 전북과 광주, 전남 등의 협력권 사업은 3건에 불과한 반면 타 권역과의 협력권 사업은 4건"이라고 지적했다. 그는 지역의 산업여건에 따라 특정지역 쏠림 현상이 발생할 가능성도 있다며 대책 마련의 필요성을 언급했다.

〈전북도민일보〉 (2014년 1월 14일)

낙후지역 발전 위해
'경제적 효율성' 위주 틀 깨야

　전남과 같은 낙후지역 발전을 위해서는 경제적 효율성을 전제로 한 국가 투자제도의 틀을 과감하게 수정해야한다는 지적이 제기됐다.
　신순호 목포대 교수는 14일 광주 NGO센터에서 열린 '호남권 지역발전 정책세미나'에서 "낙후지역이 새로운 국가발전 동력의 축으로 형성될 수 있는 제도개혁이 시급하다"라며 이같이 지적했다.
　이날 세미나는 새누리당 싱크탱크인 여의도연구원 주최로 열렸다.
　토론자로 나선 신 교수는 "지역간 격차가 조성된 이후 경제적 효율성(타당성)을 바탕으로 한 제도가 국가발전의 정책 기조가 되면서 낙후지역의 격차해소에 걸림돌로 작용하고 있다"며 "이는 장기적 국가발전과 국가통합에 큰 저해요인이 되고 있다"고 주장했다.
　그는 "예비타당성 조사의 경우 법령상 지역균형발전 정도를 감안하게 되어 있지만, 정책여건에 따라 동일한 유형의 사업이라도 비 일관적인 경제성 분석결과가 적용된다"면서 "특히 사업의 경제성만을 강조하면 지방 및 낙후지역이 갖는 기본적인 수요창출의 한계 때문에 필연적으로 사업타당성이 없다는 결론에 도달할 가능성이 크다"고 예비타당성 조사 제도의 문제점을 지적했다.
　신 교수는 낙후지역 발전을 위한 제도 개선방안으로, ▲예비타당성 조사시 지역 의견반영과 외부 전문가 참여 의무화 ▲낙후지역에 대한 예비타당성조사 면제 조항 신설 ▲일괄 예비타당성 조사 및 예비타당성 조사 면제 사업 기준 구체화 등을 제시했다.
　이날 세미나에서는 박근혜 대통령 공약사업 중 하나인 동서통합지대 조성을 위한 문제점 등 우려의 목소리도 나왔다. 발제자로 나선 전남발전연구원 오병기 경제사회연구실장은 "과거 광양만·진주권 광역개발계획과 남해안권 종합발전계획 등 동서지역을 아우르는 사업이 추진됐지만, 추진체계 미흡과 지역 내 숙원사업 중심 추진 등에 따라 가시적 효과가 미약했다"며 "현재 남해안권 발전종합계획에 따라 관련 사업 일부가 추진 중이긴 하지만, 내용 및 범위가 제한적"이라고 평가했다. 오 실장은 "동서통합지대 조성이 성공하기 위해서는 국가 차원의 재원조달 방안을 마련하고 국비 지원비율을 연계해 협력사업 수준으로 상향 조정 및 광역·지역발전특별회계의 보조금 차등 지원 등 국비 지원 비율을 상향 조정해야 한다"고 주장했다.

이날 호남권 지역발전 정책세미나에는 새누리당 유수택 최고위원과 이정재 광주시당 위원장, 이주영 여의도연구원장이 참석했으며 이정록 전남대 교수의 사회로 진행됐다.

〈광주일보〉(2014년 1월 15일)

목포대서 '섬의 정치학' 학술대회 열린다

해양개발·영토분쟁 등 도서정책 중요성 알리기도

독도와 쿠릴열도, 센카쿠 열도(중국명 댜오위다오)… 이들 섬의 공통점은 한국과 일본, 일본-러시아, 중국-일본간 영토분쟁이 심화된 곳이다. 한국이 실효지배하고 있는 독도에 대해 일본은 끊임없이 영유권을 주장하고 있고, 센카쿠 열도(댜오위다오) 역시 중·일간 긴장감이 높아지고 있다.

최근 들어 국내외적으로 섬에 대한 관심이 증대되고 있다. 특히 개발 대상지로서 섬과 국가영토로서의 섬에 대한 문제가 화두로 떠오르고 있는 가운데 25~26일 목포대에서 '섬의 정치학'을 주제로 한 학술회의가 열린다.

(사)한국정치학회(KPSA)와 목포대학교 도서문화연구원 주최로 열리는 이번 학술회의는 체계적인 도서정책 수립의 중요성을 널리 알리고, 국민적인 관심을 증대시키기 위한 주제로 구성된다.

학술회의 주제 발표는 ▲도서개발정책의 실상과 합리적 방향(신순호 목포대 교수) ▲중국 절강성 주산군도 신구의 개발정책(김덕수 군산대 교수) ▲동아시아 도서 현안과 해결방안(유하영 동북아 역사재단 박사) 순으로 진행될 예정이다.

주제발표에서 신순호 교수는 그동안 진행되어 온 국내 도서개발 정책의 변화과정과 전망을, 김덕수 교수는 중국 절강 주산군도의 사례를 바탕으로 최근 중국이 해양경제 개발에 주력하고 있는 배경과 목적에 대해 발표한다. 또한 유하영 박사는 동아시아 섬과 관련해 국가들간 영토분쟁이 일어나고 있는 현황과 해결 방안에 대해 발표한다.

이후 종합토론에서는 목포대 이동신 교수가 좌장을 맡고 도서문화연구원의 섬 연구자인 홍선기·김경옥·최성환 교수 등이 토론자로 참여할 예정이다.

강봉룡 목포대 도서문화연구원장은 "이번 학술회의는 국내외 도서 개발정책과 섬을 둘러싼 국제 분쟁의 현황을 종합적으로 검토하고, 앞으로의 과제를 논의하는 장場이 될 것"이라고 말했다.

한편 목포대 도서문화연구원은 다도해를 사랑하는 연구자들에 의해 1983년 설립된 이후 국내외 섬과 해양문화 연구를 선도하고 있으며, 다양한 학문분야의 융합연구를 실천해나가고 있다. 또 도서해양 전문학술지인 '도서문화'와 국제 저널(Journal of Marine and Island Cultures)을 펴내고 있다. 다양한 국내외 학술대회를 개최함과 동시에 학문의 사회적 파급을 위해 '찾아가는 섬 포럼'과 '도서해양 아카데미' 등도 진행하고 있다.

〈광주일보〉 (2014년 4월 25일)

완도 '좋은 군수 취임준비위' 출범…

신우철 전남 완도군수 당선인은 16일 화합과 소통을 강조하며 '좋은군수 취임준비위원회'를 가동했다.

신 당선인은 이 날 목포대 신순호 교수를 위원장으로, 기획·행정분과, 수산·해양·농림분과, 문화·관광분과, 지역개발분과, 보건·복지·교육분과 등 총 5개 분과로 구성된 취임준비위 위원들에게 위촉장을 수여하고 민선6기 군수 취임준비를 본격화했다.

신 당선인은 이 날부터 기획예산실을 시작으로 각 실·과·소별로 당면현안업무와 추진실적, 향후 추진계획에 대한 업무보고를 청취했다.

신 당선인은 "완도군의 발전과 화합, 소통을 위한 각계각층의 다양한 의견을 수렴하기 위해 준비위원회를 출범했다"며 "군정발전을 위한 가치있는 제언들을 청취해 민선 6기 완도군정을 이끌어갈 토대를 마련할 것"이라고 강조했다.

그는 또 "민선 6기 동안 완도군민의 자존심을 살려내기 위해 준비된 자세, 풍부한 경험, 전문지식을 바탕으로 새로운 희망을 만들어가겠다"고 밝혔다.

한편 오는 7월1일 완도 문화예술의 전당에서 개최되는 취임식은 당선인의 의지에 따라 참석인원을 최소화하고 오락성 공연행사나 화분·화환 없이 간소하게 치르기로 했다.

〈뉴시스〉 (2014년 6월 16일)

신순호 목포대 교수 '지역박람회' 근정포장

 목포대학교는 지적학과 신순호(사진) 교수가 지난 3일 광주 김대중컨벤션센터에서 열린 '2014 지역희망박람회'에서 지역발전 유공자로 근정포장을 박근혜 대통령으로부터 받았다고 7일 밝혔다.
 1985년부터 목포대학교 교수로 재직 중인 신 교수는 그동안 기획협력처장, 평생교육원장 등을 역임했다.
 또 대외적으로는 한국도시행정학회 회장과 한국지적학회장, 안전행정부 정책자문위원, 도서개발사업선정위원회 위원장 등을 역임했다.
 신 교수는 현재 대통령직속 지역발전위원회 정책기획·평가전문위원회 위원장과 평가자문단장을 맡고 있다.

〈전남일보〉 (2014년 12월 8일)

목포대 신순호,
지역발전위원회 평가자문단장 위촉

목포대학교는 지적학과 신순호 교수가 대통령직속 지역발전위원회 평가자문단장으로 위촉됐다고 14일 밝혔다. 신 교수는 2013년 7월에 대통령직속 지역발전위원회 위원으로 위촉받은 후 2015년에 재위촉 받았다. 평가자문단은 1년 임기로 각계 전문가 130여 명으로 구성됐다.

국가균형발전 특별법에 따라 지역발전 5개년 계획에 의거해 매년 부문별 시행계획과 시·도 시행계획 등 추진 실적을 평가하며, 종합평가보고서를 작성하고 이를 최종적으로 대통령에게 보고하는 임무를 담당한다. 특히, 10조원 규모의 지역발전특별회계 지원사업 약 1,000개를 대상으로 평가를 실시해 우수사업 포상과 차년도 예산편성에 반영하고 있다.

한편, 신 교수는 동 위원회의 정책기획 평가전문위원회 위원장과 함께 한국농어촌공사 비상임이사, 정부 광복 70년 기념사업 추진위원회 위원으로 활동하고 있다.

또한, 행정자치부 자체평가위원, 한국도시행정학회 회장, 한국지적학회 회장 등을 역임했으며, 2014년 지역발전에 기여한 공로를 인정받아 정부로부터 근정포장을 수여받았다.

〈머니투데이〉 (2016년 1월 14일)

목포-무안, 상시적 행정협의체 구성 시급

"목포시와 무안군이 협의체를 구성하고 도시문제에 대해 서로 협력해 해결점을 찾는 것이 급선무입니다." 협력으로 시작해 완전한 문제 해결을 위해서 점차적으로는 통합이 필요하다고 설명하는 목포대학교 신순호 교수.

신 교수는 "목포와 무안은 통합이 추진되기 전까지는 협력하는 관계였지만 여러 차례 통합을 추진하면서 감정의 골이 깊어졌다"고 설명했다. 여러 가지 방법이 있다고 설명하는 신 교수는 "두 지역이 해당되는 사업을 조합 형태로 시작하는 것"이라며 "수협, 축협처럼 자치단체로 구별하는 것이 아니라 필요에 따라 출자를 하고 협력을 통해 시설을 조성하거나 운영 방법을 논하면 된다"고 설명했다.

또 다른 방법으로 신 교수는 행정협의회를 내세웠다. 신 교수는 "1960년대 대구권에 행정협의회를 구성해 시, 군이 협력한 사례가 있다"며 "특별 행정구를 만든 방법으로 미국의 경우 교육 부분하고 일반 행정은 별개로 묶는다"고 덧붙였다. 신 교수는 "우리나라도 교육에서 학군을 나눠 자치단체가 아니라 비슷한 지역으로 묶어 교육을 했었다"며 "행정협의회의를 활성화해 도시계획이면 도시계획 협의회를 구성하고 시장 군수가 공동의장이 돼 공동으로 계획을 하는 것"이라고 말했다.

또 "자치단체장은 협업을 약속하고 실무적인 것은 관련 국,과장들이 머리를 맞대고 해결해 가면 된다"며 "문제는 의회가 따로 있기 때문에 양쪽의 의견을 조율하기는 힘들지만 주민들을 위한 길에는 의회도 반대할 수 없다"고 덧붙였다.

더 나아가 부시장, 부군수 간에 모임을 기구화해서 다른 부분에 대해서도 긴밀하게 처리할 수 있다는 것이 신 교수의 생각이다. 신 교수는 "상황에 따라 어느 한쪽이 손해를 볼 때도 있고 이익이 될 때고 있겠지만 서로 협력을 하다보면 이러한 도시문제를 해결 할 수 있는 길은 충분하다"고 말했다.

마지막으로 신 교수는 "목포는 수도권을 제외하면 인구밀도가 가장 높다"며 "통합만 됐다면 대양산단을 무안에 조성하고 더 값 싼 가격에 더 큰 산단을 조성할 수도 있었다"고 설명했다.

〈목포투데이〉 제854호. (2016년 6월 29일)

목포 신성장 동력 산업 연구기관 유치해야

목포시가 도시경쟁력을 강화하기 위해서는 신성장 동력산업 관련 연구기관 유치 등이 필요하다는 주장이 제기됐다.

6일 목포시에 따르면 목포대학교 임해지역개발연구소와 공동으로 지난 4일 김대중 노벨평화상기념관에서 '목포권 도시경쟁력 강화와 상생발전 방안'을 주제로 '2016 목포권 상생발전 포럼'을 개최했다.

이번 포럼은 시민, 공무원, 학생 등 150여명과 학계, 연구계, 관계 등 각계전문가가 참석해 지속되는 인구 감소와 경기 침체를 극복하고 지속가능한 목포권 상생발전 방안에 대해 이해와 공감대를 형성했다.

이날 토론에서 고두갑 목포대 교수는 전남 서남권 인구변화와 노동수급 미스매치 현황을 분석하고 극복 방안으로 지역맞춤형 인력배치 지원과 신성장 동력산업 관련 연구기관 유치 필요성을 강조했다.

박웅희 광주전남연구원 책임연구위원은 전남 서남권의 산업여건과 주요이슈를 분석하고 차세대 유망산업으로서 해양레저·항공산업의 기반 조성, 기존 조선산업 인프라를 활용한 포스트조선산업 육성, 김산업 연구소 유치 등을 제안했다.

정기영 세한대 교수는 경제자유구역과 국제자유도시를 비교하고 제주국제자유도시 사례를 들면서 인접 시군과의 협력을 중심으로 한 목포권 자유도시 기반구축 방안으로 정부의 권한 이양과 단일 자치구역, 주민의식변화가 전제돼야 한다고 발표했다.

박진경 한국지방행정연구원 수석연구원은 전남 섬 현황, 우리나라와 일본의 섬 발전정책 고찰을 통해 목포권의 지속가능한 섬 발전을 위해 모항으로 서목포가 인근 서남권의 섬을 통합적으로 관리할 필요가 있다며 목포항 중심의 인프라 구축과 연계 관광개발 등 도서연결 기능체계 마련을 강조했다.

주제발표 후에는 신순호 목포대 임해지역개발연구소 교수의 진행으로 정우성·최

명식 국토연구원 책임연구원, 조상필 광주전남연구원 선임연구위원, 전남도의회 사무처 박성현 박사 등 전문가 패널의 열띤 토론이 진행됐다.

목포시는 포럼에서 제시된 제안이 광역행정협의체 등을 통해 시·군 협력과 공동시책 발굴로 이어지도록 주력할 방침이다.

박홍률 목포시장은 "전남 서남권을 아우르는 해양관광도시, 예술과 문화의도시라는 명칭에 걸맞는 목포를 만들기 위해 다양한 정책을 진행하고 있다"며 "앞으로도 지역 상생 협력 분위기를 조성해가겠다"고 밝혔다.

〈광주매일신문〉 (2016년 11월 6일)

목포대 신순호 교수
'지역발전위원회 평가자문단장' 위촉

목포대학교는 지적학과 신순호 교수가 '2017년 대통령직속 지역발전위원회 평가자문단장'으로 위촉됐다고 2일 밝혔다. 임기는 1년이다.

평가자문단은 국가균형발전특별법에 따라 지역발전 계획에 따른 매년 부문별 시행계획과 시·도 시행계획 등의 추진실적을 평가해 종합평가보고서를 작성하고, 관련법에 따른 각종 절차를 거쳐 최종적으로 대통령에 보고하는 임무를 맡고 있다. 특히 지역발전특별회계(지특회계) 지원사업 10조원 규모의 900여개 사업을 대상으로 평가를 실시해 다음년도 예산편성에 반영하고 우수사업에 대해서는 포상을 실시하고 있다.

평가자문단은 신 교수를 단장으로 각계의 전문가 150여명의 전문가로 구성돼 있다. 신 교수는 "평가자문단장으로서 공정성과 객관성을 생명으로 하는 평가의 기본을 유지해 나갈 것"이라며 "지역발전정책의 기본이념인 지역 균형발전이 최대한 발휘할 수 있는 사업을 계획하고 합리적으로 운영해 주민들의 진정한 삶의 질을 향상시키는 데 기여하도록 노력할 것"이라고 밝혔다.

한편 지난 1985년부터 목포대 교수로 재직 중인 신 교수는 한국도시행정학회장과 한국지적학회장, 행정자치부 정책자문위원, 도서개발사업선정위원장 등을 역임했다.

현재는 총리실 산하 국토정책위원을 비롯한 중앙과 지방에서 각종 위원으로 참여하고 있으며, 국가 지역발전 공로로 2014년 12월에는 근정포장을 정부로부터 수여받았다.

〈뉴시스〉 (2017년 1월 2일)

3부

인연因緣

1. 친자親炙
2. 여선인與善仁
3. 연혜淵兮

1편

친자親炙

: 스승에게서 가까이 하며
  친히 가르침을 받는 다는 뜻을 담고 있음.

나와 신순호교수

김안제
(서울대학교 명예교수)

나와 신순호申順浩 교수의 인연은 1976년 2월 서울대학교 환경대학원에서의 만남에서 비롯되었으니, 어언 42년의 세월이 흘러갔다.

당시 나는 본 대학원의 조교수였고 신 교수는 도시 및 지역계획학 전공의 학생이었다. 당시 공군장교였던 신 교수는 학생과 장교의 두 역할을 함께하느라 1981년 2월에야 석사학위를 받게 되었다. 그 시절 나의 집은 상도 3동에 있었고 공군대학은 현재의 보라매공원에 있어서 주말이면 우리 집 애들과 같이 공군대학에 가서 신 중위의 접대를 받는 날이 많았다. 그래서 우리 애들은 장성하고 나서도 신 중위 아저씨를 자주 찾곤 하였다.

제대를 하고 서울시립대학교에서 박사학위를 취득하였으며, 청주대학교를 거쳐 목포대학교 교수로 취임하면서 본격적인 교수 생활을 시작했던 것이다. 전공 분야가 국토개발, 지역계획, 도시계획, 지적학 등으로 나와 유사하여 정부의 자문회의나 학회의 학술활동 등에서 조우하는 경우가 허다하였다. 그리하여 신 교수는 청와대와 중앙정부 및 지방자치단체의 정책과정에도 많이 참여하였고 전국단위 학회의 회장도 여러 곳 역임하였으며 일본 대학의 연구교수로 활약하기도 하였다. 제자인 신 교수의 성장과정을 보면서, 쪽에서 나온 푸른 물감이 쪽보다 더 푸르다는 뜻의 청출어람靑出於藍이나 뒤에 태어난 후진이 더 두렵다는 후생가외後生可畏라는 말을 자주 실감하였다.

40여년의 긴 세월을 함께 한 신 교수는 나에게 세 가지 큰 믿음을 주고 있다. 그 첫째는 학자적 자질이다. 자기의 전공분야에 대한 철저한 연구와 심오한 탐색으로 높은 경지의 지적 수준에 이르렀으며, 꾸준하고도 폭 넓은 학문추구로 항상 첨단의 경지를 유지해왔던 것이다. 둘째의 믿음은 철저한 책임의식이다. 자기에게 주어진 과제나 자기가 수행해야 할 책무에 대해서는 모든 지혜와 노력을 경주하여 소기의 성과를 반드시 이루어내는 성품을 갖고 있다. 언제나 진인사대천명盡人事待天命의 마음가짐을 가지고 최선을 다하는 생애를 살아 왔다고 할 수 있다. 끝으로 셋째로는 진솔한 인간관계를 들 수 있다. 윗 사람과 아랫 사람, 그리고 동료 모두에 대해 항상 진솔한 마음을 가지고 예의로서 대하며 의리와 약속을 굳게 지키는 천부적 자질을 갖고 있어, 모든 사람들로부터 높은 믿음과 존경을 받고 있다.

신순호 교수가 이미 정년을 맞이하였다니 믿겨지지 않는다. 내 마음에는 아직 젊은 청년 같은 신 교수이기에 정년 이후에도 더 큰 일을 더 많이 수행해 주기를 바라는 마음 간절하다. 부디 부인과 자녀 모두 함께 항상 건승하고 화목하여 오래도록 다복하시기를 빌어 마지않는 바이다.

신순호 교수! 영광스러운 정년을 경하드리고 더욱 보람스러운 새로운 내일의 출발을 축복 드리네!

김안제金安濟 : 한국자치발전연구원 원장, 새마을운동중앙연수원 종신명예교수

우주 안에서의 인연

노춘희
(前 서울시립대학교 명예교수, 現 경기대 특임교수)

　우주는 미분화 시점에 시작되어 꾸준히 펼쳐져서 물질과 현상이라고 불리우는 온갖 미묘한 차이를 만들어 낸다. 우주적 과정은 원소를 만들고 원소는 분자를 만들고 분자들이 모여서 은하가 되었다. 생물학자 카프만은 생명은 자발적인 질서와 그 질서를 교정하게 하는 자연선택의 상호협력에 의존하고 있다고 한다. 생명체가 우연의 산물임과 같이 질서의 산물이기도 하다.
　따라서 행위자(구성요소)가 완전히 고정되거나 완전히 무질서한 행동을 할 때는 복잡계에서 생명이 솟아날 수 없다고 한다. 질서와 혼돈사이에 완벽한 어떤 평형이 이루어지는 영역에서만 생명이 비롯된다는 것이다. 이는 생명이 혼돈의 가장자리에서 출현한다는 것이다. 평형을 지키려는 것은 우주적 목적이기도 하다. 카프만은 생명은 혼돈의 가장자리에서 자기 조직화에 의해 창발하는 질서의 의존해서 유지된다고 했다.
　도시는 유기체이다. 그런데 생명은 물체가 아니라 역동적인 관계 속에서 내재되어 있는 하나의 만남이다. 그렇기 때문에 살아있는 실체를 분해하거나 관계패턴을 파괴하여 그 생명이 죽게 된다. 우주시대에서는 우주탄생과 생명이 탄생되었고 그리고 지능이 탄생되었다. 따라서 인류역사혁명에서는 인지혁명, 농업혁명, 지능혁명이 이어졌다. 우주의 진화는 지금으로부터 138억 년 전 우주시대가 탄생되고 생명시대 그리고 지능시대의 진화과정을 따라 인류역사는 인지혁명, 농업혁명, 지능혁명으로 이어지고 있다.
　지구를 지배하는 힘의 네 가지 중력, 전자기력, 약력, 강력 중에 가장 중심이 되는 힘은 중력이다. 왜냐하면 중력은 모든 물체를 땅바닥에 붙잡아 놓은 힘이기 때문이다.

태양이 폭발하지 않고 태양계의 행성들이 지금과 같은 궤도를 유지하게 하는 중심, 구심은 중력이 작동하고 있기 때문이다.

그러나 우리가 알고 있는 과학적 지식이 전부가 아니다. 과학은 무지로부터 시작된다. 모든 것을 알지 못한다고 하는 가정에서 출발한다. 우리가 안다고 생각하는 것이 우리가 더 많은 지식을 갖게 되면 틀린 것으로 드러날 수도 있음을 받아들인다는 것이다.

당신은 무엇에 쓸모 있는 사람인가? 나는 내가 모르는 사람들과 나에게 딸려 있지 않은 사람들이 행복해지는데 도움이 되어야 한다. 특히 내가 죽고 난 뒤에 살아갈 사람들이 행복해지는데 도움이 되어야 한다고 생각한다. 내가 죽고 난 다음에는 나 덕분에 세상이 조금 더 나아지는데 도움이 되어야만 하는 것이다. 이는 이 세상에 태어난 것부터 다른 사람들에게 은혜를 받았으니 이를 돌려주고 더 좋은 세상을 후세들에게 돌려주는 것이 도리라고 생각하기 때문이다.

미래는 우리가 만들어 내는 것이다. 그런데 과거는 하나뿐이다. 과거는 하나뿐인 지난일이지만 오늘날 우리의 경험과 내일, 그리고 그 후에 우리를 기다리고 있는 일들을 이해하는 데 꼭 필요한 자산이 된다. 하나뿐인 과거는 여러 다양한 미래를 만들어낸다.

나와 신순호교수가 맺은 인연 역시 이 우주 안에서 이루어진 것이다. 그러나 과거에 맺어진 인연에 안주하지 않고 미래를 위해 우리는 다시 우주 안에서 새로운 만남을 더 많이 만들어가야 한다. 그리고 남아 있는 후세들에게 우리로 인해 조금 더 나은 세상에서 살아갈 수 있도록 더 좋은 세상을 돌려주는 것이 우리의 남은 임무이며 역할인 것이다.

인구감소에 대한 단상斷想

권원용
(서울시립대학교 명예교수)

　무술년 새해가 밝아왔다. '작심3일'을 120번 가량 지속하면 1년이라는 연륜이 순식간에 지나간다는 어느 지인의 자조 섞인 한탄이 유난히 크게 들리는 요즈음이다. 필자는 지난 40여년 가까이 국토와 도시를 대상으로 하여 계획활동에 종사하다보니 대학을 정년퇴직하고 나서도 미래의 경제사회적 변화와 전망에 남다른 호기심을 보이지 않을 수 없다.
　모든 학문은 자연/사회현상을 사실대로 질서있게 기술하거나 원인과 결과를 구명하여 설명하는 데 그 목적이 있지만, 종국적으로는 미래를 예측하는 데 유용한 이론을 추구한다. 하지만 성장동력이 현저하게 약화된 뉴·노멀(중국식 표현: 新常態)시대의 미래 예측은 과거 개발연대처럼 선형적 변화가 아니다. 실시간 빅·데이터 수집능력에도 불구하고 예상을 뛰어넘는 불확실성(uncertainty)이 증대하여 계량화도 힘들고 때로는 인과관계마저도 불분명하다. 따라서 융복합적이고 비선형적인 각가지 도시문제가 자주 등장하여 계획가를 괴롭힌다. 고전적인 시스템분석은 문제해결을 위해 작동하지 않는 까닭에 카오스 이론과 접목된 복잡계 사고(complexity thinking)로 대응하여야 한다.
　이런 맥락에서도 인구예측은 사회과학적 대상 중에서 가장 정확하고 상대적으로 쉬운 분야라 할 수 있다. 왜냐하면 지금의 낮은 출산율과 고령화 추세로 말미암아 미래상의 씨앗이 이미 확실하게 뿌려져 있기 때문이다. 향후 20년을 긴 호흡으로 내다볼 때 우리나라 전체 인구의 절대적 감소는 커다란 재앙이며 시한폭탄처럼 똑딱거리며 다가오고 있다. 취업이 안 된 젊은이들의 결혼이 늦어지고 무주택자일수록 아기를 낳지 않는 경향은 당연히 이해된다. 그러나 결혼한 지 5년이 채 안 된 맞벌이 신혼부부 중에서 2016년 현재 소득 1억원 이상 계층이 오히려 출산을 더 기피한다는 신문기사는 충격적이다. 이대로 가다가는 이른 바 '자궁파업'에 의한 총체적 불임사회가 도래할 우려가 앞선다.

인구의 절대적 감소는 4차 산업혁명과 더불어 서울을 중심으로 한 수도권 인구의 재집중이 일어나고 지방도시는 더욱 쇠퇴하는 양극화를 초래할 것이다. 마치 오랜 가뭄 끝에 주변부터 말라 들어오는 저수지와 같은 이치이다. 이 점에서 위축되는 국토공간을 슬기롭게 관리(smart shrink)할 필요가 있다. 신규 개발수요는 점차 사라지는 대신에 기성시가지에서는 노후인프라의 대체와 업그레이드를 비롯한 도시재생 수요가 주종을 이룰 것이다. 대도시지역에서도 '도심회귀현상'이 나타나서 공가空家 방치나 학교 등 유휴시설의 발생이 대두된다.

인구절벽이 가져올 충격은 농촌지역에 더욱 강하게 느껴질 것이다. 거주민의 고령화로 인하여 현재 70대 이상이 대부분 돌아가시면 공동화空洞化되는 마을이 증가할 전망이다. 생산인력의 부족으로 놀고 있는 전답은 날로 늘어나고 문전옥답은 기업농에 편집되겠지만 기계화가 불가능한 한계농지는 가차 없이 도태된다. 도시민과 '교류 및 제휴'에 의한 농산어촌의 청정한 환경자원의 가치 활용, 스마트 팜과 소위 6차산업의 재발견이야말로 젊은이의 귀농·귀촌이 절실한 이유이다.

장수사회를 상징하는 逆피라미드형 인구구조가 심화되면, 남북관계가 풀리지 않는 한 외국인 이민이나 육아도우미를 과감하게 받아 드려야 한다. 아니면 윤리적인 논란에도 불구하고 부족한 경제활동인구를 지능형 로봇이나 인조인간(AI)으로 대체·보충하는 대책이 마련될 수밖에 없다. 지난 해 12월, 스웨덴에 이어 미국에서 최초 "자궁이식"에 의한 출산 성공은 그 사회적 함의가 크다. 일찍이 1930년대 헉슬리(A. Huxley)가 예견한대로 어린아이의 대량생산이 SF가 아닌 현실이 될지도 모른다. 그러나 인구감소가 가져올 '맞춤형 신생아'에 의한 전통가족 개념의 해체와 핵가족의 2차 분열이 동시에 진행되는 우리의 장래가 과연 행복할 가? 하는 의문은 여전히 머릿속을 맴돈다.

한마디로 超저출산/超고령화 국가에는 비록 기대수명이 늘더라도 미래는 없다. 어린애 울음소리가 거의 들리지 않는 장수사회는 글자 그대로 악몽이다. 특히 우리나라의 고령화 속도는 조절하기 어려울 정도로 경이롭다. 서울시의 경우, 1960년 중위 연령(median age)이 19세였으나 2015년에는 39세로 약 2배가 넘었다. 이와는 달리 인구감소에 대처하는 정부의 저출산 대책은 무엇보다 부처 간 유기적인 협력하에 다면적인 접근이 시급하다. 예컨대 취업, 결혼, 출산, 보육, 교육, 주택 등 국민생활 전반에 걸쳐서 골든타임을 놓치지 않는 총체적 해법이 요구된다. 왜 다자녀 가정의 엄마가 행복하지 않게 되었는지 원점에서 재검토가 긴요하다.

결론적으로, 인구감소 문제의 해결은 안보나 국방에 못지않게 국가의 명운을 좌우하는 최우선 정책과제이다. 하지만 촛불혁명에 의한 지난번 대통령 선거에서도 이상하리만치 각 후보의 공약사항으로 크게 부각되지 못한 느낌이다. 정부는 지난 12년간 무려 126조를 출산장려에 쏟아 부었으나, 도리어 사상 최저 출산율(2016) 1.17만을 기록하였다. 진정 풍요로운 선진국이 되는 최소기준(소득 3만 불, 인구 5000만 이상)을 충족하려면, 출산은 개인의 몫일지라도 양육은 공동체(나라)의 책임이라는 인식이 확고하게 우리 사회에 자리 잡아야 한다. 다시 한 번 관련 정책 당국의 성찰과 발상의 혁명적 전환을 요청한다.

靑出於藍

岸亭 문원호
(前 완도수산고등학교 교장)

　강산이 서너 번 바뀐 세월은 공직자로서 가장 값진 停年이라는 훈장을 申교수의 가슴에 안겨주었습니다.

　고향을 찾을 땐 고향길 初入에 있는 모교를 먼저 들러 인사를 잊지 않았던일, 내 고향 내 지역발전에 관련된 일이라면 적극적으로 참여하던 애향심, 자기계발·학문 연수에 쏟은 열정을 보면서 중국 초나라 客卿李斯가 진나라에서 逐客令으로 추방 당하게 되자 始皇에게 諫한 중국 역사상 가장 뛰어 났다는 逐客書 "河海不擇細流 泰山不讓土壤" 이라는 名文을 떠올리면서 아무리 적은 것이라도 버리지 않고 모아 모아 큰 그릇을 만들어 내는 신교수를 연상케 하였습니다.

　감성보다는 이성적 성품을 지닌 학생으로 각인되었던 師弟之間의 인연. "學不厭 敎不倦"을 앞세운 同志的 인연까지도 같이 하고 있으니 오늘의 명예로운 정년을 어찌 축하하지 않을 수 있겠습니까?

　학내에서는 교수활동 뿐만 아니라 기획협력처장, 평생교육원장 등 교육행정은 물론 각종 도정자문위원, 정책입안활동과 대외적으로는 한국행정학회장, 한국지적학회장, 안전행정부정책자문위원, 도서개발사업 선정위원회 위원장으로 참여하였고 대통령직속 지역발전위원회에서는 지역발전유공자로 선정되어 대통령 훈·포장의 수여는 재직 중 교수활동과 학사행정, 지방정부나 중앙정부의 요구에 따라 펼친 활약상에 대한 최소한의 보상이요 隨處作主의 정신을 몸소 실천한 결과라 생각합니다.

　이는 이 사람에게 靑出於藍의 참 뜻을 되새기기에 충분했습니다.

　부족함이 없이 넉넉하게 전개한 교수활동과 왕성했던 대외적 활동을 마무리하고 맞이한 명예로운 정년을 다시 한 번 더 축하합니다.

　당부합니다.

　이젠 지칠 법도한 몸과 마음을 추수리면서 忠島랑 靑山島의 돌담길을 쉬엄 쉬엄 걸어보는 餘裕와 신교수 또한 上善若水의 참뜻을 되새기면서 여생을 아름답게 이어가길 바랍니다.

2편

여선인 與善仁

; 최상의 선을 물이라 하고, 깊이 담겨져 만물에 인애의
 혜택을 주는 선을 쫓아 함께 살아간다는 의미를 가짐
 (노자, 도덕경道德經)

참 교육자 신순호 교수님의 인생 역정을 기리며

최 일
(목포대학교 총장)

　대한민국 지적학 분야의 큰 어른이시자 우리 대학 발전에 큰 족적을 남기신 신순호 교수님의 영예로운 퇴임을 진심으로 축하드립니다. 참 교육자로서 그 누구보다도 성공적인 교수 생활을 마무리하신 신 교수님의 이번 정년퇴임이 그동안 학계에 남기신 업적과 후학 양성에 힘쓰신 숭고한 노력들로 채워져 모두의 가슴속에 영원히 기억되길 기대합니다. 아울러 훌륭한 인품과 가슴 따뜻한 인간미를 가진 신 교수님의 헌신과 사랑의 인생 역정 또한 저마다의 기억 속에 아름다운 이야기로 남게 될 것이라 믿습니다.

　신 교수님께서는 1985년 우리 대학에 부임하시어 33년 동안 목포대학교에 재직하시면서 기획협력처장, 사회과학부장, 평생교육원장 등의 주요 보직을 역임하셨습니다. 또한 대외적으로는 한국지적학회 회장, 한국지적정보학회 회장, 한국도시행정학회 회장 등을 역임하셨으며, 현재는 국토 균형 발전을 위한 대통령직속 지역발전위원회 산하 정책기획평가전문위원회 위원장 및 평가자문단장, 국토정책위원회 위원, 행정자치부 도서개발심의위원회 위원 등을 맡아 왕성한 활동을 펼치시고 계십니다. 이를 통해 신 교수님은 대학발전, 학문발전 그리고 국가와 지역발전을 위해 크게 기여해 주셨습니다.

　아울러 신 교수님께서는 교육자로서 교육의 본연에 충실하시어 대한민국을 대표하는 지적인재 양성에도 크게 앞장서 주셨습니다. 또한 우리 대학의 특성화 분야인 도서지역 연구에 있어 도서지역 발전과 사회상 연구의 개척자로서 5권의 저서와 100여 편의 논문, 50여 개의 연구 과제를 수행함으로써 탁월한 연구 업적을 보여주셨습니다. 어느덧 신 교수님은 우리 대학을 대표하는 스타교수로서 지적학과를 우리 대학 대표 학과이자 대한민국 최고의 학과로 성장시켜 주셨습니다.

올해 2월 신 교수님이 퇴임하십니다. 아직도 왕성한 활동을 펼치시고 계시기에 떠나보냄이 무척이나 아쉽습니다. 하지만 이번 정년퇴임이 신 교수님의 또 다른 인생의 새로운 출발점이자 그를 기억하는 모든 이들에게는 가슴 깊은 감동으로 남아 또 다른 설레는 만남을 준비하게 될 것입니다. 그가 남긴 소중한 씨앗들은 퇴임 이후에도 우리 대학과 지역사회에 깊이 뿌리내려 아름다운 꽃을 피우게 될 것이며 모든 이들의 기억 속에 아름다운 담론으로 회자되며 우리 모두를 성장하는 현재와 가슴 뛰는 내일로 나아가게 할 것입니다.

마지막으로 다시 한 번 신 교수님의 영예로운 정년을 진심으로 축하드리며 퇴임하신 이후에도 우리 대학을 잊지 않고 항상 기억하며 변치 않는 마음으로 늘 우리와 함께 해 주실 것이라 믿습니다.

신 교수님의 가정에 늘 건강과 행복이 가득하길 진심으로 기원하겠습니다.

지역발전의 거목인 학자로 기억되실 겁니다.

정순관
(지방자치발전위원회 위원장)

벌써 세월이 그렇게 되었습니다. 교수님의 지역발전에 대한 열정을 첫 대면할 때가 엊그제 같은데… 교정은 달랐어도 교수님의 지역발전에 대한 열정은 교정과 지역을 뛰어넘는 메시지를 전달함에 충분했었습니다.

그동안의 압축성장이라는 과정에서 잉태된 사회 불균형과 지역불균형은 많은 사회문제를 야기하고 있습니다. 이들을 바로잡는 절호의 기회가 우리 앞에 직면해 있다고 생각합니다. 이를 바로잡는 것이 우리사회의 제2 도약을 위한 선행과제라고 생각합니다.

신교수님은 우리사회의 이런 문제에 대한 선견지명이 계셨기에 그동안 지역발전에 대한 열정을 그렇게 쏟으셨습니다. 이제 교수님은 교직을 떠나시지만 사회변화를 위해 던지셨던 교수님의 뜻과 헤아림은 지속될 것입니다. 교수님께서 지향하셨던 지역발전과 균형발전이라는 가치에 자치분권의 가치가 접목되어 더 좋은 세상을 위한 기반이 갖추어 지기를 진심으로 바랍니다.

그런 의미에서 평소에 생각했던 그리고 주장했던 몇 가지의 내용을 적으면서 교수님과 생각을 공유하고자 합니다. 이러한 주장은 다른 여러 곳에서 평소 강의와 글로 해온 바 있습니다.

누구나 아는 사실이지만 국가는 사회문제 해결을 위한 중요한 역할을 하고 있고 또 해야 합니다. 그 출발점으로서 상호관계성과 합의에의 관심은 또 자연스럽게 불균형적 사회구조의 개선으로 관심을 이동시키고, 그 관심의 이동이 중앙과 지방의 불균형을 개선하자는 자치분권과 균형발전이라는 주제로 이어지게 했다고 봅니다. 이렇게 보면 사회문제를 취급하고 관리하는 정부구조는 이제 상호관계성과 합의라는 주제에 맞는 민주적 거버넌스의 구축을 필요로 하고 있는 것이 더욱 분명해졌습니다. 243개의 다양한 지방자치단체가 엄연히 작동하고 있음을 직시한다면 중앙과 지방의 권한배분의 불균형이 개선의 대상으로 주목받는 이유가 분명한 것이지요.

지방의 역동성과 다양성을 국가자원으로 담아낼 때 우리의 국력은 신장될 수 있을 것입니다. 그래서 이제 국정관리의 패러다임은 자치분권국가의 형성으로 새롭게 변해야 합니다. 이제 책임있는 국정관리는 자치분권국가의 형성으로 정부제도의 사회적 직물을 강화하는 데서 시작해야합니다. 그래서 중앙과 지방이, 그리고 공무원과 시민이 함께 정부의 일에서 필수적으로 나타나는 도덕적 불확실성에 정직하게 맞서게 해야 합니다. 그것이 품격 있고 역량 있는 정부를 만드는 유력한 대안이 될 수 있습니다.

한편 우리의 자치분권의 역사는 독재 권력에 저항과 중앙 의존적 추진이라는 두 가지 특징을 갖고 전개되어왔습니다. 이러한 권력집중에 대한 견제장치로서 지방자치제도의 도입배경과 중앙 의존적 제도개혁의 추진 등은 지방자치의 실현을 위한 지방분권의 추진방향을 중앙에 대한 지방의 민주적 통제영역의 확장에 주로 관심을 집중시키는 결과로 이어지게 했고 형식과 절차에 대한 요구에 집중하게 했습니다. 이러한 배경은 지방자치를 위한 제도적 개혁에 공헌했지만, 우리나라 지방자치의 특징을 형식적 자치, 갈등적 자치, 획일적 자치, 의존적 자치 등으로 자리 잡게 하는 원인이 되었다고 지적되고 있습니다. 이러한 자치분권의 전개가 중앙 의존적으로 되었던 배경에는 정부관료제에 신속성과 통제성의 특성을 갖는 군사문화가 스며들었던 역사와 이에 적응해온 기술관료의 반응, 그리고 미국을 중심으로 한 서구적 합리주의 지식의 접목이 큰 영향을 미쳤으리라 생각됩니다. 이들의 결합은 한국경제의 압축성장이라는 측면에서 상당한 기능을 했을 것이고 호응을 받았을 것입니다.

그러나 이러한 흐름 뒤에서 잉태된 집권과 배제의 강화는 지금의 사회에서 간과할 수 없는 사회계층적 불균형, 지역 간 불균형이라는 사회문제가 되어있습니다. 그동안 '무엇을 위한 합리주의 인가'에 대한 물음은 뒷전으로 밀려났고, 그 물음에 응답하는 제도설계는 요원했지요. 이제 우리는 이러한 문제를 심각하게 제기하고 여기에 응답하는 제도개혁을 통해 국정관리의 패러다임을 바꾸어 나가야합니다.

향후 한국사회의 변화는 여러 가지 점에서 주목해야할 것들이 있습니다. 우선 인구구조의 변화입니다. 빠르게 변화되는 노령화의 현상은 많은 사회문제를 야기할 것입니다. 특히 기초지방자치단체들에서는 더욱 심각한 문제로 다가오고 있습니다. 다음은 이러한 영향 속에서 급격히 증가하는 복지수요입니다. 당연히 제기되는 문제가 재정압박입니다. 그러나 누가 부담할 것인가는 항상 '움직이는 과녁'으로 남아있지요.

이러한 문제들을 어떻게 해결할 것인가에 대한 하나의 해답은 없다고 생각합니다. 중요한 것은 문제를 함께 공유하고 대화해야 한다는 것이지요. 이제 지방분권의 추진은 바로 그러한 공유와 대화가 있게 하는 제도적 틀을 만들어야 한다는데 더욱 큰 의미를 부여해야 합니다. 정부제도의 평가는 궁극적으로 '민주적 가치의 달성'이라는 측면에서 이해될 수 있습니다. 이 가치를 달성하기 위한 민주화의 역사는 일반적으로 선거권의 확장, 민주적 통제영역의 확장, 그리고 신뢰의 확장이라는 세 가지 의미로 전개되어 왔습니다. 그것들은 모두 참여자들의 대등한 조건과 '신뢰의 확장'의 형성과정에 대한 문제입니다. 신뢰확장의 핵심은 적어도 균등한 상호관계성에서 찾아지지요. 또 자율이 담보될 때 책임이 작동한다는 것은 자명한 일입니다.

미래 지방자치와 지방분권을 추진하는데 있어서 주목해야할 방향은 바로 이 점이라고 생각합니다. 중앙과 지방, 지방상호간, 그리고 지방에서의 주민상호간 대등한 관계성의 회복과 구축에 시간과 노력을 투자해야할 것입니다. 그래서 중앙과 지방의 협력기제를 어떻게 구축할 것인가는 미래의 국가역량 제고에 매우 중요한 과제입니다. 최근 회자되는 제2국무회의 등의 제안은 그 중의 하나일 뿐입니다.

지방자치가 회복된 지 벌써 20년이 넘었습니다. 건장한 성인이 된 것입니다. 그동안 많은 사람들의 노력과 희생으로 우리의 지방자치는 의식과 제도에서 많은 발전이 있었습니다. 하지만 지방자치의 발전을 위해 아직도 해야 할 일들은 많이 남아있습니다. 지방자치의 질적 성숙을 방해하는 정치적 도전이 있고, 기득권의 저항이 있는 것도 사실입니다.

이제 자치분권은 단순한 독재 권력의 견제라는 의미에 더하여 미래의 사회문제 해결기제로서의 인식변화가 필요한 시점입니다. 자치분권은 전체로서의 국가역량을 제고할 수 있는 중요한 국정관리방식이어야 합니다. 지방자치를 위해 종합적이고 체계적으로 지방분권이 설계되고 추진되어야 할 것이고, 사회문제 해결을 위해 중앙과 지방이 실질적으로 대등한 참여의 틀 속에서 자치분권과 균형발전이라는 사회적 공동 가치에 대한 문제가 논의될 수 있는 제도적 틀을 마련해야 할 것입니다. 중앙과 지방의 관계에서 '기울어진 운동장'은 국가의 미래를 위해서 바로 세워져야 합니다.

신교수님께서 평소 교육현장에서 그리고 정부활동에서 열정을 쏟아왔던 지역발전이라는 주제가 이러한 국정관리의 방향에 큰 공헌을 할 것으로 믿습니다. 그동안의 가르침과 배려에 다시 한 번 감사드리고, 항상 건강하고 행복하시길 바랍니다.

왕성한 멀티플레이어로서
역할을 계속 해주시길 바라며

박성현
(목포해양대학교 총장)

존경하는 신순호 교수님!

교수님께서는 아직도 우리나라와 지역을 위해서 할 일이 많으신데 벌써 정년을 하신다니 너무나 아쉽습니다.

2002년 한일 월드컵에서 사상최초로 4강 신화를 이룬 박지성 선수를 포함한 주역들의 공통점은 바로 언제 어느 위치의 역할을 주어도 성공적으로 그 역할을 수행해내는 멀티플레이어였다고 저는 생각합니다. 목포대학교에서 그러한 역할을 하신 분 중에 대표적인 교수님이 바로 신순호 교수님이라고 저는 평소에 생각하고 있습니다.

교육이면 교육, 연구면 연구, 봉사면 봉사 어느 한 분야라도 소홀함이 없이 성공적으로 수행해내신 교육계의 멀티플레이어가 바로 신순호 교수님입니다.

같은 지역에 근무를 하고 있습니다만 신교수님과 저는 목포가 아닌 서울이나 대전 등 대외 무대에서 자주 만나서 국가를 위하여 봉사하는 만남이 많았습니다.

서남권경제발전 연구위원, 전라남도 정책위원, 각종 국책사업 평가위원 등의 자리에서 신교수님을 자주 만나면서 역시 신교수님은 우리 지역 발전에 꼭 필요한 진정한 학자라는 생각을 많이 했었습니다.

아직도 하셔야 할 일들이 많이 남아있습니다만 벌써 그 중요한 일들에서 멀어지신다고 생각하니 교수님의 능력과 경력이 너무나 아깝습니다.

비록 규정에 따른 정년은 하시더라도 그동안 쌓아 오신 그 능력과 경험들을 살려서 우리나라와 지역사회 발전을 위하여 공헌해 주시길 진심으로 기원합니다.

특히 우리 전남의 서남권은 가장 낙후되어있는 지역입니다. 교수님의 지역개발에 대한 학식과 경험들을 바탕으로 정년 후에도 지역사회 발전을 위하여 많은 자문과 고견들을 부탁드립니다.

그리고 국가균형발전사업과 국가균형발전을 위한 신 활력사업에도 교수님의 경험들이 적용될 수 있도록 왕성한 멀티플레이어로서의 역할을 계속 해주시길 바랍니다. 건강과 행복을 기원드립니다.

지역발전의 탁월한 학자와의 만남

윤장현
(광주광역시장)

　신순호 교수님과의 첫 만남은 2000년 초 내가 광주에서 NGO활동을 하던 때로 기억된다. 약간 큰 키에 잘생긴 외모 그리고 소탈하면서도 다른 사람을 늘 칭찬하던 성품 등 그는 개인적으로 매력을 느끼기에 충분했다. 특히 지역발전을 위한 세미나에서 미래에 대한 청사진을 제시하던 탁월한 이론과 세련된 말투는 매우 인상적이었다. 이런 인연으로 우리는 서로에게 호감을 가졌고 가끔씩 안부를 묻거나 행사장에서 만나는 동안 점차 친한 사이로 발전하게 됐다.
　신교수님이 2005년 목포대학교 평생교육원장으로 재직하던 시절 나에게 초청 강연을 부탁했다. 목포대학의 발전 방향으로 의식의 전환과 의과대학 유치에 대한 나의 생각을 피력했다. 강연 후 목포 선창가 어느 횟집에서 소주 한잔 기울이며 나무젓가락에 세발낙지를 꿰어주시던 인정어린 소탈함이 너털웃음처럼 즐거운 기억으로 남아있다.
　2017년 충장로에 있는 광주학생도서관 운영에 관한 지역발전 특별회계사업이 진행됐다. 심의과정에서 이 사업이 지역발전우수사업으로 선정되기까지 신교수님의 깊이 있는 조언이 큰 힘이 되었다고 생각한다. 덕분에 우리 광주시는 예산을 확보하여 지금도 우수사례의 모범적인 도서관으로 시민들과 학생들의 사랑을 받는 지식의 보물창고로 운영되고 있다.
　신교수님은 완도군 금일에서 태어나 어릴 적부터 자기계발에 대한 노력과 의지가 남달랐던 것 아닌가 생각된다.
　그는 서울에서 대학과 대학원 과정을 마치고 공군장교로 생활하면서 공군대학에서

부터 교관생활을 하더니 이후 30세 때 청주대학 교수를 시작으로 목포대학교에서 재직하는 동안 학문의 꽃을 피워 괄목할만한 성과와 업적을 인정받게 된다. 목포와 광주 그리고 중앙의 신문 칼럼니스트와 TV 방송토론 진행자로 활동하면서, 지역의 낙후성을 지적하고 지역발전 방향을 제시한 뛰어난 감각의 학자이자 지역발전 실천가이다. 또한 지역발전 관련 제도 성안 등에서부터 각종 정책수행에 대한 자문과 이의 평가를 누구보다 열심히 그리고 정통하게 수행해오고 있다.

대통령직속 지역발전위원회 위원과 평가자문단장, 행정자치부 정책자문위원 등 국가 큼지막한 일을 하시는 가운데, 우리 지역의 발전과 지역사회의 밝은 모습을 위해 자문하고 노력하던 열정적 모습이 눈에 선하다.

신교수님은 평상시 성품이나 열정으로 보아 퇴임 이후에도 더 분주하게 활동하실 것으로 보인다. 다양한 취미를 바탕으로 건강관리에 힘쓰시면서 지금까지 채집·저장·축적된 경험과 지적자산의 액기스를 방출하여 지역과 국가를 위해 더 많은 헌신 봉사를 기대한다.

지역발전의 정책방향을 제시하는
나침반 같으신 분

박홍률
(목포시장)

　평소 좋아하고 존경하는 신순호 박사의 교수정년퇴임 기념집 발간을 매우 뜻깊게 생각하며, 진심으로 축하합니다.
　지역 내 균형 발전이 시대적 요구사항으로 떠오르고 있는 오늘날, 신순호 박사께서는 끊임없는 정책개발과 연구 활동을 통해 지역발전의 올바른 방향을 제시해 오셨습니다.
　아울러, 지난 30여 년간 '섬' 연구에 전념하며 지역 간 연계발전 및 화합 증진에 기여함으로써 지역발전 정책방향을 제시하는 나침반 역할을 수행해 오시기도 했습니다.
　이처럼 지역 개발을 위해 그 누구보다도 최선을 다해 오신 신순호 박사의 왕성한 연구 및 교육 활동은 우리 지역 발전에 있어서도 굉장히 중요한 요소로 작용했다고 생각합니다.
　이번 기회를 빌려, 어려운 여건 속에서도 지역 발전 분야의 연구를 위해 열과 성을 다해주신 신순호 박사께 진심 어린 존경과 감사의 뜻을 표합니다.
　문집 발간을 위해 애써주신 후배 교수님들의 노고에 대해서도 치하의 말씀을 드리며, 신순호 박사의 소중한 글이 담긴 문집이 다방면에서 잘 활용될 수 있기를 바랍니다.
　교수 퇴임 후에도 왕성한 활동을 통해 후학들에게 지역 발전에 대한 귀한 가르침을 주시길 부탁드리며, 신순호 박사의 앞날에 무궁한 발전과 행운이 함께하기를 진심으로 기원합니다.
　감사합니다.

섬 문화의 돌파구를 열어주신 주역

신우철
(완도군수)

교수님!
어느덧 세월이 흘러 30여년 몸담은 정든 캠퍼스와 아쉬운 작별을 해야 할 시간이 되었네요.

그동안 우리나라 교육발전과 후진양성에 앞장서 오시면서 이렇게 명예로운 정년을 맞게 된 것을 완도군민과 함께 진심으로 축하를 드립니다.

교수님께서는 완도 발전의 큰 디딤돌이자, 최근 떠오르고 있는 섬 문화의 돌파구를 열어 주신 주역이셨습니다.

도서개발사업 선정위원장과 대통령직속 지역발전위원회 평가자문단장이라는 막중한 역할을 하시면서, 도서개발계획 추진방향과 정책방안을 마련해 오셨을 뿐만 아니라 섬 발전은 물론 도서주민의 생활환경 개선에도 남다른 열정을 보이셨습니다.

교수님의 이러한 열정의 결과는 지역균형 발전이 역대 정부의 중요정책 아젠다로 자리매김하며, 새 정부 들어서는 지역의 자율성에 기반한 국가균형발전이 5대 국정목표의 한 축이 되기도 하였습니다.

지난해 우리 군에서 처음 시도한 완도희망PD제도 운영 워크숍 때 교수님께서 남겨주신 특강 메시지가 기억납니다.

"공모사업에 있어 가장 중요한 것은 정보력이다. 언제쯤 공모가 진행되고 어떻게 미리 준비할 것인가가 중요한 만큼 사업의 방향과 지침에 맞도록 사전 준비해야 된다"며, 공모사업 평가를 잘 받을 수 있는 노하우도 소개해 주셨습니다.

또 전국에서 우리군 공모사업이 가장 많이 선정되었다는 소식이 들려오기를 바란다는 말씀에서 교수님의 뜨거운 고향사랑을 느낄 수 있었습니다.

그동안 국가균형발전 정책의 전도사로서 전 국민이 골고루 잘사는 대한민국을 건설하기 위해 많은 업적을 남기셨는데, 학문의 깊이가 끝없이 깊어져 승당입실升堂入室 하실 만하다고 여기던 차에 정년을 하신다니 너무 아쉬움이 큽니다.

비록 정든 캠퍼스를 떠나시지만 어디에 계시든 변함없이 지역발전을 인도하는 등불이 되어 주실 것을 기대하면서, 가족과 함께 즐거운 인생2막 열어 가시기 바랍니다.

교수님의 명예로운 정년을 진심으로 축하하며, 만수무강을 기원합니다.

교수님과 함께 걷는 길, 새로운 영암

전동평
(영암군수)

존경하는 신순호 교수님과의 대화 중에 항상 느끼는 것 중에 하나가 있다면 호남에 대한 자부심과 사랑일 것이다.

특히 경제적 효율성만을 전제로 한 국가 투자제도의 틀을 과감히 수정해 비교적 낙후된 호남이 새로운 국가발전 동력의 축으로 형성되어야 한다고 늘 말씀하셨다.

신순호 교수님께서는 올해 정년을 앞두고 계시지만, 지난해까지 만해도, '대통령 직속 지역발전위원회 평가자문단장'으로 맹활약, 전남의 약진을 강조하시며 후배들이 이어가줄 것을 당부하기도 하셨다.

교수님께서는 지역 발전과 주민 행복은 지방자치단체 최상의 목표로, 지역이 발전해야 주민이 잘 살고, 주민이 행복해야 주민을 위해 봉사하는 공직자들도 행복할 수 있다고 평소 강조하시곤 하셨다. 지역발전을 위해 중요한 조건을 꼽으라고 한다면 발전여건과 그 지역에 살고 있는 주민일 것이다.

우리 영암은 1차산업부터 2차산업, 3차산업에 이르기까지 고루 발전하는 참으로 복된 고장이다. 특히 전국에서 열한 번째, 도내에서 두 번째로 넓고 비옥한 경지면적에서 생산되는 무화과와 금정 대봉감, 고품질 브랜드쌀인 달마지쌀골드, 대통령상에 빛나는 매력한우와 황토고구마, 멜론 등 농특산물은 소비자들에게 크게 각광 받고 있다.

또한 군 단위 유일한 대불국가산단과 세계 5위의 생산량을 자랑하는 현대삼호중공업은 전남 서부권 경제를 힘차게 이끌어가고 있다. 최근에는 대불산단의 업종다각화와 영암특화농공단지를 통해 지역경제에 안정과 선순환을 도모하기 위해 노력해나가고 있다. 특히 3차산업으로 대표되는 관광산업은 영암의 큰 매력 중 하나이다. 교수님께서 명산이라 치켜세워주신 국립공원 월출산과 국보사찰 도갑사, 왕인문화유적지와 도기박물관, 하정웅 미술관, 기찬랜드에 이어 지난해는 조훈현 바둑기념관을 개관하였고 올해는 트로트가요센터도 역점 추진하고 있다. 4년 연속 국가유망축제로 선정된 왕인문화축제와 월출산 국화축제를 비롯한 다채로운 문화예술행사는 방문객들의 큰 환호를 받고 있다.

　교수님께서는 지역 발전의 가장 큰 원동력은 바로 사람이라는 것을 늘 강조하시며 상생과 협력이 필요한 시기라고 힘주어 말씀하시곤 하셨다. 지역이 발전하기 위해서는, 특히 지역경제가 살아나기 위해서는 지방정치가 발전해야 한다는 것을 후배들에게 명심할 것을 당부하셨다. 우리 영암에는 군민과 전국 각지에서 열렬히 성원을 보내주시는 16만 향우가 있다. 그동안 많은 이들이 오랜 갈등과 반목으로 지역정치에 대해 무관심으로 일관해왔다.

　당연히 지역경제도 외면된 채 큰 침체에 빠져있었다. 사람이 가장 중요하다는 가르침이 다시 한 번 깨우쳐 주는 순간이 내게도 왔다. 이 위기를 극복하기 위해, 새로운 길로 나아가자고 강조하고 많은 이들의 지지 속에 민선 6기가 출범할 수 있었다. 지역 현안 해결을 위해서라면 누구와도 만난다는 각오로 중앙부처와 국회를 드나들었다. 민원들은 현장에서 직접 만나 해결방안을 논의하기도 하였다. 그 결과 야적시위나 군청 앞 시위는 사라지고 군정에 협조하고 군 행사에 참여하는 이들은 더욱 늘어만 갔다.

　혼자 꾸는 꿈은 그냥 꿈이지만, 함께 꾸는 꿈은 현실이 된다고 했다.

　모두가 함께 한다면 어려운 일도 쉽게 해낼 수 있다. 하지만, 어렵다고 생각하면 평소에 할 수 있는 것도 시작조차 못하게 될 것이다. 대부분의 이들이 할 수 없다고 다들 고개를 저었지만 나만은 생각이 달랐다. 사통팔달의 교통망에 우수한 경작여건이 있는 우리 영암이라면 국비만 250억 원이 투입되는 국립종자원 벼 정선시설을 충분히 유치할 수 있다고 생각했고, 그것은 비로소 현실이 되었다. 수많은 성과들로 기뻐했고 가슴 벅찬 순간도 많았지만 여기서 안주할 수만은 없었다. 지역의 리더로서 과거나 현재 뿐만이 아니라, 다가올 미래까지 생각해야 되기 때문이다.

　4차 산업혁명의 파고가 몰려오고 있는 현 시대에 인구절벽과 초고령화사회로 인해 지방자치단체의 존립 위기까지 예견하는 이들도 많다. 우리 영암은 조선경기 불황과 국내외 경기침체로 어려움을 느낄 때 지속가능한 발전을 위해 고민하고 또 고민했다. 교수님과도 평소 지역 현안에 대해 많은 의견을 나누었고 새로운 성장동력을 구축하고자 노력해왔다. 그 결과 생명산업, 문화관광스포츠산업, 드론·경비행기 항공산업, 자동차튜닝산업 등 4대 핵심 발전전략산업을 발굴, 집중 육성해오고 있다. 앞으로 해야 할 일이 너무도 많고 순간순간 어려움도 있겠지만 해낼 수 있다는 자신감이 있다. 제 곁에는 신순호 교수님 같은 든든한 스승과 하나된 열정으로 큰 힘을 보내주시는 많은 분들이 있기 때문이다.

교수님께서 지나간 길을 우리 후배들이 뒤따라가고 있다. 자치단체의 수장인 군수이자 군민의 한 사람으로서 평소 우리 공직자들을 보면서 군민을 위해 힘내주라는 격려와 함께 감사하다는 말을 잊지 않고 있다. 우리가 만들어온 길을 우리 후배 공직자들이 함께 꿈꾸며 걷길 원하기 때문이다.

우리 영암은 이제 새로운 시작이다. 무술년 2018년은 영암 방문의 해로, 영암의 자랑 월출산이 국립공원으로 지정된 지 30주년을 기념하여 다양한 문화체육행사를 준비하고 있다. 지역의 명산을 넘어 금강산과 어깨를 견줄 수 있도록 새로운 숨결을 불어넣을 것이다. 교수님의 큰 가르침을 받들어 지역에 희망을 군민에게 행복을 주는 군민행복시대를 위해 앞서나갈 것이다.

교수와 군수의 세 번의 인연, 다섯 번의 만남

홍성열
(증평군수)

피천득 선생의 수필 「인연」 중에 '어리석은 사람은 인연을 만나도 몰라보고, 보통 사람은 인연인 줄 알면서도 놓치고, 현명한 사람은 옷깃만 스쳐도 인연을 살려 낸다.'는 구절이 있다. 문득 이 구절을 다시 생각나게 한 사람이 바로 신순호 교수님이다.

신순호 교수님과의 소중한 인연은 유래 없던 폭염이 맹위를 떨치던 2016년 여름이었다. 교수님께서 2016 지역발전사업 현장평가를 위해 증평군을 방문한 것이 인연의 시작이었다. 평가일이 7월 21일 오전이었는데 아마도 목포와 증평의 거리가 결코 가까운 곳이 아니기에 교수님 일행이 7월 20일 우리군 좌구산 자연휴양림에서 숙박을 했던 모양이다.

군수인 나와는 일면식도 없었고, 평가위원으로 방문한 것이라 부담이 없지 않았다. 그래서 담당팀장에게 휴양림 근처에서 저녁 식사자리를 마련해 보라고 지시를 했다.

하지만 담당팀장은 군수님은 물론 담당과장의 동석은 거절, 팀장과 직원만 그것도 교수님께서 식사비를 부담하는 조건으로 함께해도 좋다는 보고를 한다. 순간 "이 양반 꽤나 까다로운 양반이구먼"이라는 생각이 스친다.

7월 21일 오전 10시 평가팀 일행이 군수실을 방문했고, 그렇게 교수님과 첫 인연이 시작 되었다. 그리고 1시간 30분가량 이어진 평가에서 교수님의 첫 마디는 "이 자리가 평가 자리가 아니라 우리 함께 토론해 보는 자리였으면 좋겠다"였고 마무리는 "표시가 잘 나지 않아 모두가 꺼리는 사람 만들기 사업을 증평군이 내실 있게 추진하고 있어 좋다"였다.

송나라 진원정은 「사림광기事林廣記」에서 '노요지마력, 일구견인심路遙知馬力 日久見

人心, 먼 길을 가봐야 그 말의 힘을 알 수 있고, 세월이 흘러야 그 사람의 마음을 알 수 있다'고 했다. 불과 1년 6개월 전의 멀지 않은 시점이기는 하지만 교수님의 마음만큼은 알 수 있을 것 같다. 어쩌면 그래서 이후 나는 군정을 수행하면서 토론의 문화, 사람 먼저를 마음에 새기고 있는지도 모른다.

그렇게 증평군은 그해 대통령직속 지역발전위원회의 지역발전사업 평가에서 △지역역량강화 △군립도서관 행복학습공동체 △일자리 중심 허브센터 등이 우수사례로 선정되어 전국 최초의 트리플 크라운을 달성하게 되었고, 그 인연으로 9월 7일 충남 예산에서 개최된 시상식에서 교수님과의 또 한 번의 만남을 이어갔다.

두 번째 인연은 2016년 11월 29일 정부 세종컨벤션센터에서였다. 전국농어촌지역 군수협의회와 한국농촌경제연구원이 공동주관한 제19차 농어촌지역 정책포럼에서 나는 주제발표를 했고, 교수님은 토론회 좌장을 맡으셨다.

물론 행사 전 인사를 나누기는 했지만 행사가 끝나고 다시 마주쳤다. 오송역에서 KTX를 타실 모양이다. 그렇게 우리는 함께 동승을 했고, 세종에서 오송역까지 30분의 짧은 시간 동안 82개 군에서 울릉군 다음으로 작은 면적, 다른 단체보다 10년 늦은 증평군에 대한 관심과 애정은 군수인 내겐 무한 감동이었다. 증평 근처 청주대학교에서 교수 생활을 하신 때문일까? 당신도 한때 자치단체장을 꿈 꾼 적이 있었던 지향점 때문일까? 아니면 동 시대를 같이 살았던 두 살 많은 형님 같은 마음이었을까? 인자함은 물론, 학식과 덕망이 함께 느껴졌던 소중한 시간이었다.

세 번째 인연이 또 찾아왔다. 2017 지역발전사업 평가단장으로 2017년 6월 27일 우리 도서관을 방문했다. 이번에도 당신의 말보다는 우리 직원들의 말을 경청해 주었고, 사람 중심의 도서관 프로그램에 대해 좋은 평가를 해주신다. 그 결과 증평군은 10월 19일 제주에서 개최된 시상식에서 전국 최초로 4년 연속 우수단체의 영광을 안게 되었고, 교수님과 또 한 번의 만남을 가질 수 있었다.

제주에서 청주공항으로 오는 비행기에서 최창영 과장이 팀장에게 들은 얘기라며, 에피소드 하나를 들려준다. 교수님의 첫 증평 방문 저녁식사 때, 옆 자리에 증평 13공수여단에 복무 중이던 가수 이승기가 식사를 하고 있었던 모양이다. 싸인을 받을까? 말까? 하시는 교수님의 모습이 너무 천진난만(?)해 보였다는 말을 하며 웃는다.

교수님과의 세 번의 인연, 다섯 번의 만남에서 나는 문득 사람이 사람에게 보여줄 수 있는 가장 큰 감동은 어쩌면 한결같음이 아닐까라는 생각이 들었다. 한결같이 잔잔한 미소가 있고, 65년을 또 한결같이 소년의 모습으로 살아오신 것이 감동을 준다.
　문득 교수님의 정년퇴임 소식이 들려왔다. 비록 퇴임은 하시지만 일구견인심日久見人心! 세월이 흐를수록 교수님의 지역 사랑에 대한 마음이 더욱더 생각 날 것 같다. 그렇기에 증평군과의 인연도 끝이 아닐 듯하다. 개인적으로도 많이 그리울 것 같다. 그래서 일까? 나 또한 야인으로 돌아간 이후 교수님과 인연만큼은 꼭 이어가고 싶다.
　대통령직속 지역발전위원과 지역발전사업 평가자문단장이라는 결코 가볍지 않은 무게와 지위에도 불구하고 옷깃 스친 작은 시골 군수, 최창영 과장, 윤기준 팀장, 김재겸 주무관까지 지위에 상관없이 모든 이들과의 인연을 소중하게 살려 내시니 교수님이야말로 피천득 선생이 이야기한 진정 현명하신 분이 아닐까?

나와 닮은 꼴인 신교수님

우기종
(전라남도 정무부지사)

#1
"신교수님 연구실과 우부지사님 사무실은 참 많이 닮았어요"
사무실 책상과 보조책상을 층층으로 다 덮고 바닥에 까지 잔뜩 내려앉은 서류와 책들을 보면서 딱한 표정으로 나에게 하시는 말씀이다.
"그래도 찾는 서류가 어디 있는지 다 아시고 계셔요"
옆에서 거드는 우리 직원, 이분은 참 신통하다는 표정이다.
"그것도 신교수님과 닮았네요" 저런 저런.

#2
미영 꽃은 찔레꽃처럼 가슴을 아리게 하고, 울음이 스며 나오게 하지는 않는다.
미영 꽃은 포근하고 달달하다. 그러나 미영 꽃을 먹어본 어린 기억이 있는 사람들에게는 아린 가슴들이 있었다. 웃고 있을 뿐.
우리는 목포의 작은 모임에 초청형식으로 남성사중창단을 꾸려 무대에 서서 가곡을 부른다.
연습할 때나 무대에 선 지금도 고음 불가인 내 옆에서 항상 웃는 이분이 신교수다.

#3
기획재정부 후배 여성과장에게 전화를 걸었다.
얼굴만큼이나 마음도 고운분이다. 지역발전위원회에 파견 근무 중이다. 우리 전남

지역 사업 잘 살펴달라고……
"부지사님 걱정 않으셔도 되요. 신단장님께서 하나하나 잘 챙겨 놓으셨어요"

■
우기종 : 전남 신안출생, 미국 보스톤대 브뤼셀분교 경영학과 대학원 졸업, 전 통계청장

천진한 나의 절친 신순호 선생

몽산
(대한불교조계종 법규위원장)

소년 같은 해맑은 미소가 신 선생님의 트레이드 마크다.
선한 얼굴의 신 선생은 친화력의 달인이다.
선생님 곁에는 나이와 지위를 떠나 많은 분들이 따른다.
나도.
선생님을 뵙는 순간 그의 매력에 빠졌었고 지금도 생각하면 보고 싶어지는 분이다.
학자로도, 그리고 연구가로도 독보적인 선생님이 정년이시란다.
그간 나라의 균형발전과 도서문화연구를 위하여 노고를 아끼지 않으셨듯 정년 후에도 정진하시리라 믿으며.
선생님께 깊은 애정과 존경을 전한다.

Allrounder, 정력의 불덩어리 신순호박사

서 승
(리츠메이칸대학 코리아연구센터 연구고문)

　리츠메이칸대학은 서부 일본에서 선두를 달리는 일본의 명문 사립대학이다. 리츠메이칸대학 코리아연구센터는 2005년에 설립되어, 연구회 국제 심포지엄, 성과 간행, 학술지 출판 등을 학술연구 사업의 주종으로 하지만, 학술교류도 큰 몫을 하고 있다. 이 센터는 일본에서 두번째, 사립대학으로는 처음으로 설립된 한국학 연구센터이며, 일본뿐만 아니라 세계적으로도 가장 활력이 있는 코리아 연구세터라고 해도 과언이 아니다.
　학술교류를 위해 타 연구소와 협정을 맺거나 공동행사도 하지만, 방문교수의 초빙도 센터 사업의 큰 몫을 차지하고 있다.
　교수초빙은 저희 센터의 인지도와 신뢰성을 내외에 구축할 뿐만 아니라 학술적 네트워크 구축이 큰 몫이고, 석학들을 모셔서 저희들의 배움도 많거니와 저희 연구자들과의 절차탁마에서 얻는 이익도 또한 썰썰치 않기에 저희는 성과 열을 다해서 성의껏 모시도록 노력하고 있다. 정신적으로도 육체적으로도 매우 가혹한 연구자들에게 반년이나 일 년의 연구휴가는 참으로 소중한 시간이다. 연구자에 따라 그 시간을 휴식과 재충전에 쓰는 분들도 있고, 새로운 지식 및 연구방법의 획득, 그리고 자료의 탐구에 쓰는 분들도 있다. 그러나 학술이라는 좁은 틀을 벗어나서 새로운 문화와 자연 속의 체험과 생활을 통해서 높고 넓은 식야를 얻는 일도 또한 홀시할 수 없는 중요한 대목이다.
　제가 작년에 제주대학교에서 한 학기 방문연구원 생활을 할 때 제주대 방문교수 숙소 벽에는 '등산이나, 운동을 목적으로 하는 자는 퇴사 시킨다'는 경고문이 붙어 있는 것을 보고 놀란 적이 있다. 한라산과 올레길의 제주이기에 있는 일이며, 제주대보다 제주의 야산이 더 위대하구나 하고 재미있기도 했다. 제가 미국에 있을 때에는 같은 아파트에 있던 모 교수는 매일 같이 골프만 치는 분도 있었다. 몸이 자본인 연구자들에게 운동을 통한 건강 증진이 나쁠 리는 없지만, 남의 눈에서는 한가하게 놀기만 하는 듯이 미치기도 한다.

교토는 일본에서 으뜸가는 학술연구 도시이기도 하지만, 명승고적이 많은 천년의 고도로서 세계에서도 사람들이 가장 가보고 싶어 하는 곳으로 손꼽히는 곳이기도 하다. 따라서 연구년을 맞아 교토에 온 학자들은 지친 몸을 쉬고 바쁜 교편생활에서 모처럼 여유 있게 관광을 즐기는 연구자분들도 있지만, 그 반면에 연구 년에 매일 연구실에만 방콕하고 현지의 자연과 인정에 전혀 접하지 않고 돌아가는 목석과 같은 분도 있다. 제가 알기에는 특히 인문사회과학을 하는 분들은 외국에서 연구한다는 것은 공부만 아니고 현지의 세정, 인정을 접하고 음식과 놀이 등의 생활문화에도 젖어보고 그 땅의 물과 공기를 마시는 것까지 포함 되어야 완전한 아름다움을 갖출 수 있다고 생각한다.

그렇게 생각한다면 신순호교수님이야 말로 가장 온전한 연구 년을 보내지 않았나 생각한다.

신교수님은 문무를 겸비한 Allrounder이다. 단순히 다재다능한 팔방미인에 머물지 않고, 1년 반의 체류기간을 통해서 신교수님은 저희 센터의 행사에 빠짐없이 참여하셨던 우등생이었을 뿐만 아니라, 자신의 연구와 학회생활에도 매우 충실하고 정력적이셨다. 처음 신교수님을 만났을 때 훤칠하고 강골의 미장부美丈夫라고만 생각했었는데, 실로 놀라운 정력과 에너지의 불덩어리 같은 분임을 나중에 알게 되었다. 신교수님은 연구자로서 능력이 출중할 뿐만 아니라, 서민적인 친화성도 대단하시고 구수하게 풀어내시는 입담도 사람들을 끌어당기고 마는 매력이 있고, 영국신사풍의 미남자인데다가 코도 오뚝 커서 어느새 많은 재일동포 부인들의 팬이 생겨서 사랑을 받아 주변이 늘 화려한 것을 보고 놀랍던 일이 기억에 선하다. 신교수님의 일상은 테니스와 등산, 교토시내 명승고적 탐방 등 쉴 틈이 없는 초인적인 일정이었던 것 같다. 아마도 그때가 신교수님의 온몸에서 에너지와 정력의 빛을 내뿜는 인생의 가장 빛나는 봄날이 아니었나 싶은 생각이 들 정도이다.

저희 연구센터는 2008년 이명박정권이 들어서자, 2007년에 김대중 대통령을 저희 대학으로 모셔서 명예박사학위 수여와 기념강연을 하고 일본 미디어와 재일동포사회에 큰 반향을 일으킨 것이 화근이 되어, 저와 저희 센터가 해외문화기관 블랙리스트에 올려져서 혹심한 탄압을 받아 고초를 겪었다. 신교수님이 처음 방문하실 때는 노무현정부 때 설립된 저희 센터가 가장 활발했고 힘이 넘쳐나는 시기였다. 그러나 한국의 학교 사정으로 2008년에 신교수님이 오셨을 때는 어려움에 봉착했을 때이다. 신교수님이 교토에 계실 때에 노무현 대통령의 갑작스런 서거가 있었고 김대중 대통령의 서거가 있었다. 신교수님은 이 무렵 유학생들의 애도 집회에도 참석하는 등 여러 유학생들과의 관계도 남달랐고, 한국으로 떠날 때에도 사용했던 모든 생활 용품을 유학생들에게 베풀고 떠났다.

신교수님의 저희 센터와의 인연과 저와의 우정은 연구기간이 끝난 뒤에도 끈끈하게 이어졌다. 2010년에는 저희 센터에서 목포대학교 도서문화연구원을 방문하여 심포지엄을 개최하고 교류협정을 체결한 것은 전적으로 신교수님의 덕이었다. 유달산도 영산강도 노래나 책을 통해서만 알던 인문학적 명승지를 현지 인정을 겸해서 접하게 된 것은 공적인 관계를 떠난 신교수님의 깊은 우정의 덕이라고 할 수 있다. 그래서 호남에 용무가 생겨서 광주나 기타지역에 갈 때마다 으레 신교수님에게 연락하곤 한다.

외람된 말씀이오나, 우리는 농담반 진담반으로 신교수님을 리츠메이칸대학 코리아연구센터 한국지부장이라고까지 해왔다. 그러나 신교수님의 도량과 능력으로 생각한다면 오히려 신교수님이야말로 저희 연구센터의 센터라고 하는 편이 맞을 것이다.

증도회 회장에 취임하다.

최소연
((사)한국차문화협회 이사장)

때는 2011년 여름 어느 날이다. 지금은 작고하신 (사)한국차문화협회의 이귀례 명예이사장님을 비롯하여 임원들이 대거 증도에 집결하였다. 그 때 2박 3일인가 3박 4일인가 일정으로 맛난 특산물도 먹고, 주변을 둘러보는 일정이었다.

목포의 자연사박물관에 들렀는데 입장권을 사려고 하는데 나이가 65세 이상은 무료란다. 그래서 무료니까 그냥 들어가려는데 입구에서 직원이 신분증을 보여 달라고 한다. 떳떳하게 신분증을 보여 주고 보무도 당당하게 들어갔다. 박물관이니까 여러 가지 귀중한 것들이 얼마나 많이 있는지 하나하나 유심히 살펴보았다.

그런데 옆에서 신순호 교수와 김태수 부장이 "공짜로 보면서 뭘 그렇게 자세히 보십니까? 그냥 대충 가세요. 이건 돈도 안 내신 분이 왜 그렇게 보십니까?" 그러면서 타박 아닌 타박을 준다. 아니 내가 아무리 무료로 들어왔다지만, 왜 나를 들들 볶아대는지~! 그 때부터 맨날 쫓아다니면서 말만 나오면 "뭐 어디 공짜로 갈 데 없나요?" 하면서 웃음을 자아냈다.

저녁에 한가한 자리에서, 우리가 증도까지 왔는데 이왕이면 이런 유쾌한 모임이 계속 됐으면 좋겠다고 신순호 교수가 얘기를 꺼내면서, '이 모임의 회장을 만듭시다.' 하며 고 이귀례 명예이사장님께 회장을 맡아달라고 청하였더니 "난 그런 거 못해" 하시며 사양을 하셨다. 좌중의 사람들이 "그러면 신 교수가 회장을 하시오" 라고 하여 즉석에서 증도회 회장이 되었고 지금까지도 회장이다. 그때 증도회 회장에 취임했지만 그 다음부터 증도회의 일을 제대로 하지 않아서 회장 자격을 의심해 봐야하지만······.

그 이후로 (사)한국차문화협회의 행사인 "차의 날 기념 전국차인큰잔치"에서 '차의 날' 선언문을 낭독해 주길 부탁했었고 또 기꺼이 들어주셨다. 차의 날 선언문을 낭독한 계기로 한국차문화협회와 더욱 가까워졌고, 그 이후로 협회 행사에 적극적으로 참석하여 그 노고로 2012년 8월에 "한국차문화협회 자문위원"으로 위촉되었다. 협회에서는 진심으로 늘 고맙게 생각하고 있다.

처음에는 고 이귀례 명예이사장님과 유대가 되었지만 만남이 계속될수록 매사에 적극적이며 타인에 대한 배려심이 몸에 배어있는 차인과 같은 분이란 걸 알게 되었다.

그리고 2016년에 교토지부 개설을 위해서 교토에 갈 때 신순호 교수가 동행을 하여 주셨다. 사실 그런 행사에 와준 것이 우리한테는 굉장히 고마운 일이었다. 교토지부의 개설식이 끝나고 교토 일원의 관광지에 가려고 버스로 이동하는 중에 돌아가면서 각자 노래도 하고 유흥 시간을 갖는데 신순호 교수 차례가 되었다.

"제가 어렸을 때부터 시詩를 짓는 데에 남다른 재능이 있었습니다. 오늘 이 좋은 자리에서 여러분들께 자작시를 낭송하겠습니다." 하더니 '우리들의 위대하신 영도자이신 최소연 이사장님과~' 이 한마디에 버스 안은 완전히 요절복통 웃음바다가 되며 그 유머와 위트에 다시 한 번 감탄했고 그 때 나는 신순호 교수에 대해서 다시 한 번 생각하게 되었다. 신순호 교수의 매력을……. '굉장히 친화력이 있는 사람이구나. 그래서 그렇게 많은 활동을 하면서도 서로 부딪치지 않고 모든 사람들이 좋아하고 승승장구하는구나.' 하고 생각했다. 타인을 행복하게 하고 좋은 분위기로 이끄는 행복바이러스를 가진 분이다.

처음에는 명예이사장님의 지인으로 봤다가 그런 계기를 거치고부터는 오롯이 나의 지인이 되었다. 그래서 내가 신 교수를 많이 생각하게 되고, 신 교수가 행사나 모임에 빠지면 섭섭하고, 혹시 무슨 일이 잘못 되지나 않았는지 궁금하다. 카카오스토리 친구이기도 해서 신 교수의 활동을 다 볼 수 있는데, 그 바쁜 시간에도 우리 행사가 있을 때 꼭 참석을 하여 주셨고 빠져서는 안 되는 우리 협회의 자문위원으로 협회의 모든 사람들이 존경하고 바라보는 그런 사람이 되었다. 때로는 본인의 스케줄도 많을 텐데 우리 행사에 꼭 참석하려고 노력하는 고마운 사람으로 항상 가슴에 남아 있다.

젊은 분으로 생각했는데 벌써 정년이라고는 믿어지지 않는다. 정년이라지만 신 교수 성격이라면 이제 또 다른 시작일 거라고 생각된다.

3편

연혜淵兮

: 못이 깊은 것처럼
  깊고 변함없다는 뜻을 가짐
  (도덕경道德經)

섬으로 맺은 인연

강봉룡
(목포대학교 도서문화연구원장)

'순호 형'

신순호 교수님은 필자에게 10년 정도 선배가 된다. '연식'의 차이가 작지 않지만 그로 인해 거리감을 느껴본 적은 없다. 필자가 이른 장가를 들어 장성한 아들이 있고, 늦장가를 든 신교수님의 둘째가 따님이라 얼추 어울리는 나이여서 사돈 맺자는 이야기까지 나눌 정도로 막역했다. 그러나 조선시대도 아니고 부모가 점지한다고 되는 시대가 아니지 않은가. 각자가 인연이 닿은 좋은 짝을 만나 장가가고 시집가서 잘 살고 있다. 그렇지만 마음만으로는 사돈으로 생각할 만큼 격의 없는 사이다. 이따금씩 부부 식사모임도 가진다. 낯을 가린다는 사모님도 우리 부부와 만난다면 무장해제하고 기꺼이 나선다고 하니, 양가는 전생에 심상치 않은 여러 겹 인연을 쌓아온 것이 분명하다.

필자는 2010년에 장보고 대상 대통령상을 수상한 적이 있었다. 그 소식을 듣고 자신의 일처럼 기뻐해 주던 신교수님의 모습이 눈에 선하다. 그 바쁜 일정을 쪼개어 일부러 시상식장(세종문화회관)에까지 참석하여 축하해 주었다. 그러니 친형 이상의 정을 느끼지 않을 수 있겠는가. 실제로 격식을 차려야 하는 회의석상에서는 '신교수님, 강교수님' 하다가도, 회식 자리에서 마음의 고삐가 좀 풀릴라 싶으면 곧 '형님, 아우'가 된다. 나의 절친 선태와 용기도 따라서 '순호 형'이라 부른다. 비록 격식을 갖춰야 할 공개적인 글이긴 하지만, 영예스런 정년퇴임을 앞둔 이 시점에서 '신교수님' 대신에 '순호 형'이라 부르는 것은 실례가 아니라 오히려 친근감을 표하는 예禮에 합당하지 않을까?

장보고대상 시상식을 마치고 도서문화연구원과 순호 형

'유머감각이 뛰어난 멋쟁이 교수님.' 필자가 1995년에 목포대에 부임하면서 순호 형을 처음 만났을 때 받은 첫 인상이다. 되돌아보니 형과의 인연이 어언 20년이 넘는다. 그저 멋진 교수님 정도로만 기억되었을 형과의 인연을 더욱 각별하게 만들어준 것은 다름 아닌 목포대 도서문화연구원(당시는 도서문화연구소)이었다.

개인적으로 도서문화연구원은 나의 학문 인생에서 떼려야 뗄 수 없는 존재이다. 우리나라 유일의 섬 연구기관으로 1983년에 창립된 도서문화연구소는 1999년 교육부가 지원하는 중점연구소(5년 사업)로 선정되면서 비약적인 발전의 발판을 마련하게 되었다. 그 무렵 필자는 나승만 소장의 권유로 간사의 직책을 맡으며 도서문화연구소와 처음 인연을 맺게 되었다. 그리고 이후 2005년에 9대 소장을 맡아 제2기 중점연구소(6년 사업)를 유치하여 2년간을 이끌었고, 2009년에 다시 11대 소장에 취임하여 인문한국(HK) 지원사업(10년 사업)을 유치하는데 앞장서기도 했다. 2010년에는 도서문화연구소가 도서문화연구원으로 승격되면서 초대 원장을 맡아 오늘에 이르고 있다.

순호 형은 초창기부터 도서문화연구원의 열성 멤버였다. 섬(완도군 충도) 출신이어서인지 섬에 대한 애정이 남달랐다. 초창기 어려운 시절에 고향인 완도군으로부터, 혹은 사업하는 지인으로부터 섬 조사연구를 위한 '실탄'을 지원받아 도서문화연구소에 공급하기까지 하였다 하니, 형은 도서문화연구원 역사의 산증인이자 발전의 공로자임에 분명하다.

원래 도서문화연구소는 섬에 대한 융합 연구를 표방하며 출범하였다. 인문학은 물론 사회과학, 자연과학, 더 나

아가 공학이 함께 하였다. 그런데 2000년대부터 도서문화연구소가 인문과학연구원의 일원으로 편제되면서 인문학적 분위기가 압도해갔다. 지역개발을 전공하는 사회과학자인 순호 형은 도서문화연구소에서 외로운 소수자일 수밖에 없었다. 그럼에도 특유의 유머감각과 친화력으로 연구소의 분위기를 돋우면서 소수자로서의 외로움을 떨쳐낸 것은 물론, 섬 연구에서 사회과학적 실용과 정책이 중요하다는 것을 엄중히 강조하는 것을 잊지 않았다. 형은 지역은 물론 중앙 정관계와 넓은 인맥을 형성하면서 국가 차원에서 섬 정책이 필요하다는 것을 강조하고 섬 정책의 방향을 입안하는 일에도 중요한 가교 역할을 하기도 하였다. 역사를 공부해온 필자에게는 이러한 형의 모습이 항상 신선한 자극이었다.

근래에는 그간 공들여 유지해온 중앙의 인맥을 연결하여 도서문화연구원의 발전 방향을 안내하고 함께 동참하기도 하였다. 형과 나는 2017년 3월 8일에 국회 도서발전연구회에서 주최한 〈섬의 날 제정을 위한 세미나〉에 좌장과 발표자로 나란히 참석하여 '섬의 날' 제정이라는 중차대한 국가사를 목포대가 주도하는 역할을 담당하기도 하였다. 가장 뿌듯한 추억으로 남아있다. 그 밖에 도서문화연구원이 행정자치부와 연합뉴스와 함께 추진한 〈2017년 여름에 가고 싶은 섬 33선〉 선정 작업에도 함께 참여하였다. 도서문화연구원이 작년 말부터 가칭 '섬 정책연구원'이라는 국책연구기관인 유치에 본격 나서게 된 것도 형의 이러한 활동에 자극받은 바가 크다.

정년을 맞은 순호 형에게...

순호 형은 내심 도서문화연구소의 소장을 맡고 싶어 했다. 그렇지만 그 소망이 끝내 이루어지지 못하고 정년을 맞게 되었다. 인문학적 분위기가 강했던 탓도 있었겠고, 대학의 중요 보직을 맡아야 했던 탓도 있었겠다. 형이 도서문화연구소의 소장을 맡았더라면 더 큰 성취를 이룰 수 있었을 것이 분명하다. 그 점 아쉬운 대목이다.

섬 정책에 관한 한 형은 자타가 공인하는 최고 전문가다. 섬 관련 논문 성과를 켜켜이 쌓아왔고 관련 기관과의 네트워크도 최고다. 정년을 맞았지만 형의 섬에 대한 사랑과 연구는 그치지 않을 것이다. 끝내 소장(원장)을 맡아보지 못하였지만 도서문화연구원을 세계적인 섬 연구의 메카로 키우는데 앞장서 주실 것도 믿어 의심치 않는다.

끝으로 순호 형에게...

섬으로 맺은 인연, 도서문화연구원에서 함께 꽃피워 봐요. 도서문화연구원의 책임을 운명처럼 떠맡고 있는 능력 부족한 '아우'를 어여삐 여기사 섬에 대한 깊은 식견과 넓은 네트워크를 아끼지 마시고 팍팍 나눠주세요. 그리고 기원해요. 정년퇴임 후에도 그 뜨거운 열정 유지하면서 언제까지나 건강과 행복 맘껏 누리시길… 형수님과 함께… 퍼레버!

교수님은 제게 '따뜻함'

강성휘
(전라남도의원)

신순호 교수님,
영예로운 정년을 진심으로 축하드립니다.
행사장에서, 모임에서, 때론 행정기관 회의에서 등 교수님과 인연이 어느덧 20년이 되었습니다.
목포포럼, 목포교통문화개혁협의회 등 학교 밖의 인연이 더 많았습니다. 그 과정에서 가장 기억에 남는 일은 교수님이 관심을 가지고 만드셨던 목포교통문화개혁협의회 활동을 이어가지 못하고 중도에 멈추게 되었을 때였습니다. 제게 사무국장 감투까지 씌워주며 일감을 주셨습니다만 시의원이다 뭐다해서 집중을 하지 못하고 용두사미가 되고 말았습니다. 그 일만 생각하면 지금도 교수님께 면목이 없습니다.
그 후 저는 목포시의원을 거쳐 전남도의원으로 일하고 되었고, 교수님은 학교에 계시면서 학자의 입장에서, 시민의 눈으로 전남발전, 목포발전을 위해 꾸준히 역할을 해 오셨습니다. 최근에는 사진에 취미를 붙여 각종 대회에 참가하시고, 좋은 성적까지 거둔다는 소식을 듣고, "벌써 정년 후 취미생활까지 준비하셨나?" 하고 생각했습니다.
가는 세월 잡을 수도, 오는 세월 막을 수도 없습니다. 결국 "어떻게 살았느냐?"만 남는 것 같습니다. 제 마음속 교수님은 다정다감입니다. 환한 웃음과 따뜻한 말씀은 교수님에 앞서 멋있는 친구 아버지, 이웃집 아저씨의 모습으로 남아 있습니다. 이제 그 모습을 더 자주 볼 수 있으리라 기대해 봅니다.
제 마음속 교수님은 지역과 끊임없는 소통입니다. 교수님 과목의 특징이 사회 현장과 밀접한 면도 일부 있겠지만 학자로서 지역사회와 소통을 의식적으로 노력하지 않더라도 교수로서 역할은 얼마든지 할 수 있었을 것입니다. 그러나 교수님은 그러한 틀에 갇히지 않고 다양한 방식으로 시민사회에 참여하여 학문과 현장이 현실에서 접목될 수 있도록 활동하셨습니다.

저는 교수님의 학문성 성취에 대해서는 알지도, 평가할 위치도 아닙니다. 다만 학교 밖 오랜 만남에서 교수님께서 따뜻함과 소통으로 저를 보듬어 주셨기에 그것이 저에게는 교수님의 전부입니다.

동네에서 공직 등을 정년하신 분들을 뵙니다. "시간에 안 쫓기고 편하시죠?" 하고 물으면 "아이고, 노는 것도 힘듭니다." 하십니다. "정년 후에도 뭔가 일을 해야 하는구나!" 하고 생각합니다.

교수님, '정년'이라고 하시지만 너무 젊으십니다. 학교 수업을 떠나는 것일 뿐 교수님으로서 하실 일은 밖에서도 줄서서 기다리고 있습니다. 새로운 현장에서 더 많은 따뜻함과 더 멋진 성과물을 지역사회에 주시리라 믿습니다. 건강을 빕니다.

승달산의 '신순호'

강성희
(목포시문학회 회장)

어느 청명하고 고요한 아침에 창밖을 내다보며 눈물을 흘린 적이 있었습니다. 아침 햇살에 은은하게 빛나는 잔잔한 바닷물이 신순호 교수님의 따뜻한 마음씨처럼 포근하고 편안하게 다가왔기 때문이었습니다.

내가 이렇게 자유롭게 숨 쉬고 있다는 사실이, 이렇게 현란한 광경을 감상할 수 있고, 진한 감동을 불러일으킬 수 있는 가슴이 있으며, 나를 기다리는 사람이 있다는 것과 내가 만날 수 있는 사람이 있다는 사실이 참으로 감사하는 마음에서 기쁨의 눈물이 저절로 흘러 내렸던 것입니다.

꽃샘추위가 기승을 부리던 날이 엊그제 같은데 어느덧 훈훈한 바람으로 우리들 마음을 설레이게 하는 봄이 우리 앞에 다가와 있습니다. 하루하루를 여유롭게 살아가면서 늘 처음처럼 설레이는 마음으로 만남을 이야기 할 수 있고, 서로에게 마음의 정 나누며 삶의 여정이 담긴 풍요로운 만남으로 파릇한 향기를 나눌 수 있는 신교수님이 우리 곁으로 오신다고 하니 참으로 반갑고 행복한 일이 아닐 수 없습니다.

존경하는 신순호 교수님 영예로운 퇴임을 진심으로 축하드립니다. 공직자로서 정년까지 임무를 충실히 마칠 수 있다는 것은 큰 영광이 아닐 수 없습니다. 따라서 그동안 교단에서 국가와 국민을 위해 힘쓰시던 긴 시간들 속에 스승과 동료, 제자들을 위해 많은 덕을 쌓으며 특히 후학을 위해 불철주야 애쓰시다 까맣게 타들어간 가슴이 눈에 훤히 보이는 듯합니다.

승달산의 "신순호"
_강성희

승달산 앙가슴을 파고들던 글書새들이
날개깃 퍼덕이며 울려 퍼진 소리마당
그중에 지저귀地籍는 소리 감미롭게 들려온다.

신선한 아이템을 캠퍼스에 불어넣어
순수한 마음으로 겨레위해 헌신하던
호방한 그 노랫소리 학도들은 기억하리라

지난해 제가 진도경찰서장으로 부임해서 조금은 낯 설은 환경에 젖어있을 때 직접 찾아오셔서 오찬을 함께 나누며 많은 조언을 주시던 교수님, 그날 오찬 대금까지 손수 지불하시던 교수님이 계셨기에 제가 객지에서 잘 적응 할 수 있었던 원동력이 되었다는 말씀을 드립니다.

특히 지난해 12월에는 제 첫 시집 출판기념회 축사에서 주옥같은 말씀으로 장내의 많은 시인들로부터 열화와 같은 박수갈채를 받았던 기억은 더욱 생생하게 빛이 났습니다. 다만 그동안 감사의 말씀을 드리지 못했는데 이 자리를 빌어 감사의 말씀을 드립니다.

교수님께서는 '2017년 대통령직속 지역발전위원회 평가자문단장'으로서의 역할을 충실히 끝마치고 이제 백수의 길로 접어들겠지요. 속담 중에 "백수가 과로사 한다."는 말이 있듯이 저도 지난해 백수가 되었는데 말 그대로 백수가 뭐가 그리도 바쁜지 오히려 현직에 있을 때보다 더 바쁘게 사는 것 같아서 걱정도 되지만 아마도 이 또한 잠시뿐이 아닐까 생각해봅니다.

존경하는 신교수님 이제 가슴을 열어놓고 언제나 만날 수 있고, 같은 눈으로, 같은 마음으로, 같이 볼 수 있는 그런 인연으로 살았으면 좋겠으며, 아무 것도 가진 것이 없지만, 아무것도 잘 하는 것도 없지만, 마음만은 언제나 향기 가득하여 누구에게나 향기로운 사람으로 기억되기를 바라며, 마음에 미워하는 사람 하나 없이 배려하며,

감사하는 마음하나 간직하며, 또 생활이 우리를 속일지라도 그러려니 마음 비우고, 나누어 줄 것이 별로 없더라도 따뜻한 마음 한 줌 내어주며 여유롭고 넉넉하게 살아가면서 이제 편안한 마음으로 퇴직 후 시간을 가족들과 함께 가질 수 있기를 간절히 기원합니다.

감사합니다.

강성희 : 전 목포해양경찰서장, 전 진도경찰서장, 현, 목포시문학회 회장

밀도있게 풍성하게 삶을 살아오신 신교수님의 정년을 아쉬워하며

강순임
((사)대한어머니회 전남연합회 회장)

"아지랑이 하늘거리고
진달래가 반기는 언덕
깨어진 꿈 추억을 안고 오늘 나는 찾았네...."

우리 가곡 사랑 무대에서 김노현 작사,작곡 황혼의 노래를 우기종 부지사님, 고강일 원장님, 박찬웅 원장님 그리고 신순호 교수님의 소리가 합하여 관객의 환호와 박수를 많이 받았습니다. 노래하시는 분들이 성악 전공자가 아니었거든요. 참으로 감동적이었어요.

그 무대에 서기까지 일상생활 후 오후 10시에 만나시어 12시(자정)까지 연습을 반복하시고, 남은 시간 음반을 이용해 연습, 또 연습하시는 열정적인 모습에 감동하였습니다.

어떤 일이던지 당신에게 주어진 크고 작은 것을 불문하고 혼신을 다해 열심히 하신 교수님께서 36년간 학생들을 위해 사랑과 희생으로 봉사하시고 연구생활 하시는 모습에 큰 박수를 보냅니다.

2003년 어느 날 교수님께 방문할 때였습니다. 문화 활동하는데 도움을 요청하려 했습니다. 반갑게 맞이해 주시는 교수님 방을 들어가는 순간 책상, 책장, 탁자 위에 자유스럽게 놓여진 자료와 논문들이 수북이 쌓여있고 널려 있었습니다. 교수님의 열심히 노력하고 연구하시는 모습이 내 눈을 자극시켰습니다. 저는 곧 "교수님 정말 존경스럽습니다. 이 모습 잊지 않고 간직하겠습니다."라고 했습니다.

그토록 열심히 연구하시는 모습에 전율이 느껴졌습니다. 교수님 같은 분이 계시기에 목포대학은 분명 더 크게 발전하리라 믿음이 왔습니다.

가끔 신교수님은 365일을 어떻게 사실까 궁금할 때가 많습니다. 제가 태어나서 살아온 목포는 문학과 예술의 고장이라고는 하지만 우리가 이러한 문화를 직접 대하고 실지로 이를 몸으로 습득해 가는 기회는 적었습니다. 그래서 '작은문화모임'을 구성하고 이를 운영해 가는데에 많은 어려움이 있지만 그 만큼의 보람도 남겨가고 있습니다.

신순호 교수님께서는 이 모임이 창립된 후 얼마되지 않아 일본 교토의 한 대학으로 약 2년 가량을 교환교수로 가셨습니다.

돌아오신 후에 이 모임에 들어오셔서 열심히 참여해주시고 있습니다. 그러는 과정에서도 서울에서 대통령 직속 지역발전위원회 위원으로 그 가운데 정책기획평가전문위원장과 정부부처와 전국 자치단체에서 수행해온 사업을 평가하는 평가자문단장을 맡아 4년 동안을 열심히 일해 오는 모습, 그리고 여타 정부 부처와 공공기관, 또 학회 등의 일로 거의 1주일에 1~2번은 외부로 출장을 다니는 모습을 보았습니다.

'아~ 그렇게 사는 학자도 계시는 구나'하는 생각을 신교수님을 보면서 하였습니다. 그 동안 살아오신 삶과 학문의 세계를 제가 감히 논하기 힘들지만 그 수많은 일을 국내 그리고 국외에서 수행하시면서 언제나 누구보다 모임에도 최선을 다해 참석하려는 모습에 감탄이 나옵니다. 그러면서도 틈새를 아끼면서 여가로 테니스 운동과 자연과 함께 하시며 사진촬영활동 등을 즐기며 해오고 계십니다.

이렇게 밀도 있게 풍성하게 삶을 살아오신 신교수님의 퇴임이 무척 아쉽지만, 퇴임 후 일어나는 새로운 길이 더욱 풍성하고 의미가 깊기를 기원합니다.

2017 마지막 자락에
강순임

지역사회의 발전을 위해 큰 베풂의 행보를 멈추지 않길 바라며

강철수
(목포한국병원 원장)

청주대학교 3년 기간을 거쳐 목포대학교 32년의 재직 기간 동안 탁월한 학문적 업적과 수많은 인재를 배출하신 신순호 교수님의 영예로운 퇴임을 진심으로 축하드립니다.

행정학과 김인용 교수께서 말씀하시길, 목포대학교 지적학과는 국내 최고라고 하셨습니다. 목포대학교 지적학과가 국내 최고일 수 있었던 것은, 신순호 교수님이 초석을 잘 깔았기 때문일 것입니다. 36년간 신순호 교수님이 걸어온 교육의 길을 회고하면 학생들의 진로를 위한 교육과 바른 품성, 인격을 갖춘 성인, 약자를 위해 봉사하는 삶을 살아오셨습니다. 또한 남다른 열정과 차별화된 취업지도 프로그램으로 학생들과 소통하고, 시민사회단체 '목포포럼'을 통해 지역사회와의 호흡 또한 이뤄 나갔습니다.

저는 가끔 신순호 교수님과 테니스를 칩니다. 신순호 교수님은 저와 테니스를 함께 하는 몸이 빠른 선수이자 때론 경쟁자였습니다. 교수님을 테니스 선수로 보자면 테니스계의 나달같은 분이시며, 저는 패더러 정도로 생각하시면 됩니다(?) 요즘도 교수님과 테니스를 치는데, 퇴임 후에 二老순대 집에서 테니스 치고 난 뒤 회포도 풀었으면 합니다. 신순호 교수님이 열정을 가지고 학생들을 지도할 수 있었던 것에는, 尹京心 사모님의 든든한 지지도 있었습니다. 尹京心 사모님은 미술을 전공하셨음에도, 이사 한 번 가지 않고 오로지 내조에만 전념하셨습니다. 신순호 교수님 또한 사모님을 꼭 챙기시는 자상한 남편으로서 가정적인 성격의 교수님이십니다.

36년간의 세월동안 후배양성과 학문의 길을 등한시 않고, 외길만을 걸어오신 신순호 교수님. 자신의 전문분야에 매진하는 것은 물론이요, 국가에도 큰 이익을 가져다 줄 수 있음을 강조했습니다. 지금 교수님은 은퇴를 하시지만 앞으로도 꾸준한 연구를 멈추지 않기를 바랍니다.

 교수님의 연구가 큰 결실을 맺어 지적학과의 근간을 이루길 기대합니다. 앞으로도 내내 건강을 유지하시고, 지역사회의 발전을 위해 큰 베풂의 행보를 멈추지 않길 바랍니다.

 끝으로, 퇴임하신 후 테니스대회 시니어部 같이 출전하시지요.

지적분야의 수많은 제자들을 배출하신
도서지역 개발의 전문학자

강태석
(청주대학교 명예교수)

    지난 1982년 저와 신순호 교수님은 함께 청주대학교 지적학과에 전임강사로 처음 대학에 발을 들여놓게 되었습니다. 저는 지적직 공무원과 대한지적공사 등 10여년의 직장생활에서 지적업무에 경험을 하고 대학에 왔으나 신교수님은 공군 장교출신의 그야말로 참신하고 패기있는 신진학자로서 서울대학교 환경대학원에서 도시계획학을 전공하고 신설학과인 지적학과에 초기에 부임하게 된 것입니다. 우리 둘은 새로운 마음으로 학과의 전통을 세우려고 노력하였고 초기의 졸업생들과는 온 몸으로 부딪치며 호흡을 같이하고 학생들도 새로운 학과이니 새로운 전통을 처음부터 잘 만들어야 한다는 정신으로 교수님들과 혼연일체로 노력하였던 그 기억이 새롭습니다. 따라서 이제 세월이 흘러 오늘에 되돌아보아도 그 많은 제자들 중에서도 이름을 잊지 않고 지금도 서로 안부를 물으며 함께 늙어가는 그들을 보면 참으로 감개 무량합니다. 그리고 그 졸업생 들이 전국에 관련학계에서 혁혁한 공을 세우며 대학과 사회 각 분야에서 눈부신 활동을 하고 있는 것을 보면 그 때 우리의 노력이 보람됨을 스스로 깨닫게 됩니다.

    1회 졸업생들과는 월악산 송계계곡에서 늦도록 물놀이를 하며 놀다가 막차를 놓쳐 밤이 되도록 먼 길을 걸어 저녁 늦게야 충주로 나와 멀리 돌아서 청주까지 도착하던 기억이 새롭고 괴산군 괴강가에서 학생들과 함께 물고기를 잡고 수석을 탐사하던 기억이 어렴풋이 살아납니다.

    신순호 교수님의 연구실과 내 연구실이 바로 옆에 붙어 있어 수시로 드나들며 담소하고 학과의 대소사나 개인적인 일까지도 서로 터놓고 이야기하며 마치 형제처럼 다정하게 지내기도 하고 집안 식구들과 아이들까지도 서로 자주 보고 서로의 가정에도 방문하며 두 집안이 모두 화목하게 생활하였으며, 한번은 신교수님이 상을 당하시어 청주에서 학과를 대표하여 완도의 신교수님 고향 섬에 찾아가는데 어찌나 멀든지 하루에 도착하지 못하고 완도에 도착하여 하룻 저녁을 여관에서 숙박하고 이튿날 직접 그 섬에 가는 배가 없어 다른 곳에 가는 배가 바다 한가운데서 잠시 멈추고 그 섬에서 나온 쪽배로 다시 갈아타고 찾아가는 길이 무척 신기하기도 하였습니다. 신교수님의 고향집 바로 앞에 신교수님이 다니던 초등학교가 있었고 뒷동산과 아름다운 섬 동네가 아기자기하고 다정했던 기억이 어렴풋하게 생각납니다. 초상 마당에서도 온 섬 동네가 모두 합심하여 함께 치르고 북 소리가 동네를 한번 휘젓고 돌아오면 동네 아낙들이 머리에 장만한 음식을 이고 모여 서로 돕고 하는 것이 육지에서 온 나에게는 너무나 생소하면서도 보기 좋았던 기억이 납니다. 장지는 고개 넘어 아주 가까운 곳이었으나 꽃상여는 고개 길로 들어서지 않고 큰 길로 돌아가며 중간에 노제를 위해 멈추고 한참을 쉬어 가기도 하며 한나절을 걸쳐 산에 도착하던 모양으로 너무도 정다운 행사를 볼 수 있었습니다.

   그 후 신교수님은 고향 가까운 목포대학교에 지적학과를 설립하는데 노력하셨고 학과가 신설되자 곧바로 목포대학교로 옮기시는 바람에 저와는 더 이상 함께 청주대학교에 근무하지 못하였으나 그 후에도 학회 등을 통하여 꾸준한 교류를 할 수 있어 무척 좋았습니다.

   목포대학교는 청주대학교 보다 학부과정은 몇 년 늦었으나 박사과정이 먼저 설치되어 청주대학교 시절의 제자를 목포대학교에서 박사학위 과정으로 가르치어 학위를 수여하기 위한 논문심사에 함께 수고를 더한 일도 있어 더욱 보람되게 생각되었습니다.

   신순호 교수님은 고향이 도서지역이어서 인지는 몰라도 우리나라의 도서지역 개발의 전문학자로서 우뚝하게 발전하셨고 한국지적학회 회장과 지적장학회의 이사직도 역임하시면서 우리나라 지적학 분야를 선도하여 크게 발전시켜 오셨습니다. 또한 신교수님은 그 많은 저명한 논문과 저서를 통하여 학문적으로 크게 공헌하셨고, 중앙과 지방의 사회적 무대에서도 각종 중요 위원회에서 중추적인 역할을 하셨습니다.

신교수님이나 저나 동감이시겠지만 이제는 전국 어느 지자체와 국토정보공사 또는 지적관련 분야의 사무실을 방문하던지 수많은 제자들이 근무하고 있는 모습을 보면서 대견해 하시리라 생각됩니다. 학자로서 대학에서 제자들을 가르칠 수 있었다는 것이 한 인생에 있어서 큰 보람이 됨을 새삼 느끼실 것입니다. 따라서 많은 제자들도 이렇게 훌륭한 학자의 길을 걸으시고 학교를 떠나는 교수님을 후원하며 마음속으로 깊은 존경을 바쳐야 할 것입니다.

　　끝으로 신교수님은 개인적으로도 저의 집안 대 소사에도 빠짐없이 도와 주셨고, 저는 늘 감사한 마음을 가지고 살고 있습니다. 저는 그 후 2009년에 학교를 은퇴하고 이제는 산야에 묻혀 인생 말년의 세월을 보내고 있지만 아직 건강이 충만하신 신교수님은 하시던 학문도 더욱 발전시키시고 제자들의 인생들도 챙겨 보시며 그동안 바빠서 돌보시지 못했던 가족도 보살피시고 특히나 사모님과 국내외의 여행도 마음껏 즐기시기를 기대합니다. 본래 학자들이란 젊어서부터 학문에 정진하다보면 가정을 제대로 돌아보지 못하고 취미 생활도 제대로 못하여 나이 들면 모든 게 후회되기 마련입니다. 한 평생을 신교수님의 주위에서 신교수님을 보아 오면서 늘 존경하는 마음과 반가운 마음으로 바라보며 살아온 저에게는 교수님의 아름다운 은퇴를 마음속 깊이 축하드립니다.

　　항상 교수님의 건강과 댁내 안녕을 기원하겠습니다.

곱게 접은 작은 손수건

고석규
(前 목포대학교 총장, 사학과 교수)

늘 웃음과 열정으로 이끌어주셨던 신순호 교수님의 정년을 진심으로 축하합니다. 저도 정년까지 그리 오래 남지 않아서 그런지 선배님들의 정년 소식을 들을 때면 "아니 벌써!"라는 말이 먼저 나오더군요. 정년을 무사히 맞는 것만 해도 참 행복한 삶이었다는 생각이 듭니다. 정년을 맞으려면 우선 건강이 받쳐줘야 하고, 흠 없는 삶을 살아야 합니다. 또 그만큼의 기간에 많은 제자들에게 사랑을 베풀 수 있었고, 사회에 기여할만한 훌륭한 업적들도 남길 수 있었을 테니 행복한 것이죠.

신 교수님! 정말 수고 많으셨습니다. 아직 못 다한 일들이 많겠지만, 이제 여유를 갖고 새롭게 시작하시기 바랍니다. 저도 손 모아 응원하겠습니다.

첫 만남이 생각납니다. 신 교수님은 기억하실까요? 제가 목포대학교에 온 지 얼마 되지 않았을 때였습니다. 제가 테니스를 좋아했었죠. 그래서 오후에 틈나면 테니스 코트로 운동하러 나갔는데 그때 거기서 처음으로 교수님을 만나 복식 게임을 했었습니다. 제게는 어려운 선배님이셨기에 나름 열심히 최선을 다해 경기에 임했던 기억이 납니다. 결과는? 기억 안 나고요. 어쨌든 그게 좋은 인연이 되어 그 후로도 코트에서 자주 만났습니다. 테니스를 통해 맺은 인연은 지금까지 오래 이어지고 있습니다.

그 사이에 저는 힘이 조금 떨어지고 또 색다른 관심에 끌려 배드민턴으로 옮겼습니다. 신 교수님은 여전히 왕성한 젊음으로 테니스 코트를 누비고 계시더군요. 부럽습니다. 그러고 보니 늘 느껴왔던 것이지만, 우리 신 교수님은 힘이 장사입니다. 그야말로 파워 테니스를 합니다. 그 힘의 원천이 어디 있는지? 아마 웃음으로 살아가는 지혜에 있지 않을까요? 그 웃음 잃지 말고 그 웃음에서 나오는 힘 또한 지속되길 바랍니다.

신 교수님과의 만남은 도서문화연구소를 통해 이어졌습니다. 도서문화연구소는 지금 도서문화연구원으로 승격했고 예전과는 비교할 수 없을 만큼 성장했습니다. 1995년 언저리, 연구원이 성장기에 접어들던 그때, 연구소를 통해 교수님을 만났습니다. 신지도, 금당도, 생일도 등 완도의 섬들을 조사할 때 늘 같이 했었습니다.

　　신 교수님은 완도 출신으로 섬 문제에 관한 한 누구보다 전문적인 지식과 애정을 갖고 계셨습니다. 섬 지역의 발전을 위해 연구, 정책 입안 등 많은 분야에서 뜻 깊은 일들을 해 오셨고 성과도 많았습니다. 존경 받는 지역의 일꾼으로 많은 분들이 기억하고 있습니다.

　　섬이 뭔지 전혀 몰랐던 저에게 섬에 접근할 수 있는 길을 열어주었고, 문제 해결을 위한 지혜도 주었습니다. 덕분에 도서문화연구원을 통해 부족하지만, 저 또한 섬 연구가로 명함을 올릴 수 있었습니다.

　　그리고 맘 속 깊이 소중하게 간직하고 있는 기억이 있습니다. 제가 2008년 3월부로 목포대학교 기획협력처장에 임명되었습니다. 신 교수님은 제 직전 처장이었습니다. 그러니까 제가 신 처장님의 뒤를 이은 셈이었습니다. 인수인계를 마치고 첫 출근하던 날, 처장의 책상을 정리하다가 왼쪽 서랍 속에 고이 접어놓은 작은 손수건을 발견했습니다. 이게 뭐지? 손수건을 집어 들고 보니 그 아래 정성들여 쓴 쪽지 한 장이 같이 있었습니다.

　　신 교수님은 세상이 다 아는 명필입니다. 방명록에 글을 쓸 때도, 비교될까 봐, 바로 뒤에 이어쓰기 싫을 만큼 글씨를 잘 쓰십니다. 신 교수님의 글씨는 정말 아름다운데, 거기에 정성까지 덧붙여 쓴 쪽지를 접하고는 한참을 들여다보았습니다. 정확한 문구는 기억나지 않지만, 처장 업무 처리에 대한 당부와 더불어 격려의 뜻이 담겨 있었습니다. 그 손수건과 쪽지를 보는 순간 신 교수님의 배려가 가슴 속 깊이 다가와 무척이나 고마웠던 기억이 지금도 생생합니다. 손수건으로 이어준 기획협력처장의 자리 덕분에 저는 그 후 총장까지 지내는 과분한 행운을 누릴 수 있었다.

　　신 교수님과의 인연을 맺어준 끈은 물론 목포대학교였습니다. 제가 목포대학교로부터 얻은 것은 너무 많아 이루 거론할 수 없지만, 그 중에 신 교수님과의 만남도 큰 몫으로 자리 잡고 있습니다.

UN에서 인류의 체력과 평균수명 등을 고려해 인간의 생애주기를 새롭게 구분했다고 합니다. 그 구분에 따르면 65세까지가 청년이고 79세까지가 중년이랍니다. 그러니까 신 교수님은 이제 막 청년을 벗어나 중년에 들어선 새내기 중년인 셈이죠. 이제 비로소 인생의 황금기에 들어섰다는 뜻입니다.

인간적 성숙에는 한계가 없답니다. 인생 이모작의 단계 들어섰고 앞으로 삼모작도 기꺼이 해야 할 긴 시간이 남아있습니다. 부디 건강 잘 챙기시고 좋은 계획 세우셔서 이루고자 하시는 뜻, 부디 다 이루시기를 기원합니다. 물론 앞으로도 함께 할 시간이 많겠죠. 감사합니다.

댄디보이 신순호

곽유석
(목포대학교 도서문화연구원 연구위원)

나는 1990년 봄 목포대학교 도서문화연구소에서 조교생활을 시작했다. 그 연구소는 지금의 도서문화연구원의 전신인데, 당시 내가 맡은 주요 일은 일 년에 면 단위의 섬을 선정해 종합적인 학술조사를 기획하고 진행시키며, 결과물로서 『도서문화』 책자를 발간하는 일이었다.

당시 도서문화연구소에 연구위원으로 계셨던 쟁쟁한 교수님들이 많았다. 사학과 이해준 교수님, 국문학과 김웅배 교수님, 이기갑 교수님, 건축학과 김지민 교수님, 문화인류학과 조경만교수님, 지적학과 신순호 교수님 등 조사와 연구에 열성적으로 임했던 분들이 생각난다. 각 분야의 전문 교수와 대학원생, 학생 등이 참여하는 종합적인 매머드 조사단을 꾸리고 섬에 들어가는 일은 연례행사가 되었고 가장 도서문화연구소다운 작업이었다.

나는 그때 신순호 교수님을 처음 만났다. 완도 분이었고, 호리호리한 체격에 미남형이었다. 내가 목포에서 초등학교 다닐 때 옆방 고등학생 삼촌이 완도 사람이었고 키도 크고 인상이 좋은 분이었다. 나에게도 잘해주었다. 신교수님을 보는 순간 그분이 떠올라 깜짝 놀랐다. 지금 생각하니 그 삼촌에 대한 나의 옛 감정이 그대로 신교수님께 투영되지 않았나 싶다.

아무튼 그 후로 세 해를 함께 본 조사, 추가조사를 다니며 섬을 공부했다. 그동안에 많은 에피소드가 있었다. 청산도 추가조사 시 목포에서 완도 가는 버스 안에서 서울에서 온 대학원생을 설득하여, 보길도 간다는 사람을 청산도로 조사를 함께 갔던 일, 조사 가서 함께 간 이해준, 조경만 교수, 나 모두 따돌리고 미모의 여자대학원생의 관심을 받던 일, 행정선을 타고 완도로 돌아오는 길 내내 목청이 터져라하고 노래를 불렀던 일 등은 지금도 입가에 미소 짓게 한다.

그의 고향인 금일도를 조사할 때, 기분파 신교수님 매형이 차려준 저녁만찬 상은 상다리가 거의 부러질 지경이었고, 비싼 고급양주가 여러 병 나와 모두에게 황홀한 식탁이었다. 갖은 해물요리와 육류 등 지금도 그 밥상이 기억에 또렷이 남아 있다. 매형 분은 그곳에서 숙박업을 하고 계신 분이었는데 손 씀씀이가 크고 처남을 사랑하는 마음이 엄청난 사람이었다. 덕분에 그날 일주일 먹을 술을 하루에 다 마셔버린 것 같았다. 그 기분으로 신교수님과 칠팔 명이 소주 대두병 두 개를 들고 바닷가 방파제에 나가 밤새 마셔댔다. 여름이었는데, 바닷바람이 기분 좋게 코를 스쳐갔다. 조사이야기, 인생이야기, 뭔 이야기가 그리 많았던지 지루하지 않고 술병을 다 비워버렸다. 그리고 어떻게 온지도 모르게 숙소에 들어왔다. 그는 방을 찾다 실수(?)로 여교수 방으로 들어갔고, 갑자기 비명소리가 들렸다. 모두들 한바탕 웃었다. 이렇게 섬 조사 시 크고 작은 많은 사연이 있었다.

도서문화연구소 조교를 거쳐 1993년부터 공직에 풀타임 잡을 잡아 근무하다 작년에 정년퇴직을 하고, 다시 도서문화연구원 연구위원으로 들어왔다. 나는 도서문화연구원과 섬에 계속해서 인연이 이어지는 것 같아 놀랍기도 하다. 서정주의 '국화 옆에서' 한 구절이 맴돌았다. "그립고 아쉬움에 가슴 조이던, 머언 먼 젊음의 뒤안길에서, 인제는 돌아와 거울 앞에 선" 내가 그런 모습이다.

공직 생활 이후로도 인연은 지속되었다. 함께 연구도 하고, 마실도 다니고, 술도 먹고, 특히 매주 주말이면 같이 집짓고 살 시골 땅 보러 다니고 그야말로 속속들이 서로에게 진정성을 보였다. 항상 깔끔하고, 옷 잘 입고, 유연하고, 말 잘하고(ㅋ) 도회지적인 풍모의 남자였다. 무엇보다도 나와 인생을 보는 생각이 비슷했다. 오직하면 사모님과 내 안사람이 "둘이 사귀냐"고 웃어댔다.

술좌석에선 항상 "아니 형님 먼저 드세요" 자신이 나보다 젊다고, 손아래인 나 보고 항상 형님이라며 너털웃음을 짓던 선생님. 그러면 나는 "그렇지 내가 먼저 정년퇴임했으니 내가 선배요" 하고 술잔을 부딪쳤다. 둘이 쌓아온 인연은 꽤나 되어 햇수로는 29년이요, 높이로는 제법 큰 서낭당의 돌탑 정도는 되지 않을까 싶다.

선생님!

　세월은 흘러 39년간의 교직생활을 마치고, 이제 새로운 삶을 위해 기존보다는 좀 더 황량한 세상으로 가는 문턱에 서있습니다. 지금은 한 매듭을 짓고 또 한 매듭을 만들기 위해 고개를 넘어가는 과정입니다. 설사 새로운 삶이 때로는 외로울 수도, 낙담할 수도 있습니다. 그러나 새로운 세상에서도 인간에 대한 사랑과 예의와 연민의 정을 잃지 않는다면 팍팍한 세상 절대 무미건조하지 않을 것입니다.

　오랜 세월 후학들을 양성하고 국가 교육발전에 이바지하신 선생님께 그 사회에 사는 한 사람으로서 진정한 고마움을 전합니다.

열정과 친화력의 대명사 신순호 교수님

기진서
(세종교육복지연구원장, 교육학박사)

우리의 삶에서 교육이 중요하지 않다고 생각하는 사람은 아무도 없을 것이다. 선진국을 자처하는 나라도, 열악한 조건의 후진국들도 교육의 중요성은 항상 강조되고 있다. 우리나라도 정부가 바뀔 때 마다 새교육, 교육개혁, 교육혁신 등의 구호를 내걸고 많은 교육정책들을 내놓는다. 그러나 대부분의 사람들은 이러한 교육적 변화들에 무디어져 있고, 교육자들도 가끔은 새로운 반응들에 대하여 냉담할 정도이다. 하지만 敎育의 '敎'란 윗사람이 모범을 보이는 것을 아랫사람이 본받는다는 의미로, 보다 성숙한 자가 미성숙자에게 가르치는 과정을 뜻한다. '敎'자의 사전적 의미는 '가르치다, 방향을 제시하다, 이끌다, 모범을 보여주고 따르게 하다' 등으로 해석된다. 또한 우리나라 말에서 '가르치다'는 성숙한자가 바람직한 방향으로 피교육자인 미성숙자를 인도한다는 뜻을 내포하고 있다. 따라서 교육자는 자신의 생활에서 항상 모범을 보여야 한다고 생각한다.

교육에 대하여 어떻게라도 조그마한 일익을 담당하고 있는 사람으로서 교육의 의미를 좀 장구하게 설명하고 있는 점은, 항상 모범과 열정으로 매사에 임하시는 신순호 교수님을 교육자상을 어필하기 위해서라고 본다.

내가 공식적으로 신교수님을 만나게 된지는 오래전의 일이다. 1996년 3월 목포대학교 기획연구실 부실장으로 부임하셨고, 나는 기획연구실 팀장으로 재직하고 있었다. 그때까지만 해도 젊음과 패기 넘치는 장래가 촉망되는 교수, 대외 활동을 열심하는 교수, 우리나라 도서연구의 권위자 정도로만 알고 있었고, 주로 공식석상에서만 대면하는 정도였다. 그러나 알아보면 알아볼수록 집요하게 파고드는 연구에 대한 집착력과 그러한 일을 수행하게 만드는 주변 환경과의 친화력은 정말 타의 모범을 보이고 있는 교육자상으로 보일만하다고 생각하고 있다.

젊은 시절 신교수님은 기획처 부실장으로서 닦아온 경험들을 바탕으로 몇 년이 지난 후 기획처장으로 부임하여 여러 가지 큰 업적을 남기신 걸로 기억하고 있다. 우선 누리사업 보고회를 대통령을 모시고 목포대학에서 개최하면서 목포대학을 크게 홍보하는 등 명실공히 서남권의 중심대학으로서 자리 잡는데 큰 역할을 하셨다고 본다. 또한 우리나라 경제 지역을 광역경제권으로 통합하여 추진하고 있는 지역 선도사업에서 거점대학으로 선정되는데도 일익을 담당하셨다. 우리나라 녹색성장산업의 주축으로 부상할 수 있었던 신재생에너지 사업이 각광을 받고 있던 시점에서 '해상풍력신재생에너지 인재양성센터' 사업이 최종 선정되어서 서남해안지역의 많은 도서들과 천연자원들을 이용한 자원개발과 우리지역의 미래가치를 한껏 높여가는 시너지 효과가 발생되었다고 본다.

또한 미래사회에서 가장 가치롭게 떠오를 수 있는 해양문화 개발에도 큰 업적을 남기신 걸로 알고 있다. 신교수님께서 집필한 '도서지역의 주민과 사회'는 지역과 국가의 경계를 넘어 섬과 바다에서 이루어지는 인간의 활동과 물질문화에 대한 다양한 연구성과물 총서로서 도서지역의 배경, 인구구조, 교육, 종교, 주요 사회사건, 배출인물, 사회조직, 정주환경, 생활권 구성과 교통의 변화, 산업과 경제구조 등을 생생하고 정밀하게 그려내고 있다. 이러한 큰 연구 성과는 지역과 국가의 경계를 넘어서 한국과 동아시아 해양문화의 연구 환경과 인류문명의 생태적이고 문화론적 발전에 크게 기여하리라고 본다.

신교수님은 이러한 연구 성과와 친화력을 바탕으로 학계와 관계 및 시민 사회단체에서도 많은 일들을 추진한 것으로 알고 있다. 대한국토도시계획학회 광주전남 지회장, 한국지적정보학회 부회장, 한국도시행정학회 부회장, 목포포럼 공동대표, 목포교통문화개혁시민협의회 대표, 한국섬사랑회 회장, 섬문화연구소 부소장, 한국지역개발학회 이사, 전라남도 도시계획위원회 및 관광자문평가위원회 위원, 한국도시행정학회 회장, 한국지적학회 회장, 안전행정부 정책자문위원, 도서개발사업선정위원회 위원장 등을 역임하셨으며, 최근에는 장관급 위원인 대통령 직속 지역발전위원회 정책기획 및 평가전문위원회 위원장으로서 우리나라의 지역균형발전에 큰 일을 담당 하셨다고 본다.

   신교수님께서는 넘치는 열정과 풍부한 경험을 바탕으로 앞으로도 교육 및 사회발전 분야에 하셔야 할 일들이 태산 같다고 생각하는데, 벌써 정년퇴임이시라니 안타까울 따름이다.

   하지만 이러한 연구성과 및 풍부한 경험을 바탕으로 우리사회의 꼭 필요한 곳에서 밑거름이 되어주시라고 생각한다. 사석에서 늘 말씀하셨듯이 다른 사람들 보다는 탁월한 친화력과 남다른 식견과 감각을 가지신 분이라서 퇴임 후에도 정계나 지방관계에서도 꼭 큰일을 담당하시라고 믿고 있다.

   이제 교단에서는 퇴임하시지만 신교수님의 학문에 대한 발자취는 후학들에게 길이 길이 남을 것입니다.

   다시 한 번 영예로운 정년퇴임을 진심으로 축하드리며, 그동안 쌓아왔던 학식과 경험을 바탕으로 우리사회의 모든 저변에 불을 밝힐 수 있는 등대가 되어 주실 것을 부탁드리며, 늘 건강과 행복이 함께 하시길 기원합니다.

어떤 시간

김명선
(기획재정부 신성장정책과장)

샐러에서 와인 하나를 꺼내들었다. 2002년 프랑스 남부 론 지방 와인인 샤토 하야즈. 2002년은 론 지방 최악의 해이다. 빈티지(vintage, 포도가 생산된 연도)가 나쁘면 보통 대개의 와인은 실망스럽다. 그러나 가끔 뛰어난 양조자는 나쁜 빈티지의 포도를 가지고도 좋은 와인을 만들어내기도 한다. 이번 와인이 혹시 그런 의외의 와인이 되지 않을까 하는 무리한 기대를 하며 설레는 마음으로 조심스럽게 코르크를 열었다. 코르크에 젖어든 향을 맡아본다. 일단 향이 기대 이상이다. 와인 잔에 따라 가볍게 스웰링(swelling, 돌린)하고 향을 맡아 본다. 숙성된 와인에서 나오는 묵직하고 꼬릿한 향기 뒤로 상큼한 꽃향기가 후욱 밀고 들어온다. 한 모금 머금었다가 가만히 목으로 넘긴다. 아직 남아있는 탄닌이 기분 좋게 입안을 조여 온다. 가벼운 산미, 살짝 스치는 쌉쌀함, 그리고 아련한 단맛이 입 안 가득 퍼지면서 비강을 뚫고 긴 여운이 끝없이 올라온다. 최악의 빈티지에서 어떻게 이런 와인이 만들어졌을까. 경이롭기까지 하다.

좋은 와인의 원료가 되는 좋은 포도는 인간의 노력으로만 만들어지지 않는다. 비, 바람, 햇볕과 같은 수많은 자연의 요소들이 어떤 시간의 흐름 속에서 우연히 그 포도를 만들어 낸다. 좋은 포도가 되기까지 지나온 어떤 시간은 특별한 만남들로 가득하다. 뜻밖에 거친 바람을 만나고, 때 아닌 폭염에 시달리기도 하고, 가뭄에 반가운 단비를 만나기도 한다. 그리고 그 만남들은 고스란히 그 포도만의 개성이 된다.

여기서 끝이 아니다. 좋은 포도가 있어야 좋은 와인을 만들 수 있다. 하지만 그것만으로는 충분하지 않다. 이렇게 만들어진 포도로 빚어진 와인은 오크통으로 옮겨져 다시 오랜 숙성의 시간을 보낸다. 포도의 당분은 효모와 만나 서서히 알코올로 변하고 포도즙에 응축된 비, 바람, 그리고 햇볕은 저마다의 향기로 변화한다. 햇볕은 은은한 단맛으로 녹아있고, 바람은 거친 탄닌으로 남아있고, 비는 날카로운 신맛의 색채를 남긴다. 그리고 시간은 이러한 요소들을 하나로 녹여낸다. 오크통에서 숙성된 와인은 병으로 옮겨져 또 다시 오랜 숙성의 시간을 보낸다. 와인병 안에서 또 다른 숙성의 시간동안 와인의 단맛, 신맛, 쓴맛, 떫은 맛이 균형을 찾아간다. 그 오랜 기다림의 시간 동안 와인이 어떤 시간을 보냈느냐에 따라 놀라운 밸런스를 보여주는 높은 품질의 와인이 되기도 하고 알코올만 튀는 허술한 와인이 되기도 한다. 하나의 와인은 그 와인이 보낸 시간을 고스란히 담고 있다. 또한, 그 시간 속에 수많은 의도된 만남과 우연한 만남들이 하나의 와인 속에 흔적을 남기게 된다.

인간의 삶도 와인과 닮아있다. 어떤 사람들은 완전히 다른 시대, 다른 장소에서 태어나 살아가기도 하고, 어떤 사람들과는 비슷한 시기, 비슷한 환경에서 태어나 살아가기도 한다. 하지만, 그가 보낸 어떤 시간과 그 시간 속에 수많은 만남이 그 사람을 결정짓고 만들어 내는 것이다. 그가 보낸 시간과 만남 속에 희노애락이 있고 희망과 절망이 시시각각 뒤엉켜진다. 하지만 와인이 그러하듯 또 다른 어떤 시간 속에서 그것을 하나로 녹여가며 균형 잡힌 삶을 만들어 가고 있다.

신순호 교수님께서 어떤 시간을 보내셨는지는 그의 현재 모습에 고스란히 드러나 있다. 교수님은 2002년 빈티지의 남부 론 지방의 와인처럼 열악한 환경에서 태어나 격랑의 시대를 살아오셨다. 6.25 전쟁 중이던 1952년에 태어나셨으니 열악한 시대에 태어난 것은 말할 필요도 없겠다. '50~60'년대의 시대적 가난, 70년대 유신체제의 혹독한 대학시절 그리고 공군장교시절에는 1980년 광주 민주화운동의 현장에 남은 지인들의 아픔을 바라보는 시대를 거쳐왔다. 그럼에도 불구하고 그에게서는 그런 고통스런 세월의 흔적을 찾아볼 수가 없다. 오히려 36년간 청주대와 목포대에서 교직생활을 하시면서 경이로운 숙성의 시간을 보낸 덕분인지 그에게서는 고급 와인에서 느껴지는 묵직하고 균형 잡힌 향기가 난다. 2014년 지역발전위원회 평가자문단장으로 만난 교수님은 연세를 초월한 열정과 겸손하고 소탈하신 성품, 무엇보다 자상하신 배려를 가지고 계셨다. 정년을 앞두고 계신 그의 현재 모습을 보면서 그가 보낸 어떤 시간에 경의를 표하고 싶다.

지적발전의 산 역사인
신순호교수 정년 송공사

김석종
(전국지적교수협의회 회장)

목포의 한여름 이글거리는 태양처럼 도림골 동산에서 열정적으로 참인재양성에 평생을 봉직해 오신 평소 존경하는 신순호 교수님의 정년퇴임을 맞이하여 뜻 깊은 글을 올리게 되어 매우 기쁘게 생각합니다.

또한 신순호 교수님께서 우리 지적발전에 매진할 수 있도록 오랜 세월 내조를 아끼지 않으신 윤경심尹京心 여사님을 비롯한 가족여러분께도 깊은 감사를 드립니다.

신순호 교수님과 첫 만남은 제가 대구시청에 근무할 때 1987년 5월 광주에서 대한지적공사 세미나발표 때 심사위원으로 많은 칭찬을 해주셔서 93년 3월 대구과학대학교 측지공학과 교수로 발령받아 1995년 7월 여름 목포로 달려가서 밤을 새며 지적을 이야기한 추억이 제일 기억 남습니다.

그리고 2002년 우리대학에서 "지적분야 신직업인양성 포럼"에 귀한 토론을 해주셨습니다. 제가 8년간 총장하면서 대구에 한번 모시고자 했는데 무엇이 그리 바쁘신지 내내오시지 않았습니다. 이제 사모님과 가벼운 마음으로 95년 여름밤 추억을 대구에서 이야기합시다.

신순호 교수님의 36년간 교직성상은 우리지적 발전의 산 역사였습니다. 목포대학교 지적학과 교수로 재직하시면서 한국지적정보학회장과 한국지적학회장 때는 지적학문 발전에 큰 획을 남겼습니다.

어려운 여건과 시류에 따라 변화무쌍한 교육현장을 말없이 지켜보시며 소신 있는 교육관으로 우리 지적교육을 바르게 세우려고 힘쓰셨습니다.

"훌륭한 스승은 훌륭한 제자를 만드는 사람이고 훌륭한 제자는 그 스승을 이해하는 사람이고 더 훌륭한 제자는 그 스승을 뛰어넘는 사람이다."라는 유명한 말은 『바람의 화원』이라는 소설 속에 김홍도가 자신의 제자에게 했던 말입니다만 제 가슴속에서 이 말이 되뇌어질 땐 어김없이 신순호교수님이 떠오르는 건 당연한 일이라고 생각합니다.

제자를 신뢰하고 편안하게 이끌어 주시는 인자한 모습들은 제자들의 귀감이 되어 청출어람을 이루어 내셨고 그 제자들을 다시 훌륭한 전국의 일류 지적인으로 돌려보냈습니다.

신순호 교수님께서는 평소 남다른 애정과 열정으로 우리 지적분야 구석구석을 누비며 갈수록 어려워지고 있는 교육현장에 앞장서 우리 지적학문이 글로벌시대가 요구하는 전문직업인 양성의 요람으로 자리 잡는데 크게 기여하셨습니다.

전국 지적교육 가족 여러분!

흔히들 인생무상이라고 하지만 자신이 열정을 바쳐 헌신할 수 있는 삶의 터전에서 후회 없이 그 삶을 즐기며 혼신을 다했다면 그 인생은 참으로 값진 삶이 될 것입니다.

오늘 명예롭게 퇴임하시는 신순호 교수님이 바로 열정과 희생으로 지적학문이라는 삶의 터전 위에서 그 삶을 위해 모든 것을 바치고, 오늘 아름답고 숭고한 정년퇴임을 맞이하시게 되었습니다.

신순호 교수님께서 남기신 투철한 사명감과 열정을 우리 모든 지적후배 교수들은 가슴에 새겨 우리 지적학문이 명실상부한 세계 속의 최고학문으로 발전 시켜나가는데 힘을 모아야 할 것입니다.

헤어짐은 또 다른 만남의 시작이라고 합니다.

이제 동료교수가 아니라 인생의 선배로서, 또 다른 인연으로 우리 지적교육 발전에 많은 충고를 부탁드립니다.

끝으로 온갖 어려움을 겪으시면서 교직에 전념하실 수 있도록 묵묵히 내조해주신 사모님과 가족 분들에게 다시 한 번 깊은 경의를 표합니다.

내외분의 건강하심과 가정의 행복이 충만하시기를 두손 모아 소원합니다.

그리고 신순호교수님의 앞날에 무궁한 건승을 기원드립니다. 대단히 고맙습니다.

신순호 교수와 '섬사랑시인학교'

김선태
(시인, 목포대학교 국문과 교수)

신순호 교수와 나의 첫 만남은 아주 오래 전으로 거슬러 올라가지만, 서로 결정적으로 가까워진 것은 2003년 여름 완도 보길도에서 열린 '섬사랑시인학교'에서부터였던 것으로 기억한다. 주지하다시피 그는 대통령 직속 지역발전위원회 평가자문단장 등을 맡는 등 평생을 지역의 발전을 위해 진력한 학자이자 행정 전문가로 유명하다. 특히 완도 금일 출신답게 섬에 대한 무한한 애정을 갖고 관련 활동을 활발히 펼쳐왔다. 그 활동의 일환으로 일찍부터 (사)섬문화연구소를 만들어 매년 여름과 겨울에 두 차례씩 전국 시인들을 대상으로 진행한 문학행사가 바로 '섬사랑시인학교'였다. 당시 나는 아무 것도 모른 채 시인의 한 사람으로 참가했는데, 뜻밖에 거기서 마주친 사람이 신순호 교수였다. 그는 다름 아닌 행사를 이끄는 교장이었던 것이다.

처음엔 그가 교장이라는 사실이 어색하게 느껴지기도 했다. 흔히 시인학교라면 원로시인 정도가 교장을 맡기 마련인데, 시인도 아닌 사회과학자였기 때문이다. 하지만 이러한 어색함은 오래가지 않았다. 시도 읊고 노래도 부르는 등 시인들 뺨치는 능수능란한 솜씨로 참가자들을 즐거움 속으로 이끄는 모습을 보면서 그간 내가 그에 대해서 얼마나 많이 모르고 있었던가를 깨달았기 때문이다. 그리고 그가 전공을 넘어서 문학적 소양이 넓고 깊다는 것, 섬에 대한 논문뿐만 아니라 산문을 많이 써왔다는 사실까지 알아차렸을 때 비로소 선입감을 누그러뜨리고 가까이 다가설 수 있었다. 정년을 앞둔 최근엔 실제로 시를 쓰는 법을 배우기 위해 내가 개설한 목포문학관 문예대학 시창작반 수업을 수강하고 싶다고 해서 정중하게 말린 적이 있다. 싫어서라기보다 한참 선배인 그를 앉혀놓고 강의를 하기가 다소 부담스러웠기 때문이다. 좀 과장하면 그에게 시작법을 가르쳐주었다가 혹시 나보다 시를 잘 써버리면 어쩌나 하는 두려움(?)도 있었다.

  그 이후로 신순호 교수와 나는 인간적인 정이 도타운 사이가 되어 지금에 이르렀다. 그는 목포대 교수 중에 내가 대뜸 '형님'이라고 부를 수 있는 몇 안 되는 사람 중 한 명이다. 그만큼 편하기 때문이다. 여덟 살이나 아래인 내가 아무 때나 전화해서 술 한 잔 사달라고 해도 싫은 내색을 하지 않는다. 그만큼 마음이 넉넉하고 배려심이 깊기 때문이다. 나는 사람을 사귐에 있어서 인간성과 의리를 매우 중요하게 여기는 사람이다. 그리고 조금이라도 부담스러움을 느끼면 가까이 다가서지 못한다. 서로 마음을 터놓았을 때만 상대를 기꺼이 받아들인다. 그래서 안타깝게도 친구가 적다. 그러나 한번 받아들이면 설사 상대가 서운한 짓을 하더라도 내가 먼저 돌아서는 일은 결코 없다. 나는 신순호 교수와의 만남을 소중한 인연으로 받아들인다. 그를 떠올릴 때마다 늘 고맙고 감사하다.

  그런 그가 정년에 이르렀다고 한다. 그의 얼굴을 가만히 떠올리면 누구보다 숨 가쁘게 살아온 인생이 보인다. 나는 그가 이제 모든 것을 내려놓고 잠시 쉬길 바란다. 휴식하면서 지금껏 살아온 생을 돌아보고 남은 생을 지긋이 응시하는 시간을 갖길 바란다. 그리고 지금부터 본격적으로 자신의 뿌리인 섬에 대한 글쓰기를 계속하길 바란다. 나 또한 그가 정년 이후로도 이따금씩 술친구로서 의리를 지킬 것을 약속하며 그간 참 많이 애쓰셨다는 말씀을 올린다.

비 내리는 호남선 종점에 사는 사람

김성옥
(前, 국립극단 단원, 前, 극단 「신협」 대표)

내가 아는 사람 중에 조용한 사람, 아무 일도 안하는 것 같은 사람, 만사에 열심인 사람, 그러면서도 모든 일이 제 자리에 있느냐하고 열심히 정리하고 앞으로의 일에 대비하고 사는 사람이 있다.

그가 바로 지적학을 전공하는 목포대학교 교수로 계시는 행정학 박사 신순호 교수다. 그는 남의 부탁을 거절하는 모습을 보지 못했다. 그의 화두는 항상 긍정에서 시작된다.

세상을 끌고 가는 사람은 어떤 사람일까? 사회는 어떤 사람을 원하는가? 정치는, 사회는, 경제는, 문화는, 직선과 곡선을 고루 갖추고 사는 사람. 사회는 당신처럼 살기가 어렵다는 것을 잘 알면서도 그렇게 살기를 고집한다.

난장판 세상의 리-더가 되어야 흥분하고 신나는 사람들이 있다. 한국정치의 현주소다. 그래서는 안 되는 줄 알면서도 그래야만이 살 수 있는 한국 정치・사회의 현주소다.

이런 시대에 한 사람의 지성인이 조용히 살아가기란 쉽지 않다. 그런데도 내가 아는 신교수는 그런 사람이다.

그 내가 아는 신교수가 퇴임을 한다고 한다. 무언가 한마디 쓰고 싶어 쓴다.

세월의 흐름을 조용히 기다려야 하는 시간의 흐름. 우산을 들고 바닷가에 서 있으면 모든 슬픔이 거기 말려 있는 것 같기도 하고 모든 기쁨과 멋이 거기 나란히 서 있는 것 같기도 하다.

목포는 작은 도시다. '목포는 항구다'라는 노래도 있다. 그래서 더욱 비 오는 날의 우산과 바다는 잘 어울린다. 신교수는 그런 사람이다.

  그가 들고 있는 우산 속엔 그 많은 슬픔이 거기 다 있기도 하고 조용한 기백과 멋이 풍겨나기도 한다. 내가 아는 신순호 교수는 그런 사람이다.

  시대정신이라는 말이 있다. 어떻게 사는 것이 이 말의 뜻과 일치 하는 지 잘 모른다. 그러면서도 우린 태극기를 흔들며 이 시대에 살고 있음을 감사하고 있다.

  100세 시대라고 한다.

  퇴임을 하고도 앞으로 40년을 더 살아야 한다. 그런데도 사회는 정년퇴임을 축하한다고 한다.

  이런 삶의 관계를 일찍부터 신교수는 터득하고 있었는지 모르겠다.

  그의 생각의 양면성, 그것은 삶의 모순에서 출발하는 것이 아니고 긍정에서 출발하는 것이었다.

국가균형발전에 노력하고 헌신하신 모습을 이어가시길 바라며

김성훈
(한국산업기술평가관리원 지역사업평가센터장)

대통령직속 지역발전위원회는 매년 지역발전시행계획의 추진실적 등을 평가하고 있다. 특별히 지역발전특별회계 사업에 대해 다양한 평가체계를 가지고, 지역발전 예산투자의 효율성을 높이고 바람직한 지역발전사업의 추진을 유도하기 위하여, 2005년부터 매년 평가를 실시하고 있다.

지역발전사업평가는 지역발전위원장이 위촉하는 위원(현행150명)으로 구성되어 1년간 다양한 분과별 활동을 포함해 지역발전특별회계의 많은 사업들의 평가를 실시한다. 평가자문단은 지역발전사업 평가에 대한 전문성과 경험이 풍부한 평가위원으로 구성하며, 평가자문단장은 평가위원 중 지역발전위원장이 선임한다.

평가자문단장은 평가계획의 수립단계부터 다수의 평가위원회 분과장 회의 주재, 평가결과 종합, 우수사례 발굴, 평가제도 개편 등에 적극적으로 참여하게 되는데, 특히 2014년부터 2017년까지 4년간 평가자문단장으로 헌신적인 노력을 해 주신 목포대학교 신순호 교수님께 이 글을 통해 감사의 마음을 전해 드린다.

교수님께서는 평가자문단장으로 활동하시면서, 행정적인 평가에만 머무르지 않고 균형있는 지역발전에 실질적 도움이 되는 평가가 되도록 늘 다양한 아이디어를 제공하셨을 뿐 아니라, 특유의 친화력으로 많은 평가위원들의 자발적인 참여를 이끌어 내시고 또 전문성을 충분히 발휘할 수 있도록 하셨다.

평가제도적인 측면에서 2015년 생활계정은 포괄보조금 제도에 부응하기 위하여 기존 내역사업 단위에서 포괄보조사업 단위로 평가 단위가 상향되었는데, 교수님께서는

2014년부터 꾸준히 이렇게 평가해야 하는 이유와 당위성에 대해 지역발전위원회 본회의 등에서 뿐 아니라 지자체에게도 강조해 주셨다.

또, 2016년에는 생활계정도 지자체 자체평가의 적절성을 검토하고 적절시 자체평가 인정, 부적절시 지역위가 직접 확인·점검하여 조정된 등급과 의견을 부여하였는데, 이 또한 지자체의 평가역량 강화와 자치분권이라는 가치관 아래 많은 노력과 지원을 아끼지 않으셨다.

평가위원회 운영과 관련해, 과중한 평가 업무로 자칫 경직될 수 있는 분과마다 틈틈이 방문하셔서 온화하고 위트 있는 말씀으로 위원들을 격려해 주셨고, 또 전문가 수준인 사진 실력을 한 껏 발휘하셔서 평가위원들이 최선을 다하는 모습을 담아 각자에게 정성스레 보내주시는 등 많은 위원들에게 진심어린 고마움을 표하셨다.

교수님을 처음 뵈었을 때는 교수님의 친절한 말씀과 태도에 익숙하지 않아 다소 당황했던 것도 사실이지만, 뵈면 뵐수록 가식 없고 진심어린 마음과 격려의 말씀에 감동하게 되었으며 이렇게 교수님을 알고 모시게 된 것이 큰 자랑이라는 생각을 갖게 되었다.

학생들을 가르치는 일에서는 이제 은퇴를 하시게 되지만, 더욱 건강하고 왕성하신 모습으로 국가균형발전에 있어 지금까지 노력하시고 헌신하신 모습을 오래오래 이어가셨으면 좋겠다.

다시 보는 신교수의 열정과 다정다감한 인정, 전문성의 조화

김수철
(前 한국교통연구원 부원장, 現전국버스공제조합 이사장)

환경계획과 도시 및 지역계획분야의 입문

내가 신교수를 처음 만난 때는 1976년 3월 서울대학교 관악캠퍼스에서 환경대학원 환경계획학과에 입학하면서 부터이다. 그 당시에 환경계획은 우리나라에서 생소한 학문이었고, 최초로 'UN총회'에서 1972년 6월 5일에 '세계환경의 날'로 지정하여 국내에서도 환경에 대한 관심이 높아지던 시기였다. 우리나라는 1996년 6월 5일부터 법정 기념일로 '환경의 날'을 지정하여 올해로 22회를 맞이하였다. 교과목도 계획이론, 도시 및 지역계획, 토지이용계획, 교통공학, 환경, 조경 등 새로운 학문분야임과 동시에 여러 분야를 접목하는 융합학문의 시도였다.

졸업하신 선배들은 1976년도에 이미 고건 전 전남도지사를 필두로 정부의 중요한 직책에서 도시계획과 환경을 현장에서 정책에 반영하였고, 많은 교수님들은 우리나라의 국토계획의 수립과 후진양성에 노력하던 시기였다.

우리는 이러한 시기에 만나 우리나라의 도시와 지역계획 및 개발에 대해 이론을 배우고 논하며, 전국을 돌아다니며 이러한 배움이 현장에서의 적용되는 실태를 배웠다. 특히 야간 수업 후에 관악의 높은 캠퍼스에서 내려다보는 전경과 내려와서 저녁과 술을 같이 하던 경험이 우리 친우들을 더욱 우정이 돈독하게 만들어서 지금까지 매년 빠짐없이 만나고 있다.

배움을 현장과 후학 양성에 열정을 바치다

나는 교통을 전공으로 하여 우리나라의 국가기간교통망계획 및 시행계획, 대도시 광역교통 및 도시교통계획, 도시철도 및 버스 등 대중교통개선, 교통운영계획 등의 분야에서 우리사회에 반영하였고, 특히 국토 및 도시계획과 교통계획의 접목을 통해 국민이 편리하고 안전한 교통시설과 수단을 제공하는 방안을 제시하여 정책을 실현시켰다.

반면 신교수는 도시와 지역계획 분야를 전공으로 하여 1982년 청주대학교에서 강의를 시작하였다.

목포대학교는 1985년부터 지적학과에 재직하며 후진양성에 전념하였고, 한국연구회, 한국도시행정학회, 전국해양문화학자, 한국지적정보학회 등 많은 학회 활동을 하였다. 아마도 대학재직 36년 동안 많은 제자들에게 마음을 통해 공감하고, 열정으로 가르치며 도시분야의 전문가로 또한 우리사회의 훌륭한 일꾼으로 인도하였을 것으로 믿어 의심하지 않는다.

국가와 지역발전을 위한 노력이 꽃을 피우다

신교수의 이러한 경력과 경험이 꽃을 피우게 된 시기는 아마 2012년 10월 대통령 직속 지역발전위원회의 위원으로 위촉되고, 정책기획평가전문위원으로 활동하면서 부터이다. 2015년 10월에는 제2기 위원으로 재위촉되고, 지역발전사업평가자문단의 단장으로 역임하면서 지역특별회계사업 우수사례 선정, 어촌마을조합권역사업, 행자부의 특성화사업 선정, 섬마을(도서) 개선 전략, 도시재생과 혁신도시 활성화 등 많은 지자체사업의 평가와 자문을 하였다. 열정과 정열을 가지고 전국 구석구석을 누비고, 국토연구원, 한국지방행정연구원, 충남연구원 등 지역연구원, 한국도시행정학회와 합동으로 국제행사와 지역세미나를 개최하여 의견 수렴과정을 거쳐 우수사업 및 지역의 선정을 하였고, 우수사례의 선정은 지자체 발전의 원동력을 제공하였으며, 이러한 활동은 지역균형발전을 통한 주민의 삶의 질의 향상에 지대한 역할을 하였다.

다재다능한 재능의 가감 없는 사회 기여

이외에도 본인의 취미활동이자 주변 사람들과의 교류, 함께하는 사회활동의 일환으로 차 문화에 대한 지식을 이용하여 차문화협회와의 왕성한 활동을 하였고, 사진작가로써 사진작품전시회를 개최하였으며, 또한 음악을 통한 사회봉사와 테니스 및 여러 동호회 활동을 통하여 다재다능한 능력과 자질을 사회에 기여하였으며 주변 지인들의 인기를 한 몸에 받았다.

또한 우리친우들의 모임인 서울대 환경계획학과 9회 동문모임은 1978년 졸업 후 매년 서울에서 하는데 먼 목포에서 만사를 제쳐놓고 올라와 다정하고 웃음 띤 얼굴로 맞이하는 모습이 항상 마음으로 다가온다.

앞으로의 인생도 지금까지 쌓아왔던 전문지식과 다재다능한 재능을 계속 사회에 기부하면서, 주변 친구와의 항상 즐거운 만남을 통해 멋진 인생과 건강하게 인생을 즐기기를 기원합니다.

멋진 추억으로 또다시 시작하는
신나는 인생을 응원합니다

김수현
(전남도청 토지관리과)

추억의 한켠을 꺼내보기 딱 좋은 시기이다.

어느 해의 시작과 끝은 누구와의 인연을 그리고 나의 삶을 되돌아보게 만드는 마력 같은 것이 있다.

특히, 이렇게 하얀 눈이 내리는 겨울 저녁 밤은 더욱 사무치곤 한다.

교수님을 처음 뵌 것은 어언 26년 전이다.

지금 생각해보면 교수님의 40대에 시작과 함께 나의 20대도 시작되었다.

항상 입가에 웃음가득이었지만, 신입생 새내기 눈에는 마냥 어려운 스승님이었다.

도서개발연구에 매진하시면서 양복보다는 벙거지 등산모자 속에 숨겨진 열정어린 얼굴과 씩씩한 걸음을 잊을 수 없다. 무수히 많이 꽂혀진 연구실의 다양한 종류와 두께의 책들~

1학년 목포대와 청주대 교류를 이끌어 주셔서 새로운 친구들과 문화적 교류로 '우와~ 내가 대학생이 되었구나~ 어른이 되었구나' 생각하게 되었던 또 다른 경험이었다. 플라타너스 가득한 청주 시내와 커다란 나무가 즐비했던 청주대 캠퍼스, 그 아름다움만큼 찬란했던 스무 살이 고스란히 교수님과 함께였었다.

지적학과 2학년 때 갔던 2박3일 지리산 답사 때 뱀사골 산장에서 갑자기 즉석에서 시를 써서 읽으셨다. 물론 우리도 한편씩 지어서 읽어 내리게 하셨는데, 쏟아지는 밤하늘의 별빛들과 쓰디쓴 소주한잔, 그리고 동기들과 선배들과의 우정 어린 추억들이 켜켜이 쌓여있다.

졸업과 동시에 영암군에 당당히 합격하고, 외롭고 두렵고 낯설었던 초임시절 교수님의 깜짝 방문에 어찌나 반가웠던지, '열심히 잘할 거라'고 믿어 주셨던 말씀이 참 힘이 되었다.

전남도 전입 후 이전사업본부시절 나를 정말 귀여워하셨던 총무부장님께 내가 아닌 나와 전입동기인 행정직 친구를 정말 잘하는 친구라고 교수님이 칭찬했다고 말씀하셨을 때 부장님이 착각하셨다는 사실을 직감으로도 알 수 있었다. 교수님께서 저를 칭찬하며 잘 부탁드린다는 말을 분명 우리부장님이 옆 팀에 있던 그 친구와 착각해서 전달했다는 것을 알 수 있었다. 물론 확인은 안 해봤지만^^

토지관리과 시절 도청에 다른 일로 오셨어도 항상 들러 주셔서 직원들 모두에게 먼저 반갑게 인사해주시고, 소개하시며 크고 환한 웃음에 인기쟁이셨다. 그리고 조용히 응원해주시고 독려해주셨던 그 따뜻함이 지금도 가슴에 남아있다.

일본유학과 전국팔도를 누비고 다니셔도 항상 그 건강함, 당당함, 여유로움에 덩달아 저까지 괜히 교수님 제자라고 혼자 어깨 으슥하며 기분 좋아졌다.

그런데, 이제 교수님이 새로운 시작을 앞두고 있다니,

만감이 교차한다.

교수님의 마흔이 나의 스무 살과 함께했듯이,

교수님의 새로운 시작이 나뿐만 아니라 다른 멋진 사람들과 생활 속에서 지속적으로 공유하고 공존할 것이라고 믿는다.

ps. 멋진 신순호교수님!
멋진 추억 감사드리고,
멋진 추억으로 또다시 시작하는 신나는 인생
멋들어지게 응원합니다! 파이팅입니다!

92학번 김수현 올림

태평양 소년 신순호의 정년에 즈음하여

김승현
(목포대학교 교수)

신순호는 완도의 한 섬에서 태어나 태평양을 응시하며 소년시절을 보냈노라고 늘 자랑스럽게 이야기하곤 했다. 아마도 나의 기억을 더듬어 보면 그에 대한 첫 인상은 이렇게 각인되었던 것 같다.

다시 말해서 완도에 소속된 작은 섬에서 태어나고 성장했다면 섬놈이라고 폄하되는 것이 부담스러울 수도 있었을 터인데 오히려 자부심을 가지고 '태평양' 운운한 것만 보아도 신순호란 인물을 압축하여 평가해 볼 수 있지 않나 싶다.

신순호는 그렇게 당당하게 처신하며 살았다고 할 수 있다.

신교수와 첫 대면을 한 지도 어언 30년이 가까워진다. 이제 그가 교수생활을 일단락 짓고 자연인으로 돌아간다 하니 나름 감회가 없을 수 없다.

본시 인간은 시간과 공간이라는 두 축을 중심으로 살아가는 존재인 만큼 공간적으로는 목포대학교 사회과학대학 3층에서 연구실을 나란히 하며 지냈고 또한 시간적으로는 30년 가까이 한 복도와 같은 화장실을 사용하며 교유하였다는 점에서 더욱 그러하다.

대학교수에게 주어진 기본적인 직무는 정성스럽게 학생들을 가르치고 자신의 연구 영역을 충실하게 탐색하여 발전시켜 나가는 것이라 할 수 있는데 신교수는 이 두 가지 본연의 임무 외에도 더 나아가 지역사회에 대한 봉사활동과 대학행정을 주도하는 등 여러 방면에서 참으로 많은 정렬과 욕심을 부린 사람이 아닌가 생각한다.

특히 자신이 소속한 지적학과 학생들을 독려하여 전국적으로 공기관 취업률 1위라는 명예로운 학과의 위상을 정착시킨 것도 그의 열정이 낳은 또 하나의 부산물임에 틀림없을 것이다.

　아울러 1990년대 목포대교직원 테니스 동우회인 목우회를 통하여 한동안 운동을 함께하며 보여 준 동료애와 그의 다정다감한 인간적인 면모도 주마등처럼 스친다.

　'노당익장 老當益壯(나이가 들수록 더욱 건장해져야 한다)'이란 말이 있다.

　이와 같이 신교수는 나이가 들어갈수록 그의 열정을 더욱 발산하며 살아갈 사람이 아닐 까 믿어 의심치 않는다.

　태평양 소년 신순호가 이제 정년퇴임을 맞이하여 현직교수생활을 마감한다고는 하지만 가만히 그간 그가 보여준 역량과 열정을 고려한다면 이 지역과 사회를 위하여 끊임없이 유익한 공헌을 할 것이라고 판단된다.

　끝으로 이 지면을 빌려 태평양 소년 신순호 교수의 정년퇴임을 거듭 하례 賀禮드리며 모쪼록 가족 모두가 늘 평안하고 행복하시기를 기원하는 바입니다.

늘 호방하게 반겨주셨던
신교수님의 정년을 아쉬워하며

중암 김신규
(목포대학교 법학과 교수/법학박사)

　사람들은 흔히들 애틋했던 만남의 정과 이별의 아쉬움을, 법화경의 '회자정리 거자필반會者定離 去者必返'이라는 언구로 표현하면서 내일을 약속한다. 필자가 신교수님을 처음 만난 햇수를 곱씹어 회상해보니 어언 30년이라는 짧지 않은 시간의 흔적들이 주마등처럼 스쳐 지나면서 추억이라는 기억의 장이 제법 두텁게 쌓여 있어 세월유수라는 말이 실감날 뿐더러, 이제 2018년 2월이면 30년 이상 봉직해왔던 정든 목포대학교 지적학과 교수직을 정년퇴임하게 되어 자주 뵈올 수 있는 기회가 줄게 생겼으니 이 말이 내게는 딱 들어맞는 말이다.
　그러나 무엇보다도 신교수님을 다시 만났으면 하는 첫 번째 연유는 늘 학구적인 모습으로 늦게까지 공휴일에도 연구실 불을 밝히는 모습을 연모해서이고, 두 번째 까닭은 캠퍼스 주차장이나 연구실 복도에서 마주칠 때면 늘 호방하게 반기면서 수인사를 건네는 다정다감한 모습 때문이며, 또 다른 하나는 이제 정념퇴임을 하시더라도 명예교수로서 대학발전에 도움을 주었으면 하는 바램 때문이다. 교수가 정년퇴임을 하면 후배교수들에게 부담을 주지 않기 위해 홀연히 떠나 다시는 대학에 나타나지 않는 것이 미덕인 것처럼 생각되어지는 천박한 저간의 학문적 풍토 때문에 실로 저어되는 말이지만, 내가 알기로 신교수님은 우리나라 도서지역연구가 일천할 때 그 기반을 다졌을 뿐만 아니라 한국도시행정학회장을 비롯한 국가 지역발전위원회 평가자문단장을 맡는 등 다양한 연구와 학회활동을 하였으므로 그러한 경험적 자산들이 후학들에게 전승되고 더욱 발전되었으면 하는 소박한 소망 때문이기도 하다.

신교수님과 나와의 인연은, 필자가 1987년 3월 목포대학교 법학과 교수로 부임하면서 사회과학관 같은 3층에 연구실을 두고, 복도를 오가며 수시로 만나면서 다정다감하게 수인사를 주고받거나 때로는 호탕하게 웃으시면서 안부를 묻고 하던 동료교수이기도 하지만, 1996년 초여름 신교수님이 대학의 기획부처장으로 보직을 맡고 있을 때 목포대학교와 자매결연대학인 중국 연태대학과 계림의 광서사범대학을 학술발표 및 학술교류협의차 함께 방문한 적이 있는데, 특히 계림의 광서사범대학을 방문하고 리강의 명승지를 관광한 후 함께 피로를 풀 요량으로 마사지점에 들렀지만 중국어 대화가 되지 않아 함께 한자필담을 하다가 생긴 에피소드는 두 사람만이 간직한 아스라한 추억의 장으로 가슴 한 켠에 남아 있다.

그 후 신교수님이 대학의 기획처장으로 보임하고 있을 때에는 필자도 도서관장을 맡아 대학발전을 위해 함께 동분서주했던 기억도 새삼 떠오르곤 한다. 무엇보다도 신교수님에 대한 보다 뚜렷한 기억은 공휴일날 밀린 과제로 필자가 간혹 연구실에 있을 때면 유별나게도 가장 자주 조우한 분이 바로 신교수님이시다. 그만큼 신교수님의 학구적인 열정은 남다른 데가 있었다고 필자는 기억한다. 또 다른 나의 뇌리에 떠오르는 모습은 요즈음같이 앞만 보고 달려가는 에고이즘시대에 따뜻한 수인사를 늘 건네시던 분이 바로 신교수님이시다. 교수와 같이 전문직업군에 속하는 사람 중에는 외곬이고 자기중심적이며, 안하무인식으로 제 잘난 멋에 사는 사람들이 적지 않은데 신교수님은 늘 웃음으로 사람들을 마주대했던 기억이 오롯이 내게는 남는다.

1990년대만 하더라도 단과대학에 신임교수가 부임해오면 선배교수들이 모두 관심을 가지는 터라 일거수일투족 예의가 중시되던 때였지만, 사회과학대학 1박 2일 교수연수 때면 공군교관 출신인 신교수님은 북한 사람들의 말투를 흉내내어 좌중을 웃음바다로 만드는 매우 유머러스한 분이시기도 하다.

필자가 30여 년의 성상을 목포대학교 동료교수로서 지내오는 동안 변함없이 웃으면서 마주 대했던 많지 않은 교수님들 중 한 분이 신교수님이시다. 언젠가 복도를 지나가다 필자의 연구실을 방문한 적이 있는데, 취미로 쓴 "윤집궐중"과 "항산항심"이라는 글귀를 보고는 필자의 생활철학 같다는 말씀을 하시면서 격려해주었는데, 신교수님은 어떤 상황에서도 가능하면 상대편의 좋은 점을 북돋워주시는 긍정과 희망의 아이콘과 같은 분이라 할 수 있다.

  요즈음 신교수님께서는 자신의 근황을 페이스북을 통해 전하기도 하는데, 지난해에는 퇴임 후 소일거리 겸해서 장만했다고는 하지만 필자가 보기에는 작지 않은 밭에서 밀짚모자를 쓰고 직접 재배한 고구마를 캐거나 감을 따는 사진을 올린 모습이, 영락없이 낙향한 조선시대의 선비모습이고 그 빛나는 아우라는 초야에 은거한 죽림칠현의 모습이다.

  지금까지는 항시 가까이서 신교수님을 자주 뵈었지만, 이제 금년 2월 정년퇴임하게 되었다는 소식을 새삼 접하여 마음으로 통섭해오던 분이 떠난다니 그 아쉬움은 필자가 떠나는 그런 기분이다. 더욱이 금년에는 사회과학관 3층 연구실의 다정다감했던 분들이 하나 둘 씩 정년을 맞아 떠난다니 필자로서는 따뜻한 사람의 정이 더욱 그리워지기도 하지만, 신교수님께서는 이제껏 애쓴 시지프스의 노동과도 같은 연구활동보다는 자신의 건강과 인생 삼모작의 후반기를 아름답고 멋있게 늙어가는 법을 체득하여 '정년퇴직 후 풍요로운 삶 만들기의 전범'을 보여주기를 기대해본다. 워낙 건강하고 부지런하신 분이므로 무엇이든 잘 할 수 있으리라 믿으며, 당신께서 페이스북에 올리시는 소박한 일상의 모습을 담은 사진을 보노라면 카메라 피사체에 잡힌 세상의 군상들과 자연에 대한 끝없는 탐구심과 호기심이 신교수님을 더욱 맑고 밝으며 젊게 만든다고 생각한다.

  다시금 신교수님의 정년퇴임을 아쉬워하면서 퇴임 후에도 사진작가로서의 활동을 비롯한 지역사회봉사와 다른 계획하신 일들을 무리하시지 않고 훌륭하게 하시리라 믿는다. 대학에는 정년퇴직이 있지만 인생에는 삶을 마칠 때까지 정년이 없으므로 건강에 더욱 신경을 쓰시면서, 그 동안 공적인 일에 치중하셨다면 이제부터는 가족들과도 더욱 오붓한 시간 갖으며 그동안 시간이 없어서 못했던 하시고 싶은 일들을 마음껏 하시기를 소망해본다. 그리고 늘 건강한 모습으로 틈틈이 만나 뵙게 되기를 기원해본다.

  호방한 멋쟁이 교수님의 제2의 인생을 위하여 파이팅!

멋쟁이 낭만주의자

김영민
(영암교육청 지원 코디영어 강사)

대학 때 가장 존경했던 교수님이 퇴직을 하신다고 한다.
 새삼스럽게 그때의 추억들이 하나씩 하나씩 새록새록 살아난다. 교수님에 대한 한결같은 기억은 그분은 성품 못지않게 깔끔하고 정갈한 분이셨다는 것이다. 학부 때 교수님댁을 다녀온 선배들이 하는 말 중 교수님은 집에 계실 때 입고 계시는 옷 또한 세련되었다고 할 정도로 패셔니스타였다. 또 다른 인상적인 모습은 이성적인 학자이셨지만 감성을 즐기는 낭만주의자이시기도 하셨다. 거의 한 달에 한번쯤은 야외수업을 했던 걸로 기억한다. 수업도 물론 했지만 인상 깊게 남아있는 것 중의 하나는 늘 편지글이나 수필을 읽어주셨다. 느낌상 모두 다 교수님 본인의 이야기였던 것 같다. 연구실을 가끔 들러보면 항상 분주하셨다. 글을 쓰시고 계시는 등등... 우리가 가면 녹차를 내주시곤 하셨다. 환하게 웃으시며 밝게 맞아주셨던 따뜻한 미소, 책상위에 놓여있던 해맑게 웃던 아들과 소녀의 사진 또한 또 가고 싶은 방으로 남아있다. 수많은 자료들과 책들로 가득 차있던 연구실의 모습 또한 생생히 떠오른다.
 4학년 때 학과장이셨던 걸로 기억되는데 교수님과 같이 졸업여행을 제주도로 갔었다. 아마도 5월이었으리라. 유채꽃밭에서 재잘거리면서 즐거운 시간을 보냈고, 서귀포에서 처음으로 가본 나이트클럽은 호기심 반, 설렘 반 이었다. 우리와 같이 동화되셔서 신나고 멋있게 춤도 추시고… 교수님의 매력중의 하나가 바로 학교가 아닌 공간에서는 격의 없이 제자들과도 인간 대 인간으로 허물없이 지내는 것이다. 그래서 교수님과 함께 있으면 긴장감이 사라지고 편안해 진다. 늘 상대방의 장점을 말해주어서 듣는 이에게 그 사람에 대해 좋은 이미지를 갖게 해 주는 것도 교수님이 가지고 계시는 대단한 기술(?)이다. 성격답게 소박한 음식을 아주 좋아하신다. 깔끔한 일식집 보다는 토속적인 골목 시골풍 음식점에서 먹는 된장찌개나 추어탕을 더 좋아 하신다.

졸업을 앞둔 12월에 나는 갑작스레 결혼을 해서 교수님들의 반응 또한 의아스러움 자체였다. 크리스마스 다음날이 결혼식 날이라 교수님 가족들의 스케줄도 고려않고 무작정 주례 부탁을 드려서 나중에야 정말 고맙고 죄송스런 마음이 교차했다. 지금도 여전히 분주하신 교수님을 곁에서 보면서 늘 건강이 염려될 정도다. 하지만 그런 와중에도 테니스로 운동을 하면서 건강을 챙기시는걸 보니 정말이지 대단하다는 생각을 하지 않을 수 없다.

남편이 그랬다. 교수님 정도의 연세, 그리고 사회적 지위에 계신 분들의 대부분은 남의 얘기를 듣기보다는 자신의 말을 더 많이 하는데 역시 교수님은 다르시다고… 교수님은 80%를 들어주시고 20%로만 자신의 얘기를 하시는 분이라고. 나의 은사님 이지만 남편과 더 잘 통하는, 그래서 이제는 우리 부부의 인생의 멘토가 되셨다.

늘 자상하시고 온화하셨던 교수님을 보면서 자식은 부모의 투영이라고 한말이 맞다는 걸 교수님의 아들과 딸을 보면서 느꼈다. 반듯하고 순박한 모습들... 그렇게 교수님은 자식 농사도 잘 지으셨나 보다.

생각해보면 난 늘 교수님께 받기만 했다. 늘 바빠서 뵙는 것도 여간 힘든 게 아니었는데 과연 퇴직하시면 여유를 즐기실 수가 있을런지 모르겠다. 이제까지 앞만 보고 연구에 연구를 거듭하셨으니 꼭 삶의 여유를 즐기시길 바래요 존경하는 교수님~!

'90학번 지적학과 제자, 김영민

테니스장에서 먹었던 점심

김영배

((사)한국외국어평가원 이사)

맹자는 「君子有三樂(군자유삼락)」을 말했습니다. 여기서는 스포츠, 특히 테니스를 하며 맛보는 즐거운 세가지 장면을 삼락三樂이라하여 말하고자 합니다.

사람이 태어나서 한평생 살아가는데 수 많은 사람과 만나고 헤어지며 예측하기 어려운 인연을 맺고 지나갑니다. 환경과 성격, 취미와 사회적 신분 등 각종 여건에 희미하거나 뚜렷하게, 때로는 삶에 전환점轉換點이 된 인연因緣이 되기도 합니다.

신순호申順浩 교수님과 언제 교분이 시작되었는지 확실히 알 수 없으나 대충 30년 가까이 되는 것 같습니다. 정확하게 각인刻印된 것은 8.15 테니스회 모임에서라 여겨집니다. 테니스 할 때 뿐만 아니라 자주 만나 이야기 해보니 유머러스(humorous) 하고, 점점이 위트(wit)와 액션(action)이 섞인 말씨와 표정, 웃기는 제스쳐(gesture)가 분위기를 즐겁게 합니다. 취미와 활동 분야도 다양해서 운동과 어학은 물론이고 여행과 사진, 바둑 최근에는 음악회에 출연하는 등 부지런히 소양素養을 연마하십니다.

신교수님이 좋아 국내외 여기저기 세미나(seminar)에 함께 다니며 생활하다 보니 건강하고 부지런하고 정확하며 약간의 쇼맨쉽(showmanship)도 겸비한 인품의 소유자임을 알게 되었습니다. 일본 오키나와 국제대학에서 "동아시아 국가 친선 교류" 세미나에 참석 했을 때, 일본 교수들과 술 마시는 자리에서 육체미 과시들 하는데 신교수님 몸이 윤기 있고 잘 발달된 일등품이라 여겨졌습니다. 언젠가 "신상은 근육도 잘 발달했지만 체력이 좋아 피곤을 모르는 것 같은데 어떤 노하우(know-how)가 있느냐?" 했더니 고향인 완도 작은 섬에서 학교까지 멀리 걸어 다녔고, 평행봉·철봉 같은 운동을 좋아했다고 했습니다. 아마도 어린 시절부터 쌓아 온 기본 근력이 좋아 운동기능 신장에 템포가 빠른 것 같습니다.

거의 한세대 가까이 함께 취미 생활 해온 신교수님이 프로필(profile)은 비망록備忘錄 여러 곳에 토픽(topic)을 찾을 수 있으나 가장 많은 빈도와 시간을 보낸 테니스 경기에서 찾아보았습니다. 테니스장에 나가면 거의 신교수님과 경기를 했으니… 어린이부터 망백望百 연장자까지 성장발달과 체력조절에 좋을 뿐 아니라 예절과 인화 그리고 정서순화에 탁월한 스포츠라 여겨집니다.

마음에 있는 친구心友와 모여 한때를 즐기는 테니스 운동 장면과 효과를 우리는 은연 중에 삼락三樂이라 해오고 있습니다.

제일락은 네트를 사이에 두고 나누어진 그 사람이 한 팀으로 4사람이 경기하는 복식 장면입니다. 양편이 서로 인사하고 연습 볼이 주어진 다음 각자가 시합 위치에 자리 잡으면 서브로 경기가 시작되어 볼(ball)을 쫓아가 라켓(racket)으로 받아치며 상대의 위치와 날아다니는 볼에 의식을 집중하는 체력과 정신력이 하나 되는 장면입니다. 규칙에 따라 경기가 끝나면 승자와 패자가 시작할 때와 같이 모여 인사하고 덕담과 격려로 다음에 만날 것을 약속합니다.

제이락은 사우나(sauna)하며 즐깁니다. 땀 흘리고 굳어진 몸과 마음을 사우나 장에서 냉온욕冷溫浴 하며 경직된 심신을 이완시키는 장면입니다. 명상도 하고 콧노래도 부르며…, 다른 손님이 없고 회원끼리일 때는 합창도 합니다. 8.15 테니스회 초창기 동목포전화국코트에서 운동할 때 회원 지정 사우나 "유성탕"에서 함께 즐겼던 기억이 새롭습니다.

제삼락은 식사를 하며 즐깁니다. 대개 아침밥도 먹는 둥 마는 둥 코트에 나와 2~3시간 운동하고 사우나까지 했으니 밥맛이야 말로 형언形言 할 수 있겠습니까? 동목포시절에 식사 반주로 우리 전통술 막걸리를 마시는데, 우리 술과 조상에 애정표시로 두 손으로 술 사발을 경건하게 잡고 건배하고 서로 술잔을 권하며 마십니다. 식사 때 나눈 담소談笑가 화목과 친선 뿐 아니라 밥맛을 더해 줍니다.

테니스장에 나가면 들어오는 순서에 따라 편이 정해져 경기합니다. 한 경기가 끝나면 물이나 차를 마시고 잠시 휴식하고 다시 편이 정해져 경기하기를 정오 가까이 합니다. 그 다음에는 목욕이나 샤워를 즐기며 소통하는 중에 점심식사 장소가 정해집니다. 함께 식당에 가서 세상 물정과 정보교환하며 식사를 즐깁니다.

　2014년 8월 31일. 일요일. 이른 아침 안개가 날리더니 늦여름의 강렬한 햇빛을 엷은 구름이 막아주어 테니스 하기에 좋은 날씨였습니다. 컨디션이 좋아 보해구장에 나갔더니 벌써 6사람이 모여 4사람은 경기 중이고 2사람은 연습하고 있었습니다. 연습 중인 분들과 몸풀이(warming-up) 하고 진행 중인 게임이 끝나길 기다렸습니다. 잠시 후 신교수님과 편이 갈리며 시합했습니다. 뛰고 소리 지르고 땀 흘리며 한 경기를 끝냈습니다. 커피 마시며 쉬는 동안 신교수님이 거리를 둔 장소에서 전화 통화를 오래 하시길래 바쁘고 긴요한 일이 있나 생각했습니다. 교수님이 돌아와 다시 경기를 시작해 끝나갈 무렵에 멋있는 여자 분이 운동장을 방문했습니다. 잠시 경기가 중단되고 신교수님이 나가 손님을 맞았습니다. 사모님이셨습니다. 처음으로 사모님을 만나 뵈었습니다. 사모님이 지켜보는 가운데 다시 경기를 시작해 끝냈는데 통산 전적이 무승부였습니다. 조금 전 교수님의 전화가 운동하는 우리에게 식사거리 가져오라는 사모님께 하는 통화였음을 알고 고맙게 느꼈습니다. 차에 실린 먹거리 박스를 간이식당으로 옮겨놓고 샤워를 했습니다. 보해구장의 샤워장과 화장실은 수준급입니다. 사모님이 일용할 양식을 가져와 기다리고 계시니 빨리 샤워했지만 평상시는 노래 부르고 체조도 하며 즐겁고 느긋하게 샤워합니다.

　맑은 정신 깨끗한 몸으로 테니스장 간이식당에 고매高邁하신 사모님께서 차려 놓은 밥상머리에 앉으니 기쁘고 송구한 마음 금할 수 없었습니다. 밥이며 된장국물, 맛깔난 찬거리, 정성들여 만들어온 육식肉食과 텃밭에서 채취 해온 상추, 깻잎, 고추, 마늘, 양파에 이르기까지 마음먹고 준비한 것이 분명했습니다. 식사 반주로 시원한 막걸리 맛이 또한 일품이었습니다. 우리가 둘러 앉아 식사 하는 동안 사모님께서는 계속 식사 시중드시며 고고한 품위를 잃지 않으셨습니다. 그 때 맛보고 기쁘게 먹었던 점심 식사를 잊을 수 없습니다.

　이와 같이 테니스 운동 함께 해온 신교수님이 이번 학기에 정년퇴임한다니 그동안의 생활들이 주마등走馬燈처럼 머릿속을 스칩니다. 제가 퇴임 기념문집 「상장相長 四十年의 교단敎壇을 회고回顧하며」 편찬 때 교수님께서 좋은 글 보내주시어 힘이 되었습니다.

교수님은 완도 조그마한 섬에서 태어나 열심히 공부하고 교양과 식견을 높여 학문의 정점인 박사博士가 되어 교단에 섰으니 수신修身은 한 셈이고, 사모님의 높은 격과 품위로 가정관리 잘해 아들, 딸이 순조롭게 사회에 진출했으니 제가齊家도 이룩되었다 여겨집니다. 지금까지는 대학에서 뛰어난 영재들을 교수教授 하셨으니 일차 육영育英에 큰 업적을 남기셨습니다. 존경합니다. 축하합니다.

이제부터는 건강하시고 지금까지 쌓아온 인격(character)과 명망(reputation)에 따라 다음 장에도 보다 훌륭한 업적 기대하겠습니다. 건강이 제일(Health is Everything)입니다. 8.15 테니스 클럽에서 젊은이들 훈련시키고, 노익장들 격려와 활력 부탁드립니다.

평생 섬 연구에 전념해온 신순호 교수

石泉 김용환
(청해진농수산신문 발행인)

청해진 완도 장보고대사의 후예인 신순호 교수는 전남 완도군 금일읍 출신으로 섬에서 태어나 목포대학교에 재직하는 동안 평생 섬 연구에 전념해오고 있는 전문가이다.

도서지역 생활환경의 실상과 개선방안 등 수많은 논문을 발표하고, 정부가 도서지역개발을 추진할 수 있도록 정책대안을 제시하는데 평생을 바친 전문가로 지난 2017년 대통령직속 지역발전위원회 평가자문단장으로 위촉되어 많은 업적을 남겼다.

그는 목포대학교 사회과학부 지적학과 교수시절인 지난 2014년 12월 3일 광주 김대중컨벤션센터에서 열린 '2014 지역희망박람회'에서 지역발전 유공자로 근정포장을 정부로부터 수여받았다. 1985년부터 목포대학교 교수로 재직 중인 신 교수는 그동안 기획협력처장, 평생교육원장 등을 역임하고, 대외적으로는 한국도시행정학회 회장과 한국지적학회장, 안전행정부 정책자문위원, 2007년 제3차 도서개발사업 선정위원회 위원장, 2017년 지역발전위원회 평가자문단장 등을 역임하며 도서개발 연구에 전념한 분이다.

기나긴 30여 년 간 섬 연구에 전념해 온 신 교수는 "그 동안의 연구 성과 등 관련 분야의 전문성을 충분히 살려 정부가 도서지역에 대한 개발을 보다 효율적으로 추진할 수 있도록 하겠다"는 신념으로 일해 온 섬 전문가로 알려졌다.

지난해 신 교수는 정부가 2018년부터 추진하게 될 도서개발 10개년 사업 계획 수립과 관련 정책 등을 심의하는 도서개발심의위원회 위원으로도 활동했다.

섬 개발 전문가들은 정부나 자치단체의 개발 계획에서 섬이 홀대받는다고 입을 모았다. 농촌에 쏟는 관심에 비하면 무시도 그런 무시가 없다는 것이다.

내가 아는 신순호 교수는 "농촌의 이농보다 섬의 이도離島 현상이 더 심각한데 홀대가 심하다"며 "섬 개발은 주민에게만 맡겨서는 안 되고 정부나 지자체에서 적극적으로 도와야 한다"고 말했다. 신 교수는 섬의 특성을 무시한 개발은 별 의미가 없다고 주장했다. 그는 "지중해의 유명 섬들처럼 모든 섬이 관광지 개발에 중점을 둬서는 안 된다"고 밝혔다.

수도권과 가까운 섬은 관광지 개발로 외지인을 끌어들일 수 있으나 먼 섬은 쉽지 않다는 것이다. 후자는 주민 소득을 올릴 수 있는 사업으로 사람을 끌어들여야 한다고 강조했다. 신 교수는 "섬의 경쟁력이 갈수록 커지고 있다"며 접근성을 높이려는 노력 등 적극적인 도서 개발을 주문했다. 아직도 국민들의 마음속에 자리 잡고 있는 '섬은 외딴 곳'이라는 인식 때문에 전남은 척박할 정도의 삶을 살아가고 있는 것도 외면할 수 없는 현실이다.

최근 통계청 자료에 의하면, 전남은 1인당 개인소득이 전국 최하위에 그치고 있으며 1인당 민간소비도 최하위 수준이라는 점이 이를 입증하고도 남는다. 유엔식량농업기구(FAO) 자료에 따르면, 1960년대 1인당 연간 수산물 소비량은 9.9kg에 불과했지만 지난 50년간 연평균 3.2%씩 증가해 2013~2015년엔 20.2kg, 오는 2025년에는 21.8kg에 이를 것으로 내다봤다. 여기다 건강과 휴식을 위해 해양관광과 해양레저를 즐기는 사람들은 매년 급증하고 있는 추세다. 하지만 2014년에는 세월호의 아픔이 있었고, 해면수온은 계속 상승하는 바람에 양식장의 최대 걸림돌로 작용할 소지가 커지고 있다.

폭염과 같은 기후변화로 인해 일부 연안 및 만에서는 평균 7~8도의 높은 이례적인 고수온 현상으로 어촌피해를 초래하고 있다. 2016년에만 양식생물 6천83만여 마리가 폐사하고 536억 원 가량의 재산피해가 발생하는 등 어촌은 더욱더 피폐하고 있는 것으로 조사되었다. 어촌 및 도서 인구의 감소 및 노령화가 지속돼 앞으로 50년 이내에는 전남지역 유인도의 14%가 무인도가 될 것이라는 전망이어서 풀어야 할 숙제다. 바다는 세계로 미래로 전남의 생명의 터전이자 번영을 앞당기는 촉매제 역할을 할 것이다. 도서지역 섬 관광과 더불어 해양자원과 에너지, 수산업, 항만 등 무한한 가능성의 바다를 어떻게 개발하고 활용하느냐에 따라 전남의 미래가 달려있다 해도 과언이 아닐 것이다.

　청해진 완도 장보고대사의 후예로 평생 섬 연구에 전념해온 신순호 교수의 열정은 퇴직 후에도 계속 이어질 것이다.

■
石泉 김용환 : 청해진농수산신문 발행인, 『슬로시티 청산도를 가다』 저자

취미로 맺어진 우리의 우정!

김인수
(푸른신안21협의회 상임의장)

내가 1995년 4월 농촌진흥청 농업연구관으로 재직하다 고향인 신안군 농촌지도소(현 농업기술센터) 소장으로 부임하여 근무하던 시절, 테니스를 즐기시던 정명균 군수님과 테니스코트를 찾았을 때 그 곳에서 신순호 교수를 처음 상면하는 자리가 되었다.

우리는 취미가 테니스란 인연으로 만나 呼兄呼弟하면서 20년 이상을 지내고 있으니 테니스란! 참! 좋은 취미인 것 같다.

우리가 처음 만난 그날이 엊그제 같은데 함께한 세월이 강산이 두 번 변하는 세월이 흘렀으니 세월은 참 빠르지 않는가?

신교수와 나는 성격이 상반되는 점이 많다. 나는 의사결정이 느리고 추진력이 부족한 단점을 가진 반면 신교수는 판단이 빠르고 강력한 추진력을 갖고 있어 상호보완이 가능하여 일을 함께 한다면 완만하게 추진할 수 있을 것이라는 생각을 해본다.

물론 신교수 본인의 생각은 어떤지 모르겠지만? 오래전부터 우리의 공통관심사인 농어촌전원생활에 대하여 내가 생각하고 있는 바를 이 자리를 빌려 정리해본다.

인간은 身土不二이다. 따라서 인간답게 사는 방법은 자연과 더불어 자연에 순응하면서 살아가는 삶이 가장 바람직하다고 생각한다.

그러한 삶이란 각자의 개성에 따라 다양한 방법들이 있겠지만 내가 원하는 삶은 공기 좋고 물 맑은 시골에 황토로 집을 지어 난방은 화목은 완전 연소 시킬 수 있는 화목 보일러로 하고, 전기는 태양광발전시설을 설치하여 자가발전을 사용하며, 먹을거리는 토굴을 만들어 음식물과 내가 좋아하는 각종발효주(더덕, 말벌, 오미자, 산삼, 버섯, 백수오 등)를 만들어 저장하고, 양지바른 쪽 장독대에 간장, 된장을 진열하고,

조그만 텃밭에는 각종채소(무, 배추, 파, 들깨, 돌나물, 삼채, 돼지감자, 참취, 더덕 등)을 심어 자급자족하며, 들녘과 야산의 어성초, 질경이, 골담초, 칡, 오가피, 부처손 등 약초를 채취하여 손님 접대차를 준비하고, 소일거리는 양봉과 버섯재배, 토종닭과 염소 등을 방사해 동식물과 대화하며 살았으면 한다. 그리고 그 곳에서 우리 함께 차 한잔, 술 한잔 할 수 있다면 錦上添花가 아니겠는가? 그날을 기대해 본다.

교수님과의 인연으로...

김 일

(국토교통부)

1988년 신순호 교수님을 처음 뵙게 되었습니다. 항상 넉넉한 미소로 저희들을 대해주셨고, 때론 친구처럼, 때론 아버지처럼 대학생활을 지켜주셨습니다. 교수님과의 인연은 대학 4년은 물론, 졸업논문 지도교수까지 되어 주셨습니다. 교수님의 지도 아래 대학 4학년 학기를 모두 마치기도 전에 당시 대한지적공사에 입사하게 되었을 때는 교수님께서 누구보다도 기뻐하셨습니다.

그렇게 사회 초년생이 되어 열심히 전공분야에서 전문기술을 배워나갔으며, 지금의 제 아내를 만나 한 가정을 꾸리게 되었습니다. 결혼식을 준비하며 제가 가장 존경하는 분을 주례로 모셔야 겠다는 다짐을 하였으며, 그 대상이 교수님이라는 것은 고민의 가치도 없었습니다. 교수님께 주례를 요청드리자 교수님은 흔쾌히 허락해 주셨으며, 교수님의 좋은 기운으로 말미암아 우리 부부는 22년째 아들, 딸 낳고 행복한 가정을 이루면서 살고 있습니다.

결혼식(1996.12.7.)

학업의 길라잡이…

　직장생활과 가정생활에 치어 매진할 때쯤 모교인 목포대학교에 일반대학원과 더불어 직장인들도 대학원을 다닐 수 있도록 경영행정대학원에 지적학 과정이 신설된다는 소식을 듣게 되었습니다.

　학부 4년 동안은 지적 전공을 심도있게 공부하지 못했다는 아쉬운 마음으로 대학원을 선택하게 되었으며, 제1기로 경영행정대학원 지적학 과정을 등록하였습니다. 이로써 교수님과의 인연을 계속 이어가게 되었으며, 석사과정을 다니는 동안 교수님께 글을 쓰는 방법을 배우게 되었습니다. 교수님께서는 학회 등에 많은 글들을 기고하시면서 쌓아 오신 기법과 기교 등을 저희에게 가르쳐 주셨으며, 학자로서 가져야 할 소양을 일깨워 주셨습니다. 그럴 때마다 저는 배움에 갈망했고 교수님처럼 훌륭한 학자가 되고 싶다는 열망을 키워가기 시작하였습니다.

　그렇게 석사학위를 받게 되고 학업에 대한 열정은 잠시 담아둔 채 또다시 직장생활에 매진하고 있을 때 지적학 박사과정이 개설된다는 소식에 가슴이 뛰었으며, 가장 먼저 등록을 하고 교수님께 면접을 보게 되었습니다.

　이렇듯 교수님과의 인연은 계속되었고, 학위논문 심사과정에서도 꼼꼼하게 논문을 검토하여 주시면서 논문의 틀을 잡아주셨습니다. 제가 지적학 제1호 박사가 될 수 있었던 것도 교수님을 롤모델로 지금까지 학업을 계속 이어왔으며, 지금도 교수님은 저의 영원한 멘토이십니다.

새로운 출발을 응원합니다!!!

　교수님은 왕성한 외부활동으로 중앙부처와 지자체에 꽤 이름이 알려져 있습니다. 바쁜 시간을 쪼개어 학생들을 가르치시고, 외부 전문분야에서 많은 업적을 올리고 계시는 것을 볼 때면 제자로서 존경의 마음을 금할 길이 없습니다. 다만, 그렇게 바쁘게 활동하시는 교수님을 볼 때마다 교수님의 건강이 가장 걱정스러웠습니다. 이제 교수님께서는 교편을 내려놓으시지만, 교수님은 분명 은퇴 후에도 왕성한 활동을 이어가시리라 믿어 의심치 않습니다.

　퇴직 후에도 활동하시는 교수님을 뵙는 제자들은 행운이겠지만, 교수님의 건강도 걱정되니 건강 챙기셔서 오랫동안 활동하시는 교수님의 모습을 보여 주실 것을 부탁드립니다.

　교수님을 처음 뵈었을 때로부터 정확히 30년이라는 시간이 흘렀습니다. 제 인생으로는 절반이 훌쩍 넘는 시간이며, 교수님 인생으로도 절반에 가까운 시간이었습니다. 교수님의 은혜로 이렇게 직장을 다니고, 가장이 되었으며, 무엇보다도 참인간이 되어가고 있습니다.

　신순호 교수님… 항상 건강한 모습으로 저희 곁에 남아 주시고, 제자들에게 많은 가르침을 주십시오. 교수님의 새로운 인생 출발을 부족한 제자가 응원합니다.

　교수님 고맙습니다!!!

2018.01.10

지적학박사 김 일 拜上

내 인생의 터닝포인트로 기억될
신 처장님과의 만남

김일수

(목포대학교 교수)

　함박눈이 내리는 오늘 같은 날, 따뜻하고 진한 커피 한잔으로 긴 여운을 남기는 짧은 글을 전해봅니다. 어느 유명한 작가는 건강한 사람은 모든 질병으로부터 자유롭고, 피곤함 없이 자신의 정상적인 활동을 수행하며 하루에 15~20킬로미터를 쉽게 걸을 수 있고 지치지 않고 일상적인 육체운동을 할 수 있어야 한다고 합니다. 그러한 관계로 건강한 사람은 보통 소박한 음식을 소화할 수 있고, 마음과 미각이 조화와 균형의 상태에 있는 것입니다.

　사실 음식에 성별이 있다면, 뜨거운 국물에 열기가 펄펄 넘치는 설렁탕은 남성 형이며, 김치는 전형적인 여성 형이라 이야기합니다. 이 둘이 정묘하게 궁합이 잘 맞는 것은 이러한 이미지의 결합 때문이라 생각합니다. 우선 김치는 차기 때문에 적당한 차가운 것이 설렁탕의 뜨거움을 달래주는 모양입니다. 따라서 설렁탕 한 그릇은 활기찬 식사는 아니지만 설렁탕 국물처럼 진한 사람이 되기 위하여 또 한 숟가락의 밥이 필요한 것입니다.

　인간관계에서 가장 중요한 것이 무엇인가 자문하여 봅니다. 아마도 음식처럼 설렁탕과 김치가 절묘한 궁합을 이루어서 인간의 건강을 위하여 노력하는 것이 아닌가 생각합니다. 개인적으로 신순호 교수님을 기획처 처장님과 부처장으로 만나서 대학의 발전을 위하여 생사고락을 함께 하였습니다. 신순호 처장님은 저에게 "당신이 관심을 갖거나 마음을 써야 할 사람들과 잘 지내고 잘해줘라" 라고 항상 말씀하셨습니다. 그리고 힘들 처장님의 업무를 수행하시면서 대학 구성원에 대한 고뇌 및 아래 사람들에 대한 관심과 배려를 잊지 않으셨습니다. 이러한 처장님의 행동과 모습이 "내 인생의 터닝 포인트"로 기억하게 만든 요인이 아닌가 생각합니다.

현재까지 너무 열심히 대학의 발전을 위하여 노력해 주었는데, 앞으로는 더 즐기면서 그 안에서 보람을 찾으면서 일을 했으면 좋겠습니다. "지금까지 함께한 가족과 친구들이 찾아오는 것을 보며 보람을 느끼고, 즐거움을 느끼고, 인연의 끈을 놓지 않는 인생의 선배가 됐으면 좋겠다"는 소망을 넌지시 웃으며 전합니다.

좋은 인연과 우정

김재복
(국제부동산정책학회 부회장)

신 교수의 정년을 맞이하여 기념문집을 간행함에 있어, 나의 부덕함을 헤아리지 못하고 다만 신 교수와의 좋은 인연과 우정에 감격하여, 신 교수의 주변에 기라성처럼 훌륭한 벗들이 많건만 주저 없이 감히 졸필로서 정년을 송축頌祝하는 뜻을 표하고자 합니다.

우리가 굳이 인연을 찾는다면 대학선후배인 신 교수와 숙명의 인연처럼 남다른 교분으로 40여년을 형과 아우로서 또는 심우心友로 지내올 수 있었던 연유는 어디에 있을까? 아마도 신 교수의 진지하고 성실한 인격과 품성, 불의를 보면 참지 못하는 성격, 매사에 빈틈이 없는 세심한 대인관계, 그리고 원만한 성격 때문이겠지요.

인생은 세상에 태어나 수많은 일에 부딪치고 그때마다 많은 사람들과 교류하고 관계를 맺으면서 살아가는데 그 많은 사람들 가운데 늘 기억되고 생각나며 그리워져서 만나면 언제나 즐겁고 편안한 사람이 있다는 사실을 나는 신 교수를 통해 알았습니다.

항상 즐겁고 활기 넘치며 남에게 따스함과 편안함을 준 신 교수가 벌써 정년을 맞는다니 너무 많은 시절이 한꺼번에 흐른 것 같은 착각에 빠집니다. 조용하고 겸손하지만 젊은이 못지않은 활력과 열정이 40대인데 불혹을 지나 지천명하고 벌써 이순을 지나 고희에 가까워지다니…

당연한 일이면서도 신 교수만은 그냥 그 젊은이로 남았으면 좋겠다는 생각을 해봅니다.

아무튼 내가 신 교수와 인연을 맺게 된 것은 큰 행운이었으며 그 행운은 선후배사이로서 내가 국민대학교에서 교직원으로 재직 중일 때 신 교수가 국민대를 졸업하고 서울대 대학원에 재학 중에 국민대 도서관에 계속 나와 공부할 때 자주 만나 인생사를 나누곤 했지. 그 후 청주대학교를 거쳐 고향인 목포대학교 교수로 가서 도합 36년간 재직하면서 세미나관계, 학회활동 등으로 서울에 오면 언제나 안부를 묻고 시간이 나면 만나 식사를 하곤 했지.

무릇 사람이 산다는 것은 수많은 사람들과의 인간관계일 터인데 그러한 인간관계와 사회조직에 있어서는 안 될 사람, 있어도 그만 없어도 그만인 사람, 꼭 있어야 할 사람의 세 부류로 나누어 생각할 수 있다고 들었습니다. 신 교수는 꼭 있어야 할 사람입니다.

존경하는 신 교수. 물론 그 간의 여정 또한 후회 없는 삶이었습니다. 그러나 참 인생은 이제부터이니 신 교수의 마음이 가는 곳 마다, 신 교수의 발길이 닫는 곳 마다, 손길이 미치는 곳 마다, 그리고 신 교수의 음성이 메아리치는 곳 마다 인간관계를 이롭게 하고 사회와 교육을 위해 많은 봉사를 하셔야 합니다.

돈을 잃으면 조금 잃고, 명예를 잃으면 많이 잃고, 건강을 잃으면 모두를 잃는다는 말도 있습니다. 우리의 신 교수는 이제껏 아무것도 잃지 않았으며, 앞으로도 아무것도 잃어서는 안 됩니다. 더더구나 건강 말입니다.

정년을 맞은 신 교수와 나를 돌이켜 보면서 오늘까지의 생의 업적을 진심으로 축하드리며 신 교수와 신 교수의 가정에 행운이 깃들기를 기원 드립니다.

신교수님 정년을 맞이하여
아쉽고 서운한 마음에 울컥합니다

김정민
(한국국토정보공사)

1989년 3월 도림골에서 늦깎이 신입생으로 목포대학교 지적학과에 입학하던 날 처음 뵈었던 신순호 교수님께서 벌써 정년퇴임을 하신다고 합니다. 돌이켜보니 벌써 29년, 강산이 세 번 변할 만큼의 세월이 흘러 나름 만학도였던 이 제자도 결혼하여 딸하나 아들 하나를 낳고 직장살이 25년을 맞고 있습니다.

대학시절 늘 인자하신 웃음으로 제자들을 감싸 안으시고 학문의 길과 인생의 길을 지도해 주셨던 모습이 아직도 눈에 선합니다. 지도교수로서 대학 4년 내내 89학번 제자들과 함께 하시면서 이런 저런 추억도 참 많습니다만 1989년 어느 봄날 무안군 삼향면 유교리 제3수원지에서 진행되었던 대학 새내기들의 첫 단체 봄 야유회를 처음부터 끝까지 함께 하시면서 대학생으로서의 꿈과 희망을 일러주시던 모습이 지금도 눈에 선합니다.

그러나 무엇보다도 1990년 가을에 지적답사를 위해 찾았던 지리산 뱀사골 산장에서의 밤이 아직도 잊혀지지 않습니다. 산장지기님의 퉁소 연주에 맞춰 밤하늘 가득히 별들이 노래하고, 스무 살 청춘들의 빛나는 눈동자는 별처럼 반짝였습니다. 그리고 교수님께서는 시인처럼 이렇게 읊조리셨지요.

"바위도 돌도 나무도 물도 있어야 할 그 자리에 있구나."

어느덧 중년의 나이를 먹은 제자는 그날부터 지금까지 내가 있어야 할 자리에 있는지 스스로에게 늘 물어가면서 살아가려고 노력하고 있습니다.

1989년 5월 삼향면 유교리 제3수원지에서 지적학과 1학년 야유회 기념촬영

1990년 10월 지리산 지적 답사를 마치고 구례 화엄사 계곡 아래 프린스호텔 앞 기념촬영

이후 교수님과의 인연은 목포대학교 대학원 박사과정에 입학하여 지도학생으로 보살핌을 받으면서 또 다시 이어졌습니다. 지금도 참 잘 선택했다고 자부하는 박사과정의 생활과 치열했던 학위논문 심사과정을 거치면서 스승과 제자의 정이 더욱 끈끈해진 것 같습니다.

당시 한국과 일본을 오가는 바쁜 일정에서도 논문 작성과 수정에 한쪽 눈에 실핏줄이 터질 정도로 힘들어하던 제자의 어깨를 두드리며 자상하면서도 온 힘을 다하여 논문을 지도해 주셨습니다. 또한 학문뿐만 아니라 사람의 도리와 인생의 지혜까지도 가르쳐 주셨지요. 교수님의 박사 학위취득 기념 "百祿是遒"는 지금껏 거실 한복판에 자리하고 있답니다. 교수님의 가르침대로 행복하게 살아가겠습니다.

한편 지금 생각해보면 교수님께서는 언제나 열정적인 삶을 살아야 한다는 것을 제자들에게 말보다는 행동으로 가르쳐 주셨습니다. 여러 학회장과 공공기관의 비상임이사, 정부 위원회의 위원 등을 역임하시며 학문발전과 인재육성 이외에도 지역과 사회는 물론 국가에 봉사하는 아름다운 삶을 살아오셨습니다.

수많은 저서와 연구논문으로 지적학의 발전에 기여하셨고, 학부와 대학원을 통해 정직하고 소신을 가진 제자들을 길러 내어 국가기관과 지방자치단체 및 공공기관에 배출하여 지적 분야의 발전에도 기여함으로서 학문 연구와 인재 양성의 역할을 다하셨습니다.

이제 전국 국립 대학교 유일의 목포대학교 지적학과는 1984년 학과설치 이래 34년 만에 학문과 취업의 영역에서 독보적인 위치를 구축하고 대학과 지역의 자랑이 되고 있습니다. 이 역시 교수님의 노력 덕분이라 생각합니다.

2018년 신순호 교수님의 명예로운 퇴임을 맞이하여 아쉽고 서운한 마음에 울컥 울컥합니다만 수십 년 동안 학자로서 학문 발전에 기여하시고, 스승으로서 훌륭한 제자들을 길러내신 업적을 기리며 진심으로 존경의 박수를 보내드립니다.

퇴임 이후에도 지적학의 발전과 지적학과의 발전에 함께 해주시기를 바랍니다.

교수님. 사랑합니다!

2018. 01. 11.
제자 김정민 드림

친화형 리더십의 전형을 보여주신 신순호교수님

김정용
(목포대학교 도서관 팀장)

신순호 교수님께서 정년을 맞이하여 영예로운 퇴임을 하게 되심을 진심으로 축하드립니다. 한편으로는 대학에 더 오래 계셔서 제자들에게 후학을 가르치시고 학교의 발전을 위하여 일을 하실 수 있는 건강과 능력이 출중하신데 이렇게 떠나신다고 하시니 아쉬우면서 서운한 마음 그지 없습니다. 교수님과 필자의 처음 만남은 90년 초반에 도서관에서 이루어졌습니다. 단정하시고 바른 모습으로 전공도서 등을 대출하시면서 몇 마디 나누게 되었습니다. 정이 많으시고 말씀도 차분히, 정말 친형님처럼 잘 대해 주셨습니다.

교수님께서는 매사 일처리가 분명하시고 상황대처 능력을 잘 하셔서 될 수 있는 한, 과감한 결단을 내리시는 능력을 가지고 계실 뿐만 아니라 성격이 차분하시고 정감 있는 친화력으로 남의 그릇된 면을 보셔도 마음속에 품지 않으시는 정말 깨끗하고 훌륭한 성품의 소유자십니다. 신 교수님께서는 항상 모범을 보이시는 편이라 남들이 귀찮은 일도 적극적으로 도맡아 하시는 친화형 리더십의 전형이십니다.

나중에 안 사실이지만, 교수님께서는 공군장교 출신이셨습니다. 대학의 여러 교수님들이 계시지만 도서관을 자주 찾으시는 분 중의 한분이셨습니다. 평소에 연구실에서 연구증진에 매진하시는 모습을 보면서 필자도 만학도의 길로 들어서는 계기를 주신 분입니다. 요즘에는 테니스 운동을 하시는 모습을 잘 뵙지 못하지만 예전에는 가끔 운동장에서 테니스로 체력단련을 하셨습니다. 장교 출신이시라 수준 높은 경기력으로 페어로도 상대로도 시합을 하면서 건강한 육체에 건강한 정신을 실천하시는 분이셨습니다. 최근에는 페이스북에서 활동하시는 모습을 종종 뵙니다. 사진 활동도 활발히 하시면서 수준 높은 내용의 작품들을 업로드 해주시니 무료로 감상을 하곤 합니다.

교수님께서는 기획처장을 역임하시면서 대학의 정책과 발전 계획을 수립하여 국·공립대학의 실질적인 정책의 근간을 만드시는 일을 하셨으며 기획처장으로서의 직무를 성공적으로 수행하셨습니다. 외부에서 듣기로는 신교수님께서 기획처장으로 재임 시에는 리더십으로 성공적인 소임을 이끄셨으며 대학의 발전에 기여하신 것으로 판단됩니다. 보직을 맡으셨을 때 가장 모범적으로 시간을 잘 지키고 다양한 사안들을 검토하는 일도 자발적으로 맡아 수고를 해 주셨다고 합니다. 항상 자랑스러우시고 훌륭한 면모를 배웁니다.

정년퇴임이라 함은 또 다른 인생의 이모작을 시작하는 시기입니다. 요즘은 기대여명이 늘어나 100세 시대라고 합니다. 그렇게 본다면 교수님께서는 한창 일하셔야 할 때라는 겁니다. 당장은 모든 것을 내려놓으시고 맛있는 음식과 세계 곳곳을 여행 다니시면서 차분히 힐링하시기 바랍니다. 교수님께서는 매사에 열과 성을 다하시기 때문에 퇴임 후에도 대학과 국가의 발전을 위해 기여를 해주시리라 믿습니다. 교수님 더욱 건강하시고 가정에 항상 축복이 가득하시기를 바랍니다.

'도서지역의 주민과 사회'의 일독을 권하며

김창석

(서울시립대학교 도시과학대학장)

최근 들어 미래의 인류생존과 관련한 자원 확보 차원에서 세계 각국의 해양에 대한 가치인식은 크게 부상되고 있으며 아울러 사회·경제의 발전과 생활수준의 향상에 따라 나타나는 폭발적인 여가수요로 말미암아 도서지역에 대한 가치 또한 날이 갈수록 높아질 전망이다. 우리나라에는 모두 3,154개의 섬이 있는데 그 가운데 사람이 살고 있는 섬은 475개에 달한다고 한다. 그럼에도 불구하고 도서지역은 육지에 비해 크게 낙후되어 있을 뿐 아니라 학술적 연구결과의 축적 또한 크게 미흡한 실정이다. 이와 같은 연구 갈증에서 비롯된 필자의 섬 연구는 1980년대 중반부터 시작되었노라고 이 책의 서문에서 밝히고 있다. 특히 저자 신순호교수는 이 책의 연구 대상지 가운데 하나인 완도군 금일읍 충도리에서 태어난 태생적 인연도 있는 만큼 아마도 도서문제에 대해 남다른 관심을 가졌을 것으로 생각된다.

모두 715페이지에 달하는 이 방대한 책자는 목포대학교 도서문화연구소에서 1988년부터 2001년까지 장기간에 걸쳐 수행한 서남해 도서지역의 연구 가운데 저자가 참여한 완도군 관내 12개 읍·면 도서지역에 대한 사회구조와 주민들의 삶의 모습을 실증적으로 연구한 내용을 정리한 연구서이다.

이 책은 모두 15개 장으로 구성되어 있는데 제1장 서론에 이어 제2장에서는 완도

---

* 이 서평은 '대한국토도시계획학회'(우리나라 국토도시계획 분야의 교수, 전문가, 실무자, 정책수립가 등이 총 망라된 50년 이상의 역사를 가지고 학회원 2,500명이 활동하고 있는 최고의 권위를 가진 학회)에서 2001년 12월 발간된 학회 논문집「국토계획」(통권 제 118호)에 신순호교수의 저서인『도서지역의 주민과 사회』의 서평으로 소개한 글을 정년퇴임 축하글로 대신함.

군 전체에 대한 자연 및 인문환경을 전반적으로 다루고 있고, 제3장부터 14장까지는 연구대상인 12개 읍·면을 각각 한 장씩 할애하여 서술하였으며 마지막 장인 제15장에서는 총체적인 결론을 내리고 있다.

이 연구서의 핵심이 되는 12개 읍·면의 사회구조연구는 각 읍·면별로 거의 동일한 분석 체계를 가지고 서론, 지역의 개관, 인구구조, 사회구조, 생활환경과 산업 등 다섯 개 내지 여섯 개의 절로 나누어 서술하는 방식을 취하고 있다. 지역의 개관 편에서는 자연적·인문적 환경을, 인구구조 편에서는 인구의 기본 현황과 변화 추이, 마을의 인구구조, 연령별 및 성별 인구구조, 경제학적 인구구조, 전·출입 문제를, 사회구조 편에서는 교육·종교·인물과 사회조직을, 생활환경과 산업 편에서는 생활권 구성과 교통·산업을 주로 설명하고 있다. 이 책에 수록된 자료 가운데에는 물론 행정 통계자료도 많이 인용하였지만 연구진들이 현지에서 발로 뛰며 모은 1차 자료도 방대하게 수록하고 있으며 바로 이러한 생생한 자료야말로 이 책의 참 가치를 높여주는 요인 중의 하나가 되고 있다.

모두 75개의 유인도와 135개 무인도로 이루어진 완도군의 특성상 군 전체를 하나로 묶어 총괄적으로만 서술한다는 것은 큰 의미가 없는 일이라고 생각된다. 그 이유는 도서지역의 경우 비록 공간적으로 근접해 위치하고 있더라도 근원적 환경요인인 환해성環海性, 격절성, 협소성을 가지고 있는데다 단위 도서 간에는 제반 여건이 매우 특수하기 때문이다. 그렇다고 해서 그 많은 섬마다 일일이 서술한다는 것은 작업의 양도 양이려니와 도서의 면적이나 인구규모의 편차가 너무도 크다는 점을 감안할 때 큰 의의가 없다고 하겠다. 그런 의미에서 일상생활권으로서의 성격이 강한 읍·면을 기본 연구단위로 하여 분석하고 서술한 이 연구의 분석방법은 매우 타당한 접근이라고 사료된다. 또한 이를 토대로 완도군 전체의 특징과 각종 사회경제적 변화의 트렌드를 파악하는 일도 매우 중요한 데 이러한 갈증을 저자는 제15장(결론)에서 상세하게 서술함으로써 독자들의 욕구를 잘 충족시키고 있다.

이미 앞에서 소개한 바와 같이 이 책이 포함하고 있는 자료는 매우 구체적이며 동시에 포괄하는 범위 또한 매우 방대하다. 따라서 이러한 자료는 완도군의 각종 발전계획을 수립하는데 있어서 매우 소중한 정보가 될 것으로 믿어 마지않는다. 아울러

이 책은 우리나라에서 비교적 미개척 분야라고 할 수 있는 도서지역연구에 큰 방향과 줄기를 제시하였다는 점에서 매우 가치 있는 연구라고 평가할 수 있을 것 같다. 이 분야에 관심 있는 학계, 실무계의 여러 전문가들에게 일독을 권하고 싶다.

「서평 : 도서지역의 주민과 사회」로 대신하며

섬 연구의 대가大家여! 섬이 되어 주십시오!

김철영
(시인)

푸른 파도 넘실거리는 내 고향 완도
말만 들어도 마음에서 용솟음치는 그리움

아흔 아홉 가지의 수목이 오순도순 옹기종기 모여
형님 먼저, 아우 먼저 하면서 산다는 주도

장도에 진지를 구축하고
바다를 호령했던 해상왕 장보고의 기상氣像

나라 위한 큰 꿈 끝내 이룬
후광後廣 선생의 첫 사랑 첫 부인 차용애 여사

유신 독재의 서슬퍼런 총칼 앞에서도
민주회복을 외치는 대열에 앞장섰던 김선태 장관

복싱으로 세계를 제패했던 김봉준
경운기 타고 골프를 배워 세계를 제패한 최경주

영화계를 주름잡았던 이보희와 김창숙

그들 유년 시절 아련한 추억 남아 있는 곳

수백 년 거친 파도에 씻겨
미끈미끈한 갯돌로 아홉 계단 이룬 정도리 구계등 해변

금빛 고운 모래들이 밤이 되면
은은한 울음소리를 낸다는 명사십리 해수욕장

일본인 대지주의 횡포에 굴하지 않고
분연이 일어섰던 소안도 소작쟁이들

서편제의 촬영지로 천수답 보존지이자
슬로우시티로 봄이 되면 수많은 사람들 불러들이는 청산도

고산 윤선도의 슬픈 귀향살이
유배지 어부사시가의 보길도

내 고향 완도를 떠올리면
폭설 내린 눈길 걷듯 그리움에 푹푹 빠져든다

어디, 세상에 이름난 사람들만 있던가
완도 사람 모두가 자랑스러운 분들이다

추운 겨울 새벽이면 바다로 나가
차가운 바다 속으로 손을 넣어 김을 뜯어다가

메주 쓰듯 갈아서 벽돌 찍듯

발장에 한 장씩 한 장 씩 떠서

건장에 널어 말렸다가
도회지 사람들이 먹기 좋도록 다듬어서

수협 공판장에 내다 팔아
자식들 공부시킨 고마운 내 어머니 아버지들

미역, 다시마, 톳, 꼬막, 바지락, 전복, 해삼
광어, 돔, 문조리, 짱뚱어, 문어, 새우, 낙지

무엇 하나 버릴 것 없는
내 고향 완도의 바다 선물들

섬사람들은 순박하다
섬사람들은 거짓이 없다

사랑도, 미움도, 웃음도, 눈물도
섬사람들은 속에 있는 것을 숨기지 못 한다

백일도, 사후도, 고마도, 신지도, 약산도, 모도, 노화도
푸른 바다 위에 떠 있는 섬, 섬, 섬들

섬에서 낳고 자라 평생 섬을 연구한
섬 선생 도선島先 신순호 교수님

섬에서는 가진 자나 못 가진 자나

누구든지 이웃사촌이다

뱃길 막혀 사나흘 씩 머물다보면
뭍에서 온 사람들도 가족이 된다
섬에서는 누구든지 서로 이웃이 되어야
이웃이 되지 않으면 거친 풍랑을 이겨낼 수 없다

도선島先 신순호 교수님!

한국 최고의 섬 연구가 되어
동서, 남북 모두 잘 사는 조국을 꿈꿨다

장관급 지역발전위원회 평가단장이 되어
섬사람 특유의 넉넉한 인심과 여유로움으로

경상도도 다니고 충청도도 다니면서
더불어 잘 사는 나라 만들자고 호소하셨다

섬 소년, 완도수고 출신 이름난 교수가 되어
공군사관학교에서 청주대에서

그리고 삼학도의 고장 목포대에서
32년 후학들에게 꿈을 심어주셨다

후학들, 청출어람 청어람靑出於藍 靑於藍되어
지역과 조국 발전의 노둣돌이 되기를 두 손 모은다

은퇴는 퇴장이 아니라
새로운 인생 제2막을 여는 출발선이다

따스한 정과 멋스러움을 간직한
내 고향 선배님이요 형님이신 신순호 교수님

이제는, 저 푸른 바다 한 가운데
우뚝 서 있는 섬이 되어 주십시오

그 섬 꼭대기에
붉은 빛 반짝이는 등대를 세워

칠흑 같은 밤을 외로이 항해하는
배들의 나침반이 되어 주십시오

■
김철영 : 전남 완도가 고향으로 대학에서 국문학을, 대학원에서 언론학석사와 국문학 박사과정에서 한국 현대시를 연구했다. 시인으로 한국문인협회, 국제펜클럽한국본부 정회원, 한국문협 서울서대문문인협회 이사로 있다. 안양대학교 외래교수를 역임했으며, 신학을 전공하고 한국대학생선교회(CCC) 사역자로 있으면서 인터넷신문 뉴스파워 대표, 세계성시화운동본부 사무총장과 한국기독교공공정책 사무총장으로 있다. 지난 2015년 9월, 신순호 교수님을 비롯한 광주전남 지도자들과 함께 국회에서 '지역균형발전을 통한 국민대통합 포럼' 추진위원회 중앙 사무총장을 맡아 섬겼다.

신교수님과의 인연은 내 인생의 행운

김판진
(초당대학교 경영학과 교수)

나는 항상 신순호교수님을 뵐 때마다 떠오르는 단어가 있다.

선비가 따로 없다! 학자! 그 이상도 그 이하도 아니다! 라는 생각을 하곤 한다.

학자로서 정도를 지키며, 후배들이나 주위 분들에게 언제나 넓은 마음과 웃는 모습으로 안아주고 함께해주시는 모습을 볼 때마다 내 자신을 되돌아보게 만들었다.

내 자신의 거울이라고나 할까 …, 거창 하게 들릴지 모르지만 …. 아무튼 신교수님을 지근거리에서 함께 했다는 것에 무한한 영광으로 생각한다.

사실! 가까이서 지켜본 신교수님은 우리가 생각하고 있는 그 이상의 큰 그릇이며, 우리가 알지 못할 만큼 중앙무대에서 큰 인물로 활동하였으면서도 지역을 위해서는 너무나도 낮은 자세로 최선을 다하는 보기 드문 현실참여 지향적인 학자였다고 기억한다.

중앙무대에서는 큰 인물로 활동하면서도 지역에서는 자신을 낮추고 함께 하려는 모습에서 선비의 모습이 보였고, 진정한 학자로서의 역할이란 어떤 것인가를 나에게 느끼고 깨닫게 해주었던 소중하고 진정으로 존경한 선배교수로서 나의 마음속에 오래도록 간직할 것 같다.

우리는 이와 같은 훌륭한 인품과 능력을 갖춘 인물을 보유하고 있다는 것만으로도 우리는 자랑스러워하여야 한다고 생각을 했던 적이 한 두 번이 아니었으며, 퇴임을 맞는 지금의 시점에서 더욱 더 아쉽고 …, 세월의 무상함에 다시 한 번 고개를 돌려본다.

또한, 지역사회에 필요한 인재를 육성하고 인재를 뽑아 우리지역을 위해 일할 수 있는 기회를 얼마나 많이 주었는가!

사실! 나는 지금까지 후배로서 신교수님의 베풂에 받기만 했지 드리지는 못했다. 그런데도 단 한번도 내색하지 않고, 부족한 후배를 격려하고 후배의 입장에서 이해해 주시는 모습에 여러 번 고개를 숙였던 기억이 떠오른다.

나의 인생에서 수많은 사람들과의 인연을 맺고 헤어지기를 반복하고 있지만 오랜 기간 동안 신교수님과 함께 할 수 있었다는 것에 나는 무한한 영광으로 생각되며, 이렇게 훌륭한 분과 인연이 되었다는 것에 감사를 드리고 한다.

즉, 사람은 살아가면서 수많은 사람들과 인연을 맺고 또 헤어지곤 한다. 그러나 그 인연이 어떤 사람과의 인연이냐에 따라 어떨 때는 인생이 좋은 쪽으로 바뀌고, 아니면 좋지 않게 변하는 경우가 많다. 나와 신교수님과의 인연은 어쩌면 나에게 있어서 가장 행운이 아니었나 생각이 든다.

2016년으로 봄으로 기억된다. 대전에서 지역발전위원회 평가위원으로 활동하며, 정부예산평가가 이루어지고 있을 때 마지막 날 가까운 분들하고 소주잔을 기울이고 나오는데 밖에는 엄청나게 소나기가 내리고 있었다. 그런데 나도 모른 사이 거리가 어느 정도 떨어져 있는 편의점으로 비를 맞으며 달려가 우산을 사서 씌워드렸었는데, 내 자신이 얼마나 행복하던지, 그땐 몰랐지만 평소에 나의 마음속에는 신교수님에 대한 고마움과 존경심이 가득했었나 보다. 어쩌면 당연한 것이지만 반사적으로 움직이는 내 모습을 보고 진정으로 신교수님을 존경하는구나하는 생각이 들었던 기억이 난다.

비록 학교는 떠나시지만, 앞으로도 지역사회를 위해 많은 일을 해야 할 분으로, 우리들이 함께 모셔야 할 진정한 지역의 원로 학자로서, 때론 어른으로서 오랫동안 함께하시길 간절히 바래본다.

신교수님의 열정은 아직도 끝나지 않았으며, 앞으로도 계속 이어질 것이라 나는 감히 확신한다.

김판진 올림

제자들의 영원한 등대

홍태 김하룡
(완도향토문화연구원)

　36년간 교수직에 몸담아 수많은 제자들의 영원한 등대이신 신순호 교수께서 떠나신다니 한없이 섭섭하고 아쉽습니다. 현 교단은 떠나지만 교수님이 가꾸어 놓은 자리가 영원히 제자들에게는 원대한 꿈을 갖게 해 주셨고 인생각자 헤쳐 나갈 수 있는 용기와 희망 그리고 능력을 갖추도록 끊임없이 격려해주셨습니다. 진정 떠나신다니 아쉬움이 가득한 깊은 탄식과 함께 교수님의 퇴임을 접하지만 퇴직 후에도 기꺼이 제자들의 삶에 지혜의 빛을 비추는 등대가 되어 주시리라 생각합니다. 그동안 교수님께서 몸소 보여주시던 진정한 교육자로 서의 삶을 영원히 기억하겠습니다.

신교수!!
벌써 정년이라니 참 세월 빠르네요.
　정년이란 말만 들어도 왠지 허전하고 쓸쓸합니다. 마치 인생의 종착역에 다가온 것 같은 느낌을 감출수가 없네요. 남들은 정년을 새로운 인생의 첫걸음이라 하지만, 평생 동안 정열을 쏟고, 삶의 터전으로 살아온 직장을 떠나는 마음이 어찌 편하기만 하겠습니까.
　그러나 정년은 누구나 언젠가는 거쳐야 하는 인생길인 것을 우리는 다 그 길로 떠나는 나그네가 아니겠소. 처음 신 교수가 퇴직한다는 소식을 듣고 학창시절 신 교수님의 활발했던 모습들이 밀물처럼 몰려오데요.
　그 춥던 어느 날 조그마한 옹달샘에서 한 시간 동안 기다리다 식수한 양철동이를 길렀는데 300m 떨어진 자취집까지 오다가 빙판길에 넘어져 모두 쏟아버리고 하늘만

쳐다보던 일. 밥은 있어도 김치가 없어 옆집의 김치가 그렇게도 맛있어 보일 때 어떻게 알았는지 김장김치 한 폭 주시던 원미네 엄마 생각. 자취집에 처음 연탄불을 피우고 자던 이튿날 새벽에 문틈과 갈라진 구들장에서 스며든 연탄가스에 중독되어 학교에도 못가고 병원에 입원하여 겨우 살아났던 일. 밤마다 추운 공원길을 넘어 태권도를 배우러 다니던 철부지 소년시절이 엊그제 같은데 그 좋았던 세월은 다 어디로 가고 무정하게도 오늘이 와버렸네요.

그렇지만 어쩌겠소. 36년간 교수직에 몸담아 수많은 제자들의 영원한 등대 불같은 교수님이 떠나신다니 한없이 섭섭하고 아쉽기만 합니다. 현 교단은 떠나지만 교수님이 가꾸어 논 자리가 영원히 제자들에게는 원대한 꿈을 갖게 해 주셨고 인생각자 풍파를 헤쳐 나갈 수 있는 용기와 희망 그리고 능력을 갖추도록 끊임없이 격려해 주셨습니다. 이제 진정 떠나신다니 아쉬움이 가득한 깊은 탄식과 함께 신 교수님의 퇴임을 접하지만 퇴직 후에도 기꺼이 제자들의 삶에 지혜의 빛을 비추는 등대가 되어 주시리라 생각합니다. 그동안 교수님께서 몸소 보여주시던 진정한 교육자로서의 삶을 제자들은 영원히 기억 할 것입니다.

정년퇴임은 직장인으로서의 꽃입니다. 한 직장에서 정년까지 가기위해서는 실력과 건강이 뒷받침이 되어야 하기 때문입니다 신 교수님께서는 36여 년간 교수직에 몸담으면서 수많은 제자들을 길러내어 사회의 역군으로 활동할 수 있는 원동력을 만들지 않았습니까.

신 교수님 영예로운 정년퇴임이 인생의 새 출발점이 되시길 기원하면서 먼저 정년한 사람들의 경험을 조언합니다. 이제부터는 아내에게 봉사하며 살기를 바랍니다. 아내는 젊어서는 애인이고 중년에는 친구며 노년에는 간호사란 말이 있지 않습니까. 나이가 들면서는 아내가 건강하고 행복해야 가정이 행복하고 내가 행복해 진다고 하데요. 시간 되는대로 많은 사람들과 자주 만나면서 좋은 관계를 가지고 지내세요. 그동안 바쁘다는 핑계로 자주 만나지 못했던 친구 선후배 그리고 친인척들을 만나면서 즐겁게 살라는 겁니다.

인생 후반전을 성공적으로 행복하게 살라면 무엇보다 건강을 최우선으로 챙겨야 합니다. 나이 들어서는 돈보다 명예보다 가장 중요한 것은 건강입디다. 백세시대 정년은 끝이 아니라 후반전을 새로 시작하는 이정표에 불과하다 했습니다. 그리고 인생 후반전에는 돈과 명예보다 그동안 꼭 하고 싶었던 일을 하라고 권하고 싶습니다. 자기가 하고 싶은 일을 할 때가 가장 즐겁고 보람이 있습다. 존경하는 신 교수님의 정년을 다시 한 번 축하드리며 이제부터는 가정화목과 평화에 힘쓰면서 항상 즐겁고 행복한 여생을 보내시기 바라면서 항상 건강하고 다복하셔야합니다.

2017.12

인생 제2장의 출발에 힘찬 응원을 보냅니다!!!

김현호
(한국농어촌공사 옥천, 영동 지사장)

정유년 연말에 모르는 번호로 전화가 한 통 왔습니다. 전화기 너머에서 신순호 이사님(교수님이라 불러드리는 것이 마땅하겠으나 한국농어촌공사 이사로 활동하시고 그 때 제가 모셨기에 이사님이라 하겠습니다)의 제자라 하면서 이사님께서 2018년 1월 목포대학교에서 정년퇴임 하시는데 제자와 지인들이 문집을 만들어 드리고자 한다며 제게도 글 한편을 부탁하였습니다. 제 글이 이사님 문집에 티가 될까 저어하여 처음에는 사양하려고 했습니다. 하지만 곧바로 생각을 바꿨습니다. 비록 서툰 글 솜씨지만 담담히 제 마음을 적어 이사님의 영예로운 퇴임을 축하드리고, 제2의 인생 출발에 힘찬 응원을 보내드리는 것이 도리라 생각했습니다. 그러면서 한편으론 제 글이 이사님 같은 유명학자의 문집에 실린다면 제게 큰 영광이라는 욕심도 생겼습니다. 제게 이런 기회를 주신 이사님께 감사드립니다.

제가 이사님을 처음 만난 때는 2014년 1월 공사의 기획총괄부장 보직을 받고나서 였습니다. 그 때부터 2년간 이사회, 이사진 현장시찰, 공사 경영전략회의, 임원추천위원회 등에서 이사님과 함께 했습니다. 그 2년 동안 이사님은 매우 열정적으로 이사로서의 임무를 수행하셨다고 감히 말씀드리겠습니다.

이사님은 이사회에 빠짐없이 참석하셨고, 그 때마다 다양하고 깊이 있는 의견을 개진하시어 이사회가 공사의 최고 의결기관으로써 그 역할을 다 할 수 있도록 하셨습니다. 2014년 2월 25일 제178회 이사회 시 국제교육훈련센터 신축계획(안)에 대해서 이사님은 "국제교육 훈련센터 신축과 관련하여 미래 교육 연수 수요 증가량을 감안하여 설계 시 반영토록 하고, 추후에 진행상황을 이사회에 보고하도록 할 것"을 조건으로 하는 조건부 의결을 유도함으로써 이사회에서 지속적으로 이 사업에 대해 관심을 갖고 추진 상황을 지켜볼 수 있도록 하셨습니다.

2014년 10월 30일 제186회 이사회에서는 신재생에너지사업 기본계획(안)에 대해 "사업 추진과정에서 주변 환경단체의 민원이 발생하지 않도록 관련 법규와 규정의 준수 및 사전 대응이 필요하며, 유사 사업지구의 실패 사례를 조사하여 반영해야 할 것"을 지적하여 이 부분을 보완키로 하고 의결을 보류토록 하셨습니다.

2015년 7월 30일 제196회 이사회에서 직제규정 등 일부개정(안)에 대해 "거대조직에서 이사가 바뀔 때마다 조직의 틀을 수시로 바꾸는 것은 조직운영에 비효율적이므로, 안정적인 조직운영을 위해 공사의 업무가 대폭적으로 변하여 조직변화가 불가피한 경우가 아니면 가급적 조직개편을 지양하는 것이 바람직하다"는 의견을 내시어 안건을 수정의결토록 하셨습니다.

이 외에도 여러 가지 의견을 개진하시어 공사 경영이 더욱 내실 있고 합리적으로 개선되는데 많은 도움을 주셨습니다.

이사님은 공사의 현장을 직접 시찰하시면서 공사를 더욱 깊게 이해하고자 하셨습니다. 2015년 8월 이사님을 비롯한 비상임 이사님들이 아산만 배수갑문, 충남 청양 알프스 마을, 전북 군산 은파저수지, 금강사업단 및 서포양수장 등을 방문하셨습니다. 또한 2015년 12월 제주도 최초의 농업용저수지인 성읍저수지 준공식과 제주 밭담축제 개막식에 참석하시어 행사를 주관하고 준비한 공사에 힘을 실어 주셨습니다. 이사님들께서는 현장 방문 시 단순히 방문에 그치는 것이 아니라 많은 질문을 쏟아내셨습니다. 특히, 이사님께서 제일 많이 궁금해 하셨고 질문도 제일 많이 하셨습니다. 단지 궁금한 사항에 대한 질문에 그친 것이 아니라 때로는 당신 나름의 대안을 제시하기도 하셨고 이에 대해 현장에 있던 직원들이 상당히 공감하는 모습을 보이기도 했습니다. 여담이지만 이사님의 답변에 대부분 담당직원들이 답변을 드렸지만 이동 중에는 제가 답변을 드려야하기 때문에 저도 공부하느라 애먹었습니다. 하지만 현장에 대해 공부를 하고 새로운 사실을 알게 되는 기회가 되어 업무수행에 많은 도움이 되었습니다.

이사님은 공사의 주요 회의 및 행사, 교육 등에 적극적으로 참여하시어 일반 직원들의 목소리를 듣고자 하셨습니다. 바쁘신 일정에도 불구하고 이사님은 다른 비상임

이사님들과 함께 공사 경영전략회의에 참석하시어 회의에 무게감을 더하여 주셨습니다. 이사님들의 이러한 적극적인 모습은 직원들에게 깊은 인상을 주었으리라 생각합니다.

경영특강에도 열정을 보이셨습니다. "공직자의 올바른 직장생활(2014. 3. 28, 인재개발원)", "지역개발 전문가로서의 역할(2014. 5. 29. 나주 본사)" 등의 주제로 하여 직원들에게 많은 가르침을 주셨습니다. 그 밖에 공사의 나주 혁신도시 이전 시 거행되었던 신사옥 준공식 전야제 및 준공식 행사(2014. 10.), 공사 창립행사(2014. 12.) 등 공사의 주요 행사에 참여하시어 자리를 빛내 주기도 하셨습니다.

이사님께서는 제가 보직을 옮긴 후에도 SNS를 통해 제게 소식을 전하셨습니다. 업무 때문에 만나는 많은 사람들이 그 업무가 끝나면 상호간 교류가 드물어지고 결국에는 끊어지는 모습을 종종 보았습니다. 하지만 이사님께서는 지속적으로 저의 안부를 묻고 저를 응원해 주셨습니다. 이사님의 응원 덕분에 아무런 연고가 없는 이곳 옥천에서 열심히 근무하고 있습니다.

이 글을 쓰며 당시 이사님과 함께 했던 시간을 찬찬히 돌아보았습니다. 제가 기획총괄부장으로 가기 전에는 비상임 이사가 매우 권위적이라 막연히 여기고 있었습니다. 그러나 막상 기획총괄부장으로 보임되어 비상임 이사님들을 대하는 순간 이전에 제가 가졌던 생각이 잘못되었다는 것을 알았습니다. 이사님들은 저희 실무자들이 편히 일할 수 있도록 오히려 저희를 배려해 주셨습니다. 특히, 이사님은 선임 비상임 이사로서 다른 이사님들을 리드하시면서 이사회 담당 직원들이 이사님들을 대할 때 부담 갖지 않도록 해 주셨습니다. 이에 저희도 이사님들이 아무 불편 없이 직무를 수행하실 수 있도록 적극적으로 지원해 드리고자 하는 마음이 앞섰습니다. 이 자리를 빌려 저희를 그토록 배려해 주신 이사님께 다른 직원들을 대신해 감사의 인사를 드립니다.

이사님, 끝은 끝이 아니라 새로운 시작이랍니다. 이사님께서 맞이하시는 정년은 목포대학교 교수로서의 소임을 마치는 순간이지만, 이사님의 새로운 인생을 시작하는 출발점이라 하겠습니다. 이사님의 정년퇴임식은 목포대학교 교수직에서 물러나는 행사이기도 하지만 이사님의 제2의 인생을 시작하는 출정식이라 하겠습니다. 이사님의 퇴임사는 목포대학교 교수로서의 마지막 말씀이지만 이사님의 인생 2장을 시작하는 출사표라 하겠습니다. 비록 정년을 맞이하시지만 이사님의 끊임없는 학구열로 더욱 학문의 발전이 있으리라 믿어 의심치 않습니다. 언제 어디서든 늘 건강하시고 뜻하는 바 모두 이루시기 바랍니다. 언제나 이사님을 응원하겠습니다.

공통분모

박성현
(전라남도의회사무처 박사)

都市, 地域, 島, 地籍!

학문적으로 스승님의 영향을 많이 받았다는 것은 주변인들에게 공공연히 알려진 사실입니다. 대학시절 도시계획론이라는 강의를 통해 스승님과 만나게 되었고, 20년이 지난 지금도 스승님에게 직·간접적으로 가르침을 받고 있습니다. 교수님께서는 저에게 처음 도시와 지역이라는 학문에 관심을 갖게 해 주셨습니다. 대학시절 강의뿐만 아니라, 서울시립대학원에서 도시와 지역에 대해 더 깊이 있게 공부할 수 있었던 계기도 교수님의 추천이 있었기 때문입니다. 2004년 한국도시행정학회 회장이라는 큰 역할을 맡으셨을 때, 시립대에 자주 오셔서 물심양면으로 격려를 해주시고, 그 당시 시립대 선후배들 사이에서 부러움의 대상이었답니다. 어찌 보면, 교수님의 관심과 배려 덕분에 힘든 서울생활과 대학원생활을 무사히 마칠 수 있었던 것 같습니다.

서울뿐만 아니라 일본에서도 교수님과의 추억이 있습니다. 유학시절, 제가 살고 있던 동경까지 오셔서 함께 도시공간 답사도 하고, 그 결과를 논문으로 정리했던 추억도 생각납니다. 또한 교수님께서 리츠메이칸대학에서 교환교수로 계셨을 때도 제가 몇 번 찾아갔던 기억이 납니다. 그 당시, 적지 않은 연세에 새로운 언어를 배우고자 하는 그 열정에 이 제자로서는 반성과 새로운 다짐이 되었답니다.

학위를 받고, 한 명의 연구자로 거듭날 수 있었던 계기도 참으로 많이 만들어주셨습니다. 목포, 신안, 완도 지역연구, 전국 섬 연구 등을 할 수 있는 발판을 만들어주셨고, 각종 심포지엄에서도 발제할 수 있는 귀중한 기회도 주셨습니다. 특히, 공동연구를 할 때에는 제가 보지 못한 부분들을 철저하게 지적해 주시고, 깊이 없는 글들을 쓸 때마다 따끔히 충고해 주시고, 이러한 스승님의 가르침이 20년 동안 계속되었던 것 같습니다.

몇 해 전부터는 섬 정책이라는 특화된 분야에 대한 연구를 할 수 있도록 기회를 제공해 주셔서 새로운 연구영역을 확장할 수 있게 되었답니다. 스승님과의 공통분모 중 하나는 완도 출신이라는 것도 있습니다. 완도에서 태어났기에 섬이라는 공간대상에 대한 관심이 남달리 다가왔을지도 모르겠네요. 아직은 미약한 연구력이지만, 다양한 경험과 연구를 통해 스승님의 학문적 맥을 이어가려합니다.

도시, 지역, 섬 다음의 공통분모는 지적입니다. 학부시절 지적학을 전공하게 되어, 지적재조사와 공간정보정책에 대한 연구도 자연스럽게 하게 되었네요. 청출어람이 되길 바라는 스승님들의 기대에는 아직 미치지 못하지만, 저 또한 꾸준히 노력하다보면 부끄럽지 않은 제자가 될 것으로 생각됩니다.

정년을 앞 둔 오늘도 그 누구보다 더 열정적으로 생활하시는 모습을 볼 때마다 우리 제자들의 귀감이 되고 있습니다. 아직도 학자로서 직접 글을 쓰시고 고민하는 모습이 정말 존경스럽습니다. 전하고 싶은 말은 많지만 제한된 글로 표현하기 부족합니다. 그럼, 항상 건강하시고 제2의 인생도 성공하시기를 가까이에서 응원하겠습니다.

2018. 2. 5.

おはようございます。ありがとうございます。

박정일
(호정솔루션 이사, 목포대학교 겸임교수)

　새벽 5시 30분 알람이 울려대기 시작한다. 어젯밤 술 때문인지 몸이 무겁다. 반쯤 감긴 눈으로 좀비마냥 몸을 일으키고, 세수는 하는 둥 마는 둥 고양이세수로 마무리한다. 겨우 정신을 차리고 차로 이동한다. 목적지까지는 10분 남짓 거리. 어둠은 아직 가시지 않았고, 늘상 출퇴근 때 붐비던 거리는 한산하다.
　터널 입구에 이르자 앞에 익숙한 검은 차량이 보인다. 뭔가 바쁜 일이 있는지 신호가 바뀌자마자 달려 나간다. 나는 터널을 지나 고가도로 옆으로 유유히 검은 차 뒤를 따른다.
　이윽고 목적지 도착하면 넓은 주차장에 몇 대의 차가 서있다. 그 중 시동이 꺼지지 않고 뒤에서 수증기가 모락모락 피어오르는 차가 보인다. 익숙한 경차 1대, 아까 보았던 검은 차 1대. 경차에서는 아담한 체구의 일본 여성이 내리고, 검은 차에서는 머리가 희끗한 60대 신사가 내린다. 서로 눈이 마주치자 "おはようございます(오하요우고자이마스)"라고 인사를 나눈다. 그 때 진회색의 차가 1대 더 도착하고 덩치 좋은 사내가 한명 내리며 똑같이 "おはようございます(오하요우고자이마스)"라고 인사를 건넨다.
　이로서 모든 멤버들이 다 모였다. 이 광경은 마치 데자뷰처럼 3년째 반복되고 있다. 매주 주말 해 뜨기 전 새벽마다 수상한 모임을 갖는 이 사람들은 '日本語勉強會(니홍고벤꼬까이)'로 아끼꼬 일본어 선생님, 신교수님, 나, 그리고 양상 이렇게 4명이다.
　사무실 입구 문을 열고 넓은 테이블에 4명이 앉는다. 수업이 시작되면 지난 한주동안 있었던 일을 얘기하는 것으로 시작된다. 신교수님은 지난주 있었던 일을 말할 때 "센슈혼또니 이소까시이데스, KTX니 놋떼..."로 시작한다. 한주 동안 바빴단 말씀을 하시면서, 시제는 반복해서 틀리신다(과거를 현재형으로 말하심). KTX를 타고 출장 갔던 얘기들을 늘어놓으시는데 위원회, 각종 회의 등으로 매주 바쁘신 모양이다. 일주일동안 움직였던 사소한 동선 하나하나를 모두 말씀 하시는데 회의 내용은 말씀을 전혀 말씀을 안해주신다. 국가의 중요한 사안들을 처리하시는데 회의 내용에 대해 보안을 확실히 하시는 것 같다. 다음으로 나, 양상 순으로 지난주 얘기들을 서투른 일본어로 얘기한다.

한 주간 있었던 일들을 이야기 하고 나면 일본어 노래를 배운다. 학생 모두가 그렇게 노래에 재능이 있어보이지는 않는다. 아무튼 다 같이 즐겁게 노래를 부른 뒤 본격적으로 책을 펼치고 회화와 문법 수업을 시작한다. 한 문장씩 돌아가면서 책을 읽는데 항상 신교수님이 솔선수범해서 첫 번째 문장을 읽어나가신다. 다음으로 나, 양상 순으로 읽는데 학생이 3명이다 보니 이상한 일이 생긴다. 회화책은 2명이서 대화를 주고받는 내용인데, 3명이서 읽다 보니 대화를 주고받고 하는 것이 아니게 된다. 처음에 'A' 역할로 시작했다가 'B' 역할이 되기도 한다.

신교수님은 가장 연장자이심에도 불구하고 솔선수범해서 반장 역할을 하신다. 수업을 리드하고, 일본으로 떠나는 수학여행을 기획하기도 하셨다. 또한 이 모임에서 저녁식사나 술 모임을 주도하시기도 하는 등 겉으로는 원칙주의자나 융통성이 없는 딱딱한 사람으로 보이지만 의외로 풍류를 즐길 줄 아는 낭만파다. 칭찬에도 인색하지 않다. 학생들에게도 수업시간이나 복도에서 마주칠 때 항상 '훌륭한 학생이야'라고 말씀하신다. 일본어 공부할 때도 나에게 항상 'えらい學生(에라이 각세이 - 훌륭한 학생)'라고 칭찬하신다.

1시간 반 남짓 수업이 끝나면 서로의 스케줄을 체크한다. 다음 주 수업을 언제 할까 조율을 하는 것인데, 기본적으로 토요일 새벽에 수업을 하는 것으로 되어 있지만 다들 출장이 많기 때문에 조정을 해야 한다. 어떻게 보면 보통 사람들은 바쁘면 한 주 빠질 수도 있는데 신교수님은 절대 빠지지 않고 수업에 참석하신다. 덕분에 아기코 선생님이 많은 고생을 하시지만 신교수님의 열성을 알기에 불평 한마디 없이 흔쾌히 조정해주신다.

수업이 끝나면 "ありがとうございました(감사했습니다)"라고 인사를 하고 헤어진

다. 나는 부족한 잠을 채우러 집으로 향하고, 양상은 주말 당번 근무가 있을 때는 회사로 향한다. 그런데 신교수님은 다음 스케줄이 테니스코트다. 새벽에는 일본어 공부, 아침이 밝으면 운동으로 철인이다. 한주동안 그렇게 바쁘셨는데 쉬지 않고 주말에도 학습과 체력 단련을 꾸준히 이어나가신다. 그 덕분에 이날까지도 그 많은 일정과 연구, 강의를 소화하시고 무사히 명예로운 정년을 맞이하시게 된 것 아닌가 생각해본다.

사실 신교수님을 알게 된 것은 20년이 넘었다. 1996년 목포대학교 지적학과 입학 이후 4학년까지 매년 수업을 들었다. 석사 때는 교수님께서 도서문화연구소 연구생으로 추천해주셨다. 이처럼 처음에 스승님으로 시작해서 마지막에는 같은 학생이 되어 수업을 받는 사이가 된 묘한 인연이 이어진 것이다.

물론 처음에는 교수님이 공군장교 출신이어서 그런지 몰라도 딱딱한 느낌이었고, 바늘로 찔러도 피한방울 안 나올 것 같은 냉혈한처럼 느꼈었다. 본인이 작성한 글에 숫자하나 틀린 것이 없는지, 오타하나라도 없는지 두 번이고 세 번이고 만족할 때까지 꼼꼼히 검토를 한다. 아직까지도 자기 관리에 철저하고, 지킬 수 없는 약속은 안하신다. 처음에는 어렵게만 느껴졌던 교수님이 이후 많은 시간 같이 연구하고, 공부하고, 때로는 함께 술잔을 기울이고 같이한 시간이 늘어나자 이제는 인생 선배로 느껴진다. 시간이 흐르면서 생각이 드는 것은 교수님이 예전보다 남의 말에 잘 귀 기울여주시고, 마음도 여유로워지고, 얼굴도 온화롭게 변했다는 것이다.

지난 시간 신교수님을 보아 오면서 학문적인 것도 많이 배웠지만 철저한 자기관리와 성실함을 배웠다. 교수님만큼 따라가려면 멀었지만 정해진 약속을 잘 지키고, 맡은 일은 책임지고 성실하게 끝내려고 노력하고 있다. 그러한 가르침 때문인지 몰라도 스스로 책임감도 높아지고, 하고 있는 일도 잘 되고 있다.

한편, 교수님은 그동안 가정을 위해, 학교를 위해, 국가를 위해 자신을 헌신해서 왔다. 이제 못해보신 것도 해보시고 본인의 삶도 즐겨 보셨으면 좋겠다. 그동안 사치하는 것을 한 번도 못 보았는데 그 많은 시간의 노고를 자신에게 보상해주었으면 한다.

이제 학교에서 떠나시지만 이제 새롭게 더 큰 꿈을 꾸시고, 더 큰 일을 해내실 것을 느낀다.

많은 사람의 성원 속에 그 꿈을 이루시고, 학교 밖에서도 더 많은 가르침을 나누어 주세요. 스승님으로서, 인생의 선배로서 감사했습니다.
　本当に ありがとうございました。

아낌없이 주는 나무

박정용
(문태고등학교)

교수님을 만난 지가 25년이 되어갑니다. 4반세기네요.
저희 부부가 결혼생활과 똑 일치하는 햇수이기도 하구요. 1993년 어느 가을 날 교수님에게 저희 부부의 결혼 주례를 부탁드리려고 목포에 내려갔었지요. 서울에서 영암까지의 거리가 너무 멀어서 제 은사님에게는 감히 부탁을 못 드리고 아내의 은사이신 교수님에게 부탁을 드렸지요. 그런데 그 때 교수님 연세가 40대 초반이셨어요. 세상 물정 잘 모르던 젊은 시절이라 그런 점은 생각지도 못했고 그저 아내가 존경하는 선생님이고 해서 무작정 부탁 드렸던 기억이 납니다. 이렇게 해서 맺어진 우리의 인연으로 시작해서 그 이후로 지금까지 교수님은 저희 부부에게 '아낌없이 주는 나무'이셨습니다. 주례였다는 죄 아닌 죄로 저희 부부가 부탁하는 일은 하나도 빠짐없이 다 들어 주셨지요. 귀찮고 짜증날 만도 하셨을 텐데 단 한 번도 그런 내색 하지 않으셨어요. 참말로 저희는 이 세상에서 제일 든든한 빽을 가졌던 것이지요.

늘 만날 때마다 저희를 격의 없이 편하게 대해 주셨습니다. 권위란 찾아 볼 수도 없었구요. 특히나 저는 말주변이 없고 내성적이어서 늘 사람들 대하는 일이 늘 부담스러웠었는데 저를 늘 편하게 대해주셨지요. 사회에서 흔히 만나는 그런 높은 분들하고 많이 많이 달랐습니다. 지금 있는 이 자리도 교수님이 잡아주신 것이지요. 이전 직장을 너무 쉽게 놓아 버려서 지금 직장은 악착같이 버티며 지금까지 오고 있네요 (ㅎㅎㅎ). 추천해 주신 교수님 체면 깎이지 않도록 더 많이 노력하기도 했구요.

교수님은 진정한 지식인이십니다. 상아탑 안에만 안주하는 우물 안 학자가 아니라 연구 성과를 끊임없이 국가와 지역사회에 환원하셨지요. 어떤 정치인이 그랬죠. 행동하는 양심을 가진 정치인이 되어야 한다구요. 교수님은 행동하는 지식인이십니다. 학문이 이상적인 목표를 가지는 것과 동시에 현실적이고 실용적인 면도 목표로 해야 한다고 생각하는데 이런 부분을 실천한 분이십니다. 다도해 섬으로, 학교로, 서울로, 그리고 전국 각지로 뛰시면서 이론과 현실을 끊임없이 연결시키고자 애쓰신 분입니다. 이시대의 지식인이 가져야 할 모범을 보이셨습니다.

드디어 정년을 하신다고요. 교수님은 아쉬움과 서운함이 앞서겠지만 저는 오히려 기쁩니다. 이제 정년퇴임을 하시면 제가 더 자주 뵐 수 있을 것 같아서요. 그래서 더 많은 삶의 지혜를 빌리고 싶습니다.

늘 건강하시고 행복하세요.

사랑하고 존경합니다. 교수님!

우리시대의 선비 신순호 교수

박종길
(사진가, 시인)

요즘 사람들은 겉모습만 보아서는 나이를 분간하기 어렵다. 그만큼 젊게 사는 이유도 있겠지만 건강관리를 잘 하고 있기 때문이다.

옛날에는 한계수명을 60평생이라 했다. 그래서 회갑에 그만큼 큰 의미를 두었다. 그러나 요즘에는 80평생, 아니 100세 시대라고 말한다. 그러므로 회갑잔치를 했다면 조롱꺼리가 되고 만다. 칠순도 세우지 않고 팔순 정도가 돼야 옛날 회갑 정도의 의미로 해석된다.

신순호 교수가 정년을 앞두고 있다고 한다. 요즘 말로 젊은 오빠로 보이는 그에게 정년이란 말은 어울리지 않을 뿐 아니라 믿어지지 않는다. 칠순이나 팔순과 같은 의미는 아닐지라도 나이보다 10년은 더 젊어 보이기 때문이다.

어쩌다 사석에서 신 교수 얘기가 나오면 "엄청 바쁜 양반"으로 통한다.

그만큼 하는 일이 많아서일 것이다. 때로는 대학 교수에서 대통령직속 지역발전위원회 평가자문단장과 국무총리실 산하 국토정책위원을 비롯하여 지역사회 발전과 나랏일까지 사회 전반에 관한 발전을 모색하고 우리시대 인간 삶의 질을 높이기 위한 크고 작은 수 없이 많은 일들을 하고 있어서 그의 초인적 능력을 알 수 있게 하기 때문이다.

내가 신 교수와의 인연은 언제부터였는지 기억이 잘 나지 않지만 내가 1970년대 말부터 80년대 초반까지 목포대학교 미술학과에 출강을 한 일이 있었는데 그때 주변의 교수님들과의 유대 관계가 많았는데 그 무렵 신 교수와도 자연스러운 만남이 있었지 않았을까 생각될 뿐이다. 특히 인상 깊었던 일이 몇 가지 있었는데 내가 목포과학대학교에 있었을 때 산업디자인 연구소의 프로그램으로 시민아카데미 포토스쿨을 개관 하고 강의를 시작했는데 아마 그때 신 교수가 사진을 배우겠다고 찾아온 듯하다. 내가 생각하기로는 정말 바쁜 교수님께서 어떻게 시간을 낼 수 있을까 걱정도 했지만 아마 개인의 연구 활동을 하려면 많은 사진자료가 필요하게 되는데 연구목적의 사진술도 필요 하겠지 라고 이해했었다.

그 뒤 한참 시간이 흐른 뒤에도 어떤 행사장 등지에서 여러 차례 만날 기회가 있었는데 그때마다 주변에 있는 지인들에게 "나에게 사진을 가르쳐 주신 은사님입니다" 라고 소개를 해 주어서 놀랐다. 그동안 대학이나 공공사회단체, 교육기간 등지에서 수 없이 많은 사진 인들을 길러냈지만 나에게 사진을 배웠던 일부 문하들은 자기가 어느 위치에 올랐을 때 혼자 배운 것처럼 스승을 부정하고 배신하는 일들이 허다한데 신 교수는 자기 자신을 낮추고 겸손해 하는 겸양의 덕을 갖추었음을 알 수 있었던 것이다.

또 한 번은 내 둘째아이가 서울대학교에서 석사과정을 마치고 있을 때 신 교수 연구실에서 조교 일을 한 일이 있었는데 그 뒤 신 교수는 나를 만났을 때 "내가 이 세상에 살면서 가장 욕심나는 사람이 둘이 있는데 그중 한분이 교수님 자제입니다" 라고 말해줘서 놀라기도 하고 기쁘기도 했지만 한편으로는 겉치레 인사겠지 라고 생각할 수 있었지만 그 뒤에도 몇 차례 같은 얘기를 해서 진심으로 하는 인사구나 하고 생각했다. 내가 평소 보아온 온화하고 겸손한 그의 성품과 인격을 믿게 되는 또 하나의 이유이기도 했다.

많은 사람들이 직장에 다니며 자기가 맡은 일들을 하게 된다. 그러나 그 일들을 하려고 하면 끝이 없는 반면 일을 하지 않으려고 하면 아무 일이 없게 된다.

아니 보이지 않게 된다. 결국 일이란 스스로 만들어서 하는 것이다. 비록 그것이 고생스럽고 힘든 일이지만 일에 보람을 느끼는 사람과 짜증을 내는 사람 즉 긍정적인 사람과 그렇지 못한 사람의 차이이다. 그런 사람들에게는 언젠가는 어떤 결과를 가져올 것인지 불 보듯 뻔하다.

우리가 사는 이 세상에는 참으로 아름다운 것이 많다. 그러나 진정한 아름다운 모습이란 자기가 어디서 무엇을 하건 현재 서 있는 곳에서 최선을 다 하는 모습이 가장 아름다운 모습이라 했다. 우리는 내일 어떤 일이 있을지 아무도 모른다. 다만 오늘 최선을 다하는 사람에게는 반드시 밝은 내일을 맞이할 수 있다는 사실이 이 세상의 순리이고 이치라고 생각 한다, 그런 의미로 볼 때 신순호 교수야 말로 이 세상에서 가장 아름다운 사람이 아니겠는가 생각된다. 평소 일에 대한 그의 열정과 헌신적인 사명감을 실천하는 그를 알기 때문이다. 그러므로 정년이라는 의미는 마침이라는 의미가 아니라 새로운 문장으로 시작하라는 줄 바꾸기가 아닌가, 그래서 다음 문장을 열심히 쓰라는 준비가 아닐까.

내 주변에서 정년을 하고 더 열심히 왕성하게 활동하는 지인들이 많은걸 보면 정년이란 그 단어 자체가 무의미한 경우를 생각할 수 있다.

신순호 교수도 젊은 오빠답게 지금처럼 항상 온화함과 따뜻한 미소 그리고 건강으로 평소 그랬던 것처럼 더 열심히 활동하는 모습을 우리가 늘 지켜볼 수 있기를 바랄 뿐이다.

그의 높은 경륜과 학문적 가치를 우리들이 또는 우리 사회가 간절히 바라고 있기 때문이다.

섬 조사로 맺은 인연

박종오
(목포대학교 강사)

통영항에서 아침을 맞다

이제야 통영의 실루엣이 어렴풋하게 드러나기 시작한다. 광주에서 출발하여 새벽녘 고속도로를 세 시간 가까이 달려 통영항까지 왔다. 오는 동안 고속도로의 주변 경관은 어둠에 숨어 모습을 드러내지 않으니, 자동차 불빛만 보고 왔다는 표현이 맞을 것이다. 섬 조사를 다니다보면 흔히 있는 일이다. 시간에 맞춰 배를 타려면 어쩔 수 없다. 그나마 이번 조사에는 안사람이 동행해 말벗이 되어주어 다행이다.

나처럼 민속학民俗學을 하는 사람들에게는 현장조사가 필수다. 민속학은 예로부터 지금까지 민간에 전승되어온 풍속이나 신앙, 관습 등을 조사, 기록하여 우리 민족의 전통적 문화를 구명하고, 미래상을 제시하는 학문이다. 따라서 전통문화가 전승되는 (혹은 되었던) 현장에 대한 조사는 의무, 그 이상의 작업이다. 그러기에 전승 현장이 산속이든, 섬이든 상관없다. 어떻게든 찾아가서 살피고 확인해야 한다.

차량으로 이동이 가능한 육지는 그나마 현장조사가 수월하다. 반면 배를 타고 이동해야하는 섬은 날씨, 배 시간 등으로 인해 조사에 변수가 많다. 때문에 섬 조사를 할 때는 날씨나 배 시간, 조사자 섭외, 그리고 숙박시설 점검 등 잔 신경을 써야 할 것이 한 둘이 아니다. 객선이 하루에 두, 세 번 있는 섬은 첫배가 이른 시간에 떠나는 경우가 많다. 첫배를 타고 들어가 조사를 해야 다음 배로 다시 나올 수가 있다. 만약 조사가 배 시간까지 끝나지 못하면 사선私船을 이용해 나오거나, 섬에서 숙박을 해야 한다. 민박집이라도 있으면 다행이지만, 그마저도 없을 경우에는 먹을거리와 잠자리를 스스로 해결해야 하는 난감한 경우도 생긴다. 하루에 한번밖에 객선이 없는 섬 조사도 숙박을 해야 하는 것은 마찬가지이다.

물메기 가득한 섬, 추도

이번 조사지인 추도楸島도 아침 일곱 시에 첫배가 있다. 이 배를 타기 위해 졸음을 참아가며 새벽을 달려온 것이다. 안사람도 함께 왔으니 오늘은 정해진 시간에 조사를 마치고 섬에서 나와야 한다. 조사를 못 끝내면 추후 다시 조사를 와야 한다. 초등학교 다니는 아이들이 있기에 숙박을 할 수도 없다. 그러기에 조사 항목, 조사 마을, 예상 제보자 등을 나름대로 꼼꼼히 챙겼다.

추도는 통영에서 남서쪽으로 약 20여 km 떨어져 있는 섬으로, 주민들은 주로 대항과 미조라는 마을에 살고 있다. 섬의 서쪽 부분에 자리한 미조마을은 남해군(남해도) 미조마을에서 온 사람들이 이곳에 처음 정착하여 살았다 하여 붙여진 지명이다. 마을 중앙부에는 천연기념물 제345호로 지정된 후박나무가 소재하고 있다. 이 미조마을은 물메기로 유명한 곳이다.

물메기는 쏨뱅이목 꼼치과의 바닷물고기이다. 추도 일대에서 잡히는 물메기의 정확한 학명은 '꼼치'이다. 하지만 지역민들은 두 종을 구별하지 않고 '물메기'로 통칭하여 부른다. 물메기는 지방함량이 적고 단백질이 풍부하여 부종과 이뇨작용에 좋다고 알려져 있다. 횟감, 탕으로 맛볼 수 있으며, 말려서 된장찌개나 술안주거리로 다양하게 이용할 수 있다. 정약전(丁若銓, 1758~1816)의 『자산어보茲山魚譜』에 '고기 살이 부드럽고, 뼈 또한 무르며, 술병酒病을 잘 고친다.'고 기록하고 있다. 그래서인지 물메기가 해장국으로 유명세를 타고 있다.

그런데, 술병에 좋고, 노인들의 보양에 좋다는 물메기가 전국적으로 유명해진 것은 그리 오래된 것은 아니다. 실제로 물메기는 그리 즐겨먹었던 물고기가 아니었던 것으로 보인다. 살이 연해 탕을 끓여 놓으면 금방 풀어지는 물고기의 습성 때문인 것으로 여겨진다. 그럼 언제부터, 어떻게 유명해졌을까? 이 물음에 답을 찾아보고자 현장 조사를 온 것이다.

섬에서 만난 반가운 이름

미조마을에서 시작한 조사는 처음부터 난관에 부딪쳤다. 전라도가 고향인 나에게 있어 나이 지긋한 경상도 어르신들의 말은 몹시도 낯선 언어다. 제보자들에게 있어서도 내 말도 들어보기 힘든 낯선 언어였을 터이다. 이보다 더 큰 문제는 처음 만난 외지인에게 미주알고주알 자신들의 살아온 이야기를 해주는 제보자를 쉬이 만나기 어렵다는 것이다.

그나마 내가 조사 복福은 있는 모양이다. 마을 어르신 중에서 연장자에 속하시는 1933년생 어르신을 만난 것이다. 다행이 기억력도 좋으시고, 발음도 좋다. 1월의 햇볕으로 해바라기를 하면서 담에 기대어 과거 추도에서 행했던 물메기 잡이 방식에 대해 조사할 수가 있었다. 물론 몇 번에 거친 단어 확인 과정이 있었지만.

문제는 현재의 모습을 조사하고 기록하는 것이다. 마을 사람들이 잡은 물메기를 세척하고, 손질해서 말리는 작업에 열중하느라 인터뷰에 잘 응해주질 않는다. 더구나 방송국에서 통영군청 직원과 함께 촬영을 나와 마을이 어수선하기까지 하다. 이런 날은 경험으로 볼 때 더 이상의 조사는 불가능하다. 그래도 어쩔 수 없다. 이왕 조사 온 거 다음 배 시간까지 할 수 있을 만큼 조사를 해야 한다.

배 한척이 들어와 물메기를 퍼 놓자 마을 사람들이 분주히 움직인다. 대부분 마을 분들이 고령이다 보니 바다에 나가 물메기를 잡고, 운반해 올 수 있는 사람들은 한정되어 있다. 때문에 이곳에서는 물메기를 손질해주는 삯으로 현금이 아닌 물메기로 받는다. 손질해준 삯으로 받은 물메기를 손질해 자신이 소비하거나 판매하는 것이다. 물메기를 어느 정도 손질 했느냐에 따라 삯으로 받을 물메기 양이 결정되기 때문에 모두들 손이 바쁘다.

그 틈에 언변言辯이 좋은 50대 아낙이 눈에 띈다. 조용히 그 옆으로 다가가 이것저것 슬쩍 슬쩍 물어본다. 아낙은 바쁜 손길에도 간간히 답을 전해온다. 잘하면 조사가 가능하겠다 싶다. 좀 더 가까이 옆에 다가가 녹음기를 꺼내면서 간략히 나와 조사 목적 등을 소개하였다. 내 이야기를 한참 듣던 아낙이 뜻밖의 반가운 이름을 물어본다.

"목포대학교에서 왔으믄 신순호 교수님 압니까?"

"신순호 교수님요? 잘 알지요. 제 스승님 같은 분이신데?"
"그래예? 저도 그분을 알거든예"

신순호 교수님을 안다는 이 아낙은 미조마을 부녀회장이었다. 미조마을의 물메기 건조장 건립을 위해 신순호 교수님이 여러모로 지원 해주신 사실을 후에 전해 들었다.

신순호 교수님과의 친분을 강조한 후 조사는 너무 쉽게 진행되었다. 부녀회장님의 도움으로 어로작업을 나갈 준비를 하고 계시던 어촌계장님과의 인터뷰까지 진행했다. 물메기 어획을 위해 바다에 나설 참이었던 남편을 호출해 한 시간 여 인터뷰 자리를 만들어 주신 것이다.

2017년 1월 17일. 섬에서 만난 반가운 분 이름으로 인해 나는 목표로 한 조사 이상의 성과와 즐거움을 더해 오후 배로 추도를 나왔다.

1991년부터 이어온 인연

신순호 교수님과 나와의 인연의 시작은 1991년 여름부터라고 할 수 있다. 목포대학교 도서문화연구소(현재 도서문화연구원)는 매년 여름방학 때면 섬 한 곳을 정해 현지 조사를 나가는 전통이 있다. 나는 1991년 목포대학교 국어국문학과에 입학했다. 그해 구비문학조사 보조학생으로 완도 평일도 조사에 참여하는 기회를 얻었다. 이 조사는 내가 지금도 민속학이라는 학문과 함께 하고 있는 계기가 되었다. 평일도 조사에는 국문학 교수님들 외에 역사학, 고고학, 인류학 전공 교수님들도 함께 했는데, 이때 신순호 교수님도 참여하셨다. 물론 그 당시 학부생이었던 나를 신교수님께서 기억하고 계신지는 모를 일이다.

이후 나는 대학원에 진학해 민속학을 전공하였고, 계속 현장 조사를 수행하였다. 박사학위를 받은 후 도서문화연구원 연구교수를 지내면서 섬과 사람들의 전통지식을 찾아 다녔다. 이때는 신교수님이 가지고 계시는 학문적 지식과 삶의 지식들을 가까이에서 체득하는 소중한 시간들을 많이 가질 수 있었다. 1991년 섬 조사에서 시작된 인연이 학부 시절을 거쳐 시간강사인 지금까지도 이어지고 있는 셈이다.

수업시간에 학생들을 가르치고, 지역발전을 구상하는 일들은 어쩜 야간에 고속도로에서 운전하는 것과 비슷한 것인지도 모르겠다. 교육과 지역발전이라는 불빛만 보고 쉼 없이 달리는 운전. 어쩜 신교수님은 야간 운전보다는 경관을 조명하며 천천히 달리는 자전거 여행이 어울릴 분인지도 모른다. 신교수님은 언제나 자상한 분이셨고, 항상 사람을 가까이 하시길 좋아하신 분이셨다. 많은 말을 하시기보다는 많은 말을 듣고자 노력하셨다. 그리고 무엇보다도 사람을 중요하게 여기셨다. 마치 주위 경관과 함께하시면, 동행하는 분을 배려해주는 농익은 인문학자人文學者라고나 할까? 내가 아는 신교수님은 그런 분이시다. 앞으로도.

만질 수 있는 빛

박찬웅
(21세기 하나내과, 의학박사)

오렌지 빛 덩어리를 배경으로 한 저의 작고 검은 그림자를 오늘 다시 봅니다. 태양계의 무한함속에서 작디작은 자신의 자리를 확인하는, 비평가 리처드 도먼트(Richard Dorment)의 '끔찍한 아름다움'의 경험은 신순호 교수님의 연구실을 제가 방문하기 훨씬 오래 전 만남으로부터 시작되었습니다. 연구실의 서재에 꽂힌 여러 분야의 책들은, 다른 서고에 보관된 방대한 양의 서적을 들여다보지 않아도 교수님의 '질 들뢰즈적 노마디즘'을 짐작하기에 충분하였습니다. 학문적 '분야의 넘나 듬' 뿐 아니라, 새로운 가치와 철학의 오아시스를 찾아 사막을 건너려는 모색에 모래시계를 두고 계시지 않음을 그 곳에서 보았으니까요.

KTX 객실은 교수님의 업무 공간의 일부로 아늑하게 자리한지 오래 되었을 법 합니다. 오히려 캠퍼스의 연구실보다 더 안락할 것 같은 의자와 큰 창이 있어 좋기도 하지만, 차창 밖에서 펼쳐지는 매 번의 새로운 풍경들이 새로운 감흥과 위로를 주며 즐거운 상상력을 일깨워 주기 때문입니다. 아직 덜 깬 잠을 토닥토닥 깨우면서 오른 KTX 출장길. 동녘에 긴 그림자를 앞세우고 물감처럼 번져오는 핑크빛 새벽이 완연한 아침으로 '날개돋이' 하기까지 기도하듯 피어오르는 차창 밖 물안개를 보며, 이 나라의 성공적인 발전에 온 정성을 바치고자 하는 염원을 준비한 원고에 담곤 하셨을 모습이 그냥 눈에 선합니다.

평소 마르지 않는 칭찬을 해주시는 성품으로 미루어 보면, 많은 회의를 주재하시며 만날 수 밖에 없는 난상 토론에서, 솔로몬의 지혜 뿐 아니라 사랑에 바탕한 긍정의 마인드와 풍성한 칭찬으로 '으뜸 조調'로서 음악적 통일감을 이끌어내곤 하셨을 터입니다. 쇼팽의 피아노 협주곡 1번 Romance의 Larghetto 템포(♩=55)의 느낌처럼 부드러운 분위기를 떠올리게 하는 표정과 목소리로부터의 어쿠스틱한 신뢰감이, 교수님의 DNA에서 숨 쉬고 있는 열정의 마그마로부터 전도된 그 따뜻함의 '항상성'에서 연유하고 있다는 것을 잘 알기에 '대통령직속 지역발전위원회 평가자문단장'직을 초유로 연임하신 것이 어쩌면 아주 당연하지 않았을까 하는 생각이 듭니다.

늦은 KTX편으로 어느 모임 자리에 합류하시어 해풍이 채 마르지 않은 등에서 내려놓은 검정색 백팩(backpack)의 묵직함의 정체가 화제의 주인공이 된 적이 있지요. 깃털 같은 유행의 맵시로만 보여 질 수 있을 그 젊은 배낭 속에, 국가경영에 대한 책임감과 고뇌가 기차바퀴 무게로 담겨져 있었음을 이해하는데 그리 긴 시간이 필요하지 않았습니다. 드러나지 않은 내면으로 곧고 푸르게 높은 교수님의 모습으로부터 저는 토스카나의 사이프러스 한 그루를 보았으며, 그날 밤의 이태리산 와인 향에 타투 되어 버린 가슴 먹먹한 감동은 기억의 빛 속에서 쉬 사라지지 않을 것 같습니다.

언젠가, 저의 대학시절 테니스에 대한 열망을 삼켜버린 라커룸에서의 라켓분실사건을 들으신 교수님께서는 그 후 얼마 지나지 않아, 제가 영영 되찾지 못하고 말았을 테니스에 대한 로망을 날줄과 씨줄에 촘촘하게 묶어 제 품에 안겨주셨지요. 최고의 가치가 탈가치화 되면서 지속된 상실감이 무의식에서 회복되지 못한 채, 그저 '니체적 허무감'으로 코트의 구경꾼으로나 지내오게 한 저를, '극복함으로써 창조하는' 위버멘쉬 (Übermensch) 로 변하게 해주셨습니다. 그 날 이후 길고 긴 세월동안 화석이 되어 있던 테니스에 대한 저의 열정이 생명을 얻었으며, 코트에서 흘리는 제 땀방울이 공을 향해 날으는 라켓에 부서질 때마다 무지개가 뜨곤 합니다.

어깨 아래로는 매달린 카메라가 덩실대고, 깡충거림이 짓궂게 숨어있는 교수님의 발걸음을 따라 함께 하는 나들이는 매번 흥겹기 짝이 없습니다. 교수님의 미적 상상력에 캡쳐된 장면들을 카메라 렌즈로 끌어들이려는 교수님의 예술성이 근질근질 해 보이는 것이 비단 저만의 느낌일까요? 그 내명한 명랑성이 동행하는 이들에게 즐겁게 전염(?)되어, 모두가 노래하듯 이야기 하고 그림을 그리듯 웃음을 짓게 하시니 말씀입니다. 어쩌면 그 밝은 잠재성에서 비롯한 창의적인 예술성이 찰칵찰칵 세상을 바꿀 수도 있겠다는 상상을 하게 합니다. 교수님과 함께 하는 즐거운 시간에 대한 기억이 저뿐 아니라 모든 분들에게 소셜스넥 (social snack)이 되어주고 있는 이유랍니다.

새벽 눈발이 하얀 손 흔들며 글썽글썽 녹고 있는 아침입니다. 다가오는 봄에도 경탄을 만발하게 할 캠퍼스의 벚꽃들이, 이번에는 마치 신입생 맞이하듯 교수님을 반길 것 같은 느낌이 듭니다. 토마스 와이엇(Thomas Wyatt)의 'I am as I am'(있는 그대로의 나)의 모습을 흥얼거리며 걸으실 것이 틀림없어 보이니까요.

말로 모건(Marlo Morgan)이 만난 '오스틸로이드'는 '나이 들어감'을 더 훌륭하고 지혜로워지는 것이라 하여 축하를 한다고 합니다. '뿌리가 살아있고 싹을 띄울 수 있어서 그래도 좋다' 하신 차범석 선생님의 〈떠도는 산하〉에서의 '발가벗은 나무가 되어감'에는 허무의 물살을 거스르는 역동과 현재에 대한 신성한 긍정, 'Amor Fati'가 가득 자리하고 있을 뿐, 물기 젖은 우울함이 자리할 공간이 한 치 없어 보입니다. 벽이 아닌 공간속에 색채로부터 존재하는 제임스 티렐(Jamnes Turrell)의 빛처럼, 캠퍼스나 테니스 코트 뿐 아니라 그 어느 공간에서도 만지고 느낄 수 있는 교수님의 얼을 환하게 만나게 될 것임이 틀림없어 저는 오두방정 벌써부터 신이 납니다.

- 신순호 교수님의 퇴임과 새로운 무대를 축하하며 -

21세기 하나내과 의학박사 박찬웅 드림

신순호 교수와 나

박헌주
(행정안전부 중앙도로명주소위원회 위원장)

신순호 교수와 나의 지난 40여년은 세 단어로 정리할 수 있다. 연緣, 업業, 치値이다. 연緣은 서울대학교 환경대학원에서 시작 되었다. 군 복무를 마치고 남보다 늦은 나이에 복학하니 당시에 공군장교로 복무하면서 학업을 병행한 신교수가 눈에 띄었다 자연스레 가까워지고 이야기를 나누면서 삶의 궤도가 비슷하여 우리의 연은 시작되었다. 학업뿐 아니고 사적생활에서도 공감이 깊어졌다. 아메리칸 인디언 속담 두 가지로 연을 정리한다. 하나는 인디언들은 말을 타고 달리면서도 계속 뒤를 본다. "그림자가 제대로 따라오는지 확인"하기 위해서란다. 또 하나는 "빨리 가려면 혼자 가고, 멀리 가려면 둘이서 간다." 신 교수와 나의 삶이 그러하다. 같은 분야에서 오랫동안 둘이서 서로의 그림자처럼 지내고 있다.

다음은 업業이다. 신 교수와 나의 전공은 도시계획이다. 3間의 학문이다. 삼라만상은 삼간, 즉 人間과 時間, 空間의 조화이며, 공간이 신교수와 나의 전공이다. 신교수는 지역균형발전이라는 업(project), 특히 도서지역에 더 많은 관심을 두었다. 나는 체계(system) 측면에서 3간의 조화를 추구했다. 대표적으로 두 가지이다. 주소를 종전의 지번체계에서 도로명 체계로 바꾸었다. 국토를 계획적으로 이용하는 국토도시계획 체계를 구축했다. 삼간 중 공간을 인간이 행복하게 살도록 사업과 체계를 개선하면서 같은 시간을 살았다. 몽골제국의 개국 공신으로서 나라의 기틀을 세우는 데 큰 공을 세운 야율초재耶律礎材가 한 옛말이 생각난다. "개선을 통해 이로운 일 하나를 새로 하는 것興一利"이 삶이었다. 신 교수와 나는 과거의 잘못된 관행과 고정 관념을 타파하고 국가와 사회의 발전을 위하여 불가피한 역사적 선택의 궤軌를 같이 해왔다. 접근방법만 달랐을 뿐이다. 신교수와 나는 국리민복을 위해 새로운 것, 좋다는 것들을 가져와서 제도를 만들고 시행하였다.

마지막으로 치値이다. 이제 은퇴라는 숙명의 시간에 서서 신교수와 나는 지나온 삶을 평가하여야 할 때이다. 티베트인의 관점에서 평가하고자 한다. 티베트에서는 "양의 값을 매길 때 크기와 털의 모양이 아니라 행동을 관찰한다. 먹이를 찾아 산 험한 비탈을 올라 정상으로 가는 비루한 양이 풀밭을 찾아 계곡으로 내려가는 크고 털 많은 양보다 훨씬 비싸게 팔린다." 신교수와 나, 열심히 험한 산의 정상길을 향해 살았다. 아름다운 털(권력)도, 크고 살찐 몸(경제력)도 아니다. 외모는 비루하다. 하지만 그 값은 그 어느 누구보다 비싸다고 자부한다.

박헌주 : 국토연구원 선임연구위원(기획조정실장, 토지주택연구실장), 주택도시연구원장, 카이스트 초빙교수, 아주대학교 겸임교수, 행정안전부 중앙도로명주소위원회 위원장(현)

남북학술회의의 추억

변정용
(동국대 교수, (사)경주지역발전협의회장)

새 정부 들어서 필자가 속한 한 학술단체가 오는 3월 초 남북학술회의를 개최한다고 한다. 정보기술 분야에서 2005년 이후 13년 만이다. 1996년 중국 연길시빈관에서 열린 '96코리언컴퓨터처리국제학술대회'에 참석하였다. 한국과 북한 그리고 미국, 중국, 일본에서 학자들이 참석하였고 대표 기조연설은 북한, 중국, 한국 순으로 진행되었다.

그런데 초반부터 문제가 일어났다. 북한대표 연설 초반에 "위수김동(위대한 수x 김xx동지) 교시"운운이 언급되자 좌중에서 학술회의에서 조차 이념타령이냐고 큰 소리가 나고 일부 회원은 자리를 박차고 나가기도 하였다. 중국동포들이 나섰다. 북한 대표들은 그 문구가 들어가야 이 학회에 참석할 수 있다는 점을 이해해야 한다고 했다. 그 다음은 국호를 부르는 과정에서 또 고함소리가 났다. 이것도 국호 대신 남측과 북측으로 부르기로 정리되었다. 북측의 논문 서론에는 "위수김동 교시" 운운 문구가 들어있었다. 1999년 학회는 특별한 문제없이 지나갔다. 그 뒤 필자는 2000년부터 직접 남북학술회의를 조직하였다. 2000년 심양 동아시아언어처리 국제학술대회는 중국 및 조총련 학자들이 참석하였고, 2002년과 2003년 북경 남북언어정보산업표준회의는 정보기술, 의학 및 자연과학용어를 표준화하는 회의를 개최하였고, 북한과 조총련 산하 재일본 과협 학자들이 참석하여 비교적 순조롭게 진행되었다. 2000년 615선언 이후엔 그 문구대신 "615정신에 따라서"만 포함하면 되었다.

1996년 회의 때 북한이 열의를 보인 것은 한글코드 부분이었다. 국제표준(ISO)에 "Hangul code"로 표기가 된 점과 자모순서가 한글 자모순이어서 북한의 조선글의 자모순서가 다르므로 이름은 Korean Character로 하고 자모순은 조선글 순으로 하자고 하였지만 양측의 어문체계와 관련되므로 단숨에 성과를 낼 수 없었다. 그때 조선글 코드 KPS9566도 입수하게 되었다. 6·15선언 이후 해외거주 북한주민의 사상 이탈을 방지하려고 6·15봉사소가 심양에 설치되었다. 남북언어산업표준화 3차 회의가 2005년 심양에서 열려서 용어통일 작업을 계속하였다. 2006년 봄 학술교류협의차 금강산에 두 번 갔다. 가을에 정보기술책 3만권 기증에 기여한 덕에 금강산에서 식사접대를 받았다. 2007년엔 평양에서 학술교류협의를 하였다. 이번 남북학술회의가 잘되었으면 좋겠다. 매번 남북학술회의 때 느끼는 것이지만 국체가 다른 이상 민족보다 이념 곧 국체가 우선인 것은 해결할 방법이 묘연해 보였다. 독일과 베트남의 사례에서 배우지만 과연 자본주의와 공산주의의 공통분모는 있는 걸까?

신순호 교수님 정년을 기념하여 소인이 남북학술회의에서 이루었던 일련의 이야기를 서술해 보았습니다. 교수님께서는 국가차원에서 국가지역발전위원회에서 큰 공헌을 하셨고 지역 목포에서 후학을 양성하시며 마치 유달산에 그윽하게 노니는 학과 같은 선비의 모습으로 세상을 경영하신 교수님의 긴 학문의 여정에서 아름다운 마무리에 깊은 존경을 표하며 앞으로도 목포 백년회와 경주지역발전협의회가 그간에 쌓은 우정을 바탕으로 국가의 발전과 사회발전 나아가서 남북통일은 물론 아시아의 으뜸 나라로 나아가는데 디딤돌이 되어 이끌어 주실 것을 빌어마지 않습니다. 교수님 강건하시고 행복하시기 바랍니다.

2018.01.18.
동국대학교 과학기술대학 컴퓨터공학과 변정용

내 마음속의 영원한 교수님

서용수
(한국국토정보공사 공간정보연구원, 지적학박사)

신순호 교수님 벌써 퇴임이시라니 세월이 참 빠르다는 생각이 듭니다. 제가 교수님을 처음 뵐 때가 대학교 1학년(1991년) 때였으니 지금부터 27년 전이네요. 그때는 기품 있고 인자하신 교수님을 뵐 때마다 참 조심스럽고 어려웠던 기억이 납니다. 학교를 졸업하고 제가 직장생활을 하며 대학원 박사과정을 진학할 때 교수님을 다시 뵈었지요.

평상시에 전화한번 없던 저를 대학원 박사과정 면접 장소에서 갑자기 보았으니 적잖이 놀라셨을 것임에도 불구하고 교수님은 세월의 흐름에 적잖이 변한 제자의 모습을 한참이나 보시고는 이내 미소를 지으시더니 아마 박사과정에 합격 시켜야겠다는 생각을 하셨나 봅니다. 그때 교수님의 도움(?)으로 저는 지적학과 박사과정에 합격을 했고 학위를 취득하고 LX 공간정보연구원에서 근무하고 있습니다.

교수님이 지방균형발전위원회 위원으로 활동 하실 때에는 경복궁, 세종로정부종합청사, 낙성대, LX 공간정보연구원 등지에서 뵙던 기억이 선명합니다. 그때는 파전에 막걸리도 한잔씩 하면서 인생을 살아가는 지혜로운 말씀도 많이 해주시곤 했었지요.

그리고 저의 박사논문 심사 시에는 심사위원장을 맡아주셨던 기억이 새록새록 합니다. 최종심사가 끝난 후에 교수님에 저에게 "용수야 힘들지?"하고 어깨를 다독여 주실 때에는 학위논문을 작성한다는 것이 너무 힘들어 포기하고 싶은 생각도 있었으나, 한편으로 이 심사과정을 넘어서지 못한다면 학위 받는 것도 어렵다고 생각하니 더욱 용기를 내었던 기억이 떠오릅니다. 그 때의 기억을 더듬어 보면 입안이 다 터져서 음식물을 삼키기 힘들 정도로 학위논문에 대한 부담감이 많았었나 봅니다. 그래도 한편으로 제자를 위해서, 부족한 저의 논문의 품격을 높여주기 위함이라는 것을 최종 심사가 끝나고 논문 인쇄본을 받아 들었을 때서야 깨달았답니다.

교수님 지난여름 제가 지적 분야 자격제도 개선 프로젝트를 수행할 때에도 학교 후배님들과 교수님의 도움이 없었다면 좋은 연구 성과를 도출하기 힘들었을 거에요. 한낮의 수은주가 35도를 넘나드는 무더운 날임에도 불구하고 뜨거운 햇볕이 내리쬐는 학교 대운동장에서 시범평가를 꿋꿋이 수행하는 후배들과 그들을 격려하는 교수님의 모습을 뵙고서는 제가 목포대학교 지적학과 졸업생인 것이 자랑스럽고 교수님 제자인 것이 자랑스러웠답니다.

교수님 벌써 퇴임하신다니 마음 한켠 휑한 기분이 듭니다. 얼마 전 교수님을 뵈면서 이제는 대학 1학년 때 보다 스승님과 제자사이가 훨씬 더 가까워 졌다고 생각이 들었는데 퇴임하신다니 서운한 마음뿐입니다.

교수님과 같이한 학교생활이 저에게도 행복한 시간이었습니다. 교수님의 따뜻한 미소가 많이 그리울 거에요.

이제 새롭게 인생 2막을 시작하시는 내 마음속의 영원한 교수님 늘 건강과 행복이 함께 하시길 소원 드립니다. 신 교수님 파이팅~~

2018.01.10.
제자 용수 올림.

신순호 교수 정년에 부쳐

청해 서해식
(전남문협 이사)

1. 그 섬 하나
바람이 부는 날이면 모래섬이 운다
모래섬 앞 저멀리 외로이 작은 섬하나 솟아있어
철새들 날으다 날으다 지치면
잠시 숨 고르는 쉼터가 되고
태고적부터 세찬 눈보라 속에서도
그 섬은 그곳에 있었네
그 섬을 삼킬듯이 덤벼드는 폭풍우는 그 얼마나 강하게 난타했나요
그 자리에 용사처럼 묵묵히 서있는
섬 하나 오히려 잔물결에 낯 간지러워 한답니다
그 섬하나 없으면 바다는 그 얼마나 허망하고 파도는 어디에 부딪쳐 포말로 부서져야 하나요

2. 바닷가의 추억
석양빛이 노을 속에 사위어 가네
무심코 선 바닷가
쏴아 소리 내며 물보라를 날리며
재빠르게 달아나는 썰물을 따라
물장구치며 노닐던 악동들의 모습이 물안개 속에 가물거리네

조각배를 띄우며 섬 탈출을 꿈꾸던 소년들아
지금 어디메서 가쁜 숨 몰아쉬나
그립고 보고프면 바다를 본다

파도야 어쩌란 말이냐
바다야 어쩌란 말이냐
세월이 가면 모래밭에 남겨진
발자국 스러져 가듯
추억도 떠나가겠지 아득히 멀리

노을 비낀 바닷가에 몰려오고
쓸려간 물결은 새하얀 포말로 부서져
누군가 바라보는 시선 눈물이
나겠지요
사랑도 가고 인생도 가고
하지만 파도는 쉬지 않고 바위섬을 때리고 있을테지요

3. 절해고도
무심한 안개가 님 오시는 날 시샘하여 바닷길을 막았는가
뱃길이 끊겼다 하오
허공을 날으는 갈매기는 저리도
잘 찾아 가련마는
보고픈 내님은 오시지도 못한다오

폭풍이 건듯부니 절해의 떠미는
외로운 섬
그 누구도 아프다 서러워마오

생사를 넘나드는 아픔일랑 겪지마오
구난 헬리콥터도 뜨지 못한다오

여느 섬은 다리를 놓아 스물하고 네시간 섬이 열렸다 하더이다
우리 사는 갯동네는 그 섬이 부럽다오
멈추지 않은 걸음으로 피리 꺼내 불며 불며 다리 건네는 꿈을 포기 하지 않겠소.

청해 서해식 : 전남문협이사, 청해진신문동부본부장, 칼럼니스트, 시사문단 현대문예 크리스찬문학, 등단 미션21작회부회장, 새마을훈장전수 자랑스런 기자상 수상

격의 없음으로 격을 만드는 사람, 신순호가 좋다!

석 향
(중국 광동외어외무대학 캠퍼스 아시아 외국인 교수)

36년의 교직생활, 활발한 연구실적, 국내외 학계와 다양한 분야에서의 다양한 활동 그리고 정년, 참으로 대단한 일로 여겨집니다. 이 일을 해오신 신순호 교수님의 활동과 노고를 기리는 기념 문집 발간을 진심으로 축하드립니다.

제가 신순호 교수님을 처음 뵙게 된 것은 2009년 4월 일본 교토에 있는 리츠메이칸대학立命館大学에서입니다. 신순호 교수님과 저는 리츠메이칸대학의 객원연구원으로 같은 공동연구실에서 연구를 한 것이 인연이 되었습니다. 저는 당시 리츠메이칸대학에서 박사학위논문을 작성하고 있었는데 집필과정에서 신교수님께서 많은 조언을 해주시고 논문을 완성할 수 있도록 응원해주셨습니다.

신순호 교수님을 생각하면 먼저 호탕한 웃음소리, 우렁찬 목소리와 함께 사람 좋은 소탈한 모습이 떠오릅니다. 연구실 밖에서 호탕한 웃음소리와 함께 한국말이 들려오면 곧이어 어김없이 신교수님의 발걸음을 느낄 수가 있었습니다. 저는 그러한 모습을 보고 '우렁찬 선생님'이라고 별호를 붙여 불러드렸고 그러면 신교수님께서는 웃음으로 화답해 주시곤 했습니다.

두 번째로는 '칭찬의 달인'이라고 해도 과언이 아닌 모습입니다. 일본어가 익숙치 않으신 신교수님께서는 일상생활에서 종종 소소한 일로 저에게 도움을 요청하실 때가 있었습니다. 일본어와 일본학을 전공하고 있는 저에게는 전혀 힘들지 않은 일이라 흔쾌히 응하면 신교수님께서는 마르고 닳도록 칭찬을 해주셨지요. "석 선생님은 정말 훌륭한 분이에요", "일본어 능력이 아주 탁월해요", "이 세상에 없어서는 안 될 사람이요", "여성부 장관해도 되겠소" 등, 여러 선생님들께서는 저의 이야기에 공감하실 겁니다. 모두들 이러한 칭찬을 들어 본 적이 있으시지요? 또한 "몸도 허약한데 이거 드세요"처럼 전혀 허약하지 않은 저에게 농담 섞인 기분 좋은 말씀을 자주 하시지요.

모든 사람에게 웃으면서 칭찬하시는 신교수님께 저는 농담 삼아 "또 비즈니스 용어 쓰신다."하고 놀려대었습니다. 좀 과장된 듯하여 듣는 사람으로서는 쑥스러운 면이 있지만 상대방의 강점을 찾아내고 일상적으로 표현한다는 것은 선한 마음을 가진 분이기 때문에 가능하지 않을까 생각됩니다. 칭찬은 고래도 춤추게 한다는 말을 실천하시는 분이랄까요!

세 번째 신교수님의 모습은 사람과의 만남을 무척 좋아하시고 그 인연을 소중히 여기신다는 점을 들 수 있습니다. 리즈메이칸대학에서 신교수님과 저와 함께 소중한 인연이 되신 분은 일본 토지가옥 조사자이신 토다 가즈아키戶田和章님과 강원연구원의 지역사회연구부장 지경배님을 손꼽을 수 있습니다. 두 분은 신교수님의 연구 분야와 관련된 일을 하시는 분으로 공통 화제로 인한 공감대가 중요하였겠으나 서로의 인품과 매력으로 인연의 끈이 더 굵어졌다고 할 수 있을 것 같습니다.

토다님은 한국인과의 교류에 매우 우호적이며 한국문화와 음식을 좋아하는 분으로 한국에서 석사학위를 취득하신 분입니다. 신교수님과 토다님과의 대화에서 저는 통역을 담당하였습니다. 함께 식사를 하고 술자리를 가지면서 전공분야와 한일관계 등에 대한 즐거운 대화를 나누면서 우정과 신뢰를 쌓아갔습니다. 신교수님께서 2009년 11월 귀국하신 이후 지금까지도 일본지적학회 활동 등을 통해서 토다님과의 좋은 인연이 이어지고 있는 것으로 알고 있습니다.

지역정보연구센터 객원연구원으로 일본에 체류 중이던 지경배님을 제가 신교수님께 소개해드린 것이 인연이 되어 신교수님, 지경배님, 저는 일명 '독수리 3형제'가 되어 우정을 나누었습니다. 타국에서 좋은 한국인을 만난다는 동포애와 같은 정감을 공유하였습니다. 우리 셋은 일본문화 체험과 하이킹을 자주 갔었는데 주로 자전거를 타고 좁은 길을 "하나 둘 셋"하고 큰 소리로 구호를 외치면서 출발하였습니다. 그 때부터 '독수리 3형제'라는 팀명을 부르게 되었습니다. 독수리 3형제가 만나면 항상 유머와 진지한 토론이 이어졌습니다.

귀국하면 서로가 활동하는 지역에서 만나서 여행하고 담소를 나누기로 한 약속대로 일본 교토에서의 인연은 귀국 후에도 소중한 만남으로 이어가고 있습니다. 토다님과 저는 신교수님이 계시는 전라도 목포에 방문하기도 하고 토다님은 부산에 여행을 오기도 했습니다. 그 동안 메일과 전화로 연락하던 독수리 3형제의 기약 없는 약속은 2017년 1월 서울에서 이루어진 이후로 강원도 춘천, 부산 여행으로 실현되었습니다. 다음 모임은 제가 있는 중국 광저우에서 이루어지기를 기대하고 있습니다.

타국에서의 만남은 귀국 후에는 그리 오래 지속되지 않는 경우가 대부분인데 토다님과 독수리 3형제의 소중한 인연이 지금까지 이어지는 데에는 신교수님의 사람 반기는 마음과 훌륭한 인품이 크게 작용했기 때문이라고 생각합니다.

인생의 선배이시고 학계의 선배 연구자이신 신교수님께서는 그 동안 저에게 많은 조언과 한결같은 응원으로 힘을 주시고 때로는 저의 단점과 반성해야 할 점에 대해서 우정이 담긴 질책과 충고도 해주셨습니다. 중국어와 중국문화에 대해 전혀 모르는 저에게 중국대학에서의 임용 기회가 생겼을 때, 망설이고 있는 저에게 큰 세상에서 새로운 경험을 해보라고 용기를 북돋아 주셨습니다. 저는 현재 중국 광동성 광저우에 있는 광동외어외무대학 캠퍼스아시아학과에서 외국인 교수로 근무하고 있습니다. 사람들은 살아가면서 어떤 사람을 만나는가 하는 것은 아주 중요한 일이라고 흔히들 말합니다. 중국이란 낯선 곳에서 지내는 것이 쉽지 않지만 좋은 사람들과 인연이 되어 좋은 일로 연결이 되어서 중국생활에 잘 정착할 수 있기를 간절히 기도했습니다.

신교수님 덕분에 어디를 가나 서로 도와주는 나이를 잊은 벗들이 있으면 불편하고 어려운 상황에서도 즐겁게 살아갈 수 있다는 것을 배웠습니다. 신교수님께 배운 대로 앞으로도 좋은 분들과의 만남을 소중히 하고자합니다.

마지막으로 다시 한 번 신순호 교수님의 영예로운 정년과 문집 발간을 축하드리며 신교수님의 향후의 활약과 건승을 기원합니다.

2017년 12월 25일
광저우에서 석향 드림

인생을 멋지게 사는 분

손영선
(서양화가)

마음과 생각이 통하여 작은 것에도 웃음을 나눌 수 있는 당신을 만날 수 있었던 시간들이 참 좋았습니다. 또 즐거웠습니다.

내 마음에 남은 당신의 미소 말 한마디에도 항상 타인을 배려하는 마음,
유머와 넘치는 재담 어쩌면 저의 단점을 모두 가지고 계시는 분,
당신이 저의 지인이었기에 감사하고,
당신이 저와 함께했기에 행복했습니다.

앞으로도 더욱 가까이 하고 싶고 좋은 시간 나누고 싶으며,
제 가슴에 당신의 따뜻함은 계속 이어질 것이고 즐거웠던 일,
행복했던 일 모두 아름다운 기억이 될 것입니다.

36년 교직생활의 아쉬움을 뒤로 하는 당신에게 축하의 말씀 드리며
이제 새로운 인생의 출발점에 계십니다.
앞으로의 삶이 기대됩니다.

같은 남자로서 한마디로 이야기하면 멋진 분! 이라고 말하고 싶습니다.
다시 한 번 축하의 말씀 올립니다.

땅의 사람 신순호

죽전 송홍범
(전남서협 회장, 서예가)

　학자에게 계급이 없다고 합니다. 그러니 승급과 권력 또한 없습니다. 명예로움만 있을 뿐입니다. 훈장도 내 놓을 것도 없고 제자와 남들이 읽지 않는 논문만 남는 것이 교수라는 직업이라고 합니다. 그 먼 길을 우보천리하시고 명예롭게 정년을 맞이했습니다.
　교수는 학교라는 공동체가 있고 강의에서 쏟아 놓은 말이 있을 뿐입니다. 대학이라는 건물과 제자들은 볼 수 있으나 쏟아 놓은 강의의 수많은 말은 보이지 않습니다. 교수님의 보이지 않는 말과 성품으로 제자들은 성장했습니다. 또한 목포 지역발전을 위해 학문적 이론을 "아낌없이 주는 나무"가 되었음을 저와 목포시민은 기억합니다. 동료 후학들이 정년을 기념하는 기념집에 부족한 저에게 참여하는 영광을 주셔서 감사드리며 축하드립니다. 정년이 끝이 아니라 또 다른 시작과 희망의 다른 이름이라는 것을 알기에.
　정년을 하시는 교수님 마음은 종강한 텅 빈 강의실처럼 쓸쓸할 것입니다. 고향 섬처럼 외롭게 느껴지셨을 것입니다. 하지만 교수님의 강의를 듣기 위해 강의실을 가득 채우던 제자들의 순수하고 맑은 눈동자들을 텅 빈 가슴에 가득히 담아두시기를 바랍니다. 제자들의 존경하는 눈빛을 잊지 마시기 바랍니다. 그들이 교수님의 학문의 전부이고 삶의 희망입니다. 목포대학교가 분신입니다.
　저는 평생을 붓을 잡고 글씨를 쓰며 묵향과 함께했습니다. 어느 분이 저에게 묵향이 난다고 했던 말을 지금까지 잊지 못하고 있습니다. 교수님은 어떤 향기가 납니까. 교수님에게 땅의 향기가 납니다. 저는 교수님을 생각하면 먼저 땅이 떠오릅니다. 교수님을 만나면 땅 냄새가 납니다. 땅을 닮아있다는 생각, 땅 냄새가 난다는 생각이 지금까지도 변함이 없습니다. 교수님은 땅이십니다. 땅은 무엇이든 받아들이고 베풀며, 시큰하게 풀어버립니다. 아무리 견고한 것들도 부드럽게 만들고, 아름다운 꽃을 피우게 합니다. 열매를 맺게 합니다. 땅은 생명을 기르는 어머니이기에 여기서(정년)서 멈추지 않습니다. 제 몸 속에 온갖 것의 생명을 기릅니다. 생명이 죽으면 그 생명과 어울려 또 다른 생명의 터전을 만듭니다. 땅은 쉬지 않고 인仁을 행합니다.

땅이 모든 것을 받아들이면서도 모든 것을 기르는 모태이듯 교수님이 걸어온 삶의 여정이 땅을 닮아있습니다. 어머니의 태반이 한 생명을 기르는 것과 다를 바 없이 제자들을 가르쳐 사회의 일꾼으로 새롭게 태어나게 했습니다. 발전이 고요한 목포에 새벽의 등불이 되셨습니다.

돌이켜보면 교수의 길은 영과 욕이 함께 있었을 것입니다. 그 긴 길을 꾸준히 담담하게 걸어오신 신순호 교수님께 삼가 존경을 드립니다.

내 친구 신순호

신상익
(前한국산업은행, 現미래투자개발(주) 대표)

먼저 믿기지 않는 숫자가 눈에 들어오네. 삼십육 년의 교수 생활을 마감한다는 소식에…

자네는 한참 젊은 줄만 알고 있을 만큼 다이내믹하게 살아 왔기에 특히 실감나지 않았고 그런 젊은이 옆에 묻어 살다보니 나도 덤으로 젊음을 만끽하며 살아 온 것에 새삼 감사하네.

우린 죽마고우는 아니지만 처음 만난 광장이 어린 나이를 지나 반은 애어른이 되어 만나 죽마고우 보다 더 겉과 속이 투명하게 보이는 내무반에서 뒹굴고 땀 흘리며 단팥빵 먹는 시간을 학수고대 했던 벌거숭이 시절부터 지금까지 끊임없이 교류하고 사회와 인생에 대하여 고민하며 지내왔네. 내무반 시절을 보내고 임관하여 자네는 공군대학에서, 나는 본부에서 지척에 근무하다 보니 젊음을 함께 했고 전역과 더불어 사회생활도 가까운 곳에 살면서 시작했네. 또 한 가지 잊지 못할 사건이 있네. 자네 인생사에서 가장 중요한 결혼식에 서울대학교 대학원장이신 노융희 박사님을 주례로 모시고 결혼 할 때 내가 그 중요한 자리에 증인으로 사회를 본 일들은 잊지 못할 추억으로 간직하고 있네.

그 사이 결혼을 하여 일가를 이루었고 이제는 우리의 곁가지인 자식들이 어떻게 자라오는지 보면서 그 자식들의 결혼식 참석도 빠짐없이 보았네. 자네는 학문에 대한 욕심 못지않게 자식들 앞날에 대한 기대도 컸고 자식들도 기대에 부응하게 잘 키워낸 것을 보면 우리 사회의 보편적인 구성원들보다 열심히 인생을 살아왔고 그 행복을 누리는 것이 무척 부럽기만 하네.

꼭 첨언하고 싶은 말이 있네. 그 모든 일에 부인이신 윤선생님의 내조의 손길이 없었다면 삼십육 년의 교수생활은 말 할 것도 없고 자녀들이 훌륭하게 성장 할 수 있는 것도 불가능 했을 것임은 명약관화하네, 그렇지 않은가??

자네는 학교 일이 우선이라 가방 들고 나가면 학회다, 지방발전연구회다 하면서 며칠씩 가정사를 윤선생님한테 맡겨놓고 나 몰라라(?)하면서 떠돌아다닐 때 그 뒷바라지를 그 오랜 세월 맡아온 내조의 덕을 가장 많이 받은 행운의 사나이라 하겠네.

불행하게도 우리가 십 수 년의 시간들을 같이 공유 할 수 없었던 시절이 내가 미국으로 떠난 이후 가끔씩 안부만 묻고 사는 시절이 무척 길었는데, 그 시절이 자네가 학교에서는 가장 열정적으로 연구하고 학교와 사회와 제자들을 위해 동분서주 할 때인 듯하네. 그래서 이 지면에 구체적으로 자네가 학교에서 동료교수와 제자들과 어떤 생활을 했는지, 얼마나 빛나는 연구업적을 냈는지는 상세하게 알 수가 없지만 그 후 내가 귀국해서 자네의 폭넓은 사회업적과 학교 내의 선배, 동료, 제자들과의 교류를 지켜보면서 처음 만날 때 느꼈던 자네의 외유내강의 성품대로 잘 살아오고 있었음을 알 수 있었네.

지난 미국 대선후보 결정이 있었던 미 민주당 전당대회에서 대선 후보인 힐러리 클린턴 지지 연설을 했던 미셸 오바마의 연설 내용 중 내가 무척 좋아하는 문구가 있네, "When they low, We go high" 언젠가 자네가 대통령직속 지방자치 발전 위원회 일을 맡았다 했을 때 나는 그런 정부 하에서 맡은 일에 대해서 무척 탐탁치 않아 내 불평을 몇 번 토로 한 적이 있었는데 자네는 성품은 강직하지만 겉으론 부드럽게 그 지적을 받아들이면서 오로지 지방발전을 위한 교수로서 본분을 다하지 정치와는 무관함을 말했네. 미셸 오바마가 말한 것처럼 자네는 그들이 올바르지 못한 정치와 행위를 한다 할지라도 교수로서 양심과 품위를 가지고 정권과 관계없이 하던 일을 계속하겠다는 의지의 표현을 완곡하게 나에게 했을 때 이제는 젊을 때 보던 정의롭던 신교수에게서 나이와 경륜이 덧붙여져 벼가 익어 고개 숙이는 완숙한 인생을 향해 걸어 왔구나 함을 느꼈네. 친구로서 애정과 존경을 보내고 싶네!

은퇴 이후의 인생계획이 궁금하네, 나한테 혹시 의견을 묻는다면 이렇게 대답 해주고 싶네.

이제는 자신을 사랑하는 일에 더 많은 시간과 노력을 해주기 바라네. 자신 속에는 그간 신교수를 위해 사랑과 헌신을 다해온 가족도 포함된다네… 그리고 남은 여력은 그 동안 연구해온 업적을 사회와 후배, 제자들에게 베풀고 나누며 편한 맘으로 인생을 음미하면서 같이 살아가세.

끝으로 고맙네. 나한테도 이런 지면을 할애해 주어서.

2018.01.08

어촌현장을 신순호 교수와 함께 다니던 추억

신영태

((사)한국수산어촌연구원 원장)

 필자가 신순호 교수를 처음 만난 것은 1980년대 초로 기억이 된다. 당시 목포대학교에서 자체 학술행사가 있었는데 발표자인지 토론자인지 확실치 않으나 그 행사 참석을 계기로 처음으로 알게 된 것이다. 그런데 아직 잊혀 지지 않는 것은 행사와 뒷풀이를 끝내고 숙소에 가려고 하니 신순호 교수가 굳이 자기 집에서 자고 가라는 것이다. 그래서 엉겹결에 신순호 교수 집에서 자고 다음 날 서울로 올라왔는데 지금 생각해도 참 묘한 인연이었던 것 같다.

 이후 목포로 출장을 갈 때마다 신순호 교수를 만나 식사를 하고 많은 얘기를 나누곤 했는데, 특히 1990년대 중반에 여러 차례 신안군의 어촌현장을 같이 다니던 것이 기억에 많이 남는다. 1990년대 초 우루과이 라운드의 타결을 계기로 정부에서는 농어촌을 살리고자 농특세를 신설하고 이를 재원으로 농어촌 지역에 집중적으로 투자하기 위한 계획을 수립하고 있었다. 당시 정부 출연 연구기관에 근무하던 필자도 농특세 지원사업의 하나로서 어촌종합개발 시범사업에 대한 연구를 수행하고 있었다.

 본 사업은 정부(수산청)로부터 용역을 받아 수행했는데 처음부터 해당 지역에 대한 투자를 전제로 한 것은 아니었다. 그럼에도 불구하고 시범사업지역을 찾던 중에 우연히 신안군 대둔·다물지역을 추천받아 1차 조사를 끝내고 돌아와서 당시 수산청 모 국장에게 부탁을 하여 동 권역을 시범사업지역으로 확정, 투자를 하기로 하였다. 이후 계속 조사를 진행하였고, 몇 차례 신순호 교수와 같이 현장을 방문하기도 하면서 사업추진에 대한 토론과 고민을 많이 하였다.

 그러던 중에 1996년에 해양수산부가 발족되었고, 우리가 수립한 신안 대둔·다물

권역 어촌종합개발 시범사업에 대해 청와대에서도 큰 관심을 가지게 되었는데 청와대에서는 동 권역에 더 큰 개발사업을 유치하기 위해 전라남도와 협의를 하기도 하였다. 그러나 200억 원이 넘는 사업비의 상당 부분을 전라남도가 감당하기가 어려워 결국 어촌종합개발사업비 30여 억 원만 투자하는데 그쳤는데 이 과정에서 신순호 교수와 같이 활동한 것은 지금 생각해도 많은 보람이 있었다는 생각이 든다.

그런데 이 과정에서 순박했던 어촌지역 주민들의 변심을 경험하기도 했는데, 처음 어촌종합개발 시범사업 계획수립을 위해 현장을 찾았을 때 해당 지역 주민들의 환대는 지금도 잊을 수가 없다. 즉 흑산도에서 생산되는 자연산 전복을 이용한 회, 구이, 국, 찜은 지금까지 먹어 본 것 중 최고였다. 뿐만 아니라 다물도의 어촌계장과 주민들, 대둔도의 오리, 수리, 도목리 3개 부락의 이장과 어촌계장은 우리가 현장을 방문할 때마다 최고의 대접을 해 주곤 했다. 목포로부터 쾌속선으로 2시간 가까이 달려 대흑산도에 가서 다시 거기서 어선으로 30분 정도 달려야 도착하는 신안군 흑산면의 조그만 2개 섬에 서울의 정부 출연 연구기관 연구원들과 목포대학교 교수 및 신안군청 공무원들이 조사 차 자주 찾아오니 처음에는 긴가민가하던 지역주민들도 점차 이제는 제대로 개발이 되는구나 하고 기대에 부풀어 있었고, 조사팀들에게 더 잘해 주어야 하겠다고 생각했을 것이다.

그러던 차에 청와대가 개입하여 더 큰 개발 사업을 동시에 추진하면서 지역주민들의 기대는 더욱 커졌고, 새로 추진하던 이 사업이 결국 무산되면서 일부 지역주민들의 초심이 변질된 것이다. 그리하여 이후 필자가 다른 목적으로 흑산도를 찾았을 때 한 주민으로부터 다방에 끌려 가 거친 항의를 받기도 했다. 아마 필자가 수행하던 어촌종합개발사업과 이후 농어촌공사에서 계획수립을 했던 다른 사업(농어촌지역 현대화사업으로 기억된다)과 혼동을 하지 않았나 싶다.

1년 후 필자는 다시 농특세 지원사업의 하나인 어항개발사업 연구를 수행하게 되었는데, 전국의 지방어항을 대상으로 적지를 조사하여 국가 항으로 개발하기 위한 후보 항을 선정하는 것이 주요 내용이었다. 많은 연구원들이 전국의 어항을 조사하는 과정에서 필자는 다시 전남지역에 많은 출장을 갔는데 전남지역 중에서도 완도군과 신안군이 주 관심지역이었다. 그리하여 다시 신순호 교수와 만나 여러 지역을 방문하고 많은 사람들을 만나면서 오랜 인연을 이어 가기도 했다.

이후 어촌종합개발사업이나 어항개발사업과 같은 큰 사업은 아니나 가끔씩 목포를 방문할 기회가 있을 때마다 신순호 교수를 만나 식사를 하며 세상사는 얘기를 주고받고 했는데 어느덧 필자도 5년 전 만 60세에 정년퇴직을 하였고, 지금은 조그만 연구소를 운영하면서 간혹 어촌현장을 다녀오기도 한다. 그러던 차에 신순호교수께서도 정년퇴임을 맞이하게 되었다는 소식을 접하면서 오래 전 신순호 교수와 같이 누볐던 신안군 어촌생각이 났고, 정년퇴임 기념집을 만드는데 기고해 달라는 부탁을 받고 이 글을 쓰게 되었다.

비슷한 연배에 필자가 몇 년 빨리 정년퇴임을 하기는 했으나 오랜 세월 동안 후학을 가르치고, 다양한 지역개발 연구를 수행했으며, 정부위원회의 위원으로 열정적인 활동을 해 오신 신순호 교수의 노력과 업적에 경의와 축하를 드린다.

이제 그 오랜 생활을 정리하시게 되었으므로 약간은 여유를 가지시고 가족과 주위를 뒤돌아보시고, 시간이 없어 하지 못했던 취미생활도 즐기시기 바란다. 그리고 과거에 그랬듯이 우리나라 전국 어촌지역을 다니면서 사람답게 살기 위한 곳으로 만들기 위해 머리를 맞대고 고민하는 기회를 가졌으면 한다. 신순호 교수님 파이팅!

신순호 교수님, 자유인이 되세요!

오병태
(호남대학교 명예교수)

신순호 교수님! 나보다 한 학기 늦게 정년퇴직하시네요!
세월의 강은 이렇게 흘러 정년퇴직이라는 강 언덕에 종착지라고 용띠인 52년생들을 내려놓았습니다.
신교수님하고는 환경대학원 동문으로 90년도초반 대한국토도시계획학회 광주·전남지회 회장을 하실 때 난 총무이사로 같이 활동하였고 또한 지속적으로 교분을 가졌었습니다.
6개월 먼저 퇴직한 사회선배(?)로서 퇴직 소감을 몇 자 적어 보겠습니다.

◎ 자유인 ⓢⓝⓗ가 되세요.
이제는 어느 조직에 얽매어 있지 않고 자유로운 새처럼 삶을 살 수 있겠습니다.
해외에서도 봉사할 수도 있고,
연구소를 설립하여 도시문제·농촌문제에 해법을 제시할 수도 있고,
사진·목공 또는 그림에 몰두하여 취미 생활을 할 수도 있고,
작은 기업체를 설립하여 사장으로 변신 할 수도 있고,

◎건강한 ⓢⓝⓗ가 되세요.

건강 장수인 연세대 철학과 김형석(99) 명예교수는 60~70대가 인생의 황금기라 하

였습니다(김형석 교수가 들려주는 '새해 건강 지혜'). 60~70대를 어떻게 보내는가에 따라 80~90대 건강이 만들어 진다고 하였습니다.

김형석 교수가 들려주는 건강 실천 방안은 다음과 같습니다. 매일 6시에 기상해 하루를 준비하는 시간을 갖습니다. 생활 속에서 운동하기, 앉기보다는 서서 있고, 대중교통을 이용하기, 낮은 층은 계단 이용하기, 하루 50분 집 근처 야산 산책하기, 식사를 규칙적 시간에 하기, 욕심을 버리고 소유보다 나눔에 더 가치를 두기, 새해에는 주치의를 만들기, 정기적인 건강검진을 하기입니다. 우리 모두 김형석 교수처럼 건강하고 장수하기 위하여 건강실천 방안을 숙지하고 실행하여야겠지요.

지금 우리가 인생 3round 후반 30년을 뛰는 선상에 있습니다. 거북이처럼 끊임없는 전진과 개처럼 따뜻한 눈과 마음을 갖고 용의 지혜를 갖는다면 성공한 인생을 살다 간다고 하겠지요.

신교수님! 자유와 건강이 함께하는 3round Ring에 오르심에 건승을 빕니다.

호남대학교 어등산과 황룡강이 보이는 연구실에서~

오병태 : (전)호주시드니대학교 한국 동문회장, (전)국토부 중앙도시계획 심의위원, (현)광주 광역시 경관심의위원회 위원장, (현)전라남도 건축위원회 건축 위원

인생의 나침반 같은 신순호 교수님

오창석
(광양시청)

저는 1989년 3월 목포대학교 지적학과 입학 후 2010년 2월 대학원 박사과정을 졸업하기까지 20여 년 동안 긴 세월을 목포대학교 지적학과 학생으로서 교수님의 가르침과 사랑을 받았습니다.

그리고 대학원 졸업이후에도 전화 통화나 연구실 또는 모임 등에서 뵐 때마다 항상 따뜻하고 온화한 미소로 반겨주셔서 언제까지나 교수님께서 연구실을 지키시고 계실 것 같은데 벌써 정년퇴직을 하신다니 아쉬운 마음뿐입니다.

교수님!

저에게는 교수님에 대한 특별한 인연이 여러 가지가 있지만 특히 학부, 석사, 박사과정의 20여년 긴긴 세월 동안 목포대학교에서 교수님의 가르침을 받을 수 있었던 기회와 교수님께서 저의 결혼식 주례를 해주신 것이 제 마음에는 크게 남아 있습니다.

교수님 밑에서 그 누구보다 학생생활을 오래해서 그런지 항상 교수님이 저에게는 항상 인생의 나침반 같은 분이셨던 것 같습니다.

특히 일본 대학에 가셨을 때도 가끔 연락을 해주시던 것이 지금도 생각납니다. 그리고 제가 결혼식 주례를 부탁 드렸을 때 흔쾌하게 승낙해 주시고 훌륭한 주례사를 해주셔서 지금까지 세 자녀를 둔 행복한 가정을 이루고 잘 살고 있습니다. 다시 한번 감사드립니다.

교수님!

주위에서 먼저 퇴직한 선배님들을 보면 정년퇴직은 요즘 끝이 아니라 새로운 시작인 것 같습니다. 현직에 계실 때 보다 더 왕성한 활동으로 새로운 인생을 펼쳐가고 계십니다.
    교수님은 그 누구보다도 더 멋지고 화려한 제2의 인생을 펼쳐나가시리라 믿으며 항상 교수님의 앞날에 건강과 행복이 가득하시길 기원합니다.

2017.01.10.
제자 오창석 드림

소빙화消氷花와 치자 꽃 미소

용창선
(시인, 목포대학교)

 글을 쓰느라 피곤했던 탓인지 뒤늦게 일어나 아점을 먹고 신문을 보다가 책상에 앉아 어제 정리 못한 글을 점검하느라 종일 아파트에 움츠려 있었더니, 머리가 무겁고 마음이 산란했다. 이럴 때는 산책이 최고다. 요대를 두르고 마스크와 귀마개로 완전무장을 한 후 쉬엄쉬엄 20여 분 걸어 유달산방儒達山房에 도착했다. 청소를 마치고 창밖을 보니 눈발이 듬성듬성 날리다 이내 가무歌舞를 펼친다. 세상이 온통 옥빛으로, 인간세상이 아닌 신선 세계로 변해버렸으면 하는 착각의 늪을 만들어 본다.
 허리수술 이후 몸을 회복하며 지내는 동안 반성과 후회와 갈등의 시간 속에서, 독서와 글쓰기 그리고 산책을 하며 마음을 다잡았다. 나의 삶과 주위 사람들의 생활 그리고 고산孤山 윤선도 선생의 신산辛酸했던 유배생활과 정치생활을 떠올리면서 그의 한시 「소빙화消氷花」의 내력을 소개하고자 한다.
 고산 윤선도가 70대 노구를 이끌고 함경도 삼수에서 귀양생활 할 때 탱자나무 가시 울타리에 갇혀 사는 유배 중에서도 중형에 속하는 위리안치圍籬安置의 아픔을 맛보게 된다. 어렵게 고을 수령의 허락을 받아 오랜만에 초가집 오막살이를 벗어나 산과 들을 미친 듯이 오르내리며 한나절을 구경하게 되는데, 영하 20도가 넘는 한겨울 들판에서 눈 속을 뚫고 올라온 가녀린 싹을 발견하게 된다. 눈을 헤치고 이를 캔 후 집으로 가져와 토분에 심는다. 그는 자식을 기르듯 오막집 양지 창가를 골라 옮겨주며 정성으로 보살피게 된다. 20여 일 지나자 이 작은 식물의 키가 자라 꽃봉오리를 맺고, 꽃이 피어나는 놀라움을 경험하게 된다.
 된바람이 말을 달려 귀양지 초가의 문풍지를 울리고 탱자나무 울타리를 흔들던 날,

추위가 살을 에이는 변방의 들판에 움이 튼 것도 대단한 일인데, 찾아주는 이 아무도 없는 쓸쓸한 유배지에서 발견한 이 풀꽃이 싹을 올리고 꽃을 피웠으니, 그 감격과 감동은 이루 말할 수 없는 환희 그 자체였을 것이다. 고산은 감정을 주체하지 못해 한시(칠언절구 2수, 칠언율시 2수)를 짓고 발문을 써서 자신을 위로하게 되는데, 시련 속에서 눈을 뚫고 피어난 꽃이라 하여 소빙화라 명명하게 된다. 내 삶을 어찌 예론禮論의 대의에 명분을 걸고 투쟁했던 결기 넘친 고산의 삶과 견줄 수 있으리오마는, 나는 여기서 힌트를 얻어 그의 정신적・육체적 고통과 나의 아픔을 되뇌다 감정이 폭발하여 시조 한 편을 엮는다.

가시로 울짱한 집, 툰드라에 몸 맡긴 채
엉겨 붙은 시간 속에 겨우 뿌리 내리더니
사르르 눈을 헤치고
뾰족 내민 저 눈빛.

된바람이 말을 달려 울타리圍籬安置[1] 흔들던 날
찬 슬픔 꾹 삼키고 임 그리던 저 들녘에
온몸을 부르르 떨며
새싹 틔운 여린 몸짓.

날 새면 너를 보려 질그릇에 심어두고
볕이 든 창가에서 여러 날을 살폈더니
보아라, 겨울 녹이고
피어나는 이 미소를.

―용창선, 「소빙화(消氷花)」[2] 『시와 표현』, 2018 1월호

1) 위리안치圍籬安置 : 유배지에서 외부와 접촉하지 못하도록 가시 울타리를 만들고 죄인을 그 안에 가두던 일.
2) 고산 윤선도가 함경도 삼수로 유배되었을 때 눈 속에서 발견한 꽃.

고산 연구자가 된 이래 고산 관련 책을 3권 출판했고, 세미나·특강·신문 연재·스토리텔링·시조 창작 등 다양하게 글을 썼던 터라 내 머리는 항상 고산에 대한 생각으로 2~30%는 채워져 있다. 고독과 아픔을 질겅이며 눈을 감상하고 있는데, 신순호 교수님으로부터 전화가 걸려 왔다. 안부도 물을 겸 저녁을 같이 하자는 것이다.

신교수님과 나의 인연은 20년쯤 된 것 같다. 지역개발위원이자 도시계획 전문가로 워낙 명성이 높은 분이라 신문과 방송을 통해 이미 알고 있었지만, 1998년 우연한 기회에 인사를 나눈 이후 전화를 주고받으며 호감을 갖게 되었다. 내 인생은 30여 차례의 이사와 고·전문대·중·고·대(겸임) 등 그야말로 떠돌이 생활의 연속이었지만, 이 분은 삶이 너무 멋지고 화려해서 감히 쫓아갈 수도 없을 정도로 대단한 이력을 소유하고 있다.

나는 서울 J중학교에서 교사로 지내다 2004년 목포로 내려와 다시 M고등학교에 근무하게 됐다. 몇 년 지난 어느 날 유달경기장 앞을 지나는데 '북악회(국민대) 동문모임'이라는 플래카드가 걸려 있어 대학 때부터 친하게 지냈던 K친구와 함께 참석하게 됐다. 북악산 이름을 따 '북악회'라 불리는 10여 명의 소모임이었지만, 열렬하게 환영하고 축하를 건네는 모습에서 소속감과 정과 의리를 느꼈다. 모임의 좌장으로 계시던 신교수님은 1970년대 초 대학시절의 추억과 삶의 이력을 전설처럼 풀어내는데, 구수한 입담도 일품이었지만 그의 해박한 지식과 연구 실적 및 업적들은 나를 그에 대한 무한 찬사와 존경으로 받들어 모시기에 충분했다.

1982년 청주대 교수를 시작으로 1985년 목포대 교수 33년 등 36년을 대학에 재직하는 동안 연구논문 120여 편과 연구보고서 55편 등 엄청난 연구 실적이 말해주듯, 그가 학자로서 얼마나 탁월했고 성실했는지 한눈에 알 수 있었다. 주요 관심 연구영역은 도서개발 사업(자원 활성화 방안, 외국의 사례, 이용실태, 개선 방안, 사회구조)과 지역개발 사업(지역 균형, 낙후지역, 도서 해양), 도시계획 및 도시행정, 토지법제 등이다. 또한 그가 지역과 국가를 위해 활동한 이력을 보면, 서남권 발전 연구원장·도시건설 자문위원·목포 KBS 방송 토론 및 진행·한국지적학회 회장·지역발전위원회 평가자문단장 등 많은 분야에서 셀 수 없을 정도로 많은 활약을 했다.

고향 완도 선배로서 대학 선배로서 이렇게 대단한 신교수님과의 만남은 늘 새로웠고 부러웠으며, 그의 빛나는 업적으로 인해 내가 대신 인생을 보상 받는 느낌이었다. 앞서거니 뒤서거니 승달산僧達山을 오르며 꿈과 야망 그리고 우정을 얘기하던 모습, 어느 가을 해남 대흥사 뒤편 진불암眞佛庵 천년 고목의 둘레를 팔로 안으며 감격해 하던 모습, 세무서에 근무하는 후배 모친 상가 조문 후 동문들과 여수 밤바다를 거닐며 사진 촬영의 기법을 가르쳐 주시던 모습, 지역발전위원회 평가자문단장의 중책을 맡는 동안에도 회의가 끝난 후 동문 모임 때는 부랴부랴 택시로 달려오시던 모습, 유달산방에서 녹차를 마시며 외로웠던 일본 교환교수 시절 지인들과 특별한 만남을 떠올리던 모습, 목포대 연구실에서 지역경제의 발전방향을 논문으로 집필하던 모습, 후배의 방문을 반기며 바쁜 세미나 일정에도 불구하고 맛있는 점심을 대접하던 모습, 연산동 소주방에서 퇴임 준비와 향후 계획을 설계하던 모습 등 모든 장면 하나 하나가 내게는 멋진 추억이요 활동사진으로 남아 있다.

식사를 하면서 이렇게 눈 오는 날은 세연정洗然亭의 설경雪景이 아름답다는 말씀에 나는 신교수님 퇴임식 기념으로 동문들과 함께 어부사시사의 무대인 보길도를 여행하자고 제안했다. 연잎처럼 둥글게 퍼진 천 겹 산봉우리와 만 이랑의 투명한 유리 빛 바다, 활처럼 굽어 도는 거멍돌 해변 예송리 해수욕장, 병풍같이 펼쳐진 붉은 낭떠러지에 푸른 소나무가 서있는 단애취벽丹厓翠壁, 섬의 땅이 바다를 향해 3~400m 정도 길게 뻗어 바람을 등에 지고 자식을 감싸 안은 듯 등허리 굽은 아버지 모습을 한 도치미끝 그리고 세연정·낙서재·곡수당·낭음계·동천석실 등 400여 년 전 고산이 걸었던 동백숲길을 함께 거닐며 감상하자는 말씀에 그는 순박한 동심의 얼굴로 치자꽃 미소를 띠우며 흔쾌히 수락했다.

추사秋史가 적거지謫居地인 제주 대정에서 쓸쓸하게 지내던 시절, 병마에 시달리던 그에게 초의 스님은 약재로 신이화辛夷花(목련꽃 봉오리)와 차를 보낸다. 추사는 초의草衣에게 고마운 뜻을 전하기 위해 소치小痴 허련許鍊 편에 '일로향실一爐香室(차를 끓이는 다로茶爐의 향이 향기롭다)'의 편액을 써 보낸다. 두 사람의 아름다운 우정에 감동했는지, 이렇듯 추위 환한 벽두劈頭에 마음이 얼어 있던 내게 신교수님은 맛있는 저녁으로 또 따뜻한 말씀으로 一爐香室의 글귀처럼 인간적인 향기와 다정한 미소를 건넨 것이다.

무술년 시작과 더불어 베이버부머 시대의 주인공 58년 개띠들이 은퇴를 본격화하고 있다. 인생 2모작을 새로 시작하는 개띠들에 의해 여행·금융·유통·노동·부동산 시장 등이 부정적이든 긍정적이든 다소의 변화를 겪게 될 것이다. 우리는 인생 제2막의 황금 길을 58년생들이 열어주기를 희망하듯, 황금 개띠 해에는 국가와 지역 그리고 대학에서 헌신·봉사하신 신순호 교수님이 지금까지 축적된 지혜와 경륜을 바탕으로 또 다른 길을 열어 우리에게 희망을 선물하리라 믿는다.

용창선 : 전남 완도 출생. 2015년 〈서울신문〉 신춘문예 등단. 현 목포대학교 출강. 『윤선도의 한시 연구』, 『고산 윤선도 시가와 보길도 시원 연구』, 『윤선도 한시의 역주와 해설Ⅰ』, 「보길도 윤선도문학관 스토리텔링」.

수구초심 首丘初心

유송석
(前 완도군 노화, 금일읍장)

요즈음 겨울답게 영하의 날씨가 계속되고 있지만 그래도 습관처럼 산에 나서고 있는데 산행 중에 신교수의 뜻밖의 전화를 받았다. 서로 만나본지가 어언 15년이 넘은 것 같은데, 생각해보지 못했던 완도군 노화 읍장으로 재직 시와 그 뒤 금일읍으로 옮겨 나름은 고향 발전에 몸부림치고 있을 때 신교수는 늘 쉽지 않은 발걸음을 자초하시어 격려와 위로의 정담을 나눴고 힘이 돼 주었습니다.

이심전심以心傳心 이였는지 며칠 전 집에서 서가를 정리하다가 신 교수가 쓴 "완도지역을 중심한 도서지역의 주민과 사회"란 역작을 만져보면서 '신 교수가 잘 있겠지!' 고향, 특히 도서지역의 역사와 전통문화전반에 애증이 각별한 분인데, 이 책을 쓰기위해 제자들과 도서지방을 탐방하면서 땀 흘렸던 기억이 새롭다. 그런데 전화내용인 즉 벌써 내년 2월이면 정년퇴임이고 문집을 남기고 싶고 지인들의 마음을 같이 담고 싶다는 신교수의 간청에 어쩔 수 없이 오랜만에 펜을 잡게 됐으나 글재주가 없는 내가 괜히 귀한 옥고에 흠집이 되지 않을까 두려움도 드는데 옛 정을 생각하면서 신교수의 강권에 그래보자는 대답을 하고 전화를 끊었다. 선뜻 펜을 잡지 못하다가 신교수의 어렸을 때의 곱다란 얼굴이 눈앞에 선하고, 완도수고 시절에 몇 차례 통통배를 바꿔 타고 충도 고향집에 오갈 때보면 항상 웃는 모습, 왠지 귀공자 같다고 여겼던 신교수의 얼굴을 잊을 수가 없다. 당시에는 수산고등학교를 졸업한다면 어업관련 직장에서 어업에 종사하기 마련이었던 시절에 인문계통 학업을 계속하더니 뜻밖에 청주대 교수직에 있다는 소식을 접하고 나는 부랴부랴 청주대를 찾아가 축하의 만남이 있었고, 목포대로 옮겨 지역개발 전반에 동분서주할 때 친동생이 성공해가는 듯 자랑스러웠고, 박사논문을 준비할 때는 도청에서 발간된 (도서지) 등 자료를 챙겨 보냈던 일들과 전남도에서 시행한 (시, 군 행정연수대회) 업무를 내가 담당할 때 신 교수에게 논문 심사위원으로 위촉부탁하자 흔쾌히 허락했고 신교수는 늘 도정에도 적극적으로 참여하는 계기가 되었다. 그 뒤로 나는 IMF때 도의 인사발령에 따라 읍면 일선행정에 몸 두게 되었고 당시 힘들고 갈등도 있었지만 신교수는 현장에 오가며 힘을 실어주었던 일들이 주마등처럼 떠오른다. 그리고 늘 마음 속 깊이 지워지지 않고 떠오르는 뜨거워지는 감정들은 우리는 같이 운명적으로 섬에서 태어나 30~40여 년간 공직과 교직에 몸담아 이리저리 뛰면서 (지역발전)이라는 큰 목표와 동질감 속에서 같이 고민하고, 때로는 자책하면서 살아왔는데 결국에는 그 저변에 맺혀있는 首丘初心저럼 "여우가 죽을 때 머리를 자기가 살던 굴로 향한다." 라는 의미로서 자기 고향을 그리워하는 그 심정에 매여 있는 것 아닌가? 지금은 인천이라는 타향에서 고향을 그리워하면서도 선뜻 가지 못한, 유행가처럼 맴도는 처지에 있는데 신교수가 교직을 떠나면서 그 족적을 남기면서 지인들의 마음도 넣고 싶다는 그 강권을 뿌리칠 수는 없었다. 그러니 신교수의 역작에 오점이 될지 몰라 걱정도 앞선다. 신교수가 현직을 떠나더라도 앞으로 사는 날 동안은 건강하고 더 원대하고 알찬 삶을 영위하면서 더 큰 박수를 받아 가시리라 믿어 의심치 않습니다.

  그 찐한 학구열과 총명함은 고향을 지키고 있는 선, 후배님들의 희망과 기대에 기필코 부흥할 것이고 이번 역작과 더불어 36년간의 노고를 치하합니다. 어제라도 만나서 곰탕을 놓고 정담을 나누고 싶습니다.

현장중심의 진실된 학자 신교수님

유창호
(전남대학교 지역개발연구소 박사)

2016년 9월 중순의 새벽, 광주에서 완도로 출발할 때 흐린 날씨는 완도항에 도착하니 가는 빗줄기로 변해 비를 흩뿌리고 있었고 시간이 갈수록 빗줄기는 굵어지고 있었다. 신교수님과 박성현 박사님, 그리고 나는 완도군 행정선 선장님과 완도군 공무원의 얼굴을 먼 발치에서 바라보고 있었다. 얼굴표정이 좋지 않았다. 해상에 기상특보가 내려져 출항이 어렵다는 이야기를 연구진에게 알려왔다. 하지만 신교수님은 출항 금지가 내려진 게 아니라면 일단 출항을 해보자고 하셨고, 완도군 행정선 선장님은 출항 금지는 아니지만 매우 힘한 항해가 될 수 있다고 하셨지만 교수님은 전혀 동요하지 않으셨다. 나와 박성현 박사님은 몇 년 전 세월호 사고 등으로 인해 내심 굳은 날씨에 출항하는 것에 대한 걱정이 앞섰지만 신교수님의 표정은 한결 같으셨다.

그날은 완도군 도서민들의 해상교통 불편해소 인프라 조성 국비지원 신청서 작성을 위한 현장답사 첫 번째 날이었다. 완도 금일, 충도 도서민들이 겪고 있는 불편함을 해소하기 위해 완도군 담당계장님의 적극적인 노력으로 신교수님은 나와 박성현박사를 연구진으로 구성하였으며, 연구진의 목적은 중앙부처를 설득하기 위한 필요성과 당위성이 확보된 사업계획서를 작성하는 것이었다.

굳은 날씨에도 출항 금지가 아니면 행정선을 출발시키신 신교수님의 고향은 충도이다. 우리가 오늘 방문하고자 하는 현장 중 하나이다. 금일, 충도에 살고 있는 도서민의 불편함과 현장여건은 직접 가보지 않으셔도 신교수님은 모두 알고 계신다. 그런데도 불구하고 굳은 날씨에 현장 방문을 강행하신 이유는 무엇일까? 완도군청 공무원과 나는 신교수님께 보고서에 담길 현장사진은 날씨 좋은날 사진을 찍어서 보내드릴테니 교수님께서는 바쁘시니 오시지 않아도 된다고 한사코 만류하였으나, 신교수님의 의지는 변함이 없었다. 현장을 꼭 가봐야 한다고 강조하신 신교수님.... 나는 완도항에서 광주로 돌아오는 차 안에서 교수님의 마음을 헤아리기 위해 많은 생각을 했지만 그날은 답을 찾지 못했다. 결국 그날 우리 연구진은 10분여를 항해하다 기상 악화로 완도항으로 돌아올 수밖에 없었는데, 완도항으로 돌아오는 배안에서 신교수님의 아쉬워하는 표정을 지금도 잊을 수가 없었다.

이후 현장을 다시 방문 하였고, 역시 신교수님과 동행하였다. 현장조사 일정내내 신교수님은 섬과 열악한 정주여건에 대한 현장사진을 쉴 틈 없이 찍으셨고, 마을주민과 진실된 대화를 이어 가셨다. 이렇게 꼼꼼하고 진실되게 진행된 현장조사 결과는 보고서에 담겼고, 결국 진심이 담긴 사업계획서는 2017년 지역행복생활권 선도사업에 선정되어 국비지원을 받게 되었다.

나는 지나고 보니 기상악화로 현장을 가지 못한 그날의 신교수님의 마음을 뒤늦게 조금이나마 알 수 있었다. 아직은 부족하지만 다양한 전문가들과 여러 유형의 프로젝트를 수행해 봤지만, 신교수님처럼 현장의 중요성을 강조하신 분을 본적이 없었으며 연구자의 첫발을 내 딛는 나로서는 현장을 간과한 보고서는 절대 좋은 결과물로 나타날 수 없다는 것을 깨닫게 해준 귀한 인연으로 지금도 많은 가르침을 받고 있다.

섬에 대한 열정과 사랑이 넘치는 신교수님을 항상 생각하며 진실된 학자로 성장하기 위해 노력하고 노력하겠습니다. 또한 은퇴 후 교수님의 건강과 인생 2막을 응원하겠습니다.

2018. 2. 7.

정년을 맞이하는 대학원 동기에 대한 회상

윤상호
((주)이레이앤씨 연구소 소장)

　본인은 4년 전 정부출연연구기관에서 정년을 하고 지금은 민간업체에서 근무하는 사람으로서 신순호 교수가 정년을 한다고 하니 옛 생각을 하여 봅니다. 대학원 시절에는 거의 매일 등교하여 학부수업처럼 동기들 끼리 토론과 인생사를 나누면서, 지금 생각하여 보면 인생의 중요한 전환기였다고 봅니다.
　신순호교수는 당시 본인과 함께 같은 지도교수 밑에서 지도를 받게 되어서 더욱 친밀감을 느꼈을 지도 모릅니다. 군복을 입고 등교하는 모습, 서로 논문 때문에 고민하였던 모습, 잔디에 앉아서 서로 장래를 고민하던 모습 등 40년 다 되어 가는 70년대 후반기의 모습들이 주마등처럼 회상이 됩니다.
　특히 본인 결혼식에는 신순호 교수가 군인생활로 참석치 못하였지만 축전을 보내와서 분위기를 제고시켰던 기억이 지금도 간간히 떠오르곤 합니다. 본인이 대학원을 마치고 연구소 생활을 시작할 때에도 특히 도서분야 부문에서 많은 정보와 자문을 하여 본인의 연구생활에 많은 도움이 되었고 또한 목포대학교에 재직 중 본인을 초빙하여 같이 논문발표기회를 제공하여 주었으며 하루는 숙소예약이 안되어서 신교수집에서 하루밤 묵기도 한 적이 있어 더욱 신순호교수에 대한 마음이 새롭습니다.
　본인도 정년을 한 선배입장으로서 동기인 신순호 교수님에게 부탁하고 싶은 말은 앞으로 인생 이모작을 시작하는 단계에서 기존의 대학교에서 행동하던 것과 같이 어디를 가서 무엇을 하더라도 隨處作主하는 마음으로 항상 어느 지역/어느 행동을 하더라도 주인공이 되어 주었으면 하는 마음입니다.
　지금까지 살아오면서 학교생활에서의 못다 한 일들 즉, 과거의 모든 고민/걱정/근심거리 등은 남은 후배들에게 맡겨 놓고 훨훨 떨어놓고 이제 새로운 인생 2모작을 설계해서 남은 여생을 편안히 같은 동시대에 같이 동거동락 하였던 동기들, 동료교수들과의 우정을 돈독히 하면서 지내시길 동기로서 간절히 빕니다.

40년 가까이 직장생활하고 정년을 한다는 것도 대단한 일이라고 생각되고, 한편 지역사회/국가발전을 위해서 사외이사/관련기관 자문 등을 통하여 격정의 한국 사회를 안정시키는데 일조를 하였다고 생각을 하여 봅니다.

최근 통화를 하면서 자식 이야기를 하면서 벌써 우리가 며느리/사위를 볼 시간이 된 상황에 이르자 더더욱 학창생활이 그리워지면서 인생무상을 느끼게 되고 부모님들이 많이 늙을 수밖에 없다는 생각이 듭니다.

이제는 자식들이 잘 성장하여 우리의 가정 업무를 잘 맡아서 수행하기를 빌고, 인생 100세 시대에 즈음한 이 시대에 신순호 교수나 본인이나 건강관리와 손자/손녀들을 보듬어 주어 건강하게 살아가는 모습으로 자주 만나 뵈었으면 하는 마음입니다.

다시 한 번 정년을 맞이한 동기인 신순호 교수님에게 격려와 격려의 축하 인사를 보냅니다.

윤상호 : 전 한국해양수산개발원 선임연구위원, 전 한국해양연구소 선임연구원

녹차와 커피에 담긴 철학

윤승중
(前 전남도 자치행정국장)

신순호 교수님의 정년퇴임을 축하합니다.

신교수님은 제가 공직인 전남도에서 일하면서 체득한 것입니다만, 첫째 지역에 필요한 인재양성에 앞장서 제자들을 공직에 가장 많이 진출시킨 교수님이라 해도 과언이 아닐 것입니다. 둘째, 지역사회 발전을 위해 정부와 지자체의 각종 위원회 위원으로 참여하여 광주·전남의 스펙트럼을 넓히고 지역발전을 위한 퍼스트무버로서의 역할을 수행하셨습니다. 셋째, 문화예술을 사랑하고 지역민과 함께 호흡하면서 예향전남의 위상제고에 나섰다고 생각합니다. 이제 인생2막의 시작을 앞둔 교수님께 또 다른 성공을 기원 드립니다.

녹차와 커피는 모두가 즐겨 마시는 음료의 대명사다. 가끔 연찬회나 심포지엄, 토론회 등 호흡이 긴 회합에 참여하다 보면, 일정표에 휴식을 알리는 시간대가 있다. 그런데 이를 알리는 방식이 대체로 두 가지로 나타나고 있다. 하나는 티타임(tea time)이고 다른 하나는 커피브레이크(coffee break)다. 문자 그대로 해석하면 차 마시는 시간이고 커피 마시는 시간인데 그 차이는 무얼까? 사실 의학적 측면에서도 녹차와 커피는 둘 다 카페인과 폴리페놀 등이 함유돼서 건강에 유익한 것으로 알려져 있다.

그러나 주목해야 할 점은 차와 커피가 문화적 배경이 다르다는 점이다. 차는 동중정動中靜 성격이 강하다. 일 속에서 벗어나 당연히 마셔야하는 삶의 일부로 인식돼왔고, 따라서 시간을 일부러 내서 마시는 것으로 정착됐다. 그래서 시간(티타임)을 배정한 것이다. 커피는 동적이며 실용적 측면이 강하다. 지금 하고 있는 일을 더 잘하기 위해 마신다. 마치 자동차 브레이크를 밟는 것처럼 잠시 쉬자는 의미가 담겨 있다는 것이다.

그렇다면 나 자신은 차에 익숙할까? 커피에 익숙할까? 답은 자신이 할 수 있을 것이다. 현재의 삶을 즐기는 사람은 차를, 현재의 삶을 바꾸려는 사람은 커피를 찾을 것으로 본다. 그래서인지 커피의 시장 점유량이 높아지고 있다.

그러나 『세계사를 움직이는 다섯 가지 힘』의 저자 사이토 다카시가 커피가 자본주의의 대표적인 산물이라고 얘기하고 있다는 점을 생각하면 커피 맛이 더욱 씁쓸해질 수밖에 없다. 커피를 하루 석잔 이상 마시면서 아무리 노력해도 자신의 신분이 상승하지 못하는 시대에 우리가 놓여있기 때문이다.

이 때문에 '수저(금, 은, 동, 흙)론'이 설득력(?) 있게 다가서고 있다. 신분상승의 단초가 되는 교육에서부터 차별을 받고 있기 때문이다. 벤자민 프랭클린은 "겨울의 추위가 심한 해일수록 봄의 나뭇잎은 훨씬 푸르다. 사람도 역경에 단련되지 않고서는 큰 인물이 될 수 없다"고 얘기했지만 오늘의 현실은 다르다.

실제 제대로 배우지 못했거나 스펙을 쌓을 여력이 없는 청년은 취업이 어렵고, 취업했어도 좋은 일자린 아니므로, 결혼은 늦어지고 그 여파로 출산율은 곤두박질치고 있는 것이다. 소설 '갈매기의 꿈'에 나오는 조나난 리빙스턴이라는 갈매기가 일반 갈매기처럼 먹이 찾기에 급급하지 않고 자신의 꿈을 찾아 노력하여 무한비행에 성공한다는 이야기는 이제 과거의 이야기가 되었다.

남보다 고생한 사람은 같은 나이에 비해 지혜롭다는 얘기도 설득력이 없다. 지식이 축적되지 않은 사회에서는 정보를 가지고 있는 사람이 주도권을 가졌었다. 하지만 이제 '알파고' 같이 뛰어난 정보처리 능력을 가진 인공지능 시대에 지식은 의미가 바랜다.

지금 사회는 관계망의 사회라고 한다. 그 대표적 인물로 '스티브 잡스'를 꼽는다. 그는 하드웨어, 소프트웨어, 콘텐츠, 마케팅을 결합하여 성공했다는 것이다. 이 땅의 젊은이들도 가능한 것일까? 우리 사회는 아직 합리주의적 사고방식에 익숙하지 않아 가능성은 낮다고 본다. 윗사람의 지시만 기다리는 수직적 사고방식, 연고(학연, 지연, 혈연)에 따라 의사결정이 달라질 수 있는 사회에서 소위 '흙 수저'가 윗자리에 숟가락 얹기는 녹록치 않을 것이다.

결국 법학대학원 입학에서 보듯이 법조계 자녀가 특혜를 누린다면 사법시험 제도의 부활이야기는 지속 될 것이다. 마찬가지로 배경 있는 개인이나 조직이 늘 승리한 다면 타협과 조정을 이끌어내는 '관계망의 사회'는 요원할 것이다. 차와 커피에 배들어 있는 패러다임을 풀어보면, 삶의 질과 생산성으로 대비 할 수 있을 것이다. 하지만 무얼 마셔도 사람의 마음가짐에 따라 차가 될 수도, 커피가 될 수도 있을 것이다. 쉬는 시간에 컵에 담긴 무언가 들면서 사람과의 관계를 넓히는 노력이 필요한 시기다.

■
윤승중 : 57년생, 前 전남도 자치행정국장, 현 다도해문학회장(시인)

전남도청이전 사업의 산증인

윤영기
(前 전남도청 이전사업 본부장, 現 (주)우빈기술공사 부회장)

신순호 교수님!
먼저 소임을 다하고 자리를 비켜주시는 교수님 정년퇴임을 진심으로 축하드립니다.
한평생 후진양성을 위해 헌신 노력하시다가 정든 교직을 떠나가게 되시는 교수님과의 평소 맺은 끈끈한 정을 되새기면서 정년퇴임에 즈음하여 저서를 출판하게 된 것을 함께 축하드립니다.
축하와 함께 퇴임을 아쉬워하며 신교수님께서 교직에 몸담고 계시면서 이 지역사회발전을 위해 많은 공헌을 해 오신 것을 필자가 옆에서 지켜보아온 사항을 기술해 보고자 합니다.
평소 온화하시고 인자하시고 지역개발학 분야에 해박하신 신교수님과 제가 인연을 맺게 된 것은 1993년도 후반기, 필자가 목포 도시과장으로 발령받아 재직하게 된 직후부터인가 봅니다.
당시 신교수님은 목포대학교에 재직하고 계시면서 목포시 도시계획위원회 위원으로 활동하시면서 인연이 되었지요. 그 무렵 목포권 지역은 전남도청이 목포권으로 유치되어야 한다고 너와 내가 없이 도청유치활동에 합심 노력하는 시절이었습니다.
필자인 당시 목포시 도시과장과 도시계획을 전공 하신 신교수님도 목포권 주민들과 합심하여 목포권 도청유치 추진위원회에 논리적인대응자료 제공과 유치활동에 적극 나서 1993년 12월 23일 마침내 도청이전 후보지가 목포권으로 확정되는데 서로 일조를 하였다고 봅니다.
한편으로는 목포 유달산 주변이 고층건물 건립 등으로 난개발이 되지 않도록 고도

지구 지정 필요성 인식을 같이 하시어 1994년도 유달산 주변고도지구 지정으로 오늘날 목포 시가지 난개발을 방지해 오는데 사전대비를 위해 주도적인 역할을 해 오셨습니다.

제가 공직 자리를 전남도청으로 옮겨 지역계획과장과 도청이전사업본부장을 역임할 때에는 전라남도 도시계획 위원과 도청이전사업추진 자문위원으로 위촉되시어 전라남도 지역발전을 위해 노력해오셨습니다.

특히 도청이전사업 추진위원회 위원으로 활동하실 때에는 새로운 전남도청소재지가 될 남악신도시가 생태환경과 신 교통 시범도시로 지정건설 될 수 있도록 갖은 역량을 과시하시어 헌신노력 해 주셨기에 오늘의 남악신도시가 탄생 되었고, 깨끗하고 살기 좋은 도시로 발전 할 수 있는 발판을 만들어 오셨다고 봅니다.

괄목할만할 일은 전남도청이전사업의 역사적 자료가 될 "전남도청 이전백서" 발간에 대하여 연구 및 편집 책임을 맡아 직접 집필하여 주셨습니다.

신교수님께서는 도청이전 사업의 산 증인으로 추진과정을 누구보다 잘 알고 계시기에 집필에 참여 하시게 되었고 542쪽 분량의 도청이전 백서 상권은 1993~2002년까지의 과정 그리고 중권은 2002~2005년도 말까지의 도청이전 관련 많은 역사적 자료가 집대성 되었고 봅니다.

제가 도청이전사업 본부장직과 공직에서 퇴임한 이후로는 2009년~2013년 까지 신교수님과 함께 전라남도 도시계획 위원회 위원으로 또 같이 활동하면서 옆에서 겪어볼 때 해박한 지식과 오랜 경륜을 바탕으로 전남지역발전을 위해 많은 유익한 조언을 해오셨고, 또한 지금까지 같이 활동하고 있는 전라남도 정책자문 위원회 위원(지역개발 분과위원)으로써는 도정 발전을 위해 유익한 제안을 많이 하여 주신 분

으로 각인되어 왔습니다.

  이제 비록 몸은 교직을 떠나신다 해도 아직은 정력과 지식을 겸비하고 계시기에 더 성숙된 역량과 항상 변함없는 열정으로 인생 연장전을 열심히 뛰어 건강도 지키고 추가골도 넣고 결승골도 넣어 이 지역사회가 앞장서 발전해 나갈 수 있도록 봉사활동을 계속해 주시기를 바라는 마음입니다.

  끝으로 한번 맺은 인연, 영원하기를 기원하면서 교직을 떠나가시는 순간에 송별의 정을 표하는 바입니다.

2018. 01.

친구 신순호 교수의 정년을 축하하면서…

이강건
((주)선진엔지니어링 부회장)

한 직장에서 정년 때까지 큰 과오 없이 근무를 마치는 경우는 큰 축복이며 크게 축하할 일입니다. 요즘은 많은 직장인들이 구조조정이라는 이름으로 정해진 정년이 채 되기도 전에 직장을 떠나는 경우가 많이 있기 때문입니다.

그런 점에서 우리 친구 신순호 교수님이 목포대에서 33년간의 모든 근무를 마치고 동료 교수님들과 여러 제자들의 축복 속에 정년을 마침을 진심으로 축하드립니다.

신교수를 처음 만난 것은 본인이 1976년 6월에 ROTC 군 복무를 마치고 서울대 환경대학원에 복학하는 학창시절로 돌아간다. 수업시간에 지역경제, 계획이론, 환경계획론 등의 인문사회학 강의를 들을 때면 학부에서 법학, 경제학, 사회학 등을 전공한 학생들은 교수와 상호 질문 및 답변 등의 토론이 활발히 이루어졌다. 그러나 우리 공학도 출신들은 토론에 참가하기 어려워 외로움을 느끼고 아쉬운 감이 많았다. 당시 신순호 학생도 원로 교수인 노융희 교수님, 권태준 교수님과 토론하며 상당히 본인의 주장을 굽히지 않고 토론하는 모습을 보고 자못 놀라웠다. 이는 방과 후 자주 신림동 뒷골목에서 막걸리를 마시며 토론할 때도 보면 옳고 그름을 확실히 하는 경향이 많았던 것으로 기억된다. 역시 도시계획 학문은 공학도와 사회과학도가 만나 상호 토론하며 정반합을 통하여 목표를 향해 나아가는 과정이 중요함을 알게 되었다.

당시 국립 서울대학교에 환경대학원이 최초로 설립되었고, 각 분야 전공의 학생들을 골고루 입학시키는 과정임을 확인하였다. 그러나 그 당시에는 아직 직업으로서 정립이 안 되었고 취업문이 극히 제한적이었다. 당시 대학에 도시계획 관련학과가 3개 대학 정도 밖에 없었으며 취업할 수 있는 기관으로는 주택공사, 한국토지개발공사,

엔지니어링회사 정도이었다. 그리고 그 후에 국토개발연구원이 설립되었다. 따라서 취업이 아직 안된 일부 졸업생들은 대학원 교수님 방에서 조교를 하며 프로젝트를 수행하였다. 그 뒤 각 지방에 있는 대학에서 도시계획 관련학과를 설립하여 교수 요원을 채용하는 경우가 생기기 시작하였다. 마침 신 교수는 대학원 졸업 후 공군 장교로 입대하여 공군대학에서 교관으로 근무하였다. 이는 지금 생각하면 시기에 맞추어 준비된 교수요원의 길을 밟은 것이다.

그 뒤 청주대를 거쳐 목포대 지적학과 교수로 채용되어 오늘까지 36년간 강의와 연구 활동을 통해 제자를 교육하고 한편, 사회활동을 통해 현실에 적극적으로 참여하며 사회에 기여하였다.

대학원 시절에는 과대표를 맡아 친구들과 교제를 위해 만남의 기회를 자주 만들고 가끔은 수업 후 야유회도 가고 막걸리도 하곤 하였다. 이 관계가 졸업 후에도 연결되어 서울에서 년말 모임 등을 하면은 목포에서 서울까지 꼭 참여하는 열성과 지성을 보였다. 만약 못 오는 경우는 반드시 전화를 하고 사정을 알리기에 친구들은 신 교수를 신뢰하고 확실한 관계를 유지하고 있다.

한번은 제주대 김태보 교수가 제주도에서 결혼식을 올리는데 평일이고 이제 사회 생활을 시작한 터라 여간해서 우인대표로 결혼식 참여가 어려웠다. 그런데 신교수는 대학원 친구를 대표하여 제주까지 비행기를 이용하여 결혼식에 참여하는 열정과 우의를 보여 주었다. 그 곳 결혼 풍습에 따라 참여하느라 이틀을 보내고 경비도 많이 들어 간 것으로 들었다. 친구들이 거기에 맞는 대우도 못해주고 고생만 시키어 지금까지 미안한 감을 갖고 있다. 이와 같이 신교수는 의리가 있고 대표로서의 역할을 성실히 수행하느라 고생도 많이 하고 항상 심부름꾼, 대변인의 역할을 하곤 하였다.

한편, 에피소드로는 1976년 8월에 대학원에 복학하니 가까운 친구들이 환영한 다고 회식도 해주고 2차, 3차를 다니다 결국 통행금지 시간을 넘겼다. 하는 수 없이 본인은 가까이 있던 석관동 작은 댁으로 갑자기 안내하여 하루 저녁 신세를 지었다. 다음 날 숙모님으로부터 아침식사를 대접받고 우리는 미안한 마음으로 계면쩍게 나온 경험이 생각난다. 당시 신교수는 본인을 복학한 형으로 대우를 해 주어 지금까지 친분 관계를 유지하고 있다.

그 후 신교수는 서울시립대에서 도시행정학 박사 학위를 받고 그를 배경으로 후에 한국도시행정학회 회장에 취임하였다. 동시에 신교수는 본인을 기술계 부회장으로 추대하여 함께 도시행정학회의 여러 행사 및 세미나에 참여하게 되었다. 이를 통하여 행정학 분야 교수들과 교제하는 기회를 갖게 되고 사회활동의 영역을 넓히는데 크게 도움을 주었다. 이와 같이 인생을 살면서 친구를 잘 만나면 서로 도움이 되고 큰 힘이 되어주기도 한다. 특히, 신교수의 친절함과 자상함은 큰 위로가 되기도 하고 문제에 대한 그의 대안 제시는 해결책이 되기도 하였다.

한번은 목포 출장길에 목포대 캠퍼스를 찾아가 그의 방도 방문하고 뒤이어 해안가에 건축한 조그만 별장 구경도 하였다. 정년퇴직하면 텃밭도 가꾸고 낚시도 하겠다며 해안가 전망 좋은 곳에 부지를 마련하고 자그마한 세컨 하우스를 장만하였다.

뒷동산과 앞으로는 바닷물이 있어 전형적인 배산임수의 형상으로 풍수지리상 좋은 입지로 생각되었다. 뒤뜰에는 텃밭이 있어 호박, 시금치, 오이, 토마토, 상치, 배추, 고추, 참외 등을 아기자기하게 심어 가꾸고 있었다. 서울에 올라오는데 밭에서 가꾼 채소, 과일 등을 직접 따서 기어이 안겨 주어 서울 집에 까지 가져와 안식구에게 자랑하고 함께 맛을 보았다. 그는 정말 정이 많고 따뜻한 마음을 소유한 시골의 교수님이었다.

한편, 성경에 보면 선지자가 고향에서는 환영을 받는 자가 없다고 하였다. 그러나 신교수는 고향에서도 한양에서도 인정을 받는 선구자가 아닌가 생각한다.

그는 2013년 7월부터 현재까지 대통령 직속 지역발전위원회 위원으로 위촉받아 활동하고 있다. 지역발전위원회는 지역 간의 균형 있는 발전을 위해 효과적인 정책을 발굴·추진하고 중요정책에 대해 대통령에게 자문하는 기구이다. 위촉위원은 지역발전에 관한 학식과 경험이 풍부한 자 중에서 대통령이 위촉한다. 또한 그는 2017년 대통령 직속 지역발전위원회 평가자문단장으로 위촉되었다. 그는 "평가자문단장으로서 공정성과 객관성을 생명으로 하는 평가의 기본을 유지해 나갈 것"이라며 "앞으로 지역발전정책의 기본이념인 지역 균형발전이 최대한 발휘할 수 있는 사업을 계획하고 합리적으로 운영해 주민들의 진정한 삶의 질을 향상히는데 기여하도록 노력할 것"이라고 포부를 밝히기도 하였다.

평가자문단은 매년 막대한 국가재정 지원에 의한 사업들이 올바르게 집행하는가를 평가한다. 해당 사업이 지역발전 목표를 달성하는데 효율적이고 바람직하게 집행될 수 있도록 유도하는 기능이 있다한다.

한편, 사회활동 외에 저술 활동에도 심혈을 기울여 완도지역을 중심으로 도서지역의 주민과 사회현상을 관찰하고 연구하여 "도서지역의 주민과 사회"의 책을 발간하였다. 전남은 도서가 많은 지역으로 섬 지역주민들을 사랑하는 마음으로 주민소득 증대 등의 경제적 지위 향상, 기반시설 구축을 통한 삶의 질 향상에 기여하도록 하였다. 이를 인정받아 그는 국가지역균형발전위원회에 발탁되고 현재까지 지역발전을 위해 활동하지 않나 생각된다. 도서의 경우 육지와 멀리 떨어져 있어 교육 및 문화적으로 소외가 더 심해지고 있고 자연히 인구감소는 앞으로도 계속될 것으로 전망하고 있었다.

신 순호 교수님!

한국전쟁 이후 격동의 어려운 시기를 살면서 정년퇴직하시는 분들은 선택된 행복한 삶을 살았다고 생각합니다. 요즘 같은 구직난의 불황시대에 건강한 몸으로 정해진 기간을 과오 없이 지내고 정년을 맞이한다는 것은 자신의 직책에 성실했던 사람만이 누릴 수 있는 영광입니다. 이 지면을 통하여 진심으로 축하드립니다. 그동안 삶이 알차고 후진들에게 귀감이 되었던 것처럼, 정년 후에도 그러한 삶을 살아가시리라는 믿음을 갖습니다. 이제 나머지 생을 마음의 원 고향으로 돌아와 이 사회와 가까운 이웃을 위해 봉사하는 마음으로 살았으면 하는 바람을 덧붙입니다.^^

2018년 1월 9일
한양에서 대학원 친구
(주)선진엔지니어링 부회장 이 강 건 드림

놀라운 '열정'과 대단한 '정열'을 소유하신 신교수님

이경아
(목포대학교 도서문화연구원, 문화인류학 박사)

'열정熱情'은 어떤 일에 열렬한 애정을 가지고 열중하는 마음을 뜻하며, '정열情熱'은 가슴속에서 맹렬하게 일어나는 적극적인 감정을 뜻합니다. 이 두 단어는 동의어로 쓰이며, 문맥상 서로 바꾸어 써도 의미에 차이가 거의 없을 만큼 비슷한 뜻을 갖습니다.

제가 만나 본 신순호교수님이 그러합니다. 학문의 경지에서 드러내는 끊임없는 '열정'과, 일상생활에서 아낌없이 쏟으시는 '정열'을 보았기 때문입니다. 신교수님은 시공간의 중심에서 항상 열정과 정열 사이에 계셨습니다.

교수님을 처음 뵌 것은 제가 대학 3학년 때인 1991년 도서문화연구소의 하계학술조사에서였습니다. 당시 평일도(완도 금일읍)로 현지조사를 갔는데 학부생으로 참여했기에 교수님과 친분을 쌓을 일은 그닥 없었습니다. 그 후 학교나 도서문화연구원에서도 종종 뵙기는 했지만 학문분야가 달라 가깝게 모실 기회는 없었습니다.

그러다 2016년 박성현박사와 지역 및 정책연구를 함께 하게 되면서 본격적으로 신순호사단과 인연을 맺게 되었습니다. 직접적인 제자가 아니었기에 어렵고 불편할 것이라는 예상과는 달리 교수님은 너무도 격의없이 편하게 대해주셨습니다. 우리보다 훨씬 더 젊고 열린 마인드로 열정과 정열을 불태우셨고, 책임자로서의 권위를 내세우는 게 아니라, 방향만 잡아주시고 전적으로 연구자들에게 믿고 맡기시는 편이셨습니다. 또 현장에서의 경험이 풍부하신 터라 늘 현장의 어려움을 이해해주셨습니다.

비록 연구분야와 연배는 다르지만, '섬'이라는 장소를 무대로 다양한 연구시각을 공유하며 토론하고 배울 수 있는 기회를 얻었습니다. 특히 학문(교수로서, 연구자로서)

과 예술(사진작가로서, 운동마니아로서)을 대할 때는 누구보다 '열정'을 쏟으시고, 사적인 자리나 후학들을 마주하는 일상에서는 '정열'적이심을 확인할 수 있었습니다. 열정과 정열을 쏟는다는 것은 몸과 마음이 깨어있지 않으면 실천하기 어려운 일입니다. 열정이 담기지 않은 작품(결과물)은 한눈에 봐도 알 수 있습니다. 이렇듯 신교수님의 지금까지의 업적과 공로는 모두 열정과 정열이 넘친 결과물들입니다.

열정과 정열을 쏟을 수 있는 대상이 있고, 목표가 있다는 것은 감사한 일이며, 지역사회의 정의와 발전을 위해 종종 쓴소리와 일침을 놓기도 하셨습니다. 그런 의미에서 신순호교수님은 투사라기보다는 오히려 혁명가다운 열정의 소유자라고 생각합니다. 앞으로도 지역의 발전과 미래를 위해 곧은 뜻을 굽히지 마시고 열정과 정열을 지닌 혁명가가 되어주시길 바라마지 않습니다.

청해진이 낳은 신순호

香泉 이기환
(담양부군수)

신순호 교수님의 정년퇴임을 축하드립니다. 교수님과의 지난날의 추억을 한 장 한 장 넘겨다보게 됩니다. 늘 변함없이 한결같은 모습으로 열정과 비상을 위한 한 땀 한 땀 정성과 수고를 아끼지 않으시던 교수님이셨기에 새삼 존경과 감사의 눈길로 우러르게 됩니다.

신교수님과의 인연은 필자가 30년 전 도청에 근무 하면서 전남도청과 목포대학교와 협업관계를 맺으면서부터 입니다. 그리고 다시 필자가 목포대학교 박사과정을 입학하면서 부터는 스승과 제자로서의 더욱 귀한 인연이 주어졌습니다.

졸업한 지도 꽤 오래 지났지만 학문의 전당에서 청운의 뜻을 펼칠 수 있도록 이끌어주시고 비젼을 제시해주셨기에 무사히 과정을 마칠 수 있었습니다. 힘들고 어려운 과정을 꿋꿋하게 이겨내는 지성과 이상의 높은 꿈을 가슴에 품게 하시고 학우들과 협력할 수 있도록 늘 지지해주시고 성원해주신 교수님이셨습니다.

국가와 지역사회에 보탬이 되고 새롭게 탈바꿈해가는 견인차역을 맡아가도록 격려해 주시고 도닥거려 주시던 그 모습 잊혀지지 않습니다. 신순호 교수님은 그 때도 지금도 퇴임 이후에도 늘 커다란 느티나무처럼 마음 속에 기억될 것입니다.

신교수님께서는 건강의 섬 완도출신으로 해상왕 완도 청해진의 장보고 후예답게 매사에 적극적이고 열정적이셨습니다. 다양한 분야에 관심을 갖고 교육현장과 산업현장을 연계하고 특히 도청과 시군을 방문하면서 산학 협업체계를 공고히 다지는데 선구자적인 역할을 하셨습니다.

오랜 기간을 전라남도 정책자문위원과 도시계획위원, 지방지적위원 등 다양한 도정

평가위원을 역임하셨습니다. 또 중앙에서는 행정자치부 정책자문위원과 청와대 지역발전위원회 평가단장으로 재임 하면서 지방자치단체의 지역개발사업에 대한 새로운 변화와 혁신을 실천하는 계기를 만들어내기도 하셨습니다.

이러한 공로를 인정받아 전례 없는 지역발전위원회 평가단장을 연임하면서 전라남도와 시군의 지역발전사업에 많은 기여를 하신 바 있습니다.

필자가 담양 부군수와 전라남도 관광문화체육국장으로 재임하는 동안에는 지역발전위원회 평가단장으로 활동 하셨는데 제 개인적으로 천당과 지옥을 오가는 희비가 교차되는 기억도 갖고 있습니다.

담양군부군수로 재임하는 기간이었습니다. 일반산업단지 내 체육공원 조성사업이 새로운 아이템과 전략적인 계획으로 수립되었고 새로운 창조혁신 우수사업으로 평가되어 지역발전위원회로부터 우수사업으로 선정되어 많은 상사업비를 받은 바 있습니다.

그러나 전라남도 관광문화체육국장 부임초에는 관광개발투자사업이 전략적이고 체계적인 수립이 안 됨은 물론 부진사업에 대한 대응전략이 미흡하다는 지적을 받아 하위등급을 받게 되었습니다.

평가결과가 당시 언론에 보도되어 업무담당국장으로서 윗분들과 의회로부터 호된 질책을 받은 기억이 납니다. 제가 부임 초기라 전임자의 업무추진결과로 인한 평가였습니다만 불편한 심기가 오래 갔던 기억을 안겨주었습니다.

평소 인간적인 면에서는 후덕하고 어린이와 같은 청순한 이미지로 대하여 주시곤 하지만 업무적인 측면에서는 인간적 측면에 연연하지 않고 공사가 분명하여 공직자로서 균형감각을 지니며 처신이 올곧다는 평가를 받는 단적인 예가 될 것입니다.

지방자치제 실시 이후에는 지방자치단체 선거에도 참여하면서 도의원과 국회의원, 시장·군수 선거 후보자 토론회와 지역이슈에 대한 시사토론 진행을 맡으면서 후보자 검증과 지역발전 현안사업에 대한 관심과 함께 시청률을 높이는데도 크게 기여하셨습니다.

요즘 지방대학들은 학생입학정원이 줄어들고 많은 지방학생들이 대도시와 수도권으로 몰리는 현상이 두드러지고 있습니다. 이로 인해 지방대학에서는 입학정원을 채우기 위해 안간힘을 쏟고 있습니다.

학교와 교수님들은 학생수가 감소되어 폐과가 되지 않을까 노심초사하는 경우가 많은데 목포대학교 지적학과는 약학대와 동일한 상위학생들이 입학하여 정원을 채우고 있습니다.

　이러한 배경에는 숨은 일꾼 신순호 교수님의 탁월한 강의력이 한 몫을 합니다. 취업역량 강화 프로그램을 도입하여 호남지역에서는 가장 취업을 잘하는 학과로 소문이 나 있습니다. 매년 공무원과 공기업과 대기업에 재학생들이 35명 내지 45명까지 취업을 하고 있어 목포대학교에서는 약학과와 지적학과가 매년 취업순위 1, 2위 선두다툼을 벌이고 있습니다.

　신교수님께서는 취미와 특기도 다양합니다. 그래서 항상 바쁘게 지내시는 분이십니다. 특히 도내 지적공무원과 지적공사 직원들과 테니스를 통하여 끈끈한 정을 갖고 지내셨습니다.

　시군에서 초청을 하면 목포에서 버스를 이용하여 테니스 가방을 어깨에 매고 코트장으로 나오시는 모습이 멋스럽고 수수하고 활기차보입니다. 땀을 흠뻑 흘리시고 건강은 땀을 흘리는 것 이상 좋으신 것이 없다고 하시면서 운동을 즐겨하셨습니다. 운동을 하신 후에는 '테니스 삼락', "땀 흘리고, 샤워하고, 시원한 맥주 마시고"를 즐기시면서 도원결의를 다지곤 하였습니다.

　어느 날 신교수님께서 물으셨습니다.

　"이박사는 정년이 언제인가요?"

　"예! 저는 2017년 말입니다."

　"오메 그라요. 나하고 비스무리하네"

　웃으시면서 퇴임하면 함께 테니스나 자주 하자고 제안 하신 기억이 납니다.

　평생을 대학교단에서 보내면서 학교와 학생을 위하고 지방자치시대 중앙정부와 지방정부 발전을 위하여 열정을 다 바치신 교수님이시기에 떠나시는 뒷모습이 더욱 아쉬움으로 남습니다.

　공무원법에 의한 임기를 무사히 마치고 영광스러운 퇴임을 하시는 교수님 앞길에 축복이 가득하기를 빕니다. 100세 인생시대, 앞으로 30년의 인생 2막을 잘 준비해 가시길 영원한 제자로서 바랄 뿐입니다.

친구 순호

이석순
(SH생활과학주식회사 대표)

우리의 관계는 네 글자로 충분하지 않을까

그러나 지면을 일부 채워야 한다기에 몇 자 적어보겠네
의학계에서는 4~14란 말을 자주 쓰는걸 보았어
즉 사람의 인격 형성은 4세부터 14세까지
어떤 환경 인간관계 속에서 성장 했는지에 따라
평생 영향을 미친다고 하더구만

그러고 보니 우리의 관계도 딱 이 시기였던 거 같아
초등학교1학년 7세 때 우리 집에서 자네와 함께
잠을 자다 그 유명한 사라오 태풍이 덮쳐
집 앞 마당까지 바닷물이 범람하여 난리가 났던 기억

그 다음 날은 내가 자네 집에서 잤던 것 같아
거의 매일 우리 집과 자네 집을 번갈아 오가며
놀고 뒹굴고 자곤 했었지
가끔은 윤기 친구 집에서 놀기도 하고

이런 일들이 엊그제 같은데 벌써 반세기가 훌쩍 흘렀구먼

속담에 친구와 포도주는 오래 될수록 좋다고 했던가
현실은 서울과 목포 먼 거리에 살고 있지만
마음은 항상 함께 있는 것 같고
순호 친구하면 한 치의 벽이 없는 것 같고
마냥 소년시절 친구의 정 그대로 인 것 같아

소년 시절엔 우리가 동네 이웃이다 보니
5주배에 속해 있어서 여러 갈등을 함께 하면서
자네가 반장을 장기 집권 했고
나는 항상 기율부장을 했었지

이런 갈등 속에서 자네의 리더쉽이 돋보였고
미래에 무언가 대성 하리라 믿어 의심치 않았지

어느새 정년을 앞두고 자네의 업적을 보면
친구로서 너무 자랑스럽고 고마워

작은 메밀 섬 충도에서 태어나
박사학위에 저명한 학자로 교수로 후진양성에
큰 업적을 남김으로 본인으로서 보람된 일이지만
고향의 명예와 친구들의 자긍심을 심어주는
값진 일을 해 냈어
이처럼 영광스러운 삶이 있기까지 얼마나 많은
노력과 땀이 베어 있었을까 생각하니
너무 대견하고 고맙네

앞으로 남은 여생 99, 88, 1~3!
99세까지 팔팔하게 건강하게 살다 3일만 앓다 가세 그려

친구 석순

마음이 통하고, 대화가 통하고,
오래된 친구처럼 편안한 신순호교수님

이성길

((재)누리문화재단 상임이사)

人生不滿百(인생불만백)　인생은 백년을 채우지 못하는데
常懷千歲憂(상회천세우)　항상 천년의 근심을 품는다

"人生(인생)을 소통으로 살아갈 수만 있다면 그것은 정말 행복한 일입니다. 歲月(세월)이 빠르다는 것을 반추하여보니 이 대표님과 연을 가졌다는 것이 내 人生(인생)에 큰 기쁨이었습니다. 이제 맞이하는 2018년 무술년 새해에는 더욱 따뜻하고 마음교류와 함께 큰 영광 성취하시길 소망합니다."

위 글은 신순호 교수님께서 2018년 무술년 첫날 저에게 문자 메세지로 보낸 새해 덕담이다.

교수님께서 작년 12월 중순 36년간 교수생활을 마무리하는데, 후배 교수님들이 정년퇴임 기념 문집을 발간하기로 했다고 하면서 저에게 글을 써달라고 했다. 얼마간 고민하다가 영광스럽게 생각하고 쓰기로 했다.

교수님과는 2012년 제18대 대통령 선거 때 민주당 광주광역시 선거대책위원회에서 알게 되었다. 그 당시 광주선거대책위는 정당조직(공조직)과 시민사회단체 활동가들로 구성된 '시민캠프', 교수 등 전문가들로 구성된 '미래캠프'로 구성되어 활동했다. 교수님은 미래캠프에 소속되어 활동했는데, 목포에서 활동하시면서도 회의 때 마다 꼭 참석해서 좋은 의견 주시고 문재인 후보로의 정권교체를 위해 활발하게 활동하셨다. 대선 패배 후 '미래캠프'를 '민들레 호남정책연구회(상임대표 송정민 교수)'로 전환해서 활동했다.

최순실·박근혜 국정농단으로 인한 촛불시민혁명 결과로 작년 5월에 치루어진 제19대 대통령선거 운동기간 '교육특보단장'을 맡아 '전국대학교수 2,400인 문재인후보 지지선언'을 함께 했으며, 문재인 정부 초기 교육개혁을 이끌 적임자로 내정된 '사회부총리 겸 교육부장관 김상곤 내정자 지지선언' 등을 함께 했다. 사회 구조적 모순에 대해 혁신하고자 하는 교수님의 열정과 활동에 저절로 존경하는 마음을 갖게 되었다.

그 동안 함께한 시간 항상 웃으시면서 반갑게 대해주신 교수님! 함께 한 일 속에서 마음이 통하고, 대화가 통하고, 오래된 친구처럼 편안했던 교수님! 영광스런 정년퇴임을 축하합니다. 그 동안 수고 많으셨고 자랑스럽습니다. 교수님과의 인연을 소중하게 생각하고 오래 오래 간직하겠습니다.

건강과 행운이 함께하시기를 두손 모아 기원합니다.

2018.01.03.

충도忠島의 회상回想

이성호
(서울거주, 고향갑계원)

1. 나의 성장기

"삼천리 바다 뻗혀 무궁화 동산 향기롭고 아름다운 난등해 보고… 뻣뻣이 섰는 모양 우리들의 기상일세… 화려하다 여기가 우리의 충도교"

뭐 이렇게 좀 기억되는 우리 옛 충도 국민학교 교가 구절이다. 지금은 인구가 줄어들어 폐교되고 학교 건물(3번에 걸쳐 새로 지어졌었다)은 철거되고 노인회관 등으로 쓰이고 있다. 아쉽다.

'완도군 금일면(읍) 충도' 라는 작은 섬마을. 6·25 동란 중이던 1952년도에 나는 찌든 가난 속에 태어났다. 8살(만 7세)에 입학했고 6개 학년이 3개 학년으로 집단 줄어드는 바람에 3학년을 두 번 다니게 되어 결국 7년 만에 졸업하는 군에 든 셈이다.

나는 형편이 곤란해 초등학교를 우등졸업하고도 진학하지 못하고 나무하고 소 먹이러 '와달', '눈댐이' 등으로 산에서 살다시피 했다. 그런데 입학 시즌이 좀 지난 어느 날, 옆 섬 금당도 농협연쇄점에서 근무하던 성군 형(2012년 작고)이 검정색 모자와 '中' 자가 새겨진 단추의 교복을 한 벌 사가지고 와선 나의 진학을 강력 추진했다. 특히 큰 형수님의 반대가 심했으나 결국 보리쌀 반 자루를 어깨에 메고 금당고공 가는 연락선에 몸을 실었다.

이렇게 배움을 위한 고난의 대장정이 시작되었다. 이 시절엔 시골에서 대학까지 가기란, 좀 보태면 하늘의 별따기 만큼이나 힘들었다. 여러 사람들의 부조를 받아 어렵게 공부했고 공안행정 분야를 전공하여 관계에 청운의 꿈을 품고 입문했다. 나름 중견 간부(화순·장흥 경찰서 과장, 경찰대학교관, 기동대장 등 역임)로 성장하고 있었는데 큰 딸 진경(현재 서울에서 초등학교 교사로 재직)이 초등학교 저학년 쯤 되었을 때, 위기가 찾아왔다. 노태우 정권시절, 중간평가가 이슈화 되는 소용돌이 와중에서 끝까지 완주하지 못하고, 내 직속부하 7명을 잃고 중도하차하는 불운을 겪었다. 지금은 건어물 유통업과 농장(Emerson 美學硏究所)을 운영하고 있다.

2. 충도 인물 열전
가. 윗대
① 권씨 가문 정태씨(전남도청 근무), 신씨 가문 은호씨(교편 근무)가 사각모를 썼고, 그 윗대는 일제 강점기 동경대(?) 출신 이준호씨(국회의원 후보 2번 출마 7표차 석패, 부정선거 결과라고 소문이 남-풍랑으로 인한 섬 지방 투표함 미도착)
② 기상청 이사관을 지낸 정갑태 형, 배구 스파이커로 이름을 날린 신인수 형(금일면 내 배구대회에서 충도가 우승하는 등 9인조 배구 열풍을 일으켰다)

나. 아랫 대 및 동년대
① 전주 이씨 가문 이중성씨네 손녀(이양희)가 고법판사직에, 안동 권씨 가문 권성호(목사 재직)의 아들이 사법고시에 합격한 바 있음
② 정씨 가문 정기태(영어전공 고교 교사), 전주 이씨 가문 이형남(순천시청 근무), 안동 권씨 가문 권두석(전남도청 과장)
③ 정씨 가문 정갑철 목포대 교수(미국에서 유학)
④ 신씨 가문 신순호 목포대 교수(대통령직속 지역발전위원회 위원 및 평가자문단장, 행정자치 정책자문위원 역임, 의사 아들을 둠)
⑤ 유석주의 딸 유아영(국악원 명창. 대통령상 수상, 특히 목소리가 절정의 득음을 하였음)

다. 초등학교 은사님들
① 채정기 교장(구동출신, 만년교장 역임)
② 박옥자 선생(금당출신, 저학년 때 담임으로 빨간 루즈에 아기 젖 물리느라 분유

를 조물조물 씹곤 했는데 좀 무서웠다) 그 부군 송춘호 선생(후에 국회의원 출마 낙선)

③ 송명석 선생('낙랑공주와 호동왕자' 라는 연극을 졸업생 동원, 연출하여 갈채를 받음. 이웃 섬에 까지 가서 절찬리에 시연함)

④ 최자승 선생(영암 분으로 매형뻘 된다. 배 아플 때 상처 났을 때 치료해주곤 했다)

⑤ 임재홍 선생(음치이면서도 풍금은 쳤다. 딴 곳으로 발령받아 전근 가던 날, 선착장에 도열해있던 내 앞에 지나며 무서운 얼굴로 날 꾸짖었다. 왜 엊저녁 찾아오지 않았느냐고. 상처로 남아있다)

⑥ 권창희 선생(충도 선배 형으로 동화이야기를 많이 해주었다)

⑦ 최종우 선생(구동 출신으로 '앞으로 나란히' 벌을 잘 세워 무서웠다)

⑧ 권용기 선생(금당 출신으로 이야기 보따리를 풀 때마다 배꼽을 잡고 굴러다녔다)

⑨ 조재화 선생(구동 출신으로 거인족이며 "오늘은 별나도 유두랑가 맛있는 냄새가 나드라이" 라는 유행어를 남겼다)

라. 충도 임진생(1952년) 갑계원들

갑계원은 총 13명으로 초등학교 고학년 시절, 천복이 아버님(이준희)이 한자로 계책을 처음 써서 만들어 주셨다.

① 김남석(신인수 이후 충도 배구의 대들보였으며 부산에서 운수업)

② 김덕남(학교 서무과 근무, 사주·관상·주역의 대가)

③ 강학태(경래라 부르며, 전복양식업과 충도교회 장로로 맹활약중)

④ 김윤기(충도에서 양식업 전념, 벗어진 머리는 순호와 우열을 가리기 힘들 것)

⑤ 권두성(서울에서 청과물 도매업)

⑥ 신순호(목포대 교수, 대통령직속 지역발전위원회 위원 및 평가자문단장, 행정자치 정책자문위원 역임)

⑦ 유석주(다시마, 미역 양식의 대가, 농협 감사 등 감투가 많음)

⑧ 이광철(은철이라 부르며, 광주에서 운수업)
⑨ 이석순(석주라 부르며 유통 납품업)
⑩ 이성호(경찰간부 퇴직 후 유통업)
⑪ 이천복(광주 지역 자동차 수리 센터 운영)
⑫ 신원택(작고)
⑬ 김경태(작고, 나와 생년월시가 똑같다. 4월7일 아침 출생)

3. 에필로그

윗 글은 필자(세대) 중심으로 기억나는 대로 열거한 것들인데, 혹시 누락된 부분이나 수정을 요하는 사항이 있다면 후에 보정이 있기를 바랍니다.

중용의 정신을 닮아 과하지 않는 아름다움으로
표현할 줄 아는 멋스러운 분

이영팔

((주)베델인베스트먼트 회장, 前 (주)한국케이블TV호남방송 대표이사 회장)

사람마다 정해진 시기에 맡겨진 역할이 있습니다. 평상시 존경하는 신순호 교수님께서 인생의 무대에서 그 맡겨진 임무를 멋지게 완수하고 무대를 내려오시는 교수님께 진심으로 축하를 보냅니다.

SNS상에서 'TMI'는 너무 과한 정보(Too Much Information)의 줄임말로 누군가에 대해 지나치게 상세하거나 사적인 정보를 뜻하지 않게 알게 되었을 때 사용합니다. 오늘 날 굳이 알고 싶지 않은 이야기를 읽게 되는 일이 일상다반사이지만 과거에도 별반 다르지 않았나 봅니다. 100여 년 전, 오스카 와일드(Oscar Wilde, 1854~1900)의 "사람들은 자기와는 상관없는 화제에 대해서 말을 할 때는 지루해 하지만, 정작 자기 자신에 관한 것을 말하기 시작하면 대부분은 신이 날 정도로 흥미있어 한다."는 말이 있습니다. 자기중심의 인간의 본성은 변함이 없다는 것을 시사해 줍니다.

신교수님은 지역발전을 위해 애쓰신 공으로 정부 포상을 받는 자랑스러운 소식도 후일에야 언론을 통해 들어야 할 정도로 내세움이 없는 분이십니다. 비록 지금 시대가 너무 과한 정보를 본의 아니게 접하고 사는 피곤한 삶일지라도 저에게 신교수님은 늘 사소한 근황이라도 알고 싶었고 교수님의 소식은 유익함으로 다가왔습니다.

교수님과 대화를 나눌 때면 따뜻한 마음과 함께 백제인의 혼이 느껴져서 자연스레 머리를 숙이게 되고, '화이불치 검이불누華而不侈 儉而不陋'라는 말이 떠오르게 됩니다. 이 말은 백제 온조왕 15년에 신궁을 지은 모습을 보고 김부식이 한 말이라 전해집니다. 화려하지만 사치스럽지 않고, 검소하지만 누추해 보이지 않는 백제의 건축문화를 일컫는 말입니다.

신교수님의 삶이 백제 건축문화처럼 우리 조상들의 생활 속 중용의 정신을 닮아 과하지 않는 아름다움으로 표현할 줄 아는 멋스러움을 지니신 분입니다. 결코 쉬운 일이 아니지만 행동으로 옮기는 삶의 미학을 엿볼 수가 있었습니다. 제가 난생 처음 제주에 아파트를 지으려고 했을 때 백제의 건축미를 떠올리면서 교수님 생각이 자주 떠올랐습니다. 아마도 교수님에게서 중용의 미덕을 늘 느껴왔기 때문일 것입니다. 교수님의 그런 덕스러움과 공정하고 포용성 있는 성품이 지난 36년간 교수직에 몸담으면서 지적학 분야에도 많은 족적을 남기시고, 또한 수많은 제자들을 사회의 역군으로 길러내신 원동력이 되었을 것입니다.

신교수님의 삶을 돌이켜 보면서 최근 마크 맨슨(Mark Manson)의 「신경 끄기의 기술」이란 책이 생각났습니다. '신경 끄기 기술'은 중요한 것과 그렇지 않은 것을 구분해 주는 단순한 방법이라고 저자는 말하고 있습니다. 때론 내려놓고, 포기하고, 더 적게 신경 써야만 인생에서 진짜 중요한 것들을 발견할 수 있기 때문에 가장 중요한 것만 남기고 모두 지워버리라고 말합니다. 그동안 자기계발서 책들이 원하는 바를 성취하는 법을 알려주거나 누군가의 성공담을 본받으라는 식인데 반해 이 책에서는 하지 않는 법을 가르쳐 주니 베스트셀러로 관심을 끌만합니다.

이 책의 내용처럼 많은 사람들은 좋은 삶을 살기 위해 '행복해져야지', '웃어야지', '즐거운 생각을 많이 해야지' 하는데 관심을 둡니다. 하지만 신교수님은 많은 사람들이 관심을 두는 것에 신경을 더 쓰기보다는 더 적게 신경 쓰는 삶을 통해 중요한 삶을 실천해 오신 분입니다.

"문제없는 삶을 꿈꾸지마! 그런 건 없어. 그 대신 좋은 문제로 가득한 삶을 꿈꾸도록 해!!" 신교수님이 늘 꿈꾸던 삶이었을 것입니다.

이제 교수님이 교단을 떠나시면 그간 자연스럽게 연마하신 신경 끄기의 기술을 어디에 사용하실지 궁금합니다. 더욱 더 중요한 일만 남겨 두시겠지만 그동안 사사로이 모이는 문화 소모임은 언제나 함께 해 주시리라 기대해 봅니다.

사람은 자기가 하고 싶은 일을 할 때가 가장 즐겁고 보람이 있다고 말합니다. 그동안 꼭 하고 싶었던 일들을 다 해보시기를 권해 드리고 싶습니다. 부족한 글이지만 성의를 다해 쓴 이 글로 신순호 선배님의 정년퇴임을 진심으로 축하드리고, 앞으로 또 다른 멋진 인생이 펼쳐지길 기원합니다.

지적학계의 거목이신
교수님의 아름다운 모습을 그리워하며

이왕무

(동강대학교 교수)

    21세기 패러다임 변화에 따라 지적 분야도 그 양과 질적인 면에서 놀라울 만큼 발전하였고, 지적정보를 비롯한 공간정보 분야는 최근 사회적 환경 및 관련학문, 산업기반 등의 다양한 기술을 융복합하는 형태로 급속히 발전하고 있는데, 그 학문적 발전의 중심에는 늘 신순호교수님이 계셨습니다.

    오늘 지적학계의 거목이신 신순호 교수님의 정년을 맞아, 교수님과 함께 한 시간들을 돌아보면서 심정적으로 서운하고 아쉬움을 감출 수 없습니다만 정년은 연구의 끝이 아니라 완성을 위한 또 하나의 시작이라 생각하여 심오한 학문적 완성을 기대하며 서운함을 달래봅니다.

    저는 1980년대 교수님을 처음 만나 소중한 인연이 시작되었습니다. 청주대학교 지적학과에서 처음 뵈었을 때 교수님은 수려한 외모에 20대의 젊고 열정적인 모습으로 모든 학생들의 인기를 독차지 하셨습니다. 교수님 주위엔 대화를 청하는 젊은이들이 모여 들었고, 발전을 모색하는 의욕적인 학생들의 발걸음으로 분주하셨습니다. 학생들을 사랑으로 대하시는 교수님의 자상한 지도에 힘입어 많은 제자들도 자연스럽게 교수님으로부터 후학양성의 꿈을 잇게 되었음은 인상적인 결실입니다.

    교수님께서는 한국지적학회, 한국지적정보학회, 한국도시행정학회 회장 등을 역임하시며, 지적학문을 결집하는 역할을 자임하셨으며, 대통령 직속 지역발전위원회, 행정안전부 자체평가위원회, 전라남도 및 광주광역시 다수의 위원회 위원장으로 활동하시며 국가 및 지역사회의 지적 인프라 구축에 기여하셨습니다. 뿐만 아니라 전국대학

지적학과교수협의회를 통해 전국의 지적학과 교수들을 결집하는 중추적 역할에 정열을 바쳐, 그 때 맺어진 교수들 간의 친선과 우의가 지금까지 이어져 오며 교수님을 기억하게 만듭니다.

학구적인 열정으로 출판하신 "지적 및 도시계획 분야"의 수많은 서적은 지적 분야의 초석이자 지적연구의 신호탄이 되었으며, 지적 및 도시 분야의 각종 서적과 논문마다 교수님의 손길이 닿지 않은 곳이 없으니 이는 교수님이 쌓아 오신 학덕이 공인됨을 입증하는 것이 아니겠습니까. 따라서 교수님은 지적학문의 발전에 금자탑을 세우심은 물론 지적의 전 분야에서 자타가 공인하는 훌륭한 족적을 남기셨습니다. 지적의 불모지에 여러 명의 학자를 길러내셨고 그 제자들은 교수님의 뜻을 이어 지적 분야에서 충실한 역할을 수행하고 있습니다.

이제 교수님께서는 정년으로 상아탑의 현장은 떠나시지만 학교 바깥이라 하여 학문과 절연하지도 않을 것이며, 오롯이 학문의 길을 밟은 진정한 학자이시기에 논문과 학술활동 등을 통하여 귀하고 반가운 존함을 뵐 수 있을 것으로 기대합니다. 앞으로도 사랑하는 제자들과 후학들을 위해 변치 않는 미더운 손길로 밀어주실 것을 희망하며, 퇴임 후의 여정도 편안한 마음으로 지적 학문의 완성을 위해서 정진하시리라 믿습니다.

지나온 시간들이 헛되지 않고 보람으로 여겨지듯 앞으로의 시간 또한 제자들에게 아름다운 색채와 영감으로 그 빛을 더욱 빛낼 인생의 황금기가 펼쳐지시기를 기원합니다.

더불어 교수님의 열정과 노력이 헛되지 않게 저희 또한 가르침을 본받아 사회에서 없어서는 안 될 보석과 같은 인재로써 거듭날 것을 약속드립니다.

늘 건강한 모습으로 앞날에 영광과 평안이 함께하시기를 기원하며, 다시 한 번 신순호교수님의 영예로운 정년을 진심으로 축하드립니다.

제자 동강대학교 교수
이왕무 배상

내가 만난 신순호 교수

이재언

(도서문화연구원 연구원)

신순호 교수님은 나와 같이 한국 전쟁이 한창이던 시절에 태어난 동갑내기이며 같은 완도군 출신이다. 나는 완도의 서쪽인 노화도, 신 교수님은 완도의 동쪽인 충도忠島라는 섬에서 태어나 어린 시절을 보냈다. 우리의 세대는 전쟁이 끝난 시기이기 때문에 교통의 불편과 아주 가난한 시절을 보낸 경험이 있다.

그러나 당시의 완도군은 김 양식을 많이 하면서 다른 지역 보다는 농사도 함께 지은 덕분에 돈을 조금 만지고 살았지만 필자는 신순호 교수님과는 완전히 100% 다른 길을 걸었다. 신 교수님은 부모님 덕분에 일찍이 유학을 떠나 섬 출신 교수로서 일생을 개척했지만 필자는 인생의 가장 밑바닥에 내려갔다.

초등학교 6학년 시절 노화도에서 아버지를 따라 목포에 왔다가 그만 엄청난 문화충격을 받고 정신을 잃어버렸다. 목포항 수많은 배들, 자동차, 기차, 전깃불, 건물, 음식을 접하면서 도저히 노화도에서 살 마음이 나지 않았다. 그래서 도시에 대한 동경, 문명에 대한 그리움 때문에 집에서 돈을 훔쳐서 가출한 다음 중국집 보이, 구두닦이, 신문팔이, 신문배달, 광부, 세일즈맨, 트럭운전사 등을 거치면서 중·고 검정고시를 거쳐서 신학 공부를 마친 다음 목사가 되어 섬에서 목회를 하게 되었다.

우리가 가는 길은 너무나 달랐기 때문에 절대 만날 수가 없었는데 섬이란 인연의 끈이 60대 초반에 만나게 해 주었다. 60년 간 드라마 같은 삶을 살았던 우리가 목포대학교 도서문화연구원에서 만나 보니 필자는 '한국의 섬'이란 13권 시리즈를 각 지자체 별로 집필한 섬의 현장 전문가로, 신 교수님은 섬의 이론과 현장을 접목하는 섬 전문가로서 만나 대화가 잘 통하고 우리가 하는 일이 더욱 빛나게 되었다.

신 교수님은 섬에 대한 인문학적인 자료가 거의 없던 시절에 도서문화연구원에서 또 섬학회를 맡아서 일하시면서 큰 공헌을 하신 것은 누구도 부인 할 수 없는 일이다. 필자가 90년도부터 배를 타고 섬을 탐사하면서 신 교수님에 대한 소식을 들었지만 정작 만난 것은 내가 섬을 연구한지 15년이 훨씬 더 넘어서였다. 바로 그곳이 도서문화연구원이다. 섬에 대한 애정이 남다른 신 교수님은 완도군으로부터 인문학적인 섬 조사연구를 할 때 예산을 지원 받아 완도군 섬 지역의 '도서문화'를 출판하는데 공로가 크다.

우리나라에서 신순호 교수님만큼 섬에 대한 연구를 많이 하신 분이 거의 없으실 것이다. 한국의 섬을 연구하시면서 일본의 섬 연구도 비교 연구하신 것은 참 다행한 일이다. 섬나라 일본은 우리나라 보다 섬 연구가 20년 앞서 있기 때문이다. 또 신 교수님은 일본의 섬 연구 기관인 「이도진흥쎈타」에 대한 연구와 한국의 섬 연구를 통하여 우리나라 섬 발전에 지대한 공헌을 하신 분이다. 아마도 이 방면에도 유일하신 분으로 알고 있다.

그래서 필자는 이런 섬에 대한 노하우를 가지고 계신 신 교수님을 국회 전국구 비례 대표에서 도서해양 분야에 진출을 강력한 추천을 하였지만 그 분의 사양으로 무산되고 말았다. 그래도 나는 포기하지 않고 2020년 총선에서 도서해양 비례 국회의원으로 추천하는 것은 지금까지 쌓아온 중앙의 인맥을 연결하여 섬 연구 기관을 유치하고 그래야만이 섬과 바다가 크게 발전 할 수 있기 때문이다. 그리고 섬에 대한 발전적인 입법과 예산을 확보하여 살기 좋은 섬을 만들기 위한 초석이 되고 이것이 섬과 연안 바다를 살리는 길임을 믿고 있기 때문이다. 우리의 비전이 이루어지기를 바라면서~.

2018년 1월 23일
여수 돌산에서

당신은 나의 소중한 친구

이재철
(前 전남도청 관광문화체육국장, 前 목포시 부시장)

'축 석정회石情會 40주년' 고등학교를 졸업한 이듬해인 1977년 모임을 출범한 후 40년이 되던 2017년 8월 일본 북해도 자축연 자리에서 친구들과 우정을 다짐했다. 내 고향은 광주에서 1시간여 거리에 있는 전형적인 시골마을 곡성군 석곡면이다. 석곡(돌실)은 호남고속도로가 지나는 순천시(도농통합 이전 승주군) 주암면과 경계를 하고 있으며 면 소재지로 대황강이 흐르고 매년 가을철 코스모스 축제로 관광객들을 부르고 있다. 고속도로가 뚫리기 전에는 국도를 통해 광주에서 순천가는 버스들이 쉬어가는 중간 기착지로써 고추장 양념 돼지석쇠구이가 유명했던 곳이기도 하다. 양념이 잘 되어진 돼지고기를 숯불에 지글 지글 구워서 내놓는 석쇠구이는 생각만 해도 침을 고이게 하고 지금도 전문요리를 하는 식당이 몇 군데 있다.

그 시절 다 그랬듯이 집에서 학교가 있는 면소재지까지 포장도 되어 있지 않은 십여리 신작로 길을 매일 걸어서 초 중등 9년을 통학을 했다. 학교 오가는 길이 친구들과 소통하는 이야기 길이고 책가방 던져 놓고 노는 곳이 우리의 즐거운 놀이터였다. 그 때 초 중등 과정을 같이 수학했던 친구 7명이 석곡에서 인연을 맺은 죽마고우 석정회 맴버들이다. 친구들은 흐르는 세월과 함께 결혼을 하고 약속이나 한 듯 2명씩 자녀들을 두었다. 학교를 졸업하고 일들을 찾아 각자 서울로 순천으로 떠나 생활했지만 40년 동안 한 해도 거르지 않고 매년 1박2일의 모임을 이어 왔다. 모임 초기에는 친구 들 자취방에서 결혼해서는 비좁은 신혼집에서 배우자와 어린 자녀들까지 포함한 모임을 가졌다.

자녀들이 성장한 뒤부터는 여행을 겸해서 전국 각지를 돌면서 모임을 하였고 30주년 때는 전원이 참석한 가운데 제주 한라산 정상에서 가졌다. 모임 준비와 주관은 매년 친구들이 돌아가면서 맡아서 하는데 모이는 날에는 우리 모임의 역사 기록지 빛바랜 노오란 노트도 여전히 함께 등장한다. 40년 역사가 기록된 노트에는 모임 일시와 장소는 물론이고 회비 수지내역, 친구들 애경사, 활동 내용 등 소소한 이야기들로 빼곡히 채워진다.

60을 넘긴 친구들은 지금도 여전히 풋풋했던 그때 그 시절 청년으로 남아 있고 친구의 건강을 걱정해 주고 가정의 평안을 기도해 준다. 친구를 사전에서 보면 '가깝게 오래 사귄 사람'이라고 되어 있고 관련 어휘로 친우, 동무, 벗 등이 있다. '친구는 옛 친구가 좋고 옷은 새 옷이 좋다'는 속담도 있는데 친구는 오래 사귄 친구일수록 정이 두텁고 깊어서 좋다는 말일 것이다. 또한 우리가 많이 알고 있는 죽마고우, 막역지우, 관포지교, 금란지교 등 친구와 관련된 사자성어도 많다.

40여년 직장생활 막바지 1년여 기간을 항구도시 목포시에서 봉직할 기회가 있었는데 각계각층의 많은 사람들을 만날 수 있었다. 그 중에서도 내 마음 속에 따뜻한 미소와 정겨움으로 자리한 노신사, 그 이름 '신순호' 교수님이다. 교수님과의 만남이라고 해봐야 한 달에 한 번 정도 저녁자리를 했지만 전문분야 지식과 함께 상대방을 배려하고 편안하게 대해 주는 노신사의 매력에 푹 빠졌다. 특히, 한 때 근무지였고 신혼생활을 했던 아름다운 생태도시 순천의 학구열에 대한 기억 공유, 햇살 따스한 날 오후 집무실에서 소소한 차담, 공직을 마감한 송별의 자리에 먼 출장길에서 달려와 따뜻하게 손을 잡아 주던 당신은 40년 지기 죽마고우 친구처럼 다정다감한 진정 소중한 나의 친구이자 벗이다.

오랜 교직생활을 하면서 많은 후학을 배출하시고 훌륭한 공적을 쌓으신 교수님, 특히, 지역발전위원으로 활동하시면서 우리 지역발전을 위해 많이 챙겨주신 점 관련기관과 관계자들은 오래도록 기억할 것이다. 신체나이나 열정으로 보나 아직도 현역으로 왕성하게 활동하셔야 하는 아쉬움도 없지 않지만 새로운 완성을 위한 정년퇴임을 진심으로 축하드리면서 교수님 하시는 일마다 기쁨이 가득하시기를 기원해 본다.

최근에 읽었던 '행운의 절반' 저자 스텐 틀러가 자신의 저서에서 쓴 친구에 대한 이야기를 인용하면서 글을 마칠까 한다. 친구는 인생이라는 먼 길을 함께 여행하는 여행 동반자이다. 친구가 있어 우리는 고된 길을 외롭지 않게 갈 수 있는 것이다. 친구는 또한 성취의 동반자이기도 하다. 서로 손을 잡아끌어 주고 때로는 경쟁하며 삶의 성취를 위해 함께 노력한다.

새로운 꿈과 이상을 향해 도전하는 출발점인 영예로운 정년

이진웅
(목포대학교 서기관)

저는 신순호 교수님의 고향에서 마주보이는 완도군 금당면에서 태어나 교수님을 고향의 선배님으로, 때로는 형님으로, 한 때는 제가 기획처 팀장으로 근무할 때는 기획처장님으로 모시고 있었던 관계로 누구 보다 가까운 곳에서 바라본 교수님이었기에 영예로운 정년퇴임을 맞이하여 축하의 글을 쓰게 된 것을 영광스럽게 생각합니다.

존경하는 신순호 교수님!
교수님께서는 전라남도 완도군 금일면 충도에서 섬 머슴아로 태어나시어 학문에 대한 뜨거운 열정과 지속적인 사회공헌을 통해 참된 교육자이자 학자의 전형적인 모습을 교직에 봉직하시는 동안 내내 보여주셨습니다.

한 평생을 목포대학교의 발전을 위하여 노력하신 교수님께서 임기를 다하시고 영예로운 퇴임을 하신다니, 너무나 아쉽고 서운한 마음이 큽니다. 그러나 이는 교수님의 새로운 꿈과 이상을 향해 도전하는 출발점이 되시리라 믿기에 진심어린 축하의 말씀을 올립니다.

교수님께서는 1985년 목포대학교에 부임하신 이래 초창기 지적학 분야가 갖는 어려움을 극복하고 지적학의 정립을 위해 끊임없는 노력을 다해 오셨을 뿐만 아니라 학술분야의 발전을 위해 한국도시행정학회와 한국지적학회, 한국지적정보학회, 한국국토도시계획학회 광주전남지회 등의 회장을 역임하는 동안 학회지의 한국연구재단 등재를 비롯해, 제도정비·회원확보·학술토론회 확대 등에서 큰 발전을 하는데 기여하였습니다.

또한, 대학발전을 위해 기획협력처장, 사회과학부장, 평생교육원장 등을 역임하며 대학구조조정, 단과대학 육성 정책 등의 추진, 연구소의 평가를 통한 연구소 정비 및 지원제도 확립, 대학발전기금 모금을 통한 대학의 재정 확충, 평생교육의 질적 향상과 교육생 확대 등을 통해 학교 발전에 크게 기여하셨습니다.

이외 도서지역의 주민과 사회발전을 위한 5권의 저서와 100여 편의 논문, 50여 편의 연구과제 수행 등 다양한 연구업적은 국가 및 지역발전에 크게 기여할 수 있는 밑거름이 되었습니다.

이 가운데에서 특별히 제 기억에 남는 것은 목포대학교가 단과대학을 폐지한 후 여러 가지 어려운 점이 있어 이를 복원하고자 밤새도록 토론하고, 보고서를 만들고, 하루가 멀다 하며 교육부를 방문하는 등 교수님의 노력 결과 단과대학이 복원되었고 그 과정에서 있었던 희로애락 등은 이제는 선배님과 함께 했던 아름다운 추억이 되었습니다.

또한 교수님께서는 국가와 사회에는 대통령직속 지역발전위원회의 사업평가, 국가지역발전위원회 위원, 지역발전사업평가자문단장, 행정안전부 정책자문위원, 광복 70주년기념사업추진위원, 한국농어촌공사 비상임이사, 국토정책위원회 위원, 전라남도 정책자문위원, 도시계획위원 등의 활동을 하여 너무나 많은 공헌을 하였으며 이러한 공로를 인정받아 근정포장, 행정안전부장관 표창, 전라남도지사 표창 등 다양한 수상을 하기도 하였습니다.

이 밖에도 교수님의 업적은 헤아릴 수 없이 많지만, 목포대학교 특히 지적학과를 우리나라 최고의 전문적인 학과로 발전시키겠다는 목표를 위해 혼신의 노력을 다하신 점은 수많은 교수님들의 귀감이 되었습니다. 다시 한 번 신순호 교수님께 감사하다는 말씀을 올립니다.

존경하는 선배님!

지금도 국가와 지역사회, 목포대학교의 발전을 위해 끊임없이 노력하시는 교수님의 퇴임이 못내 아쉽습니다. 하지만 앞으로도 한결같은 마음으로 활동해 주실 것을 알기에 영예로운 퇴임을 축하드리고, 다시 새롭게 시작하는 계기가 될 것을 믿기에 곁에서 항상 응원하겠습니다. 선배님 수고하셨습니다.

역동의 시대를 함께한 동료에게 박수를 보내며

이천우
(창원대학교 교수)

근래에 들어 저는 36년 여 교수로서의 시간을 정리하고 있습니다. 정년을 앞둔 동료로서 신순호교수를 떠올려 봅니다. 신순호교수나 저는 그 많은 시간을 어디서무엇을 하며 어떻게 보냈는가? 평범한 삶을 살아갈지라도 어느 사람의 삶이 치열하지 않았다고 할 수 있으랴마는, 1952년생 용띠 동갑내기로 같은 시대의 중요한 지점에 서서, 시대의 아픔을 온 몸으로 부딪히며 함께 살아온 동료로서, 열심히 살아왔다고 신순호교수께 박수를 보내며 격려해주고 싶습니다.

20대 후반 장교로 군복무

저는 20대 후반 대학원과정을 마치고 늦게 입대했습니다. 유신독재 시절이라 미래를 어떻게 설계해야할지 헤매다가 저는 해군장교로 갔지만, 신순호교수도 저처럼 고민하다가 공군장교로 입대했을 것으로 생각합니다. 고된 훈련을 마치고 대한민국 장교로 임관하여 흐트러졌던 마음을 다잡을 수 있었지 않았을까? 그리고 결혼을 하고 가정을 이뤘으니 저나 신순호교수에게는 장교로서의 기간이 아주 중요한 기간이었다고 믿습니다.

30대 초반에 대학교수로 출발

신순호교수는 30대 초반이라는 젊은 나이에 대학 전임강사로 1982년 3월부터 청주대학교를 거쳐 1985년부터 국립 목포대학교에서 정년을 맞기까지 36년을 대학교수로 봉직했습니다. 제가 1982년 9월에 창원대학교 전임강사로 부임하여 현재까지 재직해 왔으니 거의 비슷합니다. 저는 농촌에서 가난하게 자라 이를 벗어나고자 좁은 소견에 경제학을 전공했지만, 신순호교수는 도시계획을 전공하며 人間과 時間, 空間의 조화를 위해 노력했습니다. 특히 신순호교수는 지역균형발전, 그 중에서도 도서지역에 더 많은 관심을 두며 우리나라 서해안 지역의 과거 잘못된 관행과 고정 관념을 타파하고 국가와 사회의 발전을 위하여 젊음을 다 바쳤습니다.

저와 신순호교수는 재직 중인 대학에서 각각 기획협력처장의 보직을 맡아 학교의 발전을 위해 노력하면서 만났습니다. 재직하는 대학이 지방의 후발 국립대학이라 어떻게 하면 거점 국립대학을 제치고 앞서갈 수 없을까 함께 고민하며 술잔을 기울이기도 했지요.

1980년대 이후의 대학 분위기

신순호교수와 제가 대학교수로 첫발을 디뎠던 1980년대 초에는 신군부가 정권을 잡았던 시기라 과외금지와 교복/두발 자유화라는 혜택을 받으며 고교를 다닌 세대들이 대학을 다녔습니다. 1980년대 중반 이후는 정치적 환경이 변하여 대학에는 자유민주주의를 갈망하는 거대한 조류가 대학가를 강타하고 있었습니다. 거기다가 졸업정원의 130%를 입학시켜 30%를 엄격한 학사관리로 탈락시킨다는 대학졸업정원제를 실시했습니다. 그러한 환경 아래 대학은 학기 초에 강의가 시작되자 곧 학생들의 데모로 얼룩졌습니다. 데모로 강의가 제대로 이루어지지 않아 교수들은 학생들의 성적을 낼 수 없을 정도였습니다. 그러니 대학에서 가장 큰 과제는 학생지도 부문이었습니다. 당시는 대학교수의 본질적 업무라 할 수 있는 연구는 뒷전에 머물렀고, 당국의 정책에 따라 학생지도에 매진할 수밖에 없는 환경이었습니다.

우리나라 역사에서 한 획을 긋는 1987년의 6월 항쟁은 대학의 분위기를 민주화라는 정치 구호의 장으로 바꿔버렸습니다. 학생들이 걸핏하면 민주화를 앞세워 학교의 면학분위기를 흐렸고, 총학생회 간부들을 포함한 상당수 학생들이 공부보다는 사회적 분위기에 편승하는 일이 아주 많았습니다. 그러면서 학생들의 행동이 난폭해져 교수들과 소원해졌지요.

한편, 민주화는 해외여행의 자유화를 가져왔습니다. 1987년까지만 해도 연령제한

이 45세 이상으로 낮춰지며 부분적으로 완화되었지만, 1988년 1월에는 40세 이상으로 조정되고, 드디어 1988년 7월에는 30세로 낮춰지면서 방문횟수를 연 2회로 한정한다는 규정이 폐지됐습니다. 이어 1989년에 들어 '해외여행 전면 자유화 조치'가 시행됐고, 그러면서 대학의 분위기가 자유로워졌습니다.

1990년대에 대학을 다닌 학생들은 1980년대보다는 나아졌지만 공부를 별로 하지 않았습니다. 당시에는 '캠퍼스의 낭만'으로 통했던 대리출석이 성행했습니다. 출석만 부르고 슬그머니 뒷문으로 빠져나가는 학생들도 많았습니다. 학생회 간부를 맡은 운동권 학생들이 단골 대리출석자였지요. 그러다 1990년대 후반에 이르러 국제화 바람이 불기 시작했습니다. 많은 학생들이 캐나다, 호주, 미국 등지로 영어연수를 하기 위해 해외로 나갔습니다. 마침 1997년 말 우리나라가 외환위기를 맞아 IMF관리체제에 들어가며 어학연수나 유학을 갔던 학생들이 어려움에 처하기도 했습니다.

요즘처럼 대학의 면학분위기가 형성된 것은 그리 오래되지 않았습니다. 교수들의 학술연구 활동도 1990년대 중반 이후 활발해지기 시작했습니다. 학회지가 간행되고 교수들의 저서가 많이 출간된 시기는 2000년대 이후였습니다. 교수들의 연구 성과를 미국식 성과급식으로 연동시킨 것도 이 시기였습니다.

사실 민주화가 이뤄지면서 교수들과 학생들 간의 대화는 상당기간 별로 없었습니다. 대통령직선제라는 민주화가 진전되면서 과거 대학생활을 불성실하게 했던 학생들까지 민주화 인사로 둔갑되며 복학하는 어처구니없는 일도 빚어졌습니다. 특히 불량한 대학생활을 한 인사들이 정치권에 들어가 정치인으로 우리나라를 쥐락펴락했으니 그것을 바라보는 교수들의 고민은 아주 컸으리라 생각합니다.

교수로서의 연구와 사회봉사

신순호교수는 목포대학교에서 학생들을 열정적으로 가르치고 나아가 기획협력처장의 보직을 수행하는 등 교수로서 역할을 다하면서, 정열적으로 한국지적정보학회 회장, 한국도시행정학회, 한국지적학회, 대한국토도시계획학회, 한국지역개발학회를 이끌며 학술활동을 하셨고, 목포상공회의소 서남권경제발전연구원 원장, 한국섬사랑회 회장, 지역발전위원회 위원, 지역발전위원회 정책기획평가전문위원회위원장, 지역발전위원회 평가자문단장, 국토정책위원회 위원, 광복70년 기념사업추진위원회 위원, 행정자치부 정책자문위원, 국가균형발전사업 평가위원 및 국가균형발전위원회 신활력사업자문위원 등으로 활동하며 우리나라의 발전에 전문적인 식견을 아낌없이 바치며 발전에 크게 기여하셨습니다. 대학교수로서 연구와 학생지도, 對사회봉사에 매진한 모범적인 사례라 하지 않을 수 없습니다.

이 기간에 『도서지역의 주민과 사회』, 『목포권 발전론』, 『다도해 사람들』, 『섬과 바다-어촌생활과 어민』, 『살기 좋은 지역 만들기』, 『섬과 바다의 문화읽기』, 『섬마을 이야기』 등의 저서와 「2011년 인구 50만 목포」를 위한 전제와 내부 역할, 「해상국립공원 이용실태조사 및 개선방안에 관한 연구」, 「다도해 해상국립공원을 중심으로」, 「해안 소도시의 사회구조-전남 완도읍을 중심으로-」, 「지목제도의 개선에 관한 연구」, 「지적발전을 위한 체제론적 접근」, 「일본의 지적조사 체계와 현황분석에 관한 연구」, 「도서개발정책에 대한 주민의식구조의 변화분석」, 「도서지역의 산업 활성화를 위한 지방자치단체의 역할-일본 사마네현 오키군 아마쵸海士町의 사례를 중심으로-」 등 120여 편의 논문을 내셨습니다. 정말 놀라지 않을 수 없는 엄청난 연구실적입니다. 신순호교수의 타고난 부지런함이 늘 활동적인 학문 활동과 더불어 적극적인 사회봉사로 이어지게 했다고 믿습니다.

사실 학자가 담당하는 역할로서 크게 3가지를 들 수 있습니다. 첫째는 어려운 이론을 알기 쉽게 해설하는 교과서를 써서 젊은 학생들이 전공에 흥미를 가지도록 유인을 주는 것이고, 둘째는 선배 학자들의 업적을 새로운 방향으로 발전시키는 개척자가 되는 것이며, 그 셋째는 이론을 실천의 도구로서 이용할 수 있는 실천적 학문을 구축하며 사회에 적극적으로 봉사하는 것입니다. 신순호교수는 이들 세 가지 역할을 충실히 담당한 학자로서 목포의 진정한 거인이라 하겠습니다.

새로운 2모작에 대한 격려

지방 국립대학에서 거의 36년을 대학교수로 있은 지난 세월을 돌아보고 우리나라가 발전한 것을 체감하며 저는 많이 놀라고 있습니다. 물론 아쉬운 부분이 많이 있기도 하지요. 신순호교수님! 이들 아쉬운 부분은 이제 후학들에게 과제로 남기고 평범

하지만 의식 높은 민주시민으로 남아 지켜보면서 보통사람으로 살아가는 것도 좋지 않을까요? 지난 역동의 시대에 함께 대학교수로서 오늘의 대한민국의 건설에 작은 부분이지만 함께 기여할 수 있도록 기회를 주신 하느님께 진심으로 감사드립니다.

저는 국립 목포대학과 같이 농촌학생이 많았던 지방 국립대학의 학생들을 가르쳤던 기간을 스스로도 자랑스럽게 생각합니다. 오늘날과 같은 한국의 발전에 자부심을 가지고, 미래에 보다 선진화된 한국의 발전을 위해 함께 노력하자고 독려하며 가르쳐 왔습니다. 정년까지 천직으로 여겼던 교수로서의 명예를 지키면서 아름다운 마무리를 하시는 신순호교수께 다시 한 번 동료로서 뜨거운 박수를 보냅니다. 정년퇴임 후 자유로운 영혼이 되어 마지막으로 소망했던 꿈을 실천하며 푸른 창공을 훨훨 날기를 기원해 마지않습니다.

이천우 : 전, 경상남도 분쟁조정위원회 위원(위원장), 현, 경상남도 도정자문위원(경제활성화분과 위원장), [저서] 『경제학의 역사와 사상』(2017.8, 율곡출판사) 외 다수

너털웃음으로 행복을 부르는 낙천주의자, 신순호교수

이헌종
(목포대학교 고고문화인류학과 교수)

　신 교수님의 너털웃음을 보고 듣고 있노라면 나 혼자 지고 있는 무거운 짐을 털어내는 순간을 경험하게 된다. 지금까지 20년이 넘도록 뵈면서 늘 접한 그 분의 너털웃음은 낙천적으로 세상을 바라보는 그의 세계관과 맞닿아있다는 생각이 든다.
　그동안 도서문화연구소에서 여러 차례 회의를 함께 했는데 그는 늘 논리적이고 예리한 전문가다운 지적으로 참석자들을 긴장하게 하면서도 때에 맞는 농담과 너털웃음으로 답변하는 사람들에게 긴장하지 않고 건강한 답변을 할 수 있는 기회를 준다. 그래서 긴장된 회의에 신교수님이 계실 때 편안하다.
　도서문화연구소에서 학술교류를 위해 러시아 극동지역 역사언어철학 연구소를 방문 한 적이 있다. 신교수님과 갔던 첫 여행이었는데 러시아 연구소 측의 배려로 이 분야의 대표 연구자인 나타샤가 여진·발해 평지성 답사를 안내했다. 답사 전날 날씨가 추워 준비해 온 옷으로 모자라 시장에 가서 털모자를 사는데 같이 간 교수님들 중 가장 시베리아 다운 모자를 사셨다. 그리고 변함없이 큰 너털웃음으로 자신의 모습을 즐겼다.
　그 다음날 나타샤의 안내로 평지성을 답사했다. 성벽 위를 거닐면서 성 너머의 해자도 보고, 그 내부의 발굴 과정과 유물, 그리고 이 유적의 중요성을 들으며 다소 가파른 언덕을 따라 한명씩 성 안으로 내려왔다. 미리 내려 온 사람들이 나타샤의 설명을 듣고 있는데 조심스럽게 내려 오시던 신교수님이 발목을 접지르며 넘어지시고 말았다. 그 때 신교수님의 신음 소리로 상황이 심각하다는 생각을 떨칠 수 없었다. 당시 전체 안내를 맡고 있던 나로서 또한 러시아의 병원 사정을 잘 아는 입장에서 덜컥 겁이 났다. 그런데 그 와중에도 늘 그렇듯 아픈 기색을 지우고 농담을 하시면서 우리를 안정시키셨고, 결국 아픈 다리를 끌고 답사를 마쳤다. 저녁이 되어 발목을 보니 점점 부어올랐고, 골절가능성도 있어 걱정이 앞섰다. 그런데 그의 얼굴에는 근심보다 옅은 미소가 살아있던 것이 생생하게 기억이 난다. 평생을 건강한 웃음으로 살아온 그의 인생은 타국에서 골절의 위기 속에서도 미소를 잃지 않은 여유로움의 향기를 품어냈다.

오늘 사람다운 행복을 부르는 그의 따뜻한 미소와 너털웃음을 자주 볼 수 없을지 모른다는 불안감이 왜 드는 것일까? 그래서 함께 일하며 교수님을 곁에서 뵐 수 있는 기회를 더 갖기로 결정했다.

내가 목포대학에 온 후 20년이 넘도록 만나 뵈면서 이렇게 품격 있는 편안함을 느끼는 것은 무엇을 의미하는 걸까? 변함없는 너털웃음으로 오늘도 많은 사람들에게 즐거운 웃음을 선물하는 신순호교수님은 내가 그렇게 소원하는 행복한 사람이다.

이순耳順의 아름다운 청년

임재택
(前 초당대학교 교수)

신순호 교수와 나의 만남은 아주 오래 전부터이다. 우리는 '작은문화모임'이란 단체에서 원로연극인 김성옥 선생을 모신 가운데, '목포문화와 예술의 발전'의 토양을 쌓고 저변을 확대하여 발전을 이룬다는 중대한 기치를 내걸고 친목과 화합을 도모하며 활동하면서 첫 인연을 맺었고 이외 학교법인이사와 친목모임, 운동을 함께하면서 나와 신교수님이 더욱 가까운 사이가 되었다. 이제 퇴임을 하시게 된 교수님에 아쉬움을 표하며 내가 알고 있는 그분의 성품과 평소 활동에 대해 몇 말씀 써본다.

그는 함께 문화유적 답사나 단체여행 때에는 유적지와 명승지에 대한 안내와 해설을 할 정도로 해박한 지식과 구수한 입담은 이미 정평이 나있다. 취미활동으로 사진촬영에도 조예가 깊어 틈나는 대로 카메라를 매고 전국 곳곳을 누비며 비경을 담아내, 그의 작품이 수상을 할 정도로 상당한 실력을 갖추고 있다. 또한 테니스도 수준급 스포츠맨이다. 유연한 몸놀림과 힘을 바탕으로 빠른 발을 이용한 수비능력과 공격력이 부러움의 대상이다. 나는 이 분에게서 동작과 위치선정에 관한 테니스의 기본기를 묻기도 하고 한 수 가르침을 받기도 하면서 친밀도를 높여왔다. 노래솜씨도 출중해 가끔 술 한잔하시고 라이브에 가서 노래를 부르시면 멋지신 폼과 어찌나 구성지시게 부르시는지 부러울 지경이며 어느 단체에서 주관하는 음악회에도 명사로 초청되어 중창을 하시어 많은 박수갈채도 받으신 분이시다. 교수님의 연구실을 방문하였는데 손때 묻은 책으로 어찌나 가득하게 쌓여있는지 감탄이 절로 나왔다. 언제 공부하고, 언제 운동하고, 언제 노래하고, 언제 작품사진 찍으며, 언제 국가 일을 하시는지, 동에 번쩍, 서에 번쩍 이분이야말로 신출귀몰한 홍길동 아니 신길동이라고 하고 싶은 분이

시다

이렇게 다재다능하신 신교수님께서 이제 정들었던 상아탑 목포대학교를 떠나 일반인 신분으로 귀환을 하신다니, 나는 국가를 위해 쓰이던 그의 능력과 재주가 아까워 안타까움을 느낀다. 하지만 세월 앞에 장사 없고 후진들을 위한 배려의 길을 걷는다 하니 아쉽지만 더 이상 붙잡을 수 없고 격려와 축하의 꽃다발을 보낼 수밖에 없다. 퇴직 이후에는 고단한 삶은 멀리하시고 주위의 부정적인 것들을 긍정으로 전환시키는 가운데, 다소 편하고 여유로운 길을 걷기 바라는 의미에서 예전에 읽었던 책들 중 몇 구절을 소개한다.

- 로마시대 정치가요 웅변가였던 키케로는 기원전 45년에 쓴 『How to the Growth(어떻게 늙을 것인가)』에서 "육체적 한계를 받아들여라.", "몸 아닌 마음의 근육을 키워라.", "노년은 인생에서 가장 아름다운 때"라고 말했다.
- 신학자 프레데릭 뷔히너(Frederic Buchner)는 직업을 선택하는 기준으로 "직업은 당신의 진정한 기쁨과 세상의 깊은 허기가 서로 만나는 장소다." '나의 열정'과 '세상의 허기'를 일치시키는 마음공부를 게을리 하지 않기 바란다.
- 헤르만헷세의 소설 《데미안》에서 데미안이 싱클레어에게 남긴 쪽지로 "새는 알을 깨고 나오려 싸운다. 알은 세계다. 태어나고자 하는 자는 하나의 세계를 파괴하지 않으면 안 된다. 새는 신을 향해 날아간다."

우리는 다른 새들보다 빨리 날기 위해 쉼 없이 벽을 두드리고 알을 쫀다. 우리는 직업에 대한 꿈을 꾼다. 단순히 직업을 꿈으로 여기지 말고 평생 이루고 싶은 것을 꿈으로 삼아야 한다. 알을 깨기 전 절차탁마를 통해 꿈에 대해 충분히 고민해야 한다. 이 단련 과정을 거쳐야 신을 향해 날 수 있다는 신념이 생긴다. 내 직업은 본래 교직이였지만, 꿈은 사회활동을 통한 봉사였다. 지금도 이러한 꿈은 계속되고 있다.

신순호 교수는 '대통령직속 지역발전위원회 평가단장'이라는 엄청난 국가 현안사업의 아무도 감히 하기 어려운 중책을 4차례나 맡아 진행한 지역발전 전문가요, 학자였으며 이 지역 발전에도 보이지 않게 크게 기여하신분이시다, 또 각종 모임이나 사석에서는 삶의 길잡이가 될 만한 말씀과 유머로 삶의 활력과 감동을 동시에 선물한 멋진 사나이였다. 그는 사람들과의 만남과 교류를 소중하게 생각하고 신뢰 넘치는 인관관계를 통해 타인을 자신의 사람으로 만드는 따뜻한 인간성을 발휘했다. 또한 상대의 개성을 최대한 존중하고 결점까지 받아들이며 진심어린 충고로 마음을 어루만지는 상담 역할도 아끼지 않았다.

나는 어떤 자리에서도 그가 남을 헐뜯거나 비방하는 모습을 한 번도 본 적이 없다. 학자요 국가지역발전 위원으로도 신문 기고와 TV 토론을 진행하던 전문가로서의 모습이 당당하고 품위가 넘쳤지만, 개인적인 관계에서는 이해심 넓고 포용력 넘치는 성숙한 인격의 소유자가 바로 이순耳順의 아름다운 청년靑年 신순호 박사이다. 우리는 지금도 모임과 운동을 통해 자주 만나는 사이다. 모임 자리에는 항상 덕담이 오가고 건배사 구호가 잦은데, 신교수님께서 99세까지 팔팔하게 사시라는 의미에서 "9988, 신순호!"를 외쳐본다.

나는 그가 퇴임 이후에도 취미생활·저술활동·방송활동 등을 통해 그동안 축적된 경험과 지식을 십분 발휘하여 지역과 나라를 위해 큰 봉사 펼치시리라 믿는다. 지금까지의 틀을 바꾸고 심기일전하는 마음으로 또 다른 계획을 세워 항해의 돛을 올리게 될 신교수님의 앞날에 남은 삶을 잘 통제하시며 언제나 건강하시고 밝고 우람하게 발전하시기를 기원 드리며 그의 힘찬 출발을 응원합니다.

우리들의 마음은 항상 청춘인데

임채관
((주)JS코리아 부사장)

신 교수 !

10대 청운의 푸른 꿈을 안고 완도수산고등학교에서 함께 하였던 청소년 시절이 아직도 마음만은 변함없는 것 같은데, 벌써 거의 모든 친구들이 현장에서 퇴임을 하고, 이제 마지막으로 신 교수가 정년을 하게 됨을 진심으로 축하드리네!

지난 시절 우리가 함께하면서 잊을 수 없는 일들을 회상하면서, 다시 한 번 웃을 수 있으면 하네.

내가 광주시 동구 위생매립장에서 근무하던 시절에 무등산 자락 한 염소 탕 집 고르지 못한 운동장에서 족구를 (젊은 시절에도 잘 하지 않았던) 하다 신 교수가 안경테를 망가뜨리면서 까지 열심히 하던 모습을 보고 모두가 즐거워하며 앞으로 모임 때 언제나 족구를 하자고 했던 약속을 그 이후 아직까지 못했는데… 퇴직 후에 모임에서 우리 70대가 되기 전에 그 약속을 지키기 위해서라도 꼭 다시 한 번 족구를 해보기로 하세.

양 단장 초청 여수모임에서 나와 함께 택시를 잡다가 급한 마음에 손을 들면서 신 교수가 택시를 "학생~~"이라고 불렀던 것이 생각이 나는군, 그때 신 교수의 직업의식에 감탄하지 않을 수 없었지.

그리고 우리 수친회원 모두가 생각해도 웃음이 나는 노화읍&보길도 1박2일 모임에서의 해프닝이 떠오르는군.

박 전무가 하루전날 미리 짐을 챙기던 중, 본인 가방을 찾았는데 박 전무가 본인 가방을 들고 있으면서 이렇게 생긴 가방을 찾아 달라고 했던 일.

또 다음날 아침, 읍내 목욕탕에서 목욕을 마치고 나오면서 곽 실장이 옷장과 신발장 열쇠가 없다고 하여 목욕탕 주인이 50여개 열쇠를 확인한 결과, 곽 실장 본인의 손에 들고 찾았던 사건. 하루사이에 똑같은 해프닝으로 그 당시 모임을 더욱 즐겁게 해주었었는데, 후일 우리가 모임 때 이야기하고 웃고 즐거웠던 추억들을 잊을 수 없을 것 같네.

이런 추억들이나 후일담들이 우리들의 마음은 항상 청춘인 것 같지만 이미 나이가 들고 있다는 증거가 아니겠는가?

신 교수!

교수라는 직업으로 자네는 다른 친구들과 달리 늦게 정년을 한 만큼 지역사회 발전을 위해 더 많은 재능을 기부해서 많은 친구들과 선후배들의 기대에 부응하시게나.

항상 건강하고 행복하시길 기원 드리네!

2018년 1월 초순
완도에서 친구 임채관 드림

사람냄새 풍기는 친근감을 겸비한
신순호교수님

임헌정
(지역발전위원회 정책평가과장)

　　2016년 12월 15일 기획재정부에서 지역발전위원회 정책평가과장으로 파견발령을 받았다. 그로부터 딱 일주일 뒤인 12월 21일 지역발전사업 평가를 수행할 평가자문단 위촉식이 있었다. 업무파악도 안된 상태에서 지역발전위원회 위원장님 주재의 비교적 큰 행사를 맡게 되었고, 앞으로 1년을 함께 해야 할 평가자문단장님과의 상견례 자리가 되었다.

　　평가자문단장님의 성함은 신순호! 그렇게 시작된 인연!

　　3월부터 4월까지 대전 인터시티호텔에서의 두어 달간 지역발전특별회계 사업평가, 5월 평가결과 본회의 상정 및 청와대 보고, 6월부터 7월까지 전국을 누빈 우수사례 현장조사, 8월 부산 그랜드호텔에서의 부문별 시행계획 및 시도발전계획 성과점검, 10월 제주 해비치호텔에서의 우수사례 시상식, 12월 온양호텔에서의 포괄보조사업 성과지표·목표 점검 등 돌이켜 보니 수많은 날들을 함께 하였다.

　　처음엔 위원회 본 위원이자 평가자문단장을 4년 연임하신다고 하여 다소 어려운 분이지 않을까하는 생각도 했었다. 그러나 그것은 단지 선입견이었을 뿐, 연세는 지긋하셨지만 젊은 오빠(?) 같은 활기에 사람냄새 풍기는 친근감도 겸비한 오래 삭히고 묵힌 묵은지와 된장 같은 분이셨다. 일을 하면서 가끔은 한잔 술도 기울이고, 흥에 겨워 노랫가락도 함께 했고, 형님 동생하며 오버(?) 한 적도 있었지만 그 만큼 정이 든 시간이었다.

　　이렇게 나와 같이 했던 2017년이 교수님이 학교를 떠나기 전 마지막 1년이었다는 것이 당신의 활력과 열정 때문에 잘 믿어지진 않지만 그동안 '고생하셨고' '감사했습니다' 라는 말을 드립니다.

교수님의 정년퇴직에 즈음해 우리가 인연을 맺은 것도 '지역'과 '발전'이라는 공통 분모가 있었으니 제가 중국유학하면서 살펴본 '중국의 지방재정이전제도'에 관한 소개 글 하나를 부칩니다.

―중국의 지방재정 이전제도에 관하여―

중국의 지방재정 이전제도는 크게 세수반환稅收返還, 재력성재정이전財力性財政移轉, 국고보조금國庫補助金으로 나눌 수 있다.

먼저, 세수반환稅收返還제도이다. 세수반환제도는 중국만의 특징이라고 할 수 있다. 중국은 1994년 중앙재정을 강화하기 위한 국세와 지방세의 세원을 조정하는 분세제分稅制 개혁1)을 실시하였다. 분세제 개혁으로 그동안 재정이 풍부했던 동부 연안 지방정부들의 급격한 재정 악화가 예상되었다. 따라서 이를 방지하기 위해 최소한 기존의 재정만큼을 중앙정부가 보전해 줄 필요성이 대두 되었는데 이것이 곧 세수반환제도이다. 즉, 존량부동存量不動, 증량조정增量調整의 원칙에 입각하여 지방재정의 기득이익과 경제성장지역을 보호하기 위해 도입한 제도이다.

두 번째, 재력성재정이전財力性財政移轉제도이다. 재력성재정이전제도는 1994년 분세제 개혁이후, 풍부해진 중앙재정으로 인해 확립된 개념이다. 여기에는 일반성 재정이전, 소수민족지구 재정이전, 향·현 재정장려보조금, 임금조정 재정이전, 농촌세제 개혁 재정이전, 연말 결산보조금 등이 있다.

재력성재정이전제도는 재정이전계수財政移轉係數 등 배분기준을 적용하여 분배한다는 측면에서 우리나라의 일반교부금제도와 유사하나, 일반성 재정이전을 제외한 기타 재력성재정이전은 그 용도를 정하고 있어 다소간 차이가 있다.

---

1) 분세제 개혁이란 80년대 중반부터 추진된 재정권한의 지방이양으로 경제성장이 급속히 진행된 동부 연안 지방정부의 세수가 급격히 증가하여 지방재정이 중앙을 앞지르고 재원이 풍부한 지방은 갖가지 대규모 사업을 벌려 중복투자 및 비능률을 초래, 이러한 문제에 대응하기 위해 세금부과 종목을 국세, 지방세, 공동배분세로 재조정한 것을 말함.

마지막으로 국고보조금國庫補助金제도이다. 중국의 국고보조금도 여타국가와 마찬가지로 국가의 거시정책목표巨視政策目標를 달성하기 위한 것으로 지방정부의 중앙정부 사무대행에 대한 예산지원의 성격을 가지고 있다. 이외에도 중국은 국고보조금을 통하여 상대적으로 재정력이 약한 중서부지역 및 소수민족지역 등에 대한 지원에도 중점을 두고 있다.

중국의 국고보조금 예산편성 및 관리의 형식은 매우 다양하다. 국경지역, 혁명지구 등에 대한 국고보조는 개별법령에 근거하고 있으나, 여러 종류의 국고보조금이 행정행위行政行爲의 형식인 중앙정부와 지방정부간 협상과 담판에 의해 이루어지기도 한다.

선배님의 은퇴가 곧 새봄의 시작이고
찬란한 일출의 이유가 되길

임형준

(해남송지중학교)

날씨가 차갑습니다. 갓바위 바닷가엔 차가운 바람이 불고 하얀 눈발이 날립니다. 지금쯤 승달산자락 교수님 연구실을 나섰는지요. 밤이 내리고 캠퍼스 여기저기가 제 모습을 감추고 있지만 운명처럼 인생의 긴 세월을 함께하고 사랑과 눈물, 열정이 머물렀던 캠퍼스 여기저기엔 선배님이신 교수님의 숨결과 체온이 느껴집니다. 여기저기 내미는 학생들의 밝은 얼굴이 보이고, 해맑은 웃음소리와 대화소리가 들려와 가던 길을 멈추게 합니다.

낙엽으로 지워진 발자국들은 가을 길에 소스락 거리는 소리와 체온 미소를 남깁니다. 앞이 보이지 않아 돌아보니 뒤도 보이지 않던 곳을 헤치고 다시 걸었기에, 당신의 발자국들이 모여 길이 되고 또 피어날 새봄의 무수한 생명들 학생들 후배들의 소망이 될 것입니다. 지금 벗은 나뭇가지는 흐린 하늘을 배경으로 눈바람을 거스르고 있어도 내일 아침엔 축복의 희망을 전하 듯 일찍 일어난 갈매기 들이 아름다운 날개 짓을 하고 온 하늘과 바다가 맞대어 호응하며 붉게 물들이는 눈부신 일출이 있습니다.

이제 수많은 사람들이 그토록 소망하고 열망하며 꿈꾸는 자유의 시간, 인생의 황금기가 선배님께 펼쳐집니다. 이제 진정 온 하늘과 바닷물이 호응하는 눈부시고 아름다운 일출이 시작됩니다. 삶의 여정 속에서 쌓였던 노고와 피로를 차분한 휴식과 회고로 재정리하여 푸시고, 낮고 더 낮은 곳으로 내려오셔서 그동안 닦아온 학식과 덕망을 따뜻한 손길과 사랑을 교수님의 손길과 도움이 필요한 이웃들에게 봉사로 나누고 또 나누시리라 기대됩니다. 그래서 아프고 힘든 이들에게 희망이, 길이 보이지 않는 이들에게 안내자가 되는 찬란한 계절, 그래서 선배님의 은퇴가 곧 새봄의 시작이고 찬란한 일출의 이유가 되시리라 생각됩니다.

    교수님 평소처럼 친근하게 형님 하고 불러보고 싶습니다. 특별히 우리 북악회에 대 선배님으로서 항상 후배들과 어울려 본이 되신 것 감사드립니다. 저도 곧 교수님의 뒤를 따라 은퇴를 준비하고 있습니다. 이제 시작하는 인생의 황금기를 자유인으로서 현역으로 활동하던 때보다 더 활발하게 활동하셔서 구구팔팔 건강하시고, 가족과 이웃과 후배들과 더불어 행복하시길 기원합니다. 다시 한 번 더 교수님의 은퇴와 인생의 골든타임이 시작됨을 축하드립니다.

    가을 길에서

    봄의 싹과 신록을 생명으로 피워내다
    불열의 여름을 열정으로 태우다
    무수한 사람들의 가슴 속을 산야와 계곡을
    가을로 물들여 채색하다

    이제 옷을 벗습니다
    낮게 내리고 내려 낮은 곳에 앉아
    벗하던 계곡물 위에 편히 누워
    붙들어 주었던 나뭇가지를 올려다 봅니다

    알맞은 때 옷을 벗는 나뭇가지
    또 마땅히 떠나는 나뭇잎들이
    서로에게 평안한 작별과 미소를
    나눕니다

소망 열정 생명력을 태웠기에
평안이 행복하게 떠납니다
바위와 물흙과 도작별을 준비하며
계절의 옷을 벗습니다.

북악회 후배 임형준

교수님과의 인연을 생각하면서

전경란
(시인)

　지금은 불 꺼진 거리라지만 한때 문화와 낭만의 거리 또한 목포 경제의 중심지였던 오거리와 선창, 원도심이라 불리는 그 거리에 '자화상'이라는 작은 카페가 있다.
　낮에는 커피를 마시고 밤에는 칵테일과 간단한 술을 마시며 끈끈하게 이어지는 정으로 우리의 삶을 이야기하던 곳. 자화상이란 이름만큼이나 많은 젊은 예술인들이 들어 다니며 문학을 논하며 작품 발표회도 하고 또 젊은 화가들의 그림도 전시하며 준비 되어 있는 스케치북에 손님들의 초상화를 그려주는 마음까지도 함께…
　서로가 글과 그림으로 애기하고 통기타를 치며 한자리에 모여 밤새 노래 부르며 웃고 떠들었던 낭만이 넘치는 곳. 때론 정치인들 경제인들이 두루 모여 함께 정치와 경제를 애기하면서 담소했던 다양성 있는 문화 공간 이였던 작은 카페 자화상. 모두가 내 집인 양 편하게 취하며 한잔 할 수 있는 예술이 있는 집, 그리고 열정으로 뭉친 내 젊은 친구들…
　지금도 찾아와 언제나 그 모습으로 마주하는 예쁘고 좋은 시간들… 이제는 감히 누구와도 견줄 수 없이 우뚝 선 그들의 모습에 행복을 느낀다.
　아무 세상 모른 그때 그 시절에 만났던 사람들, 20년이 훨씬 지난 그곳에서 알게 된 젊은 교수님들과 포럼 대표님들 또한 제자들과도 함께 오셔서 따뜻한 마음으로 항상 함께 애기 하시던 교수님들, 가끔은 카프리 한 모금으로 목을 축이며 작은 카페 한곳에서 바둑을 두시며 이런 저런 정담을 나누시던 때가 사뭇 그리움으로 다가선다.
　지금은 오래된 만남 속에 맺어진 바둑판을 보면 그때 즐거웠던 만남의 시간들이 생각난다. 바둑판의 주인공이 바로 신교수님… 다른 분들과 한 잔하시며 나가시더니 바둑판을 사오셨다. 그때부터 자화상의 바둑 대결이 시작 된 것이다. 시간가는 줄 모르는 행복함이 누군가와 함께 있다는 마음에 서로의 피곤함을 잊게 하였는지도 모른다. 이제는 나의 책꽂이 한 귀퉁이 위에 빛바랜 모습으로 자리하는 그 바둑판은 교수님과 함께 내 가슴 한 구석에 이쁜 추억의 한 페이지로 남아 있다. 아마도 교수님은 그때를 까마득히 잊고 계신지도 모른다.

세월의 무상함이랄까. 아님 이제껏 잊고 살았던 느끼지 못한 시간들이였을까. 먼 나라 남의 얘기처럼 들었던 정년이라는 단어… 나로서는 참 어려운 교수님의 옛정이 담긴 마음을 전해 받았다. 오래된 만남 속에 맺어진 인연이 이제는 묵은 세월 속에 지나온 추억의 한 자락으로 펼치게 하는 시간들과 그리움…

모두에게 사랑받고 존경받는 님, 그리고 그의 삶속에 남겨진 업적들이 많은 님이라는 것을 알기에 내가 무슨 말을 해야 될지 참 조심스러운 마음이다.

너무 바쁘신 관계로 요즘은 만나 뵌 지가 꽤 오래됐다. 페이스북이나 카스토리에서 그분의 발자취를 보긴 하지만 혹여 나의 엇갈린 표현으로 교수님의 모습에 누가 되지 않을까 염려스럽다.

20여년이 훨씬 지난 세월에 아득하게 느껴지는 시간들, 참 풋풋하고 순수한 그리고 젊음만큼이나 모든 부분에 열정이 강했던 분으로 생각된다.

벌써 이렇게 시간이 흘렀을까. 만남과 만남 속에서도 느끼지 못했던 세월의 흔적들, 항상 선한 웃음과 털털한 말씨 옆집 시골 이장님 같은 모습으로 누구에게나 온화하고 편안한 인간미 넘치는 내 오라비 같으신 분이라 생각했다.

감히 좋아하는 마음조차도 표현할 수 없었던 어리 숙한 순수함이 오랫동안 만나지 않아도 어제 만난 친구처럼 변함없는 마음속에 항상 좋은 인연으로 지금까지 남아 있는지도 모르겠다. 새삼스럽게 이제야 그때 젊은 시절의 모습과 정년이라는 타이틀 속에 서 있는 교수님을 바라본다.

때론 목포를 대표하는 활동 속에서 목포에서 제주로 또 경주로, 매년마다 백년회에서 주최한 지역 교류 학술 세미나를 주관하고 그 지역 교수님들과 그 지역을 대표하는 사람들과의 만남 속에 학술교류와 대화로 소통하는 의미 있는 공간 속에 함께 보냈던 즐거운 시간들…

지금도 경주, 제주 교수님들과 원장님이 잊지 않고 서로 함께 만나자고 수없이 말하지만 아직까지 한 번도 함께 자리하지 못한 아쉬움이 내겐 있다.

함께 보고 싶은 사람들…

그 인연 속에 맺어진 사람들…

시간이라는 말과 함께 우리의 모든 소통들이 시작인지 또한 끝이 되는지는 알 수 없지만 그분들과 그 시간들을 생각하며 한 잔의 술과 함께 지난 얘기 속에 그때의 정을 서로 느껴보고 싶다. 세월을 거슬러 지나버린 지금도 내게는 언제나 변함없는 20여 년 전 그 모습 그 마음으로 밖에 생각되지 않는 보고 싶고 그리운 모두의 모습들이다.

직업의 정년, 어쩜 아쉬우면서도 기쁨이 아닐까…

다시금 시작이란 의미 속에 이제는 새장 밖으로 나와 영원한 자유로 다시금 푸른 창공을 나는 시간들이 되지 않을까 싶다.

순수하고 따뜻한 인결이 고운 당신 또한 조용히 모든 일들에 열정적으로 활동하시는 모습들을 보면서 옛 기억 속에 남아 있는 당신을 그려 봅니다. 지나간 시간의 아쉬움과 세월의 야속함 보다는 그 속에서 보낸 귀한 시간들이 이제는 후배 교수님들과 제자들에게 존경받는 훌륭한 선배님과 교수님으로 남아 계신다는 것이 내겐 너무도 자랑스럽습니다.

또한 하잘것없는 제가 조금이라도 교수님의 가슴 한쪽 귀퉁이 속에 작은 기억으로 남아 있다고 생각되니 참으로 영광스럽고 행복합니다.

아무쪼록 건강하시고 한낮의 뜨거운 태양처럼 열정으로 살다가 이제는 붉게 물든 석양빛의 긴 그림자로 뒷모습이 아름다운 님의 모습과 함께 또 다른 발자취로 훌륭한 업적 남기시기를 가슴 깊이 바라는 마음입니다.

우리를 잊지 마세요.

또한 우리 모두가 당신을 잊지 않을거예요.

추억 속에 만난 그대

松軒, 정구권
(前 초등학교 교장)

그리움은 끝없이
횃불을 내 걸고
길목으로 나를 안내했다.

수목들이 어깨를 켜고
넝쿨 뺏듯 손을 잡아 끈다.

그리움은 하늘 빛처럼 망부산 위 저녁 노을을 물어
길목을 비춰주었다.
빛 바래지 않는 그날의 풍경들....

추억 속에 그대를 다시 만나고
문득 들꽃 한 송이를
으스러지게 품어 본다.

36년 길고 긴 세월을
헛 눈 한번 팔지 않고 꽃과 나비 생존하듯
윤여사와 신도령 되어 일심동체되어 목표에 이르렀으니
장하고 영광스럽게 끝이 없네

* 주말이면 간간이 테니스장에서 웃고 즐기던 그때 그 얼굴이 선합니다.
명예롭게 정년하신 신순호 교수님을 그리면서-

2018년, 2월말

도연명시
云盛蓮은 不重來하고 一日은 難再晨하니 及時 當勉勵 하라 歲月 不待人이라.

해설 : 이르기를 젊은 때는 두 번 거듭 오지 아니하고 하루에 새벽도 두 번 있지 않으니 젊었을 때에 마땅히 학문에 힘쓰라 세월은 사람을 기다리지 않느니라.

나의 멘토 신순호교수님의 정년을 축하하며

정기영
(세한대학교 경영학과 교수)

　멘토는 현명하고 신뢰할 수 있는 상담 상대, 지도자, 스승, 선생의 의미이다. 그렇다고 '멘토 = 스승'인 것은 아니다. 보통 스승이라고 하면 자신보다 나이가 많은 사람을 떠올리지만, 멘토의 경우는 동갑내기 친구가 될 수도 있다. 심지어는 자신보다 어린 사람이 멘토가 될 수 있다. 다시 말해 스승이 무엇인가를 '직접 가르쳐주는 사람'이라고 한다면 멘토는 '이끌어 주는 사람'이라는 뜻이 강하다. 그런 점에서 신교수님은 내가 대학교수로서 지역에 정착하는 걸 이끌어 주신 멘토이다. 선배 세대로서 삶의 경험과 일의 지혜를 전수하는 나눔을 나 뿐 아니라 많은 후배교수들에게 실천하셨다.
　내가 선생을 처음 만난 것은 1998년경이었을 것이다. 그 후 정책토론회, 학회, TV좌담, 포럼 등 여러 지역의 모임을 함께 하면서 많은 지혜를 전수받을 수 있었다. 당시 대학에 부임한지 얼마 되지 않았고, 이곳이 고향이지만 고교 졸업 후 너무 오랜만에 돌아온 나는 내가 지방대학의 교수로서 어떻게 자리매김하는가에 많은 고민을 하고 있었다. 지방대학의 교수로서 스스로 '롤-모델'을 찾고 있었던 나에게 선생은 연구자이자 전문가로 학계와 지역에서 크게 인정을 받던 분이었고 그의 말 한마디 행동거지 하나는 내게 큰 도움이자 가르침이 되었다. 이제 20여년이 지나고 그 만남을 정리하면서 내게 선생은 어떤 분이었나를 다시 생각해본다.
　첫째, 선생의 천부적인 여유와 유머감각에서 나는 늘 많은 지혜를 얻었다. 당시 30대 중반의 나이와 학교에 오기 전 경영자문회사에서의 경직된 일 습관 때문에 늘 내 모습에서 여유를 찾기가 쉽지 않았던 것 같다. 하지만 매사에 늘 여유가 있고 늘 풍부한 유머와 주변에 대한 관심으로 분위기를 긍정적으로 이끌어가는 그의 모습에서 그리고 그의 행동에서 늘 내가 먼저 긴장을 풀게 되었고 그런 선생의 분위기 유도 덕분에 나의 발표나 강의에 큰 도움을 받았다. 이런 모습을 20년 동안 늘 보고 배웠지만 아직도 나에게는 이런 역량이 잘 발휘되지 않는 걸 보면서 선생의 이런 역량은 조금은 천부적인 자질이 아닌가 싶다.

둘째, 네트웍과 소통의 능력이다. 대학교수라는 직업이 비교적 많은 사람을 만나는 직업이고 소통능력이 기본적으로 필요하지만 훌륭한 관계 유지와 소통능력을 가진 교수를 만나기가 또한 쉽지 않다. 내 경험에 의하면 오히려 그 반대인 경우도 많다. 오죽하면 "대학교수의 반은 특이한 사람이고 나머지 반은 매우 특이한 사람이다"라는 우스갯소리도 있을까. 하지만 선생은 늘 상대방을 동등한 입장에서 생각하고 서로의 위치를 존중해 주었던 역할을 잘 감당해 주었던 우리 교수사회와 지역사회의 리더였다. 리더가 더 높은 자리에 서는 것이 아니라 늘 공동체와 모임을 이끌어가는 역할을 맡은 사람이라는 것을 행동으로 보여준 선배교수였다.

세 번째가 진심이다. 일반적으로 대학교수에게 학문적 역량 외 꼭 필요한 한 가지가 더 있다고 한다. 바로 사람을 사랑하는 마음이다. 대학 교수는 해당 분야를 연구하는 일과 더불어 학생들을 가르치기 때문이다. 특히 과거보다 지금과 미래의 대학생들은 학문적인 가르침 이외에도 인생의 조언을 구할 멘토를 필요로 한다. 지식을 전달하는 것을 넘어 그 사람의 성장과 성숙에 관심을 가지는 시선을 가지고 있다면 최고의 교수, 그리고 스승이라 할 수 있다. 선생과의 만남 중에서 늘 그가 관심을 가졌던 주제가 학생, 제자, 졸업생, 취업 등이었다. 저녁 모임 이후에도 제자가 목포에 내려왔다며 늦게까지 자리 함께 하는 모습, 늘 연락하는 모습, 관심을 가져주는 모습은 내가 이 지역의 대학교수로서 어떤 몸가짐을 해야 하는지 일깨워준 계기가 되었다.

넷째, 멘토에는 좋은 멘토가 있고 나쁜 멘토가 있다고 한다. 좋은 멘토는 상대방의 현재보다는 미래를 보는 사람이고 나쁜 멘토는 상대방의 과거와 현재를 보는 사람이라고 한다. 늘 나의 미래를 보고 조언해주고 행동으로서 지혜를 줬던 선생은 나에게 좋은 멘토였음을 자신한다.

대학교수에게 정년제도가 마련된 것은 "이제 교원으로서 쓸모가 없기에 물러나라는 게 아니라 더욱 창조적인 삶을 살 수 있도록 전환점을 제공하는 제도다"라는 말을 들은 적이 있다. 이 말이야 말로 우리 선생께 가장 잘 어울리는 '정년'의 개념인 듯하다.

　함께 걸어가는 길을 중시하는 신순호, 매력적인 선배교수이자 지역사회의 리더인 그의 다음 행보가 궁금하다. 선생에게 늘 매력을 느끼고 안부를 물었던 아내도 선생의 다음 행보를 무척 궁금해 한다.

내 마음 속 설해목雪害木, 신순호 교수님

정길식
((주)우승조선 상무)

존경하는 교수님.

눈이 많지 않은 목포에 올 겨울에는 눈이 많이도 내립니다. 아침에 일어나 거실 밖으로 쌓인 눈을 보니 법정 스님의 「설해목雪害木」이라는 수필이 생각납니다. 설해목은 한겨울 부드러운 눈에 의해 꺾이고 상한 나무들을 말합니다. 거센 비바람에도 꿋꿋하게 버티던 그 강인한 소나무들은 겨울이 되면 가지 끝마다 사뿐사뿐 내려앉는 부드러운 눈에 가지가 꺾이고 상한다는 것입니다. 이 눈의 힘이 바로 신순호 교수님을 떠올리게 하는 모습이라고 생각합니다. 권위나 강압적인 지시보다 사람의 마음을 사로잡는 신순호 교수님의 진정성에 바탕을 둔 이해와 배려, 그리고 소탈한 서민적 모습들은, 설해목과 같이 사람들의 가슴을 서서히 꺾이게 하고 또 상하게도 합니다. 사람들은 자기를 위협하는 강풍에는 본능적으로 방어하고 꺾이지 않으려고 하지만, 교수님과 같은 부드러운 성품의 눈송이에는 오랜 시간을 두고 이 겨울의 나뭇가지처럼 꺾이게 되는 것입니다.

2012년 낙엽이 거리를 덮던 늦은 가을 무렵이었지요. 단풍잎을 밟으면 누군가의 영혼을 밟는 듯 바스락거리는 소리가 나던 그 어느날, 자유시장 목일집이라는 선술집에서 유석 형과 함께 마셨던 막걸리 한 잔, 권위적이기만 한 교수님들과는 다르게 호탕한 웃음소리와 함께 격의 없이 대하면서도 내면의 강인함을 간직한 교수님을 지금까지 존경하면서 형님과 아우 사이로 지내게 된 것을 영광으로 생각합니다. 신순호 교수님 첫 인상은 단단하면서도 결코 모나지 않고 원만한 성품을 지닌, 완도 몽돌밭의 조약돌 같은 느낌이었습니다. 그래서 인생이라는 오랜 파도에 제 몸을 씻기고 거센 파도에 스스로를 채찍질한 사람만이 가질 수 있는 그런 성품은 변함없이 저의 롤 모델로 남아 있습니다.

때론 칼바람을 맞으면서 수변공원 둑방길을 유석 형과 삼총사가 되어 걷기도 했고 교수님 마동에서 모닥불을 지펴놓고 달빛에 젖어 잔을 기울이던 밤들이 새록새록 떠오릅니다.

존경하는 교수님.

언제나 청년 같은, 아니 오히려 청년보다 더 청년 같은 교수님께, 외람되지만 정년은 오히려 새로운 출발선이라고 생각합니다. 항상 첫눈을 기다리는 설렘과 반가움으로 교수님을 기다리고 만나 뵙고자 합니다. 감사합니다.

또 다른 시작을 응원하며

조강석
(로가디스 대표)

신교형, 조선동.
호형호제하며 지내던 시간들이 많이 흘렀네요.
청주에서 내려 오시면서부터 30년 지기가 되었으니 말입니다.
25시의 사나이로 누구보다도 바쁘게 일하면서도
망중한을 즐기며 함께 했던 시간들이
너무도 소중한 추억으로 가슴 한 켠에 차곡하게 쌓여 있습니다.
집안으로 맑은 개울이 흐르고 돌담 사이로 정담이 오고 가던 광암 시골집.
어두컴컴한 뒤뜰에서 소주 한 잔에 목살구이, 잔불에 구운 고구마는 참 맛 있었지요.
그러면서 나눈 쓸 데 있는 얘기, 쓸 데 없는 얘기가 무릇 얼마나 될까요?
열쇠를 나누어 갖고 지나는 길에 아무 때나 들르곤 했지요.
빠알가니 부서지는 햇살처럼 아름다운 젊은 날의 추억들입니다.

작년 늦여름, 오랜만에 만나 신교형이 아끼는 중등포 별장에 갔었지요.
조금은 까다로운 두 귀부인께 차 문을 열어주며 장난기 있게 웃기도 하고.
텃밭에 플래시를 비춰가며 보물 찾듯
몇 개 남지 않은 방울토마토와 풋고추를 딸 때
행복해 하던 표정에 전염되기도.
내가 키운 녀석들이라는 생각에 얼마나 오졌겠어요?
일 벌레이면서도 개구쟁이 미소를 잃지 않은 휴머니스트 신순호 교수.

늘 함께 하고 싶은 사람입니다.

열정만 놓고 보면 신교형보다 더한 윤경심 형수.
한지 인형 작업하기 너무 힘겨워 딱 두 작품만 했다는데.
그 중 한 작품을 선물로 주셨으니 너무 고맙지요.
좋고 싫음이 분명한 분이라 조선동이 싫었다면 주셨을 리 없기에
더 소중하게 날마다 쳐다봅니다.

뒷 물결에 밀려
장강이 흐르는 거라지만
이제 후배에게 남은 일 맡기고
아직 열정이 식지 않았을 때
인생 이모작을 시작해야 하겠지요.
바람 부는 날
세월호 주변 철망에 매달린
노란 리본들의 아우성을
카메라에 담고 싶어 하던 신교형의 감성이면
여행 사진작가 수업도 잘 해낼 겁니다.
60 평생은 일모작으로 충분할지라도
100세 시대에는 또 다른 시작이 필요하지요.
신교형의 새로운 시작을 응원합니다.

깊은 맛을 함께 만들어가는 인연

조만승
(한국국토정보공사 지적사업본부장)

따뜻함이 그리워지는 계절입니다. 교수님과 알게 된 지도 벌써 20년이 훌쩍 지났습니다.

첫 만남은 한국지적학회 행사장에 오셨을 때지요. 그때 저는 교수님을 잘 알지 못함에도 불구하고 밝게 웃으시며 악수를 건네는 모습을 보며 '참 따뜻하신 분 같다'는 인상을 받았습니다.

아니나 다를까. 교수님께서는 지역발전사업평가자문단과 한국지적학회는 물론 한국도시행정학회의 학술교류 행사까지 빼곡히 소화해 오셨습니다. 사실 처음 교수님을 뵈었을 때는 굉장히 바쁜 분이신 걸 알았기에 '시간 되실 때 나오신 거겠지'하고 생각했습니다. 그러나 6개월이 지나고, 1년, 2년이 흐르면서 '진짜 자신의 약속을 잘 지키시는 분'이라는 걸 깨닫게 되었습니다. 저도 직장에서 바쁜 일정에 쫓겨 사는 편인데, 교수님의 한결 같은 모습을 보면서 많은 것을 깨닫게 되었습니다.

제가 살아가면서 마음에 지침으로 삼는 문장이 있습니다. 이 문장을 떠올릴 때마다 저는 교수님이 생각납니다.

'인생이란 오래 담가둘수록 깊은 맛이 우러나는 차와 같다. 우리의 만남도 당장 눈앞에 보이는 효과를 기대하기보다 천천히 깊은 맛을 내야 한다.'

살아갈수록 이런 만남이 그립다는 것을 깨닫습니다. 어떤 눈앞에 보이는 목적을 위한 만남 보다는 깊은 맛을 함께 만들어가기 위해 만나는 그런 인연이 있다면 인생은 얼마나 풍요로울까요. 수많은 사람들을 만나기는 하지만, 교수님과 같이 오랫동안 깊은 맛을 함께 할 수 있는 인연은 흔치 않은 것 같아 제가 복이 많은 사람 같다는 생각이 들었습니다. 저 역시 앞으로 제가 가진 복이 저 혼자에서 끝나지 않고 제 주변 모두에 깊은 맛을 만들어가는 인연이 될 수 있도록 노력하고자 합니다.

앞으로도 곁에 계신 소중한 분들과 깊은 맛을 우려내는 인연 만들어 가시길 희망하겠습니다. 지치고 힘든 날이 있더라도 날마다 새 힘을 내서 새롭게 거듭나주십시오. 저 역시 늘 응원하겠습니다. 감사합니다.

강원도 춘천에서 보내는 편지

지경배
(강원연구원 지역사회연구부장)

나는 강원도에서 태어났다. 어릴적 어머니는 "전라도 사람을 조심하라"고 늘 내게 말씀하셨다. 신뢰롭지 못한 사람들이니 너무 가까이 하지 말라는 것이었다. 이에 대한 명확한 근거나 사적 경험도 없었다. 그저 가까이 하지 말라는 것이었다. 그 시대는 지금과 좀 달랐다. 지역감정조장이 정치적으로 매우 유용한 도구였다. 또한 도전과 용기는 사회가 용인한 어느 선 안에서만 가능했고, 순종과 복종이 세상을 살아가는 더 수월한 선택지였다. 나도 세상을 편히 살기 위해 어머니 말씀대로 명확한 근거는 없지만 전라도 사람들을 조심하게 되었다.

신순호 교수님을 처음 만난 건 2009년 가을, 일본 교토의 리츠메이칸 대학이었다. 첫 만남은 명확히 기억이 나지 않는다. 당시의 기억이 많이 오버랩 되어 선후가 헷갈린다. 하지만 또렷이 남는 기억이 있다. 첫 만남 때 계단에서 함께 담배를 피며 이야기하던 기억이다. 그는 전라도 사람이었다. 목표대학교 교수였다. 나의 가치기준으로는 "조심하고 가까이 하지 말아야 할 대상"이었다. 아마도 그 날 신순호 교수님과 나, 그렇게 단 둘만의 만남이었다면 우리의 관계는 더 이상 이어지지 않았을지도 모른다. 전라도 사람에 대한 나의 편견과 고정관점은 30대에도 여전히 존재했기 때문이다.

신순호 교수님과의 만남에는 늘 석향 선생이 함께했다. 그녀는 부산 분으로 동아대학교에서 리츠메이칸대학으로 연구 연수차 오셨다. 전라, 경상, 강원도 출신 세 사람은 이후 지속적인 지적 교류가 이어졌고 그것은 삶의 활력소가 되었다. 교수님과의 성숙된 지적 교류를 통해 나는 지역감정이 잘못된 고정관념이자 편견임을 깨달았다. 그는 늘 큰 형으로서 우리를 보듬어 주셨고 지식보다는 지혜를, 경쟁보다 관용의 미덕을 일깨워 주셨다. 잘못된 신념은 참으로 무서운 것이다. 30대 중반이 지나서야 나는 한 賢者와의 만남을 통해 전라도 고정관념에서 벗어날 수 있었다. 나의 잘못된 편견을 일깨워 주신 신순호 교수님께 진정으로 감사드립니다.

    교수님의 새로운 여정의 길에 교수님을 존경하는 모든 분들의 염원을 담아 건강과 행복을 기원합니다. 교수님 수고 많으셨습니다. 사랑합니다.

다시 '지역'을 생각하며

최규종
(산업통상자원부 국장)

내가 신순호 교수님을 처음 뵌 것은 2016년 봄 지역발전위원회 소속 지역발전기획단에 정책총괄국장으로 부임하고 나서다. 지역발전위원회는 참여정부 시절, 지역 간 불균형을 해소하고 지역의 특성에 맞는 발전과 삶의 질을 향상시키기 위해 제정된 '국가균형발전특별법'에 따라 설치된 대통령 직속의 자문기구이다. 그 이전 정부에서도 국토의 균형발전을 위한 단편적인 시도가 있었지만 참여정부가 들어서고 나서야 법률적 근거마련,[1] 강력한 추진체계 구축,[2] 안정적 예산시스템[3] 확보 등 제도적 틀을 갖추고 국가 핵심어젠더로써 본격적 추진을 하게 되었다.

우리 국민 누구나가 국토의 어디에 살든 관계없이 최선의 행복을 누리게 하는 일은 정부가 해야 할 당연한 일이다. 하지만 일하는 동안 정부만의 힘으로는 달성이 쉽지 않으며 지자체는 물론 주민과 시민단체, 기업 등이 함께 노력해야 한다는 것을 매순간 느끼고 있었다. 신 교수님을 지역위원으로 모신 것은 내게 큰 행운이었다.

신 교수님은 2013년 7월부터 4년간 지역위원회 위촉위원으로 봉직하면서 지역발전사업 평가자문단장도 겸임하셨다. 신 교수님은 36년간 대학에서 강의와 연구를 하시면서 쌓아온 지혜로 지역발전 이슈에 대해서는 누구보다도 깊은 이해와 통찰력이 있으셨다. 내가 기획단에서 막중한 소임을 대과없이 마치는데 신 교수님의 조언이 큰

---

[1] 2004년 1월 '국가균형발전특별법' 제정.
[2] 국가균형발전위원회(지역발전위원회)를 정점으로 국가균형발전기획단(지역발전기획단) - 국가균형발전지원단(지역발전지원단)의 통합적 지원체계.
[3] 국가균형발전특별회계(지역발전특별회계) 신설.

도움을 주셨음은 두말할 나위가 없다. 한편 신 교수님의 진정한 장점은 전문성에만 있지 않았다. 신 교수님과 지역정책을 토론을 할 때면, 상대방이 다소 부족할지라도 그 이야기를 잘 들어 주셨고 또 상대방의 입장을 잘 배려해주셨다. 그러다가 어느새 논리에 공감하게 만드는 특별한 매력을 갖추고 계셨다. 각계 전문가 4백여 명으로 구성된 지역발전사업 평가자문단을 원만히 이끌 수 있었던 이유이기도 하다. 지금도 저녁 늦게까지 지역발전정책을 토론하다 밤늦은 목포행 열차를 타러 역으로 향하던 모습이 눈에 선하다.

다시 '지역'을 생각한다. '지역'이란 무엇인가? 혹자는 중심부 밖의 주변부를 생각한다. 국가 단위에서는 비수도권을, 세계 단위에서는 제3세계를 연상한다. 정치·경제적 관점에서 접근한 것으로 중심부에 대한 주변부의 상대적 낙후성이 지역이슈의 근간을 이룬다. 다른 혹자는 '지역'을 단순히 전체의 일부로 받아들인다. 우리는 경기민요, 남도민요를 말할 때 서로 우열을 말하지 않는다. 세계 지도를 펼쳐놓고 5대양 7대주를 나눌 때도 마찬가지이다. 여기서는 각 지역의 자연과 사회·문화적 특징을 비교하는데 유용하다. 일반적으로 우리는 지역을 인식할 때 다층적으로 생각한다. 전자와 후자의 관점이 혼재한다. 전자의 지역은 '개선'의 대상이고 후자는 '장려'의 대상이다.

지역발전기획단 일을 마친 후 다른 근무처에 있는 동안 러시아 시베리아 횡단열차에 몸을 싣고 유라시아 대륙을 여행한 일이 있다. 대륙의 동쪽 블라디보스톡에서 서쪽 상트페테르스부르크까지 끝없이 펼쳐진 초원과 자작나무 숲을 헤치며 1만 km 거리를 160여 시간에 걸쳐 달렸다. 차창 밖으로 펼쳐진 풍경에 넋을 잃던 중 문득 '지역'이란 단어가 스쳐 지나갔다. 시베리아는 삼림과 초원으로 이루어진 광활한 땅에 간혹 점점이 도시가 놓인 하나의 지역이고, 시베리아 열차는 이런 도시를 연결하는 진주목거리의 명주실 같았다. 시베리아의 지역정책은 단순해 보였다. 도시를 단단하게 만들면서 빠르고 효율적인 철도로 도시 사이를 연결하는 것.

지역 이슈는 단순히 땅의 크기에 비례하지 않는다. 시베리아 면적은 우리나라의 100배 이상이다. 하지만 지역이슈는 단순해 보였다. 우리나라는 좁은 영토에도 불구하고 지역이슈는 대단히 복잡하다. 도시-농촌 간, 수도권-비수도권 간, 신도심-구도심 간, 청년세대 – 노년세대 간의 괴리가 확대되고 갈등도 깊어지는 양상이다. 인공지능, 빅데이타, 사물인터넷 등으로 대표되는 4차 산업혁명 시대가 본격화되면 지역 간, 세대 간 일자리 갈등도 깊어질 전망이다. 획기적 전환이 필요하다.

  우연히 신 교수님이 36년간 재직해 온 청주대와 목포대 생활을 마무리하고 2018년 2월 정년퇴임하신다는 소식을 전해 들었다. 그 동안 고생을 많이 하셨으니 새로운 충전의 시간을 잠시 가진 후 우리나라 지역 발전과 지역정책학 연구에 더 많은 기여를 하시길 진심으로 바란다. 신 교수님 가정에 건강과 행운이 함께 하길 기원한다.

사람을 움직이는 힘은
기술이 아니라 인격에서 나옵니다

최남용

(前 목포대학교 경제학과 교수)

신교수님은 바로 옆 연구실에서 근무를 하며 아침저녁으로 자주 만났던 이웃사촌입니다. 한번은 중국에 학술회의차 함께 여행을 한 적이 있는데 기차를 타고 지난에서 베이징까지 가면서 밤새도록 잠을 자지 않고 바둑을 둔 잊혀 지지 않는 추억도 있습니다.

신교수님은 성품이 온화하고 유머감각이 풍부하셔서 사람들에게 항상 웃음을 주시고 편한 마음을 갖도록 만들어주셔서 주변에 싫어하는 사람이 없습니다. 만나는 사람마다 행복바이러스를 선물하시니 항상 인기가 좋으셨습니다.

저는 퇴직 후 상담대학원(중독 상담 전공)을 졸업하고 청소년들을 위한 게임중독으로 학업을 중단하고 있는 자원봉사활동을 하고 있습니다. 중독은 한번 빠지게 되면 평생 따라다니는 고질병인데다 대를 물려가며 유전되는 무서운 병입니다.

"호미로 막을 것 가래로 막는다"는 속담이 있습니다. 나라의 미래인 우리 청소년들이 중독의 수렁에 빠지지 않고 건강하게 자라는 모습을 기대하면서 지면을 빌어 중독 예방법을 소개하고자 합니다.

중독의 정의는 '의지의 힘으로는 통제가 안 되는 불가사의 한 뇌질환'으로 표현됩니다. 자녀가 중독에 빠져들게 되면 본인은 물론 학업을 중단하게 되고 인생이 파탄되지만, 중독된 자녀가 있는 부모들도 고통에서 벗어날 수가 없습니다. 중독은 처음에는 거미줄처럼 가볍게 왔다가 빠져 나가려고 하면 쇠사슬처럼 강해져서 혼자 힘으로는 도저히 빠져나올 수 없는 깊은 수렁에 빠지게 됩니다,

사람이 숨을 안 쉬고 살 수 없듯이 현대인은 휴대폰이나 인터넷 없이 살 수 없습니다. 따라서 휴대폰을 사용하지 않을 수가 없기 때문에 현명하게 사용하여 이것에 끌려 다니는 노예가 되지 않고 자유롭게 사용할 수 있는 주인이 되어야 합니다.

　정도의 차이는 있지만 모든 인간은 강박성향이 있는데 행동으로 옮겨질 때 중독이 됩니다. 건전한 사람은 감기가 와도 쉽게 나가는데 몸이 허약하면 폐렴에 걸리는 것처럼 건강하지 않은 가정의 자녀들이 쉽게 중독에 걸려들게 됩니다.

　문제 아이 뒤에 문제부모가 있습니다. 부부사랑이 자녀에게 최고의 선물입니다. 부부간에 갈등이 생길 때 자녀들은 애정결핍이 생기고 그 결핍된 애정을 중독에서 보충하려고 하다가 서서히 중독에 빠져들게 됩니다. 그러므로 부부가 서로를 위해주고 배려해주는 것은 중독에 대한 최고의 예방책이 됩니다.

　행복한 가정은 지상의 작은 천국입니다. 행복하지 않은 가정은 중독의 온상이 됩니다. 가정에서의 실패는 세상에서의 어떤 성공으로도 보상받을 수 없습니다. 부모가 자주 싸우면 자녀들은 지진이 나서 땅이 흔들리는 것처럼 불안, 초조합니다. 부부간의 갈등상황이 길어지면 중독은 꽃을 피우게 됩니다.

　가정생활에는 누구라도 갈등이 생길 수밖에 없지만 갈등을 줄일 수는 있습니다. 상대방의 행동에 감정이 상하면 화가 나는 것은 당연합니다. 그러나 화를 내는 방법은 선택할 수 있습니다. 상대방의 행동을 두고 보다가 화가 치밀어 오를 때 폭발시키지 말고 화가 조금 났을 때 표현하십시오. 영화에도 예고편이 있듯이 미리 가르쳐 주는 것입니다. 즉 화를 내기 전에 당신의 어떤 행동 때문에 내가 화가 날 것 같다고 표현하되 그러한 행동의 결과 내가 어떤 상태에 있다는 나의 입장을 설명하는 것이 효과적입니다. 말을 강하게 하면 상대방도 지지 않으려고 방어적이 되고 나의 뜻을 이해하려고도 하지 않습니다. 우리의 감각은 큰소리보다는 작은 속삭임에 더 민감합니다. 될 수 있으면 천천히 나직이 부드럽게 말하십시오.

　'온전한 사랑이 두려움을 내쫓는다'라는 말이 있습니다. 잘못된 행동을 두려움을 주어 강제로 고치려고 하면 오히려 역효과가 나기 쉽습니다. 온유한 태도로 대하며 스스로 깨우치고 느끼게 하는 것이 시간은 걸리지만 성공률이 높습니다.

　가족과 사랑하는 사람과의 관계는 겸손한 가운데 굳건해지고 교만한 가운데 와해

합니다. 겸손과 온유는 손에 낀 장갑처럼 긴밀한 관계입니다. 신순호교수님처럼 천성이 온유하며 마음이 겸손한 사람은 하나님의 사랑을 받습니다. 우리가 진정으로 겸손하면, 다른 사람을 용서합니다. 우리에게 잘못한 자들 때문에 마음속에 품은 앙심은 우리 영혼을 갉아먹습니다.

사람을 움직이는 힘은 기술이 아니라 인격에서 나옵니다. 그리스도를 닮아가려고 노력하는 가운데 그리스도의 방법으로 겸손하게 인간관계에 접근한다면 서로에 대한 사랑과 신뢰가 커지게 됩니다.

한 부부의 이야기를 소개합니다.

어떤 부인이 자신에게 거슬렸던 남편의 말과 행동을 휴대전화에 저장하기 시작했습니다. 그녀는 증거 자료를 남편에게 보여 주어 자신의 방식을 바꾸게 하려고 했습니다. 하지만 어느 날 기도를 하면서 그녀는 남편에 대한 부정적인 감정을 기록하는 것이 자신을 비참하게 만들며 남편을 결코 변화시킬 수 없다는 것을 깨달았습니다. 마음속에서 영적인 알람이 울렸고, "더는 문제 삼지 말자. 너그럽게 생각하자. 그 메모를 삭제해 버리자."라는 생각이 들었습니다.

"메모를 전부 다 지우자, 모든 부정적인 느낌이 사라져 버렸어요. 제 마음은 남편에 대한 사랑으로 가득 찼답니다." 다메섹으로 가던 사울처럼, 그녀의 시각이 달라졌습니다. 왜곡의 비늘이 그녀의 눈에서 떨어져 나갔습니다.

웨스트민스터사원에는 다음과 같은 평온함을 청하는 니히버의 기도가 새겨져 있다고 합니다.

"주여!
어쩔 수 없는 것을 받아들이는 평온함을 주시고[남을 바꾸는 것]
어쩔 수 있는 것을 바꾸는 용기를 주시고[나를 바꾸는 것]
이 두 가지를 구별할 수 있는 지혜도 주소서"

상대방을 바꾸려고 하는 것은 등대를 옮기려고 하는 것만큼 어리석은 일입니다. 알버트 아인슈타인박사는 '같은 방법을 계속 사용하면서 다른 결과를 기대하는 사람은 정신이 온전하지 않은 사람'이라고 했습니다. 가정에 불화나 갈등이 있을 때 만약 지금까지 해왔던 방법이 효과가 없다면 다른 방법을 사용해보면 어떨까요?

한번 중독에 빠진 사람은 자력으로는 좀처럼 중독 상태에서 벗어나지 못합니다. 최근 정신의학계에서 발표한 자료에 의하면 우리나라의 정신병원에서 알코올 중독자들이 치유된 비율은 5%미만이라고 합니다. 그런데 A.A.그룹이라는 중독자(알코올, 도박, 성, 니코틴, 약물)들의 자조모임이 있는데 치유되는 비율이 상대적으로 높습니다. 정신과 의사들도 이 A.A.모임에 참여할 것을 적극 권장합니다. 중독자들이 의사 말은 잘 안 들어도 중독에서 벗어난 중독 선배들의 경험담은 귀담아 듣습니다. 이 모임은 12단계프로그램으로 운영되는데 1단계가 바닥치기입니다. 자기 힘으로는 할 수 없다고 항복하는 것입니다. 2단계가 절대자에게 의존하고 순종하겠다고 맹세하는 것입니다.

가정에서 불화나 갈등을 줄이는데도 하나님께 의지하는 것이 가장 효과가 있습니다.

그리스도의 빛은 그 어떤 영적 상처나 질환에도 희망과 행복, 치유를 가져다줍니다. 서로 간의 감정적 거리를 좁히려면 하나님의 사랑이 필요하며, 우리의 본능적인 이기심과 두려움을 희생해야 합니다. 하나님 아버지께서는 사랑하기 힘들 것 같은 사람들도 사랑하도록 도와주십니다.

남편과 아내는 동등한 동반자로서 신성한 책무가 있습니다. (1) 아버지는 자신의 가족을 사랑과 의로움으로 다스려야 하며, (2) 생활에 필요한 것들을 마련하고, (3) 가족을 보호할 책임이 있습니다. 이 세 가지 책임과 관련한 문제는 부부가 완전히 단합한 상태에서만 중요한 결정을 내리는 주님의 방법으로 성취해야합니다. 남편과 아내가 존경과 사랑을 보여주는 선택을 하며 서로 신뢰할 수 있을 때 가정에 평화가 깃듭니다. 신뢰는 평화와 사랑이 자랄 수 있는 환경을 만들어 줍니다.

가족은 여러분과 영원히 이어질 관계입니다. 여러분의 가족 상황이 온전하지 못할지라도, 오히려 그렇다면 더더욱, 여러분은 서로를 위해 봉사하고 북돋아주고 강화할 수 있는 방법을 찾을 수 있습니다. 상담심리학에서는 here and now를 강조합니다. 과거는 이미 흘러가버린 것, 미래는 알 수 없는 것입니다. 지금 발을 딛고 서있는 이 곳이 가장 중요합니다. 그래서 현재를 영어로 present 선물이라고 합니다. 여러분이 있는 그곳에서 시작하십시오. 가족의 있는 그대로의 모습을 사랑하십시오. 복음의 관점은 우리의 시야를 영원한 시각으로 넓혀 줍니다.

평안의 근원이신 예수 그리스도는 우리에게 "모든 지각에 뛰어난 평강"을 약속하십니다. 개인적인 고통이든, 가정불화든, 어떠한 시련 속에서도 하나님의 독생자에게는 우리의 아픈 영혼을 달래 줄 권능이 있음을 신뢰할 때 우리는 평안을 느끼게 됩니다.

무술년 새해를 맞이하여 우리의 사랑하는 자녀들이 문명의 이기인 인터넷/휴대폰을 지혜롭게 사용하여 게임중독에 빠지지 않고 좋은 곳에만 활용할 수 있도록 가정에 주님의 평안이 가득하시기를 축원합니다.

지역개발 거장으로 함께한 시간

최영수
(세한대학교 경영학과 교수)

청춘을 항상 지니면서 왕성한 활동을 하시는 교수님께서 벌써 정년의 문턱에 서 계신다고 하니 세월만 원망하기엔 교수님의 왕성한 연구 활동과 국가와 지역사회를 위해 헌신 봉사할 시간이 아직도 많은 남아있음이 아쉬울 뿐이다.

30여 년 전 목포지역 발전 세미나에서 임해지역과 도서지역의 '지역개발의 이해'라는 명쾌한 발표를 듣고 인연을 맺은 지 강산이 세 번을 바꾸도록 항상 존경과 감사를 느끼며 인연을 맺어 왔다. 최근에는 대통령직속 지역발전위원회 평가자문단장으로 위촉되어 지역발전을 위해 왕성한 활동을 하시면서 젊음을 만끽하고 계신 교수님의 환한 미소와 격려가 평생 청춘으로만 느껴진다.

1985년 경 목포대학교 지적학과에 재직을 하면서 목포와 인연을 맺으면서 제2의 고향으로 30여년을 목포에서만 지역발전을 위해 수많은 연구와 제안을 제시하였다. 도서지역개발촉진을 위한 이론 연구, 도서지역개발 측면에서 본 교통체계와 그 개선방안, 도서지역개발여건과 정책방안, 목포권의 개발 잠재력과 개발방향 등의 연구논문들은 현재도 도서지역 연구에 중요한 논문으로 활용되고 있다. 특히 전남도청 입지 선정에 관한 연구는 전남도청이 현재 위치로 입지하는 데 중요한 이론적 논리적 자료가 되었다.

목포 지역에서 활동하고 있는 후배와 제자들에게 지역발전의 기본방향을 제시하면서 전문가가 될 수 있도록 아낌없는 지원과 도움을 주신 것에 감사드린다. 특히 목포 백년회 연구원장으로 재임하시면서 지역사회의 균형적 발전과 역할에 대한 끊임없는 연구와 회원 상호 간의 우의를 다져 백년회가 목포 최고 지성의 모임체, 최고의 연구기관으로 발돋움하는 기반을 구축하는데 크게 기여한 바, 그 공을 어찌 후배들이 잊을 수가 있겠습니까.

   교수가 정년하면서 정든 교정을 떠난다는 것은 섭섭한 마음이 들기도 하지만 학생들과 연구하면서 탈 없이 정년을 맞이한 것은 분명 축복받을 일이며, 기쁨과 환희가 내재한다고 볼 수 있다. 왜냐하면 학교에 있을 때는 조직문화에 틀에 구속이 될 수 있지만 이제는 세상 속에서 마음껏 활동하면서 제2의 인생을 개척할 수 있기 때문이다.

   이제 지역개발의 거장으로 진정한 새로운 삶의 터전에서 신순호 사단의 거대한 포효를 기대한다.

중국 일대일로 정책에 대한 말레이시아의 대응

21세기 해상실크로드를 통한 초국적 합작을 중심으로

홍석준
(목포대학교 문화인류학과 교수)

2013년 중국 시진핑习近平(Xí Jinpíng) 주석이 창안하여 주도하고 있는 일대일로—帶—路는 크게 육상실크로드경제벨트(Silk Road 經濟帶)와 21세기해상실크로드(21 Century Maritime Silk Road)로 대별된다. 이 중 특히 21세기 해상실크로드는 말레이시아의 중국계 화교들이 전체 인구의 25%를 차지하는 말레이시아의 입장에서 매우 중요한 의미를 지닌다.

말라카 항구도시와 말라카 해협을 보유하고 있는 말레이시아의 입장에서 일대일로의 21세기 해상실크로드와 이를 통한 중국과의 초국적 합작이 말레이시아에 미칠 경제적, 사회적, 문화적 영향에 대해 매우 민감할 수밖에 없다.

시진핑의 일대일로 구상과 실제 구성은 중국의 인근 국가와의 외교, 교류, 협력 등의 역사성과 다원성을 반영하고 있다. 시진핑의 21세기 해상실크로드와 관련해서 특히 주목을 끄는 부분은 동남아시아를 향해 '해상 실크로드'라는 역사적 자원을 소환했다는 점일 것이다. 동남아시아 국가 간 합작관계를 추동하면서 시진핑은 동남아시아 각국의 차이를 인식하여, 독립자주, 평화외교 추구를 강조했다. 이 부분에서 중요한 점은 중국 정부가 동남아시아 각국 간의 소통을 중시한다는 것과 동남아시아 인민 간의 상호소통을 강조했다는 것이다.

일대일로 정책은 기본적으로 지역팽창 정책이지만, 이에 대한 말레이시아의 현지 반응은 다양하다. 우선적으로 이에 대한 긍정적인 반응이 있다. 특히 말레이시아 항구의 개발과 교역기회 창출에 호재가 될 것이라는 긍정적 반응이다.

중국과 말레이시아의 초국적 합작 중에서 21세기 해상실크로드의 전개가 가장 구체적으로 실현된 것은 欽州(친조우, Chinzou)산업원과 关丹(꾸안딴, Kuantan)산업원 사이의 초국적 합작이다. 친조우는 중국 서남부 광서성에 있고 꾸안딴은 말레이시아 반도의 빠항 주彭亨州의 주도로 동부 연안에 위치해 있다.

친조우산업원은 그 규모가 55평방킬로미터이고 인구는 약 50만 명이다. 이곳은 중장기 발전전략형 신형산업으로 지정되어, 현대적 제조업, ICT, 신재생에너지, 의약업, 상호연계망 등의 산업을 하고 있다. 2017년에 5년의 시간을 거쳐 이 산업원은 관광업, 고무제조업, 가공업 등 말레이시아의 우세산업을 둘러싸고, 초국적跨國산업체인과 서비스체인을 건립함으로써, 중국-말레이시아 합작의 모범적인 시범 프로젝트가 되었다.

꾸안딴산업원은 6평방킬로미터 면적의 1기 공정을 위한 기초시설이 2017년에 완비되었고 현재 2기 공정이 건설 중이다. 꾸안딴산업원에 입주할 프로젝트 수행 산업체들의 합작 자금의 총액은 200억 위안 이상이다. 중국과 말레이시아 간의 합작을 통한 최초의 항구건설 및 운영의 발전모델을 시도하는 프로젝트이다.

이와 같이 21세기 해상실크로드는 말레이시아에서 인프라 공정을 이끌고 있다. 2017년 10월 홍콩에 기반을 둔 중국기업이 총 550억링깃에 달하는 말레이시아 동해안 철로 프로젝트에 계약을 하였고, 은행담보 등 금융서비스를 협조하기로 했는데, 이는 중국기업의 최대 합작 건설 프로젝트가 될 것으로 전망된다.

이러한 21세기 해상실크로드를 통한 중국과 말레이시아 간의 합작은 현재 말레이시아 화인계 정당인 말레이시아화인협회(MCA: Malaysian Chinese Association) 총재이자, 교통부장관인 류티옹라이(Liew Tiong Lai) 장관이 주도하고 있다.

최근에 중국과의 연대를 강화하면서 중국의 일대일로 정책이 말레이시아에 무역과 투자 유치 부문에 큰 호재가 될 것이라고 장담하고 있는 상황이다. 비록 국제경기 침체로 2017년에 목표로 한 1600억 달러의 교역목표를 달성하지는 못했지만, 중국이 일대일로 정책을 통해 말레이시아에 투자해 준다면 2018년이나 2019년에는 교역목표를 달성할 수 있다는 이야기가 나올 정도이다.

2018년 현재 말레이시아는 일본, 한국에 이어 중국의 세 번째 아시아지역 교역상대 국이며 양국 간의 교역량은 지난해에 이미 1000억 달러를 넘어 1060억 달러에 도달한 것으로 추정되고 있다. 말레이시아 정부는 기술이전과 저금리 인프라 프로젝트 펀딩에서도 중국과의 경제 협력에 적극적인 상황이다. 최근 국제경기 침체와 투자심리 위축 상황에서 중국의 적극적인 투자진출은 말레이시아에 시기적절한 원군이라는 것이다. 올해 1분기의 말레이시아 수출은 전년도에 대비하여 17.2%나 감소한 상황이다.

이런 상황에서 Liew 장관은 베이징을 자주 방문하면서 중국 투자를 유치하기 위해 열심히 노력하고 있는 중인데, 수백억 달러의 중국 투자 유치를 이미 성공적으로 마쳤다는 소식이다. 특히 2016년 7월 Liew 장관의 베이징 방문은 중국-말레이시아 간 항구연계협약에 서명하기 위한 것이었는데, 항구와 물류분야 연관기업인 중국-말레이시아 합작회사인 MMC Corporation의 고위층이 수행했던 것으로 확인되었다.

전 세계 동서 해양교역의 80%가 말라카 해협을 지나는 상황에서 Liew 장관은 중국에 쿠알라룸푸르 인접 항구인 끌랑(Klang) 항 옆 캐리 섬(Carey Island)에 말레이시아 세 번째 심해항구를 건설하여 동서 해양교역의 서비스 항구로 운영하는 계약을 성사시키기도 했다.

끌랑 항은 이미 세계 12위권의 컨테이너항이고 2020년까지 컨테이너 취급 물량이 1630만TEU에 달할 것으로 예상되며, 그럴 경우에 확장이 불가피한 상황이라 현재 확장 계획을 세워야 하는 상황이다. 중국의 적극적인 투자와 더불어 끌랑 항 자유무역지대(PKFZ: Port Klang Free Zone)가 중국의 남아시아와 아프리카, 유럽 수출을 위한 주요 거점항구가 될 것이라는 기대를 하고, 이러한 개발을 중국의 CMG와 함께 추진하고 있다고 한다. CMG는 홍콩에 기반을 둔 국영기업으로 교통과 부동산개발을 양 비즈니스 축으로 하는 기업이며, 총자산이 5870억 링깃(약 1460억 달러)에 달하고 전 세계16개국에 30개 항구를 가진 대기업이다.

앞서 언급한 바와 같이, 말레이시아는 이미 광시성 친저우와 빠항 주 꾸안딴에 자매 산업단지를 가지고 있어 유리한 상호 투자환경을 조성한 상황이다. 최근에는 싱가포르 인근 조호르바루(Johor Baru) 시市 이스칸다르(Iskandar) 지역의 부동산과 복합개발사업에 중국의 투자자본을 적극적으로 유치하였으며, 이외에도 항만과 철도 등에서 중국과의 협력을 강화하는 중이다.

말레이시아가 중국에 기대를 하는 이유는 중국이 말레이시아 프로젝트에 참여했을 뿐 아니라 경제협력기금과 기술이전 등에 협조적이기 때문이라고 한다. 만일 중국이 끌란딴 주 뚬빳에서 쿠알라룸푸르까지의 동해선 철도 연결과 같은 프로젝트에 관심이 있고, 금융과 기술이전을 함께 검토한다면 적극적으로 협력을 수용하겠다는 입장이다.

일대일로 정책으로 인해 말레이시아 기업이 얻을 수 있는 최대 이점은 말레이시아 정부가 추진하는 프로젝트 중에서 중국의 일대일로와 연결된 프로젝트들은 쉽게 중국의 지원을 이끌어낼 수 있다는 점이다. 실제로 2015년 6개 말레이시아 항구와 10개 중국 항구 간의 항구동맹 결성 시에 중국의 리커창 총리가 직접 MOU 체결 행사에 참여함으로써 양국 정부의 협력 의지를 보여준 바 있다. 또한 중국의 대형 해운기업들(China Merchants, China Shipping etc.)이 말레이시아 항구를 둘러보러 직접 방문하여 항구 간 교역 증대를 논의하는 등 뜨거운 협력 분위기의 열기가 도출됐다는 것이다.

이러한 협력 분위기 속에서 끌랑 항의 취급 능력이 3000만 TEU까지 늘어날 것이며, 이에 대비해 항구 물류와 인프라 개선에 나서고 있다. 특히 병목 현상을 야기하는 세관시스템과 서류들을 정보화를 통해 대폭 개선하겠다는 의지를 보이고 있다. 이를 위해 현재 끌랑 항을 구성하는 북항과 서항 외에도 Carey Island로 불리는 제3의 항구를 개발하는 중이며, 이 부분에서 중국의 협력을 기대한다고 밝혔다. 이와 같이 중국의 일대일로 정책이 본격화되면서 그동안 동남아시아 지역에서 미뤄왔던 많은 교통인프라들이 빠르게 정리되는 상황이며, 이 때문에 말레이시아를 비롯한 동남아시아 국가들은 중국의 21세기 해상실크로드로 대표되는 이러한 일대일로 정책을 반기고 있는 상황이다.

하지만, 중국 제품이 결국 시장을 집어삼킬 것이라는 우려가 있는 것도 부인하기 힘든 상황이다. 이에 대해서는 말레이시아는 특화된 분야에서 경쟁력을 가지고 중국과 윈-윈 구조를 가져갈 수 있다는 생각으로 상쇄시키는 중이다. 더구나 아세안이 경제공동체(AEC: ASEAN Economic Community)로 묶여 있는 한, 중국이 쉽게 시장을 넘볼 수 없다고 생각하면서 말레이사는 현재 분쟁지역으로 부상한 중국 남부해안에 대해서도 경제논리를 앞세워 유연하게 대처해야 한다는 입장을 가지고 있다.

비록 일대일로가 말레이시아에 실질적이고 뚜렷한 경제적 효과를 가져다주긴 하지만, 말레이시아 사회에서는 이러한 중국-말레이시아 합작에 대해 의견이 분분하다. 일대일로를 통해 유입된 중국자본은 결국 말레이시아에서 말레이 민족주의의 부흥을 야기하게 될 것이라는 의견이 제기되기도 했다. 말레이시아의 중국자본화에 대한 우려 역시 거세다. 일대일로의 영향 하에서 말레이시아는 중국의 성省 중에 하나가 되어버렸고, 중국의 일부가 되어버렸다는 것이다. 이러한 의견은 결국 말레이시아의 매국론과 불가분의 관계를 맺고 있으며, 이는 중국이 말레이시아 내의 화교를 활용하여 내정을 간섭하려는 시도로 해석되기도 한다.

한·일 지적계地籍界의 가교架橋 : 신순호 교수

戶田和章

(Toda-Kazuaki, 일본 土地家屋調査士)

　신순호교수님. 40년 동안의 공로에 경의를 표합니다. 정말 고생 많으셨습니다. 공사公私에 걸쳐 여러모로 애정과 지도를 해주신 점 진심으로 감사드립니다.

　먼저, 독자들께 제 소개를 하겠습니다. 저는 일본에서 토지가옥조사사라는 국가자격자를 업으로 하고 있습니다. 토지가옥조사사의 업무는 지적地籍의 이동·정리의 대리업무로 한국에서는 한국국토정보공사에서 행하고 있습니다. 한국은 지적이 독립되어 있기 때문에 공사가 그 업무를 하고 있는 반면, 일본은 지적제도가 등기제도에 포함되어 있기 때문에 그 형태가 한국의 법무사와 유사하고 개인사무소를 경영하고 있습니다.

　다음은 신 교수님과 저와의 만남에 대해 소개하겠습니다. 교토에서 신 교수님과 만났던 것은 교환교수로서 방문한 리츠메이칸대학立命館大学이었습니다. 소개한 사람은 일본토지가옥조사사회연합회 마츠오카 나오타케松岡直武 회장으로, '한국에서 일본의 지적에 대해 연구하러 온 교수를 소개할 터이니 도와주면 좋겠다'라는 것이었습니다. 나는 당시 경일대학교대학원 지적학전공의 석사과정에 재학 중이었지만 휴학하여 일본에 있었습니다. 저는 한국과 일본의 지적제도를 비교 연구하였기 때문에 한국어를 할 수 있었으며, 그러한 연유로 마츠오카회장은 저에게 신 교수님을 소개시켜 주었습니다. 사실, 일본에는 지적이라는 학문이 없었기에 연구사례가 없었고 연구자로서 한국어를 할 수 있는 사람이 일본에서 저밖에 없는 상태였습니다. 더욱이 저의 모교는 리츠메이칸대학으로 현재 교토시에 위치해 있으며, 신 교수님의 숙소도 차로 5분 거리에 위치해 있었습니다. 이처럼 교수님과는 우연한 만남이라고 할까요, 아니 기적적인 만남이라 해도 좋을 것 같습니다.

　이러한 만남으로부터 두 사람은 근거리에 있었기에 자주 만나 한국과 일본의 지적제도에 대해 뜨겁게 이야기를 주고받고 신 교수님은 일본토지가옥조사사연합회 등에서 강연을 해 주시고 제가 통역으로 항상 동행하였습니다. 교수님께는 일본의 지적제도에 대해 저에게는 한국의 지적제도에 대해 더 이해할 기회가 되었습니다. 지적연구뿐만이 아니었습니다. 식사를 즐기고, 소주 한잔 기울이고 노래방에 가서 신 교수님은 일본의 노래를 부르고 나는 한국 노래를 부르기도 했습니다. 매우 즐거운 시간이었습니다.

　그러나 슬픈 일도 있었습니다. 신 교수님이 교환교수의 시기를 마치고 한국에 귀국할 즈음 마쓰오카 회장님이 별세하였습니다. 서거 보름 전에 '한국 청주대학교에서 일본의 지적에 대해 이야기해야 하므로 자료를 한국어로 번역해 달라'는 의뢰가 평소와 변함없는 건강한 모습이었습니다. 마쓰오카 회장은 한국의 지적연구에 이해가 있는 분으로 덕망도 있고, 신 교수님과 만나 한·일 지적의 가교가 되는 유일한 분이었던 만큼 신 교수도 얼마 슬퍼했을지…

　한국에서의 교수님과의 추억은 목포에 방문한 적이 있습니다. 신교수님이 목포 방방곡곡을 안내해 주셨습니다. 목포의 경치는 매우 아름답고 공기도 깨끗하고, 목포대학교도 방문하였습니다. 식사도 맛있고, 당시 먹은 홍어의 맛을 아직도 잊을 수가 없습니다.

　누누이 말씀드렸습니다만, 저는 일본의 지적제도에 41년간 관여해 왔습니다. 향후 신 교수님은 한국 지적의 발전에 그리고 저는 일본의 지적 발전에 전진할 수 있었으면 좋겠습니다.

　조금 소소한 인사가 되었습니다만, 향후 교수님이 더욱더 건승과 행복이 가득하기를 진심으로 기원하며 인사를 올립니다.

2018년 1월,
토다 가주아키
(일본 토지가옥조사사, 일본토지가옥조사사회연합회 제도대책본부원)

挨拶

　申順浩教授、４０年の永きにわたるご功労に敬意を表します。誠にお疲れさまでございました。公私にわたり、ひとかたならぬご厚情とご指導を賜りましたこと、厚く御礼申し上げます。

　まずは、読者皆様に自己紹介。私は日本で土地家屋調査士という国家資格者を業としております。土地家屋調査士の業務は地籍の異動・整理の代理業務で、韓国では韓国土地情報公社が行っています。韓国は地籍が独立しているため公社がその業務を行うのに対し、日本は地籍制度が登記制度に包含されているため、その形態は韓国の法務士と似て、個人事務所として経営しています。

　次に、申教授と私の出会いについて紹介させていただきます。日本の京都で申教授と出会ったのは、当時、交換教授として出向いておられた立命館大学でした。紹介者は日本土地家屋調査士会連合会・松岡直武（Matsuoka-Naotake）会長で、「韓国から日本の地籍について研究しようとされている教授を紹介するので、助けてあげてほしい」ということでした。私は、当時、慶一大学校大学院地籍学専攻の修士課程に在籍しておりましたが休学して日本におりました。私は韓国と日本の地籍制度の比較研究をしていましたし韓国語が話せるということで、松岡会長はいの一番に私に声をかけて下さったのです。実のところ日本には地籍という学問がないため研究事例がほとんどなく、まして研究者で韓国語ができる者は日本中探しても私以外に一人としていない状況です。加えて、私の母校は立命館大学で現在、京都市に在住しており、申教授の宿所も車で５分ほどのたいへん近い位置にありました。このように教授とは偶然の出会いとでもいいましょうか、いや奇跡的な出会いといってもいいでしょう。

　この出会いから、二人は近所でもあることから、しょっちゅう会い、韓国や日本の地籍制度について熱く語り合い、教授には日本土地家屋調査士会連合会等で講演をしていただき、私は通訳として常に随行しました。教授にとっては日本の地籍制度について、私にとっては韓国の地籍制度についてより理解を深める機会となりました。何も地籍の研究ばかりではありません。食事を楽しみ、焼酎一献傾け、カラ

オケに行って教授は日本の歌を歌い、私は韓国の歌を歌ったりもしました。たいへん楽しい時間でした。

しかし悲しいこともありました。教授が交換教授の時期を終え韓国に帰国されてまもなく、紹介者である松岡会長が逝去されたのです。ご逝去半月前に「韓国の清州大学校で日本の地籍について講演するから、資料を韓国語に翻訳してほしい」という依頼があり、いつもと変わりのないお元気な様子でしたので、たいへんおどろき言葉になりませんでした。松岡会長は韓国の地籍研究に理解がある方で人望もあり、申教授と出会って韓日地籍の架け橋になる唯一無二の方だっただけに、申教授もどれだけ悲しまれたことか‥。

韓国での教授との想い出は、木浦に行ったことです。教授が木浦の津々浦々を案内して下さいました。木浦の景色はとても美しく、空気も綺麗で、木浦大学校も訪問しました。食事もおいしく、滞在時に食べたガンギエイ(홍어)の味が今でも忘れられません。

縷々申し上げましたが、私は日本の地籍制度に41年間、関与してきました。今後、申教授におかれましては韓国地籍の発展に、そして私は日本の地籍の発展に前進できたらと思います。

いささか稚拙な挨拶となりましたが、今後、教授の益々のご健勝と末永いご多幸を心よりお祈り申し上げまして、私の挨拶とさせていただきます。

2018年 1月吉日 戸田和章(Toda-Kazuaki)
(土地家屋調査士, 日本土地家屋調査士会連合会制度対策本部員)
学歴 立命館大学経済学部卒
韓国慶一大学校大学院行政学科地籍学専攻碩士課程卒

청춘, 대학, 지역 그리고 섬

초판1쇄 발행　2018년 2월 20일

지은이 신순호
엮은이 신순호교수정년기념집간행위원회
펴낸이 홍종화

편집주간 박호원
편집·디자인 오경희·조정화·오성현·신나래
　　　　　김윤희·이상재·이상민
관리 박정대·최기엽

펴낸곳 민속원
출판등록 제317-2007-55호
주소 서울 마포구 토정로 25길 41(대흥동 337-25)
전화 02) 804-3320, 805-3320, 806-3320(代)
팩스 02) 802-3346
이메일 minsok1@chollian.net, minsokwon@naver.com
홈페이지 www.minsokwon.com

ISBN　978-89-97916-95-5　　03990

ⓒ 신순호, 2018
ⓒ 민속원, 2018, Printed in Seoul, Korea

저작권법에 의해 한국 내에서 보호를 받는 저작물이므로 무단전재와 복제를 금합니다.
이 책 내용의 전부 또는 일부를 이용하려면 반드시 저작권자와 민속원의 서면동의를 받아야 합니다.
이 도서의 국립중앙도서관 출판시도서목록(CIP)은 서지정보유통지원시스템 홈페이지(http://seoji.nl.go.kr)와
국가자료공동목록시스템(http://www.nl.go.kr/kolisnet)에서 이용하실 수 있습니다. (CIP제어번호 : CIP2018004597)

책 값은 뒤표지에 있습니다.
잘못된 책은 바꾸어 드립니다.